U0916151

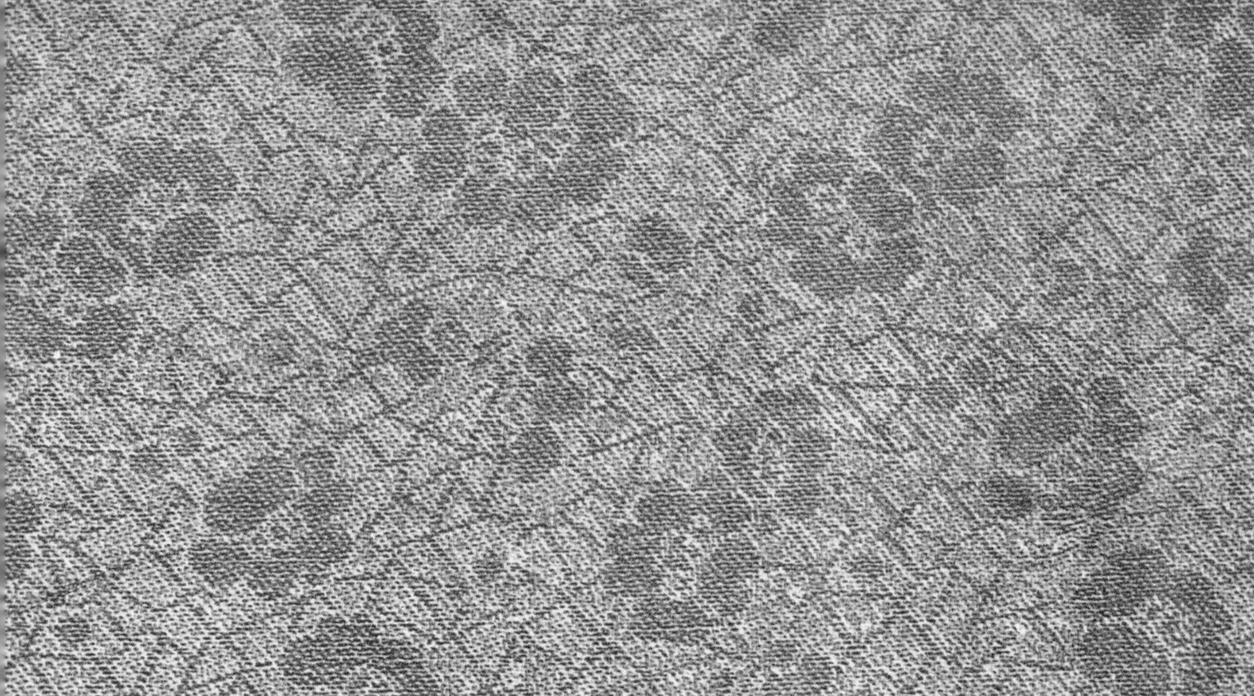

云南金融年鉴

AIMANAC OF YUNNAN FINANCE AND BANKING

云南金融年鉴编委会　编

2001

云南民族出版社

图书在版编目（CIP）数据

云南金融年鉴　2001/《云南金融年鉴》编委会编.
昆明：云南民族出版社，2001
ISBN　7-5367-2303-2/K ·498

Ⅰ.云…　Ⅱ.云…　Ⅲ.金融事业－云南省－2001
－年鉴　Ⅳ.F832.744-54

中国版本图书馆 CIP 数据核字（2001）第 068639 号

云南金融年鉴
2001
《云南金融年鉴》编委会　编

责任编辑　郑卫东
责任校对　龚晓兰　刘迎春
封面设计　杨盛林

云南民族出版社出版发行
（昆明市大观路 94 号）
深圳雅昌彩色印刷有限公司　制版印刷
昆明雅昌彩色设计制作中心　版式设计
开本：787 × 1092　1/16
印张：36
字数：1110 千字
2001 年 10 月第一版
2001 年 10 月第一次印刷
印数：0001-2500
定价：160.00 元

2000年9月下旬中央金融工委常务副书记阎海旺率工作组到云南调研

AIMANAC OF YUNNAN FINANCE AND BANK

2000年2月15日，云南省召开银行、证券、保险工作会议

中共云南省委、省政府及工总行隆重表彰勇斗歹徒的工商银行云南省分行翠湖北路储蓄所及有功人员

2000年12月19日，中国保险监督管理委员会昆明特派员办事处筹备组在昆明成立

中国人民银行与国际货币基金组织联合在昆明举办银行监管培训班

2000年12月，昆明银行卡网络全面开通

云南省第一笔助学贷款由中国工商银行云南省分行贷出.

红塔集团向交通银行增资2亿股股份，成为交通银行4大股东之一

HUAXIA BANK 华夏银行 KUNMING BRANCH 昆明分行

第七家同城支行——大观支行隆重开业

与工商银行云南省分行签订《银银合作协议》

支持畅通工程，关心少儿安全——向全市在校小学生赠送安全小黄帽

与云南电视台合作举办“华夏在我心中”大型电视综艺晚会

分行第一届运动会圆满举行

中国人民银行

德宏州中心支行

中国人民银行德宏州中心支行办公大楼

在德宏傣族景颇族自治州，中国人民银行分支机构最早成立于1950年6月12日，1978年前德宏金融机构是单一的国家银行体制。既承担管理货币信贷的中央银行职能，又办理专业银行的存贷款和汇兑业务。从1985年1月1日起，德宏州人民银行专门行使中央银行职能，内设18个科室，在全州3县2市设有5个县级支行，全辖干部职工290人。

1980年后，全州先后恢复和分设了农行、工行、建行、中行、农发行、寿险公司、产险公司分支机构和城乡信用社，形成了一个以人民银行为领导，商业银行为主体，以其他金融机构为补充的多种金融机构并存的、分工协作的社会主义金融体系，到2000年末，全州有金融机构251个。

多年来，人民银行和其他行一道为确保农副产品收购的顺利进行，早调查、早预测、早落实、早安排，到2000年末，全州累计发放农副产品收购贷款54918万元；2000年用于购农副产品投放的现金87591万元，确保了农副产品收购不打“白条”，做到了政府、企业、银行、农户四满意。

为了积极支持重点项目建设，促进生产发展，从1983年起，人民银行安排了发展经济的低利率专项贷款，到1996年末，专项贷款余额达15726万元，重点投入46个项目，有力地支持了全州制糖、电力、边贸基础设施建设，支持了出口创汇产品的生产发展和商业搞活流通、收购农副产品、边境贸易和乡镇企业的较快发展。

随着经济体制改革的不断深入，各项存贷款大幅度增加，到2000年末，全州各项存款余额51.96亿元，比1999年增长17.30%，其中

人民银行成都分行王洪章行长（中）、昆明金融监管办特派员王礼国（右一）在德宏州调研

扶贫挂钩点——梁河县核桃林村

储蓄存款余额36.66亿元，占各项存款余额的比重为70.56%；各项贷款余额39.10亿元，比1999年增长8.18%。

中国人民银行德宏州中心支行清算中心1994年荣获全国清算系统二级分行先进单位；中国人民银行德宏州中心支行科技科1995年被云南金融系统授予省“青年文明号”、2000年被成都分行创建“青年文明号”工作领导小组命名为分行级“青年文明号”；德宏州人民银行系统工会女职工委员会被云南省金融工会评为1994年至1995年度先进女职工委员会；中国人民银行德宏州中心支行1997年被中共德宏州委、州政府授予“民族团结先进集体”；1998年被中共德宏州委、州政府授予“文明单位”称号；中国人民银行德宏州中心支行被云南省委、省政府评为1996年至2000年云南省“三五”普法先进集体。

刻苦钻研业务

德宏州人民银行系统开展“三讲”教育活动

开展“七一”建党活动

中国农业银行 云南省分行
AGRICULTURAL BANK OF CHINA

AGRICULTURAL BANK OF CHINA

中国农业银行云南省分行行长 姜仕俊

2000年末，中国农业银行云南省分行各项存款余额达492亿元，比上年净增63.25亿元，增幅为14.75%，比“九五”末期增长1.39倍。各项贷款余额达510亿元，比上年减少5亿元，降幅为1%，比“九五”末期增长1.34倍。实现了稳健经营，持续发展。

一、存款总量市场份额在云南省国有商业银行中的比重增长了1.2个百分点，缓解了资金压力。

二、信贷结构明显优化。在坚持有进有退的信贷结构调整原则下，新增农村电网改造和消费贷款18.2亿元，扶贫专项贷款14.72亿元。

三、内部管理进一步加强。推进审贷分离，风险管理，加强稽核监督，改进资金计划管理，推行全员劳动合同管理等，促进了各项工作的发展。

四、电子化建设取得新成绩。新建电子化

开拓奋进、团结战斗的跨世纪领导班子（左起）纪委书记吴佩锋，总稽核张树枝，行长姜仕俊、副行长字如钧、副行长吕存昌

拓展金融服务，扩大中间业务

提高业务水平，迎接竞争挑战

网点112个，网络覆盖率达97%，比上年提高了12个百分点。应用软件开发、金卡工程、自助银行建设都有新的发展。

五、探索干部制度改革。在省分行推行处级干部公开竞聘上岗，二级分行先后进行了中层干部和县级支行副行长的公开竞聘制度改革。

六、加强系统党建工作，提高队伍素质。上半年开展"'三讲'教育回头看"，落实整改措施，下半年开展"爱岗敬业、遵纪守法"职业道德教育，表彰了大批先进单位和先进个人，弘扬了党的优良作风，促进了各项业务的发展。完成农总行下达的各项任务目标，促进云南城乡经济的交流和发展。

曲靖市分行率先在全省推出"金融超市"——信贷现场办公一条龙服务，为市民提供住房、装修、汽车、耐用消费品、助学贷款等服务。

农行支持的昆明斗南花卉基地和各地州市花卉基地建设为"昆明国际花卉展"赢得了光彩

德宏州分行、瑞丽市支行贷款2000多万元支持边贸市场建设

陆良县支行大力支持旅游事业发展。图为陆良沙林的沙雕"探索火星，向科技进军"

交通银行 玉溪分行

BANK OF COMMUNICATIONS

几度春秋风华茂

分行领导班子行长马庆德（中）、副行长陈保和（左）、副行长杨兴贵（右）

交通银行昆明分行玉溪办事处成立于1993年，经过几年的艰苦创业和顽强拼搏，各项事业稳步发展，1996年由办事处升格为支行，2001年由支行升格为分行，创造了不凡的业绩：年人均实现税前利润超过50万元；资产总额连续七年保持在10亿元以上；不良资产占比始终控制在3%左右；1996年至2000年，保持了省级、市级“文明单位”称号；1997年省级“党风廉政建设量化考核先进单位”；1999年度总行及云南省“青年文明号”。三年被评为昆明分行先进集体、荣获昆明分行业务技能比赛冠军。

——开拓创新，不断提高交行玉溪分行竞争能力，不断加强电子化建设的步伐，逐步跻身银行业先进水平。推出了综合业务处理系统和本外币一体化实时汇兑系统，推出一本通、一卡通等新的储蓄品种，太平洋借记卡成为玉溪精品银行卡，开设了三家离行式自助服务区，开通了玉溪第一家电话银行，开通了内部电子银行。

——继往开来，为实现新世纪的良好开局夯实基础

“十五”计划及2015年长期规划战略目标：紧紧围绕加快业务发展这一主题，营造敬业、廉洁、团结、创新的软环境和网点合理化、业务电子化、办公现代化的硬环境，把玉溪分行建成管理科学化、经营规范化、业务多元化、手段现代化、分支机构精干、员工素质过硬、资金实力较强、资产质量较高、银行信誉较好的商业银行。

交汇四海，三高任展翼；通达九州，海阔可扬帆。

在新的世纪里，交通银行玉溪分行将继往开来、抓住机遇、迎难而上、群策群力、同心同德、努力拼搏，谱写新的篇章，再创新的辉煌。

交通银行玉溪分行

交通银行玉溪分行在红塔区建起了四家一流的自助银行

PICC 中国人民保险公司
云南省分公司

团结一心迈向新世纪

培养新世纪的保险人才

职工书画展

提高信息技术运用水平

开展街头宣传咨询活动

少数民族群众踊跃参加保险

西山区农村信用合作社联合社

主任 邓邦成

2000年西山区农村信用联社认真贯彻执行全市农村信用社主任会议精神，按照职代会提出的"稳健经营、强化管理、防范风险、提高效益"，全面完成2000年各项工作任务的指导思想，不断提高经营管理水平，加强成本核算，努力增收节支，大力盘活不良资产，有效地防范和化解经营风险，并积极开拓消费信贷市场，开办汽车消费贷款、住房按揭贷款等新业务，经过全区信合职工团结一致、奋力拼搏，各项业务取得了长足发展。

截至2000年末，全区各项存款余额达91741万元，各项贷款余额达48991万元，上缴国家各项税金298万元，辖区10个独立核算信用社盈余，实现利润65万元，为支持西山区经济，特别是农村经济的快速、健康、持续发展做出了积极的贡献。

办公楼

开展丰富多彩的文体活动，活跃职工文化生活

开展岗位练兵，提高职工业务素质

中国银行 昭通支行

BANK OF CHINA ZHAO TONG BRANCH

行长 阴安滇

中国银行昭通支行，紧紧围绕“抓住机遇，开拓进取，强化管理，迎接挑战”的总体工作思路，积极做好支行的各项工作。一是内控制度不断地得到补充完善，内部管理得到加强；二是努力拓展业务，开办新的业务品种，促进业务的稳健发展；三是加强政治思想工作，从严治行，加大执行规章制度的力度，规避了风险；四是认真开展职业道德教育，强化了员工爱行敬业、遵纪守法的自觉性。全行共有员工56人。

2000年末，各项存款余额17080万元，较上年末净增1201万元，比上年末增长7.56%，完成省分行下达的目标任务。其中：对公存款余额9819万元，比上年净增668万元，增长7.30%；储蓄存款余额7261万元，比上年净增533万元，增长7.92%；各项外币存款余额122万元，比上年净增42万元，完成省分行任务数的420%。各项贷款余额20732万元，比上年减少了1143万元，剔除剥离878万元，实际减少265万元。全年收回不良资产18万元，完成省分行下达任务数的36%。消费贷款48万元，完成任务数的96%。2000年实现利润193.6万元，比“八五”末增加了89.6万元，增长了186%，各项存款“九五”比“八五”增长了185%；各项贷款“九五”比“八五”末增长了424%，达到了“九五”比“八五”业务翻一番的目标。

贷款扶持地方企业发展

团结和谐的领导班子

办公大楼

中国农业发展银行 昭通地区分行

中国农业发展银行昭通地区分行于1996年11月5日成立，同年12月26日正式对外挂牌营业，现辖1个营业部、4个县支行，内设8个内部管理机构，有职工122人，其中大专以上学历人员占41%，中级以上职称人员占32%。

中国农业发展银行昭通地区分行通过确定"外塑形象，内抓管理"和"新机构、高起点，新业务、高标准，新思想、高要求"的三新三高工作思路，在农业综合开发、扶贫工作上，把重点定位在温饱工程、基地工程、财源工程、米袋子工程上，取得了扶贫贷款全省存量第一、增量第一、收回再贷第一、收回贷款第一的好成绩。

2000年全面超额完成了省分行下达的各项考核指标，贷款利息收回率达100%，贷款收回率达106.48%，信贷资金运用率达98.76%，任务实现率分别为108.7%、109.8%、102.9%，建行四年来，第一次实现盈余248万元。

经过全行干部职工4年来的努力，已有地区分行机关、营业部和三个县支行跨入"文明单位"行列，地区分行获得了地直"优良文明单位"和"先进基层党组织"以及全省农发行系统"党风量化考核优秀单位"等称号。

行署专员晏友琼在中国农业发展银行昭通地区分行成立时向农发行行长周友立授牌

中国农业发展银行云南省分行行长王明刚（右三）到昭通地区检查粮食库存情况

副行长李惠到挂钩扶贫点了解适龄儿童入学情况

召开全区信贷工作会议研究封闭管理工作

信贷员交流基础工作管理经验

中国农业发展银行

昭通市农村信用联社

主任 余平

领导班子

昭通市农村信用联社内设五科一室，辖20个信用社、34个信用分社及1个营业部，共有干部职工265人，其中190人具有初级以上专业职称。截止2001年5月，实现各项存款余额36791万元，各项贷款余额33285万元，拥有固定资产3394万元，业务发展呈现出前所未有的良好态势，成为地方经济建设的主力军，被农民群众称为"我们农民的银行"。在"九五"期间，累计发放各项支农贷款48493万元，为昭通市农村经济发展和扶贫攻坚做出了积极的贡献。

在坚持信贷主要服务于"三农"的同时，积极支持乡镇企业、第三产业和个体私营经济发展。2000年共向个私企业、乡镇企业提供流动资金贷款8977万元，占当年贷款总量的45.9%，有力地支持了全市非公有制经济的迅猛发展。

深入基层了解情况

信贷投向坚持服务"三农"

办公大楼

中国信达资产管理公司

CHINA CINDA ASSET MANAGEMENT CORPORATION

昆明办事处

KUNMING BRANCH

公司总裁朱登山（右）、云南省副省长程映萱（中）、昆明办事处总经理黄继林

公司总裁朱登山（左）、云南省副省长程映萱为昆明办事处揭牌

昆明办事处总经理黄继林（中）向总公司汇报工作

债转股协议签字仪式

研究工作

中国农业银行 昭通地区分行

AGRICULTURAL BANK OF CHINA

地区分行领导陪同省分行姜仕俊行长在昭通考察

与昭通师范专科学校签署银校合作协议

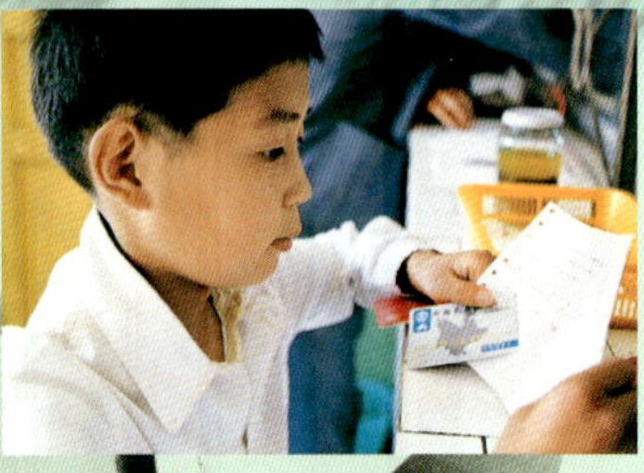
农行电脑网络连城乡，为群众提供了很大的方便。农家娃也会使用金穗卡了

中国农业银行昭通地区分行在地委、行署和农行省分行的领导下，坚持业务经营和党建工作两手抓。一是“存款立行”的思想深入人心，资金组织工作力度进一步加大，存款保持较好的增长势头，开创了资金组织新局面。二是切实调整信贷结构，强化管理，提高管理水平和资产质量。三是走科技兴行之路，依靠科学技术推进各项业务发展。四是进一步推进机构、用工制度和收入分配制度的改革，优化资源配置，充分调动员工积极性。五是进一步完善内控机制，促进依法经营，强化内部管理。六是高度重视党建工作，发挥党的核心领导作用，加强精神文明建设，促进业务发展。

到2000年末，各项存款余额达208955万元，比上年末增加31659万元，完成计划任务2.1亿元的193.5%。其中：储蓄存款余额101986万元，比上年末增加18536万元，完成计划任务1.1亿元的168.5%；各项贷款余额达282317万元，比上年末增加15779万元；存贷比为135.1%，比上年末下降27.6个百分点。盘活不良贷款9330万元。中间业务品种和业务量大幅增加，新增代收代付业务品种6个，累计代理金额7.5亿元。银行卡发卡量新增37104万张，卡存款增加8114万元。电子化建设取得新的突破，全部营业机构实现了微机化和网络化。

行署副专员陆俊贤、曹继敏为金融超市揭牌

行领导考察昭通市貌，积极支持昭通城市基础设施建设

员工积极捐资助教

中国工商银行 昭通地区分行

行长　闻玉璧

中国工商银行昭通地区分行2000年坚持突出工商银行系统“管理年”的特点，切实抓好各项存款的稳定增长，继续提高信贷资产质量和经营效益，积极稳妥地开展机构改革工作，努力拓展业务发展，着力调整经营格局，严格实行综合经营考核，在机构改革和业务发展方面取得了明显成效，为持续经营发展增强了后劲。年末，全行各项存款余额217103万元，比年初增加18834万元，增长9.49%。其中：对公存款余额131024万元，比年初增加18582万元，增长16.52%。各项贷款余额164948万元，比年初增加9025万元，增长5.16%。存贷比例为75.97%，三项不良贷款比例为8.12%。在省分行对各二级分行经营管理目标综合考核的排名上升到第4位，地区分行营业部、水富县支行进入全省工商银行县级支行“利润十佳”行列，巧家县支行、永善县支行进入全省工商银行县级支行“减亏十佳”行列，分别受到省分行的表彰和奖励。全行顺利完成撤销三个县支行和减员90人的机构改革任务，内部管理进一步加强，“三防一保”工作取得较好成绩，经营效益持续盈利。党建工作和精神文明建设健康发展，全行继续保持了地级文明行业称号，有6个单位保持了省级“文明单位”称号，4个单位保持了地级“文明单位”称号，新增省级“青年文明号”1个。

地区分行营业部办公大楼一角

积极配合地方政府开展扶贫工作

地区分行召开全区安全保卫工作会议

昆明市商业银行
KUNMING CITY COMMERCIAL BANK

昆明市商业银行“春城卡”发行仪式（右一为董事长、行长李万清，右二为副行长胡钢，前排致词者为副行长张正平）

昆明市46个市级行政机关委托昆明市商业银行代收代缴罚款

团省委命名昆明市商业银行部分支行为省、市级“青年文明号”称号

业务技能竞赛

KUNMING CITY COMMERCIAL BANK
KUNMING CITY COMMERCIAL BANK

云南省国际信托投资公司

YUNNAN INTERNATIONAL TRUST AND INVESTMENT CO.

发展金融信托　服务地方经济

“受人之托，代人理财”，云南省国际信托投资公司愿与社会各界同仁共创美好未来！

地址：云南省昆明市南屏街4号楼云南国托大厦
邮编：650021　　电话：（0871）3175981

公司总经理办公会研究工作

昆明国际信托投资公司
地址：昆明市人民中路美亚大厦19-23层
电话：(0871)3140113 3189186
电传：64188 KITIC CN
邮编：650021

中国建设银行 德宏州分行

China Construction Bank

建行贷款支持建设的芒市公务员小区

贷款支持的遮放糖厂

2000年，建行德宏州分行以“提高效益、增强营销、防范风险、创造效益”为工作总体思路。在以效益为目标，以市场为导向，以客户为中心，以防范和化解金融风险为前提的方针指导下，自我加压，推进业务经营方式的转变。年末，全辖有4个县级支行，1个科级营业部，在职员工345人。全口径存款余额87181万元，较年初增长13480万元，增长率18.29%，在全州金融机构的新增占比为18.04%，市场份额为16.7%。其中：一般性存款余额84140万元，较上年增长13798万元，市场份额为16.23%；企业存款余额34358万元，较上年增长31.45%，市场占比22.64%；储蓄存款余额49782万元，较上年增长5576万元，市场占比13.58%。各项贷款27541万元（不含剥离贷款），较上年增长7944万元，增长率40.5%。归集住房公积金余额2451.66万元，较上年增长30.6%；政策性住房贷款余额4009.77万元，市场占比62.3%，发放住房贷款1135户，贷款余额5007.44万元。此外，积极拓展中间业务，全年审查、编制工程预结算17324.59万元；代理保险业务的承保金额3287万元；办理个人电子汇兑9161笔，30595万元；完成国际业务结算量307万美元。在较好支持地方经济建设的同时，超额完成上级行下达的业务计划，年末减亏84万元。

建行支持建设的芒市大街

工作人员会审工程预算

建行发行的信用卡

美观庄重的建行大楼与“金孔雀”城标相映生辉

积极推行业务管理电子化，自动取款机方便了广大客户

瑞丽市农村信用合作社联合社

人行成都分行行长王洪章(前者)在德宏州中心支行行长尹以庄(左三)陪同下到瑞丽市基社、农户家调研视察

合作金融机构监管司副司长王珂(右一)深入农户家调研视察

瑞丽市农村信用合作社联合社辖一个营业部、七个基层信用社，共十三个营业网点，拥有干部职工85人。至2001年6月共有资产总额23379万元，存款余额17728万元，贷款余额12643万元，各项经营指标良好，是瑞丽市地方经济发展的坚强后盾，农村金融的主力军。

行社脱钩以后，瑞丽市农村信用联社走上独立自主经营发展道路，通过内强素质，外树形象，党、政、工、青、妇各组织机构齐抓共管，综合实力不断增强。现联社电子化覆盖率98%，设立中心库，80%的营业网点安装电视监控。拥有大中专学历职工55人，在读大中专生24人，已培养出一支能征善战、有较高素质的员工队伍。1998年全面完成按合作制原则重新规范工作以后，成为“由社员入股、社员民主管理，主要为社员服务”的合作金融机构，不仅满足了本地农业、农村、农户经济发展对资金的需求，而且在边贸、工商、非公有制经济企业的发展中开拓进取，成绩卓著，是支持地方经济发展的可靠银行。近年来，围绕市委政府调整农村产业结构，在支持传统农业甘蔗、水稻、种、养殖基础上，重点扶持特色高效农业，开辟市委“五棵树”种植基地，成绩斐然。2001年末，三农贷款余额6434万元，累计投入2600万元。

瑞丽市农村信用社被瑞丽市政府评为“文明单位”，被市委评为“安全文明单位”，八个城区营业网点被评为“文明示范窗口”，两个网点获“州级青年文明号”。

深入村寨进行反假人民币宣传

扶持农户开展种养殖，实现农民增收，发家致富

“五棵树”之一 ——毛叶枣，市委、政府调整农业结构的产业重点

高效特色农业、“五棵树”之一 ——“密王枣”基地

“五棵树”之一 ——柚子基地硕果累累

高效特色农业、“五棵树”之一 ——咖啡基地

高效特色农业——板栗基地

扶持瑞丽支柱传统农业———甘蔗，惠及千家万户

高效特色农业——澳洲坚果

主　任：金德华
副主任：干喊良信
电　话：4143271　4144116
邮　编：678600
地　址：瑞丽市人民路七号

中国农业银行 德宏州分行
AGRICULTURAL BANK OF CHINA

行长 张益荣

瑞丽农行被省文明委授予“创建文明行业窗口工作先进单位”称号。

2000年，中国农业银行德宏州分行各项存款余额达17.9亿元，比上年末净增4.5亿元，完成省分行下达计划的299.8%；各项贷款余额14.5亿元，比上年末下降0.47亿元，存贷比为80.9%。在全州金融系统中，存款总量市场占有率为34.5%，增量市场占有率为58.8%，连续4年保持了总量、增量、市场份额、人均存量“四项第一”的优异成绩。当年实现利润412万元，辖内的营业部和瑞丽支行还分别进入全省农行系统二类行中的A级行和C级行系列。

德宏农行已成为支持德宏边疆城乡经济发展的一股重要力量。

贷款支持的千亩优质茶叶基地

德宏农行党委十分重视基层建设。副行长王光昌(左一)带队深入到梁河支行九保营业所进行调研

中国建设银行 楚雄州分行

China Construction Bank

行长　李培芳

中国建设银行楚雄州分行以市场为导向，围绕发展目标、工作措施和综合经营计划，以市场为导向，以客户为中心，以效益为目标，抓住机遇，深化改革，积极拼抢市场。截止2000年末，全行一般性存款余额达112568万元，资金实力不断增强。全行通过信贷管理体制改革、调整经营思路、转变经营观念、实施积极有效的信贷营销措施，加大信贷资金投放，贷款重点投向了电力、交通、烟草、化工、生物制药、房地产和建筑安装等行业和地方基础设施建设，全力支持彝州经济发展。2000年，累计发放贷款6亿多元，新增贷款近亿元，重点支持了楚雄卷烟厂；南永二级公路；雁塔药业、金碧制药、楚雄医药工业园区；经济适用住房、住宅小区建设、市政建设、小城镇建设，有力地支持了楚雄州的经济发展。

党建工作会议

向社会广泛宣传建设银行新业务

办公大楼

支持的重点建设项目——安楚公路

中国银行 昆明市南窑支行

BANK OF CHINA

行长　段凤英

召开纪念建党80周年暨"创先争优"活动表彰大会（右二为行长段凤英，左二为副行长王昌文，左一为副行长赵玉忠，右一为纪委书记苏振荣）

中国银行昆明市南窑支行是1999年10月组建成立的中国银行云南省分行直属支行（正处级），内设9个部室，下辖4个县区支行，17个分理处、储蓄所分布于昆明市区和东部郊区县。截止2000年末，存款207341万元，贷款余额32723万元，重点支持了云南省和昆明市的公路、航空、旅游、医疗、教育等行业的建设和发展，取得了良好的社会效益和经济效益，全年实现利润1888.8 万元。

中行昆明市南窑支行全体员工严格遵守中行"爱行敬业、勤政俭朴、信誉至上、服务为本"的职业道德准则，在支行党委的领导下，坚持"以市场为导向，以客户为中心"的经营理念，团结进取、积极探索，不断提高优质文明服务质量，积极创建企业文化，全行涌现了一批"品牌"网点。机场分理处被评为"全国青年文明号"；营业部储蓄专柜被总行树为"精品网点"，北站支行等6个网点被评为省、市级"青年文明号"，宜良支行等9个网点窗口被授予"巾帼文明示范岗"。

世纪之交，充满机遇与挑战。中行昆明市南窑支行将在上级行的领导下，在当地人行和有关部门及社会各界的关心和支持下，建立良好的公司治理机制，不断强化内部管理，坚持依法合规经营，为云南省和昆明市的社会稳定、经济发展做出积极的贡献。

上门为外资企业办理业务

绚丽多彩的员工业余文化活动

主　　　编：邓开琳　孙仲文

副　主　编：龚晓兰　潘为红　李凤翔

编辑部主任：龚晓兰

组稿编辑：（排名不分先后）

马　红　王白水　陈双雨　王绍光　王郑英　李世广

洪登金　朱军旗　陈志拴　刘曦晖　木江涛　李大勋

孙　寿　冷少萍　李海燕　毛雁斌　蔡　敏　秦　勰

和庆文　王力新　骆忠富　郑秋生　张馥标　和呈文

杨　杰　郑宁华　潘沈林　侯永昆　郑艳玲　杨庆林

赵红军　张云龙　余美蓉　付　嵘　陈朝龙　裴根合

牛晓露　赵　原　李　茜　胡　静　速拥军　苏嘉琼

杨国富

目　录

序　言
编辑说明

第一部分　经济、金融形势

云南省经济、金融形势综述 …………………………………… (3)
关于云南省国民经济和社会发展第十个五年计划纲要的报告（摘要） ……………… (7)
云南省 2000 年国民经济和社会发展计划执行情况与 2001 年国民经济和
　社会发展计划草案（摘要） ………………………………… (18)
云南省 2000 年地方财政预算执行情况和 2001 年地方财政预算草案（摘要） ……… (23)
云南省 2000 年国民经济和社会发展统计公报 ……………………… (27)
云南省国民经济和社会发展第十个五年计划纲要 …………………… (32)
2000 年云南金融大事记 ……………………………………… (48)

第二部分　金　融　业　务

中国人民银行成都分行昆明金融监管办事处
　综述 ……………………………………………………… (51)
中国人民银行昆明中心支行
　综述 ……………………………………………………… (53)
　银行监管 …………………………………………………… (55)
　非银行监管 ………………………………………………… (57)

支付会计 …………………………………………………………………………（58）
国库工作 …………………………………………………………………………（59）
外汇、外债管理 ……………………………………………………………………（60）
货币发行与金银管理 ………………………………………………………………（62）
货币信贷 …………………………………………………………………………（63）
调查统计 …………………………………………………………………………（65）
农村合作金融监管 …………………………………………………………………（66）
电子结算工作 ……………………………………………………………………（67）
中国证监会昆明证券监管特派员办事处
云南证券期货市场 …………………………………………………………………（69）
国家开发银行昆明分行
综述 ……………………………………………………………………………（72）
贷款发放 …………………………………………………………………………（72）
不良资产化解 ……………………………………………………………………（72）
存款业务 …………………………………………………………………………（73）
项目开发 …………………………………………………………………………（73）
项目评审 …………………………………………………………………………（73）
合同签订 …………………………………………………………………………（73）
业务创新 …………………………………………………………………………（73）
电子化建设 ………………………………………………………………………（73）
中国农业发展银行云南省分行
综述 ……………………………………………………………………………（74）
信息统计 …………………………………………………………………………（74）
内控建设 …………………………………………………………………………（75）
资金计划 …………………………………………………………………………（75）
信贷管理 …………………………………………………………………………（76）
中国工商银行云南省分行

综述 …… (77)
调整结构 …… (77)
财务改革 …… (77)
资金营运 …… (78)
机构改革 …… (78)
稳存增存 …… (78)
电子化建设 …… (79)
外汇业务 …… (79)
银行卡业务 …… (79)
新兴业务 …… (79)
代理业务 …… (79)
项目贷款 …… (79)
工商信贷 …… (80)
住房贷款 …… (80)
资产保全 …… (80)
法律工作 …… (80)
中国农业银行云南省分行
综述 …… (81)
资金计划管理 …… (82)
零售业务 …… (83)
项目贷款 …… (83)
企业信用等级评定和统一授信管理 …… (84)
流动资金贷款 …… (84)
农副产品收购信贷 …… (85)
电力信贷 …… (85)
专项信贷 …… (86)
信贷风险监管 …… (87)

市场开发业务 …… (88)
银行卡业务 …… (88)
中国银行云南省分行
综述 …… (90)
信贷业务 …… (91)
出口退税账户质押融资 …… (92)
存款业务 …… (92)
授信业务管理 …… (92)
消费信贷业务 …… (93)
长城卡业务 …… (94)
外汇资金 …… (94)
国际结算 …… (94)
对外金融往来 …… (95)
大事记 …… (95)
中国建设银行云南省分行
综述 …… (96)
公司业务 …… (97)
个人银行业务 …… (98)
中间业务 …… (99)
龙卡业务 …… (99)
国际金融 …… (99)
房地产金融 …… (100)
大事记 …… (100)
中国人民保险公司云南省分公司
综述 …… (101)
机动车辆保险 …… (102)
财产保险 …… (102)

货运险业务 …… (103)
代理业务 …… (104)
信息技术 …… (104)
营业管理 …… (104)
大事记 …… (105)
中国人寿保险公司云南省分公司
综述 …… (106)
个人寿险业务 …… (106)
团体寿险业务 …… (106)
规范管理 …… (107)
信息化建设 …… (107)
三项制度改革 …… (107)
大事记 …… (107)
交通银行昆明分行
综述 …… (108)
市场营销 …… (109)
授信管理 …… (109)
风险资产管理 …… (110)
计划资金管理 …… (110)
私人金融业务 …… (110)
电子化建设 …… (111)
大事记 …… (111)
中国光大银行昆明分行
综述 …… (112)
存贷款工作 …… (112)
中间业务 …… (113)
国际业务 …… (113)

资产负债管理 …………………………………………………………………… (113)
增资扩股工作 …………………………………………………………………… (114)
大事记 …………………………………………………………………………… (114)
华夏银行昆明分行
综述 ……………………………………………………………………………… (115)
市场拓展与客户开发 …………………………………………………………… (115)
信贷业务 ………………………………………………………………………… (115)
中间业务 ………………………………………………………………………… (115)
国际业务 ………………………………………………………………………… (116)
业务创新 ………………………………………………………………………… (116)
内控机制 ………………………………………………………………………… (116)
机构网点建设和CI形象宣传 ……………………………………………………… (117)
广东发展银行昆明分行
综述 ……………………………………………………………………………… (118)
存款工作 ………………………………………………………………………… (118)
票据业务 ………………………………………………………………………… (118)
信贷业务 ………………………………………………………………………… (118)
电子化建设及银行卡业务 ……………………………………………………… (119)
大事记 …………………………………………………………………………… (119)
上海浦东发展银行昆明分行
综述 ……………………………………………………………………………… (120)
市场营销 ………………………………………………………………………… (120)
防范风险 ………………………………………………………………………… (120)
信贷工作 ………………………………………………………………………… (121)
机构建设 ………………………………………………………………………… (121)
大事记 …………………………………………………………………………… (121)
中国信达资产管理公司昆明办事处

综述 …… (122)

中国长城资产管理公司昆明办事处

综述 …… (123)

昆明市商业银行

综述 …… (124)

存贷款情况 …… (124)

业务创新 …… (124)

内部控制 …… (125)

大事记 …… (125)

昆明市农村信用合作社联合社

综述 …… (126)

信贷管理 …… (126)

财务会计管理 …… (127)

电子化建设 …… (127)

大事记 …… (128)

中国太平洋财产保险股份有限公司昆明分公司

概况 …… (129)

分业改革 …… (129)

发展战略 …… (129)

业务发展 …… (129)

保险服务 …… (129)

“三集中”管理 …… (130)

代理工作 …… (130)

大事记 …… (130)

中国太平洋人寿保险股份有限公司昆明分公司

综述 …… (131)

分业经营改革 …… (131)

寿险业务 …… (131)
营销管理 …… (132)
基础建设 …… (132)
保险服务 …… (132)
大事记 …… (132)
中国平安保险股份有限公司昆明分公司
综述 …… (133)
人寿保险 …… (133)
财产保险 …… (134)
文化品牌 …… (134)
大事记 …… (134)
云南省国际信托投资公司
综述 …… (135)
证券业务 …… (136)
外汇业务 …… (136)
投资业务 …… (136)
物业管理 …… (136)
云南金旅信托投资有限公司
综述 …… (137)
业务活动 …… (137)
昆明国际信托投资公司
综述 …… (138)
业务活动 …… (139)
云南证券有限责任公司
概况 …… (139)
大事记 …… (140)
云南证券登记有限公司

综述 …………………………………………………………………………（141）
海通证券有限公司昆明东风西路证券营业部
综述 …………………………………………………………………………（142）
国泰君安证券股份有限公司昆明人民中路证券营业部
综述 …………………………………………………………………………（143）
云南省邮政储汇局
综述 …………………………………………………………………………（144）
邮政储蓄 ……………………………………………………………………（144）
代理业务 ……………………………………………………………………（145）
电子化建设 …………………………………………………………………（145）
邮政汇兑 ……………………………………………………………………（145）
稽核检查 ……………………………………………………………………（145）
大事记 ………………………………………………………………………（146）

第三部分　各地州（市）经济、金融概况

昆　明 ………………………………………………………………………（149）
昭　通 ………………………………………………………………………（153）
曲　靖 ………………………………………………………………………（156）
玉　溪 ………………………………………………………………………（161）
红　河 ………………………………………………………………………（166）
文　山 ………………………………………………………………………（170）
思　茅 ………………………………………………………………………（175）
西双版纳 ……………………………………………………………………（180）
楚　雄 ………………………………………………………………………（184）
大　理 ………………………………………………………………………（189）
丽　江 ………………………………………………………………………（193）

保　　山 …………（198）
德　　宏 …………（202）
临　　沧 …………（206）
迪　　庆 …………（210）
怒　　江 …………（214）

第四部分　经济、金融统计资料

一、国民经济统计
历年国内生产总值和指数 …………（221）
历年全省工农业总产值 …………（222）
历年工农业总产值指数 …………（223）
历年工农业总产值构成 …………（224）
历年全省财政收支总额 …………（225）
历年全省财政分项目支出 …………（226）
历年全省财政收入 …………（227）
主要年份各种物价总指数 …………（228）
全社会固定资产投资 …………（229）
主要年份社会消费品零售总额 …………（230）
社会消费品零售总额 …………（230）
进出口贸易总额 …………（231）
外贸系统进口总额 …………（231）
实际利用外资额 …………（232）
边境贸易进出口总额 …………（232）
主要年份国民经济主要比例关系 …………（233）
预算外资金收入 …………（234）
预算外资金支出 …………（234）

对外承包工程和劳务合作 ……………………………………………………………………………（235）

旅游事业发展情况 ……………………………………………………………………………………（235）

各地区按国民经济行业分的基本建设投资 ………………………………………………………（236）

主要年份全部职工工资总额和平均工资 …………………………………………………………（237）

全部职工工资总额和平均工资指数 ………………………………………………………………（237）

二、金融业务综合统计

云南省各月分层次货币供应量统计 ………………………………………………………………（238）

历年云南省金融机构存、贷款年末余额 …………………………………………………………（239）

云南省金融机构人民币信贷收支统计 ……………………………………………………………（241）

云南省金融机构人民币信贷收支季末余额表 ……………………………………………………（243）

云南省金融信托投资机构人民币信贷收支统计 …………………………………………………（245）

云南省金融机构备付金率 …………………………………………………………………………（247）

云南省银行机构人民币信贷收支统计 ……………………………………………………………（248）

云南省银行机构人民币信贷收支季末余额表 ……………………………………………………（250）

云南省银行机构分地区存款统计 …………………………………………………………………（252）

云南省银行机构分地区贷款统计 …………………………………………………………………（253）

云南省分地区城乡储蓄存款统计 …………………………………………………………………（254）

云南省城乡储蓄存款增长情况 ……………………………………………………………………（255）

主要年份云南省城乡人均储蓄情况 ………………………………………………………………（256）

云南省金融机构现金收入情况 ……………………………………………………………………（257）

云南省金融机构现金支出情况 ……………………………………………………………………（258）

历年云南省货币投放（+）、回笼（-）情况 ……………………………………………………（259）

云南省分月货币投放（+）、回笼（-）情况 ……………………………………………………（260）

云南省分地区货币投放或回笼情况 ………………………………………………………………（261）

云南省金融机构各项存、贷款余额分析表 ………………………………………………………（262）

云南省金融机构外汇信贷收支统计表 ……………………………………………………………（263）

云南省金融机构外汇信贷收支季末余额表 ………………………………………………………（265）

云南省银行机构外汇信贷收支统计 …………………………………………………………(267)

云南省银行机构外汇信贷收支季末余额表 ……………………………………………………(269)

云南省非银行金融机构外汇信贷资金运行情况 ………………………………………………(271)

云南省外汇指定银行外汇资金运行情况 ……………………………………………………(272)

云南证券营业部2000年交易情况表 ……………………………………………………(273)

云南省上市公司股票发行情况表 …………………………………………………………(274)

云南省股票投资者历年开户股东数 ………………………………………………………(275)

云南省上市公司股本结构表 ………………………………………………………………(276)

三、金融机构业务统计

国家开发银行昆明分行人民币信贷收支表 ……………………………………………………(277)

中国工商银行云南省分行存、贷款项目明细表 ………………………………………………(280)

中国工商银行云南省分行存款分地区分析表 …………………………………………………(281)

中国工商银行云南省分行贷款分地区分析表 …………………………………………………(282)

中国农业银行云南省分行分地区常规、专项业务存贷比分析表 ………………………………(285)

中国农业银行云南省分行分地区常规业务存贷比分析表 ……………………………………(286)

中国农业银行云南省分行常规业务各项贷款累放累收汇总表 …………………………………(287)

中国农业银行云南省分行专项业务各项贷款累放累收汇总表 …………………………………(288)

中国农业银行云南省分行外币信贷资金运用、来源状况表 ……………………………………(289)

中国银行云南省分行人民币信贷资金来源运用情况表 ………………………………………(290)

中国银行云南省分行分地区本、外币存款情况 ………………………………………………(291)

中国银行云南省分行分地区本、外币贷款情况 ………………………………………………(292)

中国建设银行云南省分行存、贷款余额表 ……………………………………………………(293)

中国人寿保险公司云南省分公司业务统计汇总表 ……………………………………………(294)

中国人寿保险公司云南省分公司统计分析总表 ………………………………………………(295)

交通银行昆明分行信贷收支统计月报比较表 …………………………………………………(296)

中国光大银行昆明分行累放累收月报表 ……………………………………………………(298)

中国光大银行昆明分行外汇信贷月报表 ……………………………………………………(299)

华夏银行昆明分行人民币信贷收支表 …………………………………………………………（301）

华夏银行昆明分行外汇信贷收支表 …………………………………………………………（302）

广东发展银行昆明分行人民币信贷收支分析表 ………………………………………………（303）

昆明市商业银行信贷收支表 …………………………………………………………………（304）

昆明市农村信用合作社联合社信贷收支统计表 ………………………………………………（305）

昆明市农村信用合作社联合社存款、贷款余额表 ……………………………………………（306）

中国平安保险股份有限公司昆明分公司产险承保业务统计报表 ……………………………（307）

中国平安保险股份有限公司昆明分公司产险理赔业务统计报表 ……………………………（308）

中国平安保险股份有限公司昆明分公司个人寿险保费收入统计（分险种） ………………（309）

云南省农村信用合作社各项存款统计表 ………………………………………………………（311）

云南省农村信用合作社各项贷款统计分析表 …………………………………………………（313）

云南省农村信用合作社各项贷款统计分析表（正常） ………………………………………（314）

云南省邮政储蓄业务统计表 ……………………………………………………………………（315）

四、资产负债表

国家开发银行昆明分行 …………………………………………………………………………（316）

中国农业发展银行云南省分行 …………………………………………………………………（318）

中国工商银行云南省分行 ………………………………………………………………………（319）

中国农业银行云南省分行 ………………………………………………………………………（320）

中国银行云南省分行 ……………………………………………………………………………（322）

中国建设银行云南省分行 ………………………………………………………………………（323）

中国人民保险公司云南省分公司 ………………………………………………………………（324）

交通银行昆明分行 ………………………………………………………………………………（328）

中国光大银行昆明分行 …………………………………………………………………………（330）

华夏银行昆明分行 ………………………………………………………………………………（331）

广东发展银行昆明分行 …………………………………………………………………………（332）

上海浦东发展银行昆明分行 ……………………………………………………………………（334）

昆明市商业银行 …………………………………………………………………………………（335）

昆明市农村信用合作社联合社 ……………………………………………………………… (336)
中国太平洋财产保险股份有限公司昆明分公司 ………………………………………………… (337)
中国太平洋人寿保险股份有限公司昆明分公司 ………………………………………………… (338)
中国平安保险股份有限公司昆明分公司（产险） ……………………………………………… (339)
中国平安保险股份有限公司昆明分公司（寿险） ……………………………………………… (341)
云南省农村信用合作社 ………………………………………………………………………… (343)
云南省国际信托投资公司 ……………………………………………………………………… (344)
云南金旅信托投资有限公司 …………………………………………………………………… (345)
昆明国际信托投资公司 ………………………………………………………………………… (347)
云南证券有限责任公司 ………………………………………………………………………… (348)
海通证券有限公司昆明东风西路证券营业部 …………………………………………………… (349)
国泰君安证券股份有限公司昆明人民中路证券营业部 ………………………………………… (350)
五、损益表
国家开发银行昆明分行 ………………………………………………………………………… (351)
中国农业发展银行云南省分行 ………………………………………………………………… (353)
中国工商银行云南省分行 ……………………………………………………………………… (354)
中国农业银行云南省分行 ……………………………………………………………………… (355)
中国银行云南省分行 …………………………………………………………………………… (356)
中国人民保险公司云南省分公司 ……………………………………………………………… (357)
交通银行昆明分行 ……………………………………………………………………………… (359)
中国光大银行昆明分行 ………………………………………………………………………… (361)
华夏银行昆明分行 ……………………………………………………………………………… (365)
广东发展银行昆明分行 ………………………………………………………………………… (366)
上海浦东发展银行昆明分行 …………………………………………………………………… (367)
昆明市商业银行 ………………………………………………………………………………… (368)
昆明市农村信用合作社联合社 ………………………………………………………………… (369)
中国太平洋财产保险股份有限公司昆明分公司 ………………………………………………… (370)

中国太平洋人寿保险股份有限公司昆明分公司 …… (371)
中国平安保险股份有限公司昆明分公司（产险） …… (372)
中国平安保险股份有限公司昆明分公司（寿险） …… (373)
云南省农村信用合作社 …… (374)
云南省国际信托投资公司 …… (375)
云南金旅信托投资有限公司 …… (376)
昆明国际信托投资公司 …… (378)
云南证券有限责任公司 …… (379)
海通证券有限公司昆明东风西路证券营业部 …… (380)
国泰君安证券股份有限公司昆明人民中路证券营业部 …… (381)
六、金融机构、人员统计表
云南省金融机构 …… (382)
云南省信托机构 …… (384)
中国人民银行昆明中心支行 …… (385)
国家开发银行昆明分行 …… (385)
中国农业发展银行云南省分行 …… (386)
中国工商银行云南省分行 …… (387)
中国农业银行云南省分行 …… (388)
中国银行云南省分行 …… (389)
中国建设银行云南省分行 …… (389)
中国人民保险公司云南省分公司 …… (390)
中国人寿保险公司云南省分公司 …… (391)
交通银行昆明分行 …… (392)
中国光大银行昆明分行 …… (392)
华夏银行昆明分行 …… (393)
广东发展银行昆明分行 …… (394)
上海浦东发展银行昆明分行 …… (394)

昆明市商业银行 …………………………………………………………………………………… (394)
昆明市农村信用合作社联合社 …………………………………………………………………… (395)
中国太平洋财产保险股份有限公司昆明分公司 …………………………………………………… (396)
中国太平洋人寿保险股份有限公司昆明分公司 …………………………………………………… (396)
中国平安保险股份有限公司昆明分公司 ………………………………………………………… (397)
云南省农村信用合作社 ………………………………………………………………………… (398)
云南省国际信托投资公司 ……………………………………………………………………… (399)
云南金旅信托投资有限公司 …………………………………………………………………… (399)
云南证券有限责任公司 ………………………………………………………………………… (400)
云南证券登记有限公司 ………………………………………………………………………… (400)
海通证券有限公司昆明东风西路证券营业部 …………………………………………………… (401)
国泰君安证券股份有限公司昆明人民中路证券营业部 ………………………………………… (401)
云南省邮政储汇局 ……………………………………………………………………………… (402)
七、信用卡（银行卡）业务统计
牡丹卡 …………………………………………………………………………………………… (404)
金穗卡 …………………………………………………………………………………………… (405)
长城卡 …………………………………………………………………………………………… (406)
龙　卡 …………………………………………………………………………………………… (406)
太平洋卡 ………………………………………………………………………………………… (407)
华夏卡 …………………………………………………………………………………………… (408)
春城卡 …………………………………………………………………………………………… (409)
金碧卡 …………………………………………………………………………………………… (410)
绿　卡 …………………………………………………………………………………………… (410)

第五部分　全省金融机构、负责人名录

中国人民银行 …………………………………………………………………………………… (413)

中国证监会 …………………………………………………………………………………（423）
国家开发银行 ………………………………………………………………………………（423）
中国农业发展银行 …………………………………………………………………………（424）
中国工商银行 ………………………………………………………………………………（431）
中国农业银行 ………………………………………………………………………………（441）
中国银行 ……………………………………………………………………………………（453）
中国建设银行 ………………………………………………………………………………（458）
中国人民保险公司 …………………………………………………………………………（471）
中国人寿保险公司 …………………………………………………………………………（481）
交通银行 ……………………………………………………………………………………（488）
中国光大银行 ………………………………………………………………………………（490）
华夏银行 ……………………………………………………………………………………（491）
广东发展银行 ………………………………………………………………………………（492）
上海浦东发展银行 …………………………………………………………………………（494）
中国华融资产管理公司 ……………………………………………………………………（495）
中国信达资产管理公司 ……………………………………………………………………（495）
中国长城资产管理公司 ……………………………………………………………………（496）
昆明市商业银行 ……………………………………………………………………………（496）
昆明市农村信用合作社联合社 ……………………………………………………………（498）
云南省城市信用合作社 ……………………………………………………………………（500）
云南省农村信用合作社 ……………………………………………………………………（502）
中国太平洋财产保险股份有限公司 ………………………………………………………（508）
中国太平洋人寿保险股份有限公司 ………………………………………………………（510）
中国平安保险股份有限公司 ………………………………………………………………（511）
云南省国际信托投资公司 …………………………………………………………………（512）
云南金旅信托投资有限公司 ………………………………………………………………（513）
昆明国际信托投资公司 ……………………………………………………………………（514）

云南证券有限责任公司 …………………………………………………………………… (515)
云南证券登记有限公司 …………………………………………………………………… (516)
海通证券有限公司 ………………………………………………………………………… (516)
国泰君安证券股份有限公司 ……………………………………………………………… (517)
云南省邮政储汇局 ………………………………………………………………………… (517)

第六部分　附　　录

云南资本市场发展对商业银行经营和中央银行货币政策的影响与
　　提高货币政策传导机制的建议 ………………………………………………………… (521)
关于金融支持云南小城镇建设的调研 …………………………………………………… (525)
对云南省部分国有商业银行开办金融超市情况的调查 ………………………………… (527)
关于中国农业银行云南省分行开办金融超市情况的调查报告 ………………………… (530)
丽江金融风险成因分析及化解措施 ……………………………………………………… (533)
加强和完善口岸农业银行边贸结算业务的调研报告 …………………………………… (535)

Content of Yunnan Financial Annual in 2001

Preface

Editor Introduction

Part I Situation of Economy and Finance

A summary of economic and financial situation in Yunnan province …………………… (3)

The Report on the Tenth Five – Year Planning Compendium of Yunnan Provincial National Economy and Social Development(summary) ………………………………………… (7)

The implementation condition on national economy and social development plan of Yunnan province in 2000 and planning draft in 2001 (summary) ……………………… (18)

The implementation condition on local budget of Yunnan province in 2000 and local budget draft in 2001 (summary) ………………………………………………………… (23)

The statistics bulletin on national economy and social development of Yunnan province in 2000 ……………………………………………………………………… (27)

The Tenth Five – Years Planning Compendium of Yunnan Provincial National Economy and Social Development ……………………………………………………… (32)

Yunnan financial chronicle of events in 2000 …………………………………………… (48)

Part II Financial Business

The People's Bank of China Chengdu Branch Kunming Financial Supervision Office

Summary ……………………………………………………………………………… (51)

The People's Bank of China Kunming Central Subbranch

Summary ……………………………………………………………………………… (53)

Bank supervision ……………………………………………………………………… (55)

Non – bank financial institution supervision ………………………………………… (57)

Payment accounting business ………………………………………………………… (58)

Treasury business …………………………………………………………………… (59)

Foreign exchange & foreign debt administration …… (60)
Currency issue and gold and silver administration …… (62)
Currency and credit …… (63)
Investigation and statistics …… (65)
Rural Cooperative banking administration …… (66)
Computerized settlement business …… (67)
China Securities Supervision Committee Kunming Securities Supervision Special Office
Securities & futures markets in Yunnan …… (69)
The State Development Bank Kunming Branch
Summary …… (72)
Loans placement …… (72)
Outstanding assets treatment and settlement …… (72)
Deposit business …… (73)
Program development …… (73)
Program review and examination …… (73)
Contract subscription …… (73)
Business innovation …… (73)
Computerized construction …… (73)
The Agricultural Development Bank of China Yunnan Branch
Summary …… (74)
Information statistics …… (74)
Internal control system construction …… (75)
Fund planning …… (75)
Credit management …… (76)
The Industrial and Commercial Bank of China Yunnan Branch
Summary …… (77)
Structure adjustment …… (77)
Financial reform …… (77)
Fund operation …… (78)
Organization reform …… (78)

Deposit stable and increase ······ (78)
Computerized construction ······ (79)
Foreign exchange business ······ (79)
Banking card business ······ (79)
Newly development business ······ (79)
Acting businessee ······ (79)
Program loan ······ (79)
Industrial and commercial credit ······ (80)
Mortagage ······ (80)
Assets warrants ······ (80)
Law business ······ (80)
The Agricultural Bank of China Yunnan Branch
Summary ······ (81)
Fund planning management ······ (82)
Retail businesses ······ (83)
Program Loans ······ (83)
Assessment of enterprises Rating and uniform Credit extension management ······ (84)
Working capital loan ······ (84)
Agricultural product purchase credit ······ (85)
Electronic power credit ······ (85)
Special program Credit ······ (86)
Credit risk supervision ······ (87)
Market development ······ (88)
Banking card business ······ (88)
The Bank of China Yunnan Branch
Summary ······ (90)
Credit business ······ (91)
Export drawback account pledge financing ······ (92)
Deposit business ······ (92)
Credit extension management ······ (92)

Consumption credit business …… (93)
Great Wall Credit Card business …… (94)
Foreign exchange fund …… (94)
International settlement …… (94)
Relation with foreign financial institutions …… (95)
Chronicle of events …… (95)
The Construction Bank of China Yunnan Branch
Summary …… (96)
Company business …… (97)
Personal banking businesses …… (98)
Medium banking businesses …… (99)
Dragon Credit Card business …… (99)
International finance …… (99)
Real estate financial business …… (100)
Chronicle of events …… (100)
People's Insurance Company of China Yunnan Branch
Summary …… (101)
Automobile insurance …… (102)
Property insurance …… (102)
Cargo transportation insurance …… (103)
Acting businesses …… (104)
Information technology …… (104)
Business Management …… (104)
Chronicle of events …… (105)
Life Insurance Company of China Yunnan Branch
Summary …… (106)
Personal life insurance business …… (106)
Group life insurance business …… (106)
Standardization management …… (107)
Information management …… (107)

Three systems construction ······ (107)
Chronicle of events ······ (107)
The Communications Bank of China Kunming Branch
Summary ······ (108)
Marketing ······ (109)
Credit extension management ······ (109)
Assets risk management ······ (110)
Planning fund management ······ (110)
Personal financial businesses ······ (110)
Computerized construction ······ (111)
Chronicle of events ······ (111)
Everbright Bank of China Kunming Branch
Summary ······ (112)
Deposit and loan business ······ (112)
Medium business ······ (113)
International business ······ (113)
Assets and liability management ······ (113)
Increase capital and extension capital stock ······ (114)
Chronicle of events ······ (114)
Hua Xia Bank kunming Branch
Summary ······ (115)
Market and client development ······ (115)
Credit business ······ (115)
Medium business ······ (115)
International business ······ (116)
Businesses innovation ······ (116)
Internal control mechanism ······ (116)
Institutional network construction and CI strategic performance ······ (117)
Guangdong Development Bank kunming Branch
Summary ······ (118)

Deposit business ………… (118)
Bill business ………… (118)
Credit business ………… (118)
Computerization construction and Credit cards business ………… (119)
Chronicle of events ………… (119)
Shanghai Pudong Development Bank Kunming Branch
Summary ………… (120)
Marketing ………… (120)
Keep away risk ………… (120)
Credit business ………… (121)
Institutional construction ………… (121)
Chronicle of events ………… (121)
China Xinda Assets Management Corporation Kunming Office
Summary ………… (122)
China Great Wall Assets Management Corporation Kunming Office
Summary ………… (123)
Kunming City Commercial Bank
Summary ………… (124)
Deposit and credit ………… (124)
Innovation of business ………… (124)
Internal control ………… (125)
Chronicle of events ………… (125)
Kunming Municipal Rural credit Cooperatives Union
Summary ………… (126)
Credit management ………… (126)
Financial and accounting management ………… (127)
Computerization construction ………… (127)
Chronicle of events ………… (128)
The Pacific Property Insurance Stock Limited Company of China Kunming Branch
Summary ………… (129)

Division of business reform .... (129)
Development Stratagem .... (129)
Business development .... (129)
Insurance services .... (129)
"Three Focus" management .... (130)
Acting business .... (130)
Chronicle of events .... (130)
The Pacific Life Insurance Stock Limited Company of China Kunming Branch
Summary .... (131)
Division of business reform .... (131)
Life insurance business .... (131)
Marketing management .... (132)
Basic construction .... (132)
Insurance services .... (132)
Chronicle of events .... (132)
Ping An Insurance Stock Limited Company of China Kunming Branch
Summary .... (133)
Life insurance .... (133)
Property insurance .... (134)
Enterprise Culture .... (134)
Chronicle of events .... (134)
Yunnan Provincial International Trust and Investment Company
Summary .... (135)
Securities business .... (136)
Foreign exchange business .... (136)
Investment business .... (136)
Real estate management .... (136)
Jin Lu Trust Investment Limited Company of Yunnan
Summary .... (137)
Businesses .... (137)

Kunming International Trust and Investment Company
Summary ······ (138)
Businesses ······ (139)
Yunnan Securities Limited Liability Company
Summary ······ (139)
Chronicle of events ······ (140)
Yunnan Securities Register Limited Company
Summary ······ (141)
Haitong Securities Limited Company Dongfeng West Road Securities Business Office in Kunming Summary ······ (142)
Guotai Junan Securities Stock Limited Company kunming Renmin Zhong Road Securities Business Office
Summary ······ (143)
Postal Savings Bureau of Yunnan Province
Summary ······ (144)
Postal Savings deposit ······ (144)
Acting business ······ (145)
Computerization construction ······ (145)
Postal Remittance and Cashing ······ (145)
Audit and Check ······ (145)
Chronicle of events ······ (146)

Part III Situation of Economy and Finance in Prefectures
Kunming ······ (149)
Zhaotong ······ (153)
Qujing ······ (156)
Yuxi ······ (161)
Honghe ······ (166)
Wenshan ······ (170)
Simao ······ (175)

Xishuangbanna …… (180)
Chuxiong …… (184)
Dali …… (189)
Lijiang …… (193)
Baoshan …… (198)
Dehong …… (202)
Lincang …… (206)
Diqing …… (210)
Nujiang …… (214)

Part IV Economic and Financial Statistics Data

1. National economy statistics
Annual gross domestic product and index …… (221)
Annual total product value of industry and agriculture in the province …… (222)
Index of annual total product value of industry and agriculture …… (223)
Constitution of annual total product value of industry and agriculture …… (224)
Total annual budget revenue and expenditure in the province …… (225)
Annual programs expenditure of budget in the province …… (226)
Annual budget revenue in the province …… (227)
Various prices general index in major years …… (228)
Fixed assets investment in the society …… (229)
Total retail amount of social consumer goods in major years …… (230)
Total retail amount of social consumer goods …… (230)
Total amount of export and import trade …… (231)
Total import amount in the foreign trade sector …… (231)
Actual amount of foreign investment …… (232)
Total export and import amount in the frontier trade …… (232)
Major proportion relations of national economy in major years …… (233)
Extra – budgetary receipts …… (234)
Extra – budgetary expenditure …… (234)

Foreign project contract and work cooperation contract .... (235)

Development situation of tourism industry .... (235)

Infrastructure investment amount of industries in national economy in the prefectures .... (236)

Total wage amount and average wage in major years .... (237)

Total wage amount of staff and average wage index .... (237)

2. Comprehensive statistics of financial businesses

Monthly statistics of money supply at all levels of Yunnan province .... (238)

Annual balances of deposits and loans at the end of years in Yunnan provincial financial institutions .... (239)

Statistics of RMB credit and loan in Yunnan provincial financial institutions .... (241)

Statistics of RMB credit and loan by the end of the seasons in Yunnan provincial financial institutions .... (243)

Statistics of RMB credit and loan in Yunnan provincial financial trust investment institutions .... (245)

Ratio of excess reserves in Yunnan provincial financial institutions .... (247)

Statistics of credit and loan in Yunnan provincial banking institutions .... (248)

Balance sheet of credit and loan at the end of seasons in Yunnan provincial banking institutions .... (250)

Deposit statistics of banking institutions in the regions of Yunnan province .... (252)

Credit statistics of banking institutions in the regions of Yunnan province .... (253)

Regional statistics of Urban and rural savings deposit in Yunnan province .... (254)

Statistics of savings deposit growth in urban and rural regions of Yunnan province .... (255)

Per capita savings deposit statistics in major years in Yunnan province .... (256)

Inflow cash statistics of banking institutions in Yunnan province .... (257)

Outflow cash statistics of banking institutions in Yunnan province .... (258)

Annual regional statistics of cash distribution and withdrawal in Yunnan province .... (259)

Monthly statistics of cash distribution and withdrawal in Yunnan province .... (260)

Regional statistics of cash distribution and withdrawal in Yunnan province ········· (261)

Analysis of balance sheet of various credit and loan in Yunnan provincial financial institutions ································· (262)

Statistics of foreign exchange credit and loan in Yunnan provincial financial institutions ································· (263)

Statistics of foreign exchange credit and loan by the end of the seasons in Yunnan provincial financial institutions ································· (265)

Statistics of foreign exchange credit and loan in Yunnan provincial banking institutions ································· (267)

Statistics of foreign exchange credit and loan by the end of the seasons in Yunnan provincial banking institutions ································· (269)

Operation situation of foreign exchange credit fund in Yunnan provincial non – banking financial institutions ································· (271)

Operation situation of foreign exchange fund in Yunnan provincial foreign exchange designated banks ································· (272)

Dealing situation sheet of Business Office of Yunnan Securities Company in 2000 ································· (273)

Stock issue of listed companies in Yunnan province ································· (274)

Annual opening account statistics of stock investors in Yunnan province ············ (275)

Stock structures of listed companies in Yunnan province ································· (276)

3. Business statistics of financial institution

Statistics of RMB credit and loan of the State Development Bank Kunming Branch ································· (277)

Deposit and credit item sheet of the Industrial and Commercial Bank of China Yunnan Branch ································· (280)

Analysis of regional deposit in the Industrial and Commercial Bank of China Yunnan Branch ································· (281)

Analysis of regional loan in the Industrial and Commercial Bank of China Yunnan Branch ································· (282)

Analysis of regional normal and special deposit and loan proportion of the Agricultural

Bank of China Yunnan Branch ························· (285)

Analysis of regional normal businesses of deposit and loan proportion of the Agricultural Bank of China Yunnan Branch ························· (286)

Collect list of normal businesses of various loans accumulated extended and withdrew of the Agricultural Bank of China Yunnan Branch ························· (287)

Collect list of special businesses of various loans accumulated extended and withdrew of the Agricultural Bank of China Yunnan Branch ························· (288)

Situation of application and source foreign exchange credit fund of the Agricultural Bank of China Yunnan Branch ························· (289)

Monthly list of RMB credit and loan extended and withdrew of the Bank of China Yunnan Branch ························· (290)

Regional local and foreign currency deposits of the Bank of China Yunnan Branch ························· (291)

Regional local and foreign currency loan of the Bank of China Yunnan Branch ······ (292)

Balance sheet of deposit and loan of the Construction Bank of China Yunnan Branch ························· (293)

Collect list of businesses statistics of Life Insurance Company of China Yunnan Branch ························· (294)

General list of statistics analysis of Life Insurance Company of China Yunnan Branch ························· (295)

Monthly comparison statistics of credit extended and withdrew of the Communications Bank Kunming Branch ························· (296)

Monthly report of RMB credit of the Everbright Bank of China Kunming Branch ··· (298)

Monthly report of foreign exchange credit of the Everbright Bank of China Kunming Branch ························· (299)

Analysis of RMB credit extended and withdrew of Hua Xia Bank Kunming Branch ························· (301)

Analysis of foreign exchange credit extended and withdrew of Hua Xia Bank Kunming Branch ························· (302)

Analysis of RMB credit extended and withdrew of Guangdong Development Bank

Kunming Branch ………………………………………………………………………… (303)

Statistics of credit extended and withdrew of Kunming City Commercial Bank …… (304)

Statistics of credit extended and withdrew of Kunming Rural Credit Cooperatives Union ………………………………………………………………………… (305)

Balance sheet of deposit and loan of Kunming Rural Credit Cooperatives Union … (306)

Business statistics of property insurance of Ping An Insurance Stock Limited Company of China Kunming Branch ……………………………………………… (307)

Compensation statistics of Property insurance business of Ping An Insurance Stock Limited Company of China Kunming Branch ……………………………… (308)

Premium statistics of personal life insurance of Ping An Insurance Stock Limited Company of China Kunming Branch ……………………………………………… (309)

Various deposit statistics of Yunnan provincial rural credit cooperatives ………… (311)

Various credit statistics and analysis of Yunnan provincial rural credit cooperatives ………………………………………………………………………… (313)

Various credit statistics and analysis of Yunnan provincial rural credit cooperatives (normal) ……………………………………………………………… (314)

Statistics of Yunnan Provincial Postal Savings Deposit ……………………………… (315)

4. Balance Sheet of Assets and Liabilities

The State Development Bank Kunming Branch ……………………………………… (316)

The Agricultural Development Bank of China Yunnan Branch …………………… (318)

The Industrial and Commercial Bank of China Yunnan Branch …………………… (319)

The Agricultural Bank of China Yunnan Branch …………………………………… (320)

The Bank of China Yunnan Branch ………………………………………………… (322)

The Construction Bank of China Yunnan Branch …………………………………… (323)

The People's Insurance Company of China Yunnan Branch ……………………… (324)

Communications Bank of China Kunming Branch …………………………………… (328)

Everbright Bank of China Kunming Branch ………………………………………… (330)

Huaxia Bank Kunming Branch ……………………………………………………… (331)

Guangdong Development Bank Kunming Branch …………………………………… (332)

Shanghai Pudong Development Bank Kunming Branch …………………………… (334)

Kunming City Commercial Bank …… (335)
Kunming Municipal Rural credit Cooperatives Union …… (336)
The Pacific Property Insurance Stock Limited Company of China Kunming Branch …… (337)
The Pacific Life Insurance Stock Limited Company of China Kunming Branch …… (338)
Ping An Insurance Stock Limited Company of China Kunming Branch (Property Insurance) …… (339)
Ping An Insurance Stock Limited Company of China Kunming Branch (Life Insurance) …… (341)
Yunnan Provincial Rural Credit Cooperatives …… (343)
Yunnan Provincial International Trust and Investment Company …… (344)
Yunnan Jin Lu Trust and Investment limited Company …… (345)
Kunming International Trust and Investment Company …… (347)
Yunnan Securities Limited Liability Company …… (348)
Haitong Securities Limited Company Kunming Dongfeng West Road Securities Business Office …… (349)
Guotai Junan Securities Stock Limited Company Kunming Renmin Zhong Road Securities Business Office …… (350)
5. Income Statement
The State Development Bank Kunming Branch …… (351)
The Agricultural Development Bank of China Yunnan Branch …… (353)
The Industrial and Commercial Bank of China Yunnan Branch …… (354)
The Agricultural Bank of China Yunnan Branch …… (355)
The Bank of China Yunnan Branch …… (356)
The People's Insurance Company of China Yunnan Branch …… (357)
Communications Bank of China Kunming Branch …… (359)
Everbright Bank of China Kunming Branch …… (361)
Huaxia Bank Kunming Branch …… (365)
Guangdong Development Bank Kunming Branch …… (366)
Shanghai Pudong Development Bank Kunming Branch …… (367)

Kunming City Commercial Bank ………………………………………………… (368)
Kunming Municipal Rural credit Cooperatives Union ………………………………… (369)
The Pacific Property Insurance Stock Limited Company of China Kunming Branch
………………………………………………………………………………… (370)
The Pacific Life Insurance Stock Limited Company of China Kunming Branch …… (371)
Ping An Insurance Stock Limited Company of China Kunming Branch
(Property Insurance) ………………………………………………………………… (372)
Ping An Insurance Stock Limited Company of China Kunming Branch
(Life Insurance) …………………………………………………………………… (373)
Yunnan Provincial Rural Credit cooperatives ………………………………………… (374)
Yunnan Provincial International Trust and Investment Company ………………… (375)
Yunnan Jin Lu Trust and Investment Limited Company …………………………… (376)
Kunming International Trust and Investment Company …………………………… (378)
Yunnan Securities Limited Liability Company ………………………………………… (379)
Haitong Securities Limited Company Kunming Dongfeng West Road Securities
Business Office ……………………………………………………………………… (380)
Guotai Junan Securities Stock Limited Company Kunming Renmin Zhong
Road Securities Business Office …………………………………………………… (381)
6. Statistics Table of Financial Institutions and Personnel
Financial institutions in Yunnan province ………………………………………… (382)
Trust and investment institution ……………………………………………………… (384)
The people's Bank of China Kunming Central Subbranch ………………………… (385)
The State Development Bank Kunming Branch ……………………………………… (385)
The Agricultural Development Bank of China Yunnan Branch …………………… (386)
The Industrial and Commercial Bank of China Yunnan Branch …………………… (387)
The Agricultural Bank of China Yunnan Branch …………………………………… (388)
The Bank of China Yunnan Branch ………………………………………………… (389)
The Construction Bank of China Yunnan Branch …………………………………… (389)
The People's Insurance Company of China Yunnan Branch ……………………… (390)
The Life Insurance Company of China Yunnan Branch …………………………… (391)

Communications Bank of China Kunming Branch …… (392)
Everbright Bank of China Kunming Branch …… (392)
Huaxia Bank Kunming Branch …… (393)
Guangdong Development Bank Kunming Branch …… (394)
Shanghai Pudong Development Bank Kunming Branch …… (394)
Kunming City Commercial Bank …… (394)
Kunming Municipal Rural credit Cooperatives Union …… (395)
The Pacific Property Insurance Stock Limited Company of China Kunming Branch …… (396)
The Pacific Life Insurance Stock Limited Company of China Kunming Branch …… (396)
The Ping An Insurance Stock Limited Company of China Kunming Branch …… (397)
Yunnan Provincial Rural Credit cooperatives …… (398)
Yunnan Provincial International Trust and Investment Company …… (399)
Yunnan Jin Lu Trust and Investment Limited Company …… (399)
Yunnan Securities Limited Liability Company …… (400)
Yunnan Securities Register Limited Company …… (400)
Haitong Securities Limited Company Kunming Dongfeng West Road Securities Business Office …… (401)
Guotai Junan Securities Stock Limited Company Kunming Renmin Zhong Road Securities Business Office …… (401)
Yunnan Provincial Postal Savings Deposit Bureau …… (402)
7. Statistics of Credit Card (Banking Card) Business
Peony Card …… (404)
Golden Fringe Card …… (405)
Great Wall Card …… (406)
Dragon Card …… (406)
Pacific Ocean Card …… (407)
Hua Xia Card …… (408)
Spring City Card …… (409)
Golden Jade Card …… (410)

Green Card …… (410)

Part V List of Financial Institutions and Personnel in Charge in Yunnan Province

The People's Bank of China …… (413)
The Securities Supervision Committee of China …… (423)
The State Development Bank …… (423)
The Agricultural Development Bank of China …… (424)
The Industrial and Commercial Bank of China …… (431)
The Agricultural Bank of China …… (441)
The Bank of China …… (453)
The Construction Bank of China …… (458)
The People's Insurance Company of China …… (471)
The Life Insurance Company of China …… (481)
Communications Bank of China …… (488)
Everbright Bank of China …… (490)
Huaxia Bank …… (491)
Guangdong Development Bank …… (492)
Shanghai Pudong Development Bank …… (494)
China Huarong Assets Management Corporation …… (495)
China Xinda Assets Management Corporation …… (495)
China Great Wall Assets Management Corporation …… (496)
Kunming City Commercial Bank …… (496)
Kunming Rural Credit cooperatives Union …… (498)
Yunnan Provincial Urban Credit Cooperatives …… (500)
Yunnan Provincial Rural Credit Cooperatives …… (502)
The Pacific Property Insurance Company of China …… (508)
The Pacific Life Insurance Company of China …… (510)
Ping An Insurance Company of China …… (511)
Yunnan Provincial International Trust and Investment Company …… (512)
Yunnan Jin Lu Trust and Investment Limited Company …… (513)

Kunming International Trust and Investment Company ······ (514)
Yunnan Securities Limited Liability Company ······ (515)
Yunnan Securities Register Limited Company ······ (516)
Haitong Securities Limited Company ······ (516)
Guotai Junan Securities Stock Limited Company ······ (517)
Yunnan Provincial Postal Savings Deposit Bureau ······ (517)

VI. Appendix

Suggestion of impact and improve conduction mechanism of monetary policy on Yunnan provincial capital market development ······ (521)
Investigation and research on support construction of small city and town by financial sector ······ (525)
Investigation on situation of several State – owned commercial banks conduct financial supermarket in Yunnan province ······ (527)
Findings report on situation of the Agricultural Bank of China Yunnan Branch conducts financial supermarket ······ (530)
Reason Analysis of financial risks were formed and resolved measures in Lijiang prefecture ······ (533)
Investigation report on strengthen and perfect frontier trade settlement at port of the Agricultural Bank of China subbranch ······ (535)

序　　言

雷滇生

2000年，全省金融系统认真学习和实践“三个代表”的重要思想，继续贯彻落实稳健的货币政策，加强金融监管，支持了全省经济的发展。

一年来，全省金融机构努力改善金融服务，加强银政、银企协作，积极调整信贷结构，进一步加大了支持地方经济发展的力度。12月末，全省金融机构各项存款余额为2465.68亿元，比年初增长9.74%；各项贷款余额为2121.12亿元，比年初增长9.72%。重点加大了对支柱产业、高新技术产业、重点企业、国家西部建设投资项目的支持力度，12月末，全省新增短期贷款64.27亿元，比年初增长4.75%；新增中长期贷款102.47亿元，增长17.25%；支农力度进一步加大，全年新增农业贷款12.08亿元，增长10.85%；消费信贷领域进一步得到拓展，截止12月末，全省个人消费贷款余额83亿元，比年初增加53.13亿元，增长177%；到12月末，四家国有商业银行共发放助学贷款1500万元；积极支持国有企业的改革发展，截止12月末，共核销呆坏账8亿元，全年剥离、划转债转股141.97亿元。

直接融资渐趋活跃，到12月末，全省共发行国债54.75亿元，比上年多发行26.75亿元；发行企业债券7亿元；证券市场累计总成交金额957亿元，比上年将近翻了一番。保险业成绩显著，截止2000年底，全省保费收入40.5亿元，占“九五”总额的47%，赔付支出12.05亿元，保险的经济补偿功能得到了有效发挥。

在积极支持经济发展的同时，全省金融监管工作以创建金融安全区为目标，以督促监管对象提高资产质量，健全内控制度，依法合规经营，防范和化解金融风险为重点，通过完善监管体系，提高监管水平，加大监管力度，以央行监管、保险监管、证券监管为主导，各银行、非银行金融机构的内部控制为基础，社会力量监管为补充，金融法律为依据的全省金融监管体系正在形成。一年来，认真开展了对辖内金融机构的真实性检查；积极协助完成了全省清理整顿农村合作基金会工作，确保了农村金融的稳定；以风险监管为主，高度重视中小金融机构的金融风险；加大对各类金融违规违法行为的查处力度，打击了金融违规违法行为，维护金融秩序和社会稳定。

然而，企业贷款难、银行难贷款问题仍然存在，银行不良贷款居高不下，部分企业恶意逃废银行债务，金融犯罪时有发生，社会信用亟待提高……这些，需要我们在今后的工作中引起高度重视。

世纪之交，我们将认真总结经验教训，团结一致，为云南经济发展提供有力的金融支持。

Preface

Lei Diansheng

The financial sector of the province earnestly studied and practiced important ideology of the "Three Representatives", persisted in implementation of sound monetary policy, strengthened financial supervision, supported development of economy of whole province in 2000.

The financial institutions of the province made great efforts to perfect financial services, enhance cooperation of banking sector and government, banking sector and enterprises, actively adjust credit structure, highly strengthened the force to support development of local economy all year round. By the end of December, balance of the various deposits in the provincial financial institutions reached RMB 246.568 billion Yuan, grew by 9.74% over that at the beginning of this year; while the balance of various loans was RMB 212.112 billion Yuan, grew by 9.72% over that of previous year. Support force mostly reinforced on pillar industry, high – technical industry, key enterprises, the State west construction investment programs. By the end of December, newly increased short – term loan reached RMB 6.427 billion Yuan, increased by 4.75% than that of the beginning of this year; newly increased medium and long – term loans hit RMB 10.247 billion Yuan, grew by 17.25% in whole province. Force supported agriculture was further strengthened, newly increased agricultural loan was RMB 1.208 billion Yuan, grew by 10.85% in the province. Personal consumption loan arrived at RMB 8.3 billion Yuan, increased RMB 5.133 billion Yuan than that of the beginning of this year; grew by 177% in whole province. The Aid – educational loan RMB 15 million Yuan was extended by the 4 State – owned commercial banks; actively supported the reform and development of the State – owned enterprises, more than RMB 800 million Yuan non – perform and bad loans were canceled after verification by the end of December, The debt of RMB 14.197 billion Yuan was peeled off and diverted stock share in the year.

Direct financing gradually tended to flourish, the State bond was issued RMB 5.474 billion Yuan in the province, increased RMB 2.675 billion Yuan more than that of previous year; the enterprise bond was issued RMB 700 million Yuan. Accumulated sum of dealing amounted to RMB 95.7 billion Yuan in the stock market, it was doubled more than that of previous year. The insurance sector obtained prominence results, by the end of year 2000, income of premium hit RMB 4.05 billion Yuan in the province, amounted to 47% of total sum in the period of "the Ninth – Five Year" plan, disburse of compensate was RMB 1.205 billion Yuan, it was effectively exerted insurance function of economical compensate.

With actively supported economic development at the same time, financial supervision business in the province perfected supervision system, elevated supervision level, strengthened supervision force. According to construction financial safe region as a goal, supervised institutions were urged to improve assets quality, perfect inner – control system, under the law operate regularly, kept away and solved financial risk as a key point; under the leading of financial supervision institution, insurance supervision institution and securities supervision institution, various banks and non – banking financial institutions constructed inner – control system as basic, the social supervision force makeup as a supplement, the provincial supervision system have been taken shape by financial laws. Authenticity check was earnestly developed in the provincial financial institutions; rural cooperate fund was actively assisted to complete liquidation to insure stable of rural finance; as risk supervision was priority, financial risk was regarded seriously at the medium and small financial institutions. The force were strengthened on checking and disposing various behaviors of violate financial regular and laws, which hit conduct of violate financial regular and laws, maintained financial order and social stable.

However, the problems of enterprise was difficult to apply loan and banks was hard to extend loan still exist, bad loan of banks was at higher level but decreased, some enterprises were not reimbursed loans malevolently, financial crime sometimes was taken place, social credit had to improve..., we must pay great attention to all of these work in the future.

Stepping to the new century, we will earnestly summarize experiences and lessons, to solidify and provide powerful financial support to economic development of Yunnan province.

编 辑 说 明

一、本卷《云南金融年鉴》是自1996年以来的第6卷年刊，内容全面集中反映了2000年云南省金融事业发展实绩和金融改革成果，汇集了经济和金融业务统计数据。

二、本卷采用条目式编排，为保持资料的连续性，对主要金融业务活动采用较固定的条目，其他则视上年的业务活动情况适当增删。条目的内容反映当年的金融业务活动，如需了解此条目的系统资料，可参阅本年鉴历年各卷中同一条目。

三、本卷对银行机构及非银行金融机构的排列顺序只采用一般惯例，不含名次高低之意。

四、收录了全省有关国民经济的统计资料、金融统计资料，以及各家银行、非银行金融机构的下属机构和人员资料。有关国民经济的统计资料以云南省统计局的口径为准；全省金融统计资料以中国人民银行昆明中心支行调统部门的口径为准；各家银行、非银行金融机构及人员统计以有关部门提供的资料编排。

五、本卷对2000年金融研究的重大成果、金融体制改革的重大成果和重要调查报告以及一些部门的规章、制度办法的编排作了调整，统一选编归入“附录”部分。

六、本卷英文翻译张廷璞。

七、本卷的编辑出版是在编委会和各合办单位的大力支持下完成的，并得到云南民族出版社、深圳雅昌彩色印刷有限公司、昆明雅昌彩色设计制作中心等有关单位的支持。

第　一　部　分

经　济、金　融　形　势

云南省经济、金融形势综述

一、经济形势

国民经济持续稳定增长。2000年全省国内生产总值(GDP)1955.28亿元,比上年增长7.1%。其中,第一产业增加值436.2亿元,增长5.7%,对GDP增长的贡献率为1.3个百分点;第二产业增加值840.21亿元,增长5.4%,对GDP增长的贡献率为2.3个百分点;第三产业增加值678.87亿元,增长9.9%,对GDP增长的贡献率为3.5个百分点。结构调整取得新进展,一、二、三产业增加值占国内生产总值的比例,由上年的22.2∶44.5∶33.3调整为22.3∶43.0∶34.7。人均国内生产总值4637元,比上年增长5.8%。非公有制经济在国民经济中的地位逐步提高,股份制经济及个体、私营经济等发展迅速。2000年非公有制经济创造的增加值占国内生产总值的比重达21%。

全年全社会劳动生产率8645元,按可比价格计算,比上年增长5.4%。

市场价格总水平持续下降。全省居民消费价格总水平比上年下降2.1%,商品零售价格总水平比上年下降2.4%。

劳动就业工作有所加强。年末全省从业人员2279.3万人,比上年增长1.6%。2000年,全省国有企业下岗职工5.59万人,比上年下降5%;再就业率28.4%。参加失业保险职工人数191万人,月平均领取失业保险金人数2.4万人;参加养老保险职工人数196万人;参加基本医疗保险的职工人数125万人。年末全省城镇登记失业率为2.6%,比上年末上升0.1个百分点。

地方一般预算收入178.1亿元,比上年增长3.1%;一般预算支出413.9亿元,比上年增长9.5%。

(一)农、林、牧、渔再获丰收。

农业生产再获丰收,农村经济保持较快发展,农业增加值达436.2亿元,比上年增长5.7%。主要农作物产量全面增产,对稳定经济、保障市场供应起到了积极作用。

造林绿化与林业生产取得较好成绩。全省造林面积430.56千公顷,森林覆盖率(含灌木林)达44.29%;主要林产品产量增加,其中橡胶产量17.17万吨,比上年增长24%。护林防火取得好成绩。

畜牧、水产业生产全面发展。全省肉类总量达205.17万吨,比上年增长6.8%;水产品产量16.62万吨,比上年增长7%。

乡镇企业继续快速发展。全年营业总收入1675亿元,比上年增长20.9%。

农村产业、产品结构得到进一步调整,整个农业和农村经济形势呈现良好的发展势头。

(二)工业、交通、通讯和第三产业稳步发展。

工业生产平稳增长。全部工业增加值完成697.06亿元,比上年增长6.6%,其中全部独立核算国有及年产品销售收入500万元以上非国有工业增长值完成516.79亿元,增长6.3%(国有及国有控股企业增加值459.74亿元,增长5.4%)。从规模以上轻重工业看,轻工业增加值346.95亿元,比上年增长3.6%;重工业增加值169.84亿元,增长9.6%。在规模以上企业中,集体企业增加值27.52亿元,增长6.7%;股份制企业增加值43.58亿元,下降2.4%;外商及港澳台投资企业增加值19.31亿元,增长17.9%。

工业企业经济效益明显改善。全部独立核算国有及年产品销售收入500万元以上非国有工业经济效益指数达153.59,比上年提高7.04个百分点。全年实现利润67.13亿元,比上年增长23.6%。

国有企业建立现代企业制度步伐加快。到2000年底,全省236户地方国有大中型工业企业有145户完成改制任务;首批培育的40户大企业、大集团已改制31户;85户脱困企业也有38户进行了不同形式的改制。全省有18户企业实现股票上市,融资规模50多亿元。通过股份制、股份合作制、兼并、出售、拍卖、破产等多种形式,国有中小型企业的放开面达70%以上。国有企业三年改革和脱困目标基本实现。列入国家重点脱困企业名单的105户大中型亏损企业脱困率达到73.3%;省确定的64户重点脱困企业脱困率达70%以上。

建筑业发展有所减缓。建筑业增加值完成143.15亿元,比上年下降2.3%。施工房屋面积3324.34万平方米,比上年下降0.5%;竣工面积1894.49万平方米,比上年增长5.3%。全省施工单位工程个数1.85万个,比上年增长2.3%。四级及四级以上资质的建筑企业实现利润总额5亿元,比上年增长25%;实现税金10亿元,增长3.1%。

交通运输继续较快发展,运输紧张状况进一步改善。全年货物周转量483.8亿吨公里,比上年增长9.3%;旅客周转量246.53亿人公里,比上年增长3.6%。

邮电通信业快速发展。全省邮电业务总量90.82亿元(1990年不变价),比上年增长48.2%。固定电话普及率达7.2%,年末移动电话用户达到160万户。

第三产业快速增长。运输邮电仓储业增加值120.12亿元,比上年增长9.1%;批发零售餐饮业增加值190.57亿元,比上年增长8.3%;金融保险业增加值77亿元,比上年增长13.9%;房地产业增加值59.81亿元,比上年增长8.6%;其他服务业增加值231.37亿元,比上年增长10.4%。接待海外游客100.11万人次,旅游外汇收入3.39亿美元;接待国内游客3841.04万人次,国内旅游收入183.2亿元。全省旅游业总收入211.4亿元,比上年增长3.5%。第三产业对经济增长的贡献再次超过第二产业。

(三)固定资产投资有升有降。

为进一步加快全省经济发展的步伐,加大了对全省基础设施、市政建设、小城镇建设等的投入。全社会固定资产投资完成700亿元,比上年下降2.4%,其中基本建设投资376亿元,比上年增长0.6%;更新改造投资75亿元,下降16.5%;房地产开发投资79亿元,下降14.2%;其他投资170亿元(含集体、私营、个人等投资),增长5.1%。

全省31个重点建设项目完成投资131.57亿元。共有8个项目建成或单项建成投产。建成投产项目的新增能力为:水库库容4.37亿立方米,输水干渠102千米,可浇灌农田19.2万亩,高速公路114千米,民航二级机场1座,电气化铁路347千米,220千伏输电线路115千米,110千伏输电线路294千米,电力装机30万千瓦,磷铵12万吨。

(四)国内外贸易成绩显著。

国内消费品市场需求增加,各种大型商场、超市、连锁店、仓储式商场发展较快。批发零售餐饮业增加值190.57亿元,比上年增长8.3%。社会消费品零售总额583.17亿元,比上年增长8.2%(扣除物价因素,实际增长109%)。按销售地区分,城市消费品零售额309.28亿元,增长9.1%;县消费品零售额139.08亿元,增长7.3%;县以下消费品零售额148.53亿元,比上年增长1.2%;集体及股份合作经济80.88亿元,增长1.4%;个体私营经济253.92亿元,增长14.9%;其他经济类型99.84亿元,增长9.1%。按行业分,批发零售贸易业376.49亿元,增长6.5%;餐饮业74.87亿元,增长21.2%;制造业27.02亿元,增长5.1%;农业90.02亿元,增长7.3%;其他行业14.77亿元,增长4.7%。

对外开放继续扩大,外经贸工作取得好成绩。海关进出口总额18.13亿美元,比上年增长9.2%。其中出口11.75亿美元,增长13.6%;进口6.38亿美元,增长2%。边境贸易全面恢复性增长,出口创历史最好水平。全年边境贸易出口总额达2.78亿美元,比上年增长20%。出口市场仍以亚洲市场为主,对亚洲出口9.5亿美元,增长14.9%;对欧盟出口1.15亿美元,增长1.3%;对北美洲出口0.65亿美元,增长29.6%。在出口产品中,"两烟"出口7755万美元,冶金类出口3.04亿美元,机电产品出口1.64亿美元,化工类出口3.18亿美元,农副产品出口1.21亿美元,纺织产品出口1亿美元。

全年协议利用外资7.31亿美元,比上年增长26.4%;实际利用外资2.2亿美元,其中外商直接投资1.28亿美元。对外承包工程、劳务合作及设计咨询合同金额3.04亿美元,完成营业额1.54亿美元。2000年第八届昆交会成交金额13.57亿美元,外经合同金额0.83亿美元。以西南六省区市七方的联合协作为基础,滇沪、滇粤和省院、省校合作为重点,与全国30个省区市开展了多领域、深层次、多形式的联合与协作。全年引进省外资金36.3亿元,比上年增长10%。

(五)人民生活水平进一步提高。

控制人口增长取得积极成效。根据第五次人口普查实际登记数据,全省人口出生率为19.05‰,死亡率为7.57‰,自然增长率为11.48‰,分别比上年下降0.43个千分点、0.25个千分点和0.18个千分点。年末总人口为4240.8万人,比上年末增长48.4万人;其中:城镇人口2014.4万人,乡村人口22264万人。老年人口占总人口6%。

城乡居民生活水平进一步提高。根据抽样调查,全年农民人均纯收入达到1479元,扣除物价因素实际增长4%;农民消费支出1271元,扣除物价因素实际增长1.8%。城镇居民人均可支配收入为6324.64元,按可比口径计算,比上年增长6.5%;城镇居民人均消费支出5185.31元,按可比口径计算,比上年增长10.2%。

居民储蓄存款继续增长。年末全省居民储蓄存款余额1138.22亿元,比上年增加109.3亿元,增长10.6%。

扶贫攻坚取得新成绩。2000年,全省又有85万贫困人口解决了温饱,圆满完成了"七七"扶贫攻坚计划既定的任务。贫困地区生产生活条件有了明显改善。

城乡居民居住条件继续改善。城镇居民人均居住面积12平方米,比上年增长5.2%;农村居民人均住房面积22.18平方米,比上年增长3.8%。

社会福利事业不断发展。全省有各类福利院床位1.64万张,收养9024人。得到社会保障救济人数261.51万人,国家抚恤、补助各类优抚对象12.62万人。销售福利彩票1.5亿元,筹集社会福利资金0.45亿元,接受社会捐赠0.4亿元。

(六)科学、教育、文化、卫生事业继续向前发展。

科技事业取得新成果。全省完成重大科技成果531项,其中基础理论成果54项,应用技术成果438项。受理专利申请1710件,获专利授权1216件;签订技术经济合同2054项,成交金额达18.77亿元。已建成11个重点实验室和5个中试基地。已建立国家级高新技术开发区1个,省级高新技术开发区2个。省院、省校合作取得新的进展,共实施科技合作项目57个。2000年科技进步对国民经济增长的贡献率达43.5%,科技兴滇迈出了新的步伐。

教育事业取得新的进展。全省教育系统招收研究生1231人,比上年增长49.8%。普通高等学校有24所,招生3.2万人,比上年增长16.4%;在校学生9.04万人,增长22.3%,其中少数民族学生1.95万人,比上年增长25.8%,占在校学生的21.6%。普通中等专业学校有123所,招生3.76万人,比上年增长3%;在校学生11.92万人,比上年下降0.3%。普通中学418所,招生69.84万人,比上年增长11%。在校学生185.97万人,比上年增长11.1%。小学招生70.2万人,比上年下降0.6%;在校学生472.06万人,下降1.8%。学龄儿童入学率达99.02%,普及九年义务教育的县(市)达到88个,占全省县(市)的71.6%;小学毕业生升学率达85.84%。成人高等教育学校招生数2.69万人,比上年增51.1%;在校学生5.73万人。成人中等专业学校在校学生7.06万人。全年扫除文盲38.13万人。

围绕建设民族文化大省的目标,以繁荣文艺创作、发展艺术生产力为中心、农村文化工作做为重点,积极推进文化体制改革,全省各项文化事业得到了全面发展。各种艺术表演团体130个,文化馆127个,群众艺术馆20个,公共图书馆147个,博物馆28个。广播、电视人口覆盖率分别达到86%和88%。中短波广播发射台和转播台40座,一千瓦以上电视发射台和转播台28座。

卫生事业稳步发展。全省共有卫生机构1.34万个,比上年增长12.5%;共有床位数9.75万张;卫生技术人员12.41万人,其中医生3.96万人,护师、护士3.61万人。卫生防疫、防治机构卫生技术人员0.61万人,妇幼卫生机构卫生技术人员0.42万人。乡镇卫生院0.15万个。

体育事业取得新成绩。全民健身运动蓬勃开展,竞技体育取得新突破。云南省运动员在国际比赛中获金牌1枚,铜牌5枚;国内比赛获金牌44枚、银牌38枚、铜牌36枚。

环境保护和生态建设取得新进展。依法治理环境得到加强,坚决关停了一批污染严重的企业,大规模开展了城市环境和高原湖泊环境污染保护和治理工程。环境保护系统人员2846人,各级环境监测站90个,环境监测人员1042人。自然保护区121个,其中国家级自然保护区8个,自然保护区面积240万公顷。限期完成环境污染治理项目814个,项目总投资7.24亿元;烟尘控制区25个,噪音达标区18个。

二、金融运行

2000年全省金融平衡发展。年末金融机构存款余额达2465.68亿元,比上年末增加218.92亿元,增长9.74%。在金融机构存款中,企业存款余额1038.40亿元,比上年增长10.2%。信贷投放力度继续加大,投向合理,满足了经济发展的合理资金需要。年末全省金融机构贷款余额达2121.12亿元(含国家开发银行在云南统贷数),比上年末增加203.30亿元,增长9.7%。其中:短期贷款余额1298.58亿元,比上年末增加64.27亿元,增长4.8%;中长期贷款余额682.30亿元(含国家开发银行在云南统贷款),比上年末增加102.47亿元,增长17.3%。贷款主要支持了国家西部建设投资项目及农业、工业、乡镇企业等的发展。现金投放适度。全年金融机构现金收入5047.79亿元,现金支出5060.25亿元。年末货币流通量为312.91亿元,比上年增长

22.2%。

保险事业继续发展。全省各种保费收入39.01亿元，比上年增长4.4%，其中财产险收入19.06亿元，增长4.6%；人身险收入19.95亿元，增长4.2%。赔付额13.01亿元，比上年增长6.2%，其中财产险赔付额9.89亿元，增长4%；人身险赔付额3.12亿元，增长13.6%。

（一）存款

截止2000年12月末，云南省金融机构各项存款余额达2465.68亿元，比年初增加218.92亿元，增长9.74%，比上年同期多增38.63亿元。

1、企业存款。12月末，企业存款余额1038.4亿元，比年初增长10.16%，企业存款从5月开始出现正增长，以后各月增势较好，全年净增企业存款95.78亿元，比上年同期多增66.57亿元。其中企业活期存款是全年净增数的109.77%。

2、储蓄存款。12月末，全省储蓄存款余额1138.22亿元，比年初增加109.30亿元，增长10.62%，比上年同期少增5.93亿元。新增储蓄存款中，活期储蓄占79.29%，比上年同期提高20.47个百分点。

（二）贷款

12月末，全省金融机构各项贷款余额为2121.12亿元（含国家开发银行在云南统贷数），比年初净增203.3亿元，增长9.72%；全省金融机构各项贷款余额（未含国家开发银行在云南统贷数）为1987.83亿元，比年初增加187.7亿元，增长9.51%。仅9月当月增量达55.42亿元，是上年同月的1.6倍。

1、支持支柱产业、高新技术产业和重点企业的发展。1~12月全省新增短期贷款64.27亿元，比年初增长4.75%，多增30.77亿元。短期贷款主要投向生产性领域，支持了工业企业的资金需求，并为基础设施、重点项目建设、重点企业技改及时提供了配套所需流动资金。仅工商银行1~11月就累计向烟草、冶金、交通、电讯等贷款12.30亿元。同时，其他短期贷款增长较快，比年初净增78.84亿元，增长42.24%。1~12月中长期贷款余额（含国家开发银行在云南统贷数）为682.30亿元，比年初增长102.47亿元，增长17.25%；中长期贷款余额（未含国家开发银行在云南统贷数）为549.01亿元，比年初增加86.87亿元，增长16.93%。这些贷款重点支持了国家西部建设投资项目及烟草、交通、通讯、电力、冶金、糖业、房地产等行业。

2、加大支农力度。12月末，全省农业贷款余额为118.52亿元，全年新增农业贷款12.08亿元，比年初增长10.85%，比上年同期多增3.05亿元。其中农村信用社新增农业贷款12.62亿元，全省新增乡镇企业贷款7.77亿元，比年初增长9.41%。

3、拓展信贷领域，开办新业务。截止12月末，全省个人消费贷款余额80.31亿元，比年初增加47.94亿元，增长1.48倍。各商业银行与云南省高校签订后期设施贷款协议金额11.84亿元，实际贷款1.03亿元。四家国有商业银行与14所高校签订助学贷款协议，到12月末共发放国家助学贷款及商业性助学贷款1400多万元，有力地支持了家庭困难学生上大学及完成学业。

（三）再贷款、再贴现

12月末，人行昆明中支累计再贷款75.77亿元，其中对金融机构发放短期再贷款38.94亿元。这些贷款为及时解决有关银行的临时资金头寸不足，防范化解中小金融机构风险，保持金融秩序的稳定，增加农民收入起到了重要作用。人民银行还办理再贴现贷款8.83亿元，支持重点企业的发展。为支持亏损企业中有市场、有效益的产品生产，各金融机构发放封闭贷款累计4.08亿元，圆满完成年初省政府下达的目标。

（四）划转、剥离不良贷款

12月末，全省划转、剥离不良贷款余额达174.33亿元，全年剥离、划转债转股141.97亿元。其中，企业债转股12户，金额49.37亿元，企业资产负债结构明显改善，负债率由72.9%下降到47.3%。上级冲销呆坏账计划金额9.7亿元，实际核销金额7.998亿元。不良贷款的剥离、划转、冲销对降低商业银行不良贷款率、化解金融风险、支持企业改革脱困起到了重要作用。

（五）直接融资活跃，企业资金渠道增多

2000年，证券、股票市场继续活跃。到12月末，全省共发行国债54.75亿元，已超过上年全年发行量的26.75亿元。发行企业债券7亿元。11月末，全省累计开户股民435465户。1~11月累计证券市场总成交金额890.5亿元，是上年总成交金额的163.08%。证券市场的较快发展，便利企业在获取银行贷款的同时，可通过直接融资获得资金，企业融资环境进一步得到改善。

（六）外汇业务

12月末，全省金融机构外汇存款余额12.48亿美元，比年初增加1.57亿美元，其主要原因是外币储蓄存款利率提高，美元存款利率高于人民币同期利率等。外汇贷款余额3.53亿美元，比年初下降1.06亿美元。主要原因是企业不景气，进口减少，外汇贷款成本较人民币高。

（七）现金投放基本适应

12月末，全省现金收入5047.79亿元，比上年同期增长14%,现金支出5060.25亿元,增长13%。累计投放现金12.47亿元,比上年少投放7.49亿元,同比减少38%。从现金收支渠道看,现金回笼渠道发生变化。主要是储蓄存款增长减缓,信用回笼货币乏力。而农副产品采购支出、储蓄存款支出与上年同期比增幅减缓。1~12月这两项支出分别比上年同期增加23.10亿元和505.20亿元,增量比上年少增30.81亿元和152.33亿元,增幅分别由上年的48%和31%下降为14%和18%,降幅较大,现金投放与经济增长基本适应。

(孙仲文)

关于云南省国民经济和社会发展第十个五年计划纲要的报告(摘要)

一、开拓进取,"九五"成就显著

(一)国民经济持续快速健康发展,综合经济实力进一步增强

全省国内生产总值2000年达1955.3亿元,五年平均增长8.4%,人均国内生产总值年均增长7.1%,分别提前五年和三年实现了翻两番的战略目标。

——农业基础得到加强。农业连年获得丰收,农业增加值年均增长4.7%。净增有效灌溉面积225万亩,新增高产稳产农田1100万亩。提前两年实现粮食供求基本平衡。主要经济作物和肉类、水产品产量都有不同程度增长。乡镇企业增加值年均增长23.6%。

——工业生产稳定发展。工业增加值年均增长8.3%。烟草产业实现税利比"八五"净增794亿元。主要产品产量均有较大幅度增长,产品产销率稳步提高。

——第三产业快速成长。第三产业增加值年均增长10.6%。旅游总收入年均增长28.2%,运输邮电仓储业增加值年均增长14.7%,其他服务业增加值年均增长15.9%。

——财政金融运行平稳。地方一般预算收入2000年达178.1亿元,财政支出达413.9亿元,比1995年分别增长81.1%和76.1%。金融机构年末各项存款净增1282亿元,各项贷款净增1258亿元。保费收入年均增长27.9%。

(二)经济结构调整不断推进,群体支柱产业培育取得新成效

产业结构调整步伐加快,第一产业比重有所下降,第二、第三产业比重稳步上升。群体支柱产业蓬勃发展,烟草支柱产业继续巩固,生物资源开发创新产业发展形势喜人,旅游业对国民经济的贡献不断提高,矿产业对经济增长继续发挥重要作用,电力工业发展步伐加快。非公有制经济创造的增加值占国内生产总值的比重和城镇化水平都提高了5.4个百分点。

(三)基础设施建设成绩显著,"瓶颈"制约明显缓解

全社会固定资产投资累计完成3078亿元,比"八五"增长1.6倍。建成投产37件大中型水利项目,全省新增库容13亿立方米。新增公路通车里程3.7万公里,公路总里程达10.6万公里。改造、新建了昆明、丽江、迪庆和临沧机场。建成南昆铁路云南段和广大铁路,完成贵昆和成昆铁路电气化改造,内昆铁路建设进展顺利。新增电力装机容量250万千瓦。程控电话交换机总容量增加196万门,固定电话普及率提高5个百分点,移动电话用户达到160万户,有线电视用户达到250万户。城镇道路、供排水、人防工程等基础设施有较大改善。

(四)改革迈出较大步伐,全方位开放格局逐步形成

国有企业改革脱困三年目标基本实现,60%以上的地方国有大中型工业企业完成公司制改造并初步建立现代企业制度。大企业、大集团战略顺利实施,国有中小企业放活面达到70%以上。13户大中型企业进行了"债转股",14户企业上市融资。加大社会保障制度改

革力度,初步建立了养老、失业保险和城镇居民最低生活保障线制度,确保了国有企业离退休人员养老金和下岗职工基本生活费按时足额发放。计划、财税、投融资、住房和粮食流通体制等改革取得积极进展。

成功承办了中国'99昆明世界园艺博览会、举办了首届中国民营企业交易会等一系列大型活动,极大地提高了云南的对外开放水平和知名度。对外交往活跃,与110多个国家和地区建立了友好往来和经贸关系。五年累计进出口总额86.5亿美元,实现利用外资14亿美元,批准外商直接投资项目662个。以西南六省区市七方联合协作为基础,滇沪、滇粤和省院、省校合作为重点,广泛开展与全国各省市区的联合与协作,实际引进省外资金130亿元。

(五)科教兴滇和可持续发展战略顺利实施,社会事业全面进步

认真实施科教兴滇战略,科技与经济进一步紧密结合,科技进步对经济增长的贡献率有较大提高,科技进步水平在全国的排序前移了4位。全面普及了六年义务教育,71.6%的人口地区普及了九年义务教育,105个县基本扫除青壮年文盲。建成了一批文化基础设施,艺术精品、边疆文化长廊和文明走廊等工程实施效果良好。新闻、出版事业继续发展。广播、电视人口覆盖率分别提高12和9个百分点。医疗卫生事业取得新成绩,基本实现了人人享有初级卫生保健的目标;全民健身活动广泛开展,各族人民身体素质明显提高,人均期望寿命达到68岁。

可持续发展战略的实施取得新进展。开展了大规模的生态环境保护与建设。治理水土流失1万多平方公里。植树造林200万公顷,森林覆盖率提高3.7个百分点,消灭了森林赤字。天然林保护和退耕还林(草)工程取得初步成果。土地、矿产等资源得到有效保护。工业污染治理达到目标要求,以滇池为重点的高原湖泊治理和保护取得新进展,城市环境综合整治成效明显。计划生育工作进一步加强,人口自然增长率下降了1.25个千分点。

(六)"七七"扶贫攻坚计划基本完成,人民生活继续改善

五年累计解决了500万贫困人口的温饱问题。全省农民人均纯收入增加477元,人均居住面积增加2.4平方米。城镇居民人均可支配收入增加2354元,人均居住面积增加3.4平方米。城乡市场繁荣,消费环境不断改善,住房、汽车等大宗商品和假日旅游成为城乡居民新的消费热点。积极开展防灾减灾工作,丽江、宁蒗地震灾区恢复重建圆满完成。

(七)精神文明建设蓬勃发展,民主法制建设不断加强

始终坚持"两手抓,两手都要硬",把社会主义精神文明建设摆到与经济建设同等重要的位置。思想政治工作继续加强。抓住承办世博会的契机,在全省开展多种形式的精神文明建设活动,创造和弘扬了"爱国爱乡、知难而上、团结奋斗、争创一流、敢为人先"的世博精神,广大干部群众思想道德素质不断提高。

自觉接受省人大、省政协的监督,广泛听取专家学者的意见和建议,政府科学化、民主化决策水平有了新的提高。立法工作成效显著,省政府提请省人大常委会审议地方性法规草案69件,发布政府规章66件。依法行政观念进一步增强,行政执法和行政执法监督工作取得新成绩。开展"三五"普法教育,增强了各族人民的法制观念。

(八)民族团结进一步加强,社会稳定的局面得到巩固

不断巩固和发展平等、团结、互助的社会主义新型民族关系,努力加快民族地区经济发展和社会进步。民族地区主要经济指标的增长速度高于全省水平,各项社会事业发展较快。加强了对宗教事务的依法管理。重视和加强了信访工作。严厉打击"法轮功"等邪教组织的活动,有效防范西方敌对势力"西化"、"分化"的政治图谋和民族分裂分子的渗透破坏。增强了社会治安防控能力,坚持不懈地进行社会治安综合治理,加大预防和打击刑事、经济、毒品等犯罪的力度,维护了社会稳定。

(九)勤政廉政建设取得新进展,政府职能进一步转变

切实加强政府系统的勤政廉政建设,各级政府领导和机关工作人员不断增强为人民服务的宗旨意识,深入基层调查研究、帮助工作,机关工作作风进一步转变,工作效率明显提高。特别是通过"三讲"教育和学习"三个代表"的重要思想,领导干部的政治意识、大局意识、责任意识普遍增强,公共管理和驾驭经济工作的能力有较大提高。着力改善投资环境,废止了700多件不适应经济社会发展新形势的政府规章和规范性文件,对80项投资项目审批事项进行了分类清理,取消、下放和简化了一批审批事项。推行政务公开,进一步提高了政府工作的透明度。省级机构改革基本完成,省政府部门从55个精简到46个,人员编制精简47.65%。村级管理体制改革顺利推进。

二、乘势前进,创造“十五”辉煌

(一)指导思想和奋斗目标

《纲要》提出“十五”发展的指导思想是:高举邓小平理论伟大旗帜,以江泽民同志“三个代表”重要思想为指导,坚持党的基本路线、基本纲领,解放思想,实事求是,开拓创新;抓住西部大开发的重大机遇紧紧围绕建设绿色经济强省、民族文化大省和中国连接东南亚、南亚国际大通道的三大目标,坚持“两手抓,两手都要硬”,认真实施科教兴滇战略和人才战略、可持续发展战略、城镇化战略、全方位开放战略,坚持以加快发展为主题,经济结构调整为主线,改革开放和科技进步为动力,提高人民生活水平为根本出发点,促进全省经济持续、快速、健康发展和社会全面进步,推动全省综合经济实力和人民生活水平再上新台阶。

“十五”的主要奋斗目标是:国民经济保持较快发展速度,经济结构战略性调整取得明显成效,经济增长质量和效益显著提高;国有企业建立现代企业制度取得实质性成果,社会保障体系基本健全,社会主义市场经济体制更趋完善,全方位、多层次、宽领域对外开放格局基本形成;就业渠道拓宽,城乡居民收入持续增加,物质文化生活有较大改善,生态建设和环境保护得到加强;科技教育发展加快,劳动者素质不断提高,精神文明和民主法制建设取得新进展,综合竞争力进一步增强,三大目标建设迈出坚实的步伐。经济社会发展的主要预期目标为:在确保质量和效益提高的前提下,力争全省国内生产总值增长率、固定资产投资增长率高于全国水平,人口自然增长率接近全国水平。国内生产总值年均增长8%左右,全社会固定资产投资年均增长12%左右,人口自然增长率控制在10‰以下。

(二)经济社会发展的基本方针

为了使“十五”计划充分体现中国特色、时代特征、云南特点,《纲要》提出全省经济社会发展必须始终坚持以下基本方针:

——坚持以发展为主题。紧紧抓住经济建设这个中心不动摇,高举发展的旗帜,唱响发展的主题,抓牢发展的机遇,加快发展的步伐,提高发展的质量,努力保持实实在在的、效益比较好的发展速度。

——坚持以结构调整为主线。以提高经济效益为中心,进一步调整经济结构,全面提高农业、工业、服务业的水平和效益;大力推进国民经济和社会信息化,以信息化带动工业化;加快非公有制经济发展;合理调整地区生产力布局,积极稳妥地推进城镇化。坚持在发展中推进结构调整,在结构调整中保持经济的快速发展。

——坚持以改革开放和科技进步为动力。把进一步深化改革、扩大开放和推进科技创新摆在突出位置,大胆突破影响生产力发展的体制性障碍,逐步完善社会主义市场经济体制;以更加积极的姿态,大力推进对外开放;提高科技持续创新能力,实现技术跨越式发展,为经济结构调整和现代化建设提供强大的体制保障和科技支撑。

——坚持以提高人民生活水平为根本出发点。以富民为宗旨,建立全体人民充分分享经济增长成果的机制。努力扩大就业,千方百计增加群众收入,不断提高城乡居民消费水平,继续加强扶贫工作,建立和完善社会保障体系,切实把人民群众的利益实现好、维护好、发展好,全面推进小康社会的建设。

——坚持以实施人才战略为关键。树立人才资源是第一资源的观念和新的育才用才观,大力培养、引进和用好人才。建立有利于人才脱颖而出、人尽其才的机制,努力营造吸引人才、用好人才的良好环境,形成尊重知识、尊重人才、鼓励创业的社会氛围。大力开发人力资源,普遍提高劳动者素质。

——坚持以稳定为前提。正确处理好改革力度、发展速度和人民群众承受程度之间的关系,进一步加强民主法制建设,巩固和发展民族团结,强化社会治安综合治理,切实维护社会稳定,为我省改革开放和现代化建设创造良好的社会环境。

——坚持以经济社会协调发展为目标。把经济发展同社会发展有机结合起来,始终不渝地坚持两手抓、两手都要硬,促进各项社会事业不断进步,推动物质文明和精神文明建设双丰收。处理好经济、社会发展与人口、资源、环境的关系,推进可持续发展,促进区域经济协调发展,逐步实现共同富裕。

(三)经济社会发展的主要任务

1、进一步巩固和加强农业基础

巩固和加强农业基础是我省经济社会发展的首要任务。要把千方百计增加农民收入作为做好新阶段农业和农村工作、推进农业和农村经济结构调整的基本目标,并放在整个经济工作的突出位置,确保农业持续稳定发展。

不断调整农业内部结构。坚持稳粮调结构、提质增效益,稳定提高粮食生产能力和人均占有量,2005年粮食总产量达到1600万吨左右,人均占有粮食达到350公斤以上。以优化品种、提高质量、增加效益为中心,全面调整种植业作物结构、品种结构和品质结构,扩大优质粮食品种和经济作物生产规模,巩固提高烤烟、甘蔗、橡胶、茶叶等传统特色产业,发挥各地区比较优势,积极开发名、特、优农产品。继续抓紧热区农业综合开发和冬季农业开发。以品种改良为重点加快畜牧业发展。把山区综合开发放在突出位置,积极发展特色林产业和林产品。

推进农业产业化经营。高起点、规模化建设一批特色农业商品基地,培育龙头企业,发展订单农业和创汇农业,搞好粮食和其他农副产品深加工,提高农业的后续效益。完善农业社会化服务体系,加强市场信息服务,建设“绿色通道”,拓宽流通渠道,引导农民按市场需求生产农产品。大力推进新的农业科技革命,为农业可持续发展提供强大的科技支撑。抓好农业科技创新和技术推广,建设一批农业现代化综合试验示范区(场)和农业高新技术园区。引导乡镇企业进行结构调整、科技进步和体制创新,并与农业产业化经营和小城镇建设有机结合,逐渐集中连片,扩大规模,加快发展,促进农村工业化和农业富余劳动力转移。

加大对农业的投入及政策支持和保护力度。深化农村改革,稳定和完善党在农村的基本政策,探索土地使用权合理流转的机制。全面开放农业投资领域,积极引导社会资金投入农业建设。切实减轻农民负担,多渠道增加农民收入,促进农业和农村经济持续稳定发展。

2、继续强化基础设施建设

加快基础设施建设,集中力量建成一批关系经济和社会发展全局的重大工程,是西部大开发的重要内容,也是增强我省发展后劲的关键所在。要力争农业、交通、能源、城市基础设施等方面的建设取得重大进展。

坚持不懈地抓好以农田水利为重点的农业基础设施建设,不断改善农业生产条件。新建250万亩高产稳产农田(地)。重点建设麻栗坝、掌鸠河引水供水、引水济洱等大中型水利工程,搞好一批大型灌区和水利配套设施的新建和更新改造,重视病险水库的除险加固。开展从金沙江引水到滇中地区等跨区域调水工程的前期工作。加快山区“五小”水利设施建设,解决好农村人畜饮水困难。建设一批旱作农业、节水农业和生态农业示范县。力争全省有效灌溉面积达到2300万亩,水利化程度有较大提高。

抓紧修建和改善通江达海、连接周边的重大交通通信基础设施。有步骤地实施“三纵三横”、“九大通道”高等级公路建设规划,建成大理——保山、昆明——石林和昆明——曼谷(云南段)等省内重要高等级公路,加快建设和改造经济干线、旅游干线、县乡公路和扶贫公路。全省公路总里程达到11.4万公里左右,其中高速公路1300公里左右。建成内昆铁路,完成贵昆铁路电气化复线和昆明火车枢纽站改造,争取开工建设泛亚铁路(云南段)。抓紧昆明新机场的前期工程,力争建设红河、文山等支线机杨。提高澜沧江——湄公河国际航运能力,建设中缅陆水联运通道。建设覆盖全省、连接世界的高速宽带基础传输网和用户接入网。为最终建成以通信为先导,公路为基础、铁路为骨干、航空为辅助、水路为补充,集信息网络和多种运输方式及枢纽港站为一体的国际大通道奠定基础。

加快跨省区输电和全国联网等大型电网建设,完成宝峰——罗平、昆东——曲靖等一批50万伏输变电工程,建成西电东送、云电外送的大通道。全面完成城乡电网改造,实现同网同价,推进农村电气化进程。

完成城市基础设施。建设一批与人民生产生活密切相关的重大市政工程,在城市道路、通信、防洪、污染治理和绿化等方面取得较大进展,增强城市综合功能。

3、全力推进经济结构的战略性调整

以提高市场竞争力和经济效益为中心,对经济结构进行全局性、战略性、高起点的调整,是保持我省经济持续快速健康发展的重要任务。结构调整的方向是:进一步优化产业结构,做强做大群众支柱产业,积极改造提升传统优势产业,着力发展具有比较优势和市场潜力的高新技术产业,大力发展服务业,有选择地发展信息产业,放手发展非公有制经济,努力推进城镇化进程,逐步缩小地区差距,形成符合云南实际、具有自我调整机制的经济结构。

调整优化工业结构。坚持以市场为导向、企业为主体、技术进步为支撑,突出重点,有进有退,不断提高工业的整体素质和综合竞争力。大力调整产品结构,提高产品质量。重点培育现代化生物医药、电子信息、新材料、机光电一体化等高新技术产业。优化企业组织结构,通过上市、兼并、联合、重组等形式,培育壮大一批具有规模效益和竞争力的大企业、大集团。促进中小企业向“专、精、特、优”方向发展,提高与大企业的配套能力。逐步淘汰落后生产工艺和设备,提高资源使用效益。

加快培育群体支柱产业。巩固提高烟草产业。要加快结构调整和产品开发,扩大与国际知名企业合作,创新体制,科技兴烟,强化管理,把红塔集团培育成为跨行业、跨地区的具有国际竞争力的大型烟草企业集团,努力再创辉煌。加快发展生物资源开发创新产业。重点培育以天然药物为主的现代医药、绿色保健食品、花卉及绿化园艺和生物化工等产业,在全省各地建设一批特色产业开发示范园区。全面提升旅游产业。重点开发观光游览、休闲度假、商务会展等产品,提高旅游产品的文化内涵和品位。建设精品旅游景区,形成省内、大西南和东南亚三个国内国际旅游环线。大力开拓国内外客源市场。改善旅游环境,不断提高旅游服务质量。发展壮大以磷化工和有色金属为重点的矿产业。大力发展锌,继续发展铜,巩固提高锡,积极发展铝,建好国家磷复肥基地、兰坪铅锌矿和会泽锌生产基地。积极实施矿业对外开放。依靠科技进步,增强精深加工能力,提高矿业整体经济效益。着力培育以水电为主的电力产业。建设小湾电站等一批大型项目。加快电源结构调整,新建一批有年调节能力的水电站和大容量、高参数火电厂。积极配合国家做好金沙江流域的水电开发。争取国家支持开发大型煤矿和实施褐煤液化工程。通过积极努力,为把云南建成全国最大的生物资源开发创新基地、低危害烟草科研生产基地、磷化工生产基地、全国重要的有色金属工业基地、"西电东送"能源基地、著名的旅游度假和会展基地、亚洲最大的花卉生产出口基地奠定坚实的基础。

把发展服务业作为调整经济结构的重要内容。加快发展信息、金融、会计、咨询、法律服务等现代服务业,运用现代经营方式和服务技术,改造提升商贸流通、交通运输、市政服务等传统服务业,发展面向城乡居民消费的房地产、旅游、娱乐、健身等产业,建立新型社区服务体系。拓宽服务领域,增加服务内容,提高服务业的质量、效益和水平。服务业增加值占国内生产总值的比重和从业人员占全社会从业人员的比重要有明显提高。

加快国民经济和社会信息化步伐。在全社会广泛应用信息技术,加强信息资源的开发利用,推动政府行政管理、社会公共服务和公共安全的信息化进程。在重点产业加大信息技术应用的力度。加强信息基础设施建设,促进电信、电视、计算机三网融合,完善全省信息网络。建立和强化信息网络的安全保障体系,有重点地发展信息产业,办好国家云南软件园,培育一批骨干企业。大力推广网络服务。

大力发展非公有制经济。坚持一视同仁和公平竞争,拓宽市场准入,鼓励和促进非公有制经济参与国有经济战略性调整,投资基础设施建设和兴办各类产业,加大财政扶持力度,建好4个省级个体私营经济园区。支持具备条件的非公有制企业上市融资,积极营造更加有利于非公有制经济发展的环境。非公有制经济增加值占国内生产总值的比重要达到三分之一左右。

积极推进城镇化进程。进一步完善昆明市的综合功能,加快建设滇中城市群和区域性中心城市,积极发展重要交通沿线城市、边境城市和旅游城市,重点建设县城和一批基础条件较好,发展潜力较大的建制镇。做好昭通、保山等地区撤地设市工作。高起点搞好城乡建设规划,逐步形成大中小城市结合、城镇规模适度、职能分工明确、服务功能完善、布局结构合理的城镇体系,力争城镇化水平达到26%左右。

促进区域经济协调发展。继续强化昆明市在全省经济社会发展中的龙头带动作用;调整优化滇中地区经济结构,加快农业产业化和工业化进程;发挥沿边和沿线地区的区位优势,充分利用两种资源,开拓两个市场,培育特色产业,建设开放型经济带和经济走廊;实施兴边富民行动,优先在民族、贫困地区安排一批交通、水利、能源和通信等基础设施建设项目。分类指导,各展优势,开辟县级财源,增强自我发展能力,逐步形成布局合理、优势互补、协调发展的区域经济格局。

4、进一步深化改革和扩大开放

改革开放是推进经济社会发展的持久动力。必须坚定不移地深化各项改革,推进体制创新和管理创新,积极扩大对外开放,发展开放型经济,为我省现代化建设创造良好的环境和条件。

坚持以公有制经济为主体、多种所有制经济共同发展的社会主义基本经济制度。坚持有所为、有所不为和有进有退,加快国有经济战略性调整,优化国有经济布局。继续搞好以国有企业为重点的企业改革,建立现代企业制度,完善公司法人治理结构。大力推进投融资体制改革,用好财政建设性资金,引导银行和社会资金投入经济建设。积极稳妥地进行财税体制改革,健全省对下的分税制财政管理体制,规范财政转移支付制度,改革和完善预算制度,调整和优化财转移支付制度,改革和完善预算制度,调整和优化财政支出结构。建立适应社会主义市场经济要求的公共财政框架。完善要素市场,健全市场体系,深化流通体制改革,进一步搞活流通,全力开拓省外、国外市场。完善社会保障制度,建立独立于企事业单位之外、资金来源多元化、保障制度规范化、管理服务社会化的社会保障体系。继续推进行政管理体制改革,实现政企、政事、政市分开,进一步转变政府职能,建立廉洁高效、运转协调、行为规范的行政管理体制。继续推进农村各项改革。

实施全方位开放战略,加快"走出去"步伐,全面提高对内对外开放水平。抓紧做好加入世贸组织的准备和过渡期的各项工作,加快培育市场竞争主体,大力培养和引进一批熟悉国际贸易规则的专业人才。把引进外资作为对外开放的重点,积极探索利用收购、兼并、风险投资、投资基金和证券投资等形式，扩大利用外资规模。进一步改善投资环境，鼓励和支持外资投入经济结构调整、基础设施和支柱产业建设等领域。大力引进国内外先进技术、知名品牌和管理经验。积极稳妥地推进服务领域的对外开放，扶持有条件的企业到境外上市。确保实际利用外资比“九五”有较多增加。实施大经贸、以质取胜、市场多元化和科技兴贸战略，建立出口商品生产基地，继续拓展国际市场，努力提高对外贸易的质量、效益和水平，外贸进出口总额保持略高于国内生产总值的增长速度。扩大对外经济技术合作，积极稳妥地开展对外投资。扩大对外经济技术合作，积极稳妥地开展对外投资。继续推进澜沧江——湄公河次区域经济合作。充分发挥外事、侨务、对台等部门和省政府咨询团的作用，广泛吸引海内外企业家、科学家和其他有识之士参与云南建设，努力扩大对外交往。更加重视对国内的开放，进一步扩大以西南六省区市七方合作为基础，以滇沪、滇粤和省院省校合作为重点的横向联合与协作，努力把云南建成西部投资环境最好的省份之一，不断提高对内对外开放的层次和水平。

5、加快发展科技教育事业

实施科教兴滇战略和人才战略，是顺利实现我省第三步战略目标的重要保证。要加快科技进步和创新，大力开发人力资源，努力提高全省各族人民的科学文化素质，为我省现代化建设提供有力的智力支撑和人才保障。

加强研究开发和技术创新。全社会研究与开发经费占国内生产总值的比重达到1%以上。确立企业技术创新的主体地位，集中力量实施一批重大高新技术项目，重点搞好能够推动产业升级关键技术的研究和开发，形成具有自主知识产权的技术和产品，提高自主创新能力，加强经科教、产学研结合，建立风险投资机制，加快科技成果产业化进程。加强应用基础研究和重大科技成果推广。进一步办好各级高新技术开发区和大学科技园，建设“中华生物谷”、“中国云南野生生物种质资源库”和“国家中药现代化科技产业（云南）基地”。加大技术引进和科技合作力度。深化科技体制改革，形成符合市场经济要求和科技发展规律的新机制。繁荣哲学社会科学，推进理论创新。

深化教育改革，全面推进素质教育。继续把“两基”作为重中之重，巩固提高六年义务教育，基本普及九年义务教育，基本扫除青壮年文盲。扩大高中阶段教育，使40%左右的初中毕业生能够接受高中阶段教育。大力发展高等教育，毛入学率达到8%左右，调整学科结构，提高教育质量。继续发展职业教育和职业培训，积极发展成人教育和其他继续教育，逐步形成大众化、社会化的终身教育体系。重视学龄前教育。继续深化教育管理体制改革，扩大教育领域的对外开放，鼓励多种形式的社会办学。利用信息技术，发展远程教育。

实施人才战略，着力培养、引进和用好人才。进一步完善人才政策，培养和造就坚持走中国特色道路，掌握现代科学文化和管理知识，并经过实践考验的高素质领导人才队伍。培养具有科学素养、适应经济和社会发展需要的各类专业人才队伍；具有创新精神和创业能力，适应国际竞争的企业家队伍；具有较高素质的技术工人队伍、农业产业化经营和农业科技队伍。用活用好现有人才，吸引和聘用国内外更多的高层次人才到云南创业。坚持引进人才和引进智力并重，利用互联网等现代信息手段，创新引智方式。促进人才合理流动，实现人才资源的优化配置。

6、坚定不移地实施可持续发展战略

实施可持续发展战略，是功在当代、泽及子孙的长远大计。要坚定不移地执行计划生育基本国策，加强环境、生态保护，合理开发利用资源，促进经济、社会发展与人口、资源、环境相协调。

把人口与计划生育工作放在更加突出的位置，稳定完善现行政策，继续严格控制人口数量，逐步降低人口自然增长率，努力提高人口素质。高度重视水资源的合理开发、有效保护和高效利用，建立节水型社会。提高土地、矿产等资源的利用效率。强化对大气污染、水污染、固定废弃物污染和噪声污染的综合治理，主要污染物排放总量控制在国家规定的指标内。重点搞好滇池、抚仙湖等九大高原湖泊和六大江河水系的保护与治理，力争九大高原湖泊的水质和生态环境明显改善。持续开展国土综合整治，治理水土流失面积1.2万平方公里。认真实施天然林保护和退耕还林（草）工程，森林覆盖率达到48%。加强自然保护区建设，搞好生物多样性保护。

7、不断提高人民生活水平

不断提高人民生活水平，是经济发展的出发点和归宿。要进一步扩大就业，完善分配制度，健全社会保障体系，提高城乡人民消费水平，继续抓好扶贫开发，全面建设小康社会。

建立市场就业新机制，多渠道、多形式扩大就业，努力创造更多的就业岗位。不断增加城乡居民特别是广大农民和城镇低收入者的收入，城镇居民人均可支配收入和农民人均纯收入年均分别增长5%和4%左右。深化分配制度改革,认真贯彻按劳分配,充分体现科学技术工作和经营管理的劳动价值,鼓励资本、技术等生产要素参与分配,健全收入分配的激励机制和约束机制,防止收入分配差距过分扩大。进一步提高城乡居民的消费水平和生活质量,重点改善居民居住和出行条件,扩大服务性消费,拓宽消费领域,优化消费结构,改善消费环境,搞好城乡医疗服务,加强卫生保健,大力开展全民健身活动,提高各族人民健康水平,人均期望寿命达到70岁左右。

继续把扶贫济困作为一项长期的重要任务。尽快解决纳入"七七"扶贫攻坚计划尚未脱贫的160万贫困人口的温饱问题。把农村有劳动能力的65万残疾人纳入扶贫范围。抓好对尚未稳定解决温饱的少数民族地区、革命老区、边疆地区、特困地区的扶贫开发,从根本上改善贫困地区的生产和生活条件。在国家支持下,力争用5年或更长的时间,基本完成50万丧失生存条件贫困人口的异地扶贫开发。发展社会福利、社会救济、优抚安置和社会互助等社会保障事业,保护弱势人群利益,支持残疾人事业发展。搞好减灾、防灾和地震灾区恢复重建工作。

8、切实加强社会主义精神文明和民主法制建设

在建设有中国特色社会主义,发展社会主义市场经济过程中,要坚持不懈地加强社会主义法制建设,依法治省,同时也要坚持不懈地加强社会主义道德建设,以德治省。必须把社会主义精神文明和民主法制建设作为统一目标纳入国民经济和社会发展总体规划,开创精神文明建设的新局面,实现民主法制建设的新进展。

大力加强社会主义精神文明建设。认真学习马列主义、毛泽东思想和邓小平理论,努力实践"三个代表"重要思想,深入开展党的基本理论、基本路线和基本纲领教育,大力弘扬爱国主义、集体主义、社会主义和科学精神,切实加强新时期思想政治工作。认真实施《云南民族文化大省建设纲要》,持续开展群众性精神文明创建活动,努力提高各族人民的思想道德素质和文明程度,培养"四有"新人;充分发挥云南民族文化多样性的优势,弘扬优秀民族文化,重视发展现代文化,推进文化事业的改革与发展,积极培育文化产业;加强文化基础设施和民族文化标志性建筑的建设,保护好历史文化名城和文物古迹;繁荣文学艺术,创作更多的文艺精品,不断满足人民群众日益增长的精神文化需求。

切实加强民主法制建设。坚持和完善工人阶级领导的、以工农联盟为基础的人民民主专政,坚持和完善人民代表大会制度、共产党领导的多党合作和政策协商制度以及民族区域自治制度。更加自觉地接受人民代表大会及其常委会的法律监督、工作监督和人民政协的民主监督。进一步健全民主决策机制,重大问题广泛征求群众意见。加强城乡基层政权机关和群众性自治组织建设。坚持依法行政,从严治政,不断提高行政执法队伍素质和执法水平,推进政府法制建设。加强法律监督,维护司法公正,提高办案质量,防止冤假错案的发生。深入开展法制教育,增强全体人民的法律意识。正确认识和妥善处理新时期人民内部矛盾。强化社会治安综合治理,严密防范和严厉打击境内外敌对势力的破坏活动,坚决取缔"法轮功"等邪教,加强禁毒斗争,确保社会稳定。

进一步落实党的民族政策,加强民族团结,加快边疆民族地区经济社会发展,促进各民族共同繁荣进步。全面贯彻党的宗教政策,依法管理宗教事务,积极引导宗教与社会主义社会相适应。

三、真抓实干,实现"十五"良好开局

2001年是进入新世纪、实施"十五"计划的第一年,是保持经济增长良好势头、加快发展的关键一年,也是深化体制改革、扩大对外开放的重要一年。我们要认清形势、坚定信心,统揽全局、把握重点,狠抓落实、乘势前进,促进国民经济持续快速健康发展和社会全面进步,努力实现"十五"计划的良好开局。

2001年宏观调控的主要预期目标建议为:国内生产总值增长7%左右,地方一般预算收入增长5%左右,全社会固定资产投资增长8%左右,社会消费品零售总额实际增长8%,城镇居民人均可支配收入增长5%,农民人均纯收入增长4%,城镇登记失业率控制在3.5%以内,人口自然增长率控制在11.1‰以内。为实现上述目标,要重点抓好以下12项工作。

(一)千方百计增加农民收入

建设一批名特优新农产品生产基地。启动滇东100万亩饲料型玉米和30万亩优质马铃薯、滇南10万亩鲜食水果、滇西优质专用小麦、滇西北优质青稞和AA级白芸豆等一批基地的建设。搞好无公害和反季节蔬菜种植。抓好畜禽商品、现代化养殖示范工程、良种繁育推广、疾病防治及稻田养鱼等一批项目。培育和扶持"龙头"企业的发展。

形成一批农产品交易市场。建成斗南花卉拍卖市场等一批农产品专业批发市场。积极创办绿色产品专营市场,建立大中城市绿色食品批发网络。完善农产品质量标准监测体系,加强农业信息化建设和农产品市场信息服务。加快农产品加工、保鲜、储运技术和设备的

引进开发,搞好农产品精深加工。发展农业中介服务机构,保证农产品货畅其流。

实施一批以水利为重点的农业基础设施项目。进一步增加对农业基础设施的投入,支持农田水利和农业生态建设。建成50万亩高产稳产农田(地)。集中力量,重点抓好25项大中型水利收尾工程,力争柴石滩等7项工程建成投产;继续建设云龙水库等水利工程,新开工7件中型水库,力争麻栗坝、青山嘴水库等项目立项建设。加快曲靖、蒙(自)开(远)个(旧)、渔洞水库三个大型灌区的更新改造,启动滇东北、滇东南、滇西62个县市的集雨节灌工程。继续抓好南盘江、瑞丽江、南汀河、澜沧江景洪段堤防建设,开展小流域综合治理。解决100万农村人口和100万头大牲畜的饮水困难。加强农村道路、通信等建设,改善农民生产生活条件。

推广一批先进适用农业科技。加强农业科研开发和科技推广,建立开放、流动、竞争与协作的农业科技运行机制。继续推广"十大农业科技成果",重点抓好良种繁育、设施农业、节水农业、生态有机农业技术等的推广。继续发展农机服务事业,实施农民绿色证书工程,开展对青年农民的科技培训,扩大电脑农业专家系统覆盖范围。引导农产品加工企业、销售组织、科研单位与农户形成利益共享、风险共担的机制,让农民得到更多实惠。

转移一批农村剩余劳动力。积极发展乡镇企业和民营企业,为农村剩余劳动力提供更多的就业机会。积极稳妥地发展小城镇,引导乡镇企业向小城镇集中和农业富余劳动力向小城镇转移,促进农村二、三产业发展,拓宽农民就业空间和增收渠道。

(二)确保投资和消费需求稳定增长

投资和消费增长对确保我省经济增长起着关键作用。要抓住国家继续实施积极财政政策和西部大开发的重大机遇,采取积极有效措施,努力实现固定资产投资和社会消费品零售总额稳定增长。

切实抓好重点建设。抓紧内昆铁路建设和昆明火车站改扩建。完成思茅机场改扩建。加快建设大理—保山、昆明—石林等5条高速公路,开工建设砚山—平远街、澜沧江—临沧高等级公路。抓好宣威电厂续建,确保大朝山第一台机组发电。加强对重点项目的领导和协调,及时解决出现的问题。积极争取和组织实施好国债项目,管好用好国债资金。严格实行项目法人责任制、资本金制、招标投标和建设监理制,确保工程质量。

加强项目前期工作。增加前期工作投入,尽快建立重大项目库,储备一批关系全省经济、社会发展的重大项目,抓紧做好泛亚铁路、滇藏公路、大中型电站及骨干企业技改等项目的前期工作。

积极促进消费需求增长。按照"一要吃饭、二要建设"的原则,安排好各项工资性支出,保证发展重点、稳定热点和改革难点的需要。适当提高机关事业单位职工的基本工资,并相应增加机关事业单位离退休人员的离退休费。积极引导和鼓励合理消费,发展消费信贷。继续推进房改,改造和建设一批廉租房、经济适用住房和重点市政工程,全面开放住房二级市场。继续做好假日经济这篇文章。

(三)加快培育五大支柱产业

烟草产业要巩固提高。烤烟要继续实施"双控",加快建设优质烟叶基地;卷烟要实施名牌战略,做强做大优势品种,提高市场占有率。加快烟草企业改革步伐,完善红塔集团法人治理结构,在烟草产业的对外合作和新产品开发方面取得实质性进展。

生物资源开发创新产业要加大项目实施力度。继续改造和提升糖、茶、胶、蓄、林等传统产业,抓紧实施甘蔗新品种更换、甘蔗渣综合利用和有机茶园示范项目,加快建设速生丰产用材林、优质用材林、干果、竹藤、橡胶及名特优稀水果种苗等特色农产品基地。启动"中华生物谷"建设。着力抓好现代花卉示范园和三七现代化产业园建设,加快天然药物、观赏植物、热带花卉等特色产品开发。建立生物资源开发信息中心和花卉研发中心。支持地州市建设有特色的产业开发示范园区。

旅游业要全面实施精品战略。认真实施全省旅游产业发展总体规划,发展特色旅游。创建优秀旅游城市(县)和精品旅游景区。大力开拓国内外客源市场,重点加大对欧美日韩市场的宣传促销力度,办好中国昆明国际旅游节和中国国际旅游交易会。积极推进有条件的旅游企业改制上市。加强行业管理和职业培训,提高旅游从业人员素质和服务质量。重视开发旅游商品和纪念品。做好"三江并流"区申报世界自然遗产工作。

矿产业要在扩大开放中壮大提高。加强地质勘探,搞好资源评价。加快云南磷复肥基地建设,抓好云铝、昆钢板带等一批重大技改项目,提高加工深度和综合利用率。推进与英国比利顿公司合作开发兰坪铅锌矿的前期工作,实施好与老挝合作开发钾盐矿试验项目,积极利用澳大利亚铜精矿,不断提高我省矿业对外开放水平。

电力产业要加快发展。开工建设小湾电站、开远电厂和曲靖电厂二期工程。抓紧糯扎渡、景江、昭通高桥、文山马鹿塘电站和宣威电厂六期、滇东电厂的前期工作。加快电网改造,建设一批输变电工程。

(四)全力推进以国企改革为中心的各项改革

进一步搞好国有经济战略性调整。促使国有经济从一般竞争性领域退出;继续推进在优势领域和重点行业组建企业集团,支持具备条件的股份公司上市融资;依法关停破产一批污染严重、破坏资源、产品质量低劣、不符合安全生产条件和长期亏损、扭亏无望的企业,限制、压缩供过于求的产品。加快建立和完善现代企业制度。推进国有大中型企业进行公司制改革和股份制改造;以民营化、股份制为方向,搞活国有中小型企业。在完善企业信用担保体系、推进信用制度建立、拓宽融资渠道等方面迈出实质性步伐。认真开展“加强班子建设,提高领导水平和加强基础管理,提高经济效益”的“两加强、两提高”活动,加快建立规范的法人治理结构。继续深化企业内部人事、劳动、分配制度改革,强化企业决策、财务、质量和安全管理,试行年薪制和推行外派监事会。加快国有流通企业改革步伐。进一步剥离企业办社会,切实减轻企业负担。

进一步改革社会保障制度。扩大社保的覆盖面,提高保险费收缴率。完善城镇企业职工基本养老保险和失业保险基金统筹办法,统一缴费比例,并在部分地州先行试点。增加政府投入,拓宽保障资金筹集渠道,加强资金管理。推进国有企业下岗职工基本生活保障向失业保险并轨。加快城镇职工基本医疗保险制度、医疗机构和药品流通体制改革,积极探索适合农村特点的养老和医疗卫生保险形式。鼓励有条件的用人单位为职工建立补充养老和医疗保险,并发挥商业保险的作用,推动社会保障管理和服务社会化。

认真落实投融资体制改革的有关政策措施。财政资金对生产领域的投入,要尽量采用参股方式和贴息办法,引导社会投资参与基础设施和公共事业建设。加强资本运作,抓紧建立省产权交易中心,规范交易行为,进一步盘活存量资产。搞好银企合作,构筑新型银企关系。加大投资公司改革力度,力争完成省内证券机构的清理整顿,组建新的证券公司。

认真抓好农村各项改革。启动农村税费改革。积极稳妥地进行农村金融改革和供销社改革。落实粮食流通体制改革的各项措施。保护好农民利益和生产积极性。认真搞好地县乡机构改革,坚决完成人员编制精简任务;结合税费改革,适度撤并乡镇。全面完成农村村级管理体制改革。

(五)在技术创新方面取得较大进展

在结构调整、支柱产业建设和环境保护方面实施一批重大科技攻关项目。以生物技术、新材料等为重点,抓好高新技术的研究开发和推广运用。大力支持企业围绕增加品种、改进质量、提高效益、防治污染、扩大出口而进行的技术改造。

推广应用信息技术。加快信息基础设施建设,促进金融、财政、贸易、旅游、社保和政法等领域的信息化,推进电子政务和电子商务。重视信息安全,加强网上宣传,建立政府信息发布系统和互联网安全监测网。争取吸引更多的企业进入云南软件园。

不断推进科技创新体系建设。完成技术开发类科研机构实行企业化转制的登记注册,启动实施社会公益类科研机构改革。加强对已建成的省级重点实验室和中试基地的管理,高起点地建设3~4个省级高新技术重点实验室和工程研究中心。大力发展民营科技企业。建立技术产权交易中心。积极支持红塔创新投资股份有限公司和云南高新创业投资有限公司进行风险投资,为高新技术企业的成长创造良好条件。

(六)继续做好扶贫济困工作

以纳入“七七扶贫攻坚计划”尚未解决温饱的贫困人口、农村有劳动能力的残疾人和尚未稳定解决温饱的人口为重点,认真做好扶贫工作。争取国家支持,并结合生态建设和退耕还林(草),积极推进异地开发扶贫。加快实施温饱工程和安居工程,分期分批建设温饱村和安居村。继续实施治水、改土、通路、通电、绿色五大工程,在有条件的地方积极发展沼气。进一步搞好小额信贷扶贫。增加对贫困地区教育、科技、文化、卫生的投入,努力提高人口素质。改善乡村生活环境和生产条件。认真制定好我省2001~2010年扶贫开发纲要。

重视解决城镇下岗职工和其他低收入群众的生活困难。确保国有企业下岗职工基本生活费和企业离退休人员养老金按时足额发放。健全城市居民最低生活保障制度,合理确定最低保障标准,把符合条件的城市人口全部纳入最低生活保障范围。保护残疾人、妇女儿童和老年人的合法权益,重视老龄工作。切实安排好灾区群众的生产生活。

(七)更加重视人才资源开发

抓紧实施人才战略。巩固提高“普六”和“普九”成果,推进中小学实验教学普及县工作。力争新增5个县基本普及九年义务教育,10个县普及实验教学,扫除青壮年文盲35万人。争取调减一批办学校点。继续办好民族贫困地区的寄宿制学校,组织好滇沪及省内300所小学校的对口帮扶。把信息教育课列为城镇中小学校必修课。实施“校校通”工程,发展远程教育。鼓励和支持发展民办教育。努力提高教师素质,启动2个国家级、4个省级职教师资培训基地建设。进一步推进高校改革。调整完善院系和专业设置,努力提高教学质量。探索银校、企校合作模式,启动“昆明大学生城”等一批大学生公寓的建设。初步实现高校后勤服务社会化。

加强对已选拔的中青年学术和技术带头人后备人才的培养和管理,举办20~30个高层次人才培训班,使1000名以上人才受到培训。探索人才选拔和培养的新路子,通过多种方式引进智力,提高人才资源使用效益。

(八)全力推进可持续发展

抓紧滇池污染治理。确保完成草海2平方公里的底泥疏浚任务,搞好城市排水管网建设,实现清污分流,整治入湖河道和流域水土流失,控制流域污染排放,对面源污染控制和蓝藻水华控制技术进步联合攻关。加快抚仙湖等其他湖泊的湖区环境整治、湿地恢复和湖滨带建设步伐,强化流域区生态治理,逐步改善水质和环境。继续抓好九大高原湖泊流域内城市、重点城镇和风景名胜区的污水处理工程。

继续实施好天然林保护和退耕还林(草)工程。建立健全人员岗位责任制,落实管护措施,坚决执行禁伐天然林和退耕还林(草)的决定,切实把粮食、种苗补助等政策不折不扣地落实到农户。争取国家支持,建设红河、澜沧江流域防护林体系。

巩固工业污染源达标排放成果。实施排污许可证和排污登记申报制度,全面推行污染物排放总量控制,实现所有工业项目和主要城市生活污水达标排放。强化对主要城市和旅游景区污染的综合治理。进一步加强环保宣传和环境法制建设,不断提高全民环境意识。

严格控制人口增长,努力提高人口素质。加强流动人口计划生育管理和基层服务网络建设。对基础工作较差、控制人口难度较大的地州实施重点帮扶。建立计划生育利益导向机制,在有条件的地方对计划生育家庭实行奖励政策。

(九)以入世为契机进一步扩大对内对外开放

切实做好加入世界贸易组织的准备工作。继续深化入世研究,引进和培养专门人才。抓紧清理、修订和完善我省相关政策法规,使之与世界贸易组织规则相适应。

全力抓好利用外资这个薄弱环节。切实改善投资环境特别是软环境,实行一站式审批和全过程、全方位服务。花大力气做好一批重大招商引资项目的前期工作。建立地州市和涉外经济部门引资目标责任制、重大项目协调督办制和激励机制,提高招商引资水平。积极推行“零费率”政策和社会服务承诺制。有计划地组织开展好海外招商活动。积极探索招商代理制等新型引资方式。加大能源、交通、矿产、农业、环保、教育、医疗和高新技术领域利用外资的力度,努力推进金融、保险、电信等领域的对外开放,鼓励我省大中型企业与跨国公司开展多种方式的合作。加快建立一支高素质的专职招商队伍。

以市场、出口企业、出口方式和出口商品的多元化为方向,推进对外贸易发展。加强出口商品基地建设,争取形成品种更多、规模更大的出口产品。积极发展加工贸易。继续拓展周边及东南亚、东亚市场,加大力度开拓欧美、澳非、南亚市场;鼓励和组织有条件的企业到海外投资办厂,开展经济技术合作。办好姐告边境贸易区,争取设立河口、磨憨边境贸易区。深化外贸体制改革,赋予更多的企业自营进出口经营权,鼓励民间资金创办外经贸企业及边贸企业。办好第九届昆交会。

继续扩大对内开放。进一步扩大与东部地区的合作,巩固加强六省区市七方经济协作,推进与西部各省区的经济交流,不断拓展国内市场。认真落实首届民交会签约项目,大力引进省外民营企业和资本。

(十)切实抓好社会主义精神文明和民主法制建设

继续抓好“文明铁道运输线”、“文明公路运输线”和文明村镇、文明城市等群众性精神文明创建活动。搞好时事政策、科普等学习教育,加强村镇、社区、企业和校园文化建设,开展健康向上的文化娱乐活动。启动5个城市社区建设试验区。

以“五个一工程”为龙头,抓好艺术精品工程和民族文化工程,繁荣文艺创作。启动千里边疆文化长廊建设二期工程。做好民族大剧院、省博物馆等四大标志性建筑的前期工作。深化文化体制改革,强化文化市场培育和管理,加大扫黄打非力度,净化社会环境。扩大对外文化交流与合作。

推进广播影视、卫生体育等事业发展。加强边疆民族地区的广播覆盖工作,进一步搞好5种少数民族语言广播,让党和政府的声音传到千家万户。加大对中草药、民族药的研究开发和对主要疫病的防治力度;巩固发展农村卫生初级保健成果,积极建立新的合作医疗制度。深入开展全民健身活动,积极支持发展竞技体育,争取在全国第九届运动会上取得好成绩。加快新闻、出版等事业发展,办好第十二届全国书市。

加强城乡基层民主建设,全心全意依靠工人阶级,完善职工代表大会制度,搞好村民自治,推行乡务、村务和厂务公开。认真开展以农村特别是边疆民族贫困地区为重点的"四五"普法教育。加大预防青少年违法犯罪工作力度,搞好法律援助和监狱劳教工作。强化行政执法监督,努力建设一支高素质的行政执法队伍。

(十一)全力维护社会稳定

认真落实领导责任制,建立健全维护稳定工作的领导机构和办事机构。狠抓矛盾和纠纷的排查调处工作,对可能出现的群体性事件采取果断的防范和控制措施。在全省所有乡镇和城市街道建立社会矛盾调解中心,尽量把矛盾解决在萌芽状态和基层。提高新形势下对信息的收集、反馈和处置能力。加强专项整治,重点对农村乡镇、城镇社区和县城的社会治安进行综合治理,强化对公共娱乐场所的整治,坚决扫除"黄赌毒"。抓好重大案件查处,严厉惩治各类犯罪和境外敌对分子的破坏活动,依法打击严重暴力犯罪和有组织、带黑社会性质的恶势力。深入开展同"法轮功"等邪教组织的斗争,继续揭露和批判"法轮功"反社会、反人类、反科学、反政府的反动本质,坚持不懈地教育、团结、挽救绝大多数"法轮功"练习者,依法严厉打击极少数违法犯罪分子。做好国家安全工作。加强信访工作,解决好群众关心的热点问题。

(二)努力建设廉洁、勤政、高效、务实的政府

巩固、提高"三讲"教育成果,提高政府机关工作人员的政治业务素质,狠煞形式主义和官僚主义歪风,树立正确的利益观,扎扎实实的解决好关系改革发展稳定全局和影响群众生产生活的各种紧迫问题,以实际行动取信于民。各级政府领导和机关工作人员要切实转变思想作风和工作作风、重实际、说实话、务实事、求实效,树立治政从严、从政务实、勤政为民的良好风尚,脚踏实地、埋头苦干,做人民满意的公仆。继续搞好县级"三讲"教育"回头看",认真开展农村"三个代表"学习教育活动。进一步落实中央和省委关于廉洁从政的一系列规定,坚持反腐败三项工作格局,严格执行廉政建设责任制,加大反腐败力度。加强对各级干部的警示教育,增强警觉性和廉政意识,防止出现思想松懈和纪律松驰现象。

切实推进政府职能转变,提高依法行政水平。强化政府的宏观管理、社会保障和服务职能。理顺各部门职能关系,努力消除部门封锁和地方保护主义,确保政令畅通。继续清理审批事项,所有省级有审批权的部门,年内必须减少审批事项三分之一以上;简化审批环节,对非政府投资的项目实行登记备案制。全面推行政务公开,省政府从2001年起免费公开发行政府公报,让人民群众更多地了解政府工作。在地县级城市普遍建立"便民服务中心",为群众搞好服务。

下大力气整顿规范经济秩序,创造良好的经济环境。严厉打击制售假冒伪劣商品、破坏金融管理秩序、诈骗和侵犯知识产权等违法犯罪活动。加大对阻碍执法、暴力抗法和国家公职人员利用职务之便干扰执法等行为的打击力度,确保执法工作顺利进行。进一步健全市场法规,规范市场行为主体和市场秩序,继续开展百城万店无假货活动。严格审计监督,严肃财经纪律,加大对违纪行为的查处力度。加强和改进财政金融监管,建立健全内控机制,防范财政和金融风险。落实安全生产制度,严防重大事故发生,确保国家和人民生命财产安全。

继续搞好军政、军民团结,支持军队现代化建设。坚持不懈地开展国防教育,提高全省人民的国防意识,加强国防工程的共建共管,妥善安置好转业干部和复退军人,搞好国防后备力量建设。

云南省2000年国民经济和社会发展计划执行情况与2001年国民经济和社会发展计划草案(摘要)

一、2000年国民经济和社会发展计划执行情况

2000年我省抓住中央扩大内需,继续实施积极的财政政策,启动和实施西部大开发战略的难得机遇,狠抓中央一系列重大部署及政策措施的贯彻执行。省委、省政府针对经济运行中的新情况、新问题,及时采取综合对策促进经济发展。经过全省各族人民的共同努力,国民经济持续发展,社会事业全面进步。基本实现了省九届人大三次会议批准的宏观调控目标,完成了经济社会发展的主要任务。

(一)国民经济持续稳步发展,经济运行的质量和效益提高。预计全年国内生产总值1955.3亿元,比上年增长7.1%(按可比价格计算,下同),完成年计划。其中第一产业增长5.7%,第二产业增长5.4%,第三产业增长9.9%。

(二)农业和农村经济形势较好,农民收入、农业生产完成或超额完成计划。全省财政投入支农资金52.3亿元,继续居全国前列。粮食连续第8年丰收,总产量1468万吨;油料总产28.3万吨,均创历史最高水平。粮油产量、农业增加值增长均超额完成计划。农业和农村种植、养殖结构调整取得初步成效,在农产品价格普遍下降的情况下,农民人均纯收入达1488元,比上年实际增长4%,完成年计划。预计乡镇企业增加值增长10.7%。全省组织各项扶贫资金30.8亿元,又解决了85万农村贫困人口的温饱问题。

(三)以促进产业优化升级为重点,加快产业结构调整步伐。按照一产调优、二产调强、三产调换的原则调整产业结构。13项高技术产业化项目实施顺利;9项能带动产业优化升级的重大技改项目列入国家计划并陆续开工,省财政贴息1亿元的60项技改项目已大部分实施;云南国家级磷肥基地、兰坪铅锌矿、先锋褐煤液化、小湾电站、曲靖电厂二期、开远电厂等一批能带动结构调整的重大项目前期工作进度加快;旅游业继续保持对经济增长的贡献。贸易、信息、通讯、交通运输、咨询服务、金融保险等呈现良好发展势头,第三产业在国内生产总值中的比重稳步提高。

(四)国企三年改革与脱困目标基本实现,工业经济效益明显改善。切实抓紧完成了30户大中型企业改制和22户重点企业脱困。全年剥离、划转债转股147.9亿元,企业资产负债率由72.9%下降到47.3%;上级核销呆坏帐近8亿元。经过三年努力,列入国家重点脱困范围的105户企业,已扭亏脱困69户;全省列入重点脱困的64户企业,兼并破产21户,扭亏为盈25户,减亏10户,累计比上年减亏1.82亿元,亏损额下降81.8%。236户地方国有大中型企业有145户完成改制任务,国有中小企业放开面达到70%。首批培育的40户大企业、大集团已改制13户,国有企业三年改革和脱困目标基本实现。

全省规模以上工业实现利税总额324.9亿元,比上年增长6.6%;产品销售率98.6%;亏损企业亏损额下降35.6%。工业经济效益综合指数为143.59,比上年提高7个百分点。

(五)千方百计扩大投资规模,努力扩大消费需求。下发了《关于深化投融资体制改革的通知》、《关于改革投资项目审批制度的决定》;有关部门抓紧清理对投资项目的乱收费;加快土地征用进度,改善投资环境;3次派出稽察特派员深入重点建设项目和国债项目督促检查;全年争取国债资金超过27亿元;出台了住房补贴政策;根据建设项目进展情况,适时调整投资计划;省政府又加追投资6亿元以带动银行贷款、地方和企业增加投资;出台了激励和约束的有关办法,积极加强与银行沟通合作。经过努力,全省固定资产投资完成及资金到位情况逐月好转。

继续清理、取消乱收费,制定鼓励消费政策,改善消

费环境,促进消费需求稳步增长。全年新增个人消费贷款48亿元,增长148%;社会消费品零售总额583.2亿元,实际增长10.9%,超额完成计划。

(六)对内对外开放进一步扩大,开拓市场取得进展。全年外贸进出口总额完成18.13亿美元,增长9.3%,超额完成年计划。全年实际利用外资2.2亿美元。全省获进出口经营权的企业337户,遍及30个行业。市场开拓取得成效,对亚洲及周边国家贸易出现恢复性回升,贸易伙伴达到106个国家和地区。巩固扩大了卷烟营销网络,卷烟市场销售开始好转。花卉等优势产品省外市场占有率逐步提高,企业营销意识和促销手段进一步增强。

(七)财政金融运行平稳,社会保障体系初步建立。全省财政总收入达434.2亿元,其中地方一般预算收入完成178.1亿元,比上年增长3.1%,超额完成预算目标;一般预算支出完成413.9亿元,增长9.5%,为年初预算的116%。年末金融机构各项存款余额达2465.68亿元,比年初增加218.9亿元,增长9.74%;各项贷款余额2121.12亿元,比年初增加203.3亿元,增长9.72%,存、贷款均完成分别增加200亿元的目标。

全省初步建立了以城镇职工基本养老保险、医疗保险、失业保险制度和城镇居民最低生活保障制度为基本框架的社会保障体系。企业基本养老保险参保人数265万人,城镇职工养老保险金社会化发放达到90%,"两个确保"基本实现。城镇居民人均可支配收入6419元,增长8.6%。

(八)继续实施科教兴滇和可持续发展战略,社会事业全面进步。预计全年科技总投入20亿元。下达省重点科技项目计划六大类606项,省院、省校实施科技合作项目57项,各项科技计划实施顺利,取得较好成效。通过实施"义务教育工程"、"国家扶贫教育工程",加大了"两基"投入和工作力度,较好地完成了"两基"目标。经过努力,争取到中央高等教育国债资金2950万元,改善了办学条件,普通高校在上年基础上继续扩大招生,全面完成招生计划。进一步加强了县乡计划生育服务网络建设,给30个贫困县配置了计生流动服务车。全省人口自然增长率11.48‰,完成年计划。卫生、体育、文化、广播影视、新闻出版等各项社会事业继续发展。

以滇池为重点的9大高原湖泊的保护治理工程正在积极推进;天保工程和生态重点县建设继续加强;重点滑坡泥石流防治工程减灾效益明显,环境治理指标有较大提高,环境污染和生态恶化趋势有所遏制。

在看到成绩的同时,还必须清醒地认识当前经济社会发展中还存在一些突出矛盾和问题:一是市场开拓不够和流通不畅的状况还未从根本上得到解决。二是投融资渠道单一,保持投资规模较快增长任务艰巨。三是农业基础仍较薄弱,产品的竞争力不强、流通不畅、生产与加工脱节,农副产品价格继续下降,农民收入增长缓慢。四是大部分企业流动资金和技改资金短缺。五是部分企业生产经营困难,下岗分流人员增多,就业问题仍较突出。这些问题要高度重视并认真解决。

二、2001年宏观调控目标和主要任务

2001年是实施"十五"计划的第一年"做好今年的工作,对于促进国民经济持续快速健康发展,实现"十五"计划的良好开局,具有重要意义。

按照省委六届十一次全会确定的我省"十五"期间经济社会发展的指导思想、主要目标和工作任务,在"十五"开局之年,必须进一步认清形势、坚定信心、统揽全局、把握重点,狠抓落实、乘势前进,结合云南实际,把增加投入、扩大内需与扩大开放、开拓市场结合起来,促进经济持续、快速、健康发展和社会全面进步,为"十五"计划开好头,起好步。

国民经济和社会发展宏观调控的主要预期目标建议为:

——国内生产总值增长7%左右;

——全社会固定资产投资增长8%左右;

——社会消费品零售总额实际增长8%左右;

——外贸进出口总额增长7%左右;

——全省城镇居民人均可支配收入和农民人均纯收入实际分别增长5%和4%;

——居民消费价格总水平上涨1%左右;

——城镇登记失业率控制在3.5%以内;

——人口自然增长率控制在11.1‰以内。

为实现上述宏观调控目标,要重点抓好以下工作:

(一)巩固和加强农业基础地位,千方百计增加农民收入。认真贯彻落实党在农村的各项基本政策,把中央和我省促进农业和农村经济发展的对策措施进一步落到实处。

继续推进农业和农村经济结构调整。加快农村社会化服务体系、农技推广体系、农产品市场信息和流通体系建设,切实加强农产品加工、储运、批发、零售设施建设,积极争取开通"绿色通道"。培育农产品销售合作组织和农民自己的营销队伍。组织实施好10项重大农业科技成果推广,扩大种养业优质品种和专用品种生产。努力发展"公司+农户"等农业产业化经营,积极扶持龙头企业,建设一批农业产业化经营示范项目,促进

农产品的加工转化增值和农民增收。

落实和完善粮食购销政策，重点是按保护价敞开收购农民余粮。抓紧抓好文山、玉溪等中央直属粮库和一批省级粮库的建设，建成一批粮食批发市场。为进一步减轻农民负担，按照中央部署，2001 年全面启动农村税费改革。

继续加大农业投入，坚持不懈地加强农业基础设施建设。重点抓紧在建的勐腊大沙坝、思茅大中河等 35 项大中型水利工程及病险水库建设；确保柴石滩水库、华坪务坪水库等 7 项大中型水库竣工；加快节水灌溉示范工程，曲靖、蒙(自)开(远)个(旧)、渔洞水库等大型灌区改造和配套工程建设；组织实施好宾川、会泽等 35 个国家生态环境重点县，50 万亩高稳产农田，500 万亩冬季农业开发和农田水利设施，农村集贸市场，乡村公路等建设。争取 2001 年内建成蒙自、宣威等 12 个商品粮基地，基本完成农村电网改造，逐步实现城乡同网同价。

大力推进小城镇建设。认真搞好小城镇发展规划，抓好小城镇经济综合开发示范项目，多方引导社会资金建设小城镇。推动乡镇企业二次创业，加快农村二、三产业发展。加快转移农业富余劳动力，拓宽农民就业空间和增收渠道。

多渠道筹措资金，加大扶贫攻坚力度。以解决和改善生产生活条件为重点，抓紧抓好异地开发、退耕还林、人畜饮水、“三通”建设，针对少数民族地区、革命老区、边疆地区和特困地区的特点，采取有力措施“进村入户”，切实搞好扶贫攻坚工作。

(二)巩固和发展国有企业改革脱困成果，推进国有企业股份制改造。积极推动国有大中型企业的股份制改造，鼓励国有大中型企业通过规范上市、中外合资、参股合股等多种形式，逐步改制为多元持股的有限责任公司或股份有限公司，加快建立规范的现代企业制度和法人治理结构。

采取更加灵活的方式放开搞活国有中小企业。在贷款担保、资金融通、技术创新、市场开拓、人才培训、信息咨询等方面，政府要为中小企业提供服务。

加强企业管理，强化企业决策、财务资金、质量和安全管理，建立规范的监督机制，落实对国有资产保值增值责任。建立国有企业信用制度，进一步改善银企关系。

(三)调整经济结构，努力提高经济增长的质量和效益。大力发展高新技术产业，推动高技术产业化。加大以信息技术、生物技术为代表的高新技术和先进适用技术改造传统产业的力度，以信息化带动工业化。抓好我省《关于加快发展生物资源开发创新产业的决定》的贯彻落实，突出抓好六大工程和六大支撑体系建设，重点培育以天然药物为主的现代医药、绿色保健食品、花卉和生物化工等新兴产业，构筑“中华生物谷”。认真组织实施国家高技术产业新材料专项、信息网络专项、旅游精品工程等项目，带动产业升级。

积极发展信息产业，努力促进国民经济和社会信息化。加快信息基础设施建设，加强信息资源开发利用，推进信息技术在各行业的广泛应用和重要领域的信息化进程，促进金融、财税、政法、贸易、旅游等领域的信息化。

抓好所有制结构调整。2001 年研究提出我省不同行业国有资本的退出计划，为非公有制经济发展腾出空间。鼓励支持个私企业参股、控股、收购国有中小企业，加快开远、腾冲、华坪、保山 4 个个私经济园区建设，并逐步在全省推广。

通过重大项目实施推进传统工业结构调整。抓好云南国家级磷肥基地建设，推进兰坪铅锌矿与外商合资合作的进程，继续做好思茅纸厂 7 万吨扩建为 10 万吨填平补齐和原料基地建设工程。抓好昆钢板带工程、云南磷肥厂高浓度磷复合肥项目、云峰化学工业公司挖潜改造等 9 个国债专项技改重点项目和省财政贴息技改项目的组织实施。国有企业特别是大中型企业都要制订技改计划，突出大项目和关键技术，加大前期工作力度，创造条件尽早实施。

(四)深化投融资体制改革，促进全社会固定资产投资增长。进一步放开投资审批权限，减少审批环节，放宽投资领域，拓宽融资渠道。加强财政建设资金的管理，推动财政投资资本化运作。

采取“五管齐下”的措施，确保投融资体制改革取得明显进展。一是投资类公司尽快建立规范的现代企业制度和法人治理结构，严格按《公司法》办事。二是加大直接融资力度，重点抓好条件成熟的高新技术企业、工业企业和旅游企业的上市工作。三是在全省范围内推行引资责任制，大力引导和鼓励外商特别是世界 500 强、国内大企业、大集团投资我省高新技术产业、传统产业的改造升级、第三产业和基础设施建设。四是多渠道增加企业技术改造投入。五是建立健全中小企业贷款担保机构，为中小企业创造更好的投资环境。

切实加强对项目前期工作的领导，认真做好项目的前期工作。建立项目前期工作责任制、招投标制和考核奖惩办法，加快项目前期工作进度。2001 年要健全、完善省级项目库和招商引资项目库，实现省地计算机联网。重点抓好我省首批上报西部大开发的37个重点项目的前期工作。2001年起省级基本建设计划,按投资计划和前期工作计划分开下达,凡前期工作不到位的一律不纳入投资计划。

进一步健全完善建设项目管理体制。严格实行项目法人责任制、招投标制、建设监理制和资本金制,切实加强建设项目的组织管理。继续努力争取中央国债对我省在建国债项目和续建收尾项目的资金支持。各部门、各建设单位要积极主动地争取银行支持,使银行早进入情况,早评估,及早发放贷款,支持地方经济发展。

(五)创造良好的建设环境,确保重点工程顺利实施。2001年拟安排重点建设项目34项,其中:建成投产8项,续建项目19项,新开工和争取开工7项。

抓好重大项目建设。加快大保、曲胜、昆石、元磨、嵩待等高速公路建设。组织实施好内昆铁路、昆明掌鸠河引水供水、南盘江防洪工程、大朝山电站等续建项目。抓住国家实施"西电东送"的机遇,抓紧小湾电站、曲靖电厂二期、开远电厂和西电东送配套项目的前期工作,确保小湾电站、曲靖、开远电厂年内开工。力争宣威电力五期扩建、滇池污染治理、云南图书馆、云南铜业股份有限公司技改等重点项目竣工或投产。

为确保重点建设计划的完成,一是严格建设项目开工条件的审查。二是认真落实建设资金。三是扎扎实实地做好征地拆迁和移民安置工作。四是整治对建设项目乱收费的行为。五是各部门、行业、地区间要相互支持,相互配合,共同创造良好的外部建设环境。六是加大重点项目稽察力度,强化重点项目的督促检查。及时帮助协调解决建设项目存在的困难和问题,确保重点项目的顺利实施。

(六)建立健全社会保障体系,努力扩大劳动就业。按照"一要吃饭、二要建设"的原则,进一步健全完善社会保障制度。依法强制征缴社会保障基金,严格实行社会保障基金收支两条线管理。力争养老保险金实现社会化发放达到95%以上。继续做好"两个确保"工作。建立健全城镇职工基本医疗保险制度,2001年要在全省医保改革、医疗卫生体制和药品流通体制改革方面取得实质性进展。

加快发展第三产业,积极发展有市场的劳动密集型产业,大力发展多种所有制经济,鼓励自谋职业,多渠道扩大就业。

(七)大力发展服务业,进一步扩大消费需求。把大力开拓国内外市场,强化营销观念,积极探索和推行各种新型营销方式。发展连锁经营、物流配送、网上销售等形式,建设和规范批发市场、专业和综合市场,促进物畅其流,扩大城乡居民消费。

运用现代经营方式和现代技术,改造商贸流通、交通运输、市政服务等传统行业;大力发展面向居民消费的房地产业、社区服务等产业,扩大服务性消费。

建立健全要素市场,培育金融、证券、保险、人才和劳动力市场,积极发展信息、会计、法律、咨询等现代服务行业,带动服务业整体水平提高。

继续清理和取消用电、买房,购置和使用汽车及通信等方面抑制消费的规定。加快收入分配货币化进程,加大经济适用住房、廉租房的建设力度。2001年内开放全省所有县市住房二级市场,培育住房租赁市场。建立个人信用制度,努力发展消费信贷。

全力提升旅游业。进一步搞好全省旅游规划,突出重点,抓好旅游精品工程,科学规划旅游线路,千方百计开拓客源市场,不断提高旅游管理和服务质量。

(八)做好加入世贸组织的准备工作,努力提高对内对外开放水平。做好境外投资法规和配套优惠政策、保障措施的研究修订工作。鼓励和引导优势产业和企业到境外,特别是到周边国家经商投资。大力发展商品、劳务和技术输出,开展对外工程承包。健全境外企业管理机制,加强境外企业的管理和协调。

加快以省直外贸企业为重点的外贸体制改革。进一步扩大生产企业、科研院所、民营企业外贸经营权,放宽经营范围。优化出口商品结构,提高机电产品、高附加值商品出口比重,努力扩大出口规模。用好、用活、用足中央赋予姐告边境贸易区的政策,争取设立磨憨、河口边境贸易区,加快边贸发展。

加大引进资金工作力度,建立引资责任制。制定针对国内外大企业、大集团的引资政策和措施。加强对资金引进的服务。大力推动中外合资兰坪铅锌矿、老挝万象钾盐开发等重大项目;抓好元磨公路、大朝山输变电工程、西南扶贫、滇池综合治理、掌鸠河引水工程等借用国外贷款项目的组织实施。

继续扩大对内开放。大力推进滇沪、滇粤、西南六省区市七方等多种形式的合作。鼓励省外投资者参与我省开发以及国有企业的改组改造,积极引进省外民营企业和资本,充分利用省内外各种交易会、展销会、博览会,扩大我省与外省区的交流。切实加强与国内有关院校的经济技术协作,把对内开放向宽领域、高水平、多层次推进。

认真做好加入世贸组织后与国际接轨的市场运作规则、机制、政策等问题的研究。加快培养和引进熟悉国际法律和世贸组织规则的专业人才。抓紧清理并修改完善我省有关法规,认真研究和利用好过渡期条款。通过体制创新和科技创新,增强我省支柱产业和优势产业的竞争能力。

(九)集中力量,抓好西部大开发重点领域和重大项目的推进。认真贯彻落实国发[2000]33号文件关于西部大开发的若干政策规定,用好用活西部大开发赋予的各项优惠政策。

进一步深入开展我省西部大开发12个专题研究,做好与国家西部大开发总体规则的衔接。加大重点领域的工作力度,在抓紧首批上报37个重大项目前期工作的同时,根据"十五"计划和专项规划进一步论证、筛选西部大开发重点项目,积极争取国家支持。

(十)认真实施科教兴滇战略,加快发展各项社会事业。巩固"两基"教育,继续把"两基"教育放在重要地位。扩大高中阶段教育规模,组织实施好贫困地区国家义务教育工程和国家中小学危房改造专项工程。抓好国债资金用于高校和计算机校园网及贫困县的职业教育建设。采取积极措施,挖掘高等院校和中专学校的办学潜力,扩大招生规模,推进高校后勤服务社会化和学校内部管理体制改革。结合我省情况,在抓紧培养领导干部、专业人才、企业家的同时,重视技术工人、农技推广人员的培养,把培养与引进相结合,壮大人才队伍,并为优秀人才脱颖而出创造良好环境。

认真组织实施好国家和省下达的64项高新技术产业项目及六大科技计划。继续深化科技体制改革,加大科技引进与合作力度,加强省院、省校合作。增加全社会研究与开发投入。建立风险投资机制,促进科技型中小企业发展。

以建设民族文化大省为目标,增加精神文明建设和社会事业投入。积极争取国家支持,增加我省扶贫教育工程、基层计划生育服务网络等社会事业专项资金,改善我省精神文明建设和社会事业基础条件。2001年安排投资解决好我省边境5种少数民族语言广播问题;抓好省民族大剧院、博物馆、音乐厅和体育馆等四大标志性建筑的规划设计工作,大力发展文化、体育、卫生、广播影视、新闻出版等社会事业。

(十一)高度重视人口、资源、环境保护工作,坚持实施可持续发展战略。继续组织实施好天然林保护和退耕还林(草)工程。以九大高原湖泊污染防治和治理、环境保护为重点,配套完善污水、污物处理基础设施建设,年内完成滇池草海2平方公里疏浚任务,建成昆明北郊、东郊、第一污水处理厂。高度重视农村环境保护,特别要抓好农村化学污染防治。科学合理地制订用地计划,严格按国家和省的土地利用计划安排好生产生活用地,确保完成全省土地开发整理面积7000公顷。

进一步提高计划生育管理水平和综合服务能力。严格控制人口过快增长,管理使用好计生流动服务车,抓好流动人口计生管理,确保全省人口自然增长率控制在11.1‰以内。

(十二)加强和改善宏观调控,整顿经济秩序。健全省级经济调控体系,实现计划、财政、金融、物价之间的密切配合与约束,运用有效的经济法律手段及必要的行政手段,调控经济运行。切实加强经济运行的监测预测,根据形势的发展变化适时调整宏观经济政策。

保持价格总水平的基本稳定。深化价格管理和收费管理体制改革,推进价、费、税分流,压缩国家行政机关收费总量,建立合理的收费机制,从源头上解决乱收费问题。按照国家部署,周密细致地组织实施交通和车辆税费改革方案。继续对涉企、涉农、涉外的乱收费、乱涨价进行专项治理,重点组织对药品、医疗服务价格以及工商部门收费进行专项检查。

整顿和规范市场经济秩序。深入开展严厉打击制售假冒伪劣商品犯罪活动的联合行动,坚持不懈地打击走私违法犯罪活动。

云南省2000年地方财政预算执行情况和2001年地方财政预算草案(摘要)

一、2000年地方财政预算执行情况

2000年,在中共云南省委的正确领导下,全省各族人民认真贯彻落实中央的各项方针政策,深化改革,扩大开放,加快结构调整,全省经济和社会事业持续稳定发展,国内生产总值实现了预期的增长目标,为实现财政收支任务奠定了基础。财政工作认真贯彻落实积极的财政政策和《中共云南省委、云南省人民政府关于进一步加强财税工作的决定》,大力开源节流,加强财政资金管理,积极支持经济发展,努力保障社会事业发展需要。经过全省各方面的共同努力,圆满完成了省九届人大三次会议批准的财政收支任务。

据快报统计,2000年,全省地方一般预算收入完成178.1亿元,比年初预算超收2亿元,比上年实际完成数增收5.4亿元,增长3.1%,超额完成了年初确定的增长目标。全省地方一般预算支出完成413.9亿元,为年初人代会批准预算数的116%,比上年实际完成数增支35.9亿元,增长9.5%。

省本级财政一般预算收入完成28.9亿元,为年初预算的106.9%,比上年实际完成数增收2.6亿元,增长10%。省本级一般预算支出完成127.6亿元,为省本级年末支出预算数的93.8%,比上年实际完成数增支12.8亿元,增长11.1%。

为了确保全年财政工作任务的完成,我们重点抓了以下工作:

(一)发挥财政职能作用,促进经济持续发展。2000年全省财政基本建设支出达60.6亿元,为我省交通、城建、环保、水利、天然林保护等工程的实施提供了有力保障。继续加大旅游业投入,增加旅游发展资金,加快了旅游景区景点和配套基础设施建设。继续执行国有企业所得税超基数返还和债转股政策,安排国有企业技改贴息资金4.87亿元,企业脱困资金和破产企业职工安置补助费1.8亿元,"九五"期间,省财政对企业的无偿投入和"债转股"资金达109亿元,减轻了企业债务负担,促进了企业技术进步,提高了企业的经济效益。全省预算内国有工业企业总体扭亏为盈,由上年亏损4.3亿元转变为实现利润5.5亿元,亏损面同比下降1.8个百分点,亏损额下降30%,基本实现了国有企业改革和脱困目标。安排横向联合资金3000万元,促进企业开展联合经营,提高竞争能力;增加个体私营经济扶持资金3000万元,支持个体私营经济发展,使个体私营经济逐渐成为我省新的经济增长点,配合实施西部大开发战略,加强与国际金融组织的合作,完成了元磨高速公路、掌鸠河引水工程等项目的谈判、签约工作。这些措施,对促进经济增长起到了积极的推动作用。

(二)积极组织收入,努力完成财政收入任务。为了确保完成年初人代会批准的收入任务,我们把收入任务层层分解落实到各级国税、地税和财政部门。各级财税部门按照依法治税的要求,严格税收减免,强化税收征管,加大清欠力度,做到应收尽收。保证了全年收入目标的实现。

(三)围绕省委、省政府的中心工作,加大重点支出保障力度。一是确保行政事业单位职工工资发放。为了帮助各地解决发放工资问题,省财政筹措2.5亿元资金,加上天然林禁伐减收补助资金,按照规范的转移支付办法测算后补助各地,使发放工资问题基本得到解决。二是支持社会保障工作,维护社会稳定。省财政安排拨付国有企业下岗职工基本生活保障、企业职工基本养老保险、城市居民最低生活保障补助等资金13.4亿元,比上年增长231%。省财政筹措救灾救济和灾区恢复重建资金4亿元,重点保障了灾民生活救济和宁蒗、姚安等地震灾区恢复重建资金需要。三是贯彻落实科教兴滇战略,努力筹措资金,支持科教事业发展。省本级教育事业费预算占财政支出预算的比重比上年提高了一个百分点。筹措资金5亿元,用于普及义务教育和扫盲工作,全省教育事业费支出达62.5亿元,保证了"九五""两基"目标的按期完成,科技三项费用投入比上

年增长24.9%。省财政从预算外统筹资金中安排省院省校合作资金1亿元,推进了高新技术产业化和创新人才的培养与引进工作。四是围绕农民增收和农村稳定,加大了农业投入。全省财政支农支出完成52.3亿元,支持了农业基础设施建设、农业产业结构调整、农业科技推广、天然林保护和退耕还林还草工作的顺利实施,促进了农业和农村经济发展。继续加大对贫困地区的扶持力度,投入扶贫资金13.8亿元,促进了扶贫攻坚目标的实现。五是认真贯彻建设民族文化大省的决定,多渠道筹集资金,继续实施千里边疆文化长廊、边境地区广播电视设施、体育场馆建设和广播电视"村村通"工程,有力地促进了文化事业发展。六是支持政法部门改善工作条件和执法手段,拨付经费23.1亿元,促进了社会稳定。七是积极支持全省村级体制改革。省财政共安排村民委员会选举和原村干部一次性生活补助经费1.1亿元,确保了村级体制改革的顺利开展。

(四)稳步推进财政支出制度改革,进一步加强了财政支出管理。一是积极推进预算管理改革。省本级全面试编了2001年部门预算,省本级和绝大部分地州市县实行了"零基预算",使预算编制方法更加科学、规范。二是积极探索实施国库集中收付制度。通过实行财政统一发放工资和政府采购,为实行国库集中收付制度积累了经验。全省有12个地州市本级和89个县实行了财政统发工资,省级和昆明市、楚雄州、德宏州本级和19个县实行了工资专户管理过渡办法。三是积极推进政府采购工作,《云南省政府采购条例》已颁布实施,为进一步规范政府采购活动奠定了基础。全省16个地州市都已全面推行政府采购制度,采购规模达6.8亿元,平均节约率为9%。四是加大预算外资金管理和集中统筹力度,积极推进综合财政预算管理改革。

(五)按照依法行政的要求,进一步强化财政管理和监督。一是认真学习宣传《会计法》、《云南省预算审查监督条例》、《云南省政府采购条例》等法律、法规、研究制定了贯彻落实措施。二是针对财政管理中的薄弱环节,建立和完善了财政内部监督制约机制,切实抓好落实工作。三是健全完善预算执行监督体系。从预算编制、资金拨付到资金使用进行全程监督管理。进一步规范财政专项资金项目审查和立项管理,实行项目管理法人责任制,积极推行项目资金报帐制,对部分国债项目和重点建设项目试行了财政投资评审制度,对农业综合开发项目试行了委托专家和社会中介机构立项评估办法。四是规范财政资金帐户管理。按照"精简、安全、效能"的原则,对财政收支业务帐户进行了清理归并,压缩了帐户。建立了行政事业单位银行帐户开设审批、登记和备案制度,强化了对预算资金拨付的审核和监督。五是积极稳妥地推进会计管理体制改革。深入贯彻落实《会计法》,促进了会计基础工作的规范化。积极推行多形式、多层次的会计委派制,全省有12个县试行了"会计核算中心",749个乡镇推行了"零户统管",乡镇的各种站所撤销会计机构,实行报帐制。六是整顿了经济鉴证类社会中介机构,强化了监管。

2000年,在省委的正确领导下,在省人大的监督和社会各界的支持帮助下,财政工作取得了一定的成绩,圆满实现了"九五"计划和2000年的财政工作目标,有力地支持了全省经济社会事业发展,但是,财政供需矛盾仍然十分突出,尤其是县级财政困难程度加深;财政管理体制与建立社会主义市场经济体制和公共财政框架的要求还不完全适应,财政改革有待进一步深化;财力分散,财政资金使用管理不严,效益不高的问题依然存在,财政监督还要进一步加强。对这些问题,我们将认真分析研究,进一步拓宽理财思路,加强制度建设,规范办事程序,切实改进和强化管理,不断提高理财质量和水平。

二、2001年地方财政收支预算草案

2001年,是"十五"计划的开局之年,正确认识和把握财政经济形势,切实做好2001年的财政工作,对于实现"十五"计划目标有着重要的意义。

根据2001年的财政经济形势和任务,我省财政工作和预算安排的指导思想是:高举邓小平理论伟大旗帜,以江泽民总书记"三个代表"的重要思想为指导,认真贯彻落实中央和省委的各项方针政策,综合运用财税政策,积极推进经济结构调整,促进经济发展;切实加强征管,确保财政收入稳定增长;按照"一要吃饭、二要建设"的原则,进一步深化财政改革,调整和优化支出结构,确保职工工资发放,保证法定支出,努力保证省委、省政府确定的发展重点、社会稳定和推进改革的支出需要。坚持量入为出,确保财政收支平衡。

按照上述指导思想,2001年全省地方财政收入预算初步安排是:

(一)全省财政收支

全省地方财政一般预算收入187亿元,比2000年执行数增长5%,按可比口径增长7%,与国民经济增幅基本同步。地方一般预算支出422亿元,比2000年执行数增长2%。

(二)省本级财政收支

省本级地方财政一般预算收入28.4亿元,比2000

年初预算增长5%,加上上解及补助收入,安排一般预算支出100.5亿元,比上年年初预算增长5.1%,扣除上下划因素后,按可比口径增长3.4%。

在支出预算的安排上,通过加大支出结构调整力度,确保了职工工资、政府机构运转、社会保障等必需的支出,确保了省本级安排的教育经费占年初预算支出的比例比2000年提高一个百分点,科技、农业、计划生育等支出按法律、法规规定和省委、省政府的决定作出了安排。为了继续做好扶贫工作,增加了扶贫投入,省本级安排资金达5亿元。为了加强环境保护工作,继续安排污染源治理专项资金3000万元,新增九大高原湖泊综合防治经费6000万元。尽力安排了生物资源开发创新资金和城市维护经费。由于政法系统“四项经费”上划省管和2001年地县两级干警换装,公检法司支出增幅较大。2001年所得税先征后返政策调整,企业挖潜改造资金总量有所下降,但安排了国有企业技改资金1.2亿元,比上年增长20%。由于技术监督系统上划等不可比因素,工业交通等部门事业费和流通部门事业费增幅较大。省级财政不再安排城镇居民肉食补贴支出,相应增加城市居民最低生活保障补助资金。

三、团结奋斗、开拓进取,努力完成2001年预算收支任务

(一)积极促进经济结构调整,巩固提高老财源,加快培育新财源。解决当前财政运行中的困难和矛盾,关键在于发展经济,增加财政收入。一是继续支持搞好“两烟”生产和流通,扩大市场占有率,巩固和增加“两烟”产业对财政的贡献额。二是围绕“建设绿色经济强省、民族文化大省和中国连接东南亚、南亚的国际大通道”的战略目标,积极支持经济结构调整,加快培植新的支柱财源,努力把“蛋糕”做大。三是发挥财政资金的导向作用,支持国有企业改革、改组、改制和技术改造,盘活存量资产,增强企业技术创新和市场竞争能力,提高对财政的贡献率。四是建立健全融资担保体系,积极支持生物资源开发创新产业、以磷化工和有色金属为重点的矿产业、以水电为主的电力产业、以旅游业为龙头的第三产业和高新技术产业、中小企业和个体私营经济发展,壮大群体财源。

(二)加强收入征管,确保财政收入稳定增长。2001年,增支因素多,平衡难度大,必须靠努力增加收入来解决财政收支矛盾。我们将加大工作力度,做好收入组织工作。一是继续贯彻“加强征管,堵塞漏洞,惩治腐败,清缴欠税”的工作方针,严格依法治税,坚决制止擅自减税、免税、缓税等行为,堵塞漏洞,做到应收尽收。二是加大稽查力度,依法打击偷税、骗税、逃税和抗税行为,大力清缴欠税,努力提高征管质量。三是认真清理税收优惠政策,停止执行到期的税收优惠政策。四是加强财税部门的协调,强化征管责任,严格征收制度,改进征管手段,做到均衡入库。五是建立收入增长激励机制,鼓励增收,增强财政实力。

(三)紧紧抓住实施西部大开发的机遇,积极争取中央的支持。2001年,中央继续实行积极的财政政策,发行国债,支持西部大开发。我们要抓住机遇,努力争取较多的中央国债项目资金,增加投入,加快发展。并切实加强对项目资金使用的监督和管理,确保发挥效益。同时,积极反映我省的特殊情况和困难,争取中央在调资补助、扶贫、社会保障、农村税费改革、生态环境建设、产业结构调整、边境民族地区发展等方面给予更多的政策和资金支持,促进全省经济和社会事业的持续健康发展。

(四)完善财政管理体制,规范政府间的财力分配。省对地州市的财政体制2000年已到期,按照“大稳定、小调整”的指导思想,在维持各地既得利益的基础上,从2001年起,对财政管理体制进行必要的调整。调整的基本原则是“三保三促”,即保工资发放、保机构运转、保财政平衡、促机制建设、促财源培养、促结构调整。调整的基本思路:一是维持实行分税制财政管理体制以来地州市的既得利益;二是建立省对下的财政移转支付制度;三是建立增收激励机制,制定地县财政收入上台阶奖励办法,替代“以奖代补”办法,调动各级政府开辟财源,增加收入的积极性,确保财政收入持续稳定增长,在“十五”期间,努力实现财政收入与经济同步增长的目标。

(五)加大财政改革力度,努力构建公共财政框架。一是加快部门预算改革步伐。明年省本级将增加报省人代会审议预算的部门,地州市级全面试编部门预算,县级开展编制部门预算试点,并提前预算编制时间。二是逐步实施国库集中收付制度。从完善财政统一发放工资入手,逐步建立国库集中收付制度的配套管理办法。三是进一步搞好政府采购工作,扩大采购规模,强化和规范招标管理,提高服务质量,加强监督,确保政府采购工作健康运行。四是积极稳妥地开展农村税费改革,认真研究制定并尽早出台指导全省的农村税费改革政策和省对县的农村税费改革转移支付办法,确保落实到基层,促进改革的顺利推进。五是积极支持推进社会保障制度改革。逐步完善社会统筹与个人帐户相结合的城镇职工基本养老保险制度,完善失业保险制度和城

市居民最低生活保障制度，推进城镇职工基本医疗保险制度和医药卫生体制改革。六是积极深化投融资体制改革，拓宽融资渠道，引导银行和社会资金投入经济建设。七是认真研究中央税制改革政策对我省的影响，并结合我省实际，落实好财税改革措施。

（六）狠抓节支工作，提高资金使用效益。发扬艰苦奋斗精神，牢固树立勤俭办事业和讲求效益的观念，一切开支都要精打细算，从紧安排，坚决制止铺张浪费行为，提高资金使用效益。一是强化预算管理，硬化预算约束。预算一经批准，各级各部门都要严格执行，并加强财务管理，节省开支，确保收支平衡。二是改革投资决策和管理方式，防止建设性资金的损失浪费。对建设性资金的投入，要坚持科学论证和民主决策，避免重复和盲目建设。通过调整投资结构，优化资源配置，使投资发挥更好的效益。三是通过政府机构改革，切实减少机构数量，精简行政人员，降低行政成本。四是大力推进事业单位体制改革，压缩事业费开支，除教育、科学等公益性事业单位外，凡有收入的事业单位，要逐步走向市场，减少财政拨款。五是建立健全有效的监督约束机构，坚决制止公费旅游等行为，节减“人、车、会、话”等开支。

（七）进一步强化财政监督，规范财经秩序。认真贯彻落实省委、省人大有关依法行政、依法理财的指示和决定精神，进一步加强财政监督工作。一是认真贯彻落实《云南省预算审查监督条例》，强化预算监督。财政部门要自觉接受人大监督，同时，要认真履行好财政监督职能，加强对财政资金使用全过程的监督。二是不断完善财政监督体系。建立包括立法机关、财政部门、主管部门、资金使用单位和审计部门在内的相互制约的预算执行监督体系。按照加强宏观管理、减少具体事务的原则，健全财政监督机制。通过逐步建立企业监督社会化体系和会计信息质量抽查公告制度，强化对企业财务的监督；财政部门重点转向对收入征收机关、执法部门、金融机构和社会中介机构的监督。三是对贯彻落实《会计法》的情况进行检查，提高会计信息质量。四是加大预算外资金管理力度。严格实行“收支两条线”管理和收缴分离办法，强化财政专户管理，做好预算外资金统筹工作。五是切实加强国有资产管理，实行资产管理和财务管理相统一，确保国有资产保值增值和安全完整。六是继续推进会计管理改革。在全省乡镇一级全面推行“零户统管”，在县级扩大“会计核算中心”试点，抓好向国有大中型企业委派财务总监和向重点建设项目委派稽查特派员的工作。七是健全完善财政内部监督制约机制，进一步规范办事程序，不断提高理财水平和质量。

（八）加强思想政治工作，切实抓好财税干部队伍建设。以江总书记“三个代表”的重要思想为指导，继续加强思想政治工作，提高干部队伍素质，为实现财政工作目标提供有力的组织保障。一是加强领导班子建设，巩固“三讲”教育成果，提高班子成员的政治业务素质。二是加强制度建设，建立健全干部监督制约机制，严格遵守廉政建设规定，做到勤政廉政。三是开展经常性的理想和信念教育，增强财税干部贯彻执行党的方针政策的自觉性和坚定性，牢固树立全心全意为人民服务的宗旨意识，以对人民负责、对党和国家负责的事业心和责任感，依法行政，依法理财。

云南省2000年国民经济和社会发展统计公报

2000年,在党中央、国务院和省委、省政府的领导下,全省各族人民高举邓小平理论伟大旗帜,认真贯彻党的十五大、中央经济工作会议、十五届五中全会的精神,认真落实省第六次党代会、省人大九届三次会议确定的各项任务。从云南实际出发,抓住国家扩大内需,启动和实施西部大开发战略的难得机遇,积极采取有力措施,着力调整结构,稳定推进各项改革,努力克服经济运行中出现的各种困难。全省经济建设与社会发展取得显著成绩,人民生活水平继续得到改善,综合经济实力明显增强,如期实现了年初预定的主要指标和现代化建设的第二步战略目标,"九五"计划确定的主要目标基本完成。

一、综合

国民经济持续稳定增长。初步测算,全省国内生产总值(GDP)1955.28亿元,比上年增长7.1%。其中,第一产业增加值436.2亿元,增长5.7%,对GDP增长的贡献率为1.3个百分点;第二产业增加值840.21亿元,增长5.4%,对GDP增长的贡献率为2.3个百分点;第三产业增加值678.87亿元,增长9.9%,对GDP增长的贡献率为3.5个百分点。结构调整取得新进展,一、二、三产业增加值占国内生产总值的比例,由上年的22.2:44.5:33.3调整为22.3:43.0:34.7。人均国内生产总值4637元,比上年增长5.8%。非公有制经济在国民经济中的地位逐步提高,股份制经济及个体、私营经济等发展迅速。2000年非公有制经济创造的增加值占国内生产总值的比重达21%。

全年全社会劳动生产率8645元,按可比价格计算,比上年增长5.4%。

市场价格总水平持续下降。全省居民消费价格总水平比上年下降2.1%,商品零售价格总水平比上年下降2.4%。从价格下降情况看,食品类价格持续下降是价格总水平下降的主要原因(见下表)。

云南省市场价格变动情况

类　　别	单位	1999年 比上年增长%	2000年 比上年增长%
居民消费价格指数	%	-0.3	-2.1
城市	%	-1.2	-2.4
农村	%	0.7	-1.6
食品	%	-1.7	-5.4
粮食	%	-2.6	-9.4
蛋类	%	-4.8	-14.1
鲜菜	%	5.4	-1.3
商品零售价格总指数	%	1.7	-2.4
农业生产资料价格指数	%	-1.3	-1.1
工业品出厂价格指数	%	-1.8	1.2
主要原材料、燃料、动力购进价格指数	%	-1.2	1.5

劳动就业工作有所加强。年末全省从业人员2279.3万人，比上年增长1.6%。2000年，全省国有企业下岗职工5.59万人，比上年下降5%；再就业率28.4%。参加失业保险职工人数191万人，月平均领取失业保险金人数2.4万人；参加养老保险职工人数196万人；参加基本医疗保险的职工人数125万人。年末全省城镇登记失业率2.6%，比上年末上升0.1个百分点。

经济社会发展中还存在一些突出的矛盾和问题，主要是：经济结构不合理，农业基础仍较薄弱，企业整体素质和竞争力不强，投资需求不足，部分企业生产经营困难等。

二、农业、牧渔业

全省认真贯彻落实中央和全省农村工作会议精神，坚持把农业增产、农民增收放在经济工作的首位，采取各种有效措施，进一步改善农业生产条件，加大科技投入力度，农业生产再获丰收，农村经济保持较快发展。农业增加值达436.2亿元，比上年增长5.7%。主要农作物产量全面增产，对稳定经济、保障市场供应起到了积极作用(见下表)。

云南省2000年主要农产品产量

产　品　名　称	单位	绝对数	比上年增长%
粮食	万吨	1467.80	4.9
油料	万吨	26.98	30.8
甘蔗	万吨	1420.29	-7.0
烤烟	万吨	64.61	6.0
茶叶	万吨	7.94	5.7
橡胶	万吨	17.17	2.4
水果	万吨	76.95	4.2
肉类总产量	万吨	205.17	6.8
牛奶	万吨	12.97	5.6
水产品产量	万吨	16.62	7.0

造林绿化与林业生产取得较好成绩。全省造林面积430.56千公顷，森林覆盖率(含灌木林)达44.29%；主要林产品产量增加，其中橡胶产量17.17万吨，比上年增长2.4%。护林防火取得好成绩。

畜牧、水产业生产全面发展。全省肉类总产量达205.17万吨，比上年增长6.8%；水产品产量16.62万吨，比上年增长7%。

农业生产条件进一步改善。全省拥有农业机械总动力1301.34万千瓦，比上年增长3.7%。农田水利建设也得到继续加强，农田有效灌溉面积1403.4千公顷。

乡镇企业继续快速发展。全年营业总收入1675亿元，比上年增长20.9%。

农村产业、产品结构得到进一步调整，整个农业和农村经济形势呈现良好的发展势头。

三、工业和建筑业

工业生产平稳增长。全部工业增加值完成697.06亿元，比上年增长6.6%，其中全部独立核算国有及年产品销售收入500万元以上非国有工业增加值完成516.79亿元，增长6.3%(国有及国有控股企业增加值459.74亿元，增长5.4%)。从规模以上轻重工业看，轻工业增加值346.95亿元，比上年增长3.6%；重工业增加值169.84亿元，增长9.6%。在规模以上企业中，集体企业增加值27.52亿元，增长6.7%；股份制企业增加值43.58亿元，下降2.4%；外商及港澳台投资企业增加值19.31亿元，增长17.9%。主要能源、原材料、化工、建材及支农产品生产保持较快的增长，但部分日用轻纺产品生产受竞争能力弱及市场需求制约等因素影响，产量有不同程度的下降(见下表)。

云南省 2000 年主要工业产品产量

产　品　名　称	单位	绝对数	比上年增长%
纱	万吨	2.27	6.9
布	亿米	0.59	-4.7
化学纤维	万吨	1.39	-19.5
糖	万吨	152.25	-6.3
卷烟	万箱	612.77	1.5
原煤	万吨	2215.61	-16.8
发电量	亿千瓦小时	317.46	6.5
钢	万吨	183.71	6.0
钢材	万吨	189.41	0.9
平板玻璃	万重量箱	289.84	-4.2
十种有色金属	万吨	74.85	16.0
水泥	万吨	1642.80	1.2
工业木材	万立方米	89.15	-33.2
硫酸	万吨	205.52	13.5
纯碱	万吨	7.73	2倍
化肥(折纯量)	万吨	197.22	10.9
化学农药	万吨	0.25	62.5
发电设备	万千瓦	15.42	-20.9
金属切削机床	万台	0.73	37.7
汽车	万辆	2.21	1.02倍

工业企业经济效益明显改善。全部独立核算国有及年产品销售收入 500 万元以上非国有工业经济效益指数达 143.59，比上年提高 7.04 个百分点。全年实现利润 67.13 亿元，比上年增长 23.6%，其中国有及国有控股企业实现利润 62.39 亿元，增长 16.2%；亏损企业亏损额 22.15 亿元，比上年下降 35.6%，其中国有及国有控股企业下降 37.1%，大中型企业下降 46.6%。亏损面 46.6%，比上年下降 2.88 个百分点。

国有企业建立现代企业制度步伐加快。到 2000 年底，全省 236 户地方国有大中型工业企业有 145 户完成改制任务；首批培育的 40 户大企业、大集团已改制 31 户；85 户脱困企业也有 38 户进行了不同形式的改制。全省有 18 户企业实现股票上市，融资规模 50 多亿元。通过股份制、股份合作制、兼并、出售、拍卖、破产等多种形式，国有中小企业的放开面达 70% 以上。国有企业三年改革和脱困目标基本实现。列入国家重点脱困企业名单的 105 户大中型亏损企业脱困率达到 73.3%；省确定的 64 户重点脱困企业脱困率达 70% 以上。

建筑业发展有所减缓。建筑业增加值完成 143.15 亿元，比上年下降 2.3%。施工房屋面积 3324.34 万平方米，比上年下降 0.5%；竣工面积 1894.49 万平方米，比上年增长 5.3%。全省施工单位工程个数 1.85 万个，比上年增长 2.3%。四级及四级以上资质的建筑企业实现利润总额 5 亿元，比上年增长 25%；实现税金 10 亿元，增长 3.1%。

四、第三产业

第三产业快速增长。运输邮电仓储业增加值 120.12 亿元，比上年增长 9.1%；批发零售餐饮业增加值 190.57 亿元，比上年增长 8.3%；金融保险业增加值 77 亿元，比上年增长 13.9%；房地产业增加值 59.81 亿元，比上年增长 8.6%；其他服务业增加值 231.37 亿元，比上年增长 10.4%。接待海外游客 100.11 万人次，旅游外汇收入 3.39 亿美元；接待国内游客 3841.04 万人次，国内旅游收入 183.2 亿元。全省旅游业总收入 211.4 亿元,比上年增长3.5%。第三产业对经济增长的贡献再次超过第二产业。

五、固定资产投资

为进一步加快全省经济发展的步伐,加大了对全省基础设施、市政建设、小城镇建设等的投入。全社会固定资产投资完成700亿元,比上年下降2.4%,其中基本建设投资376亿元,比上年增长0.6%;更新改造投资75亿元,下降16.5%;房地产开发投资79亿元,下降14.2%;其他投资170亿元(含集体、私营、个人等投资),增长5.1%。

全省31个重点建设项目完成投资131.57亿元。共有8个项目建成或单项建成投产。建成投产项目的新增能力为:水库库容4.37亿立方米,输水干渠102公里,可浇灌农田19.2万亩,高速公路114公里,民航二级机场1座,电气化铁路437公里,220千瓦输电线路115公里,110千伏输电线路294公里,电力装机30万千瓦,磷铵12万吨。

六、交通邮电

交通运输和邮电通信业继续较快发展。通信能力增强,基础设施成绩显著,运输紧张状况有较大改善(见下表)。

云南省2000年各种运输工具运输量

产品名称	单位	绝对数	比上年增长%
货物周转量	亿吨公里	483.80	9.3
铁路	亿吨公里	181.74	19.1
公路	亿吨公里	300.00	4.1
水运	亿吨公里	0.93	1.1
航空	亿吨公里	1.13	1.8
旅客周转量	亿人公里	246.53	3.6
铁路	亿人公里	31.20	-4.9
公路	亿人公里	180.00	9.6
水运	亿人公里	0.76	18.8
航空	亿人公里	34.57	-14.3

邮电通信业快速发展。全省邮电业务总量90.82亿元(1990年不变价),比上年增长48.2%。固定电话普及率达7.2%,年末移动电话用户达到160万户。

七、国内贸易

国内消费品市场需求增加,各种大型商场、超市、连锁店、仓储式商场发展较快。批发零售餐饮业增加值190.57亿元,比上年增长8.3%。社会消费品零售总额583.17亿元,比上年增长8.2%(扣除物价因素,实际增长10.9%)。按销售地区分,城市消费品零售额309.28亿元,增长9.1%;县消费品零售额139.08亿元,增长7.3%;县以下消费品零售额134.81亿元,增长7.1%。按经济类型分,国有及国有控股经济148.53亿元,比上年增长1.2%;集体及股份合作经济80.88亿元,增长1.4%;个体私营经济253.92亿元,增长14.9%;其他经济类型99.84亿元,增长9.1%。按行业分,批发零售贸易业376.49亿元,增长6.5%;餐饮业74.87亿元,增长21.2%;制造业27.02亿元,增长5.1%;农业生产者90.02亿元,增长7.3%;其他行业14.77亿元,增长4.7%。

全省限额以上批发零售贸易业生产资料销售额完成358.55亿元,比上年增长8.2%。农业生产资料销售额86.15亿元,比上年增长13%。

八、对外经济

对外开放继续扩大,外经贸工作取得好成绩。海关进出口总额18.13亿美元,比上年增长9.2%。其中出口11.75亿美元,增长13.6%;进口6.38亿美元,增长2%。边境贸易全面恢复性增长,出口创历史最好水平。全年边境贸易出口总额达2.78亿美元,比上年增长20%。出口市场仍以亚洲市场为主,对亚洲出口9.5亿美元,增长14.9%;对欧盟出口1.15亿美元,增长1.3%;对北美洲出口0.65亿美元,增长29.6%。在出口产品中,"两烟"出口7755万美元,冶金类出口3.04亿美元,机电产品出口1.64亿美元,化工类出口3.18亿美元,农副产品出口1.21亿美元,纺织产品出口1亿美元。

全年协议利用外资7.31亿美元，比上年增长26.4%；实际利用外资2.2亿美元，其中外商直接投资1.28亿美元。对外承包工程、劳务合作及设计咨询合同金额3.04亿美元，完成营业额1.54亿美元。2000年第八届昆交会成交总金额19.81亿美元，其中进出口成交金额5.32亿美元，外资合同金额13.57亿美元，外经合同金额0.83亿美元。以西南六省区市七方的联合协作为基础，滇沪、滇粤和省院、省校合作为重点，与全国30个省区市开展了多领域、深层次、多形式的联合与协作。全年引进省外资金36.3亿元，比上年增长10%。

九、财政、金融和保险业

全省财政收支保持稳定增长；金融风险防范工作进一步加强，金融各项存款平稳增长，信贷力度加大；保险业务继续发展。

地方一般预算收入178.1亿元，比上年增长3.1%；一般预算支出413.9亿元，比上年增长9.5%。

年末金融机构存款余额达2465.68亿元，比上年末增加218.92亿元，增长9.7%。在金融机构存款中，企业存款余额1038.40亿元，比上年增长10.2%。信贷投放力度继续加大，投向合理，满足了经济发展的合理资金需要。年末全省金融机构贷款余额达2121.12亿元(含国家开发银行在云南统贷数)，比上年末增加203.30亿元，增长9.7%。其中短期贷款余额1298.58亿元，比上年末增加64.27亿元，增长4.8%；中长期贷款余额682.30亿元(含国家开发银行在云南统贷数)，比上年末增加102.47亿元，增长17.3%。贷款主要支持了国家西部建设投资项目及农业、工业、乡镇企业等的发展。现金投放适度。全年金融机构现金收入5047.79亿元，现金支出5060.25亿元。年末货币流通量为312.91亿元，比上年增长22.2%。

保险事业继续发展。全省各种保费收入39.01亿元，比上年增长4.4%，其中财产险收入19.06亿元，增长4.6%；人身险收入19.95亿元，增长4.2%。赔付额13.01亿元，比上年增长6.2%，其中财产险赔付额9.89亿元，增长4%；人身险陪付额3.12亿元，增长13.6%。

十、科学技术和教育

科技事业取得新成果。全省完成重大科技成果531项，其中基础理论成果54项，应用技术成果438项。受理专利申请1710件，获专利授权1216；签订技术经济合同2054项，成交金额达18.77亿元。已建成11个重点实验室和5个中试基地。已建立国家级高新技术开发区1个，省级高新技术开发区2个。省院、省校合作取得新的进展，共实施科技合作项目57个。2000年科技进步对国民经济增长的贡献率达43.5%，科教兴滇迈出了新的步伐。

教育事业取得新的进展。全省教育系统招收研究生1231人，比上年增长49.8%。普通高等学校有24所，招生3.2万人，比上年增长16.4%；在校学生9.04万人，增长22.3%，其中少数民族学生1.95万人，比上年增长25.8%，占在校学生的21.6%。普通中等专业学校有123所，招生3.76万人，比上年增长3%；在校学生11.92万人，比上年下降0.3%。普通中学418所，招生69.84万人，比上年增长11%。在校学生185.97万人，比上年增长11.1%。小学招生70.2万人，比上年下降0.6%；在校学生472.06万人，下降1.8%。学龄儿童入学率达99.02%，普及九年义务教育的县(市)达到88个，占全省县(市)的71.6%；小学毕业生升学率达85.84%。成人高等教育学校招生数2.69万人，比上年增51.1%；在校学生5.73万人。成人中等专业学校在校学生7.06万人。全年扫除文盲38.13万人。

十一、文化、卫生、体育和环境保护

围绕建设民族文化大省的目标，以繁荣文艺创作、发展艺术生产力为中心，农村文化工作为重点，积极推进文化体制改革，全省各项文化事业得到了全面发展。各种艺术表演团体130个，文化馆127个，群众艺术馆20个，公共图书馆147个，博物馆28个。广播、电视人口覆盖率分别达到86%和88%。中短波广播发射台和转播台40座，一千瓦以上电视发射台和转播台28座。

卫生事业稳步发展。全省共有卫生机构1.34万人，比上年增长12.5%；共有床位数9.75万张；卫生技术人员12.41万人，其中医生3.96万人，护师、护士3.61万人。卫生防疫、防治机构卫生技术人员0.61万人，妇幼卫生机构卫生技术人员0.42万人。乡镇卫生院0.15万个。

体育事业取得新成绩。全民健身运动蓬勃开展，竞技体育取得新突破。我省运动员在国际比赛中获金牌1枚，铜牌5枚；国内比赛获金牌44枚，银牌38枚，铜牌36枚。

环境保护和生态建设取得新进展。依法治理环境得到加强，坚决关停了一批污染严重的大企业，大规模开展了城市环境和高原湖泊环境保护与治理工程。环境保护系统人员2846人，各级环境监测站90个，环境监测人员1042人。自然保护区121个，其中国家级自然保护区8个，自然保护区面积240万公顷。限期完成环境污染治理项目814个，项目总投资7.24亿元；烟尘控制区25个，噪音达标区18个。

十二、人口与人民生活

控制人口增长取得积极成效。根据第五次人口普查实际登记数据预计，全省人口出生率为19.05‰，死亡率为7.57‰，自然增长率为11.48‰，分别比上年下降0.43个千分点、0.25个千分点和0.18个千分点，年末总人口为4240.8万人，比上年末增加48.4万人；其中城镇人口2014.4万人，乡村人口2226.4万人。老年人口占总人口6%。

城乡居民生活水平进一步提高。根据抽样调查，全年农民人均纯收入达到1479元，扣除物价因素实际增长4%；农民消费支出1271元，扣除物价因素实际增长1.8%。城镇居民人均可支配收入为6324.64元，按可比口径计算，比上年增长6.5%；城镇居民人均消费支出5185.31元，按可比口径计算，比上年增长10.2%。

居民储蓄存款继续增加。年末全省居民储蓄存款余额1138.22元，比上年增加109.3亿元，增长10.6%。

扶贫攻坚取得新成绩。2000年，全省又有85万贫困人口解决了温饱，圆满完成了“七七”扶贫攻坚计划既定的任务。贫困地区生产生活条件有了明显改善。

城乡居民居住条件继续改善。城镇居民人均居住面积12平方米，比上年增长5.2%；农村居民人均住房面积22.18平方米，比上年增长3.8%。

社会福利事业不断发展。全省有各类福利院床位1.64万张，收养9024人。得到社会保障救济人数261.51万人，国家抚恤、补助各类优抚对象12.62万人。销售福利彩票1.5亿元，筹集社会福利资金0.45亿元，接受社会捐赠0.4亿元。

注：1. 本公报数据为初步统计数。
2. 国内生产总值、各项增加值绝对值按当年价格计算，增长速度按可比价格计算。
3. 各项指标对比基数均为《2000年云南统计年鉴》公布的年报统计数。

云南省国民经济和社会发展第十个五年计划纲要

（2001年2月16日云南省第九届人民代表大会第四次会议通过）

第一篇 指导思想和发展目标

第一章 经济社会发展的指导思想

世纪之交的国际国内环境出现了新的变化。经济全球化程度进一步加深，科技革命迅猛发展，产业结构调整步伐加快，国际竞争更加激烈。我国经过二十多年改革和快速发展，形成了比较雄厚的物质技术基础和有利的体制环境；国家正实施西部大开发战略，我国即将加入世界贸易组织。尤其重要的是党的十五届五中全会通过的《建议》，为今后五年的发展指明了方向。国内外经济形势的深刻变化和发展趋势，给我们带来了新的机遇和挑战。

“十五”经济社会发展的指导思想是：高举邓小平理论伟大旗帜，以江泽民同志“三个代表”重要思想为指导，坚持党的基本路线、基本纲领，解放思想，实事求是，开拓创新；抓住西部大开发的重大机遇，紧紧围绕建设绿色经济强省、民族文化大省和中国连接东西亚、南亚国际大通道的三大目标，坚持“两手抓、两手都要硬”，认真实施科教兴滇战略和人才战略、可持续发展战略、城镇化战略、全方位开放战略；坚持以加快发展为主题，经济结构调整为主线，改革开放和科技进步为动力，提高人民生活水平为根本出发点，促进全省经济持续、快速、健康发展和社会全面进步，推动全省综合经济实力和人民生活水平再上新台阶。

今后五年必须贯彻以下发展方针：

——坚持以发展为主题，发展是硬道理，是解决所有问题的关键。必须坚持以经济建设为中心不动摇，增强紧迫感和忧患意识，抓住机遇，在确保质量和效益提高的基础上，力争经济社会快速发展。

——坚持以结构调整为主线。以提高经济的整体素质和综合竞争力为目标，把经济结构调整从适应性调整转变为全方位、战略性调整。坚持在发展中推进经济结构调整，在经济结构调整中保持较快发展。通过结构调整增强发展后劲，形成自我调节的机制。以信息化带动工业化，发挥后发优势，实现生产力的跨越式发展。

——坚持以改革开放和科技进步为动力。积极推动经济发展和结构调整，必须依靠体制创新和科技创新，勇于突破束缚生产力发展的体制性障碍，进一步完善社会主义市场经济体制，继续推进全方位、多层次、宽领域的对外开放，不断提高科技创新能力，为经济社会发展提供体制保障和科技支撑。

——坚持以提高人民生活水平为根本出发点。不断改善人民生活，是全心全意为人民服务的宗旨和“三个代表”重要思想的最终体现，是处理好改革发展稳定关系的结合点。必须坚持“一要吃饭，二要建设”的原则，把改善人民生活放在优先位置，在全面建设小康社会中迈出重大步伐。

——坚持以实施人才战略为关键。树立人才资源是第一资源的观念和新的育才用才观，制定和实施人才战略，大力培养、引进和用好人才。建立有利于人才脱颖而出、人尽其才的机制，努力营造吸引人才、用好人才的良好环境，形成尊重知识、尊重人才、鼓励创业的社会氛围。大力开发人力资源，全面提高劳动者素质。

——坚持以稳定为前提。正确处理好改革力度、发展速度和人民群众承受程度之间的关系，进一步加强民主法制建设，坚持依法治省，维护司法公正，强化社会治安综合治理，切实维护社会稳定，为我省改革开放和现代化建设创造良好的社会环境。

——坚持以经济社会协调发展为目标。坚持“两手抓，两手都要硬”的方针，加强社会主义精神文明建设。处理好经济社会发展与人口、资源、环境的关系，促进经济社会可持续发展。

第二章 经济社会发展的主要目标

国民经济保持较快发展速度，经济结构战略性调整取得明显成效，在确保质量和效益提高的前提下，力争全省国内生产总值增长率、固定资产投资增长率高于全国水平，人口自然增长率逐步接近全国水平。综合竞争力进一步增强，“三大目标”建设迈出坚实步伐，各项改革稳步推进，社会保障体系基本健全，社会主义市场经济体制更趋完善，对外开放继续扩大。就业渠道拓宽，城乡居民收入持续增加，科技教育发展加快，劳动者素质不断提高，生态环境状况开始好转，精神文明和民主法制建设取得新进展。

经济调控的主要预期目标：全省国内生产总值年均增长8%左右，人均国内生产总值年均增长6.5%左右，到2005年，按2000年价格计算的国内生产总值达到2900亿元左右。全社会固定资产投资年均增长12%左右，城镇登记失业率控制在5%以内。力争地方财政收入与国内生产总值同步增长，保持价格总水平基本稳定。

结构调整的主要预期目标：产业结构实现优化升级，到2005年，三次产业增加值比例调整为19:43:38。传统优势产业竞争力增强，群体支柱产业初步形成，高新技术产业增加值占国内生产总值的比重达到12%以上。非公有制经济增加值占国内生产总值的比重达到三分之一左右，城镇化水平达到26%左右。

改革开放的主要预期目标：国有企业建立现代企业制度取得重大进展，社会保障体系比较健全，完善社会主义市场经济体制迈出实质性步伐。全方位、多层次、宽领域的对外开放格局基本形成，外贸进出口总额年均增长8%左右，实际利用外资年均增长15%左右，境外投资明显增长。

社会发展的主要预期目标：全面巩固提高六年义务教育，基本普及九年义务教育，小学、初中毕业生升学率分别达到97%和40%左右，高等教育毛入学率达到8%左右，青壮年文盲率降到5%。全社会研究与开发经费占国内生产总值的比重达到1%以上。广播、电视覆盖到所有的行政村。各族人民思想道德水平和科学文化素质进一步提高。法制观念不断增强，社会风气和社会秩序明显好转。

可持续发展的主要预期目标：力争人口增长率控制在10‰以下。到2005年，森林覆盖率提高到48%，城市绿化覆盖率提高到35%左右。滇池、抚仙湖等九大高原湖泊生态环境的保护和治理取得新进展，城乡环境质量有较大改善，12种主要污染物排放总量比2000年削减5%以上。自然资源保护和利用水平明显提高。

人民生活的主要预期目标：到2005年，人民生活水平总体进入小康。城镇居民人均可支配收入年均增长5%以上，农民人均纯收入年均增长4%以上，稳定解决农村绝对贫困人口的温饱。社会保障体系基本健全。城镇居民人均住宅建筑面积增加到25平方米。城乡医疗卫生服务设施进一步改善，人均预期寿命达到70岁左右。

第二篇 调整经济结构

第三章 巩固和强化农业基础地位

要始终把农业放在发展国民经济的首位。把千方百计增加农民收入作为基本目标，推进农业和农村经济结构调整，以提高农业综合生产能力为基础，以产业化经营为纽带，全面发展农林牧渔各业和农村二、三产业，确保农业稳定发展、农民收入持续增加、农村社会稳定，促进农业和农村经济再上新台阶。

第一节 加强农业基础设施建设

加强以农田水利为重点的农业基础设施建设。积极争取国家支持兴建50座左右中型水库，加大“五小”水利设施投入，发展旱作节水农业，实施山区集雨工程，建设一批旱作农业、节水灌溉、生态农业示范县。进一步建设贡靖、蒙（自）开（远）个（旧）、渔洞水库等大型灌区，改造中低产田地，新建高产稳产农田（地）250万亩，有效灌溉面积达到2300万亩，水利化程度明显提高。

进一步搞好农村电网和乡村道路改造。改善农业生产条件,优化农村生态环境,提高农民生活质量。

第二节 调整农业产业和产品结构

坚持稳粮调结构、提质增效益,引导农民根据市场变化,自主调整种植、养殖结构。在确保粮食生产和人均占有量稳定提高的前提下,全面调整种植业作物结构、品种结构和品质结构,发展优质、高效和市场前景较好的优质稻米和小麦、专用玉米的生产,鼓励发展豆类、薯类作物和具有特色的名优小杂粮等旱粮生产,2005年粮食总产量达到1600万吨左右。搞好热区农业综合开发和冬季农业开发,巩固提高烤烟、甘蔗、茶叶、橡胶等传统经济作物,加速发展新兴经济作物。促进经济作物向适宜种植区集中,优化农业区域布局。把养殖业放在更加重要的位置,调整畜禽结构,着重抓好品种改良、疫病防治、科学饲养、草场建设等环节,大力发展市场前景好的特种畜禽和蜂产业。

第三节 发展特色林产业

念好"山"字经,作好"林"字文。建立森林资源可持续利用机制。在继续抓好森林保护和造林绿化的同时,重点发展特色经济林、生物化工原料林、笋材两用竹林、速生丰产用材林、珍贵用材林、短周期工业原料林。加快具有云南特色的珍稀树种选育和造林技术推广。加强特色林产品开发,提高林产品加工水平,引导人造板制造业的有序发展。重点抓好思茅等现代林业开发区建设。

第四节 推进农业产业化经营

推广"公司+基地+农户"、"订单农业"、贸工农一体化等多种经营模式,发展绿色农业和创汇农业。高起点、规模化、优质高效地重点建设优质烟叶、优质甘蔗、茶叶良种、热带水果、蔬菜、鲜切花、中药材良种、天然橡胶等特色农产品商品基地。鼓励发展面向农村多种形式的龙头企业,加快农产品加工保鲜储运技术、设备的引进和开发,搞好粮食和其他农副产品深加工,提高农业的后续效益。加强对农业产业化经营的规划和引导,有重点地扶持建设一批农业产业化经营示范项目。

第五节 积极发展乡镇企业

鼓励乡镇企业和集体经济快速发展,促进农民增收和农村富余劳动力转移。加快产权制度改革步伐,积极开展结构调整、体制创新和技术进步。乡镇企业要与农业产业化经营有机结合,重点发展农副产品加工、储藏、保鲜、运销业、采矿业、新型建筑建材业和农家乐乡村旅游业。依靠科技进步,提高产品质量、技术和管理水平。引导乡镇企业由原来的分散布局向相对集中、连片发展转变,与工业小区和小城镇建设相互依托,相互促进,共同发展。乡镇企业增加值年均增长10%左右。

第六节 完善农业社会化服务体系

抓好农产品市场信息和质量标准体系建设,完善以农产品流通为重点的农业社会化服务体系。加快小城镇农贸市场建设,加强市场信息服务,建立农产品市场信息发布制度。发挥各类中介组织在搞活流通中的桥梁作用,拓宽流通渠道,健全营销网络,建设"绿色通道"。大力推进新的农业科技革命。加快现代科技向农业的全面渗透。加快建立和完善农业科技创新、技术推广体系,依托有关科研院所和高校,对关系农业和农村经济发展的重大应用技术进行研究和开发。以"良种工程"为依托,加快农业科技成果的转化和推广,提高农业机械化水平,建设一批农业现代化综合试验示范区(场)和农业高新技术园区。进一步完善乡村科技推广网络,鼓励组建各类农村科学技术协会和农民专业技术研究会,搞好农村技术培训。

第七节 加大政策支持和保护力度

稳定和完善党在农村的基本政策。坚持以家庭承包经营为基础、统分结合的双层经营体制,认真贯彻执行土地承包期再延长30年不变的政策。鼓励有条件的地区积极探索土地经营权流转制度改革,促进土地适度规模经营。引导农民在自愿基础上,发展各类合作经济组织。按照《农业法》的要求,加大财政和信贷对农业的投入;继续动员和引导全社会力量,多渠道、多层次、多形式筹集农业建设资金。积极探索适应农村经济发展的农村金融体系,因地制宜地加快农村信用社制度改革,农村信用社要坚持对农业、农村、农民服务的方向,提高金融服务水平;引导民间借贷,充分发挥农村信用社在农村金融中的主力军和联系农民的金融纽带作用。全面开放农业投资领域,吸引国内外资金、技术和人才参与农业开发。建设开放型农业试验示范区。

第四章 继续加强基础设施建设

按照调整布局、提高质量、保护环境、注重效益的要求,加强水利建设,扩大交通网络,优化能源结构,完善城市功能,推动基础设施建设取得新的进展。

第一节 加强水利设施建设

进一步抓好主要江河湖泊的治理,对淤积严重的河湖进行整治和疏浚。继续建设防洪抗旱工程和大中型水利工程,加快病险水库的除险加固步伐,搞好水利设施配套建设和经营管理,充分发挥已建成工程的效益。力争国家立项建设麻栗坝水库、青山嘴水库、引水济洱工程。加强水利规划,调动全社会节水和防治水污染的积极性,提高用水效率。改善乡镇供水设施。开展金沙江引水到滇中地区工程的前期准备工作。

第二节 加快大通道建设

抓紧修建和改善通江达海、连接周边的重大交通通信基础设施。以通信为先导、公路为基础、铁路为骨干、航空为辅助、水路为补充,集信息网络和多种运输方式及枢纽站为一体的国际港大通道。

健全信息网络体系，提高网络容量和传输速度，促进电信、电视、计算机三网融合，建设覆盖全省、连接东南亚国家的高速宽带基础传输网，加快用户接入网建设，把我省初步建成中国连接东南亚、南亚的信息大通道，把昆明建成区域性国际信息港。强化信息网络安全体系。抓好省情、公共资源等数据库、移动和固定通信网、广播电视网，特别是边境和民族地区的广播电视网建设。

加大“三纵三横”、“九大通道”高等级公路建设力度，加快建设出省、通边国道主干线，以及经济干线、旅游干线和扶贫公路；争取国家支持尽快开工建设进藏公路。提高路网通达程度，加大乡村公路建设力度，改善农村及贫困地区道路状况，努力实现地县公路油路化、县乡公路等级化的目标。建成大理—保山、昆明—石林和昆明—曼谷(思茅—小勐养—磨憨段)等重要高等级公路，建设安宁—楚雄、保山—龙陵、罗村口—砚山—锁龙寺等高等级公路，以及昭通—待补、水富—麻柳弯、永仁—武定、祥云—临沧等二级公路。到2005年，公路通车总里程达到11万公里左右，其中高速公路1300公里。重点抓好泛亚铁路云南段的前期工作，加快贵昆线(沾益—昆明东)电气化复线建设，完成内昆铁路建设和昆明火车枢纽站改造，规划建设昆明中心城市同安宁等次级城市之间的快速列车体系。完成临沧、西双版纳、思茅机场的新建和改造，抓紧做好昆明新机场前期工作，力争开工建设红河、文山等支线机场；在重点旅游景区建设直升机起降点，形成以昆明枢纽机场为中心的航空网络。积极发展航运，重点建设澜沧江—湄公河国际航道和中缅伊洛瓦底江陆水联运通道；争取建设珠江水运通道、富宁港、水富港改扩建和水富—宜宾航道整治工程等。配合国家帮助疏通老挝、缅甸境内湄公河航道。

第三节　搞好能源建设

调整煤炭生产结构，建设大型煤矿区。重点做好先锋褐煤液化厂、先锋露天煤矿、恩洪矿区选煤厂和老厂矿区等改扩建。争取国家支持开发大型煤矿和褐煤液化工程，加快滇中油、气田的勘探。积极开展对风能、太阳能、地热能等洁净能源和可再生能源的利用。鼓励发展沼气、微水发电等农村新能源。

第四节　完善市政基础设施

围绕城市综合功能的完善，建设一批与人民生产生活密切相关的重大市政工程，在邮政、通信、电网、安全饮用水、污水与垃圾处理、绿化、道路、消防、人防工程和河道整治等方面取得较大进展，为人民群众提供一个良好的生产生活环境。

第五章　积极推进工业结构优化升级

工业结构调整要坚持以市场为导向、企业为主体、技术进步为支撑，实行有进有退，防止重复建设，切实转变增长方式，不断提高工业的整体素质和综合竞争力。

第一节　改造和提升传统产业

大力发展具有比较优势和竞争力的名牌产品，积极开发适应市场和消费需求变化的特色产品，努力培育一批在国内外市场上具有较强竞争力和较高知名度的品牌，推动产品更新换代。围绕增加品种、改善质量、节能低耗、防止污染和提高劳动生产率，继续支持采用高新技术和先进适用技术改造重点行业、企业和产品，切实提高工艺技术和装备水平。提高食品、建筑建材、机械、橡胶、煤炭等行业的新产品开发和深加工能力。加快昆明钢铁公司板带工程和省建材集团4000吨水泥熟料生产线建设；在抓好短周期工业原料林基地建设前提下，加快思茅等纸厂的发展。冶金、制糖、纺织行业要巩固调整重组的成果，机械、化工、建材、医药等行业要加大产品调整力度。国防工业要发挥人才、技术扰势，继续努力开发和生产适应市场需求的民用产品。加快个旧、东川等老工业基地改造，充分发挥其基础雄厚、人才聚集的优势，努力提升产业水平。积极发展建筑业，规范建筑市场，确保工程质量，提高设计、施工水平。

第二节　淘汰落后生产能力

综合运用经济、法律和必要的行政手段，继续依法关闭产品质量低劣、浪费资源、污染严重、不具备安全生产条件和资源枯竭的厂矿。淘汰落后设备、技术和工艺，压缩过剩生产能力。通过主动退出和积极调整，提高资源配置效率。

第三节　发展高新技术产业

按照有所为、有所不为的原则，突出比较优势和特色，确定有限目标，重点培育现代生物医药、电子信息、新材料、机光电一体化等高新技术产业。中心城市要充分发挥技术、信息和人才聚集的优势，加快发展高新技术产业，逐步形成高新技术产业的局部优势和跨越式发展。鼓励企业与科研院校结合，建立高新技术研究的开发主体，高起点建设一批高新技术重点实验室、工程研究中心，加快高新技术产业化进程。抓好优质钾盐、贵金属功能材料基地等重大工程。组织实施电子信息、生物与医药和新材料等产业化，以及机光电一体化、优势资源增值转化、传统产业升级和科技创新能力建设等项目，形成一批高新技术企业集团和名牌产品，加快高新技术产业组织重组，培育有特色的新兴产业群。昆明、玉溪、曲靖、大理等 地区要成为高新技术产业的聚集区，带动和辐射周边地区高新技术产业发展。抓好文山三七、楚雄医药和个旧大屯科技等工业园区建设。到2005年，力争高新技术产业产值达到600亿元以上。

第四节 优化企业组织结构

按照专业化分工协作和规模经济原则，进而有为，退而有序，抓大要强，放小要活。依靠优胜劣汰的市场机制和必要的经济调控，形成产业内适度集中、企业间充分竞争，大企业为主导、大中小企业协调发展的格局。通过上市、兼并、联合、重组等形式，重点在烟草、有色、钢铁、机械、医药、化工等行业，形成若干拥有自主知识产权、主业突出、竞争力强的大公司和企业集团。鼓励吸纳劳动力强和科技型中小企业的发展，促进中小企业向"专、精、特、优"方向发展，提高与大企业的配套能力。

第六章 加快培植群体支柱产业

以市场为导向、创新为动力，面向国内外开放，依托老企业建设大基地，实施名牌和大集团战略，走高起点、规模化、集约经营和专业分工协作的路子，继续建设和培育五大支柱产业。

第一节 巩固提高烟草产业

坚持科技兴烟，增强技术创新能力和市场开拓能力，以质取胜，提高云南烟草国内外市场占有率。鼓励加快与国际知名烟草企业合作，利用国外先进技术和知名品牌合作生产卷烟，提高经营管理水平。努力建设全国最大的低危害烟草科研和生产基地。以资产为纽带、名牌产品为龙头，把红塔集团培育成跨行业、跨地区、具有国际竞争力的大型烟草企业集团。引导烟草行业提高信息化水平、开发能力和装备水平。积极探索各种现代营销方式和手段，努力巩固和开拓国内外卷烟市场。加快研究开发适应国内外消费需求的混合型卷烟等新产品。全力争取建设造纸法薄片厂。烤烟种植向适宜区集中，继续控制面积和产量，提高质量和效益。到2005年，烤烟产量控制在61万吨以上，卷烟产量达到600万箱以上。

第二节 加快发展生物资源开发创新产业

依靠科技，突出特点，引进与开发并举，改造与培植并重，加快蔗糖、茶叶、天然橡胶、畜牧和水产养殖、林产、以天然药物为主的现代医药、绿色保健食品、花卉及绿化园艺、生物化工等产业的发展。建立人才、科技创新、资金、中介组织服务、政策、法律六大支撑体系，实施基础设施建设、良种、试验示范、绿色通道、信息和市场开拓六大工程，努力实现生物资源开发跨越传统发展模式。抓好中国云南野生生物种质资源库、中华生物谷、国家中药现代化科技产业(云南)基地和昆明国际花卉拍卖市场建设。把我省建成亚洲最大的花卉生产出口基地、全国最大的生物资源开发创新基地，为建成绿色经济强省奠定坚实的产业基础。到2005年，力争年产值达到800亿元左右。

第三节 大力提升旅游产业

发挥自然风光、民族文化和气候多样性的优势，实施精品工程，进一步提升旅游业在国内的知名度、吸引力。加快旅游区和旅游城镇的建设，培育精品旅游景区。提高旅游活动的品位和参与性。加快国内外客源市场的开拓，开发有特色的旅游商品、纪念品。加强旅游从业人员的管理，规范旅游市场，提高导游水平。开放旅游市场，鼓励和吸引国内外有实力的旅行社到我省开展业务。争取旅游企业上市融资。强化环境保护，为旅游业可持续发展提供保障。

突出特色，形成"一个中心，五大片区"的旅游产业布局。建设昆明为中心的以观光游览、休闲度假、会议展览为特点的滇中旅游区，使其成为云南的重点旅游区和旅游集散地；滇西北旅游区以开发生态文化旅游产品为重点，融合少数民族风情，建成世界知名的香格里拉旅游区；滇西南旅游区依托热带雨林、民族风情和边境区位优势，建成特色鲜明的民族、生态和跨境融为一体的旅游区；滇西旅游区依托地热火山、亚热带风光、民族风情和边境区位优势，抓好面向东南亚的边境跨国精品旅游开发建设；滇东南旅游区重点是岩溶地貌精品旅游环线的开发建设；创造条件，发展以古滇文化和历史遗迹为重点的滇东北旅游区。巩固、开发和提升生态、民俗、边境、会展、休闲度假、康乐体育、科考、探险等八大旅游产品。建设省内、大西南和东南亚三个国内国际旅游环线。把我省建成全国著名的旅游度假和会展基地。到2005年，旅游外汇收入达到6亿美元左右，国内旅游收入到达250亿元左右。

第四节 发展壮大矿产业

立足国际国内两种资源、两个市场，进一步发挥磷复肥和商品磷酸，积极开发磷化工及衍生物等精细磷化工和有色金属的比较优势，加大技术改造力度，调整矿产开发利用结构，以增量带动存量调整，切实转变增长方式，提高矿业整体经济效益。重点发展高浓度磷复肥和商品磷酸，积极开展磷化工及衍生物等精细磷化工产品。大力发展锌，继续发展铜，巩固提高锡，积极发展铝。依靠科技进步，增强精深加工能力，提高资源综合利用率和产品附加值。加速对老矿区的改造、提升和转移，有选择地新建一批矿业基地。重点抓好国家云南磷复肥基地、兰坪铅锌矿和会泽锌生产基地的建设，加快云南铝业集团二期技术改造步伐，继续做好个旧霞石开发前期工作。鼓励与国外省外合资合作，省内强强联合，组建新的大型集团。把我省建成全国重要的磷化工和有色金属工业基地。到2005年，力争实现产值600亿元左右。

第五节 着力培育电力产业

抓住国家实施"西电东送"的机遇，发挥水能和区位优势，开拓国际、国内市场，坚持以水电为主，优化水火电结构。加快建设一批调节性能优势的大中型水电站，抓紧开工建设小湾电站；积极做好糯扎渡、景洪电站的前期工作并争取“十五”末开工建设；做好前期工作并适时开工建设高桥、马鹿塘、苏帕河梯级、槟榔江梯级等水电站。积极配合国家做好金沙江流域水电开发的前期工作。进一步优化电源结构，配套开工建设一批大容量、高参数火电，建设大型坑口电站；抓紧开工建设曲靖电厂二期、开远电厂和宣威电厂六期，滇东电厂要积极做好前期工作并力争“十五”末开工建设。建设西电东送、云电外送的大通道，参与跨省区输电、全国联网工程建设。积极延伸电网，加快骨干网建设和农网改造，实现全省联网，为小湾、糯扎渡等电站投产向外输出电力作好准备。鼓励探索多种投融资方式，尽快形成全方位、多形式投资办电的格局。到2005年，全省装机容量达1080万千瓦，年发电量456亿千瓦时，向广东送电160~300万千瓦，逐步把云南建成国家“西电东送”的重要能源基地。

第七章　大力发展服务业

坚持市场化、产业化和社会化的发展方向，拓宽领域、规范管理、扩大就业，进一步开拓市场，搞活流通，努力提高服务质量和经济效益。

第一节　改造提升传统服务业

运用现代营销方式、服务技术改造商贸流通、仓储、交通运输和市政服务等传统服务业。在昆明、曲靖、玉溪、大理和开远等主要交通枢纽及货物集散地，培育和发展一批跨地区、跨行业、跨所有制的现代物流管理企业。鼓励生产企业、农业生产基地与内外贸流通企业的联合与合作。进一步完善市政服务、交通运输、公共安全等设施。继续加强重要商品仓储设施和生产资料专业批发市场建设。

第二节　积极发展现代服务业

积极发展金融、信息、会计、咨询、法律服务等现代服务业，带动服务业整体水平提高。大力发展专业化代理配送、连锁经营和电子商务等现代化营销模式。积极稳妥地扩大金融、保险业对内对外开放，吸引国内外金融、保险机构到云南建立分支机构，鼓励创办中外合作银行或独资金融企业，扩大各类保险覆盖范围。规范发展律师、会计师、拍卖师事务所和职工介绍所，以及信息、咨询等社会中介服务机构，建立健全中介网络服务体系。

第三节　鼓励发展面向居民消费的服务业

积极发展面向居民消费的房地产业、旅游、娱乐、健身等产业，增加服务内容，提高服务质量。稳步发展住房、汽车和现代通信等消费服务业。重点发展经济适用住房，加快住房分配货币化进程。制定有利于汽车消费的政策措施，鼓励汽车进入家庭。加快社区服务产业化进程，建立新型社区服务体系，优化配置和充实社区服务设施，鼓励社会投资创办各种便民利民的社区服务业。规范房地产交易，发展二级房产市场。加强和规范对物业的社会化管理。加快经济性文化娱乐、非义务教育、体育健身、医疗卫生、新闻出版等产业的发展，为城乡居民生活提供良好的服务。

第四节　营造有利于服务业发展的环境

应对加入世界贸易组织的新形势，突破体制障碍，打破垄断，放宽市场准入，鼓励非公有制经济兴办服务业。采取必要的政策措施，健全市场法规，加强市场管理，规范市场行为，提高诚信水平。继续完善服务价格政策，规范服务收费和作价行为。加强行业自律，提高和改善服务质量。严厉打击非法操纵市场的行为，改善消费环境，切实保护消费者权益。加快适宜产业化经营的社会事业改善，实行企业与事业、经营性机构与非经营机构分开。加快机关和企事业单位后勤服务的社会化。实现中介机构与主办单位脱钩，确保独立、客观和公正执业。

第八章　推进国民经济和社会信息化

按照应用主导、面向市场、网络共建、资源共享、统筹规划、技术创新、竞争开放的思路，强化信息基础设施建设，加大信息技术推广应用力度，加快国民经济和社会信息步伐。

第一节　加快信息化进程

加强信息资源开发，实现公共信息资源共享，推动信息技术在国民经济和社会发展各领域的广泛应用。加快政务信息化步伐，初步建成电子政务，提高行政管理水平。进一步加快统计、金融、财税和政法系统等领域的信息化进程，大力发展网络教育、远程医疗和电子图书馆等，推动社会公共服务和公共安全领域的信息化。积极发展电子商务及其他面向生产者、消费者的信息产品和网络服务。以烟草、旅游、生物医药、机械、电力、磷化工及有色金属等产业为重点，建立以生产控制为核心的自动化控制系统，推进计算机辅助设计、企业集成制造技术和工业智能等信息技术的应用。推动企业信息化重点示范工程，用信息技术提高生产和管理的自动化、智能化、数字化、网络化水平，大幅度降低消耗，提高生产效率和产品质量。到2005年，力争本地电话交换机容量达到770万门以上，移动电话交换机总容量达到900万门左右，上网用户普及率达到8%左右，全省大中型企业的生产管理基本实现信息化，大部分经营活动通过电子商务来完成。全省经济和社会信息化达到全国中等水平。

第二节　培育特色信息业

坚持有限目标、重点突破的原则，加快信息业与其他产业的融合，着力培育有特色的信息业。鼓励和支持软件开发，办好国家云南软件园，重点培育一批软件骨干企业，力争建成我国西部重要的软件基地，加强先进信息技术引进、吸收与创新，发展敏感元件、电子浆料和电子级高纯材料、金融电子装备和太阳能光伏器件等有特色的电子信息产品和设备制造，提高系统集成和信息化装备能力。大力发展信息咨询和网络服务业，积极开拓国内外信息市场。到2005年，力争信息业产值达到300亿元左右，年均增长20%以上。

第三节　创造有利于信息业发展的良好环境

鼓励设立风险投资基金，拓宽筹资渠道，健全孵化器功能，建立良好的投资机制。加强与国内外著名院校及企业合作，发展信息技术教育，形成多元化的人才培育体系。加强信息法制化建设，切实保障信息安全，为推进信息化和信息业发展提供良好的创业环境。

第九章　加快非公有制经济发展

进一步解放思想、更新观念、完善政策，坚持一视同仁和公平竞争，拓宽市场准入，鼓励和促进非公有制经济参与国有经济战略性调整，力争非公有制经济在农副产品加工、高新科技、内外贸易、建筑和服务业等方面有较快发展，建好省级四个个体私营经济园区。

第一节　创造公平竞争环境

适应社会主义市场经济的要求，转变观念、职能和作风，破除制约非公有制经济发展的体制和政策障碍，创造有利于非公有制企业平等竞争的体制环境、市场环境和法律环境。建立、完善中小企业服务体系和融资担保公司、信用担保机构，支持具备条件的非公有制企业上市筹资。非公有制企业可申请使用省科技投资风险资金、技改资金，参与评选全省劳动模范。加大财政扶持力度，省级财政用于个体私营经济发展的专项扶持资金总量达到1亿元，实行滚动发展，对效益好、带动作用大、有市场前景的项目给予扶持。

第二节　放宽市场准入

打破行业垄断，鼓励和促进非公有制经济通过控股、参股、合资合作、兼并、租买结合等多种形式，在更广泛领域参与国有经济战略性调整。引导和支持非公有制企业参加基础设施建设及兴办文化、教育、卫生、体育和中介机构等服务业。加快自身的体制和技术创新，增加科技投入，调整产品结构。完善“交费卡”制度，制止“三乱”现象，规范各种检查，形成有利于非公有制经济发展的良好氛围。非公有制企业要依法经济，规范市场行为，提高诚信度。

第三节　鼓励各类人员从事非公有制经济

国有、城镇集体企业下岗职工申办个体私营企业的，在税、费、证等方面给予优惠。机关事业单位人员向非公有制企业分流的，人事、劳动关系由当地人事劳动部门的人才交流服务机构和就业服务机构负责代理，保留原身份待遇五年，在带薪期间连续计算工龄，按有关规定评聘职称，享受国家和省的社会保险、住房、购房等相关优惠政策。鼓励高校、科研机构人员到非公有制企业兼职，创办、领办个体私营企业，对做出突出贡献的科技人员和管理人员，纳入各级人事部门推荐、选拔享受特殊津贴的范围。

第十章　促进区域经济协调发展

坚持分类指导、突出特色、各展优势、协调发展的方针，突破行政区划界限，依托中心城市和交通干线，以线串点，以点带面，建立各具特色的经济区或经济带。引导和调动地方积极性，按市场经济发展规律和经济内在联系，调整经济结构，合理配置产业，加快特色经济的培育，形成布局合理、各有侧重、优势互补、分工有序的区域经济格局。

第一节　增强昆明的龙头作用

昆明市要以提高综合竞争力为重点，强化在全省经济、文化、科技、教育、信息和区域中心的重要地位，充分发挥在全省经济社会发展和南贵昆经济带中的龙头带动作用。大力发展高新技术产业和现代服务业，积极发展开放型经济和现代农业。加快城市现代化、国际化和信息化步伐，使昆明市成为经济总量大、技术水平高、创新能力强、三次产业协调发展的区域经济中心，逐步建成我国面向东南亚、南亚的重要枢纽。

第二节　发挥滇中产业集中区的优势

滇中地区要进一步发挥城市比较集中、经济发展条件较好的优势，加快发展。鼓励有条件的玉溪、曲靖和楚雄等地区进一步提高综合实力和竞争力，利用高新技术改造提升传统产业，积极发展现代工业、农业和服务业。大力发展生物创新工程、机光电等高新技术产业。进一步发展开放型经济，加强与外省区经济联系，广泛参与国内国际技术交流与合作。努力发展科技、文化教育事业，促进科技进步，形成全省科技创新、开发和应用技术推广中心。积极培育次级中心城市，尽快形成滇中地区新的增长极，实现基础设施现代化和经济社会信息化。

第三节　建设沿路和沿边经济带

引导交通干线、边境口岸和邻近外省区的地区，积极参与区域分工，寻求新的发展空间。沿交通干线地区，要以交通结点的建设为重点，兴建市场，发展集市贸易，形成物流中心。推进城镇化和生产力合理布局，培育规模化的特色产业和新的经济增长点，形成各具特色的经济带和经济走廊。沿108等六条主要国道主干线，以及内昆、南昆、贵昆、成昆铁路沿线地区，利用承东启西、连接南北的有利条件，主动接受中心城市的辐射，积极参与长江上游和南贵昆经济带的分工与合作，发展能源、建材、矿产和旅游等优势产业。边境地区要加强口岸基础设施建设，完善和扩大边境经济技术合作区，兴建一批形象工程，积极发展跨境旅游、来料加工、转口贸易等开放型经济；加快“走出去”步伐，开展境外投资；进一步促进边境贸易、边民互市和集市贸易发展。要积极参与周边省区的区域经济分工，优化产业配置。

第四节　帮助贫困地区加快发展

继续坚持开发式综合扶贫的方针，以解决绝对贫困人口温饱和巩固温饱成果为重点，以村为单位、户为对象，搞好扶贫开发。引导贫困地区开发本地优势资源，大力发展有市场的林果、畜牧、养殖业和农副产品加工业，积极发展生态旅游。加大对贫困地区特别是尚未稳定解决温饱的少数民族地区、革命老区、边疆地区和特困地区的扶持力度，进行以农田水利和公路为重点的基础设施建设，岩溶山区实施集雨、节水工程，开展山、水、林、田、路综合治理，搞好安居工程。加快发展教育、科技、文化、卫生和广播电视事业，全面普及六年义务教育，切实控制人口增长，提高贫困地区人口的科技文化素质。加大异地扶贫开发力度，在国家支持下，用五年或更长的时间基本完成对丧失生存条件的50万贫困人口异地搬迁。继续帮助原战区发展经济、改善生活，省原定扶持政策不变。

第十一章　扶持民族地区加快发展

进一步做好新形势下的民族工作。采取特殊政策措施，进一步加快民族地区基础设施建设、教育科技发展和人才培养，推进“兴边富民行动”，保持民族团结和边疆稳定，促进民族地区与全省经济社会的协调发展。

第一节　加快民族经济发展

在民族自治地区，优先安排和重点支持一批交通、水利、能源和通信等基础设施建设项目。加快乡村公路建设，特别是边境各县的沿边公路建设，实现村村通路；加大对民族地区电网改造和通信建设工程投入，实现村村通电、通话；发展一批既有民族特色又有现代化气息的中小城市。组织实施“边疆民族县(市)农业技术改造工程”。切实加强民族贫困地区的扶贫工作，对我省独有的少数民族聚居特困乡村进行重点扶持。

第二节　促进民族地区社会进步

进一步加快民族地区“普六”、“普九”步伐，提高寄宿制、半寄宿制学校的办学质量。继续对边境沿线行政村以下学校小学生实行免费教育，尽力解决少数民族贫困学生的生活和学习问题。加大投入力度，发展民族地区的职业教育、体育和广播、电影、电视事业。对民族文艺、语言文字、古籍、文物、广播、影视、报刊、出版等民族文化单位，在经费等方面给予必要支持。对民族贫困县、边境县及散杂居民族地区的文化站(室)和卫生院(室)的建设给予重点扶持。加强民族文化对外交流合作，促进民族文化资源优势转化为民族文化产业优势。

第三节　大力培养少数民族人才

采取多形式、多途径、多层次方式，培养少数民族人才。通过短期培训、挂职锻炼等形式，加大对少数民族公务员队伍的培训力度，使全省地县级少数民族干部都能到上级国家机关轮训一遍。继续加强学历教育，使少数民族县级以上干部普遍达到大专以上学历。借助省院省校合作等多种形式，大力培养少数民族经营管理人才和专业技术人才，为民族地区的发展和进步提供人才保障。

第四节　增进民族团结

全面贯彻党的民族政策，加强重点地区的民族团结，协调好民族关系，不断巩固和发展“平等、团结、互助”的社会主义新型民族关系。完善民族团结目标管理责任制，大力开展争创民族团结进步活动。坚持“团结、教育、疏导、化解”的方针，妥善处理民族地区各类矛盾纠纷。坚持抵制和打击境外敌对势力及民族分裂主义的渗透、分裂、破坏活动，为全省改革开放和现代化建设营造良好的社会环境。

第十二章　加快城镇化进程

积极实施城镇化战略，切实抓好城市规划的编制和实施工作，合理发展特大城市，积极发展中等城市，大力发展小城镇，逐步形成大中小城市结合、城镇规模适度、职能分工明确、服务功能完善、布局和结构合理的城镇体系，加快城镇化步伐。

第一节　合理发展特大城市

加快昆明中心城市发展的步伐，把昆明建成经济繁荣、社会文明、设施完善、生态环境良好的现代化城市。增强城市的生产、流通、服务、开发功能，合理发展主城，大力发展次级城市、县城和一批重点建制镇，构建网络状城镇体系，强化昆明特大城市的聚集和辐射作用。突出昆明春城、历史文化名城和时代特色，保护好历史文化遗产，重视城市特色风貌建设，严格控制城市向滇池方向发展，新区开发与旧城区改造并重，优化新区布局结构，强化主体功能。完善市政基础设施，重视解决城市缺水问题，积极开展引水济昆前期工作，限制高耗水工业发展，把昆明建成节水防污型城市。绿化美化城市，保护、治理和改善城市环境，使昆明成为中国西部地区投资和人居环境最好的地区之一，以及我国重要的旅游、商贸城市。

第二节　积极发展中等城市

发展壮大一批中等城市，鼓励有条件的中等城市向大城市发展，优化全省城市结构和布局。加快滇中城市群、区域性中心城市的建设，完善城市功能，增强城市聚集和辐射能力。积极发展沿交通干线、人口密集区、边境口岸和旅游景区城市，适度扩大城市规模。重点抓好玉溪、曲靖、大理、楚雄和个(旧)开(远)蒙(自)等城市的建设,加快城市现代化步伐。搞好昭通、保山等区域性中心城市的总体规划和建设,发展特色产业,加快工业化进程。发展区域中心城市辐射作用,带动周围城镇和农村发展。

第三节 大力发展小城镇

充分发挥小城镇对农村人口、产业、市场的吸引力和聚集效应,加快城市一体化和人口城镇化步伐。坚持科学规划,合理布局,规模适度,注重实效的原则,重点建设县城和一批基础条件好、发展潜力大的建制镇。大力推进有特色的小城镇二、三产业发展,培植产业支撑体系,扩大服务领域。结合交通干线经济开发,加快农贸市场建设,引导乡镇企业合理集中,推动小城镇快速发展。

第四节 建立加快城镇发展的机制

打破城乡分割的体制,推动人口有序流动。加快城镇户籍制度改革,建立市场经济条件下的新型城乡关系。鼓励农村居民和外来人口入城定居和创业,推动农村人口向非农产业转移。改革完善城镇用地制度。调整土地利用结构,盘活土地存量。在保护耕地和保障农民合法权益的前提下,妥善解决城镇建设用地。搞好城镇供排水工作。拓宽投融资渠道,建立城镇建设投融新体制,形成城镇建设投资主体多元化格局。结合实际,适时调整行政区划,合理确定城镇行政区的数量和所辖地域,推动连片发展。尽快形成符合小城镇特点的行政管理体制,提高城镇管理水平。

第三篇 推进改革开放

第十三章 深化各项改革

要按照逐步完善社会主义市场经济体制,促进结构调整和经济发展的要求,坚定不移地深化以国有企业改革为中心的各项改革,推进体制创新和管理创新,打破制约生产力发展的体制性障碍,为现代化建设创造良好的环境。

第一节 推进国有企业改革

加快国有经济的战略性调整和国有企业战略性改组,通过放弃控股权、减持股权、多元股权、合资合作、资产变现、租售结合、破产兼并和公开拍卖等多种形式,促进国有经济从一般竞争性领域有序退出。国有大中型企业要加快推进规范的公司制改革,推动股份制改造,建立现代企业制度。鼓励国有大中型企业通过规范上市、中外合资和相互参股等多种形式,逐步改制为多元股权的有限责任公司或股份公司,转换经营机制。鼓励非国有企业、国外投资者等参与国有企业改组改制,推动非上市国有企业股权结构改造。健全责权统一、运转协调、有效制衡的公司法人治理结构。积极探索国有资产管理的有效形式,按照政企分开的要求,建立规范的授权经营和监督机制,加快出资人到位。进一步剥离国有企业办社会职能,切实减轻企业负担。加强国有企业领导班子建设,适应适应市场经济发展需求的职业企业家队伍。继续深化企业内部人事、劳动和分配三项制度改革,围绕资金、成本和质量三个环节,建立健全以绩效为基础的激励机制和约束机制,全面改进和加强企业管理。抓紧建立企业信用管理制度。完善对中小企业在资金融通、技术创新、人才培训和信息咨询等方面的服务。采取股份合作、托管、出售和员工持股等方式,改革中小企业产权制度,创新经营机制。

第二节 加快流通体制改革

加快国有商业、物资和贸易企业股份制改革,引导和鼓励企业进行资产运营,拓宽经营领域,提高经营效益。深化农产品流通体制改革,拓宽农产品销售渠道。供销社要以产权制度改革为中心,按照社企分开、社有民营、开门办社、自下而上的思路,改制为股份制或股份合作制企业。鼓励发展一批农产品收购、加工、储运和销售的龙头企业,扶持农产品运销大户的发展,培养一批农产品经纪人。国有粮食企业要严格执行粮食购销政策,转换经营机制。放开搞活粮食销售市场。深化外贸体制改革,以产权制度改革为核心,建立现代企业制度为目标,围绕提高国际竞争力,加快外贸企业改组改制,建立符合国际规范和省情的对外经贸促进和服务体系。实行进出口经营权登记制,鼓励各种所有制企业参与进出口经营,改变国有外贸企业独家经营的局面。

第三节 深化投融资体制改革

逐步建立符合市场经济要求的投融资体制和运行机制。改革财政建设资金的使用和管理办法,推动财政投资资本化运作。完善项目的科学化、民主化决策机制,建立投资责任制、招标投标制和风险责任制,形成投资的约束机制。建立风险投资公司、中小企业信用担保公司和产业发展基金,加快投资公司建立现代企业制度和法人治理结构步伐,逐步建立"投入——退出——再投入"机制。推动高新技术企业、投资公司、大企业和大集团上市融资,改善资产结构。加快发展证券业。充分发挥信托、证券、高新技术产业风险投资和产业基金的作用,建立多元化、市场化的投融资体系。按照"平等互利、相互依存、恪守信用、真诚合作"的方针,构筑市场经济条件下的新型银企关系。努力改善金融服务,积极增加贷款,推行金融创新,健全激励约束机制,大力改善资产质量,防范和化解地方金融风险,发挥金融对经济建设的支持作用。

第四节 推进财税体制改革

深化预算管理体制改革,推行部门预算和零基预算。积极稳妥地推进税费改革,清理整顿行政事业性收费和政府性基金，逐步建立综合财政预算体系。进一步加强财政支出管理，建立和完善国库集中收付制度，全面推行政府采购制度。继续完善省对下的财政管理体制，逐步建立规范的财政转移支付制度。严格依法治税，提高税收征管质量。逐步建立和实行"以纳税申报和优化服务为基础，以计算机网络为依托，集中征收，重点稽察"的征管模式，完善税收征管制度，初步形成以信息化和专业化为特征的税收征管体系。按照建立公共财政框架的要求，调整和优化财政支出结构，切实提高对社会公共需要的保障能力。压缩财政对竞争性领域的投入，应用财税政策促进企业公平竞争。依法理财，加强财政和审计监督，严肃财经纪律，健全监控机制，强化政府债务监管，防范和化解财政风险。

第五节　深化科技和教育体制改革

全面调整科技力量布局，优化科技资源配置，推动应用开发型科研机构实现企业化转制并建立现代企业制度；社会公益类科研机构分别不同情况实行改革。支持重点行业和大中型企业建立技术创新开发中心，促进企业成为技术进步和创新的主体。鼓励多形式发展民营科技企业和科技中介服务机构。建立风险投资机制，积极推进科技与经济结合，加快产学研结合和高新技术产业化步伐。围绕科技创新的源泉培育、主体塑造、人才培养和环境优化，加快科技创新体系建设。深化教育管理体制改革，调整优化教育结构和布局。鼓励和支持采取多种民间办学形式，尤其是鼓励社会力量举办学前教育、职业教育、成人教育及其他非义务教育阶段的教育，逐步形成政府办学为主、公办学校和民办学校共同发展的格局。改革教材、教法和考试制度。严格实施教师资格制度，优化教师结构，建设高素质教师队伍。深化与毕业生就业相关的劳动人事制度改革。健全奖学金、助学金和助学贷款制度。

第十四章　继续扩大对内对外开放

坚持"调整结构、扩大规模、拓宽领域、改善环境、突出重点、讲求实效"的原则，实施全方位开放战略，努力扩大出口，积极利用外资，加快"走出去"步伐，加强区域合作，发展开放型经济。加大对外宣传促销力度，树立云南良好形象。

第一节　做好加入世界贸易组织的准备和过渡期的各项工作

抓紧研究和熟悉世界贸易组织规则，尽快提高各级政府公务员、工商界人士，尤其是领导干部掌握运用国际经贸规则的能力和水平，抓紧培养一批熟悉国际贸易规则的专门人才。加快清理、修订和完善地方涉外经济政策和法规，认真研究例外和保障条款以及给发展中国家的优惠待遇原则，充分利用好过渡期多边框架下可享有的制度及政策，加快与国际接轨的步伐。配合国家政策调整，结合云南实际，引导各行业根据自身情况制定应对措施。提高政策法规透明度。完善产业扶持手段，构建产业保护体系和经济安全体系，最大限度地发挥加入世界贸易组织的正效应，切实提高我省经济的竞争能力和抗风险能力。

第二节　努力扩大对外贸易

坚持大经贸、以质取胜、市场多元化和科技兴贸战略，努力扩大外贸进出口，提高经济的外向度。调整外贸产品结构，增加产品科技含量，完善贸易方式。扩展加工贸易，发展服务贸易，繁荣边境贸易，不断扩大货物和服务出口。增加急需原材料和关键技术设备进口。在积极推进与周边国家经贸合作的同时，巩固发展东南亚、东亚市场，继续开拓欧美、南亚和非洲市场，改善和加强双边或多边贸易合作。建立和完善符合云南实际的边境贸易区管理运行机制，创造良好的边贸发展体制环境。充分发挥姐告边境贸易区的作用，争取建设磨憨、河口边境贸易区。建立健全产品加工及转口边境贸易体系，加强重点商品、重要口岸和外贸企业的仓储设施建设。力争外贸进出口额分别达到 10 亿美元和 15 亿美元以上。

第三节　积极有效地利用外资

加大"引进来"力度，把引进外资作为对外开放的重点，制定利用外资战略和规划，推进对台和侨务工作，大力引进外资。放宽准入条件，减少股权限制，实行国民待遇，改善引资服务，进一步简化审批程序，强化贷款项目管理，完善借用还机制，创造优良的招商引资环境，拓宽引资领域和渠道，优化利用外资结构。大胆探索跨国企业并购、BOT、TOT、合资产业基金和风险基金、证券运营等多种合资融资方式，积极试行招商代理制。对吸引国外资金、技术、品牌、管理和人才实行奖励，引入国际大企业集团尤其是世界大公司和国外金融机构，努力争取外国政府和非政府组织贷款。鼓励外资参与产业结构调整、国有企业改革、基础设施建设、支柱产业培植和高新技术产业开发。做好利用外资重点行业的工作，力争在能源、交通、通讯、矿产、农业和高新技术等方面取得突破，加快金融、电信、旅游、商贸和教育等领域的开放引资步伐。办好各类开发区，使之成为招商引资的示范区。力争协议直接利用外资和实际直接利用外资额比"九五"期间翻一番。

第四节　加强对外经济技术合作

努力向外开拓，制定对外投资的优惠政策和保障措施，积极稳妥扩大境外投资。探索新型海外企业管理体制，加大对外投资扶持力度。鼓励有条件的企业以不同形式到东南亚、南亚特别是周边国家开发当地资源和市场，投资办厂，建立研究与开发中心或贸易机构，形成自己的跨国企业，开展全方位国际竞争。加大对国际市场的开拓力度,努力增加劳务和技术输出,着力扩展对外工程承包。积极推进老挝万象优质钾盐、缅甸邦朗电站等项目合作建设。

第五节　大力推进全方位对内开放

继续以滇沪、滇粤合作和省院、省校合作为重点,大力推进西南六省区市七方的横向联合协作,加强与江苏、浙江等沿海地区的紧密合作以及与全国其他省区市的合作。鼓励省外投资者参与我省经济建设特别是国有企业改组改造。继续办好“昆交会”,使之朝区域性国际博览会的方向加快发展。积极利用省内外各种交易会、展销会、博览会,大力发展会展经济。努力开拓省内外两个市场,搞活流通,提高我省地方产品在全国市场的占有率。扩大省际间经济技术交流,把对内开放向多层次、宽领域和高水平推进。

第四篇　发展科技教育

第十五章　推进科技进步和创新

加强技术创新,发展高技术,实现产业化。坚持研究方向和市场需求相结合、引进吸收国内外先进技术与自主创新相结合,力争在重点产业的重点技术领域实现技术跨越。争取科技进步状况综合评价排序进入全国中等水平。

第一节　加强研究开发与技术创新

推进新的农业科技革命,加强信息技术、医药、生物、新材料、先进制造、优质资源开发、生态环境治理等领域的应用开发研究。建立经科教、产学研相结合的技术创新体制和机制。鼓励企业建立研究开发机构,加强与国内外高等院校和科研机构联合研究开发。加大全社会科技投入,引导企业成为研究开发的主体。重大科技项目探索由政府资助、科研机构和企业共同投资方式,联合攻关。通过自主创新和引进相结合,加强对结构升级的共性、关键和配套技术的开发。每年重点推广一批新技术、新工艺、新成果,加快高新技术、先进适用技术向支柱产业和优势产业渗透,提高重点、骨干产业技术水平,带动产业结构升级。推广信息技术,提高企业综合管理和生产自动化水平。鼓励支持具有比较优势的基础研究和应用基础研究。重视发展和繁荣哲学社会科学,促进自然科学与社会科学的交叉融合,加快社会科学发展和理论创新。

第二节　加大科技引进与合作力度

实行国内合作与国外合作并举,“引进来”与“走出去”并重,进一步强化与国内外有实力、有优势的高等学校、科研机构和企业的科技合作。靠环境、事业吸引人,靠待遇、情感留住人,用新的机制和办法高起点选拔培养一批省学术和技术创新带头人。实施民营科技企业“三百工程”,即培育百家技工贸总收入5000万元以上的民营高新技术企业,引进、开发百项民营科技重大产业化项目,培育、引进百名民营科技企业家。在引进、吸收国内外先进技术的基础上,围绕农业产业化、支柱产业培植、高新技术产业发展和生态环境治理等重点领域的技术创新,尽快研制开发出一批具有自主知识产权的技术和产品。加强面向国际市场特别是东南亚、南亚和周边国家市场的技术开发。选择合适国家或地区设立出口示范基地。重点实施高新技术产品出口加工基地建设、高新技术改造传统出口产品、国际技术贸易市场开拓、科技兴贸、“绿色通道”等一批工程。

第三节　营造技术创新环境

建立健全地方性科技法规、规章体系,研究制定鼓励技术创新的激励政策,建立健全工业、农业科技创新、技术推广和技术培训体系,形成省、地、县、乡(社区)四级科技服务网络。加快科技型中小企业和民营科技企业的发展。加大科普投入,大力开展科学精神、思想、方法和知识的普及提高,重视民族、边疆、贫困地区科技普及和科技进步。抓紧省科技馆的改造建设,使其成为全省重要的科普基地。搞好国家级和省级高新技术开发区、经济开发区及科技园区的建设,使其成为高新技术和创新中心、孵化基地。加快科技信息网、技术市场和技术产权交易中心等建设。

第十六章　大力发展教育

把教育作为基础性、全局性、先导性的重要事业加快发展,面向现代化,面向世界,面向未来,全面推进素质教育。加快教育信息网络和应用系统建设,扩大中、小学信息技术知识课程覆盖面,发展远程教育,逐步提高教育信息化、现代化水平。

第一节　全面加强基础教育

继续重视“两基”工作,努力提高基础教育教学质量和普及程度。各级财政要依法保证对义务教育投入的稳步增长。调整优化中、小学校点布局,增强师资力量,扩大招生规模。认真实施贫困地区教育扶贫工程,切实改善办学条件,抓好寄宿制、半寄制教育,重点推进农村、边远、民族地区的义务教育,做好实验教学普及县试点推广工作,巩固提高普及六年义务教育的成果;不断提升九年义务教育的质量和水平,扩大受教育人口的覆盖面。加大扫盲工作力度,力争基本扫除青壮年文盲。

第二节　大力发展职业教育和成人教育

扩大高中阶段教育规模,在大中城市和经济发达地区率先普及高中阶段教育,努力提高农村高中阶段教育的水平和质量。发展初等职业教育,调整中等职业教育布局,鼓励兴办高等职业教育。加快中等专业学校、技工学校和职业高中教育资源重组,探索合并或联合办学新途径。建立职业教育、成人教育与普通教育相互沟通的教育体系。创新管理和运作机制,鼓励中等职业教育阶段学生考试进入普通高等学校或高等职业技术学校深造;支持普通本科高等学校创办职业技术学院,推进普通高等专科学校向高等职业院校过渡。积极开展技能教学和职业教训,发展成人教育和其他继续教育,逐步形成大众化、社会化的终身教育体系。

第三节　积极发展高等教育

广辟筹资渠道,扩大培养规模,提高教育质量和办学水平。调整优化院系和专业结构,合理配置教育资源;鼓励昆明、玉溪等城市兴建大学园区,逐步解决高校用地不足和教学设施落后的问题;实现高校后勤服务社会化。放宽入学年龄限制,允许分阶段完成学业,推进弹性学习制度。抓好云南大学"211 工程"二期和省属重点大学的建设。积极发展研究生教育,努力培养高层次人才。推动有特色、有优势的专业面向东南亚、南亚合作办学,推进教育的对外开放与国际合作。

第十七章　加快人才资源开发

全面实施人才战略,把人才资源开发利用纳入领导目标责任制,大胆创新培养选拔任用制度,健全完善人才激励机制和社会评价系统,营造用好、留住、培养和引进优秀人才的体制环境。高度重视知识产权保护和尊重爱护人才,在全社会形成爱才惜才、求贤若渴的用人氛围,充分调动各层次人才的积极性和创造性。引进人才和引进智力并重,利用互联网等现代信息手段,创新引智方式,形成优秀人才脱颖而出、合理流动、才尽其用的格局。

培养和造就坚持走中国特色道路、掌握现代科学文化和管理知识、并经过实践考验的高素质领导人才队伍。深化干部人事制度改革,重视优秀领导人才特别是年轻干部队伍的培养建设,扩宽渠道,不拘一格,务求选拔任用工作取得突破。积极培养使用具有开拓创新能力的民族、妇女和党外干部。

培养具有科学素养、适应经济和社会发展需要的各类专业人才队伍。完善职务职称评聘制度,落实人才待遇政策,切实做好人才培养、引进、评聘和使用工作。重视青年人才的培养和使用,在充分发挥省内已有各类人才作用的基础上,加大国内人才和智力引进力度,积极吸引海外优秀留学人员到云南创业,建设海外人才信息库、留学人员创业园和专家公寓。抓住省院省校合作的有利契机,培养一批各层各类技术专家、业务骨干,造就一批在国内领先并富有创新能力的学术、技术带头人。

培养造就适应国际竞争的,懂经营、善管理的企业家队伍。建立企业经营管理人才测评体系及上岗资格认证体系,把组织考核推荐和引入市场机制、公开向社会招聘结合起来,按照企业特点建立对经营管理者的培养、选拔、考核和监督机制,并使之逐步形成制度化、规范化。

培养具有较高素质的技术工人队伍、农业产业化经营和农业科技队伍。加强职业技能培训,全面提高劳动者职业技能素质。开发农村人才资源,造就一支用得上、留得住的农村人才队伍。

第五篇　坚持可持续发展

第十八章　控制人口增长

继续坚持计划生育的基本国策,全面落实《中共中央国务院关于加强人口与计划生育工作稳定低生育水平的决定》,稳定和完善现行计划生育政策,进一步降低生育水平,努力使人口自然增长率接近全国水平。巩固"三为主"的成果,坚持完善党政领导人口目标责任制。建立完善计划生育"三结合"及以社会保障制度为重点的利益导向机制。逐步形成依法行政、村(居)民自治、优质服务、政策推动、综合治理的管理机制。加强县乡服务网络建设,切实改善基层设施条件,提高服务水平。实施计划生育重点帮扶和国家西部人口控制工程以及计划生育流动车服务项目,进一步加强对流动人口计划生育的管理,重点搞好农村特别是高生育区和人口大县的计划生育工作。大力提倡优生优育,提高出生人口质量。增加投入,到 2005 年各级财政投入的计划生育事业经费人均达到 10 元,其中省级达 2 元。在有条件的地区,结合农村社会保障体系建设,开展少生家庭奖励试点,使计划生育户在扶贫济困、社会保障等方面得到实惠。

第十九章　有效保护资源

坚持开发与节约并举,加大土地、水、气候、矿产、森林、草原、人文、旅游和种质等资源的保护和合理利用。建立健全资源有偿使用制度和更新补偿机制。

第一节　严格保护水资源

高度重视水资源的战略地位。依法加强资源管理,突出抓好水资源的合理开发、有效保护与高效利用,优化配置水资源,改革水的管理体制,建立合理的水价机制。开展节约用水宣传教育,大力推行各种节水措施,发展节水型产业,建立节水型社会。工农业发展和城市建设要充分考虑水资源的承受能力。引导农民采用现代灌溉技术,促进企业实行污水回用,协调生活、生产和生态用水,努力探索新形势下开源节流并举的对策和机制,增加供水能力,满足经济社会发展需要。积极保护和发展水源林,稳定水源涵养区功能,严格控制地下水超采。

第二节　保护土地和矿产等资源

依据土地利用总体规划,实施土地用途管制,认真执行基本农田保护制度,切实保护好耕地和林地。统筹安排各类建设用地，合理控制新增建设用地规模，确保耕地占补平衡。加强矿产资源勘查和矿山管理，严格整顿矿业秩序，对重要矿产资源实行强制性保护和合理开采。强化对森林、珍稀濒危生物资源和古生物化石保护，严禁毁林开垦和乱批、乱占林地，保护生物多样性。重视历史文化遗产、民族风情习俗等人文资源保护和合理利用。加强自然、文化遗产的申报工作。

第二十章　加强生态环境保护与治理

坚定不移地实施可持续发展战略，坚持保护优先、防护与治理并举，促进生态环境与经济社会协调发展。

第一节　重视生态保护与建设

积极推进天然林保护和退耕还林还草，加大宜林荒山造林和管理力度，不断提高森林覆盖率，建立生态功能保护区。搞好自然保护区和生态示范区建设，加强生物多样性保护。推进岩溶地区石漠化综合治理。处理好生态建设与经济发展的关系，认真搞好山区综合开发。加强以滇池、抚仙湖为重点的九大高源湖泊及六大江河水系的生态环境保护和治理。继续实施金沙江、澜沧江防护林体系建设，初步建立以省内六大江河流域防护林体系、重点生态治理工程为骨干的生态建设与保护基本框架。加快小流域综合治理，减少水土流失，开展重点区域地质实害调查，实施重点灾害防治工程。重视矿山及建设工程环境恢复，大力开展城市绿化。新增自然保护区面积40万公顷、森林面积150万公顷左右，治理水土流失面积1.2万平方公里，基本遏制生态环境恶化趋势。

第二节　抓好污染防治

强化城市和旅游景区大气、水、垃圾和噪音污染的综合治理，不断改善城市环境质量。进一步搞好湖泊和江河污染源的治理，强化湖泊的截污和排污监管，高度重视以滇池、抚仙湖为重点的九大高原湖泊水污染防治工作，使受污染的湖泊水质逐步好转。推行城市、旅游区污水和垃圾集中处理，逐步实现生活污水达标排放和垃圾无害化处理。加强大气污染防治，逐步实施酸雨控制区和重点城市的大气污染控制工程，推广资源综合利用和清洁生产技术，加强废弃物回收利用，严格控制和治理工业污染源，使工业废水、废气处理率提高到90%，工业固体废弃物综合利用率达到40%、处置率上升到20%。实行建筑垃圾、城镇“三废”处理责任合同制，积极开展农村环境监测和综合治理，重点防治不合理使用化肥、农药、农膜和超标灌溉带来的农村化学污染，使农村环境保护取得明显成效。

第三节　强化环境保护措施

广泛深入地开展生态环境保护宣传教育，提高全民生态意识，推行绿色消费。通过经济结构调整和产业升级，逐步解决结构性污染，实现环保与经济“双赢”。引进和开发环境保护适用技术，制定和完善环保产业政策和规划，促进环保产业发展。继续推行环境保护目标责任制。强化环保政策导向，全面推行污水和垃圾处理收费制度。进一步增加各类环保投资，积极争取国内外贷款、国际援助资金，建立稳定的投入保障机制。完善环境监测、监督体系，加强执法和监督力度，依法保护环境。继续严格实行建设项目环保一票否决制。

第六篇　改善人民生活

第二十一章　积极扩大就业，完善社会保障制度

努力拓宽就业渠道。初步建成独立于企事业单位之外、资金来源多元化、保障制度规范化和管理服务社会化的社会保障体系。

第一节　多渠道扩大就业

制定和落实优惠政策，重视发展有比较优势的劳动密集型产业，大力发展就业容量大的服务业和中小企业，努力增加就业岗位，扩大就业。加强在职和再就业培训力度，提高职工技能，增强适当职业变化的能力，为下岗职工和失业人员就业和创业创造更好条件。引导劳动者转变就业观念，实行弹性就业，提倡自主就业、家庭就业、非全日制就业和季节性就业等。努力开拓国际劳务市场，扩大劳务输出。加大对福利企业的扶持力度，为残疾人创造更多的就业机会。全面推行劳动预备制度，严格执行离退休制度，建立阶段性就业制度，缓解就业压力。加强劳动力市场建设，规范劳务中介组织，完善就业服务体系，形成市场导向的就业机制，疏通城乡就业渠道，促进劳动力合理流动。

第二节　建立和完善社会保障制度

按照社会统筹与个人帐户相结合的原则，依法扩大养老保险范围，调整和完善城镇职工基本养老保险制度。完善城镇职工基本医疗保险制度，积极推进医疗机构和药品流通体制改革，全面完成医疗保险、医药分开医疗机构分类管理三项改革。建立社会医疗救助制度，完善大病医疗保险，健全医疗保险费用分担机制，保障职工基本医疗需求。进一步完善失业保险制度，实现国有企业下岗职工基本生活保障向失业保险并轨。改革机关事业单位职工养老保险办法。重视弱势人群的生活问题，加强和完善城市居民最低生活保障制度，将符合条件的城镇贫困人口纳入最低生活保障范围。鼓励有条件的用人单位为职工建立补充养老保险和医疗保险，发挥商业保险对社会保障体系的补充作用。通过加大社会保障费征缴力度、变现部分国有资产和扩大彩票发行等方式，多渠道筹集社会保障资金。推进社会保障管理和服务的社会化，逐步实现由社区管理离退休和失

业人员。全面实现社会保险金由银行等社会服务机构发放。

推进农村社会保障体系建设,按照民办公助和自愿参加的原则,建立以个人投入为主、集体扶持、政府适当支持的筹资机制,逐步提高医疗保障水平。稳步推进农村养老保险制度改革,巩固和发展家庭养老,探索适合农村特点的养老制度。

第三节　发展社会福利事业

发展社会福利、救济、优抚安置和互助等社会保障事业。充分发挥基层组织、社区组织在社会保障对象管理和服务方面的作用,推进社会福利社会化进程。发展慈善事业,加强对捐助资金的监管。重视发展老龄、妇女和儿童事业,加强老年人、青少年服务设施建设,切实保障妇女、未成年人和老年人的合法权益。帮助残疾人康复、就学和就业,为残疾人平等参与社会生活创造条件。发扬团结互助的优良传统,动员各方面力量搞好扶贫济困。

第二十二章　增加居民收入,提高社会公共服务水平

建立全体人民充分分享经济增长成果的机制,在经济发展和效益提高的基础上,不断增加城乡居民特别是广大农民和城市低收入者的收入。进一步提高消费水平,拓宽消费领域,优化消费结构。改善社会公共服务,建立良好的社会秩序,保障人民安居乐业。

第一节　千方百计增加城乡居民收入

大力发展社区服务,多渠道扩大城镇下岗职工和失业人员就业,为增加城镇居民收入提供条件。调整财政支出结构,确保机关事业单位职工工资发放和稳定增长,确保国有企业下岗职工基本生活费和企业离退休人员养老金按时足额发放。坚持按保护价敞开收购农民余粮;推进农业产业化经营,提高农业后续效益;大力发展小城镇,促进农村二、三产业发展;增加农村服务设施建设,取消对农民进城务工的不合理限制,拓宽农民增收渠道。结合农村税费改革,适度撤并乡镇,精简机构和人员,切实减轻农民负担。

第二节　完善收入分配制度

坚持效率优先、兼顾公平的原则,不断深化收入分配制度改革。把按劳分配与生产要素分配结合起来,积极探索资本、技术和管理参与收入分配的制度。开展对企业经营者和科技骨干实行年薪制和股权、期权的试点,建立健全收入分配激励机制和约束机制。完善劳动力价格的市场形成机制。规范社会分配秩序,完善对垄断、高收入等特殊行业收入分配的监督和管理。规范全社会的用工制度和工资支付行为。依法保护合法收入,调节过高收入,取缔非法收入,防止收入分配差距过份扩大。

第三节　提高人民生活质量

进一步提高居民吃穿用等基本消费水平,重点改善居民居住和出行条件。扩大社区服务、文化娱乐、教育培训、体育健身和卫生保健等服务性消费。消除不利于扩大消费的体制障碍,改革福利型消费方式,加快实物类分配货币化。建立健全个人信用制度,拓宽消费信贷范围。发展满足不同消费层次的商品住宅,建立廉租房保障供应体系。继续加强城乡水、电、路、通信等基础设施建设,改善居民生活条件。

第四节　改善社会公共服务

推进公共服务设施管理社会化和市场化,实现人人享有基本公共服务。强化政府提供公区服务的职能,增加公区服务投入。县级以上城市都要建立“便民服务中心”。繁荣民族文化,丰富群众精神文化生活。完善医疗服务、预防保健、卫生监督服务体系,巩固农村人人享有初级卫生保健成果。加强对重大疾病的预防,保证居民的基本医防卫生需求,不断降低婴幼儿、孕产妇死亡率。进一步加强农村卫生基础设施建设,巩固和完善三级卫生网,发展新型合作医疗,努力解决农民基本医疗问题。抓好疾病、疫情控制及医疗应急体系、远程医疗等项目的实施,继续抓好传染病及艾滋病等防治工作。加强公共体育设施建设,大力开展全民健身活动,积极发展竞技体育和民族体育,增强人民体质。加快体育社会化、产业化进程。

第五节　加强防灾减灾

坚持经济建设与防灾减灾工作一起抓,以防为主,防抗救相结合。加强防御地震、旱涝、滑坡、泥石流等自然灾害安全网建设,搞好预测和预报。逐步健全责任制和监督检查机制,依法管理防灾减灾工作。抓好救灾物资储备、仓储设施、紧急救援体系和防灾减灾队伍建设。积极开展救灾捐赠工作,加大重灾户救济力度。推进国内外交流与合作,继续作好救灾应急抢险和灾后恢复重建。推广防灾减灾科技应用。加大宣传教育力度,提高全民防灾减灾意识。制定各灾种评估种体系。重视安全生产,加强劳动保护。建立健全安全生产制度,增加安全设施投放,消除事故隐患。

第七篇　精神文明和民主法制建设

第二十三章　加强社会主义精神文明建设

坚持两手抓、两手都要硬,全面加强社会主义精神文明建设。认真实施《云南民族文化大省建设纲要》,发扬“爱国爱乡、知难而上、团结奋斗、争创一流、敢为人先”的世博精神,塑云南“经济繁荣、环境优美、改革开放、高效工作、文明礼貌、热情好客、团结稳定、治安良好”的新形象,为改革开放和现代化建设提供强大的思

想保证和精神动力。

第一节 提高各族人民的思想道德水平

坚持不懈地加强社会主义道德建设，以德治省。把深入学习邓小平理论与学习江泽民"三个代表"重要思想结合起来，在全社会深入开展党的基本理论、基本路线和基本纲领教育，爱国主义、集体主义教育。进一步强化有利于社会主义现代化建设的舆论力量、价值观念、道德规范和文化氛围。在农村开展"三个代表"重要思想学习教育活动。探索新时期做好思想政治工作的有效方法；抓好青少年思想政治和道德品质教育。强化法制观念，加大科普宣传，反对封建迷信，破除陈规陋习，开展文明村镇、文明城市等群众性精神文明创建活动和积极向上的文体活动，倡导文明健康的生活方式。重视对社会思潮及其表现形式的认识和引导；加强对社会实践中重大问题的探讨和研究，以科学的理论武装人。加强对新闻舆论、出版文化、休闲娱乐等各种思想文化阵地尤其是新闻网站的建设和管理。深化全社会的信用意识，强化公民城信教育，不断提高社会的文明程度和管理水平。

第二节 繁荣云南民族文化艺术

弘扬民族的、科学的、大众的有中国特色社会主义文化。坚持"为人民服务、为社会主义服务"的方向和"百花齐放、百家争鸣"的方针，把握时代精神，坚持先进文化的前进方向，推进民族文化大省建设。充分发挥云南少数民族文化多样性的优势，扩大对外交流与合作，积极吸收世界先进文明成果。加强民族文化资源的保护、开发和利用。加大对代表全省水平和具有地方特色、民族特色的文艺门类、文艺团体的扶持力度。实施系列文化品牌、艺术精品和民族文化等工程，繁荣文学艺术创作，培养造就一批民族文化杰出人才。加强对文化市场的引导和管理，建立科学合理、灵活高效的管理体制和生产经营机制。

第三节 加强文化基础设施建设

继续实施文明走廊、千里边疆文化长廊工程，搞好农村文化馆、图书馆和乡镇文化站建设。加强民族边疆地区广播、电视基础设施建设，加大对外宣传力度，搞好边境地区形象工程。逐步建设多元化、多层次的特色文化区、文化村镇和文明社区。加强城乡居民、老年人以及青少年文化、体育设施建设，抓紧规划建设省民族大剧院、博物馆、音乐厅和体育馆等一批村志性建筑。重视信息服务网站、档案馆等的建设管理。加强文物、考古、遗产发掘工作和历史文化名城保护。

第二十四章 加强社会主义民主法制建设

坚持工人阶级领导的、以工农联盟为基础的人民民主专政，坚持人民代表大会制度和共产党领导的多党合作、政治协商制度以及民族区域自治制度。按经济体制改革和现代化建设的要求，坚持不懈地加强社会主义民主法制建设，不断健全地方法规体系，切实推进依法治省。

第一节 加强民主政治建设

加强民主政治建设，发展社会主义民主。进一步改进政府工作，继续实行重大事项报告制度，完善民主、科学决策程序。积极探索和建立新形势下促进民主选举、民主决策、民主管理及民主监督的制度与方法，重大问题要更广泛地听取社会各界的意见，保障人民享有广泛的权利和自由。加强城乡基层政权组织和群众自治组织建设，完善职工代表大会和村民自治制度，加强社区民主制度建设，扩大公民政治参与。大力推进政务、厂务、乡(镇)务和村务公开。继续做好信访工作，强化群众监督。

第二节 加强法制建设

加强政府规章的立、改、废工作。依法行政，从严治政，建立健全依法行使权力的制约机制，强化对权力运行的监督，推进政府工作和廉政建设法制化。加快推行执法责任制、评议考核制和依法赔偿制，建立健全执法监督制度。加强政法和行政执法队伍建设，提高政法和行政执法机关的技术装备及信息化水平，保证办案经费，改善执法条件。全面培训政法干警和行政执法人员，提高政治业务素质，确保严格、公正、文明执法。加快司法改革步伐，防止司法腐败，维护司法公正。制定和实施"四五"普法规划，增加普法经费，深入持久开展普法教育。加强法律服务和法制保障工作，为弱势人群提供法律援助。增强全体公民尤其是各级领导干部的法制意识，建立良好的法制环境。

第三节 维护社会政治稳定

正确处理人民内部矛盾，认真落实维护稳定责任制和矛盾纠纷排查调处责任制，积极预防和妥善处理群体性事件，针对社会政治稳定面临的新形势和新情况，深入持久开展矛盾纠纷排查调处工作。全面贯彻党的宗教政策，保障公民宗教信仰自由，依法管理宗教事务，积极引导宗教与社会主义社会相适应。

深入开展国防教育，提高全民国防意识。加强国防动员体系建设和人防工作，增强平战转换能力。进一步密切军政军民关系，做好拥军优属、拥政爱民和民兵预备役工作。

切实落实社会治安综合治理各项措施，依法打击敌对分子、民族分裂分子、"法轮功"等邪教组织骨干分子、严重刑事犯罪分子、毒品犯罪和经济犯罪分子，加强禁毒斗争、打黑除恶和扫黄打非工作。搞好监狱建设，抓好劳教工作。探索治安管理的有效办法，预防和减少青少年犯罪。

第八篇 “十五”计划实施

第二十五章 改善宏观经济管理

健全省级经济调控体系,综合运用计划、财政、金融及必要的行政手段,进一步提高宏观管理水平,为计划实施创造良好的宏观经济环境。省级经济调控总的要求是:围绕“十五”计划主要奋斗目标,根据国家宏观调控政策的基本取向和我省经济运行的实际情况,协调各种调控手段,引导和促进经济结构优化升级,保持投资、消费、出口稳定增长、努力实现经济持续快速发展,就业规模不断扩大,人民生活较快改善。

充分发挥宏观经济管理职能部门作用。建立和完善计划、财政、金融等宏观管理职能部门的协调机制,确保形成调控合力。计划部门要准确把握全省宏观经济运行状况,搞好宏观经济监测预警,适时提出经济调控措施并把握好调控的力度和时机;根据供求变化,适时调整价格政策,进一步理顺价格关系。财政部门要逐步建立适应社会主义市场经济要求的公共财政框架,大力调整和优化支出结构,在逐步提高财政保障能力、防范财政风险的同时,用活用好财政性投入,引导银行和社会资金投向经济建设;建立规范的转移支付制度,促进地区经济协调发展。金融部门要加强与计划、财政等部门的协调,进一步搞好银企合作,构筑新型的银企关系。

进一步转变政府职能。按照建立社会主义市场经济体制和应对加入世界贸易组织的要求,尽快调整和转变政府管理经济的模式和方法,强化经济调控和管理,着力创造良好发展环境。理顺各部门、尤其是宏观经济管理部门的职能关系,努力消除过份追求部门利益的倾向,确保政令畅通。下决心清理行政审批事项,大幅度削减省级各部门的行政审批权限,简化审批程序。抓紧清理、修订和废止不符合发展社会主义市场经济要求的地方性政策法规。全面推行政务公开,让各类经济主体充分了解政府经济调控的意图和相关的政策法规。切实转变工作作风,克服官僚主义和形式主义。加强行政监察,严格实行责任追究。

大力整顿和规范经济秩序,创造良好的发展环境。进一步健全市场法规,严格执法,规范市场主体行为和市场秩序。完善市场监督和管理机制,积极运用现代科技手段,加强监管。严厉打击制售假冒伪劣产品、破坏金融秩序、诈骗和侵犯知识产权等破坏市场经济秩序的行为。加大对阻碍执法、暴力抗法和国家公职人员利用职务之便干扰执法等行为的打击力度,确保执法工作顺利进行。整顿和规范建筑市场。严肃财经纪律,加强重大建设项目的稽查工作。尽快建立和完善统一、竞争、有序的市场体系,打破部门、行业垄断和地区封锁,纠正行业不正之风。重点培育和发展要素市场尤其是资本市场。加快建立健全社会信用制度。

第二十六章 保障计划全面落实

实现“十五”计划的主要目标,关键在于加强领导,狠抓落实。要紧紧依靠各级干部和各族人民,解放思想,实事求是,更新观念,创新思路,调动各方面积极性,同心同德,精心组织,开拓进取,扎实工作,为实施“十五”计划创造良好的条件。

与《纲要》相配套,我省还将分批颁布和实施生态环境、支柱产业、高新技术产业、科技教育、信息化、城镇化、国际大通道和水利建设等一批重点专项规划,并在关系经济社会发展全局的关键领域和薄弱环节,组织建设一批重大工程。省人民政府在制定和执行国民经济和社会发展年度计划和财政预算时,将综合运用计划、财政、金融等手段,分年度落实《纲要》提出的目标和任务。各地、各部门要把《纲要》作为本地区、本部门“十五”计划和制定经济社会发展政策的重要依据,从实际出发,制定切实有效的具体措施,认真贯彻落实好《纲要》提出的主要目标和任务。要面向社会、面向群众,采取多种形式,利用各种媒体,广泛宣传“十五”计划《纲要》,在全社会形成关心计划、自觉参与计划实施的氛围。

在计划实施过程中,要自觉接受人大、政协和社会各界的监督,及时跟踪调查分析计划执行情况,并对重点专项规划实施完成情况进行检查。计划实施期间,当遇到国内外经济形势发生重大变化或我省出现其他不可抗力的重大原因,导致经济运行严重偏离计划目标时,省人民政府将提出调整方案,报请省人民代表大会常务委员会审议批准实施。

2000年云南金融大事记

(一)1月12日上午,因谣言传播,昆明市商业银行螺蛳湾支行突发挤提存款事件,根据省委、省政府、人总行和成都分行领导的指示,人行昆明中心支行配合昆明市委、市政府组织公安、金融系统、工商等部门联合行动,仅半天即平息了挤提风波,维护了昆明市乃至全省金融秩序的稳定。

(二)2月15日,云南省人民政府组织召开了全省银行证券保险工作会议,副省长程映萱作了题为《认清形势,明确任务,努力开创云南金融工作新局面》的讲话,对1999年云南金融工作作了全面总结,对做好2000年全省的金融工作提出了要求。

(三)8月11日上午,一名男扮女装的歹徒持枪闯入工行云南省分行营业部大观支行翠湖北路储蓄所进行抢劫,值勤经济民警王卫,储蓄员李世文、丁淑雁、胡泉4位同志不顾个人安危,同心协力,勇擒歹徒,成功地制止了一起歹徒持枪抢劫银行案。这是全省首起成功制止持枪抢劫银行并当场擒获歹徒,也是全国金融系统中首起完全由柜员亲手抓获歹徒的成功案例,在社会上引起了强烈的反响,全国各大新闻媒体、中央电视台进行了报道。省委、省政府、工总行于8月23日在昆明召开了隆重的表彰大会,给予中国工商银行云南省分行营业部大观支行翠湖北路储蓄所通令嘉奖,并号召全省各行各业向他们学习。

(四)下半年,全省各金融机构开展了职业道德教育,通过系统全面的学习教育,全系统干部职工爱岗敬业、遵章守纪的自觉性有了明显提高,工作作风发生了明显的变化,提高了服务水平和质量。

(五)为解决近年来我省经济金融运行中出现的银行贷款难,企业难贷款的贷款"两难"问题,人民银行昆明中心支行经过认真调研,全面分析了我省贷款"两难"的原因,向省政府上报了题为《关于解决贷款"两难"问题的情况报告》,该报告得到了省政府的充分肯定,11月2日省政府以《参阅材料》转发全省。

(六)云南根据国务院关于助学贷款的有关精神,制定了《云南省国家助学贷款实施意见》,4家国有商业银行与14所高校签订了助学贷款协议。

(七)全省人民银行系统完成对各类银行机构的真实性检查,强化了监管。

(八)人民银行将对典当行监管职责顺利移交给云南省经贸委。

(九)农村合作基金会顺利实现关闭,全省农村合作基金会清理工作顺利结束。

(十)2000年12月25日昆明银行卡网正式启动,在昆明的9家发卡银行全部入网,实现了银行卡业务的"一卡通",为持卡户提供了更加快捷和便利的用卡环境。

(田灿钧)

第　二　部　分

金　融　业　务

中国人民银行成都分行昆明金融监管办事处

特派员:王礼国

【综述】 2000年昆明监管办在成都分行党委的正确领导下,克服困难,找准位置,全体职工团结努力,创新开拓,认真学习理论和业务,加强金融监管,抓好内部管理,经过“三讲”教育“回头看”及职业道德教育,全办干部的思想观念、工作作风有了较大的转变。全年工作体现了有序快捷、高效的新局面。

一、抓学习培训,提高干部的政治业务素质。

按照上年制定的工作计划,2000年一开年,监管办就着重抓了全办干部和借用检查人员的学习和培训,一是进行了金融理论和纪检监察知识讲座。二是开展了外汇业务专项检查培训,内容包括外汇业务及其检查;信用证业务及其检查;银行承兑汇票业务及其检查。三是抓了电子计算机基础知识和应用的培训。四是举办了借用检查人员业务培训班。通过培训,筛选确定了80多名借用检查人员,并相应制定了《中国人民银行成都分行昆明金融监管办事处借用检查人员管理暂行办法》。这些业务培训为现场检查工作创造了条件,奠定了基础。此外还通过深入基层、深入实际开展调研,促进人员素质的提高。完成了成都分行布置的“现场检查统筹协调研究”的课题和分行领导安排的“关于金融服务创新的调研报告”。

二、开展对中国农业发展银行云南省分行全面稽核。

根据人总行办公厅银办发(2000)62号《关于全面稽核中国农业发展银行的通知》和成都分行的有关要求,4月份重点开展了对中国农业发展银行云南省分行及营业部的全面稽核工作,内容包括各项资产、负债和损益的合规性、真实性及风险性等12个方面、26个细项进行稽核,并根据需要对稽核期限的上溯和下延。在这次检查中,针对农发行业务新、政策性强、管理难度大的特点,专门组织人员参加了成都分行业务培训,并结合实际学习和讨论,很快掌握了稽核程序和检查方法,明确了工作职责及要求,为现场稽核创造了条件。稽核工作开始后,一是认真听取了被查单位负责人的工作汇报,并查阅了资料;二是按照稽核内容的10个方面逐一进行检查;三是结合2000年人总行真实性检查的要求,对被查单位贷款质量、盈亏真实性、内容制度的建立和管理情况、金融机构高级管理人员任职资格管理情况等进行重点检查。

三、扎扎实实做好真实性检查工作。

2000年4月11日,人总行关于开展真实性检查的电视电话会议后,监管办及时整理了戴行长的讲话录音,对照银发[2000]204号文件,于4月12日组织副处以上干部会议学习贯彻。首先,进行检查准备,一是搭班子,组成了由特派员任组长,助理特派员任副组长,5个处、室主要负责人参加的真实性检查工作领导小组,并下设办公室;二是制定了包括学习培训,检查对象、谈话组成人员及日程进度、工作程序的检查工作计划,另外,对参加检查人员进行培训和提出具体工作纪律要求;三是4月20日,由监管办负责召开4家国有独资商业银行行长会,成都分行李明昌副行长率赴云南工作指导组出席会议,并动员布置。4月21日~27日与4家国有商业银行行长、有关部门主要负责人和主要岗位人员以及中国银行东风支行、南窑支行、金碧支行、高新支行、北站支行、滇池路支行的行长共计60余人进行了谈话和座谈。按期于4月底前完成谈话和座谈工作。其次,组织抽调了21人,分别组成4个检查组于5月9日到中国银行省分行及营业部,东风支行、金碧支行、北站支行开展抽查工作。在这次真实性检查抽查中,监管办共组织商业银行谈话、座谈22次,实际抽查4家,抽查贷款笔数为1107笔,金额为83.9亿元。查出不良贷款数比商业银行原上报数增加38218.4万元,盈利数比原报减494.59万元。第三,修改4家国有商业银行1999年度监管报告,并汇总全省16个地州市真实性检查情况报告。

根据成都分行[2000]415号《关于对国有独资商业银行2000年1月至6月贷款质量真实性进行检查的通知》要求,监管办按照成都分行的授权,对工行云南省分行本部进行了检查,对全省工行系统真实性检查进行了汇总,抽调16人组成5个检查组到6个地州市进行督促、指导和检查,共汇总复查机构137个,复查贷款笔数36909笔,复查贷款金额161.99亿元,较好地完成了此项工作。

四、完成对城市信用社整顿工作的全面检查。

四季度,根据人总行《关于对城市信用社整顿工作进行全面检查及进一步推进整顿工作的通知》,成立了"检查城市信用社整顿工作"领导小组,并成立了相应的办公室。按照要求,组织了6个工作组14位同志分别派驻全省12个高风险城市信用社,其工作职责是彻底查清高风险社市场准入以及成立以来的变化过程,清产核资工作情况,造成损失和严重资不抵债的原因等。并以组为单位将检查情况分类处置意见向当地政府报告。其间,派出2人参加了成都分行的该项工作指导组。到12月10日,各派驻组圆满完成任务。监管办依照人总行银发[2000]330号文件规定将全省全部城市信用社情况报表汇总上报。

五、做好协调、指导和督查,全省金融系统纪检监察工作再上新台阶。

2000年纪检监察办主要落实中纪委四次全会、国务院廉政工作会议、中央金融纪工委第十四次全委(扩大)会议、全国金融系统纪检监察工作会议精神,按照西南四省区金融纪检监察工作会议的部署,探索纪检监察特派办在新体制下运行工作方法,使纪检监察工作又上了一个新台阶。全年全省金融系统立案查处各类违法违纪案件与上年同期相比下降15%,涉案金额与上年同期相比下降90.80%,结案率达到90%,追究有关责任人的力度明显加大。通过办案挽回经济损失占涉案金额的23%,同时积极协调、督促查结了1999年以前的陈案。在案件系统管理上,除了完成上报总行案件系统外,还按照成都分行要求建立了上报中纪委的案件系统,配备了较好的电脑,保证了系统畅通和第一时间上报准确性。案件管理也加大了督查督办力度,强化了查处和防范案件责任制。

2000年纪检监察工作主要是"四抓四到位":一是抓学习,认识到位。结合形势学习江总书记"三个代表"的重要思想,学习中纪委四次全会、中央领导讲话、省纪委六次全会和上级文件等。做到政策清楚、运用准确、执纪严明、从严执纪,从而提高了工作的自觉性;二是抓重点,指导到位。把人民银行和信用社作为工作的重点,抓人行,促表率是"正人先正己";抓信用社,是针对农信社近几年案件数始终占全省金融系统案件数的50%以上。指导到位主要强调着力抓好金融机构要害部位案件防范措施的落实,用制度管人,用职责管事。形成教育、管理、打击的工作格局;三是抓制度,责任到位,用制度保证人,用制度约束人,明确制度与责任的关系。重点抓党风廉政建设责任制的落实;四是抓督促,工作到位。第一是督促案件查处和防范。第二是对金融系统几年来发生的案件情况进行专题分析,提出了案件查处和防范的重点部位、对象及对策措施。第三是直接派人参加了部分省级各行司、地州市人行中支民主生活会。第四是督促领导干部廉洁自律三项登记清理工作。第五是参与配合中纪委、省纪委、成都分行和司法部门对几起重大案件的查处工作。

(张庆琦)

中国人民银行昆明中心支行

行长:雷滇生

【综述】 2000年,人民银行昆明中心支行以邓小平理论和党的十五届四中、五中全会精神为指导,认真学习贯彻"三个代表"的重要思想,在上级行党委的领导下,团结一致,开拓进取,较好地发挥了省会城市中心支行的职能作用,圆满完成了年初确定的各项工作任务。

2000年,全省金融运行平稳发展,各项存款持续增长,企业存款增势转好,储蓄存款增幅减少;贷款结构调整明显,贷款进度后期加快,货币政策工具作用较大。12月末,云南省金融机构各项存款余额为2465.68亿元,比年初增长9.74%。全省金融机构各项贷款余额为2121.12亿元(含国家开发银行在云南统贷数),比年初增长9.72%。截止12月末,全省外汇收支18.88亿美元,其中结汇收入10.67亿美元,售汇支出8.21亿美元,顺差2.46亿美元。

一、积极支持地方经济发展

(一)金融调查分析研究

一是深入分析云南省、昆明市经济金融运行情况,及时提出存在的问题和有针对性的政策建议。二是通过召开行长联席会、信贷员座谈会以及深入企业进行调查研究,积极宣传稳健的货币政策,进一步理顺货币政策传导机制,落实好国家已经出台的各项货币信贷措施;同时,进一步了解银行需要什么、企业需要什么,促进了银行与银行之间、银行与企业之间的相互了解和沟通,为提高金融服务水平打下了基础。三是认真调查云南省出现贷款"两难"问题,对"银行难贷款,企业贷款难"的问题进行了认真分析,提出了政策建议。

(二)货币信贷政策指导

认真贯彻货币信贷支农政策,除及时发放支农再贷款外,还积极督促农村信用社改善支农服务,确保支农资金的专款专用。

积极支持国有企业改革与发展。一是加大封闭贷款政策的实施力度,12月末,全省封闭贷款完成4.08亿元,实现年初省政府确定的目标。二是积极推动银企合作,督促做好国债技改贴息项目贷款及债转股的工作。积极配合、协调有关部门督促云南省债转股的落实,全年实际实施债转股13户,债转股金额49.37亿元。三是积极参与国有工业企业的兼并破产,努力维护金融债权。对债权债务的界定、落实、转移、清偿等工作进行了全过程监督,把维护金融债权工作落到实处。

督促商业银行大力拓展消费信贷。针对开展消费信贷业务过程中遇到的新情况、新问题,与有关部门共同商讨进一步推动消费信贷较快发展的措施建议,有效地推动了云南省消费信贷的开展。到12月末,全省消费信贷余额为83亿元,比年初增加53.13亿元,增幅达177%。

积极推进教育信贷。根据国务院的有关精神,配合有关部门制定了《云南省国家助学贷款实施意见》,迅速组织辖内金融机构大力开展宣传工作,积极指导商业银行和农村信用社尽快发展业务,并协调处理有关事务。截止12月末,各商业银行与云南省高校签订后勤设施贷款协议金额11.84亿元,实际贷款1.03亿元。四家国有商业银行与14所高校签订助学贷款协议,全年共发放助学贷款1400多万元。

(三)对金融机构的信贷资金支持

灵活运用再贷款,引导金融机构加大对地方经济发展的支持力度。截止12月末,累计办理再贷款66.95

亿元,其中发放短期再贷款23.6亿元;对昆明市商业银行发放专项再贷款5亿元,用于支持中小企业及个体私营经济及消费信贷的发展;用活用足支农再贷款,向农村信用社累计发放支农再贷款10.33亿元,基本满足了“三农”经济发展的合理资金需要。

积极推广票据业务,办理票据贴现、再贴现,合理引导贷款投向。截止12月末,累计办理再贴现8.83亿元,逐步扭转了年初云南省再贴现业务萎缩的局面,有力地支持了云南省和昆明地区重点企业的发展。

充分发挥利率的调控和监督作用,引导金融机构按产业政策和客户的信用等级浮动利率。同时,加强利率监督,维护各银行的公平竞争环境。

二、进一步强化金融监管

2000年,金融监管工作以创建金融安全区为目标,以督促监管对象提高资产质量,健全内控制度,依法合规经营,防范和化解金融风险为重点,通过完善监管体系,提高监管水平,加大监管力度,把改善金融服务、支持经济增长、深化改革与防范化解金融风险有机结合起来,使金融监管工作更加深入、扎实、有效。

(一)对银行金融机构的监管

一是为准确掌握国有独资商业银行不良贷款剥离后贷款质量的真实性情况,加强对国有独资商业银行贷款质量的监管,完成了贷款质量真实性现场复查工作,并将复查报告按时上报。二是对四家股份制商业银行1999年度现场检查整改措施的落实情况进行了专项检查,督促其进一步健全内控制度,依法合规经营。三是对银行承兑汇票业务进行专项检查,发现和解决银行承兑汇票中存在的风险和问题。

(二)对非银行金融机构的监管

重点对昆明辖区内三家信托投资公司进行了清理整顿,并多次配合省政府研究信托投资公司分类处置方案,得到成都分行的肯定,处置方案在成都分行辖内率先正式上报国务院。同时按照人总行的要求,于8月顺利将昆明市辖区内35家典当行的监管职责全部移交云南省经贸委。

(三)对辖内金融机构进行真实性检查

为全面掌握各商业银行的经营情况,按照上级的布置,开展对辖内商业银行的真实性检查工作,专门成立了真实性检查领导小组,抽调工作人员共159名,分别组织行长约见谈话和座谈会586次,281个金融机构1463人参加。谈话结束后,中支又抽调240人有针对性地抽查了各类金融机构70个,并根据查出的问题,提出整改要求。

(四)协助清理农村合作基金会

为配合省市政府做好清理工作,成立了协助配合云南省人民政府清理整顿农村合作基金会领导小组,并从有关处室抽调16人成立办公室,负责指导协调全省清理整顿工作。3月3日云南省清理整顿工作正式启动,年内“协清办”共派出20余人的工作组对全省清理整顿农村合作基金会工作进行指导,正确地宣传和贯彻了清理整顿农村合作基金会的有关方针、政策,当好政府的参谋和助手。经过5个多月的努力,全省农村合作基金会全部统一关闭,顺利实现了农村合作基金会的市场退出,并于8月15日开始兑付个人股金。此外,为确保整顿工作的顺利进行,还发放清理整顿农村基金会专项贷款28亿元。

(五)维护金融秩序稳定

一是加大对城乡信用社的现场检查力度,督促其合规经营,进一步建立健全各项内控制度。二是通过加大对中小金融机构的再贷款支持,缓解中小金融机构的资金供求矛盾,增强竞争实力。三是积极运用法定存款准备金手段,及时有效地缓解了5家城乡信用社的支付困难。四是迅速妥善地处置了昆明市商业银行突发挤兑事件,维护了昆明市金融秩序的稳定。

(六)外汇监管

一是强化对外汇指定银行外汇业务经营合规性的监管,促使其认真履行国家赋予其对外汇收支合规性监管把关的职责,提高监管的有效性。配合全国国有股份制银行系统结、售汇和和付汇业务真实性、合规性检查工作的开展,对四家国有股份制银行的7家分支机构1998年至1999年结、售汇和付汇业务开展了全面检查。二是根据国家外汇管理局有关要求,布置全省43家国际旅行社对其外汇收支及管理现状进行了自查,在此基础上,重点选择了5家进行现场检查,弄清了情况、发现了问题,为强化旅游外汇收支监管打下了基础。三是对1998~1999年,单笔金额在50万美元以上的出口逾期未核销余额最大的前30家进口付汇企业进行了清理催收;对1999年4月~12月辖内企业挂失的新版出口收汇核销单进行了清理。

(七)对各类金融违规违法行为进行查处

一是加大了对商业银行违规行为的处罚力度,对违规的金融机构和人员进行了处罚。二是协助公安机关查处“万宝通银行”非法活动。三是对一些不规范或在经营中有违规行为的典当行进行了处理,为移交工作奠定了基础。四是继续治理和查处金融“三乱”,组织查处非法集资案。五是积极配合有关部门,对外汇黑市进行了严厉打击。六是积极参与组织全省打击制贩假币联合行动,有力地打击制假贩假活动。七是成功堵截银行承兑汇票诈骗4起,并配合公安机关抓获犯罪嫌疑人。

三、金融服务水平再上新台阶

一是圆满完成了银行卡信息交换系统工程的成员行入网工作,实现了银行卡网络的全面开通,昆明市九家发卡银行全部入网，实现了银行卡资源信息的共享。同时，为向广大用户和商家提供更加快捷和便利的用卡环境，在全国开创了划分商户市场的先河。二是电子联行业务在保证联行汇路安全、快捷、畅通，确保业务增长和稳定运行的基础上，完善了电子联行"天地对接"系统，加强了对各商业银行行端的技术指导和服务，扩大了业务的覆盖面，同时完成了9个人行地州市中支的电子联行"天地对接"推广应用工作，占全省总数的75%。12月末，共接收来账35.44万笔；发送往账66.35万笔，为各行端和客户查询账户7488笔。手工联行全年处理往来账务99339笔。三是银行信贷登记咨询系统进一步向深度和广度推进。年内，全省129个县市都运行了信贷登记咨询系统，发配贷款卡5.3万张，全省金融机构联结贷款网点达480个，每月各金融机构通过系统查询借款人信息近千次。同时，外币贷款、银行承兑汇票、信用证、保函等信贷信息已上报入库。

各有关服务单位和部门通过加强内部管理，改进工作作风，促进服务质量的进一步提高。全省的金融科技服务工作得到改善，建立了双向联系制度，努力提供"找得到、服务得好"的技术保障服务，面向业务部门"变等待服务为主动巡回"，面向基层"变拿来修理为上门服务"。同城清算在确保业务平稳运行的基础上，利用同城清算业务的有利条件，开展了交换信息查询业务，增加了信函交换业务，免费为各交换单位提供数据重组、数据统计信息。国库管理内控制度更加完善，对国库资金的监管更加严格，基层国库管理水平有了进一步提高。全年销毁残损人民币总量加大，对第四套人民币及小面额货币销毁力度加强，流通中人民币整洁度全面提高。经济金融数据统计更加准确、快速、全面，对经济金融形势的分析灵敏、及时。

（龚晓兰　孙仲文）

【银行监管】

一、认真做好1999年度银行类金融机构年检工作，规范金融机构管理。

根据中国人民银行《金融机构管理规定》和中国人民银行成都分行《关于开展1999年度银行类金融机构年检工作通知》的精神，组织展开了对辖区内银行类金融机构和邮政储蓄业务1999年度的年检工作。共对所辖的中国工商银行115个分支机构、中国农业银行62个分支机构、中国建设银行63个分支机构、中国银行31个分支机构、中国农业发展银行云南省分行2个分支机构和交通银行昆明分行、华夏银行昆明分行、光大银行昆明分行、广东发展银行昆明分行4家股份制商业银行合计35个分支机构以及昆明城市商业银行29个分支机构、云南省（昆明市）邮政储蓄24个分支机构进行了年检，受检机构合计361个。年检除《金融机构管理规定》的常规年检内容外，还增加了信贷资产质量状况、重大案件的发生和主要负责人的违法、违纪情况等内容。被检机构按时向人民银行报送了年检报告及相关资料，按30%的比例，银行监管处对支行（含支行）级以上的机构进行了现场抽查。经过认真核查和后期的复查工作，年检工作于11月全部结束。

二、加强对银行金融机构的现场监管力度和处罚力度，切实防范金融风险。

（一）认真组织，圆满完成辖内各商业银行真实性检查工作。

根据中国人民银行成都分行成银发[2000]205号《关于转发〈关于印发中国人民银行真实性检查实施方案通知〉的通知》的精神，按照昆明中心支行真实性检查领导小组研究的真实性检查的贯彻意见，银行监管处拟写了《中国人民银行昆明中心支行真实性检查实施方案》。银行监管处负责昆明中心支行真实性检查领导小组办公室日常工作，按照中国人民银行、成都分行开展真实性检查的部署和要求，银行监管处精心组织，统筹安排，结合昆明市的实际，按照成都分行下发的《谈话提纲》，增加了部分谈话和座谈内容，印发了《昆明中心支行真实性检查谈话提纲》，要求真实性检查约见行长谈话与召开座谈会的金融机构要达到100%。为集中力量完成真实性检查，昆明中心支行将约见谈话与座谈同步进行，共抽调159名工作人员，分别组织行长约见谈话和座谈会586次，281个金融机构的1463人参加，对每一次行长约见谈话和座谈会，均作了会议记录，对反映出的问题进行了核实，并及时将真实性检查行长约见谈话小结、座谈会小结上报成都分行。

行长约见谈话及座谈会工作结束后，银行监管处组织30人进行真实性检查的抽查，按照成都分行的部署，昆明中心支行银行监管处负责昆明地区工商银行、农业银行、建设银行省分行营业部、支行，交通银行、光大银行、华夏银行、广东发展银行昆明分行、支行，昆明市商业银行、支行的真实性检查抽查。银行监管处事前做了认真研究，首先是根据各商业银行分支行业务情况，结合金融监管的实际，有针对性地确定了抽查商业银行分支机构70个；其次是精心安排，在昆明中心支行各监管部门的配合下，抽调得力人员组成检查组，对检查组人员再次进行培训后，进场检查。现场检查结束后，对抽查中发现的问题进行了认真研究，依照法律法规予以界定后，向被抽查的每一个金融机构发出《真实性检查征求意见书》，通报检查情况，指出存在问题，要求被查金融机构对检查中发现问题做出说明和抓紧整改。

（二）认真完成贷款质量真实性现场复查工作。

为准确掌握国有独资商业银行不良贷款剥离后贷

款质量的真实性情况，加强对国有独资商业银行贷款质量的监管，按照中国人民银行成都分行《关于转发总行〈关于对国有独资商业银行2000年1至6月贷款质量真实性进行检查的通知〉的通知》，按照昆明中心支行党委的部署，银行监管处要求中国银行云南省分行、中国建设银行云南省分行、中国工商银行云南省分行营业部、中国农业银行云南省分行营业部按规定进行自查，银行监管处随后进场开始检查。现场检查结束后，银行监管处按时将对国有独资商业银行昆明地区分支机构的贷款质量真实性复查报告（按商业银行汇总）送达成都分行昆明金融监管办事处，圆满完成了此项工作。

（三）完成对中国农业发展银行云南省分行的全面稽核工作。

为进一步加强对中国农业发展银行的监管，确保国家收购资金封闭运行政策的有效实施，保障粮、棉流通体制改革的顺利进行。根据中国人民银行成都分行《关于转发中国人民银行办公厅〈关于全面稽核中国农业发展银行的通知〉的通知》、成银传[2000]51号《关于转发〈关于全面稽核中国农业发展银行有关问题的紧急通知〉的通知》精神，银行监管处和昆明市各县市区支行银行监管部门于4月3日至14日对辖内中国农业发展银行昆明市潘家湾支行等13家县支行、代理行的业务进行了全面稽核。

（四）完成对股份制商业银行1999年度现场检查整改措施落实情况检查。

为做好后续检查，就人民银行在多次的现场检查中发现的问题，督促股份制商业银行进行整改，促进其依法合规经营，有效地防范和化解金融风险，按照中国人民银行成都分行《关于对辖内股份制商业银行1999年度现场检查整改措施落实情况进行检查的通知》的要求，银行监管处对交通银行、华夏银行、光大银行、广东发展银行昆明分行4家股份制商业银行昆明分行1999年度现场检查整改措施的落实情况进行了专项检查，通过检查，核实了各股份制商业银行分行对查出问题的整改落实情况。

（五）协助及时处理昆明市商业银行突发的挤提存款事件，防范金融风险。

2000年1月12日上午11:50，昆明市商业银行螺蛳湾支行（原科技支行螺蛳湾服务点）突然发生挤提存款事件，螺蛳湾附近的昆明市商业银行兴业支行、聚兴支行的营业网点也出现挤提存款情况。到1月12日下午，昆明市商业银行的岔街支行、新民支行、联发支行、汇元支行、营业部等11个网点都发生了不同程度的挤兑情况。昆明市商业银行发生挤提存款事件后，银行监管部门人员及时到现场，并将有关情况立即向上级部门反映。在中国人民银行总行、成都分行的领导下，经云南省、昆明市党政、公安等有关部门和中国人民银行昆明中心支行共同努力，及时采取各种有力措施，挤提存款事件得到控制。昆明市商业银行各营业网点很快恢复正常营业，昆明市金融秩序稳定，没有波及到云南省其他金融机构。

（六）加大对商业银行违规行为的处罚力度。

1、对商业银行违规办理银行承兑汇票进行了处理。原农业银行安宁市支行、官渡区支行行长在任职期间，违规办理银行承兑汇票业务，无视银行承兑汇票管理的有关规定，汇票到期后企业无款承付，农业银行被迫垫款，出现较大的金融风险隐患，短期难以化解，并有造成较大损失的可能。根据国务院《金融违法行为处罚办法》、《金融机构高级管理人员任职资格管理暂行规定》，在调查核实的基础上，人民银行昆明中心支行取消了对违规行为负有主要领导责任的2个支行长的金融机构高级管理人员任职资格，对其他有关责任人员也予以处理，并责成农业银行云南省分行营业部对其安宁市支行、官渡区支行违规办理银行承兑汇票业务形成的逾期贷款，落实专人进行清收。

2、对中国农业发展银行潘家湾支行原行长在任职期间，违规办理经济实体，违规向自办经济实体发放贷款，变相借用账户向自办经济实体发放贷款，使贷款形成高风险短期内难以化解的问题进行了处理，昆明中心支行依法取消该行长高级管理人员任职资格10年。

3、配合公安部门，查处“万宝通银行”、“中华中山银行”的非法活动。

4、规范金融机构行为，先后对中国工商银云南省分行营业部、华夏银行昆明分行擅自变更金融机构高级管理人员的行为予以罚款处理和通报批评；对华夏银行昆明分行营业部向客户馈赠小礼品的违规行为予以通报批评。并报成都分行批准后，对各商业银行分行营业部问题予以规范。

三、坚持现场检查与非现场监管紧密结合，做好日常非现场监管工作。

2000年度银行监管工作根据成都分行的要求，每季按时向成都分行报送所监管的商业银行的非现场监管报表、非现场监管报告和月度监管快报等材料。2000年度内，发文577份，一至四季度报送非现场监管报表共70份、非现场监管报告48份、月度监管快报61份、日报40份、周报53份、半年报10份、其他报表20份、其他材料72份。

四、认真做好金融机构高级管理人员任职资格审查及机构设立、搬迁和撤销工作，严把市场准入关。

银行监管处依照总行、成都分行的授权，拟定了实施办法，加强对各商业银行分支行高级管理人员的审查和管理，对各商业银行分支行高级管理人员，一是严格审查，严把市场准入关，凡不具备任职资格条件或有违法违规行为的一律不予批准；二是建立各商业银行分支行高级管理人员任职资格管理档案，将商业银行分支行高级管理人员有关情况存入计算机，凡是有违法违规行为、有账外违规经营行为或其他违规行为的，要作专门记录，不能担任各商业银行分支行高级管理人员；三是严格执行考察制度，凡是拟任各商业银行分支行高级管理人员，任职前，要进行考察和谈话，了解拟任人的有关情况（包括工作、学习和家庭成员等），提出具体要求和建议；四是加强了与省内各地州市中心支行金融监管部门的联系，共同加强对金融机构高级管理人员任职资格的管理。

2000年度，银行监管处转报成都分行审批、报本行审批和备案同意高级管理人员任职资格198人，由于任职资格条件不够不予核准10人，取消高级管理人员任职资格5人，约见高级管理人员考察谈话21人。建立了银行机构高级管理人员任职资格档案，规范了操作程序。全年共上报审批新设机构12个，其中：新设分行1个、支行9个、2个支行上报开业；上报申请筹建3个，批复筹建2个；撤销营业部2个、分理处1个、办事处1个、储蓄所3个、4个分行降格为支行。对昆明市商业银行的服务点改建、归并为38个支行。全年共审核机构变更61个。另外，还对安宁城市信用社原金川路服务点改建为昆明市商业银行安宁中华路支行，昆明市商业银行吸收合并昆钢、安宁两个城市信用社，变更为2个支行，规范了昆明市商业银行营业部。转报了交通银行昆明分行5个分理处改建为支行的申请。

五、加强对外资金融机构的监管工作。

昆明市内现有外资金融机构2个，分别是泰京银行昆明分行、泰华农民银行昆明代表处。对外资金融机构的监管，首先是依照金融监管责任制的要求，明确金融监管责任，指定专人负责外资金融机构的监管；其次是要求外资金融机构及时向中国人民银行昆明中心支行报送有关的报表及资料；三是组织召开外资银行三方会谈，加强和规范外资银行外部审计工作。

六、正确处理监管与服务的关系，促进银行业务健康发展；组织各股份制商业银行昆明辖区机构外汇从业人员的资格考试。

为提高股份制商业银行外汇从业人员的专业素质，规范股份制商业银行外汇从业人员经营行为，按照中国人民银行成都分行的布置，2000年7月8日上午9时组织了各股份制商业银行昆明辖区机构外汇从业人员的资格考试。参加考试人员近80人。共有64人通过此次考试，获中国人民银行成都分行颁发的《股份制商业银行外汇从业人员资格证书》。

七、认真做好创建昆明金融安全区工作。

按照中国人民银行成都分行《关于印发〈中国人民银行成都分行关于建立金融安全区的意见（试行）〉的通知》要求，依照金融安全区评价指标体系，银行监管处和其他监管处室以及各县（市）、区支行金管科分别对辖区各商业银行支行、信托投资机构、城乡信用合作社等金融机构进行了综合测评。测评结果为：昆明地区达到B级安全区的有11个县，占84.6%。昆明地区综合测评总分值为66.6分，综合测评结果为B级金融安全区。确定了建立昆明金融安全区的总体目标和阶段目标以及主要措施。

八、主动向当地政府汇报金融风险情况，积极答复政协提案，支持有条件的银行到昆明设立分支机构。

为有利于当地党政部门掌握昆明地区金融业经营状况，以取得党政部门对化解金融风险工作的支持，2000年银行监管处经过认真调查研究，向昆明市委、市政府提出了关于2000年上半年昆明市金融风险情况及防范化解风险的建议。将昆明地区主要金融风险隐患情况及人民银行昆明中心支行的有关建议向党政部门作了汇报。

2000年银行监管处共收到政协云南省八届三次会议提案四份，这些提案主要涉及云南金融业如何支持西部大开发、如何发展多种金融机构、拓宽金融服务领域等方面的建议。银行监管处对政协委员提出的建议认真研究，依照有关法规和银行业务的实际，及时拟写了函复材料，凡是可行的，予以明确函复；暂时办不了的，予以说明，请政协委员对金融工作予以支持和理解，并希望今后对金融工作提出更多、更好的建议。

为了促进沪滇合作，发展和完善金融机构体系，银行监管处协助完成了上海浦东发展银行昆明分行设立和开业的有关工作。另外，按照成都分行通知，银行监管处对中国进出口银行拟在昆明市设立"中国进出口银行昆明代表处"事宜进行了研究，提出意见：一是云南省经济发展形势较好，基本具备设立中国进出口银行分支机构的条件；二是云南省金融运行平稳，各项业务稳步发展，中国进出口银行分支机构的设立有利于金融机构的发展和完善，促进地方经济建设。

（梁　辉）

【非银行监管】 2000年，非银行监管工作紧紧围绕监管年这一中心，"强化内部管理约束，加强金融监管防范和化解金融风险"。对辖内非银行金融机构依法管严管好，不留风险隐患等方面做了很多深入细致的工作，取得了明显的监管成效。

一、协助省、市政府对辖区内信托投资公司进行清理整顿。

（一）年初中介机构完成了对云南省国际信托投资

公司、昆明国际信托投资公司、云南金旅信托投资有限公司的清产核资和资产评估工作，根据人总行的要求，人民银行抽调人员组成检查组，对中介机构清产核资、资产评估的结果进行认真的检查，重点检查中介机构对资产损失的评估和认定是否充分、完整。通过检查，与中介机构交换了意见，得到中介机构的采纳，并向人总行报送了检查报告。

(二)多次参与云南省政府研究制定和调整处置信托投资公司风险的方案，并在年内向国务院上报处置方案。云南省信托投资公司处置方案在西南辖内率先正式上报国务院。

二、加大对金融“三乱”的查处力度。

2000年，人民银行昆明中心支行共组织查处非法集资案件4起，涉及金额8214万元，参与非法集资人数13000多人，涉及20多个省、市，几起较大而复杂的非法集资案件已引起省、市政府的高度重视。4起经调查、取证、定性的非法集资全部移交公安机关继续侦查处理。

三、企业债券的发行及兑付管理。

(一)积极组织协调云南省地方企业债券到期兑付工作。2000年是云南省地方企业债券到期兑付的高峰年。全年共兑付债券本息29335万元，在整个债券到期过程中，人民银行昆明中支自始自终参与了发债企业到期资金的落实协调工作，筹足兑付资金，全年没有发生挤兑、漏兑、到期不能兑付的情况，维护了社会稳定。

(二)在债券审批管理方面，本着为地方经济建设服务的宗旨，为发展云南省的基础建设服务的思想。配合发债单位和发债中介机构草拟章程、制定发行方案，审核上报。全年顺利完成了7亿债券的发行工作，为发债企业及时解决因资金问题带来的困难，得到了政府和发债企业的充分肯定。

四、监管职责移交。

随着人民银行监管体制改革的不断深入，人民银行所监管的业务也发生了极大的变化，监管职能进行了相应的调整。按人总行的要求，原人民银行监管的“彩票”、“典当行”分别于2000年3月和2000年8月顺利移交云南省财政厅、云南省经贸委进行监管。彩票和典当行移交前未出现监管空档，也没有出现风险。

(杨　薇)

【支付会计】

一、做好支付结算管理、服务工作，树立良好的央行形象。

(一)理顺支付结算工作关系，更好地发挥支付结算工作的服务、管理职能。按照总行要求，经中支党委研究决定，从7月1日起，支付结算工作由科技部门划归会计部门进行管理。

(二)切实加强对昆明市辖内支付结算和联行清算工作的监督管理，理顺昆明中心支行与各地州市中心支行的工作关系，确保支付结算工作的顺利进行。按照成都分行授权，对全省支付结算工作实施管理，补充增加了“二责”、“二制”即：《人民银行昆明中心支行支付结算工作职责》、《人民银行昆明中心支行对全省各中心支行支付结算工作的管理职责》、《人民银行昆明中心支行支付结算工作制度》和《人民银行昆明中心支行(对地州市中心支行)支付结算工作制度》。摆脱了支付结算管理工作因职责不清、关系不顺而产生的影响，对加强结算管理，促进地方经济的发展起到一定作用。

(三)进一步实施推广“天地对接”工作，切实解决制约电子联行运行效率的“瓶颈”问题。

1、2000年，继续采用“点对网”一行一口模式实施电子联行“天地对接”工作，先后在玉溪、大理、楚雄、德宏、保山、曲靖、文山、丽江、昭通等地州市中心城市实施、运行成功，实现了资金汇划与资金清算同步。至此，全省有11个地州市实现电子联行“天地对接”，在西南地区电子联行业务系统建设中处于领先地位。

2、进一步规范电子联行“天地对接”系统管理和会计核算办法。修订下发《中国人民银行云南省电子联行“天地对接”系统业务管理办法(试行)》和《中国人民银行云南省电子联行“天地对接”系统业务会计核算手续(试行)》，确保电子联行“天地对接”工作规范化、制度化。

3、做好电子联行到县的各项准备工作。与科技部门配合，认真确认上报业务机构、落实设备、拟定电子联行到县后的业务管理办法。

(四)积极组织联行业务编押方式的改革工作。按照总行要求，精心组织机器编押使用在全省的推广运用，改变了过去手工编押的状况，杜绝了手工编押存在的安全隐患问题。

(五)认真执行《银行账户管理办法》，强化账户管理。按照人民银行合肥全国支付结算工作会议要求，严格执行《银行账户管理办法》及其他相关规定，加强账户管理，规范账户的开立和使用。一是坚持推行基本存款账户制度，严格实行审核颁发开户许可证制度，坚持每周2、4对商业银行开户单位进行定期审批，严格审批手续，建立开销户台账。二是做好账户清理检查工作，定期不定期组织人员对商业银行账户的开立和使用情况进行检查，对不按规定开立和使用情况进行检查，对不按规定开立和使用账户的限期纠正，并按有关规定处理。通过严格账户管理，在有效遏制结算风险的同时，也为银行间创造了一个公平竞争的环境。三是积极配合财政部门对市级468家行政事业单位的1680个银行账户进行清理和重新核发开户许可证工作。

(六)采用多种形式,加强结算监管,防范支付风险。坚持执行《票据法》和《支付结算办法》有关规定,进一步规范结算行为。学法、用法构成了结算监管的重要内容。为使辖属行及部分商业银行正确理解、执行《票据法》,提高执法水平,会计处领导多次深入基层,深入商业银行办班宣讲,得到了有关方面的好评。与此同时,商业银行结算联席会形成制度化,便于各行间经常互通情况,也便于人民银行及时了解、处理、协调、仲裁结算纠纷,保障结算秩序的稳定。

二、组织《会计法》的学习、培训和宣传工作,强化学法、知法、懂法、守法意识。

2000年新修订的《中华人民共和国会计法》在全国范围颁发实施,是会计界的一件大事。为此,分别采取了:一是请专家对持"会计证"人员进行培训和考试;二是组织会计人员收看中央电视台《会计法》讲座;三是组织全行干部职工参加《会计法》知识竞赛等措施宣传学习会计法,使"会计证"持证人员在较短的时间内达到了对《会计法》的修订背景、重大突破、具体条文释义以及相关知识的了解,使之进一步明确自身所从事会计工作的权力和责任,增强了依法进行会计核算、实行会计监督和完善内部控制制度的认识。

(吕晋昆)

【国库工作】

一、继续抓好国库基础工作

全省各级国库重点加强了国库会计核算工作,切实做好各项基础工作,增强工作的主动性和预见性。加强国库资金监管,严格操作规程,坚持内部、本级和上下级之间的对账制度,防止国库案件发生。严格执行会计核算的各项规章制度,落实岗位责任,强化了柜面监督和交叉复核,在办理日常业务时,严格审查收入缴款书、拨款和退库凭证,把好收入退库关、支拨关。全省各级国库办理中央预算收入自年初累计入库2764584万元,比上年同期减收24953万元,下降0.9%,扣除预抵税收返还1291249万元,实际上划中央1473335万元;基金收入57400万元,比上年同期减收47181万元,下降45.1%;云南省地方预算收入自年初累计入库1775309万元,比上年同期增收144285万元,增长8.8%;基金收入275936万元,比上年同期增收27686万元,增长11.2%;预抵税收返还收入1285965万元,比上年同期少收64341万元,下降4.8%;地方预算支出累计支拨4282458万元,比上年同期增支383790万元,增长9.8%;基金支出累计支拨27038万元,比上年同期增支10764万元,增长66.1%。全面完成了各级预算收入的收纳、报解、支拨和退付工作任务(部分整理期收入未纳入统计)。

二、加大国库监管力度,加强对国库资金的监督管理

(一)强化管理和监督。结合总行国库局新的《国库业务工作综合评比办法》,省分库重新制定了《国库业务综合评比办法》,特别突出了"国库监管"方面,要求规章制度健全,严格落实和执行各项管理制度,进一步加强监督检查,严肃处理各类违规问题,按照"加大力度,认真检查,细化监督,严肃处理"的原则,充分发挥了各级国库的监管作用,使云南省国库业务评比工作更加科学化、制度化和规范化,更加符合国库工作实际需要。全省各中心支库也根据实际情况和省分库《国库业务综合评比办法》,重新制定了自身的《国库业务综合评比办法》。

(二)认真开展全省国库资金入库暨国库会计实地业务检查。10月11日开始至25日止,省分库从全省国库抽调36名业务骨干组成8个检查组对全省所有16个中心支库及33个县(区)支库、一个代理支库、38个国库经收处、办税大厅进行了检查。会计实地业务检查时间范围是1999年10月1日~2000年9月30日,税款入库检查时间范围是2000年1月1日~3月31日。这次检查共抽查国库会计凭证528470笔,涉及金额3827726万元,检查分户账及登记簿账户23907户,报表25906份,预算收入凭证179732张,金额1939378万元,退库凭证25168份,金额78032万元,拨款凭证52898万元,金额988503万元,国债划款凭证1438份,金额17282万元。抽查商业银行经办国库资金111811万元,查出延压国库资金1133万元,占抽查数的1.01%。对商业银行延压税款的行为进行严肃处理,如大理州中心支库对建设银行弥渡支行纳税大厅延压税款、超范围吸收储蓄存款的行为给予严肃查处。

(三)加强对基层国库的巡回检查、指导。2000年,国库处利用各种形式和机会,深入曲靖、怒江、玉溪等中心支库及县支库等基层国库,检查和指导国库基础核算工作、国库监管工作,总结好的做法和经验,并进行推广,对查出的问题和不足,立即给予纠正和解决,对不明白、不清楚的及时解答。曲靖市中心支库所辖宣威市支库强化国库资金管理,年初以"宣银国库"文号下发了《关于加强宣威市国库资金风险防范管理工作的通知》,把财政、国税、地税、商业银行经收处纳入考核,明确了各部门的职责和考核内容以及考核办法,为国库资金及时入库,正确报解、上划起到了积极有效的作用,深受政府好评。通过对基层国库的检查指导,及时地解决了基层国库的很多实际问题和困难。

(四)开展预算收入过渡户的检查。组织部分中心支库对辖区内预算收入过渡户的情况进行了检查,共检查200多个预算收入过渡户。通过检查发现,征收机关

开立过渡户的情况比较普遍，大部分过渡户不符合使用规定、超范围使用、延压税款、收取利息、提取现金等等。针对这些现象，保山地区中心支库以“保银发”的文号下发了《关于税款过渡账户开立使用有关问题的通知》，对预算收入过渡户的开立、使用、撤销作了明确的规定，遏制了过渡户开立、使用混乱的情况。

（五）加强对代理支库的管理。首先做好对代理支库和乡镇国库的摸底统计工作，以了解乡镇金库和代理国库的基本情况（昆银国库[2000]5号布置）；其次，进一步加强对商业银行、信用社办理国库和国库经收业务的检查、辅导和管理，防止税款占压；积极探索代理国库业务的新思路、新方式。

（六）对国库监管工作实施半年报告制度。全省各级国库每半年对本辖区的国库监管情况进行汇总，报上一级国库部门，重点反映国库监管所采取的措施、取得的效果，拒办拨款、退库的笔数、金额，监管中的突出经验、矛盾与问题的实例等。

三、国债发行、兑付工作

（一）认真组织完成好国债发行工作。2000年，上级分配全省的凭证式（一期）国债149000万元，提前完成发行任务。凭证式（二期）国债任务148600万元按时完成发行任务。全年，全省共计发行凭证式国债457100万元。一是做好组织协调工作，加大宣传力度，召开协调会，研究发行工作的具体问题，促进发行工作的顺利进行；二是加强对发售行工作的监管，防止出现超冒发行、委托代理发行等违反规定的现象；三是加强对各发售行网点的检查、督促、指导和培训工作，保证如期完成任务；四是切实维护国债信誉，组织好国家债券收款单的清理移交，做好国债兑付的服务工作；五是开展国债反假防伪专项工作，于3月8~10日举办培训班，完成全省反假培训，提高国债兑付工作人员的反假防伪技能，确保2000年兑付工作的顺利进行。

（二）精心组织国债兑付，做好国债的反假防伪工作。2000年由于财政部门的国债服务部撤销，兑付工作就落在商业银行的肩上，而1997年发行到期兑付的无记名国债假券又多，为反假防伪工作，国库部门集中全省各地州市的国库科长和负责国债的干部进行培训，参加人数共49人；组织商业银行临柜人员200余人进行培训，由于兑付人员掌握了假券的特征，堵住了假券100张共10万元，避免了国家资金损失；在国库处要求、组织和协调下，各商业银行增加了大量的兑付网点，避免了群众排队挤兑的情况，保证了国债兑付工作的顺利进行，截止12月31日，全省共兑付国债本金19234万元。

（三）清理了1982~1988年向单位发行的应兑未兑国库券，基本掌握了全省兑付国债的情况，对重点地州市进行了清理指导。

（四）开展国债发行、兑付调研。为了解和掌握全省国债发行、兑付工作中出现的新情况、新问题，及时解决和反映，国库处两次组成调查小组，深入到昆明、曲靖等地区及一些县（区）开展国债工作的调研活动，并撰写出调研报告。

四、积极开展国库调研分析，加强对财政资金运用及其影响的研究，为货币政策和财政政策服务

（一）建立健全国库综合信息网，拟定全年的国库收支分析工作计划，并特别发文，要求全省各级国库部门要重视和加强国库收支分析工作，及时反映国库工作的新情况、新问题，把典型调查和专题调查作为国库调研分析向纵深发展的突破口，结合本地区经济、财政、税务的工作情况，深入开展调查、研究，深入了解掌握第一手材料，提高国库调研分析水平，撰写有调查、有情况、有分析、有质量、有参考价值的调研分析材料，使分析工作上新台阶。

（二）全年全省各级国库积极深入基层，开展调查研究，共撰写国库调研分析报告36篇；探讨国库改革、加强国库监管、提高国库核算质量的理论文章32篇，信息120条，上报国库局22篇。在全省各级国库中形成了积极开展国库调研分析、探讨改进国库工作，为地方经济发展，促进财税体制改革提供有参考价值的调研报告和理论文章的良好风气。楚雄、曲靖两个重点联系库全面、高质量地完成了调研任务，其他中心支库也积极开展调研工作，取得了良好的效果。

（杨家宝）

【外汇、外债管理】

一、基本情况

2000年1~12月，全省银行结售汇总额为188784万美元，比上年同期增加7960万美元，增幅4.40%。其中：银行结汇总额106709万美元，同比增加11908万美元，增幅12.56%；银行售汇总额82075万美元，同比减少3948万美元，减幅4.59%。结售汇顺差24634万美元，是上年同期的2.8倍。

截止12月末，全省外债余额为133708.18万美元，其中：直接外债42476.39万美元，比上年末减少7.62%；转贷款56223.79万美元，比上年末增加12.68%；金融机构外汇贷款35008万美元，比上年减少21.67%。

（一）根据总局部署，按质按量完成各项查处工作任务。

一是根据总局要求，对全省43家国际旅行社旅游外汇收支及管理现状布置了自查，在旅行社自查的基础上，重点选择了12家进行现场检查，并配合总局检查组

对1家进行了检查，为进一步规范旅游外汇管理奠定了基础。

二是配合全国国有股份制商业银行系统结、售汇和付汇业务真实性、合规性检查工作的开展，对云南省4家国有商业银行的7家分支机构1998年至1999年结、售汇和付汇业务开展了全面检查，查出违规办理结售付汇156笔，外汇金额1903.61万美元，漏报国际收支统计申报707.63万美元等违规行为。

三是对1998～1999年，单笔金额在50万美元以上的出口逾期未核销及1999年4月～12月辖内企业挂失的新版出口收汇核销单进行了清理。共清理出5笔逾期未核销，外汇金额1301.23万美元；2家企业遗失新版空白核销单18份，并按规定作了相应处理。

四是对1998～1999年的进口付汇逾期未核销余额最大的前30家进口付汇企业进行了清理催收，使清理时段内昆明地区进口付汇逾期未核销总额由55000万美元下降为39000万美元左右，逾期率下降了近30个百分点。

此外，完成了对全省主要涉外宾馆、饭店的外币计价结算、外汇收支情况的检查及对全省银行外币代兑点的检查。并在日常管理中，对发现的问题跟踪调查，共查处各类外汇违规案件24起，涉案金额21328.1万美元，罚没款金额为137.83万元，追缴入库率达100%，维护了法律的严肃性。

（二）切实提高服务水平，支持地方经济发展。

一是根据省委、省政府要求，建立了行政公示制及工作时限制，实现管理、服务规范化、程序化，增强了管理透明度。制定、公布了《各项外汇管理业务办理时限承诺》及“遵纪守法、廉洁清正、依法管理、办事公正、熟悉业务、提高效率”的6条办事纪律和服务标准，并设立监督投诉电话，为进一步提高工作效率和服务水平提供了制度保障。

二是在省政府专设、各相关管理部门参与的“云南省外商投资服务楼”设立了服务窗口，实施现场办公，为外商投资企业从设立、开工建设、生产经营全过程提供审批、管理等“一站式”服务。

三是加强对下级支局的业务交流和指导，大力提高整体服务水平。通过电话、网络等方式，及时为下级支局释疑解难。并先后举办了全省《外汇管理与操作实务》、《外汇案件信息管理系统》等培训班，积极帮助下级支局熟练掌握运用政策，提高业务技能，更好地开展工作。

（三）认真做好各项日常管理和基础工作。

一是切实提高国际收支统计申报质量。通过“三抓”，完善了监测体系，即一抓岗位落实，要求各支局国际收支统计职责落实到个人，明确了责任；二抓业务培训；三抓日常监管，积极开展数据核对与核查。并通过清理交易国别均为中国的国际收支交易以及清理资本项目中“利润汇出”、“外债本金及利息”等申报情况，纠正了各银行在进行国际收支申报中，填写交易编码错误的问题，从而提高统计数据分类的准确性。

二是认真做好外商投资企业的外汇管理。全年共为638户外商投资企业办理了年度检审。全年登记、发放《外汇登记证》64本，审批外商投资企业外汇账户116户，办理资本项目结汇303笔，审批撤资、清算、转股、固定回报项目资金汇出18笔，核准人民币利润境内再投资4笔。

三是严格外债登记管理，对5家未按规定办理外债登记的企业进行了处罚并办理了补登记手续。此外，办理外债登记13笔、提款登记54笔，核准外债还本付息289笔。

四是继续做好进、出口核销监管。截止12月末，全省出口收汇核销累计金额97817万美元，同比增加10327万美元，增幅11.80%；出口逾期未核销金额3769万美元，同比减少7963万美元，减幅67.90%；交单率、核销率、收汇率分别为94.22%、99.21%、97.22%。全省进口付汇52818.26万美元，办理进口付汇核销67655.37万美元，报审率继续保持在75%以上。

五是加大信息调研力度，提高稿件质量。全年共编发《云南外汇管理信息与调研》38期，其中2篇调研报告、1条信息被总局采用，有多篇调研信息分别被省委、省政府及《金融时报》采用。

六是加强计算机管理及推广运用工作。结合实际情况制定了《国家外汇管理局昆明分局科技管理制度》。逐步完善和更新了“云南信息查询系统”的信息，正式启用E－MAIL电子邮件服务器，提高了信息传递速度和工作效率，并按总局要求完成了内联网的改建工作。

二、主要工作成效

（一）结合实际，加强依法监管，增强外汇查处工作的有效性。

1、强化了对银行的监管，促使其严格把关，认真履行国家赋予其对外汇收支合规性监督把关的职责。

一是加强现场、非现场监管力度，提高监管的及时性和有效性。通过国际收支统计申报、银行结售汇统计等报表定期与各业务部门的统计数据进行相互核对，及时发现存在问题并迅速跟踪到现场监管中，使现场监管的针对性和目的性大大增强。

二是督促各银行依法经营、规范操作。针对金融机构体制改革后，各外汇指定银行普遍出现内部衔接、协调不够、职责分工不明确、经营管理脱节；文件传递、报表统计、账务处理和凭证管理等基础工作薄弱，造成在国际收支统计申报及进口付汇业务操作中违规现象突出，甚至导致监管脱节。为督促各银行完善管理，外管局昆明分局及时召开各外汇指定银行联席会议，组织银行结合各自外汇业务经营管理现状，认真分析、查找存在问题原因，共同研究解决措施。并下发了《关于进一步加强外汇指定银行系统管理和监管有关问题的通知》和《关于进一步规范进口付汇业务操作有关问题的通知》，要求各行重视内部管理，明确各机构间职责，理顺关系，规范操作；要求各外汇管理支局加强对银行外汇业务合规性监管。同时，为解决各外汇指定银行从业人员因机构改革，岗位人员大幅变动，业务素质跟不上等问题，积极帮助银行等部门提高人员政策、业务水平，先后3次到银行授课，组织银行从业人员参加总局的培训班1次。做到抓住执法把关的关键部门，以保证监管的有效性。

2、提高查处工作的深度，转变就查处而查处的被动工作作风。

2000年，在对云南省一起1999年涉嫌骗购外汇案的查处中，涉案企业汇至境外的6518.4万美元，除调回境内4000万美元归还银行外汇贷款，62.68万美元实际用于进口并办理了进口付汇核销手续，至案发时，尚余2455.72万美元滞留境外。本着为国家挽回损失的宗旨，外管局昆明分局一方面向违规企业和银行重申了法律的严肃性及其该行为违法的严重性，责令企业在限期内将上述滞留境外的外汇足额调回境内，并责令银行配合催调。另一方面，先后十多次找涉案企业、银行做工作，耐心细致的宣传国家有关政策。经过努力，企业先后分23次将滞留在境外的2455.72万美元全部如数调回国内，挽回了国家外汇损失。同时按有关规定对企业和银行予以了处罚。

为有效打击外汇黑市，针对打击外汇黑市工作涉及有关部门把关和各自管理的特点，在省政府办公厅牵头下，成立了由政府、外汇、工商、公安、海关、旅游等部门组成的"打击外汇黑市协调办公室"，明确各部门职责，建立了联系会议制度，使外汇黑市猖獗的势头得到了一定遏制。

（二）在工作中注重强化服务意识，在监管与服务之间找准切入点，把握好尺度，变机械管理为主动服务，切实为企业解决实际困难。注重在日常管理工作中为企业做好服务，改进工作作风，提高工作效率，急企业所急，想企业所想，本着既不违反原则，又为企业办实事的宗旨，在现行管理政策允许的范围内，实实在在地帮助企业解决实际困难或积极为其想办法提建议。

（三）在开展信息调研工作中，注重结合实际，让信息调研根植于实际工作之中，使实际工作成效在调研中得到浓缩和提炼。

一是将监管与调研相结合，针对贯彻执行法规中发现的问题和情况提出建议。如2000年在旅游外汇收支检查、银行外币代兑点检查的基础上，对发现的问题和出现的难点、疑点进行更深一步的分析思考和提炼，撰写了《云南旅游外汇现状调查》、《银行外币代兑点经营管理中存在的问题及建议》等有一定参考价值的调研文章。二是将配合西部开发战略的实施与外汇管理工作相结合，选准地方经济发展中的热点进行调研，完成了《红河、文山对外贸易、利用外资情况调查》、《云南外商投资企业现状浅析》等报告，为有关部门提供决策参考。

（石　静）

【货币发行与金银管理】

一、货币发行

（一）保证现金总量供应，合理调整现金结构，确保全省现金供应。一是在人民银行总行货币金银局的大力支持下，紧紧围绕"保证合理现金供应"这一中心任务，有计划、早安排，组织调入发行基金26个车皮，金额181.6亿元，调出下摆全省196.5亿元，回笼497.96亿元，投放504.49亿元，净回笼6.5亿元。保证了全省现金总量供应。二是合理摆布发行基金，为减轻基层行的调运强度，提高工作效率，确保基层的库存保有量，避免现金投放旺季和发行基金调运旺季的矛盾，积极想办法解决库容小而发行基金量陡增的矛盾，集中力量下摆发行基金，缩短运作时间，加快发行基金摆放速度，缓解了库容紧张的矛盾。三是根据市场流通情况，适时调整人民币的版别结构、券别结构、币种结构。该投放的坚决投放，该压下来的坚决压下来。加大硬币的推广力度，采取先集中昆明地区投放硬币的方式进行，推广辅币硬币化。四是严格按照总行的要求，做好第四套和第五套人民币的衔接工作，适时调运了第五套人民币后续20元券、硬1元、硬1角和敦煌纪念币、千年世纪纪念钞（币）6个券种。五是进一步做好"货币发行管理信息系统"的报送工作。全省均做到准确、及时上报各种数据，保证准确，及时传输货币发行的有关信息。六是坚决实现市场流通人民币"七成新"目标。各行按照"五好"钱捆的标准，把好"五好"钱捆关，提高回笼质量。在"挑净"、"点准"上下大功夫，做到严禁损伤券夹把混入流通券，严禁新旧版混把混捆。

（二）进一步强化库房管理。依据总行《人民币发行库管理办法》，认真对照检查，建章立制，搞好库房管理工作。全省发行库配发安装276把进口组合密码锁，制定了组合锁使用管理办法，有效地杜绝因钥匙交叉交接、仿制、盗用而给发行库带来的安全隐患。认真组织发行库安全大检查，全省发行库自查面达100%，昆明中支对全省6个中心支库，40个县支库进行了检查。检查发行基金80亿元，均做到账款相符，库房库款安全。对有隐患的及时进行整改,极大促进了全省的库房管理工作。

(三)抓好残损人民币的回收与销毁工作。云南省残损人民币销毁由人总行配备的荷兰进口CDS-400残钞销毁设备集中进行销毁。针对机构变化和销毁方式的变化,从理顺关系和建立规章制度入手,依据《全国银行出纳制度》的规定,制定了《残损人民币销毁管理规定》、《残损币销毁监销制度》、《CDS-400设备操作制度》等四个制度。销毁工作集中管理、集中销毁,实现专业化、机械化、规范化。

2000年总行下达云南省销毁任务为83.02亿元。按照人总行"增加销毁总量,加大销毁力度,力争多销第四套人民币100元券及小额货币,全面提高流通中人民币整洁度"的要求,认真贯彻执行残损币挑剔标准和清点、复核、销毁等规定,加强监督,精心组织,做到残损币销毁三个保障:即组织有保障、质量有保障、安全有保障。2000年组织实施销毁损伤人民币纸币126.77亿元;销毁硬币0.052亿元。创历史最高水平。CDS-400设备使用率和工作量排全国第三名,受到中国人民银行多次通报表扬。销毁工作做到安全、准确、及时。为提高流通中人民币整洁度做出了积极努力。

(四)坚持不懈地做好反假货币工作。一是在省政府的大力支持下,积极协调有关部门调整、充实了云南反假人民币工作机构,成立了以副省长程映萱任组长,公、检、法、工商、海关、金融系统共25个单位和部门组成的云南省反假货币工作联席会议。领导全省开展反假人民币斗争。成功组织了2000年"爱护人民币"、"反假货币"宣传周活动,开展了深入广泛持久的《中华人民共和国人民币管理条例》宣传。使广大人民群众对人民币的基本知识逐渐了解和掌握,提高了人民群众爱护与正确使用的自觉性。全省设立爱护人民币,反假币宣传点2000个;发放宣传材料500万份;收缴假人民币2000余万元。较好地推动了全省反假货币各项工作的顺利进行。二是认真贯彻落实国务院反假货币工作联系会议关于在全国范围开展6个月(2000年6~12月)的打击制贩假币犯罪活动联合行动的决定。省反假货币工作联席会议领导小组认真组织,努力工作,充分发挥了各级反假货币工作联席会议成员单位的职能作用,全省反假货币联合行动取得了较好的成果。货币金银处被总行评为"联合行动"先进集体。

二、金银管理

(一)适应形势发展,做好金银收售管理工作。随着白银市场的开放和黄金管理体制的改革,将加强管理与深化改革紧密结合起来,抓紧处理白银放开市场后的库存白银后续处理工作。积极探索过渡时期的黄金管理新路子,以加强黄金的收购管理,集中汇总验收全省库存金银为重点。1999~2000年,全省收购黄金8430千克,配售黄金2193千克。撤并金银收售网点107个,对全省金银库存进行了清理,完成了全省白银归并工作,全省顺利完成了改革白银管理体制的工作任务。

(二)加强金银账务核算,规范金银账表管理。引进人行成都分行开发的《黄金收兑账务管理系统》和《金银报表处理系统》程序软件,并通过试运行,从而由传统向电子化迈进了第一步。

(李　捷)

【货币信贷】

一、认真贯彻落实货币信贷政策,促进地方经济稳定发展。

为确保人民银行总行各项货币政策落到实处,促进各银行在调整信贷结构中继续加大对地方经济发展的支持力度。人行昆明中支采取切实措施,积极开展了各项工作:一是深入分析云南省、昆明市经济金融运行情况,及时提出有关政策建议。从年初就明确专人负责对云南省、昆明市经济金融运行情况月度、季度跟踪监测分析,及时反馈货币政策执行和经济金融运行中的情况和问题,并提出有针对性的政策建议。据统计,全年完成了月度云南省货币信贷操作报告12份,云南省、昆明市经济金融运行分析及政策建议材料37份,为省委、省政府有关部门和会议提供政策建议和调研材料13份,累计提出各种政策建议上百条,为上级行和地方党政部门分析形势、研究问题、指导工作提供了重要的决策依据,同时也受到有关方面的好评。二是继续完善季度经济金融形势分析会议制度。从一季度开始,货币信贷处与调统处密切合作,继续完善全省经济金融形势季度分析会议制度,使统计资料、统计信息与货币政策的具体情况有机结合,从整体上提高了形势分析的广度和深度,充分发挥了调查统计分析与货币政策指导的合力效应。三是切实加强利率现金管理。(1)按季开展了利率政策执行情况的检查。除督促指导辖区支行对274个机构网点进行检查外,先后组织4个检查组,对昆明两城区13个机构网点的存、贷款利率政策执行情况进行了重点抽查。(2)4月,根据人总行货币政策司和成都分行的安排,在中支有关处室的大力协助下,完成了"2000年昆明利率改革国际研讨会"的会务工作。(3)加强政策宣传,全年共解答金融机构及有关部门、人员对利率问题的咨询30多次。(4)积极开展利率政策调研,如期向成都分行上报了《利息税实施情况的调查报告》、《农村信用社利率市场化改革的调研报告》。(5)认真组织现金管理大检查。上半年,针对昆明辖区少数金融机构现金管理中存在的问题,全面开展了现金大检查。自查面100%,人民银行抽查县级机构100%,抽查县以下机构30%，抽查机构220个。

二、灵活运用货币政策工具，进一步发挥货币政策，促进金融稳定和引导金融机构支持经济发展的作用。

根据总行适度增加基础货币投放和成都分行对货币政策工具的有关管理规定精神，一是严格再贷款的管理。根据《人民银行短期再贷款管理暂行办法》及《人行成都分行对城市商业银行和城市信用社再贷款操作规程》，在进一步完善内部管理制度，对再贷款实行专人管理，健全台账登记管理制度的同时，进一步加强了贷后监督检查，督促借款的金融机构对再贷款资金落实专人专户管理，建立资金使用台账和贷款投向分户账，并要求按时报送资金使用情况说明及贷款发放进度等，以确保信贷资金的安全性和再贷款专款专用。二是运用短期融通资金，支持金融机构稳健经营。全年累计对各银行发放短期再贷款23.6亿元，及时满足了其短期资金的需求。三是进一步加大对中小金融机构的支持力度。(1)累计对昆明市商业银行发放再贷款5亿元，专项用于支持中小企业的发展和开展消费信贷。从再贷款投放的效果看，再贷款管理规范，使用情况较好，货币政策的导向作用得到较好发挥。同时也缓解了中、小银行的资金供求矛盾，增强了竞争实力。(2)累计对农村信用社发放再贷款10.33亿元。在人民银行再贷款的支持下，农村信用社向53.2万户农户发放农业贷款8.8亿元，有力地促进了农业产品结构的调整，基本满足了农业生产的资金需求，支持了“三农”经济的发展。四是积极发展再贴现业务，合理引导贷款投向。(1)加强业务培训。货币信贷处与会计部门联合，先后于6月20日、9月1日分别为金融机构和企业举办了贴现、再贴现业务和票据业务知识培训班。(2)积极开展了推广和使用商业承兑汇票的试点工作。根据成都分行的意见，选择了辐射能力强、信誉好、产销关系稳定的红塔集团、云内动力和云南铜业三户企业作试点，由于各项措施逐步落实，扭转了年初云南省再贴现业务萎缩的局面，全年累计办理再贴现8.84亿元。从投向上看，主要是冶金、煤炭、电力、烟草、化工等重点行业，为促进商业银行信贷结构调整和支持地方经济的发展发挥了积极作用。五是认真做好法定存款准备金的管理工作。根据成都分行的授权，2000年批准了晋宁、德宏、大理、玉溪、楚雄5家城市及农村信用社动用存款准备金，帮助其及时有效地缓解了支付困难。六是积极配合清理整顿农村合作基金会工作。根据成都分行的授权及时发放了政府专项借款，确保了全省撤销农村基金会个人股金和个人存款的及时兑付，为整顿工作的顺利进行和保持社会稳定发挥了重要作用。

三、加强对各项信贷政策的督促落实。

一是督促商业银行大力拓展消费信贷。年初及时转发人总行《关于开展个人消费信贷的指导意见》的同时，还针对消费信贷业务运作过程中遇到的新情况、新问题，不失时机地深入有关银行展开专题调研，撰写了《关于消费信贷有关情况的调查报告》，及时向有关部门反馈意见，共同商讨进一步推动消费信贷较快发展的措施建议，以培育云南省新的经济增长点。二是加大封闭贷款政策的实施力度。为支持国有亏损工业企业有销路、有效益产品的生产，5月中旬与省经贸委、昆明市经贸委一道深入昆明电机厂等7个单位，对封闭贷款运行情况进行了跟踪检查。对云南轮胎厂等重点企业还与省经贸委联合，深入工厂召开封闭贷款工作现场会，有效地促进了封闭贷款工作的开展，全年全省发放封闭贷款4亿多元，如期实现了年度计划目标。三是积极推动银企合作，督促做好国债技改贴息项目贷款及债转股的工作。3月17日，配合省政府有关部门召开了银企座谈会，省经贸委向省级国有商业银行推荐贷款企业85个，要求贷款金额37.72亿元，其中国债贴息技改项目9个，所需配套贷款29.63亿元。货币信贷处对有关银行实施了逐月跟踪检查，与有关银行交换意见，客观反映工作进展情况和问题，既促进了商业银行工作效率的提高，又对改善银政、银企关系发挥了积极作用。同时积极配合、协调有关部门督促云南省债转股的落实，全省实际实施债转股13户，债转股金额49.37亿元，为促进云南省重点国有企业的改革和发展，增强企业发展后劲，确保国企三年改革脱困目标的实现起到了重要的推进作用。据统计，实施债转股后，13户企业平均资产负债率由72.9%降至47.3%，企业资产结构得以明显改善。四是积极推进教育信贷。9月转发了《国务院办公厅转发人总行等部门关于助学贷款管理补充意见的通知》，并根据文件精神组织辖内金融机构开展助学贷款宣传。9月13日省政府专门召开“云南省助学贷款全面启动新闻发布会”，人民银行昆明中支配合省财政厅、教育厅，及时制定了《云南省国家助学贷款实施意见》报省政府批转全省执行。省内四家国有商业银行分别与14所高校签订了助学贷款银校合作协议，截止11月30日，实际发放国家助学贷款204.99万元。此外，全省农行系统自2000年5月开始，在全省范围内全面启动了“金钥匙助学贷款”，到11月末，已对2073名学生发放贷款1162万元。另外，在支持高校后勤社会化改革方面也迈出了重要步伐，各商业银行与高校签订意向性贷款协议11.84亿元，实际发放贷款4600万元。五是认真贯彻信贷支农政策。在认真执行成都分行《关于运用人民银行支农再贷款，进一步做好支农信贷工作的指导意见》，及时发放支农再贷款的同时，为切实保证支农再贷款取得应有效果，还多次深入农村信用社，检查贷款使用情况，督促其努力改善支农信贷服务，确保资金的专款专用和效益。六是积极参与辖内国有工业企业的兼并破产工作,努力维护金融债权。货币信贷处在参与昆明电冰箱厂、中国机电设备昆明分公司、东川矿务局等企业的破产过程中,严格遵照执行银发[1994]40号《关于防止银行信贷资产损失的通知》等有关金融债权管理的文件规定,对债权债务的界定、落实、转移、清偿等工作进行全过程监督,实实在在地把维护金融债权工作落到实处。

四、深入开展调查研究,积极为地方经济和上级决策提供依据。

(一)积极帮助解决贷款"两难"问题。在下半年的调研工作中始终把"银行难贷款,企业贷款难"的"两难"问题作为云南省经济中的热点、难点和焦点问题来研究。在组织力量深入政府经济综合部门、企业和商业银行开展大量调查研究,召开有关座谈会的基础上,形成了一批有质量的报告和材料,如《当前货币政策和信贷政策在执行中有关传导阻滞及原因分析及政策建议》、《正确处理支持经济发展与防范金融风险的关系,积极支持各类型所有制大中小型企业发展的对策建议》、《改善金融服务,积极支持云南省非公有制经济发展》、《合理定位金融作用,加大直接融资力度》、《关于优化信用环境,建立新型银企关系的实施意见》(讨论稿)、《关于解决贷款"两难"问题的情况报告》(省政府办公厅以《参阅资料》第五十四期转发全省)、《关于上报云南省近三年来货币政策传导机制情况的分析报告》。

(二)按时完成成都分行和省政府的有关调研报告。如《关于银行加入WTO货币信贷管理有关问题调研报告》、《关于金融支持小城镇建设的调查报告》(分别被《西南金融》和人总行的《金融研究》选用)、《关于〈贷款通则〉修改意见调查报告》、《关于开展储蓄变化调查分析报告》、《关于对中小企业金融服务情况的调查报告》、《关于消费信贷有关情况的调查报告》、《关于资本市场发展对商业银行经营和中央银行货币政策的影响和对策研究》、《关于对省人大常委会执法检查组〈关于促进科技成果转化法〉执法检查情况的书面报告的整改意见》、《关于支持生物创新工程金融有关政策的建议》、《关于对德宏州生物资源开发创新工程贷款的情况报告》等。

(三)积极参与西部大开发的有关工作。先后撰写了《关于云南省西部大开发有关情况的收集汇报》、《关于云南省西部大开发直接融资有关问题的报告》、《关于云南省金融支持民族地区经济发展问题的调查报告》等。

(四)加强信息反馈。全年完成各种信息反馈材料32篇,其中被云南省委、省政府有关部门采用的21篇。信息反馈工作的加强,及时宣传了政策,沟通了情况,对促进各项货币信贷政策的贯彻落实发挥了重要作用。

(付　强)

【调查统计】

一、加强统计基础工作,顺利进行经济、金融统计指标多口径上报,客观、全面、灵敏反映全省经济、金融资金运行全貌。

2000年准、快、全地完成了对省市两级及15个地、州、市及所辖县市的人民银行、国有商业银行、股份制商业银行、外资银行、政策性银行、城市、农村信用社、信托、邮储等金融机构和统计部门的经济、金融上万个指标统计项目,100余种辖区分析报表的编制收集、汇总、上报工作,完成了超过历年三倍工作量的不同可比口径的六套金融统计报表分析上报;进行了年度结转和1~11月旬、月、季人民币信贷、外汇、现金、不良贷款、资产剥离、邮政储蓄专项统计、经济监测指标的收集上报。及时、完整、准确的编制报送了全省及昆明辖区月度、季度126户工业企业景气报表、问卷调查、建立了126户基点调查企业档案,139户批发企业253条旬、月物价指数,400户储户储蓄问卷调查报表,并根据总行、成都分行、昆明中支、各处室、政府各部门、各金融机构的不同需要,随时提供不同口径的统计资料。逐步形成了多层次、多口径、较完整的经济金融统计监测体系和数据库储存系统。这些金融统计数据为研究制定货币信贷政策发挥了重要作用。经济调查资料为研究国企情况,储蓄高增长情况以及通货紧缩问题提供了重要的参考。与此同时,还布置了对全省金融统计违规现象、统计质量、现金统计及储蓄问卷质量的大检查,深入48个地县支行进行检查指导。

二、加强宏观经济、金融分析、预测分析和动态反映工作,充分发挥调统部门的决策参谋作用。

2000年调统工作紧紧围绕党和国家的经济、金融工作中心,深入政府部门、金融机构网点、企业调查研究,及时发现和反映经济金融运行中的货币资金运行规律、企业景气、物价运行、储蓄走势,提出相关政策建议。全年共完成各种分析、调查报告、课题104篇,动态反映64篇、省市金融统计月报36期,《云南金融》12期。其中经济、金融形势分析、货币监测报告36篇;企业景气、物价调查、储蓄问卷专项调查分析34篇;信贷登记咨询系统业务工作实施计划、调研报告、课题等15篇;调查课题、调查报告26篇。根据宏观经济运行中出现的热点、难点和各级经济、金融部门关心的问题,牵头或参与四省区及全省、辖区及有关部门开展各种专题调研、形势分析,全年组织快速和专题调查12次,基点调查企业情况、信用社网点7次。先后完成了《金融如何支持云南旅游资源开发》、《拉动内需促进发展》、《金融业竞争能力研究》、《西南四省区经济比较研究》、《近年来云南省储蓄存款变化分析》、《西南四省区金融创新问题研究》、《论银行信贷登记咨询系统的建立和运用》等一系列调研文章，并在《金融研究》、《总行统计与分析》、《西南金融》、《云南金融年鉴》、《云南金融》等刊物上发表25篇有深度、有份量、有指导意义的调研报告。

三、向深度、广度推进银行信贷登记咨询系统。

根据人总行“全国银行信贷登记咨询系统电视电话会议”精神，一是先后四次组织召开了“全省银行信贷登记咨询系统建设工作会议”和省、市两级“银行信贷登记咨询系统实施领导小组会议”，对全省的系统建设工作按照总行要求进行安排布置；二是组织完成了全省系统建设的填平补齐工作，并将系统推广到了1999年进行系统建设的11个地、州、市的92个县以及相关金融机构；三是组织进行了1999年未推广系统的迪庆、丽江、怒江、临沧、西双版纳5个地州的推广工作；四是组织了有关地州市的贷款证、贷款卡年审工作，加大了信贷系统建设工作宣传力度，全辖发送、张贴年审公告、贷款卡申领手册、《银行信贷登记咨询管理办法》等宣传资料50000多份；五是对各中心支行、金融机构业务、技术人员120多人次进行了业务、技术培训；六是按照总行要求，对全省的50000多条贷款卡信息、1193亿信贷数据进行了检查、清理和纠改工作；七是组织了对资产管理公司资产剥离数据的登录上报工作；八是为保证年底全国联网工作按步实施，调统部门50多人次深入昆明辖区30多家金融机构，40多人次深入10余个地州县市支行对信贷系统建设工作进行检查指导；及时向人总行上报旬报63份，得到了总行的及时指导，全省16个地州市的120多个县市区均运行了贷款卡管理子系统，银行信贷登记咨询系统等，系统运行正常。至2000年11月底，全省发配贷款卡52326张，登录入库贷款信息达1195.47亿元(不含异地贷款、个人消费贷款和农户贷款数据)，占11月末各项贷款余额的61.09%；同时，外币贷款、银行承兑汇票、信用证、保函等信贷信息已上报入库；每月各金融机构通过信贷咨询系统查询借款人信息近千次，并在具体信贷业务工作中加以应用，说明系统在防范信贷风险中的作用日趋明显。

四、坚持《云南金融》办刊宗旨，提高质量。

2000年《云南金融》1～12期正常出版发行。在刊物的宣传报道重点上，增设了“加入WTO专题论文”、“三讲”教育、“思想政治工作”、学习“三个代表”重要思想、“党建工作”等栏目，在经济金融方针政策宣传、区域经济研究、金融理论研究、重点业务探讨等方面加大了报道力度，提高了刊物的可读性和知名度。刊物年内两次被省新闻出版局推荐参加全国书刊展，多篇论文被其他刊物转载。 (马海燕)

【农村合作金融监管】

一、基本情况

2000年末昆明市农村信用社负债总额140.84亿元，同比增加9.41亿元，增长7.16%；各项存款余额88.18亿元，同比增加6.13亿元，增长7.47%。其中：储蓄存款53.80亿元，同比增加1.92亿元，增长3.69%。存款增长基本稳定，低成本存款增幅较大，存款结构进一步优化。年末资产总额144.68亿元，同比增加9.39亿元，增长6.94%。各项贷款余额56.66亿元，同比增加6.12亿元，增长12.11%，不良贷款余额21.56亿元，占比38.24%，同比新增4.32亿元，增长了25.04%。累计对农户及农业经济组织贷款12.28亿元，占全部贷款累计发放数的36.34%。2000年全市农村信用社实现总收入52250万元，比上年末减少6486万元，减少11.04%；总支出51630万元，比上年末减少6827万元，减少11.68%。全市159个独立核算农村信用社，盈余社149个，同比增加8个，实现利润1526万元，比上年末增加422万元；亏损社10个，亏损金额906万元，比上年末增加81万元，盈亏相抵盈利620万元，比上年多盈利341万元。

二、主要工作

(一)认真扎实地开展好对农村信用社的真实性检查工作。

2000年4月，根据总行和分行的部署，人民银行昆明中心支行对辖区内城乡信用社经营管理情况开展真实性检查。全辖现场检查共派出工作组26个，参加人员78人，投入936个工作日，检查贷款77634笔，检查贷款金额33.57亿元。159个农村信用社和2个城市信用社均进行了真实性检查，检查面为100%。按时按质完成了检查工作。检查结束后，对城乡信用社1999年经营管理真实性情况进行了客观、公正的评价。

(二)配合省市政府做好清理整顿农村合作基金会工作，严格把好收购部分农户小额贷款关和农村合作基金会市场退出关。

2月下旬，省市政府分别召开清理整顿农村合作基金会动员大会，昆明中心支行为配合省市政府做好清整工作，成立了李明昌同志任组长，杨小平同志任副组长的协助配合云南省人民政府清理整顿农村合作基金会领导小组，并由有关处室抽调16位业务骨干成立办公室，负责指导协调全省清整工作。3月3日，全省辖区内农村合作基金会实现关门、封账，并转入清产核资工作。昆明市农村合作基金会的清理整顿工作也和全省同步开展。

3月3日云南省清理整顿农村合作基金会工作正式启动，8月15日开始兑付个人股金。截止8月末个人股金兑付已达77%，收购农户小额贷款1462万元。据不完全统计，通过清理农村合作基金会，全省农村信用社增加存款22.78亿元，顺利实现了农村合作基金会的市场退出工作。

（三）开展1999年度城乡农村信用社的年检工作。

1999年末，昆明辖区内共有农村信用社机构425个。其中：法人机构159个，具体为地市级联社1个，县联社12个，农村信用社146个；非法人机构266个，具体为分社261个，储蓄所5个。上述机构本次年检受检面为98.82%，未参加本次年检的5个机构（5个均为分社，正在筹建中）。本次年检合格机构292个，占各类机构68.71%，其中：法人机构72个，占法人机构的45.28%；非法人机构222个，占非法人机构的82.71%。年检基本合格机构118个，占各类机构27.76%，其中：法人机构77个，占法人机构48.42%；非法人机构41个，占非法人机构15.41%。缓办年检登记机构10个，占各类机构2.35%，全部均为法人机构。

从机构登记情况看，所有受检机构都能按《农村信用合作社机构管理暂行办法》要求持有《金融机构法人许可证》或《金融机构营业许可证》，绝大多数机构的变更事项都能事先报经人民银行批准，没有发现擅自设立机构或扩大业务范围的情况。受检机构基本能做到证、照、章、牌齐全，名称相符。富民的者北、罗免农村信用社均为高风险社，根据对高风险农村信用社综合治理的有关规定，报经人行成都分行批准后，罗免信用社降格为分社，隶属者北农村信用社。年检的复查工作，结合真实性检查的开展，一并进行。两家城市信用社一家为年检合格，一家为年检不合格。

6月，人行晋宁县支行在对晋宁县联社进行真实性检查时，发现该联社违反机构管理规定，擅自调整机构隶属关系，经调查认定以后，给予全辖通报批评，罚款3万元，限期纠正处罚，并向人行写出检查，保证以后不再发生类似违规行为。

（四）落实监管责任制，加大对城乡信用社现场检查力度。

1、完成了对昆明市官渡区白龙农村信用合作社后续稽核工作。合作金融机构监管处组成专项检查组，于8月3日至25日对辖区内的昆明市官渡区白龙农村信用社进行了后续稽核，对存在的风险状况有了连续性的动态掌握，进一步查清了被检查机构对人民银行监管部门现场检查后的整改落实和风险化解情况。

2、完成对东川区、晋宁县两区县的现场检查工作。2000年11月9日至11月24日分别对晋宁县和东川区城市信用社的市场准入及成立以来的变化情况、清产核资工作、亏损及资产损失的原因等方面进行了检查，落实两个城市信用社的整顿工作，并针对两个社的经营状况，按照有关文件精神要求，经人行昆明中心支行和地方政府协商研究同意，分别对晋宁城市信用社（依法撤销）和东川城市信用社（改制更名归口农村信用社管理）提出了处置预案。

3、根据成都分行的布置，协助成都分行检查人员组成检查组，完成了对昆明市官渡区农村信用社最大单户贷款企业——昆明诺仕达企业集团有限公司贷款管理和使用情况的现场检查。

4、按要求完成了对昆明市信用联社1999年度经营情况的现场检查。

（五）深入基层积极开展调查研究工作。

1、完成县级农村金融现状的典型调查工作。按照总行及成都分行的统一部署，组织调研组于2000年11月17日～19日完成了对晋宁县农村金融现状的调查分析报告。通过对中国农业银行晋宁县支行、晋宁县农村信用联社1996年以来的情况进行了深入细致的调查研究和分析，肯定了近年来人民银行对农村信用社监管中所做的积极工作及取得的成绩，同时根据晋宁县的特点和实际，提出了进行农村金融体制改革的思路和办法，为上级领导决策提供了有益的参考材料。

2、完成了《昆明市农村信用社联合社内部管理及人民银行监管具体措施与方法的研究》和《明确农村信用社市场定位，合理调整组织体系，建立适应社会主义市场经济需要的农村合作管理体制》两篇调研文章的撰写，对市（地）级农村信用社联合社加强行业管理及人民银行如何进行更加有效的监管进行了积极的总结和探讨，为进一步开展好辖区内合作金融机构监管工作创造良好的理论基础条件。

3、按照成都分行的布置和人民银行总行在江苏的试点精神，基本完成对辖内官渡区和富民县农村信用社县以下实行一级法人核算的调查及有关实施方案的制定工作，为信用社下一步的改革工作打好基础。

（六）制定出2000年底化解城乡信用社金融风险工作计划。

（张基飚）

【电子结算工作】

一、以业务建设为中心，拓展中心各项业务的深度和广度。

（一）狠抓原有业务的稳定运行与深度拓展，各项主要业务总体功能日趋完善。

1、同城清算部在进一步完善各项规章制度，抓好制度落实和督促检查的基础上，认真组织并完成每场同城票据交换和资金清算，保证了同城票据交换业务的稳定运行。同时，积极开展调查研究，扩大宣传范围，改善服务，稳定了地州市票据交换大同城业务。在确保业务平稳运行的基础上，利用同城清算业务的有利条件，开展了交换信息查询业务，增加了信函交换业务，免费为各交换单位提供数据重组、数据统计信息。截止2000年12月底，共有455家交换单位参加了同城票据交换业务，组织491场票据交换，共提出票据463.28万笔，日均票据量为1.87万笔，清算资金4146.77亿元，日均资金量为16.93亿元。业务量与1999年相比，提出票据减少18万笔，减幅3.7%，清算资金增加322.5亿元，增幅8.4%。

2、电子联行业务在保证联行汇路安全、快捷、畅通，确保业务增长和稳定运行的基础上，又完善了电子联行"天地对接"系统，加强了对各商业银行行端的技术指导和服务，开展调查研究，结合新形势、新情况，补充完善"天地对接"管理规定，适时增加"天地对接"行端，扩大了业务的覆盖面；按总行的统一部署，先后赴红河、西双版纳、大理、文山等地州市，配合中心支行完成了全省部分地区电子联行"天地对接"的系统安装、调试和培训工作，积极服务全省各小站，为"天地对接"系统的应用提供了许多经验，有效地加速了资金的周转；为适应经济形势发展的需要，更好地服务于各行端，2000年增加了电话查询服务。截止2000年12月底，往来账合计笔数101.7万笔，首次突破100万笔大关，金额4239.63亿元，与1999年相比，笔数净增长20.3万笔，增长率19.96%，金额增长1410.07亿元，增长率33.26%。其中共接收来账35.4万笔，金额2158.98亿元，与1999年相比，来账笔数增长5.6万笔，增长率15.82%，金额增长722.35亿元，增长率为33.46%；发送往账66.3万笔，金额2080.65亿元，与1999年相比，往账笔数增长14.7万笔，增长率22.17%，金额增长687.2亿元，增长率为33.03%。发送信息联络包7488个，接收信息联络包8567个，为各行端和客户查询账务681笔。

3、银行卡信息交换系统工程的建设。在1999年四家商业银行联网的基础上，实现银行卡业务联合和"一柜一机"，在2000年工作中，加强与成员行之间的业务沟通，先后与十家发卡单位、各有关部门进行了数百次的接洽和协商，制定了分批吸收发卡行入网的工作计划。经与各发卡行密切协作，科学分工，在4个月的时间里，完成了五家机构的检测任务。8月10日昆明市所有九家发卡银行全部入网，实现了银行卡资源信息的共享。组织成立了POS工作小组，为广大用户和商家提供快捷、便利的用卡环境，保障实现"一柜一机"。在维护公平竞争的原则上，兼顾各方利益，在全国第一次开创了划分商户市场的先河，在间联和直联模式并存的情况下，为实现"一柜一机"奠定了基础。全市共有10家商户实现了"一柜一机"。截止2000年12月底，签约入网的商户有394家，入网POS终端927台，入网ATM531台。全年，共处理ATM跨行交易157353笔，清算资金247.88万元；POS交易82579笔，清算资金547.58万元。ATM、POS跨行交易下半年和上半年相比，有很大增长，进入10月份后，每天交易量都有明显上升，12月份日均交易量6000笔。

4、票据速递业务。为适应机构改革的需要，1999年11月票据速递公司及业务收回结算中心统一管理。通过进一步完善公司管理办法和制度，票据速递业务的运行更为规范，管理更为严密科学，票据速递工作得到了各商业银行及营业网点的认可和好评。共有431家金融网点接受了票据速递业务。

5、中心在做好打码机维修服务、确保维修单位打码机随时处于良好状态的基础上，克服困难，加强协调，在全域范围内努力实现了与大多数交换网点打码机维修业务签约。截止2000年12月底，已与210家交换网点签订打码机维护合同，共有300台打码机签约，维护维修打码机3285次/人。

(二)开拓新的业务领域，业务建设范围不断扩展。

1、2000年分两期完成了昆明地区银行结算IC卡和地州市银行结算IC卡的制作和发卡工作。截止12月底，昆明地区制作发放IC卡146652万张，SAM卡370张，安装POS机370台；地州市制作发放IC卡69647万张，SAM卡548张，安装POS机548台。

2、建立和完善了电视电话会议系统，完成了全省的电视电话会议系统的两次升级，办理了电视电话会议系统有关运行手续，圆满完成了与成都分行的连通。举办了电话会议11次，参加会议人员550人。

3、利用中心的设备、技术及人才优势，在电子化建设中积极对外联系，探索中心业务开拓的新路子和新机制，进行了电子商务支付网站和电子商厦、电子网站建设以及筹办经济实体的调查和论证；进行了联合征信的调查和论证；初步制定了中心业务拓展的发展规划。

(龙锐琼)

中国证监会昆明证券监管特派员办事处

特派员:胡伏云

【云南证券期货市场】 2000年是中国证监会对地方派出机构实行垂直领导体制、证券市场进一步规范化管理的第二年。云南证券市场在1999年实现五个突破的基础上,2000年在上市公司规范化运作及募集资金规模,在证券经营机构数量、布局、提高竞争实力和合规经营,以及为中小投资者创造良好投资环境等方面都取得了显著成效。

一、上市公司整体质量提高

2000年,云南首发新股企业共2家,实现配股企业1家,即:景谷林业于7月21日以每股5.19元发行A股4000万股,实际募集资金1.959亿元;昆明制药于11月16日以每股10.22元发行A股4000万股,实际募集资金3.934亿元;云大科技按年底总股本10:3比例,以每股17元配股,实际募集资金3.131亿元。3家上市公司实际募集资金总额为9.024亿元。另外,云天化以1999年底每股净资产1.83元回购并注销国有法人股2亿股共3.66亿元。

至年底,全省共有上市公司18家,占全国上市公司总数1088家的1.7%,其中在上交所上市的10家,深交所上市的8家;总股本36.96亿股,占全国同期比例的0.97%。股本最大的前5名为:云南铜业7.31亿股,云天化3.68亿股,锡业股份3.58亿股,华一投资2.45亿股,昆明机床2.45亿股;股本最小的是:昆明制药0.98亿股,云南马龙0.51亿股,红河光明0.506亿股。18家上市公司市价总值为548亿元,占全国市价总值48091亿元的1.14%,占云南省GDP的23%;流通股本12.4亿股,流通市值185亿元;募集资金(含配股)共57.9亿元。

18家上市公司2000年按照主营业务收入、净利润等项目分析:

(一)主营业务收入。18家上市公司共实现主营业务收入93.94亿元,占全国同期比例的0.87%,比1999年底(16家上市公司)主营业务收入67.84亿元(占全国同期比例为0.77%)增长38.5%。其中主营业务收入同比增长前六名分别是:云南白药为242.8%,昆明机床为96.9%,云大科技为70.1%,云铝股份为46.6%,红河光明为40.6%,云南铜业为29.6%。有3家公司主营业务收入同比下降。

(二)净利润。18家上市公司共实现净利润8.971亿元,占全国同期比例的1.17%,比1999年(16家上市公司)7.677亿元(占全国同期比例的0.99%)增长16.9%。其中,净利润同比增长比较大的是:昆明机床实现扭亏为盈并摘去"ST"帽,云维股份为547.9%,红河光明为89.1%,云铝股份为53.4%,云内动力为49.4%,云南白药为46.9%,云大科技为27.4%。净利润同比下降的有5家。有2家公司年度亏损,占云南上市公司的11.1%,同期全国亏损平均为8.82%,云南亏损公司比例高于全国平均水平。

(三)总资产。18家上市公司总资产为171.84亿元,占同期全国比例的0.79%,比1999年底(16家上市公司)总资产139.28亿元(占同期全国比例的0.85%)增加23.4%。其中,总资产排名前五名分别为:云南铜业38.1亿元,云铝股份22.9亿元,锡业股份19.1亿元,云天化13.5亿元,云大科技13.5亿元;总资产排名后三名分别为:云南马龙1.61亿元,富邦科技2.01亿元,红河光明 2.15 亿元。

(四)股东权益。18 家上市公司股东权益合计 93.302 亿元,占全国同期比例的 0.94%,比 1999 年底(16 家上市公司)的股东权益合计 139.28 亿元(占全国同期比例的 1.05%)增加 11.6%。其中,股东权益排名前五名分别为:云南铜业 13.78 亿元,锡业股份 11.62 亿元,云天化 11.02 亿元,云大科技 9.23 亿元,云铝股份 7.15 亿元;排名后三名的分别是:云南马龙 0.97 亿元,昆百大 1.77 亿元,红河光明 1.84 亿元。

(五)每股收益。18 家上市公司平均每股收益为 0.243 元(全国平均为 0.2 元),比 1999 年全省平均每股收益 0.214 元(全国平均为 0.213 元)增加 13.6%,列全国 32 个省市自治区的第 12 位。其中,每股收益排名前五位的是:云天化 0.448 元,云内动力 0.44 元,红河光明 0.417 元,云大科技 0.39 元,昆明制药 0.36 元;扣除 2 家亏损企业,排名后三位的是:华一投资 0.01 元,昆明机床 0.015 元,富邦科技 0.1 元。

(六)每股净资产。18 家上市公司每股净资产为 2.55 元,全国同期平均每股净资产为 2.66 元,比 1999 年的平均每股净资产 2.43 元(全国同期每股净资产为 2.47 元)增加 4.9%。其中,每股净资产排名前六位分别为:昆明制药 5.21 元,云大科技 4.4 元,红河光明 3.6 元,云内动力 3.45 元,南天信息 3.31 元,锡业股份 3.25 元;排名后三位的是:昆百大 1.32 元,富邦科技 1.35 元,保税科技 1.77 元。

(七)净资产收益率。18 家上市公司平均净资产收益率为 9.513%,好于同期全国平均 7.63%的水平,列全国 32 个省市自治区的第 12 位,比 1999 年度全省平均净资产收益率 8.822%(同期全国平均为 8.6%)增加 7.8%。净资产收益率排名前五位分别为:云天化 14.97%,云铝股份 13.64%,云内动力 12.87%,云南白药 12.63%,红河光明 11.4%;扣除 2 家亏损企业,排名后三位的分别是:华一投资 0.6%,昆明机床 0.7%,云维股份 6.16%。

昆明证券监管特派员办事处是云南证券期货市场的监管部门。2000 年,昆明特派办以规范运作为监管重点,以巡检为突破口,着力实现上市公司规模扩大和资产质量的提高,促进上市公司规范运作,有效地防范和化解证券市场风险,使云南上市公司在整体质量上比往年有所提高。

云南上市公司综合绩效排序见附表:

编号	公司简称	盈利能力排序		成长性排序		偿债能力排序		综合绩效排序	
		全国排名	省内排名	全国排名	省内排名	全国排名	省内排名	全国排名	省内排名
1	红河光明	127	1	341	7	36	1	105	3
2	云大科技	249	5	19	1	173	5	40	1
3	云铝股份	566	11	339	6	752	16	479	9
4	云维股份	628	12	403	9	88	2	518	10
5	云内动力	286	8	358	8	310	9	294	6
6	云 天 化	136	2	805	15	254	8	579	12
7	昆明制药	209	4	167	3	154	4	103	2
8	昆明机床	942	15	792	14	90	3	730	15
9	华一投资	976	16	999	17	185	7	929	16
10	云南铜业	641	13	176	4	624	15	338	8
11	锡业股份	654	14	556	11	497	13	591	13
12	景谷林业	262	7	518	10	178	6	332	7
13	保税科技	146	3	338	5	481	12	284	5
14	云南白药	258	6	126	2	584	14	204	4
15	富邦科技	415	9	727	13	412	10	625	14
16	南天信息	522	10	557	12	422	11	533	11
17	昆百大 A	1 037	18	998	16	1 063	17	1 028	17
18	云南马龙	1 026	17	1 030	18	1 076	18	1 030	18

注:数据引用自中国证券报与清华大学企业研究中心的上市公司绩效评价体系。

二、证券经营机构在规模中发展

2000年,云南证券市场以规范化、高质量、优良投资环境为出发点,强化从业人员合规经营意识,证券经营进一步规范,系统风险得以防范,投资者合法权益得以保护,证券市场运行平稳。至年底,证券营业部发展到30家(其中27家已正式营业,3家经批准正在筹建),比1999年的19家增长57.89%。

据2000年营业的24家证券经营机构统计,全年证券总成交额为957.42亿元,比1999年增长75.3%,占全国同期总成交60826.7亿元的0.9%,创云南证券成交历史最好业绩。其中,A股、基金成交额756.1亿元,比上年(398.5亿元)增长89.74%。年末客户保证金余额26.19亿元,与上年同期(15.74亿元)相比增长66.4%,占全省金融机构各项存款余额(2465.68亿元)的1.06%。累计开户数44.65万户,与上年同期(31.63万户)相比增长42.21%,占全国开户数(5801万户)的0.77%。其中,上海开户23.16万户,深圳开户21.49万户。年末股票托管市值为128.97亿元。总成交量排名前三位的是:海通证券昆明营业部、国泰君安证券昆明营业部、昆明国托北京路营业部;A股、基金成交量排名前三位的是:国泰君安证券昆明营业部、昆明国托北京路营业部、云南证券东风西路营业部。全省24个证券营业部除当年新开业的以外,全部盈利,税前平均利润达792.83万元,平均总资产收益率3.71%,平均净资产收益率39.75%。

1999年以前,云南证券经营机构不仅数量少、规模小、交易设备陈旧、布局不合理,而且服务质量不高,投资环境较差。自1999年起,云南省加大了证券市场的开放力度,先后进入光大证券、湘财证券、广发证券等省外有较大实力的12家(13个营业部)。不仅从数量和规模上充实、壮大了云南证券市场,更重要的是引入了竞争机制,提高了券商服务质量,从实质上提升了和丰富了云南证券市场的内涵,对培育和壮大投资者队伍起到了较好的促进作用。证券营业部的布局也从相对集中于昆明市青年路、人民中路,逐步向四区及地州市延伸。至2000年末,昆明市有证券营业部23个,地州市有营业部7个(分别分布在玉溪、大理、保山、楚雄、红河、曲靖、西双版纳)。此外,经中国证监会批准,全省还有证券服务部11个。从而,大大缓解了云南省证券营业部数量少、布局不合理的矛盾,为云南证券市场与全国市场对接,参与全国市场竞争打下了良好基础。

2000年,根据中国证监会的要求,昆明特派办依靠证券经营机构及广大投资者,重点整治了远程交易网点及利用存折、占用客户保证金等行为。本着立足实际、合理布局、化解风险、规范发展的原则,对省内原有的31个远程交易网点进行了清理整顿,并经批准保留了11个,规范为证券服务部。部分证券经营机构对过去挪用客户保证金行为制定了严格的按期归还保证金计划,从而维护市场秩序及投资者利益。同时,通过设立监管热线、举报热线、不定期召开股民座谈会等形式,及时了解并掌握市场动态,加强与投资者的沟通,做到了防患于未然。

云南期货市场在整顿的基础上进一步规范。根据国家有关规定,期货经纪公司注册资本必须达到3000万元以上。云南少数期货经纪公司没有达到此要求。为了妥善解决客户保证金兑付问题,证管部门在省政府的重视和支持下,会同公安等部门切实做好清退及治安防范工作,防止突发事件的发生,保障了社会安定。同时,协调有关单位解决兑付借款,并以此为基础,重组新的期货经纪公司,使企业出现新的活力。

(胡　静)

国家开发银行昆明分行

行长:罗　林

【综述】 2000年是昆明分行正式成立后全面开展经营管理工作的第一年,在总行党委的正确领导下,在总行各厅局、地方各级政府和有关部门、人民银行地方机构以及借款企业等的大力支持下,分行党委按照“既支持经济建设,又防范金融风险”的原则,强化经营理念,规范经营管理,努力开拓创新,经过分行全体同志的共同努力,各项工作取得了显著成绩。经总行综合考评,昆明分行2000年综合业绩位居国家开发银行系统28家省级分支机构第二位,与1999年综合排位(第十三位)相比,上升幅度较大,经营管理工作取得良好业绩。

办好分行是国家开发银行最终实现国际一流银行目标不可或缺的关键环节,分行经营管理水平的高低和经营业绩的好坏,直接影响开发银行的整体经营状况。昆明分行综合经营业绩的明显改善,为2000年开发银行经营状况的全面好转做出了一定的贡献。尤其是在2000年系统分行建设出现转折性变化、各家分行均有长足进步的情况下,昆明分行在规模处于劣势、新建分行基础薄弱、地处西部落后环境、人员严重不足等基础条件不是十分有利的条件下,能克服困难、勇于争先、取得良好业绩,这对昆明分行今后的建设和发展无疑具有重要的指导意义。昆明分行之所以能实现这个目标,是因为有一个坚强有力的领导集体,有明确的指导思想,有开拓创新的精神和全体职工的共同努力。

【贷款发放】 2000年全行对云南发放贷款62.16亿元,其中:中长期贷款58.96亿元,贷款余额263.23亿元,与年初余额212.3亿元相比,增加50.93亿元,增长23.99%。全省金融机构中长期贷款余额比年初增加102.47亿元,增长率为17.25%。昆明分行全年中长期贷款余额增长量占全省金融机构中长期贷款余额增长量的49.7%。及时、足额的信贷资金为贯彻中央关于西部大开发战略,支持云南省国民经济及社会发展做出了一定贡献。

其中:分行直接发放贷款41.83亿元(中长期贷款38.63亿元),贷款余额129.94亿元(中长期贷款126.74亿元)。与年初余额94.61亿元相比,增加35.33亿元,增长37.34%。

总行营业部发放、分行协助管理的贷款,全年发放20.33亿元,贷款余额133.29亿元。与年初余额117.69亿元相比,增加15.60亿元,增长13.26%。

【不良资产化解】 全年完成两个项目贷款展期工作,涉及贷款本金14.22亿元;累计完成债转股项目1个,转股金额1.2亿元;累计完成核销项目14个,核销本息金额2.37亿元(其中本金2.03亿元)。

注重优化和调整新增贷款结构,2000年分行直接发放的贷款全部集中在公路、电力、城建和通讯四个行业。通过盘活存量、优化增量,有效地调整了资产结构。与1999年相比,直接管理的贷款中新增了城建、通讯等产业和领域;原有农业、林业、有色和劳改劳教等风险较大的行业贷款余额减为零;电力、公路、石油化工、铁路、城建、民航和电信七大行业贷款余额占全部贷款余额的99%。

截止2000年12月31日,直接管理的中长期贷款中,一、二类资产合计118.72亿元,占93.67%,不良资产8.02亿元,占总资产的6.33%。与2000年年初相比,不良资产减少8.84亿元,不良资产比率下降了11.49个百分点;扣除政策性和自然下降因素,不良资产比率实际下降了9.35个百分点,超额完成年初确定下降4~5个百分点的计划。提前完成总行确定的2001年不良资产率控制在8%以内的目标,并为实现总行要求的二、三年内不良资产控制在3%的目标奠定了坚实的基础。

【存款业务】 昆明分行存款吸收工作基础薄弱,面对日趋激烈的市场竞争,在采取各种有效措施加大日常存款吸收力度的同时,通过开展“存款月”活动强化吸存工作。全年存款吸收工作平稳有序,顺利完成考核指标。12月31日分行存款余额5.89亿元。全年实际日均存款4.22亿元。

在总行有关部门大力支持下,分行内部密切协作,全年资金头寸和备付率等指标均稳定控制在较低水平。全年日平均头寸为1959万元。全年日均一级备付金率为4.65%。

【项目开发】 针对国家开发银行在云南省的后续贷款项目严重不足的问题,昆明分行从培育后续项目入手,重点加强了项目受理与开发培育的力度,取得较好成绩。正式列入总行贷款项目储备库的项目18个,总投资约794亿元,申请贷款376亿元;全年累计意向承诺贷款项目16个,贷款金额307.87亿元。意向承诺的贷款项目主要分布在电力、公路、铁路、城建和邮电通讯等产业和领域。其中:总行陈元行长与云南省人民政府签订了《金融合作协议》,意向承诺贷款298亿元。同时,巩固和发展了与云南电力集团公司、交通厅等重要客户的战略合作伙伴关系,加强了日常的联系和合作,创造了良好的银企合作氛围;巩固了与人民银行区域、地方监管部门和省内各有关职能部门的关系,为服务地方经济建设,提高与各级地方政府、行业主管部门和大中型项目法人工作关系的能力创造了有利条件。

【项目评审】 积极配合总行进行项目评审,承诺贷款数额较大。昆明分行注重发挥贴近地方、贴近项目的优势,加强了贷款项目评审相关工作。分行对具备评审条件的项目,加快了初评的进度,及时完成了项目的初评报告;同时加强了调查研究,对每个项目进行了全面系统的分析、研究,为总行最终顺利评审承诺提供了决策依据。累计完成11个项目的初评工作,建议承诺总额达93.74亿元。截至2000年底,总行正式承诺项目7个,承诺贷款额64.19亿元。

【合同签订】 合同签订工作进展顺利,完成情况较好,保证了信贷资金的及时到位。从强化合同管理入手,本着“积极主动适应市场,提高管理水平,切实为客户服务”的宗旨,在严格程序、防范风险的前提下,加强了与有关部门的配合,加快了合同谈判、报批、文本制作和签订等环节的进度。全年累计签订10个项目借款合同,合同总金额达79.33亿元(其中:中长期贷款项目合同6个,金额73.33亿元;储备贷款合同4个,金额6亿元);另有5个项目正在合同签订过程中,尚未办理完毕,涉及合同金额46.46亿元。

【业务创新】

一、进行客户信用评级。全年完成了云南省交通厅、云南电力集团公司、中国联通云南分公司和昆明铁路局等4个客户的信用评级工作。

二、开展小企业融资研讨。为积极贯彻党中央及云南省努力进行结构调整的战略决策,根据总行领导的指示精神,就如何在云南省对小企业提供积极的金融支持进行了调研,提出了借鉴资产证券化中的结构化融资方式,通过与担保资金会的合作,积极支持云南小企业发展的新思路,得到总行领导的充分肯定,为进一步搞好小企业贷款业务提供了可供参考的新模式。

三、推动银、保合作。为顺应金融一体化的国际发展趋势,加强银保合作,与平安保险公司昆明分公司签订了银保合作协议,并在有关高速公路贷款项目上开始实施。通过银保合作,为分行有效防范和分散信贷风险提供了一种新工具。

四、参与“大通道”建设融资课题研究。为搞好“中国连接东南亚、南亚国际大通道”项目的规划、实施步骤、国际国内融资方案的研究,根据总行领导和云南省领导的指示精神,完成了省政府研究室就此课题申请开发银行技援贷款的各项前期准备工作,并上报总行。该项技援贷款是开发银行第一个向区域性综合规划项目提供的贷款,通过该技援贷款的初步摸索,为开发银行积极支持西部大开发战略、国际化战略的实施提供了一种新形式,并进一步密切了开发银行与云南省的银政关系。

五、完善结算功能。为了不断完善结算功能,利用年底铁路建设债券发行的契机,精心组织,开展自营对公、对私承销,取得良好成绩。

【电子化建设】 分行计算机房和局域网建设、OA系统推广以及柜台前移实施等相关电子化建设进展顺利。完成了计算机房装修、设备安装调试工作;局域网建设完成并投入运行;积极推广应用OA系统,分行内部信息传输和相关公文处理实现无纸化;柜台前移各项工作进展顺利,有两个项目正式实施。

(洪登金)

中国农业发展银行云南省分行

【综述】 2000年是党中央、国务院进一步深化粮食流通体制改革的一年，也是农业发展银行以人为本、提高素质、强化管理、加快发展的一年。农业发展银行云南省分行在总行和省委、省政府的领导下，认真贯彻执行党中央、国务院的方针政策，紧紧围绕收购资金封闭管理这一中心工作，坚持以人为本，不断健全机制，强化管理措施，防范信贷风险，努力提高收购资金封闭管理水平，较好地完成了总行下达的各项考核及监测指标，截至2000年末贷款收回率109.86%，利息收回率95.99%；信贷资金运用率98.35%；不合理占用贷款下降率26.41%；新收（含调入）粮油价值与新放收购（含调销）贷款比率100%；销售货款回笼率100.71%；回笼销售货款归行率113.8%，实现了当期收购资金封闭运行。

一、认真落实粮改和粮食购销政策，及时足额供应收购资金，支持粮食企业扩大顺价销售。

一是根据粮油购销政策调整和市场购销形势的变化，对不同性质的粮油采取区别对待的信贷政策。全年累计发放贷款20.14亿元，支持收购、调销粮食17.23亿公斤，油脂0.17亿公斤。其中：发放保护价粮食贷款15.7亿元，支持粮企收调保护价粮食12.86亿公斤；发放非保护价粮食收购贷款3.56亿元，支持收调非保护价粮食4.37亿公斤，实现毛利1.45亿元。二是改进金融服务，支持企业扩大顺价销售。在坚持顺价销售和钱货两清的前提下，改进粮油出库报告和结算服务，支持粮食企业“对冲轮库”，积极为企业提供市场信息等服务项目。全年支持国有粮食购销企业销售粮食42亿斤，销售油脂0.32亿斤，实现销售收入23.87亿元。从中收回贷款20.97亿元，比上年多收贷0.81亿元；分割利息0.96亿元；留给企业费用1.97亿元。全年发放收购费用贷款0.27亿元，收购粮食的平均费用为每公斤1.8分钱，比上年减少1.5分钱。三是发放储备贷款支持国家粮食储备体系建设。全年发放粮食储备贷款4.35亿元，支持新库装新粮4.14亿斤；发放简易建仓贷款0.6亿元，比上年增加0.44亿元，有效地缓解了企业仓容不足的矛盾。

二、完善管理，强化监督，狠抓落实。

一是完善和强化“一基三专”账户管理制度，坚持核打收购码单；从实际出发，因库制宜，严格收购费用贷款管理；进一步落实信贷员联库责任制，推行粮油库存仓单管理，加强对粮油出入库的监督；加大对销售回笼货款的监督力度，提高了回笼归行并及时收贷收息；加强信贷基础管理，提高了台账和统计报表数据的真实性；加强了银企间的协作及配合。二是加强财政补贴和粮食风险基金拨付监督工作，财政补贴到位情况进一步好转。全年各项财政补贴到位率73.34%。其中：中央补贴到位率41.26%；省储补贴到位率92.9%；地县补贴到位率93.99%；超储补贴到位率89.32%。三是通过县支行“三定”充实了信贷员队伍，县支行信贷人员由465人增至542人，信贷员比例由上年的43%提高到52%。

三、强化内部管理，整体经营水平有所提高

一是加强资金计划管理，信贷资金周转速度加快。全行月平均头寸占用2亿元，比上年减少0.6亿元，资金运用率98.35%，比上年提高0.83个百分点。二是严肃财经纪律，在全系统开展了大规模的财务检查，财务收支状况进一步改善。全年实现各项收入10.03亿元，各项支出10.02亿元，收支相抵账面盈利57万元，比上年减亏0.83亿元。三是初步建立了内控机制，对粮油贷款管理月报真实性、大额费用和基建项目开支等合法、合规性以及分行行长任期经济责任等进行稽核，加大了稽核检查力度，提高了稽核工作质量。四是加大了业务主管部门的督促检查力度，认真开展执法监察，积极推进电子化建设，促进了规范化管理。

（秦 勰）

【信息统计】

一、抓好统计基础工作。加强各类统计报表的管理，确保统计数据准、快、全，为行领导和有关部门决策提供依据。一是严格执行统计法规和总行的规章制度；二是抓好代理行统计代理工作的管理与监督；三是进一步做好统计分析工作；四是按时完成总行布置的专项调查任务；五是完成统计检查工作。

二、加快电子化建设步伐，为封闭管理提供基础服务和技术保证。一是大力推广应用农发行管理系统和门柜对公业务软件，进一步提高微机普及率；二是做好省分行自行开发软件的进一步完善和推广应用工作；三是加快局域网、广域网和电子邮件系统的建设及其网络应用，不断提高全行电子化水平；四是参加了总行信贷管理软件的开发与推广；五是加强信息电脑队伍建设，一方面充实县支行信息电脑人员，另一方面加强了全行计算机应用技术的培训工作；六是加强与有关部门的协作配合，做好各类业务管理软件的日常维护工作；七是对各项规章制度的完善和检查。

（胡　怡）

【内控建设】

一、充实完善内控制度的有关规定，强化基础建设。

一是加强稽核方面的建章立制工作，完善了《粮油收购资金贷款使用和管理》、《财务管理和会计核算》、《行长离任稽核》、《养老保险统筹》、《内控制度管理》等制度。二是纪检监察部门加紧充实完善制度措施。2000年全辖建立完善党风廉政方面的规章制度369个，其中加强对领导干部监督方面的规章制度144个。三是在全辖普遍建立和完善了安全保卫工作实施细则和应急预案，各行的营业场所都制定了营业期间、押运、守库过程中的防暴预案，并专门制定了收购旺季现金押运防抢劫预案。四是建立了《党风廉政建设责任制》、《执行财务纪律责任制》、《安全保卫责任制》、《党风廉政建设量化考核责任制》等责任制体系。全辖所有机构都由上到下逐级签订了党风廉政建设责任书和安全保卫责任书，基本实现了层级责任制网络。五是在全辖建立了领导干部廉政档案，推进党员领导干部廉洁自律工作与党风廉政建设和反腐败工作。制度建设不断完善，内部管理逐步向规范化、科学化迈进。

二、加大了对贯彻落实内控制度的监督检查力度。

一是有效地开展了各项专项稽核工作。2000年共投入1719个工作日，组织274人次对169个县市支行（含代理行）的收购资金使用和管理情况进行了现场稽核，并延伸检查了111个粮油企业，发现并纠正了违规贷款27.5万元，企业坐支现金23万元，多头开户存款91万元；投入163个工作日，对23个分支行大额费用支出和基建项目的合规合法性进行了稽核，发现并纠正问题资金841万元；对辖内13个分支行长进行了离任经济责任稽核；开展了内控制度的稽核检查和养老保险统筹稽核。二是纪检监察部门开展了粮改执法监察和内控制度执法监察，在全辖16个二级分行54个县支行全面自查的基础上，省分行8月份对两个二级分行及下属部分支行进行了执法监察，针对存在的问题提出监察建议，下发了整改通知，限期纠正；省分行统一组织了对全辖党风廉政建设量化管理工作的考核验收，16个二级分行均为量化管理优秀单位。2个二级分行被人民银行成都分行评为纪检监察文明单位。三是保卫部门在各地州市分行安全防范自查的基础上，于7月～12月对15个地州市分行的27个县支行进行了抽查。四是狠抓了案件的防范和查处。2000年没有发生任何责任性经济案件和刑事案件。

（种法琼）

【资金计划】　2000年是粮食流通体制改革力度较大的一年，在云南省油菜籽、小麦、玉米、早籼稻等全面退出保护价收购范围，以及秋粮收购价格高于周边省份的情况下，全省各级农发行认真贯彻国务院《关于进一步完善粮食生产和流通有关政策措施的通知》，对保护价粮的收购，实行“收一斤粮，发放一斤粮的贷款”，确保资金供应；对非保护价粮的收购，按照“购得进，销得出，有效益”的原则，积极组织资金供应。信贷资金运行平稳正常。

一、进一步增强资金的核算意识、成本意识和大局意识。按照“既要保证供应，又要提高资金使用效益”的原则，以“统一调度，分别平衡”的管理办法和“小额勤调”的操作要求，强化头寸管理，加速资金周转，合理摆布资金，使头寸资金保持在一个合理的水平上。全年累计调度资金611笔，金额588980万元，分别比上年多调度资金102笔，金额261980万元，资金合理应用率98.35%，比上年提高了0.84个百分点。

二、强化信贷计划管理，积极组织资金供应。按照信贷计划管理办法的要求，坚持按“全年计划，按季下达，跟踪监测，适时调整”的办法，使信贷计划管理逐步走向了制度化和规范化的轨道，切实发挥信贷计划的指导性作用。2000年各项贷款余额839032万元，比上年增加4564万元，其中：农副产品贷款余额826313万元，比上年增加9725万元；简易建仓贷款余额12719万元，比上年增加5740万元。

三、财政补贴资金到位率较好。一是进一步树立财政补贴资金是收贷收息来源“半边天”的观念，完善了制度办法，明确了分级负责制，加强了检查指导；二是加强工作主动性，积极向省委、省政府及有关部门汇报和反映情况，取得理解和支持，外部工作环境逐渐宽松，全省财政补贴资金到位率显著提高，全年应补64575万元，实补47358万元，到位率73.34%。

四、抓住现金利率管理。一是严格按照规定要求向总行和人民银行昆明中心支行编制上报现金计划，坚持工资基金管理的制度、核定库存限额制度和大额提现的审查备案制度，加强柜台监督和上级行的检查指导。二是严格执行利率政策,不随意提高和降低利率标准,不随意扩大和缩小加罚息范围,不随意实行贷款停息挂账,并做好利率政策的宣传解释工作。

(甘云洁)

【信贷管理】

一、坚定不移地贯彻落实国家粮改政策,确保敞开收购资金供应和资金封闭管理目标圆满实现。全年投放粮油收购和调销资金19.6亿元,收、调原粮17.2亿公斤,油脂1729万公斤,为粮食企业实现顺价销售打下了较好基础。在做好资金供应,确保不打“白条”的同时,狠抓了资金运行各个环节的监管,有效防止和控制了挤占挪用收购资金行为。

二、严格掌握“区别对待,分类指导”的贷款发放原则,源头上堵住收购资金流失。一是抓了贷款发放手续的规范化,严格按总行贷款管理办法办理贷款发放手段,尽力做到要素齐全、手续完备、合规合法、资料档案齐全。二是规范贷款核放报账制的操作,改变收购码单核打与放贷脱节的现象,杜绝超量放贷行为。三是严格控制收购费用,降低粮油单位成本。

三、进一步细化库存监管,规范和完善了监管。一是继续健全账制。在基层行普遍推行了绘制国有粮食购销企业仓容平面图,健全库存粮油明细账制度,基本实现了标仓管理。二是落实定期、不定期查库制度落实,完善了信贷员工作日志。三是健全和完善了出入库报告备案制度,进一步明确了出入库报告的基本要求和办法。四是强化库存监管的督促和检查。

四、狠抓销售环节的监管,做好收贷收息工作。一是加大了顺价销售的监管力度;督促企业执行顺价销售政策,严禁逆向操作亏本销售;二是制定出台了“推陈储新”操作办法,既降低了库存成本,又有效防止了企业亏库;三是严格对陈化粮销售的监管,坚持了有权部门鉴定、政府批准、按对象销售和落实补贴的处理政策;四是杜绝赊销预付的商业信用行为,有效减少贷款拖欠,从严控制结算资金占用,提高回笼率;五是继续加强对账户开户的管理,完善和落实基层购销网点的销货款定期定额上划制度;六是及时、准确分割到户资金,确保足额收贷和全额分摊利息;七是加大对不合理占用贷款的清收,不断提高资产质量,全年共盘活呆滞呆账不合理占用贷款1964万元,不合理占用贷款下降率达31.21%。

五、着力夯实信贷基础工作,确保封闭管理各项信贷政策贯彻落实。一是加强信贷队伍建设。在充实人员的同时,信贷部门还突出抓了信贷员素质的提高,分级进行了培训。二是重点抓了信贷台账、报表质量的提高。三是坚持和完善封闭管理分析制度,提高指导工作水平。四是积极探索和推广信贷台账、月报表的微机化管理。五是改进工作作风,加大了督促检查力度。

六、统筹兼顾,突出重点,圆满完成单项性和阶段性各项工作任务。一是完成了国家烟叶储备任务,完成了总行下达的100万担烟叶储备计划、年末贷款余额达162450万元,比上年末增加24450万元。二是圆满完成简易建仓贷款发放工作。发放简易建仓贷款6000万元,有效缓解了购销企业仓容紧张问题,为敞开收购打下了基础。三是启动和基本理顺了退耕还林(草)信贷管理工作。四是清理了未划转附营业务占用贷款,按政策规定落实了停息。五是圆满完成了中储粮划转工作。六是配合和完成了资产保全、五类清分、坏账核报、政策银行监管报表等工作。

(秦　勰)

中国工商银行云南省分行

行长:卢　云

【综述】　在总行和省委、省政府及人民银行正确领导下,中国工商银行云南省分行认真贯彻落实年初全国分行行长会议、4月份党建工作会议和7月份全国分行党委书记、行长工作会议的各项部署,继续实施"二十四字"发展战略,坚持以效益为中心,加大改革创新步伐,着力调整经营格局,积极拓展新兴业务,大力提高资产质量,奋力扩大资金来源,切实加强内部管理,努力提高经营效益,防范和化解资产风险,强化综合经营考核,全面完成了各项工作任务。至年末,全辖本外币资产725.09亿元,比年初增加17.29亿元。各项存款余额677.17亿元,比年初增加39.33亿元,增长6.17%,完成计划的100.48%。其中,对公存款余额342.46亿元,比年初增加21.87亿元,增长6.39%。储蓄存款余额334.71亿元,比年初增加15.60亿元,增长4.67%。各项外汇存款余额23768.02万美元,比年初增加2482.36万美元,增长10.44%;各项贷款余额464.09亿元,按含剥离口径计算,比年初增加28.39亿元,比1999年同期少增4.57亿元。剥离不良资产64.74亿元。收息率、账面利润、封闭利润均超额完成总行下达计划。不良贷款余额占总行控制指标的96%,占比较年初下降6.87个百分点。精神文明建设取得新的成效,促进了全行改革和业务的发展。

【调整结构】　积极稳妥地推进改革,着力调整经营格局,强化集约化经营,努力竞争优质客户,提高项目和消费信贷的比重,大力推进区域贷款结构调整,优化资金配置,促进集约化经营,提高业务运作的整体效益。按照总行"支持、适度支持、限制、禁入(退出)"四个层次进行贷款分类管理的要求,制定了贷款支持和退出的指导意见,从增量到存量,从局部到整体,实行"统一计划,分项管理,分类指导,定期考核,适时调节"。全年新增贷款28.87亿元,其中:流动资金贷款增加10.66亿元,占贷款增量的37%;项目贷款增加5.31亿元,占18%;住房贷款增加10.65亿元,增长65.14%,占贷款增量的37%,住房贷款占全行贷款比重从1999年的3.2%上升为5.64%;个人消费贷款增加2.24亿元,占贷款增量的8%。贷款增加总量比1999年下降,但结构得到较大调整。贷款投向石化9亿元,冶金7亿元,铁路3亿元,电力4亿元,房地产业11.5亿元,80%以上投向AA、AAA级优质客户,收到较好效果。

存款结构得到较大调整,低成本资金来源进一步增大。年末,人民币储蓄存款余额331.29亿元,其中:活期储蓄存款为105.65亿元,比年初增加17.71亿元,增长20.14%,比上年少增4.59亿元;活期储蓄存款占比从1999年的27.86%上升到31.89%,提高4.03个百分点;定期储蓄存款余额225.64亿元,比年初减少2.11亿元,同比少增19.63亿元。定期储蓄存款占比从1999年的72.14%下降为68.11%,减少4.03个百分点。全年储蓄存款加上发行国债18.33亿元,完成总行计划的197.76%。

【财务改革】　以资产利润率为中心,加快实施全面成本管理,强化增收节支激励机制,规范财务行为,严格费用管理,保障全行经营目标的实现。对全辖的费用实行分项管理，把费用分为人力费用、经营性费用和专项费用，分别采取不同的政策。对人力费用实行全封闭管理，与效益挂钩；对经营性费用，实行盈利行与亏损行区别对待，重点向效益好的行倾斜；专项费用实行切块管理，按规定程序报批，实行公开招标和集团采购办法，尽力压缩开支。按“效益优先”原则，加大对固定资产投入监管力度，达到资金资源的合理与配置，有效地解决了各行业务发展的合理需求，加强了内部自我约束和自我发展意识，提高了资金使用效益，规范了全行的财务行为。为了严格财务管理，省分行制订下发了《专项费用管理办法(试行)》、《关于严格执行财经纪律、依法规范财务管理的通知》、《集团购买管理办法》、《实拨费用管理办法》等管理制度，并选择了 1999 年亏损的 5 个二级分行实行实拨费用管理，为实行全面成本管理迈出了关键的一步。综合考评了 1999 年度经营效益，对经营效益突出的“双十佳”进行了表彰、奖励，调动了各行增收节支的积极性，圆满完成了总行下达的利润计划。收息率 79.27%，比 1999 年提高 4.47 个百分点。中间业务收入在总收入的占比 1.24%，较 1999 年上升 0.32 个百分点。

【资金营运】 按照总行关于资金营运要“以追求利润为主要目标，以防范风险为前提，节约资金营运成本，提高资金营运效益”的要求，积极调整经营思想和工作方法，坚持对资金来源和运用的全过程实施控制和管理，加强资金预测预算，按照“三性”原则，合理配置资金，及时运作头寸，提高资金营运效益，全年通过优化资金营运创利 22.3 万元。主要措施是：一是积极参加资金交易系统开展融资业务。累计拆出 42 亿元，累计拆入 51.8 亿元。融入资金不仅解决了撤销 25 个县支行形成的资金缺口，还归还总行长期借款 18 亿元，节约利息支出 943 万元；二是充分运用资金交易系统加速资金调拨，调整备付金结构，提高资金利用率。全年日平均备付率 7.3%，比上年下降 1.51 个百分点，日均节约资金占用 8.04 亿元；三是开拓新的资金应用领域，开办与券商的融资业务，增加收益。同云南证券有限责任公司开展隔夜融资业务，仅半年时间，拆给券商资金 18.1 亿元，稳住存款 4～5 亿元，从中获得利差 3.47 万元；四是规范操作流程，确保资金营运安全。省分行制订了《资金营运管理办法》、《资金营运考核办法》、《云南证券有限责任公司办理拆借业务实施办法》等管理办法，使资金营运活动更加科学、规范、安全。

【机构改革】 按照“经济、合理、精简、高效”的原则，加大和加快调整经营机构设置、撤并扭亏无望的机构网点、分流富余人员工作的力度和速度。撤销了二级分行 2 个、县支行 25 个、分理处 14 个，储蓄所 35 个。优化了机构布局，推进了集约化经营，增强了整体竞争实力。

【稳存增存】 2000 年各项存款余额 677.17 亿元，净增 39.52 亿元，完成计划的 100.48%，同比少增 8.93 亿元。发行国债 18.33 亿元，完成计划的 144%。其中对公存款余额 326.21 亿元，比年初增加 21.87 亿元，增长 7.18%；储蓄存款余额 331.29 亿元，比年初增加 15.60 亿元，增长 4.94%。存款工作有 5 个主要特点：一是加大“一把手工程”工作力度。省分行和各级行一把手做到“三个亲自”，即亲自部署工作、亲自联系大户、亲自检查结果，积极参与竞争，夺回市场，确保存款增长。省分行领导亲自登门联系昆明铁路局等大户、大系统，开办了代售火车票业务，稳住该局存款 10 亿元。争取到省地税局直属分局存款户，稳住银税业务存款月均达 3.19 亿元，银证转账业务存款月均达 4.47 亿元。代售火车票金额达 98.6 万元。为加大新业务开拓力度，省分行及时成立“新业务开拓领导小组”，加强对新业务的开发、推广和运用，认真进行新业务的量本利分析，积极争取投入少产出多的新业务。省分行实行了行领导挂钩联系存款大行制度，切实指导帮助 7 个存款大行落实增存措施，以点带面，促进全行存款的稳定增长，使“一把手工程”层层落到了实处。二是培植优质客户。面对日趋激烈的竞争形势，各级行积极转变观念，推出新的服务品种，优化客户结构，培植优质客户。全行上下明确目标，明确重点，齐心协力，奋力开拓，各种代理业务有了长足发展，优质客户群进一步扩大。省分行同省级 15 户大系统、单位签订了合作协议，培植和稳住了一批优质客户。在对优质客户的服务中做到“三勤”：勤联系、勤服务、勤反馈，通过真诚服务换来客户的真诚回报。三是完善激励机制。为提高公存管理水平，省分行制订了《云南省分行对公存款管理办法》、《云南省分行对公存款考核办法》，认真贯彻执行。对公存款执行情况做到按旬监测、按月通报、按季考核、兑现奖惩，调动了各级行稳存增存的积极性。四是试行客户经理制。根据总行要求，结合实际，制订了《云南省分行在重点系统、重点客户中推行客户经理制试行办法》，并在省分行营业部开展试点。举办了客户经理培训班，为公存人员向客户经理转变打下了基础。五是采取有力措施，抓好储蓄存款。面对储蓄存款分流日趋严峻的形势，省分行采取有效措施，加大揽存力度，抢占市场份额，广造宣传声势，改善柜面服务，延长营业时间，努力抓好储蓄存款。加大了大机联网工作力度，从 4 月 1 日起，16 个二级分行的储蓄网点全部进入全国活期储蓄异地通存通兑系统，有 176 个储蓄所办理活期异地“无折”业务，开通了牡丹灵通卡异地柜面存取款工作，方便了客户，扩大了社会影响。代理发行“中华风采”福利彩票100万张,吸收存款100.71万元。同16个行(所)建立了零售业务重点联系行制度,提高了省分行指导零售业务的深度,为转变作风,深入一线,调查研究提供了经验。狠抓内部管理,提高了案防效果。充实加强了“事后监督”和“检查辅导员”队伍,建立和完善了监督管理台账,组织开展了81个申报省级达标所和26个申报总行级达标所的检查验收。对全辖重要空白凭证、有价单证、库存现金进行突击检查,按奖优罚劣的原则,从严查处、从严整改,提高了案件防范的质量,保证了全年未发生各种差错事故,由于国家实行引导消费和实行储蓄实名制等政策效应,2000年储蓄存款增势减缓,储蓄存款比上年同期少增4.59亿元,余额同业占比较上年末下降1.88个百分点,增量占比下降24.21个百分点。

【电子化建设】 通过加强管理和技术完善,全行大机安全运行率达99.8%,为全行业务发展提供了有力的技术保障。完成了大机主机的升级和大机机房装修、改造和搬迁工作;完成了从省分行到各二级分行的网络优化,提高了网络速率;以综合业务系统为契机,带动各项新业务向纵深发展。推广光盘微缩系统在部分大行投产;完成了CALLCENTER、金卡、移动收费等新程序的开发;CLS客户信息系统顺利投产;新安装50台ATM和5个自助银行;实现了ATM和POS的跨行使用,极大地方便了持卡人;9个二级分行网上银行系统开通运行,实现客户通过国际互联网进行银行业务自助服务;开通了银证通系统,完成了手机银行业务的软件开发和调试,使服务更加多元化,提高了服务水平;中间代理业务全面发展,在1999年完成昆明地区实时代收电话费基础上,又完成了昆明地区代收电费的上机,月平均代理电话费16万笔,电费6万笔,取得了较好的社会效益和经济效益。全省代理移动公司手机话费的开发和测试工作完成。在昆明地区各项代理业务全面上机的基础上,曲靖、玉溪、大理等7个二级分行的代理业务开始上机运行。开通了同总行一级卫星网的联网工作,扩大了卫星网业务范围。

【外汇业务】 按照总行的总体部署,全行上下统一思想,整体配合,积极探索在新的经营管理体制下发展外汇业务的新路子,知难而进,努力开拓,外汇业务继续呈现良好的发展势头,外汇资产稳步增加,外币存款市场占比有所提高。至年末,外汇资产余额达3.02亿美元,比年初增加0.25亿美元,增长8.82%;各项外汇存款余额2.38亿美元,比年初增加0.25亿美元,增长10.44%,完成年计划的354.62%;国际结算累计业务量5239笔,金额7.44亿美元,比1999年增加3亿美元,增长40.29%;结售汇金额4.04亿美元,实现利润380万美元。

【银行卡业务】 截止12月末,信用卡发卡量89226张,信用卡交易额82.72亿元。灵通卡发卡量154.1万张,灵通卡交易额42.02亿元。特约商户702家。信用卡存款余额4.36亿元。石油IC卡项目通过省科委验收。受理外汇卡5585笔,人民币交易额0.12亿元。充分发挥了EDC POS外汇卡收单优势,与同业展开竞争,抢占了这块阵地。开通了ATM受理5种外汇卡的功能,为加快ATM外汇卡业务的发展创造了良好的条件。

【新兴业务】 积极推出新业务品种,先后开办了个人旅游贷款、个人小额短期信用贷款、个人综合消费贷款、国家助学贷款、网上银行、银证通等新业务。开通了95588电话银行中心,进一步提高了整体素质的综合实力。在全省8个二级分行、35个县支行开办了综合消费贷款、个人小额短期信用贷款、个人旅游贷款、国家助学贷款业务,共发放个人消费贷款1.29亿元,收回1213万元,余额1.17万元;国家助学贷款78笔,8.75万元;个人理财业务7414笔0.51亿元;其中:业务咨询5007笔,开立存款证明479笔,0.31亿元;委托保管业务24笔,521万元;委托转期6笔,50万元;委托转账66笔,7万元;小额抵押贷款236笔,1180万元;短期信用贷款174笔,181亿元;综合消费贷款152笔,113万元;收入手续费9802元,促进传统储蓄业务向零售业务职能的转变,满足广大群众对多品种金融服务的需要。实现了个人理财业务为零的突破,开办教育储蓄24.44万户,存款余额6318万元;新增外币储蓄所85个,新增外币储蓄存款1448万美元,比年初增长53.95%,完成计划的362.21%。

【代理业务】 全行统一认识,奋力开拓,推动了代理业务的发展,中间代理业务有11大类30多个品种,累计代理额达220亿元,初步建立起零售业务的新体系。代理医疗保险、罚没收入、代收话费、证券、财政、大专院校等代理业务都有较大发展。为熊猫集团等22家大企业提供资金汇划网络服务。签订银证、银校合作协议15份,为巩固市场,促进业务发展打下了坚实基础。

【项目贷款】 完成项目贷款评估17个,总投资79.9亿元,其中:贷款24.5亿元。主要项目有:昆石高速公路,总投资39亿元,贷款11亿元;云南东骏水泥有限公司,日产4000T熟料生产线项目,总投资7.9亿元,贷款5亿元;内昆铁路电气化项目,总投资3.2亿元,贷款2.5亿元;云天化合成氨节能项目,总投资3.7亿元,贷款1.8亿元;昆钢板带扎机改造项目,总投资21亿元,贷款2亿元。审查贷款项目68个,筛选进入项目储备库41个,意向贷款39.67亿元,为拓展项目信贷业务奠定了基础。

【工商信贷】 年末,人民币各项贷款余额464.09亿元,较上年末减少35.92亿元,剔除不良资产剥离因素,贷款增加30.86亿元。其中,中短期流动资金贷款余额352.78亿元,占全部贷款的76%。优化存量,调整移位26.88亿元,完成计划的134.38%。主要移位到经济较发达、贷款环境较好的昆明地区。投向新闻出版、电视、烟草、旅游、邮电、通讯、电力、冶金、铁路、市政建设。全面完成了对全辖6433户工商企业的信用等级评定,为优化信贷客户,把好贷款投向奠定了基础。全面开展了对5283户工商企业的统一授信工作,登录了信贷台账。调整信贷产业和行业结构,加大对重点行业、产业的倾斜,新增贷款95%投向A级以上企业和优质客户。当年新增贷款收息率100%,全部贷款收息率79.27%,较上年提高4.61个百分点。不良贷款占比较1999年末下降6.87个百分点。签发银行承兑汇票484笔,5.75亿元,垫付率为零。

【住房贷款】 2000年末住房贷款余额26.20亿元,净增10.33亿元,增长65.14%。住房贷款增量占全行贷款增量的36.39%,比年初增加17.39个百分点。住房贷款余额占全行贷款的比重由1999年的3.2%上升为5.64%。其中,个人住房贷款余额21.87亿元,净增10亿元。支持居民购建住房3.57万套,457万平方米。个人住房贷款增量占住房贷款增量的97.3%,占全行贷款增量的35.44%。个人住房贷款余额占比由1999年的2.36%,上升为4.71%。房地产开发贷款余额4.33亿元,净增0.28亿元。

【资产保全】 按质按量完成了剥离不良资产和债转股工作,改善和提高了信贷资产质量。2000年实际剥离不良资产1767户,金额81.43亿元,完成总行下达计划的100%。债转股7户,金额9.27亿元。上报总行核销呆坏账21户,核销金额4.33亿元,为企业改革卸下了包袱。

【法律工作】 充分发挥法律事务工作在加强内控建设,规范经营管理,支持新业务发展,维护合法权益方面的作用。在基本授权不变的情况下,按区别对待原则,对转授权作了部分调整,使各级行领导在授权范围内积极主动搞好经营管理,拓展业务。加强依法收贷工作力度,维护资产安全。结合全国法院"清理未结金融案件"专项活动,在全辖开展了"清理未结金融案件"工作,采取有力措施,提高了执行效果。全年共收回资金3046万元。清理出各类规章制度和规范性文件231件,经审核认定应予废止的111件,应修订的18件,加强了贷审委和集团采购工作中的法律咨询,保障经营活动依法合规。

(杨焕臣)

中国农业银行云南省分行

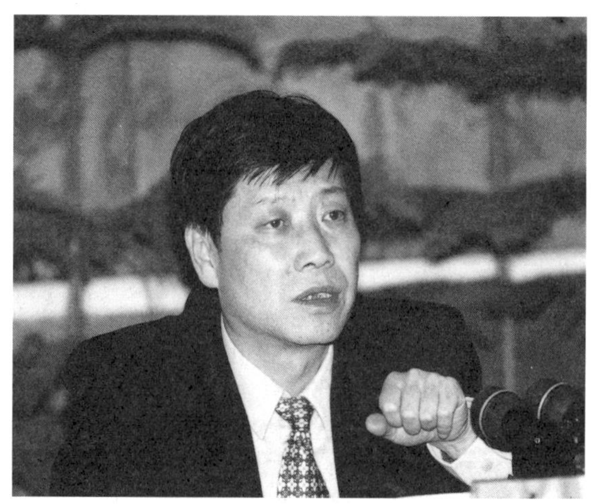

行长:姜仕俊

【综述】 2000年中国农业银行云南省分行认真贯彻落实中国农业银行分行长会议精神,紧紧围绕年初分支行长会议确定的四项任务和八大目标,始终坚持以业务经营为中心,加强内部管理为重点、提高经营效益为目标,勇于开拓,努力创新,较好地完成了总行下达的各项经营目标,改革和发展取得了明显成效。

一、加大资金组织力度,各项存款增长较快

全省各级行认真落实各项工作措施,通过广泛开展优质文明服务活动、加大存款拓展力度、加强高产网点建设,促进了各项存款的稳步增长。年末,各项存款余额达491.97亿元,比年初增加63.3亿元,是近3年来各项存款净增最多的一年。在云南省四大国有商业银行中,各项存款增量份额达39.56%,同比提高12.2个百分点,增量排名第一;年末存量份额达28.2%,同比提高1.2个百分点。

二、信贷投放把握较好,信贷结构调整初见成效

积极、稳妥地发放贷款,着力调整信贷结构,优化信贷资源配置,切实加强信贷管理,防范信贷风险,有效地支持了城乡经济发展和扶贫攻坚。截止12月末,各项贷款余额达509.99亿元,比年初减少5.55亿元。其中:常规贷款余额381.66亿元,比年初减少20.27亿元;专项贷款128.33亿元,比年初增加14.72亿元。

三、加快电子化建设步伐,积极拓展新业务

(一)加快电子化建设步伐,2000年累计投入资金9500万元,重点对计算机网络进行了大规模改造,有效地提高了网络的吞吐能力。新建电子化网点112个,新置自动柜员机87台、POS146件、自助银行16个,硬件基础设施得到了进一步加强;顺利完成了昆明地区的"金卡工程"和全国金穗借记卡联网工程建设。

(二)把市场开发工作当作一项长期的战略任务来抓,重点拓展系统性、垄断性行业的中间业务,使中间业务有了新的突破。截止12月末,中间业务有9类57个品种;代收代付累计金额达201.78亿元,月均沉淀资金26.77亿元;累计实现手续费收入1815万元。

(三)银行卡业务得到较快发展。年末,发卡量达157.5万张,比年初增加67.4万张;银行卡存款余额达37.8亿元,比上年增加19.2亿元,银行卡存款增加额占本年度储蓄存款增量的91.9%。

(四)积极拓展外汇业务。年末,外汇存款余额达1042万美元,比上年末增加179万美元。国际结算总额1657.06万美元,结售汇总量1445万美元。

四、强化计划、财务管理,努力提高经营效益

进一步增强核算观念,强化经营管理,提高了资金的营运效益,超额完成了总行下达的利润计划。年末,常规业务账面利润和考核利润分别比上年增长60.96%和139.67%,是向商业银行转轨以来经营效益最好的一年。

五、坚持从严治行,加强内控管理

(一)加大稽核力度,进一步规范经营行为。全年共提出稽核建议和整改意见2921条,建议行政处理单位6个、行政处理个人38人。

(二)加强纪检监察工作,从严查处各类案件。全年共立案查处各类违法违纪案件24件,结查立案23件,2000年结案率83.3%。

(三)加强安全防范工作,按照"谁主管、谁负责"的

原则,层层签订安全目标责任书。广泛开展"安全防范月"教育活动,对一线员工进行安全保卫培训和防暴预案演练;加强对各类金融诈骗案件的预防工作。

六、积极推进内部改革,进一步增强经营活动

(一)加强领导班子建设,积极探索干部制度改革。一是调整和充实了部分二级分行领导班子,共提拔行级领导干部10人;二是深化干部用人体制改革。省分行机关率先进行了部分处级干部公开竞聘,共有14人被聘任为处级干部。同时,指导和监督部分二级分行进行了副行长和中层干部的公开竞聘试点;三是建立了稽察员制度,制定了相应的规定和工作细则;四是顺利完成了全员劳动合同制的签订和鉴证工作,进一步规范了劳动用工制度。

(二)调整网点布局,优化资源配置。继续加大机构撤并力度,全年累计撤并边远亏损网点79个,城乡营业网点布局由过去的2:8提高到了5:5。顺利完成了长城资产管理公司昆明办事处的分设和工商银行24个县支行的业务划转及部分人员接收工作。

(三)继续推进内部分配体制改革。各级行在总结过去成功经验的基础上,坚持和完善了工效挂钩考核办法,在充分保证固定工资的前提下,把绩效工资收入与任务完成情况挂钩,严格考核兑现,拉开收入档次,进一步调动了员工的积极性。

七、加强系统党建和员工队伍建设,为业务经营发展提供了坚实保障

(一)按照中央金融工委和总行党委的统一部署,在省、地、县行领导班子和党员领导干部中扎扎实实地开展了"三讲"教育"回头看"活动,使各级领导班子及领导干部在政治上有了明显进步、作风上有了明显改变、思想上有了明显提高、工作上有了明显起色。

(二)切实加强系统党建工作,全年共发展新党员195名,办理预备党员转正243名。年末,全行共有党员7405名。

(三)认真抓好职业道德教育工作。在全省广大职工中组织开展了以"爱岗敬业、遵纪守法"为主要内容的职业道德教育,有156个分支机构和1252个营业网点参加了教育活动。

(四)切实加强思想政治工作和职工队伍建设。各级行始终坚持"两手抓"的方针,加强和改进思想政治工作,保证了业务经营的健康发展。一是采取多种形式对职工进行理想、宗旨、法律、法规和形势政策等教育,增强广大职工的防腐拒变能力;二是广泛开展群众性的"争先创优活动",涌现出一大批先进单位和先进个人。全年共有7个集体和11人受到了省部级以上的表彰和奖励;三是加强业务培训,着力提高员工业务素质。先后组织完成了3440名信贷、银行卡、安全保卫人员持证上岗资格培训考试工作,选送136名县支行长参加了总行组织的培训,对264名县支行副行长分4期进行了培训。

(袁　彬)

【资金计划管理】 2000年末,全省农行存款余额491.97亿元,比上年增长63.25亿元,增长14.7%,完成年计划的158.3%;贷款余额(剔除剥离)509.99亿元,比上年增长32.78亿元,增长6.8%;全年净投放现金64.56亿元,比上年多投放2.7亿元;年末资金备付率8.82%,比上年下降1.98个百分点;年末存贷比103.66%,比上年下降16.59个百分点,资金供求明显改善,超负荷经营的状况得到进一步缓解。

一、着力建立以客户为中心的资金计划管理体制,在全省范围内为优质客户配置资金和规模,积极促进客户结构调整。

一是以"逐步建立以市场为导向,以客户为中心、以效益为目标的信贷计划管理机制"为主要工作目标,紧紧围绕提高资产质量和经营效益开展工作。经过一年的运作,收效明显,年末全行各项贷款余额5099872万元,比年初净增327762万元,贷款增量基本投向了优良客户,仅农村电网、消费信贷两项贷款增量就达186093万元,占常规贷款增量的106.2%。

二是以增量信贷计划配置为手段,积极促进客户结构调整。在信贷计划的增量配置上,实行"集中一块、放开一块、引导一块、专项一块、自主一块",积极支持优良客户,适度扶持一般客户的提升,压缩和从严控制限制客户、淘汰客户。

二、坚持"分类指导、集中配置、总量控制、综合平衡"的原则,搞好"四个统一"。

一是实施了信贷业务和所辖机构信贷计划配置的分类指导工作。对辖属二级分行按不良贷款比例、存贷比例和实际收息率分成A、B、C三类,实行差别管理。

二是加强存量优化,实施限额加项目的计划管理,管理的重心由过去的配置增量逐步转向优化存量。在信贷计划的配置上实行了限额加项目的计划管理办法,实施"项目跟效益,计划跟项目,资金跟计划"的项目管理办法。

三是继续加强信贷计划的综合平衡。实施本外币、常规专项、表内外计划统一配置,综合平衡。

三、进一步规范资金营运,强化资金监管。

一是完善资金营运计划管理办法,增强本外币资金营运计划的严肃性和约束力,优化资金配置。核定了各行计划内、计划外向分行借款和上存资金。资金营运计划分季监测,按年考核。

二是加强内部往来资金和非生息资金管理,提高资

金使用效益。实行系统内往来和联行往来资金定期监测上报制度,重点加强县辖往来科目管理;试行生息和非生息资产余额比例控制管理,为全面提高资金使用效益进行了积极探索。

三是加强全行资金核算,减少资金占用,提高效益。2000年净归还总行借款17亿元,减少利息支出。在保证业务正常进行的基础上,2000年平均备付率为6.62%,比上年减少3.61个百分点。

四、积极利用利率杠杆,引导下级行的经营行为。

一是在上级行确定的利率上限内对计划内、计划外存借款逐步实施差别利率,引导系统内资金向质量高、效益好的区域合理流动,提高云南省资金配置的整体效益。2000年全省贷款增量效益明显提高,超负荷经营的状况有所缓解,存贷比由年初的120.25%下降到年末的103.66%,下降了16.59个百分点。

二是继续加强各项利率管理,提高合法合规经营意识。

五、进一步完善基础工作,为领导决策提供科学依据。

一是2000年完成了统计软件升级的技术指导。保证了2000年总账和财务数据的上报质量。年末,全省使用业务软件直接转出统计总账的营业网点达75%。

二是认真履行资产负债管理委员会办公室的职责,按季全面分析宏观经济运行情况、全行的经营情况、资产负债情况、存贷款情况,为上级行和分行领导决策提供依据。

(李丹平)

【零售业务】 截止2000年末,全省储蓄存款余额达267.78亿元,比年初净增41.11亿元,扣除工行划转7.77亿元,实际净增33.34亿元,达年净增计划的133.37%,比上年同期增9.89亿元。消费贷款执行余额突破10亿元大关,达到14.02亿元,较年初增加9.69亿元,增长幅度居全行各类贷款首位。

一、为实现全省存款净增25亿元,力争26.5亿元,消费贷款6亿元的目标,省分行于2月份下发了《2000年零售业务工作要点》。在此基础上,各级行都下达了任务,做到层层分解落实。并将计划完成情况纳入各级行长业绩考核内容。

二、消费贷款在贷款规模和资金上予以倾斜。在2000年的全省信贷会议上,明确提出把个人住房等消费信贷业务作为信贷工作的重点任务之一,积极开拓。对消费贷款所需资金、规模给予全力保证。计划单独下达并明确规定:消费贷款发放可以不受当地贷款规模限制,因消费贷款发放而造成贷款规模不足的,可边贷边报。各级行不得以规模、资金不足为由,影响消费贷款的发放。凡是由农行提供住房开发贷款的楼盘,都必须由农行提供按揭等政策、原则措施。

三、狠抓"1·8·5工程"实施和单产高产网点的管理工作。全省上报总行并兑现了1999年度"亿元储蓄所(柜)"21个,兑现奖励费用109万元。2000年度又对全省网点进行了评审并兑现储蓄存款亿元网点4个;金额8000万元网点7个;5000万元网点12个,全省共兑现奖励费用指标840万元。

四、适应社会需求,推出新的贷款新品种。为增强市场竞争能力,在全省推出了7大类23种个人消费信贷金融产品,这些消费贷款品种在全省各行的全面启动,有力地促进了个人消费贷款业务的开展,特别是在原一手房贷款、二手房贷款、房改房贷款的基础上推出新的组合贷款,如"零首付"贷款、押旧买新首付款贷款、"金钥匙"助学贷款等新业务品种更是受到广大群众的欢迎。从资产质量上看,到年末止,云南省分行的个人消费贷款无一笔呆滞或呆账贷款;从贷款方式上看,住房贷款抵押担保面达到99%以上,大大高出全行常规贷款的整体水平;从贷款效益上看,个人住房贷款综合利息收回率为100%,成为所有贷款中效益最好、安全性最高的贷款项目并收到良好的社会效益和经济效益。

五、认真做好国债的发行和兑付工作。完成了2000年发行凭证式国债一、二、三期5.4亿元,1997国债4.3亿元的兑付工作。

六、积极研究并推行新的服务理念服务方式。在曲靖、玉溪、红河、大理、昭通、昆明等地州市成立了17家"金钥匙"金融超市。即在现有营业机构内专设一柜组,邀请公证、保险、抵押登记等机构联合办公,为客户提供"一条龙"贷款快捷服务。金融超市采用流水式业务作业,在同一营业厅内设立业务咨询、贷款申请、保险办理、抵押登记、合同签订、贷款发放等操作岗位,信贷工作人员把精力集中到贷款前期的调查工作中去,给客户一个总体评价和授信额度,当客户来申请贷款时只需调出客户的授信额度,提供的有关资料齐全、准确,超市便可以在一天内完成不同额度的全部贷款手续。

(陈显杰)

【项目贷款】

一、基本情况。

截至2000年末,常规业务各项贷款余额3816588万元,其中,中长期贷款(不含中期流动资金贷款)余额726015万元,比年初增加82732万元,增长12.9%,有力地支持了云南省的经济发展。2000年省分行共审批中长期贷款项目20个,项目总投资100757.26万元,批准贷款41262万元,占投资总额的41%。审批的项目中,电力项目2个,批准贷款2882万元;电信项目3个,批准贷款5700万元;花卉产业化示范项目4个,批准贷款2190万元;市场建设项目1个,批准贷款2000万元;建材项目1个,批准贷款4440万元;小城镇建设项目1个,批准贷款200万元;与烟厂配套项目1个,批准贷款3500万元;公路、房地产开发和城市基础设施建设项目6个,批准贷款24400万元;旅游开发项目1个,批准贷款950万元。

二、加强了项目贷款的基础管理工作。

一是明确岗位职责,制定了《项目贷款管理个人工作职责》,将每一项具体工作细化分配到个人,做到各司其职、各负其责,提高了项目贷款管理工作的效率。其次,针对项目贷款档案管理上的不足,着力强化项目档案的完整性管理,不仅将过去的项目档案进行了分类排队,而且还重点对2000年的项目档案进行了查遗补缺,做到项目贷款档案的充分完整,提高了项目档案为信贷管理和信贷决策服务的功能。通过加强项目贷款的基础管理工作,保证了各项工作的正常、顺利开展。

三、以现行制度为依据,推动中长期项目贷款管理的各项工作走上规范化轨道。

根据总行和省政府对项目贷款工作的一系列制度、办法要求,制定了《中国农业银行云南省分行关于规范中长期贷款项目评估(审)工作的若干规定(暂行)》,细化了对项目资料的要求,规范和统一了有关的工作程序、格式及内容。针对贷款管理中的重贷轻管的问题,制定下发了《关于规范中长期贷款项目贷后检查有关问题的通知》,使项目贷款管理工作在贷前、贷中和贷后都做到有章可循,提高信贷管理的水平。

(孙俊伟)

【企业信用等级评定和统一授信管理】

一、统一认识,理清工作思路。企业信用等级评定和客户统一授信是建立审慎高效的现代银行制度、调整信贷结构、控制信用风险的内在要求,全行高度重视这项工作,并把它作为信贷管理的出发点和落脚点,从客户基础工作强化农行内部风险控制,防范和化解金融风险。

二、精心组织安排,保证工作顺利进行。根据人民银行和农总行的工作部署,2000年陆续出台了有关规范企业信用等级评定和客户统一授信的上报材料及审查要求,全年共组织对16个二级分行,156户AA级以上企业进行了信用等级评定审查(其中AAA级46户,AA级110户),对8户A级房地产企业进行了评级,对省分行权限内的61户企业进行了最高综合授信,授信额度达76.36亿元,并督促二级分行做好其权限范围内的工作,确保全年法人客户授信工作的顺利进行。

三、强化信用评级、统一授信内控管理。

(一)强化统一授信操作规程管理。为加强统一授信管理的针对性,提高统一授信的有效性和准确性,在实施管理中建立起横向制约与纵向制约相结合的审贷部门分离,体现信贷业务"先横后纵,横向平行制衡,纵向制约"的原则。

(二)建立健全信用评级和统一授信监管制度。对授信客户的监管:一是建立客户统一授信台账,记录客户信用等级定期复测情况、最高综合授信额度使用情况以及客户主要评价指标等;二是收集分析客户的财务和非财务信息,要求客户定期提供财务信息并进行分析记录;三是建立统一授信客户档案,完整记录农业银行内部审批全过程及客户生产经营状况,落实内部责任,做到有据可查。

(三)建立快捷有效的信息管理制度。为加强统一授信内部信息管理与传递,结合农行信贷电子化建设,逐步建立起有效的信息管理制度,保证授信管理信息在农业银行内部能够充分流动,使管理行能够及时了解客户授信额度的执行情况、客户的风险等级状况等,从而达到统一授信管理监督制度的有效性和及时性。

(王　涛)

【流动资金贷款】 2000年流动资金贷款管理工作,始终坚持以客户为中心,以经济效益为经营目标,一方面,本着实事求是、严格审查、高效审批的原则,加快上报流动资金项目贷款的审查和批复工作,积极推进客户信贷结构的战略性调整。全年上报分行审批的流动资金贷款共有15笔,经审查批复10笔,合计流动资金贷款32700万元(其中优良客户9个,贷款28700万元,占新批贷款的87.76%),涉及冶金、石油化工、建筑房地产及旅游等多个行业,介入农行长期没有涉及的领域。如赢利能力较强的上市公司云天化股份有限公司、云南铜业股份有限公司,基础设施行业云南移动通信公司、中国电信云南分公司以及丽江玉龙雪山旅游开发总公司等新兴产业。对不符合信贷投向和贷款条件而不予审批的项目5笔,涉及贷款16000万元,建立了退出机制,逐步淘汰劣质客户,进一步加大信贷结构的调整力度。另一方面,规范信贷决策行为,强化信贷基础管理,努力提高信贷管理水平,一是严格依据借款人的信用等级、贷款风险度和授信额度发放和管理,严格按规范决策行为所制定的信贷操作规程进行贷款的受理、调查、审查、决策等环节,通过程序制约和避免人为造成的信贷风险;二是依据总行信贷制度规定和流动资金上报要求,设计编制了《贷款审查表》、《流动资金贷款审议报告表》、《流动资金贷款汇总表》及《短期信用报备表》等多张应用报表,完善对流动资金贷款的基础管理;三是认真履行信贷报备制度,10月份以来,共答复地州市分行报备57笔,其中:中期流动资金贷款29笔,贷款24606万元;银行承兑汇票承兑25笔,金额3116万元;贴现业务3笔,金额93万元;按程序向总行报备的贷款6笔,贷款23200万元;四是加强贷款发放后的管理,定期或不定期对借款人是否按合同约定使用贷款、生产经营以及下级行信贷业务规范化操作、信贷档案资料管理等情况进行跟踪检查。

(高 捍)

【农副产品收购信贷】 2000年底,全省农行农副产品收购贷款余额137亿元,重点支持了两烟、甘蔗、茶叶、橡胶等大宗农副产品的收购。其中,累计发放烤烟收购贷款近25亿元,支持烟草部门收购烟叶500余万担;发放甘蔗收购贷款5020万元。到12月末,全省"两烟"贷款余额115亿元,糖业贷款余额16.7亿元,为云南省支柱产业"两烟"和糖业的发展做出了积极的贡献。

一、加强预测,合理安排收购资金。农副产品开始收购之前,各级行主动与收购部门联系,落实收购量,测算资金需求,做到早预测、早安排、早落实收购信贷资金。2000年,据各烟区行统计,全省烤烟收购资金共需60亿余元,实际上为52亿元,其中:农行贷款近25亿元,占收购资金的49%左右;2000/2001榨季,预计甘蔗收购资金需8亿余元,其中需农行贷款近3亿元。

二、加强烤烟收购贷款管理。为使全省烤烟收购工作顺利进行,2000年7月,省分行召开了全省农行烤烟信息会议,明确烤烟收购信贷工作的原则是:主动营销,保证份额;突出重点,区别对待;分类指导,加强管理,提高综合经济效益。按照此原则,将全省12个烟区行分为四类,区别对待,分类指导,并采取了以下信贷措施:

(一)烤烟收购期间,各烟区行重点保收购,新增规模和资金以及烟贷款下降余出的规模优先用于支持计划内的烤烟收购。

(二)为使烟草企业便利、快捷取得收购信贷资金,除少数管理差、经营困难、资产负债比例高的县级烟草公司由地州市烟草公司统贷统还外,信贷支持的主体重点为县级烟草公司。同时,对部分县级公司实行公开授信。2000年,对曲靖市9个市县级烟草公司进行了公开授信,总授信额度16.5亿元。

(三)对支持计划内烤烟收购的贷款,利率执行基准利率,不上浮。

三、规范和加强糖业收购贷款管理。为积极稳妥地支持糖业生产的发展,进一步规范和加强糖业收购贷款管理,防范和化解信贷风险,2000/2001榨季,省分行根据全省糖业生产经营情况及新榨季糖业形势,制定下发了《关于糖业收购贷款投放及管理的意见》,明确该榨季甘蔗收购贷款的管理原则为:控制总量,盘活存量;区别对待,分类管理;封闭运行,确保收回。同时要求各糖区行利用糖业市场好转的有利时机,通过注入新贷款,盘活原拖欠本金10%,利息30%。

(谢晓芬)

【电力信贷】

一、结合实施"双优战略",保证续建项目及配套输变电线路工程的资金需要。全年共支持4个续建电站项目和2个电网项目的建设;与此同时,严格控制新上电源项目,对纯径流式电站一律不予支持,全年压缩不符合条件的电源项目2个,从而促进农村电力事业稳健发展。截止2000年末,全行累计发放农村小水电贷款近40亿元,共支持建成各类型电站620余座,总装机容量近120万千瓦(火电为8.2万千瓦,水电近110万千瓦),占同期全省总装机容量的17.5%;送变电工程项目70个;围绕拉动内需,提高农村供电水平,重点支持农村电网建设与改造工程。2000年末农网贷款余额达191825万元,支持全省农网建设改造工程共完成110千伏变电站21座,线路865公里;35千伏变电站88座,线路1372公里;新建和改造10千伏线路13786公里,低压400伏线路建设和改造18080公里,更换高耗能变压器17955台,完成一户一表改造103万户。

二、加强农网建设贷款的基础管理工作,防范信贷风险。为高效率、高质量的规范农网贷款管理,根据总行农银贷二[1998]36号文件要求,一是对省电力集团公司的资信状况进行了分析,该公司总资产142亿元,近三年的平均资产负债率为59.29%,连续三年盈利累计6.79亿元,具备农行贷款条件;二是确定农网贷款方式,由于省电力公司抵押资产分散,不便登记,并且可抵押的资产不足,实行担保贷款又无有资格且愿意担保的单位。据此,经请示总行同意,采取了用未来电费做质押的贷款方式;三是为完善质押登记手续,落实有效担保,依据《国家计委、人民银行关于印发农村电网建设与改造工程电费收益权质押贷款管理办法的通知》(计基础[2000]198号),设计制定了《云南省电费收益权质押登记申请书》、《电费收益权质押权利证书》和《云南省电费收益权质押登记审批表》,由省计委印发全省执行;四是做好农网项目贷款的申报工作。针对农网项目涉及面广的特点,积极介入省计委对农网工程项目的审查工作,在听取计委及电力专家对农网项目审查的意见和建议后,依据农总行《农村电网建设与改造贷款评审暂行办法》,制定了《云南省农村电网建设与改造贷款评审办法》及《云南省地方电力农村电网建设与改造贷款评审办法》,并组织相关人员进行培训,及时掌握评审办法,认真组织农网贷款评审材料,上报总行审批;五是积极参与农村电网建设与改造竣工县的验收工作,针对验收中发现的问题，提出改进工作的措施，加强对农网贷款的管理。

三、强化信贷管理制度建设，规范信贷资金运作。为管好、用好云南省农村电网建设与改造工程资金，规范资金运作，先后与云南电力集团公司、云南省水利厅多次研究协商，联合拟文下发了《云南省农村电网建设(改造)资金管理办法》和《云南省地方电力企业农村电网建设(改造)资金管理办法》，为确保农网资金的安全性和使用效益提供制度保障。

(高　捍)

【专项信贷】 2000年末，累计发放专项贷款247919万元，余额达1283284万元，比年初净增147234万元，完成总行下达计划17.61亿元的91.83%。其中扶贫贷款累计发放188339万元，余额达704617万元，比年初净增138.48万元，完成总行下达计划17.61亿元的95.8%，为农业银行信贷结构的调整优化、云南农业产业化的发展和“七七”扶贫攻坚计划的实现做出了积极的贡献。全年不良资产盘活5599笔，42546万元，比计划数4亿元超2546万元。其中“两呆”贷款盘活3540笔，24505万元，比计划数1.5亿元多盘活9505万元。表内利息收回率88.52%，比上年增加2.02个百分点。

一、加强管理，扶贫贷款投放迈出了新的步伐

全年把扶贫贷款管理工作作为中心工作来抓，积极探索和创新，迈出了新的步伐：一是跳出传统产业的圈子，扩大了扶贫贷款的投放区域和使用范围。各级行在与扶贫部门密切合作，取得共识的基础上，适度扩大扶贫贷款的投向区域和范围，积极支持电信、文化教育、广播电视信息网络、移动通信、医院、城市供水、集镇建设等基础设施项目的实施，取得较好的效果。据统计，全年扶贫贷款用于支持上述项目的额度达3亿余元。二是小额信贷的扶贫力度加大，方式灵活多样。全年累计发放小额信贷2.6亿元，在扶贫贷款方式上，支持推广“公司+基地+农户”的模式，使农户生产效益得到保证，不仅提高了农户的生产技能，也降低了银行信贷风险。三是社会效益和银行自身经济效益得到有机统一。扶贫贷款支持电信、文化教育、广播电视信息网络、移动通信、医院、城市供水、集镇建设等基础设施项目的实施，培育了一批优良客户，促进了信贷结构的调整。同时也为全省“七七”扶贫攻坚计划的实现和515万农村贫困人口脱贫做出了贡献，得到了各级党政的充分肯定。四是坚持有进有退的信贷政策，扶贫信贷的路子越走越宽。

二、围绕“双优”战略，开发贷款走出了新的路子

(一)在管理上坚持与常规贷款管理相结合。一是加强省、地、县三级行的密切配合，按照新的信贷管理制度的有关规定和要求，结合产业发展规划，严把项目关，积极对产业部门推荐的项目进行评估，择优选择有利于信贷结构调整和培植优良客户的优良项目给予支持。全年共择优选择农业综合开发、生物资源创新、南亚热作、林业、山区农业综合开发等项目100个，贷款金额77722万元。二是严格执行贷款的转授权制度和报备制度，中长期项目贷款一律报省分行审批。三是提高贷款的审查、审批速度，全年分行按贷款审批程序共审批贷款项目47个，贷款金额30550万元，审查审批二级分行报备33笔，金额5000万元。四是建立了信贷员管户制度和贷后跟踪监测制度，督促企业加强管理和财务核算，合理使用贷款，提高贷款使用效益。

(二)在贷款的投向重点上坚持与地方产业政策、发展规划和目标相结合。一是立足资源优势，积极支持全省以花卉、生物制药为主的生物资源创新开发工程的实施，发展特色产品和特色经济。全年共重点支持的花卉、生物制药、香料、咖啡、无公害蔬菜、热带果品、马铃薯、魔芋、葡萄九类产品“生物资源开发创新工程”项目44个，贷款金额29370万元。都显示出了较好经济效益和发展前景。如贷款2700万元支持的云南金泰得制药总公司三七系列产品GMP技改工程，项目建成后，年销售收入从1999年的9547万元增加到2000年的15170万元，上缴税金1049万元，实现利润2654万元。又如发放专项贷款3800万元所支持的高原酿酒公司开发的“云南红”系列葡萄酒技改及种植项目，其产品市场前景广阔，已占云南市场份额的70%以上，打入贵州、四川、广东等国内市场及周边部分国家市场。2000实现销售收入1亿元以上，实现利润1000万元。整个葡萄种植、加工产业成为红河州继烤烟之后的又一个支柱产业。又如贷款2050万元支持的云南恒隆隆格兰园艺有限公司扩建80亩百合花种植基地项目和云南省格桑花卉有限责任公司承建的迪庆高原球根花卉生产基地建设项目，不仅项目自身产生了较好的经济效益，也为云南省出口花卉产业化起到了巨大的示范作用。二是积极支持农业综合开发，夯实农业发展后劲。全年累计发放贷款9570万元支持的市场前景广阔、经济效益好、偿贷能力强的农业综合开发项目15个，都显现了很好的社会效益和经济效益。如贷款5300万元支持的安宁电力综合大厦、晋宁县城供水、嵩明小街人畜饮水项目，对于改善农村供电条件、人畜饮水和农田灌溉条件都起到积极的作用。又如贷款2230万元支持石屏县烟草公司种植大杨梅、干果等7万亩项目，不仅对烟草行业多种经营探索出了新的路子，也为全省山区农业综合开发起到了较好的示范作用。农业综合开发项目的实施，带动了项目区的经济发展，夯实了农业发展后劲，为农业的全面发展奠定了良好的基础。三是积极支持山区林业综合开

发,走林业多种经营的路子。从实际出发,适时发放林业贷款10634万元,支持林业多种经营项目49个。在投向上注重:一是扶持发展经济林和营造速生丰产林,发展林果业,增加市场名、优、特果品种类,提高林农收入;二是立足生态环境保护,支持长防林的发展,支持退耕还林、还草、还湖等项目的实施,改善生态环境;三是进一步支持森工转产,调整林业产业结构,增加林业发展后劲;四是充分发挥云南省旅游资源丰富的优势,大力支持发展旅游业。在保山、德宏、临沧和思茅等热带地区,贷款8250万元支持集中连片种植防护林、速生丰产林和经济林,既帮助贫困农户增加收入,也支持了国家"天保"工程的实施和森工企业转产。

(三)在贷款计划的安排使用上,坚持与收回再贷、扶贫贷款和常规贷款相结合。在开发贷款计划的安排和使用上,积极探索,突破"小专贷"的圈子,实行"大开发",把林业、农业综合开发、南亚热作和山区农业综合开发四块贷款计划合并,充分与收回再贷、扶贫贷款和常规贷款相结合,形成合力,找准政策性和商业化经营的最佳结合点,在保证贷款质量和项目效益的前提下,集中规模和资金,统筹安排,支持优良项目的实施,促进全行信贷结构的调整和优良客户的培植。全年的开发贷款投放中,共调剂收回再贷3190万元、扶贫贷款4520万元、常规贷款2367万元,共同支持了全省开发项目的实施。

(杨崇华)

【信贷风险监管】

一、实施不良贷款形态认定管理、下达考核不良贷款年末控制计划,使全行不良贷款控制在总行下达计划以内。针对上半年以来不良资产出现了快速、大幅上升的势头,实施了总行不良资产认定管理办法。对拟进入不良贷款的,严格按条件、期限逐户逐笔进行认定。同时,结合人民银行"四条"政策和授信管理,对借新还旧贷款加强了重点指导管理。年末不良贷款余额控制在农总行下达的计划以内。

二、加强清收盘活不良贷款工作,全年清收盘活不良贷款取得较好成效。年初,省分行将清收盘活不良贷款计划任务,下达各二级分行,各行层层分解落实到基层、落实到人、并列入考核。到12月止,全省共清收盘活不良贷款290327万元,其中,呆滞贷款126862万元,呆账贷款5417万元。

三、严格按政策做好全行的呆、坏账核销工作。2000年共完成审查上报总行拟核销呆账材料3587户,金额14891万元;经总行批准核销3567户,金额11150万元;分别占上报数的99.4%和74.9%。上报拟核销坏账1910户,金额13179万元,除昆明14户、99.84万元外,其余均已批准核销。

四、加强金融债权管理,维护农行权益。重点围绕支持国企改革、维护农行权益做了以下工作:一是先后参与列入国家经贸委债转股项目的蓝箭汽车厂、解放军驻昆化肥厂、云南红河磷肥厂、保山铅锌矿等企业债转股的方案审定及上报,并对总行已批准的蓝箭汽车厂、保山铅锌矿两户企业实施债转股,转股金额41100万元。二是对列入国家"关小"的30个项目逐户深入企业实地调研、广泛听取了政府、企业、基层行意见。三是对较大行业的资产保全工作进行了调研、指导。

五、认真做好信贷资产五级清分工作。2000年按季先后4次组织进行了信贷资产五级清分。从实施情况看,全行在清分过程中,认真贯彻落实人民银行、农总行清分文件精神,及时认定、调整形态,确保了五级清分工作的有序开展和进行。截止2000年12月末,正常类贷款376.12亿元、占比73.59%,不良贷款135亿元、占比26.41%。

六、认真抓好不良贷款集中清收管理的试点工作。为认真贯彻落实总行《中国农业银行不良贷款集中清收管理指导原则》,省分行结合云南实际提出了贯彻实施意见,并组织在安宁、砚山两个支行进行不良贷款集中清收管理试点,对两个试点单位拟发了《不良贷款集中清收管理试点行操作参考》,并先后多次到试点行指导试点工作。从实施情况看,取得了较好的效果。截止2000年12月末,砚山支行清收盘活不良贷款560万元、两呆利息170万元。

七、严格政策,不良资产剥离工作顺利结束。总行下达云南省分行不良资产剥离规模37亿元、债转股2户、金额4110万元;省分行成立了由姜仕俊行长为组长的剥离工作领导小组,并从有关处室抽调了12名具有较高业务素质的同志组成"剥离办",各二级分行和县支行按要求也成立了由行长为组长的剥离工作领导小组及办公室。省分行资产风险监管处作为"剥离办"的常设机构,及时布置全省的不良资产剥离工作,定期召开行、司联席会议,协商解决剥离收购中存在的各种问题。到7月15日止共审查完报长城资产管理公司昆明办事处材料:63860户、430400万元,占下达规模的104.7%;完成40992户,41.11亿元(含债转股)的资金清算划转工作,占下达规模的100%。

八、审、贷分离,进一步规范信贷决策行为。为认真贯彻落实总行《关于规范信贷决策行为的若干规定》精神及分行党委关于处室职能调整的决定,从6月份开始由资产风险监管处承担贷审会办公室职能。根据贷款审查部门的职责要求,资产风险监管处起草拟定了《省分行贷审会工作程序》、《贷审会办公室贷款审查纲要》,设计并印制《银行内部运作报告书》。对信贷部门提交审查的信贷事项，在规定的时间内，按国家有关金融、经济法规和信贷管理制度、办法，独立审查、提出审查意见，提交主管行长或贷款审查委员会。下半年，具体准备、组织了4次贷审会及对相关项目的审查，共审查贷款项目75个(审查后需信贷部门补充材料的60个)，其中，提交贷审会审批30个、主管行长审批45个。

(赵　龙)

【市场开发业务】

一、抓好对公存款的组织管理，圆满完成对公存款计划。

对公存款狠抓了三项工作：一是建立了对公存款数据的按月收集分析制度，并经常与各二级分行保持联系，掌握动态；二是充分发挥好省分行在坚持以客户为中心的“龙头”作用和示范作用，在全省范围内确定了滇东电力公司、红河卷烟厂等46个单位为省分行对公存款的重点联系客户，并分头对12个地、州(市)的30多家客户进行了走访，征求客户的意见和建议，对合理化的建议积极采纳，对农行的不足之处及时向当地行反馈，密切了银企关系；三是通过扩大和规范代收代付业务增加对公存款。全省累计开办了通信、物业管理、社会保障、税务、交通、行政事业、代发工资、报刊订阅等9大类57个中间业务品种，全年累计发生额达201.78亿元，形成资金沉淀26.77亿元。2000年新增对公存款达22.2亿元，完成省分行下达计划16.5亿元的134.5%。

二、拓展市场优良客户，增强省分行对资产及负债业务的直接营销力度。

优良客户的开发是市场开发的一项主要任务，省分行先后同国家劳动部社保局、省财政厅、省高院、民政厅、省国税局、省移动通讯公司、联通公司等10多个部门进行了业务交流，寻求合作。

(一)7月份与云南省高级人民法院、省财政厅联合签署了诉讼费代收协议。8月18日与省高院联合签署了补充协议。这个协议在原基础上进一步明确了法院系统的基本账户统一开到农行，各种专户(包括执行费等)全部由农行代理。

(二)与云南移动通讯公司签署了代收话费协议。省移动公司在全省有移动用户172万户，2000话费收入达25亿元，省分行信息处在年内完成了话费代收软件的开发，2001年起全省就可实现全面代收。

(三)与省民政厅达成业务合作协议。主要内容是：全省民政系统成建制统一到农行开立基本账户，所有资金汇划统一由农行代理。

(四)积极拓展高等教育领域。与云南财贸学院合作，承诺在2000年至2005年对云南财贸学院授信2亿元。贷款4000万元支持云南大学华美学院的建设，这是农行系统对云南省高等教育投入的最大一笔贷款。

三、客户经理制的推行取得突破。

客户经理制是国外发达国家商业银行普遍采用的对客户服务的运行机制。制定了《中国农业银行云南省分行客户经理制实施办法》(试行)，组织编辑出版了《银行客户经理实务》一书供基层学习。组织了有昆明、曲靖、玉溪和昭通四个地、市200多人参加的首批客户经理培训班，通过考试、军训、礼仪培训和答辩，有59人取得了《客户经理任职资格证》。

(许　琨)

【银行卡业务】　2000年工作重点和指导思想是：树立一个意识，推进两个工程，改善用卡环境，加快银行卡业务发展。2000年发卡量和卡存款增长迅速，截止年底发卡量达1575269张，比1999年净增673578张；卡存款达377883万元，比1999年净增192110万元，在1999年基础上翻了一番，金穗卡在组织存款、开展中间业务、提供结算手段等方面，以及在市场开发和同业竞争中地位已举足轻重。

一是调整管理职能，加大管理力度。2000年调整了商户发展的思路，改变过去商户的发展仅由银行卡部负责的做法，即商户发展由各行客户部负责，银行卡部门负责商户的培训和管理；调整了银行卡部门的职能，各地州市银行卡部的职能从原来的经营管理型，转变到对支行的管理、指导、服务、监督上来，随着职能的转变，改变了过去以信用卡管理为主的模式，实现了以信用卡、借记卡并重的管理方式，加大了对金穗借记卡(储蓄卡)的管理力度。

二是积极推进昆明地区ATM、POS跨行联网的银行卡工程和全国联网的借记卡工程。为尽快解决用卡环境问题，早在金卡工程启动之时，分行党委就制定了“借船出海，扩大金穗卡应用范围”的战略目标，农行云南省分行作为金卡工程的主要成员行积极参与金卡工程的建设，2000年12月25日按时加入了昆明地区银行卡网络系统。加入金卡工程后，受理金穗卡的商户由加入前的100个左右扩大到400个，受理POS近900台，极大地解决了昆明地区农行商户少、金穗卡使用难的问题。2000年7月进行了全省金穗借记卡培训，10月1日金穗借记卡全国联网并成功发卡，11月下旬组织昆明、玉溪两个发卡行对金穗借记卡进行试运行测试，为推进全省发行金穗借记卡进行了物质技术准备。

三是改善用卡环境。用卡环境的好坏，直接影响到银行卡业务的健康发展，首先转变了过去把非本网点或辖内交易称之为“代理”的观念，牢固树立了一级法人观念，即建立统一的农行对外形象，凡是农行的跨辖交易皆称之为受理，且必须无条件受理，代理仅指非农业银行业务，改变了代理可以不代的现象，促进了银行卡业务的发展；其次始终坚持谁受理，谁受益的原则，采取谁发展的卡，客户存款归谁的办法，同时制定了《中国农业银行云南省分行银行卡柜台业务处罚管理办法》，极大地调动了各级行发展银行卡业务的积极性，提高了服务质量；第三是加大对特约商户服务的力度，采取提供上门收单服务，加大POS连线率，及跨区域发展特约商户，确保了商户账款结算的快捷和准确，提高了对特约商户服务的质量，加快了欠发达地区银行卡消费业务的发展；第四是开通全省信用卡自动授权网络，全省13个信用卡发卡中心全部加入全国授权网络，实现了除文山、迪庆、怒江外所有联机网点的信用卡受理，柜台联机实时受理信用卡网点由1999年的278个发展到1095个，提高了信用卡的受理效率和范围，进一步改善了信用卡的用卡环境，遏制了信用业务下滑趋势，减轻了授权工作强度。

四是加大机具投入，提升农行形象。2000年在资金紧张的情况下加大机具投入，全年投入ATM87台，POS146台，自助银行16个。

五是开拓市场，加快业务发展。(1)随着银行卡业务的发展和滇西旅游业的繁荣，许多金穗信用卡持卡人到怒江、迪庆要求受理。如果向总行申请新的信用卡发卡城市代号，必然带来设备投资加大，业务经营和管理人员增多。为此，省分行银行卡部提出了“银行卡业务发展内部联合”的思路。确定以大理为本币卡业务联合中心，怒江、迪庆发展的银行卡受理商户、柜台的信用卡业务通过本地远程连接大理，来开展商户消费和信用卡发卡及受理工作。用同样办法，促成了文山与红河的银行卡业务内部联合。(2)随着云南对外开放和旅游经济的发展，国际收单业务有很大发展前景，为了开展旅游地区的国际卡收单业务，采取内部联合的方式，由昆明作为主办行，大理、丽江、怒江、迪庆的商户在受理外卡业务时，通过昆明外卡前置机与总行外卡处理中心连接，直接将大理、丽江、怒江、迪庆等旅游地区的国际卡收单业务纳入昆明行的范围。到2000年11月末，农行云南省分行外币卡收单额达2361万元，完成年度计划的131%。

（王和平）

中国银行云南省分行

行长:李永秾

【综述】 2000年,中国银行云南省分行紧紧围绕创建良好公司治理机制这一主题,坚持“大公司、大零售”发展战略,积极拓展各项业务,狠抓内部管理,较好地完成了总行下达的各项任务和年初分行党委确定的各项经营目标,各方面的工作取得较好的业绩,保持了自分设以来连续17年盈利的纪录,在总行对一级分行开展的经营绩效考核中被评为较优。

一、资产负债总额平稳增长,人民币贷款增幅较大,信贷结构调整成效明显。

2000年本外币实有资产214亿元,比1999年增加17.2亿元,增长了8.7%;实有负债206亿元,比1999年增加15.5亿元,增长了8.15%。

认真贯彻国家金融方针政策,有力支持地方经济建设和经济结构调整。年末各项人民币贷款余额为980701万元,剔除剥离不良贷款本金因素,较上年实际净增153908万元,增长16%。从新增贷款投向上看:一是积极支持云南省基础设施建设,加大对交通、通讯、能源等行业的投入。二是积极争取国债贴息项目,支持国有企业加快技术改造步伐。国债技改项目发放了1.725亿元人民币配套贷款。三是积极配合外贸企业改制,支持外贸企业当期业务。四是积极支持“高营销、高盈利、高创汇”的外商投资企业和高新技术产业的开发。五是积极支持高校服务社会化改革。六是加大消费信贷市场的拓展力度,积极开办各项消费信贷业务并在完善消费信贷业务操作、防范业务风险方面取得了新的进展。截止年末消费贷款余额达到6.9亿元,新增5亿元,比上年增长263%。

二、狠抓不良资产清收,完成不良资产剥离任务,信贷资产质量有所提高。各行通过诉讼、重组、置换等措施对不良贷款进行催收,全年共清收不良资产49358万元,完成了总行下达的清收任务350%,年末本外币不良资产率为21.96%,较上年末下降了10.48个百分点。全辖15个地州市分行和直属行不良资产率不同程度都有所下降。认真做好不良贷款剥离工作,共剥离本外币不良资产本息181466万元。同时,严格执行统一授信、审贷分离、授信业务尽职调查等制度,从源头上防止不良贷款的产生,到2000年末本外币新账不良贷款率控制在2.88%。

三、按照“大零售”发展战略,促进零售业务平稳发展。在全行实现通存通兑后,又推出自助银行、教育储蓄、定期一本通、银证通等多项新业务,深入开展了创建精品网点和争创亿元所活动,提高现有储蓄网点的吸存能力和经营效益,现有亿元所(柜)12个,5000万元所(柜)26个。

在省级行政事业单位统发工资服务的招投标中顺利中标,争取了近300个省级行政事业单位的代发工资业务,增加了一批优质客户。

银行卡业务发展态势良好。继续按照总行“六统一”的要求,进一步强化集约经营,实现全省信用卡账户集中;在全省率先推出长城国际卡业务,在全省推广了长城借记卡;配合昆明市银行卡电子结算中心做好ATM、POS机的入网工作。促进了银行卡业务向质量效益型转化,长城卡业务和代理外卡业务有了明显增长。

四、国际结算业务市场占有率有所回升。面对国际结算业务竞争激烈的严峻形势,采取了一些有针对性的措施：一是积极开展业务公关，形成四个层次的公关网络。与一些业务发展前景良好的客户建立银企合作关系。及时了解企业的情况和业务需求，主动宣传中国银行的远期结售汇和外汇买卖等相关业务，为优质客户提供利率和汇率方面的优惠。二是在控制风险的前提下简化手续，加快授信业务审批速度，提高效率，更好地为客户服务。三是针对一些外贸企业因长期拖欠贷款担心银行强行收贷而将业务转走的情况，向客户宣传贷款新老划段政策，消除其后顾之忧。通过上述措施，使国际贸易结算出现了回升的势头，全年国际结算业务总量达 50143 万美元。

五、实现全省数据集中，电子化建设步伐进一步加快。

在总行"集中、统一、高效"的科技改革方针指导下，坚持"安全运行和安全生产"原则，逐步实现信息资源的集中、统一和共享，为各项业务发展奠定了良好基础。

(一)电子化建设取得新的进展。严格按照昆明银行卡中心的要求和步骤，完成了金卡工程项目的编制、测试、投产和日常维护工作，对昆明地区设备软件进行了更换；完成了人民银行天地对接延伸系统的编制和测试，并在昆明 11 个支行投产了该系统；研究开发并在昆明、红河两地推出银证通业务；完成了全辖所有分支机构设备和系统的升级换代工作，并对全省数据通信二、三级网进行了升级和提速，进一步提高了网络的运行质量和效率，保障了全省集中处理的安全运行；完成了电子联行、SWIFT、收付清算、国际收支、新一代国际结算出口、信贷清分、信贷登记咨询等系统的升级工作；完成了个人实盘外汇买卖系统、人民银行 IC 卡查询系统的开发，实现了凭证式国债的电脑化操作。

(二)坚持总行科技发展战略，实现全省数据集中。2000 年 6 月，如期完成全辖机构网点业务数据集中处理，实现了全省一个信息处理中心；在全辖所有网点开通了储蓄业务的通存通兑；在全辖推广了电子借记卡等新业务，促进了业务的规范化、科学化管理。全省数据集中大幅提高了业务处理能力，促进了资金合理利用，优化了资源配置，确保了电脑系统的安全运行。

(三)做好"新一代"综合业务系统的准备工作。按照总行的安排部署，初步完成了"新一代"综合业务系统的上机准备工作，为推广"新一代"综合业务系统进而提高全辖网点服务质量奠定基础。

六、会计核算水平有所提高，财务费用控制能力得到增强，经营效益继续稳步增长。

继续坚持以效益为中心，按照总行新的财务管理要求，在加强费用开支管理，提高费用开支使用效益，降低经营费用成本等方面积极开展工作，使费用支出结构得到改善，盈利能力有所提高，全年实现本外币利润 6896 万元，比上年增长 126.58%。结合总行会计核算的有关要求，加强会计检查辅导，规范业务操作，使全行会计核算质量得到提高。

七、继续深化各项改革，机制创新有了新的进步。

为适应商业银行运作的需要，继续加快和深化各项改革措施。一是完成了二级分行的内部机构改革，在 3 个二级分行组建了八部二室的内设机构，在 8 个二级分行组建了六部一室的内设机构，初步建立起决策层、管理层和监督层的内部组织架构；二是在充分调查研究的基础上，制定了部分县支行撤并方案，为撤并县支行做了大量准备工作；三是加快人事制度改革，结合聘任制，在全辖实行竞聘上岗和员工双向选择，各级党委坚持任人唯贤、德才兼备、民主公平的原则，使大批优秀年轻干部脱颖而出；四是根据总行安排和布置，进行了稽核体制改革，建立了由省分行统一对全辖实施稽核检查的稽核制度；五是进一步加强内部管理，配合人民银行和外审部门"真实性检查"、"外汇业务大检查"、"结算业务大检查"，认真开展自查，对检查中发现的问题认真整改，完善各项规章制度和业务操作流程，杜绝业务处理中各种违规现象；六是认真开展经营管理绩效考核。在配合完成总行对一级分行实施经营管理绩效考核的同时，对全辖 11 个二级分行和 4 个直属支行进行了经营绩效考核，对各行盈利水平、发展能力、效益质量和综合管理进行了深入的调查研究，摸清了全辖的经营情况，找准了经营管理中存在的突出问题并加以解决。

(薛　琳)

【信贷业务】 2000 年，认真贯彻总行的"十字方针"和"四重"战略，抓住国家实施西部大开发的机遇，结合云南省实际，坚持"以市场为导向，以客户为中心，以质量、效益为目标"，大力拓展信贷业务，调整信贷结构，使信贷业务取得长足发展。

一、贷款投向上趋向多元化。

按照国家的产业政策和信贷政策，适时调整贷款结构，保证了国家重点产业、重点项目的资金需求，重点支持云南省支柱产业和交通、邮电通信等基础设施建设。如向云南省交通厅贷款用于"曲胜"高速公路建设；积极支持"高营销、高盈利、高创汇"的外商投资企业和高新技术产业的开发。如重点支持昆明可口可乐公司、昆明昆岭薄膜有限公司和云南梅赛尔气体产品有限公司等一批优质客户，初步形成了重点基本客户群。积极支持高校后勤化改革，相继与云南大学、云南农业大学、西南林学院、昆明医学院四所院校签署了银校合作协议，为云南省"基本普及九年制义务教育、基本扫除青壮年文盲"投放专项贷款，支持云南省教育事业发展。信贷重点从单一外贸行业向信用等级高、经营好的工贸行业及上市公司转化;贷款行业结构从单一的外贸行业向多元化转化;贷款期限结构趋于合理。

二、完善贷后管理,资产质量进一步优化。

认真贯彻落实提高信贷资产质量工作的指导方针,努力提高信贷资产质量。根据年初分行长会议的部署,组织业务人员学习了《中国银行贷款跟踪管理暂行规定》、《中国银行贷款管理责任制》、《中国银行贷后管理办法》等规章制度,深入研究贷后管理中存在的漏洞和薄弱环节,结合实际制定了《贷款管理制度》、《贷款档案管理制度》、《信贷登录咨询系统管理办法》等一系列贷后管理办法,有效加强了贷后管理力度。严格执行"三查"制度,加强贷后检查力度。根据总行下发的《中国银行信贷档案管理办法》、《关于发送〈中国银行信贷档案管理办法实施细则〉的通知》,制定和修改了信贷档案管理办法,由信贷员管理变为集中管理,做到"一个集中,三个统一",即:档案集中保管;档案的管理做到统一制度、统一做法、统一装订,为加强贷后管理提供了条件。加强不良贷款的清收,针对不良贷款居高不下的情况,进行研究、分析,寻求解决途径,取得显著成绩,收回了逾期15年的不良贷款。通过剥离不良资产,提高了信贷资产质量。按照五级分类原则,加强贷款管理,防范和化解信贷资产风险。

【出口退税账户质押融资】 出口退税账户质押融资是由国家外经贸部、国家税务总局、中国银行总行联合推出的外贸企业以出口退税账户进行质押融资的新业务。2000年10月,中国银行云南省分行对省内9家外贸企业正式开办了此项业务。

自2000年10月到年底,经省外经贸厅批准实施出口退税账户质押融资办法的企业为9家(省机械进出口公司、成套设备进出口公司、省粮油进出口公司、省土产进出口公司、五矿新化公司、五矿贸易公司、云南锡业股份公司、省化工进出口公司等),核定额度7373万元,中行批准企业为7家,批准额度7117万元。到2000年末,此额度项下融资余额7034.86万元,其中流动资金贷款(主要是封闭贷款和打包贷款)5589万元,国际结算融资174.2万美元。各授信项目执行情况良好,无不良记录。

此业务的推出有效促进了2000年第四季度试点外贸企业的出口增长。云南锡业股份公司在获得3000万元的资金后,保证了11月份追加的3000吨锡产品的出口,使全年出口达6800万美元;五矿新化实现了3000万美元产品的出口;土产进出口公司第四季度出口大幅增长。

(叶 辉)

【存款业务】 2000年,由于国家继续执行积极的财政政策,资本市场活跃,消费市场回升,大量储蓄存款分流到股市、购房、国债,企业结构调整,同业竞争激烈,存款工作面临较为严峻的形势继续保持了本外币存款的稳定增长。年末,人民币各项存款余额为1547820万元,比上年末增86680万元,增长5.93%。外汇各项存款年末余额53137万美元,比上年末增9098万美元,增幅为20.66%,其中个人外币存款余额为44372万美元,比上年末增长32.57%,在工、农、中、建四大国有商业银行的市场占有率达87.55%。

一、适应市场竞争需要,加大市场营销力度和新产品开发力度,积极拓展存款业务。一是针对2000年存款工作特点,结合总行在全国开展的以储蓄产品为主的宣传营销活动,在全省开展了"大干一百天、存款上台阶"的活动。活动期间,各行利用积极有效的宣传营销手段,宣传业务,扩大影响,促进了业务的发展;二是面对激烈的市场竞争,加大了新产品的开发,实现全省储蓄存款的通存通兑,长城电子借记卡、本外币存款"一本通"在全省顺利推广,推出了教育储蓄存款、"银证通"业务,大力开展代理业务,新业务的推出和推广,适应了竞争的需要,对稳定存款起到了积极的作用。

二、坚持依法合规经营,加强对全省存款工作的管理。在存款市场竞争日趋激烈、存款增长缓慢,甚至下滑的情况下,坚持依法合规经营,以优质服务、业务创新来吸引客户,辖内各行没有违规揽存,变相提高存款利率的不正当竞争行为,自觉维护了金融秩序。

三、加强网点建设,提高网点的综合效益水平。在全辖开展了争创中国银行"精品网点"和争创亿元所、五千万元所活动,提高了网点的单产水平。全行有3个网点被评为总行"精品网点",亿元所(柜)达到13个,比上年新增3个,伍仟万元所达到25(柜)个,网点平均吸存较上年增加219万元。

(赵 洪)

【授信业务管理】

一、完成不良资产剥离和债转股工作。

2000年2月初成立了不良资产剥离工作领导小组,统一领导全行的不良资产剥离和债转股工作,并抽调相关处、室人员组成省分行不良资产剥离办公室,负责具体组织实施。各二级分行、直属支行也相应成立了不良资产剥离工作领导小组和"剥离办",切实做到组织到位,人员、设备落实。与东方资产管理公司成都办事处云南工作组协调配合,历时半年多顺利完成此项工作。截止12月末,共剥离不良资产271户,692笔,金额共计1814657544.61元(本外币合计),完成总行下达计划的100%;同时与云南磷肥厂正式签订了17627万元的债转股协议。

二、继续全面推进客户统一授信，实施授信额度管理，以管理促发展。

围绕“加大推广力度，积极推行授信额度，加强集团客户授信管理”的工作重点，做了以下工作：一是认真做好2000年度客户信用评级、风险限额核定工作，全年共对全辖641户可评级客户进行了信用等级评定和风险限额核定工作，占客户总数的43.16%。二是为优质客户提供优质、快捷的授信服务。截止2000年末，共对16家企业进行了授信额度管理，较上年增加了15户。三是按照集团客户管理办法，确定云南锡业股份有限公司、中国电信云南分公司、中国移动通信云南分公司三家企业为省分行级集团客户，并对纳入总行级集团客户的中国联合通信有限公司云南分公司和省分行级集团客户云南锡业股份有限公司实施集团客户授信管理。

三、完善授信授权管理。

一是根据各行所在地区经济发展状况、信贷资产质量、管理水平，适当调整对各地州市分行、各直属支行的贷款授权，使之更符合业务发展的需要。二是制定下达了各地州市分行、各直属支行消费信贷业务授权权限，并批准对具备条件的13家县级支行进行了个人住房消费贷款的再转授权，以减少消费贷款审批环节，促进该项业务的迅速发展。三是调整了省分行内部各级审批贷款权限，并对省分行本部零售业务处、公司业务处、营业部、结算业务处部分业务进行了专项授权。四是根据贷款等授信业务的性质、期限，确定了相应的审批工作日，严格在规定的工作日内及时完成审贷工作，提高工作效率，为基层行(处)提供快捷服务。

四、建立了尽职调查小组和风险评审的新授信决策机制。

根据总行关于建立良好公司治理机制的基本要求，为了建立统一、集中、高效的风险管理体系，省分行成立了“中国银行云南省分行风险管理委员会”，设立了尽职调查科，拟定了《中国银行云南省分行风险管理委员会工作规程》和《中国银行云南省分行尽职调查小组实施办法》，建立了新的授信决策机制，并于2000年12月1日起正式开始运作。

五、加大不良资产催收力度，有效遏制了不良资产的增长幅度。

继续加大对不良贷款、银行承兑汇票垫款、结算垫款和应收利息的催收力度，年初对各行下达了2000年不良贷款清收任务，通过确定清收不良贷款、垫款的重点地区、重点行业、重点客户，实行行长挂帅、责任到人的责任制度，逐月对不良资产的发生情况进行监督、考核，按季通报全辖的不良授信资产变动情况和新账不良贷款发生情况等具体措施，把此项工作落到实处。全年累计清收不良资产49358.1万元，完成了总行下达的清收任务350%。剔除剥离因素后，全行不良资产的增长势头得到一定程度遏制。

六、建立健全各项规章制度，规范信贷管理。

为了进一步抓好风险管理制度的落实，增强总体控制风险能力，2000年转发了总行《中国银行信贷档案管理办法实施细则》等一系列规章制度。同时，结合自身实际，制定并下发了《贷款管理责任制实施细则》、《不良授信资产清收管理实施细则》、《授信业务转授权管理实施细则》、《集团客户统一授信实施细则》、《贷款五级分类实施细则》、《中国银行云南省分行贷款审批格式文本》等管理办法，加强规章制度建设，为规范管理提供了制度保障。

七、积极维护金融债权、做好呆坏账核销工作，加强以物抵债工作的管理。

严格把握政策界限，一方面对国有企业兼并破产和职工再就业工作持积极态度；另一方面则将维护金融债权作为重点工作抓紧抓好，在参与计划内、外企业兼并破产全过程的同时，按照有关规定认真做好呆坏账核销报批工作。2000年全年核销计划内、外呆账12户，本息金额共计3111.68万元；上报省财监办核销三年以上账龄的坏账共87户，2118.8万元的表内利息。为规范以物抵债工作，省分行下发了《关于收回以物抵债审批权限的通知》，加强了对辖内行以物抵债业务的指导，严格了以物抵债的审批程序，全年共审批以物抵债2720万元。

(何　宇)

【消费信贷业务】 2000年，消费信贷业务获得了良好发展，超额完成了总行下达的经营管理任务。全省15个分支行结合地区及本行实际各有侧重地开办了个人住房、汽车、家居装修、耐用消费品、国家助学等“幸福之家”消费信贷系列的各项业务。全年共与40多个房地产开发商和10多个汽车经销商建立了业务合作关系。贷款支持购房25万平方米，支持购车200余辆；对云南大学、昆明市土地局、省委机关等单位的数百名员工发放了家居装修贷款；与昆明理工大学、云南师范大学、西南林学院三所高校签订了国家助学贷款协议。全行不断提高服务质量，合理简化贷款手续，提高贷款工作效率，单笔贷款的办理时间由原来的一周缩减为3至5个工作日；积极开展上门服务，以良好的服务赢得市场。在稳步拓展业务的同时，进一步加强业务管理，制定下发了各项业务的实施细则，汇编了由规章制度和实务操作两部分组成的《消费信贷业务手册》，规范了业务操作；开展了业务检查，组织了一期业务培训，业务风险得到了较好地控制。

截止2000年末,全行各类消费贷款余额69060万元,比上年新增50416万元,增长526%,完成总行下达新增1.2亿元任务的420%。其中:住房贷款余额54736万元,比上年新增45376万元;家居装修贷款余额3539万元,比上年新增3321万元;汽车消费贷款余额1610万元,比上年新增1600万元;个人存单质押贷款余额9058万元;国家助学贷款余额110万元;耐用消费品贷款余额8.6万元。在所有发放的消费贷款中,不良消费贷款余额63万元,占消费贷款总余额的比率为0.09%。

(余劲民)

【长城卡业务】 2000年,在"大零售"战略指导下,认真落实、加强管理、提高服务、拓展市场的发展方针,银行卡业务取得了较大的发展。至年末长城信用卡有效卡8万余张,比1999年增长了9.37%,长城电子借记卡有效卡7万余张,比1999年增长了570.85%,长城国际卡有效卡200余张,长城卡特约商户1700多户,比1999年增长了7.95%,全年累计交易额46.59亿元,ATM交易额3.78亿元,代理外卡交易额9400万元,全年实现利润684.52万元人民币。主要工作如下:

一、贯彻总行"六统一"思想,顺利实现全省银行卡数据集中,改善了用卡环境,在为客户提供更方便、快捷的服务的同时,规范了业务操作流程,实现了业务的集约化管理,加强了风险控制,增强了长城卡的竞争力。

二、在全省推出大众化的业务品牌——长城电子借记卡,以电子借记卡为依托的各项代理业务的拓展及与证券公司携手推出的"银证转账"、"银证通"业务,为业务的发展提供了新的切入点。

三、积极参与昆明市"银行卡业务联合"工程,实现了昆明地区长城卡与其他行ATM、POS等设备的资源共享,改善用卡环境。年末共有90家特约商户的207台EDC设备、53台ATM加入金卡工程,荣获昆明市电子结算中心金卡有功单位集体一等奖。

四、加强市场营销工作,利用全行公司、零售业务的整体联动优势,以代发工资为契机,采取简化手续,集体办卡的形式扩大持卡人队伍;定期走访各类客户,积极宣传银行卡用途,适时答疑解难,引导客户用卡;继续推出"消费积分奖励活动",鼓励持卡人用卡,同时利用"金卡工程"上机的机会,加强对商户的培训工作,使长城卡品牌更加深入人心。

五、成功推出了长城国际卡,该卡按照国际标准制卡,可以在全球256个国家和地区1500多万个VISA或MasterCard特约商户消费,也可在会员银行办理取现业务,更可在全球标有[PLUS]或[CIRRUS]的ATM机网络上提款使用,还可在国际互联网上支付有关费用,受到了各类出国人士的青睐。 (曾云波)

【外汇资金】 2000年,外汇资金业务在1999年的基础上有了飞速发展,交易量、业务品种都上了一个新台阶。其中代客外汇买卖尤为突出,其增量是1999年的5倍。个人实盘外汇买卖业务由于受市场因素的影响增量不大,人民币远期结售汇业务与1999年相比有所增长。

本着"在有效控制风险的前提下大力发展外汇资金业务"的要求,加强了内控制度建设,完善了有关的交易规程及管理制度,各行狠抓了规章制度的落实,杜绝了违规、越权交易的发生。为了加强对辖内行外汇资金业务的管理,举办了培训班,提高全辖业务人员的技能,增强其风险防范意识。

加大了市场拓展力度。围绕"转变思想,转变观念,转变作风,转变经营机制"的要求,开展了学习和讨论,增强了全体业务人员的经营意识和营销意识,拟订了外汇资金业务营销工作计划,加强了与相关业务部门的联系,在开拓市场方面取得了一定的成绩。为公司业务处61256万奥先令的转贷款作了外汇买卖保值,收效明显。为行内减少因汇价变动带来的损失40多万美元。

为客户提供优质服务。举办了外汇资金业务讲座,邀请进出口公司有关人员参加,为他们讲解外汇买卖基本知识,提供业务介绍和市场分析,收到较好的效果。

(赵煊辉)

【国际结算】 2000年控制住结算业务急剧下滑的态势,共完成国际贸易结算业务金额50143万美元。

一、出口结算业务:共完成出口结算业务9389笔,金额合计37258.74万美元,较上年同期上升12.38%;接受国外来证2452笔,金额12075.29万美元;信用证项下议付1355笔,金额8757.57万美元;出口托收449笔,金额1549.64万美元;贸易项下汇入汇款3797笔,金额26839.53万美元。

二、进口结算业务:完成进口业务2294笔,金额12883.53万美元;其中对外开出信用证345笔,金额8971.86万美元,进口代收单据33笔,金额305.83万美元;汇出汇款1350笔,金额2858.36万美元。

三、贸易结算融资业务:为了缓解企业流动资金不足的问题,继续大力发展贸易融资业务,全年共办理贸易融资396笔。其中出口打包贷款69笔,金额1012.52万元人民币。出口信用证、托收项下押汇204笔,金额975.89万美元。进口开证、押汇、提货担保授信123笔,金额6085.10万美元。贸易融资笔数比1999年同期上升35.15%,金额比上年同期上升9.52%,有力地促进了进出口业务的拓展。

四、保函业务:共开立保函112笔,其中:人民币保函73笔,金额12901万元,年末余额13660万元,比上年同期增长 72.51%;外币保函 39 笔,金额 456 万美元,余额 1942 万美元,比上年同期减少 36.97%。人民币保函占比明显增长,外币保函有所下降的主要原因是国内招、投标项目日趋规范,开立人民币保函笔数增加;随着卖方信贷的减少而国内公司开立外币保函逐渐减少,外币保函余额也呈下降趋势。

五、结合云南省外贸发展新态势,加强对地州市分支行国际结算业务的指导和帮助。2000 年云南省地州市外贸发展迅速,地州市进出口、出口、进口分别占全省总值的 52.7%、56.2% 和 46.0%,成为云南省外贸的生力军。根据这一新情况,省分行加强了对辖内各分支行的业务指导、人员培训、信息交流等工作。全年地州市分行结算业务总量为 7730 万美元,比 1999 年增长 75.63%。

六、改革贸易融资体制,完善统一授信制度。自 1999 年起,将全辖国际贸易结算业务中的进口开证、出口信用证不符点单据押汇、出口托收押汇、开立保函等项业务纳入统一授信管理。该举措有效地控制了授信融资业务风险,改变多个授信窗口并存的局面,改善了资产质量和减少了经营中存在的潜在风险。

(赵　明)

【对外金融往来】 2000 年 9 月 18 日,中国银行代理中国进出口银行与云南机械设备进出口公司为缅甸邦朗电站提供 10 亿元人民币卖方信贷业务在中国银行云南省分行举行签字仪式。

【大事记】 (2000 年)

(一)3 月 30 日,与云南省交通厅签订 15 亿元人民币贷款协议,建设曲靖至胜境关高速公路。云南省政府常务副省长牛绍尧出席。

(二)4 月,相继与云大、昆工、民院、林学院等驻昆院校签订合作协议。

(三)4 月,中共中国银行云南省分行党委组织辖内"三讲"工作"回头看"活动,达到预期目的,取得良好效果。

(四)8 月 9 日至 10 日,召开全省分行长座谈会暨"双先"表彰会,云南省人民政府副省长程映萱出席。

(五)下半年,中国银行云南省分行首次对辖内机构实施"地毯式"综合绩效考核。

(六)9 月,中国银行云南省分行领导班子调整到位。行长李永稼、副行长曹立聪、纪委书记石安华、副行长曲恒善、张双林,行长助理叶健生组成新一任领导班子。

(七)11 月,参加首次云南省级行政事业代发工资竞标,成功中的。

(八)12 月,在云南首家推出"银证通"业务,实现持卡炒股"一卡通"。

(姚红兵)

中国建设银行云南省分行

行长:帅晋昆

【综述】 2000年,中国建设银行云南省分行以国家实施西部大开发战略为契机,面向市场求发展,通过深化、细化市场定位,强化市场营销,实施“四重”营销策略,优化信贷投向,强化内部经营管理等,促进了全行各项业务的持续、稳健发展,取得了较好的经济效益。截止年底,全行一般性存款余额达446亿元,比年初上升0.34个百分点,存款新增居全省金融机构第二;各项贷款余额达299.45亿元,新增额占全省金融机构的比重为20.6%。全年实现利润5.1亿元,完成总行计划的112%。

一、制定五年改革发展规划纲要,确定发展战略和奋斗目标,为实施西部开发战略和加快全省社会经济发展奠定基础。为以实际行动支持西部大开发,年初,省分行在对全省经济发展情况和全省建行经营管理改革发展状况进行调查研究的基础上,抽调专门人员组成课题组,对实施西部大开发,全省建行的应对准备等内容进行了系统、深入地分析、论证,提出了《西部大开发与建行云南省分行发展问题研究报告》。据此,又根据党的十五届五中全会精神,制定了《建设银行云南省分行五年改革与发展规划纲要》,明确提出了全省建行未来五年的总体发展思路和奋斗目标,确定了深化市场定位,细化实施重点行业、重点客户、重点区域、重点产品的“四重”营销策略措施,突出了以昆明为中心,玉溪、曲靖、红河、大理为重点的城市行优先发展战略,强调了为保障业务快速发展,结构优化,增强核心竞争力的盈利能力,需要抓好的内部基础建设和管理体制改革的重点,为全省建行在新世纪持续、稳健发展统一了思想,明确了方向。

二、实施“四重”营销策略,存款稳定增长,信贷结构进一步优化。全行通过省、地、县三级联动进一步加大了对重点客户的营销、服务工作,促进了存款的稳步增长,全行超额完成总行下达的存款任务。与此同时,加强贷款的组织管理,增加对七大优质客户的授信额度,提高贷款审批质量和效率。加大了对重点行业、重点企业的信贷营销力度,“四重”营销策略取得初步成效。全年累计投放贷款比上年增加29.8亿元,其中个人住房贷款比年初新增18.5亿元,市场份额达43%。全年新增贷款的89.7%投向了交通、电信、城市基础设施、个贷等重点行业,83.5%投向昆明、曲靖、玉溪、红河、大理等经济较发达地区。

三、推进金融服务创新,个人金融产品向负债、资产、支付结算等全方位、系列化方向发展。全行进一步加大科技投入,先后开发推广了综合网事后监督新系统、内部往来自动勾对系统、实名制客户系统、个人消费信贷系统以及各种代收费系统,龙卡储蓄卡与全国240个城市建行联网,银行卡在昆明地区实现了跨行交易,全行网络优势明显增强,电算化所柜占比增至98.43%,通存通兑网点达99.61%。在此基础上,不断完善网点服务功能,推出了教育储蓄、代收水电煤气费、移动通信费、存取款免填凭条、客户咨询、投诉专线(95533)等新业务、新举措;代理券商股民银证转账业务由上年的8家增加到13家;个人电子汇款越来越受广大市民的青睐,全年共受理汇入汇出业务214888笔,金额达56.7亿元;储蓄卡发卡量达249.29万张。与此同时,配合国家扩大内需的政策需求,在经济较发达地区推出了个人耐用消费品、个人住房装修、个人助学及消费额度贷款等新业务，并在昆明、曲靖、红河等城市行成立“个贷中心”，为客户提供评估、保险、抵押登记等一条龙服务。

四、巩固与拓展并重，中间业务取得突破性发展。省分行构建了统一完善的中间业务组织体系、业务体系和考核体系，促进了中间业务的快速发展，资本市场业务实现了“零”的突破。通过竞标，被省财政厅委托成为省级行政机关和学校统发工资的代理行之一，协助景谷林业和昆明制药两公司股票成功上市，成功代理了昆明市商业银行签发银行汇票业务，赢得了独家代理省体育彩票资金清算业务资格。此外，在开办“太保”、“平保”产寿险代理业务的基础上，与中国人寿保险公司云南省分公司签订全面合作协议，进一步扩大了在省内保险代理业务市场的份额。实现的中间业务净收入比上年增长104%。

五、推行管理会计，强化财务管理，进一步提高经营效益。为强化成本管理，节约费用，逐步在全省推行管理会计，对营业费用按部门细分，为各级行按部门和业务品种进行全面的投入产出规划和考核，建立健全以产品绩效和部门绩效为考核依据的激励约束机制提供了有效手段。在财务资源分配上突出投入产出关系，促进各行增收节支，努力提高经营管理水平。全年贷款收益率保持较高水平，贷款利息实收率达94.85%，存款付息率控制在较低水平，非人力费用比上年有所压缩。

六、加强内部控制管理，规范管理和风险防范成效明显。一是强化审计监督，规范经营行为。审计部门针对省分行领导和部门关注的热点难点问题，及时组织力量开展了一系列内审工作，内审工作的针对性和效能性进一步增强。二是压缩、控制不良贷款初见成效。年初制定不良贷款控制目标，纳入全行综合经营计划，按时间进度，进行纵向和横向的分解落实，并采取风险重点监管、加强高风险信贷业务审查等措施把压逾收贷任务落到实处。年底不良贷款率比年初压缩了1.83个百分点。三是坚持“预防为主，从严查处”的原则，遏制案件的发生。

七、党建工作和思想政治工作进一步加强。认真学习贯彻江总书记关于“三个代表”的重要思想，切实加强领导班子建设，充分发挥党的核心领导作用。一是深入扎实地开展“三讲”教育“回头看”活动，采取末位淘汰、诫勉谈话、班子调整等措施，解决“三讲”教育中反映突出的问题，巩固“三讲”教育成果。二是通过规范民主生活会程序，增强民主生活会的思想性、原则性和斗争性等切实提高民主生活会质量。三是认真抓好党风廉政责任制建设。基层党组织广泛开展“创先争优”活动。与此同时，大力加强思想政治工作，建立政治思想工作制度，在全辖开展以“爱岗敬业、遵纪守法”为主要内容的职业道德教育，使职工受到了一次深刻的思想教育。

（黄　伟）

【公司业务】 根据总行公司业务工作会议的精神，在信贷体制改革的基础上，为适应市场、客户的客观需要，2000年进行了公司业务工作体系改革，成立公司业务部，下设客户经理科、市场开发科、项目评估科。首先，组成了客户经理制课题小组，制定《客户经理制实施方案》（草案），对管理较好的三个分行进行深入调查，经认真筛选后，确定城北、红河、新兴三个客户经理试点行正式启动试点。配合总行举办的首届“中国建设银行西部地区客户经理培训班”，对全省信贷人员进行客户经理专业培训。其次，根据总行对公司业务发展的要求，以省分行5年发展规划确定的目标为基础，与西部大开发课题研究内容对接，结合实际，编制完成了《中国建设银行公司业务五年发展规划》（2001年～2005年）（讨论稿），在全面调查研究的基础上，明确公司的业务定位、职能和分年度发展目标，并提出了实现目标的具体措施。第三，做好客户评价及客户授信工作。全年共完成了150户客户评价工作，支持申报授信70户以上，已批准客户的授信涉及总金额约120亿元。

一、企业存款。

2000年，全行努力克服年初企业存款下滑的被动局面，通过奋力拼搏，到年末，全行企业存款余额达282.81亿元，比年初增加32.06亿元，增长12.79%。企业存款余额占全省金融机构的比重为21.31%，比年初上升0.85个百分点，占全省五大银行比重为28.36%，比年初上升1.18个百分点，圆满完成了企业存款任务。主要采取的措施是：

（一）根据全省经济发展状况，抓住社会资金流向，紧紧围绕客户需求的变化，充分利用建行优势，努力吸收社会各行业企业生产经营活动各环节的资金流量。

（二）通过加大对交通、电力、冶金、烟草、城市基础设施建设的信贷投入以及协助景谷林业、昆明制药上市，既支持地方经济建设，又争取回流资金，挖掘吸存潜力，进一步稳定企业存款。

（三）加强同地方政府及各行业主管部门的协调配合，争取代理国家财政资金和国债资金。

（四）通过重点联系行、重点联络员制度，出台《全省建行企业存款重点联系行管理办法》、《建行云南省分行企业存款重点联系行联络员管理办法》、《建行云南省分行三级联动吸存的实施意见》，强化后台管理，做好吸存的内部保障。

（五）各经营环节提供优质、全方位的金融服务，优化企业存款客户结构，稳定发展优良客户群体。

二、贷款。

紧紧围绕“以市场为导向、以客户为中心、以效益为目标”的工作方针和“四重”营销策略，努力转变经营管理模式和业务发展方式，大力拓展市场营销，优化业务流程，加强内部管理，建立新型的公司业务管理机制，各项信贷业务获得稳步健康发展，全年累计发放信贷资金贷款243.17亿元，比1999年多发放29.84亿元；累计回收信贷资金贷款201.27亿元，比上年多收回13.69亿元。全行信贷资金贷款在剔除剥离贷款本金、核呆后余额为299.45亿元。

(一)根据全省经济运行形势，确定信贷营销对象和重点，及时组织完成了重点支持的烟草、交通、电力、信息、冶金等优势行业、企业的信贷策划和定位，把交通、电力、信息行业继续作为信贷营销的主要对象。同时，根据云南省加快经济相对发达城市基础设施建设的总体需要，还确定了继续加大对城市基础设施、水库、广播电视网络等建设的信贷营销力度。

(二)贴近市场，注重调整信贷结构。2000年，固定资产贷款余额为101.3亿元，占全部贷款余额的33.83%。流动资金贷款余额为198.15亿元，占全部贷款余额的66.17%。全年新增贷款中，固定资产贷款新增9.85亿元，流动资金贷款新增27.16亿元，分别占全部新增贷款的26.62%和73.38%。

(三)信贷投放向重点经济发达地区倾斜。全年贷款投放重点虽集中在昆明地区，但二类地区的各项贷款也增势喜人。昆明地区的贷款余额为162.95亿元，占全行的54.42%；二类地区余额为85.10亿元，占全行的28.42%；三类地区的贷款余额为51.4亿元，占全行的17.17%。

(四)积极支持省政府拉动全省经济增长的项目信贷需求，组织昆钢、云峰公司等重点贴息技改、基础设施建设、小城市建设、中小企业等信贷投放10亿元以上。

(五)响应国家扩大内需的要求，积极发展汽车消费贷款业务。全年累计发放汽车消费贷款14375.17万元，累计回收3402.14万元，贷款余额达10973.03万元，较年初增长403.41%。

(六)认真做好债转股工作。经总行审查批准，与昆明船舶设备集团、一汽红塔云南汽车制造公司、云南沾益化肥厂、昆明钢铁集团公司、云南红河磷肥厂、云南云峰化学工业公司、云南磷肥厂等签订债转股协议，债转股总金额达94115万元。

(陆　茵)

【个人银行业务】 2000年，全行以调整网点布局，改善服务手段，提高服务质量为重点，在巩固传统储蓄业务的同时，拓展新的业务领域，初步建立起负债、资产和支付结算等全方位、系列化的新型个人银行业务服务格局。

截止12月底，全行人民币储蓄存款余额达163.26亿元，比年初新增14.96亿元，增幅达10.09%。外币储蓄存款余额达1348万美元，较年初新增329万美元，增幅达32.29%。在五大商业银行中的余额占比为19.02%，新增占比为19.56%。

全行的储蓄网点共有510个，其中：电算化所柜502个，占网点总数的98.43%；通存通兑网点508个，占网点总数的99.61%；储蓄柜员制所柜204个，占网点总数的40%。从储蓄余额看，储蓄余额在5000万元以上的储蓄所柜有80个；亿元以上的有29个；2亿元以上的有4个；平均所柜的单产为3201万元。

个人电子汇款业务全年累计受理汇出汇款112845笔，金额313606万元，汇入汇款102043笔，金额253728万元。个人消费贷款累计发放6344万元，利息实收率100%，不良率为0。其中，发放国家助学贷款456笔，金额146万元。全年累计代理发行凭证式国债7亿元、企业债券3.69亿元，兑付到期国债及企业债券4.7亿元。个人银行业务在从资金源头下功夫，拓展代收保险费、寻呼费、移动电话费；代扣煤气费、代收税费、代收水电费、代扣消费信贷本息等代理业务，并把代发工资和代理证券业务作为重点，代理财政统发工资业务份额达30%以上，代理证券业务的券商由8家增加到13家，同时拓展信用卡结算、个人电子汇款、代理债券发行、兑付等业务，增加开办教育储蓄等新储种，还推出集理财、存款、保险为一体的组合套餐新品种——希望之星，结算品种也不断增多。

在新科技、新技术的运用上，开发、引进、移植、推广上线了综合网事后监督新系统、内部往来自动勾对系统、实名制客户系统、个人消费信贷系统、代理财政统发工资系统、中保人寿代收代付业务系统、实时代收国信寻呼费系统、银证转账优化升级系统、代收移动通信公司手机收费系统、教育储蓄、免填凭条、预提利息等。

同时，以开办个人消费信贷业务为契机，创新金融品种，强化市场营销，成立了“个贷中心”、“金融超市”等多功能网点，增设专为客户咨询理财服务的大堂经理和窗口。与商家合作以“你贷款，我付息”的方式促销新贷种，开展“庆祝龙卡发行十周年”及信用卡消费奖励积分宣传促销活动。还举办客户经理培训班，对近60名客户经理进行了业务基础知识、营销技巧、证券业务、投资理财、贷款风险控制等培训，在部分二级分行进行推行客户经理制试点工作。建立“95533”客户电话服务中心。开通后，共受理客户投诉215件，咨询1189件，表扬5起，建议12件。客户电话服务既满足了客户电话应急求助，又提高了客户投诉处理效率，减轻了柜台压力。

此外，还围绕“四重”营销策略，以调整网点布局和提高效益为目标，对低产低效网点进行撤并，对中心城市行网点进行搬迁、改造，开展等级管理，组织储蓄人员技术等级考试和上岗证考试，提高一线员工的操作技能和业务水平。

（朱　泳）

【中间业务】 2000年，中国建设银行明确提出中间业务是全行四大核心业务之一，重点要构建统一完善的中间业务组织体系、考核体系和业务体系，对中间业务实行统一管理和一体经营。共代理开发银行、中央和地方财政、部门拨付资金105.4亿元，代理省级行政事业费12.7亿元，实现国际结算2.39亿美元，人民币结算量3669.8亿元，工程造价咨询金额143亿元，代理证券资金清算业务量739亿元，实现中间业务收入3423万元。

一、代理财政业务巩固与发展并重。继续保持代理中央、省级预算内基建、国债、地勘资金拨付业务优势，代理财政委托业务取得新进展。经精心准备、全力竞标，成功取得了云南省省级、昆明市市级和部分地州财政统发工资业务代理银行资格。

二、代理银行委托业务取得新进展。顺应开发银行体制变化，重点在资金清算、现金收付和异地建设项目代理上开辟新的合作空间。3月，与国家开发银行昆明分行签订委托代办现金业务协议。8月，利用资金清算网络和结算业务优势，代理城市商业银行签发银行汇票业务。至年底，共代理签发银行汇票137笔，汇票总额3494万元。

三、工程造价咨询业务稳步发展。工程造价咨询业务是建行传统的中间业务品种。2000年，经国务院与国家建设部批准，明确将此项业务纳入建设银行业务经营范围。全年完成工程造价咨询业务量93.76亿元。

四、代理保险业务市场份额逐步扩大。在已开办“太保”、“平保”产寿险代理业务的基础上，又与中国人寿保险公司云南省分公司签订全面合作协议。全年完成保险代理业务总量1.65亿元。

五、拓展新业务领域成效显著。一是独家代理电脑体育彩票资金清算业务。根据建设银行总行与国家体育彩票中心签订的《电脑体育彩票资金清算协议》，建行云南省分行取得独家代理电脑体育彩票资金清算业务资格。二是代理资本市场业务实现零的突破，积极协助景谷林业和昆明制药两家公司股票成功发行上市。三是成功代理移动公司电脑资费业务。8月22日，与云南移动通信公司签订了代收费合作协议，并完成了移动电话实时代收费系统的开发工作。

六、科技支撑促进中间业务纵深发展。为适应市场和客户的金融服务需求，2000年，重点开发了代收移动通信手机收费系统、代理财政统发工资系统、中保人寿代收代付系统业务、实时代收云南通信寻呼费系统、银证转账优化升级系统、银行卡工程及时打卡、信用卡消费积分管理系统等。

（李　莹）

【龙卡业务】 截止2000年底，建设银行云南省分行系统累计发行龙卡2525569张，其中：信用卡32709张，储蓄卡2492860张。信用卡年内交易额达152887万元，交易笔数368866笔。累计发展特约商户1655家。“金卡工程”开通后，与他行共享ATM机530台，POS机920台。

一、健全内控机制，防范化解风险。为适应业务发展的需要，加强内部管理，保障各项工作顺利有序的开展，根据总、分行的有关规定，结合实际，从综合管理、银行卡业务管理、岗位设置及职责、其他规章制度四个方面，编纂了《中国建设银行云南省分行滇龙支行制度汇编》和《龙卡业务指南》，并以此为依据，严格规范内部管理和运行操作，进行认真检查督促，落实各项工作环节，重点防查风险岗位，保障龙卡业务运行。

二、以龙卡发行十周年为契机，改善用卡环境，积极开展市场营销工作。

（一）积极推行消费积分活动，提高信用卡持卡人的用卡积极性，有效增加信用卡年内交易金额和交易笔数，提高信用卡的品牌形象。

（二）根据《关于转发〈关于开展向全行员工征求对龙卡服务意见的通知〉的通知》要求，4月，在全省建行范围内，从机关到基层开展龙卡服务征求意见活动。全行上下的积极参与，为龙卡服务开拓了思路。

（三）以龙卡发行十周年为契机，加大龙卡的市场营销工作力度。5月10日，召开记者招待会、龙卡特约商户代表座谈会，与大型商户共同举办以龙卡知识为主题的游园活动，并在昆明主要街道和WWW.KM169.NET登载相关内容公告。

三、积极参加昆明地区金卡工程建设工作。8月，建行以人行电子结算中心理事会成员身份参加由人民银行牵头的昆明地区金卡工程工作。12月25日，建行与其他几家银行顺利完成工程入网，实现了昆明地区银行卡“卡卡通”。

四、实现全省集中授权。5月，建立了全省建行信用卡集中授权系统，实现全省龙卡24小时集中授权。

（徐　婷）

【国际金融】 2000年，建行云南省分行以市场为导向，以客户为中心，以效益为目标，充分发挥国际业务部作为全行国际业务管理与经营中心的作用，扩大以昆明地区为主阵地、地州市分行为支点的外汇业务经营网络，全行上下整体联动，以国际结算为突破口，国际业务取得突破性进展。

国际业务的开展涉及到存款、贷款、结算、会计、资金、担保、咨询等业务，面临政策风险、资金风险、交易风险和会计风险等，鉴于此，对有关规章制度进行了整合，拟定了18项国际业务操作管理流程，涵盖信贷、结算、会计、资金计划、综合管理等各项业务。同时，继续推行每日办公会议制度，建立贴近市场、贴近客户的内部管理机制。

针对长期以来客户结构单一、存款基础薄弱的实际，在努力稳定原有客户的基础上，不断培植新的客户群体，采取"一户一策"的市场营销策略，认真分析客户的个性化需求，针对不同的客户，采取多样化的营销对策，为客户提供差别化服务。围绕交通、电力、航空、旅游、财政和外贸进出口等行业，以及工贸企业和外商投资企业，在提供本外币贷款、存款、咨询、结算等全方位的金融服务的同时，提供打包贷款、外汇质押、保函项下贷款等服务，通过商业银行业务手段，提供咨询、顾问服务，改善信贷结构，增加外汇存款，扩大国际结算和结售汇业务。国际结算业务主要以进出口公司为突破口，努力提高贸易项下的结算量占比。全年共完成国际结算量23924万美元，比上年增长42.15%。

开办了外汇质押贷款、备用信用证贷款、远期外汇买卖、调期外汇交易等外汇业务新品种；开办了为海逸酒店代兑、代售外币旅行支票业务，并对代兑点的管理进行了规范。同时，采取多种方式，加强与建行海外机构、境外银行和跨国公司的交流、沟通和合作，实现优势互补。

首先，加大外汇业务机构的规划、报批力度，构筑全行国际业务发展网络。利用人民银行恢复外汇业务机构审批的有利时机，解决了新兴支行外汇业务资格的遗留问题和昆明地区城东、城南、城北支行的外汇业务资格。其次，加强对二级分行外汇业务的系统管理。4～5月，开展了全行外汇业务自查工作，并配合省分行总审计室开展了复查工作。第三，抓住近年来边境贸易恢复性增长时机和政策优惠，配合和指导红河、德宏等分行开展边境贸易结算业务。

（王玉蓉）

【房地产金融】 2000年，全行的委托性住房金融业务在同业中继续保持领先地位，以个人住房贷款业务为龙头的房地产金融业务得到全面发展。截止12月底，全省建行共吸收各类住房资金存款余额达41亿元，各类住房贷款达86亿元。其中，自营性房地产贷款余额（含建筑业流动资金贷款）占全行贷款总量的24%。个人住房贷款余额占各项贷款总量的11.36%，占个人消费贷款总量的93%。累计发放的个人住房贷款支持购房面积1202万平方米，圆了15万户家庭的住房梦。

一、建立、健全房地产金融经营管理体制。7月，按照总行的要求，省分行和二级分行设立或恢复成立了房地产信贷部，对全行的房地产金融业务（含政策性住房金融业务及自营性房地产金融业务）及建筑业流动资金贷款业务实行归口管理。在建立、健全房地产金融经营管理体制的同时，适时调整信贷战略，将发展个人住房贷款业务作为四大支柱业务之一来抓。

二、加强业务调研，加大业务指导力度。8月，省分行一位副行长与房地产信贷部组成工作组，在昆明、玉溪和曲靖对个人住房贷款业务进行调查。9月，行长办公会议听取工作组"关于加快发展建行个人住房贷款业务的调查情况及意见"的汇报，要求房地产信贷部将调查报告形成会议纪要下发各行执行。

三、以市场为导向，加快个人住房贷款服务品种创新。以个人住房贷款业务为龙头，以市场需求为导向，对房改资金与银行信贷资金相结合、开发贷款与个人住房消费贷款结合、信贷业务与中间业务相结合等进行大胆探索，推出了以现有住房为抵押的个人住房"零首付"贷款业务。此外，还同昆明市住房资金管理中心联合制定了个人住房公积金贷款与银行用信贷资金匹配发放的个人住房组合贷款(试行办法)。

对内进行业务整合，对外联合房地产开发商、房地产管理部门、房地产交易部门协同开展工作，积极探索通过一个服务窗口、一个服务标准、一个操作流程，对客户的房地产评估、代办保险抵押物登记、贷款审批与发放等实行"一条龙服务"。曲靖、红河分行于5月和8月创办了"个人消费信贷服务中心"。

四、个人住房贷款业务上线工作在营业网点逐步推开。个人住房贷款业务处理的手工化是个人住房贷款业务发展的瓶颈，根据总行的统一部署，为确保个人住房贷款业务上线工作的顺利进行，分两期对二级分行以上的100多名房贷工作人员进行了全面的培训，个人住房贷款业务上线工作在全省20个营业网点逐步推开。

（毛杰盛）

【大事记】 （2000年）

（一）1月1日，全省建设银行计算机各系统运行正常，会计决算、零售业务、龙卡网络、资金清算等主要业务均安全通过计算机系统日期的千年转换。当日，全行500多个营业网点、260多台ATM及1000多台POS均正常对外营运。

（二）2月15～17日，全省建设银行2000年工作会议在昆明召开，会议传达贯彻了全国建设银行工作会议精神,总结了1999年工作,对2000年工作进行了安排部署。

(三)3月28日,建设银行云南省分行与云南省省级住房资金管理中心签订省级房改政策性住房资金业务委托协议。省级行政、企事业单位、中央驻昆单位及昆明市级、区级的大部分企事业单位的住房公积金、单位住房资金、单位收取的住房租赁保证金和集资建房款等资金都集中在建行办理。

(四)4月5日~5月15日,组织发行云南昆玉高速公路债券1.19亿元和云南曲陆高速公路债券2.5亿元。

(五)4月29日,建设银行楚雄州分行罗文良、昆明市城东支行李向东分别被授予"全国金融劳动模范"和"全国劳动模范"称号。

(六)6月1日,建设银行云南省分行个人消费贷款业务正式在昆明地区开办,标志着个人银行业务有了进一步扩展。

(七)9月22日,建设银行云南省分行与云南财贸学院、云南艺术学院、云南公安高等专科学校、昆明师范高等专科学校举行个人助学贷款银校合作协议签字仪式,标志着建行开办个人助学贷款业务的正式启动。

(八)12月12~17日,建设银行总行党委书记、行长王雪冰深入昆明、丽江、玉溪等地,调查云南省社会经济建设与发展情况,充分听取了建设银行云南省分行及有关基层行的工作汇报,深入基层网点看望一线的干部员工。

(童　瑛)

中国人民保险公司云南省分公司

总经理:向可碧

【综述】 2000年,全省系统各级公司从云南的经济社会发展实际出发,继续把工作的重点放在以经济效益为中心,调整和改善业务结构,提高管理水平和业务增长质量,实现业务增长方式的转变上,全面完成了总公司下达的各项经济指标全年共实现保费收入16.25亿元,比1999年增长3.17%;人均保费收入72.1万元,比1999年人均增加2.18万元;处理各类赔案18.7万件,支付赔款8.81亿元,综合率54.2%。

2000年,面对经济生活中出现的通货紧缩趋势没有根本好转,一部分企业在改制过程中生产的经营困难加剧,保险市场有效需求明显不足等客观形势,坚持在发展中解决问题,确定积极调整、适度发展的方针,继续实行以利润为中心的关键业绩指标考核办法,适度体现地区与地区之间的差别,促进全省系统全面协调发展。对地、州、市分公司不再下达指导性保费计划,而是作为考核指标,一并纳入考核范围,加大利润计划与工资费用挂钩的力度,对经济条件较差的地、州、市分公司从2000年起下达利润计划并严格考核,改变过去只实行赔付率控制的办法,促使其加快发展。

为了进一步改善险种结构,提高业务质量,各级公司对现有的骨干险种进行改造,清理、淘汰了一些长期亏损的险种,调整、压缩了一些效益差的险种,加大新业务和分散性业务的展业公关力度,推广总公司总颁的财产险基本险和综合险等44个新的附加险条款,开发和推广有市场竞争力的普通型和多功能型家财消费险种和个人抵押贷款房屋保险和个人购置住房抵押贷款保证保险，医疗事故职业责任保险，试办分期售车信用保险，机动车消费贷款保证保险等。坚持依法批改长效险无限期，并在出险时依法终止“长效险”，逐步化解了地震责任风险。在有条件、有市场、有管理能力的公司发展个人代理业务，拓展分散性业务市场，积极培育新的业务增长点。继续开展以“95518”专线服务电话为特色的各项创名优工程活动，在全省范围内实施集受理报案、预约投保、简单咨询、投诉举报等一体化的保险网络服务，推行“车辆保险救助卡”，开辟“绿色通道”等特色救助服务项目，初步建立了服务项目系列化、服务质量星级化、服务环节全程化、服务方式科学化的服务质量目标体系，促进了骨干险种的规模效益和结构优化效益的提高，保持了效益、速度、规模、质量的同步发展。

按照总公司的部署和要求，顺利完成了省分公司与昆明市分公司的机构体制改革工作。按经济、合理、精简、高效的原则，在深入调查、反复论证的基础上，对业务量小、人均水平低、发展潜力不大的9个县支公司予以降格。进一步推进了三项制度改革，减员增效、调整人员结构工作迈出了实质性的步伐。截止年底，全省系统共减员161人，接收、引进公司急需的专业人才17人。继续试行干部职工的竞聘上岗，加大了分配制度的改革力度，增强了干部职工的责任感，激活了工作积极性。

根据2000年总的经营目标，调整完善了全省系统《经营目标责任制管理办法》。严格执行授权经营规定，坚持用《保险公司管理规定》规范和约束经营行为，在全省系统开展财务审计检查和以车险为重点的执法监察，纠偏查弊，防止和纠正了越权和违规违法现象；全面实施对业务、财务等基础性工作的规范化管理，强化了监督制约机制，全面完成了储金清理任务；加快电子化建设步伐，积极推进了数据集中、收付费软件、机动车辆险核保核赔系统和业务、财务中心的推广试点工作，办公自动化在省分公司机关率先试运行，管理的科技含量明显提升。

（王白水　聂玉坤）

【机动车辆保险】 2000年全省系统车险保费收入上10亿元台阶。全年保险费收入106224.5万元，同比增长6.83%，增速居各险种之首，占总保费收入的65%，同比上升2%，保费位居全国系统第9位，承保数量突破50万辆。出险率31.8%，支付赔款61298.1万元，赔付率57.7%，与1999年同比下降2.3个百分点，结案率达到97%。

2000年车险业务以市场为导向，根据保户不同需求，力求推出多险种搭配的承保方案，尽量做到一车多保，提高附加险含量。采用灵活的承保方式，一年期保险、短期保险、定额保险齐上；展业手段多样，集中展业、分散展业、上门展业、代理展业、联合展业并用；密切关注当地政府实施车辆保险采购动态，精心设计投标方案，保证政府采购中标。积极充实完善代理网络，以抓好私有、分散性业务的承保为突破口，通过促进代理业务规模的扩大，形成新的业务增长手段。把积极稳妥推广试办机动车辆消费贷款保证保险作为新的业务增长点。强化精细管理，向管理要效益，规范业务操作，不断提高业务质量。坚持一手抓发展确保业务规模巩固扩大，一手抓管理保证经营稳健合规；业务职能部门认真组织、实施业务质量的自纠自查工作，将业务的规范化管理贯穿在展业、承保、售后服务的始终。

全面推行集中定损，建立新的理赔模式。对机构设置、定损权限、定损运作、定损中的报价、双代、服务联动等方面力求高起点、高科技含量、高效益，做到机构、人员、地点、设施、方法五个集中。至年末，全省系统共建立省会城市定损中心3个，地（市）级定损中心15个，县级支公司设专职定损岗位，专职定损员共63人，初步实现了保赔分离的理赔专业化。

继续完善适应市场要求的服务体系，深化车险创名优工程，重点推出了以95518全国统一保险服务电话为核心的服务措施。云南省“95518人保专线服务电话”于7月1日与全国同步正式开通启用，截止12月止，全省共受理各类电话1万余件，其中：报案电话8000件、咨询电话2000件、投诉电话10余件，使公司保险服务网络的框架基本形成，车险服务有了统一的对外窗口。

（李永平　陈丽媛）

【财产保险】 2000年，全省财产险业务（企财险、家财险、工程险、责任险及新险业务）保费收入达41856.0万元，与1999年同比增长0.73%，赔款17526.0万元，平均赔付率为41.8%。

农业保险保费收入5866万元，同比增长4.04%，赔款6335万元（因1999年12月份西双版纳、思茅、临沧发生二十年未遇的霜冻灾害，2200余万元的赔款到2000年结案，影响了赔付率上升），赔付率108%。

（一）及时贯彻执行总公司开发的新险种条款，加大培训和推广力度。一是下发了总公司总颁的财产险（基本险、综合险）44个新的附加险条款；二是贯彻执行新的家财险总颁条款，组织实施了总公司家财险总颁条款及个人购置住房抵押贷款房屋、保证保险电脑程序的运用。全省6月1日统一实行家财险新条款，推出了具有组合性和选择性特点的“家财险定额保单”；三是在继1999年推出了九个总颁责任险条款之后，2000年又根据业务发展要求，推广了“旅行社责任”、“建筑工程设计责任”、“电话盗打、话费损失”、“计算机”保险四个总颁条款，结合实际选择有市场需求的险种，大力发展责任险业务，下发“餐饮场所”、“供电责任”、“公众责任”等九个新险种的转授权规定的通知，促进了责任险业务的健康发展，提高了业务管理水平。

(二)认真贯彻执行总公司全国家财险储金清理现场工作会议精神，全面安排部署对储金性业务的清理工作。在认真做好全省储金业务清理的调研、试点、培训之后，制定和完善了实施方案、操作实务办法和验收标准，从6月份开始，先期对红河州进行了试点工作。

(三)为加强对农业保险的管理，遵照总公司的工作要求，进一步优化提高业务承保质量，采取规模控制、局部优化调整的措施对农险业务加强管理，对开办多年的《甘蔗保险办法》、《烤烟保险条款》、《咖啡树种植保险条款》进行险种优化、改造，并报备保监会同意，使老险种更加规范，风险得到更合理控制。

(四)加强保险防灾与业务工作的密切配合。一是努力做好重大项目和重大保户承保前的风险评估和保后防灾工作，并以此作为对保户的服务手段，提高服务水平；二是对曲靖南盘江水系建立防洪电子管理网络的工作开始启动；三是各地建立重大保户防灾档案的工作逐步落实。

(五)坚持法人授权经营的原则，强化基础管理，积极防范和化解经营风险。一是严格执行总公司法人授权经营管理的规定，在法人授权书授予的业务管理权限内严格执行全省各地的业务管理权限，督促、检查执行情况，加强对超权限承保、理赔业务的审批工作，严把质量关，年内没有出现违反总公司授权管理规定的现象；二是大力抓好制度落实，使规范化管理进一步向深度发展，不断提高管理水平；三是继续加大财产险各险种的电脑应用推广工作，做到承保、出单、管理电脑化。

(李　健)

【货运险业务】 全省系统货运险业务全年保费收入8439万元，同比负增长9.96%，货运险累计赔款2863.1万元，综合赔付率33.9%。同比下降10.2%。首先是“两烟”双控直接制约了以“两烟”运输为主的公路货运险业务的发展；二是产品产销率不高；三是受市场供求关系的影响，保额大幅度减少；四是铁路部门的保价任务增加，对铁货险业务也产生影响；五是对一些长期以来赔付率一直居高不下、导致入不敷出的货运险业务，采取了优化业务结构的方式，有选择地放弃了部分业务。

(一)挖掘公路货运险市场，全方位发展公货险业务。省分公司制定了“公货险业务创名优险种”的实施意见。不仅外调卷烟公路货运险业务在激烈的市场竞争中得到了巩固，省内调运的卷烟运输保险业务也有了长足的发展，仅玉溪分公司开办该业务保费收入就达400余万元。省分公司营业管理部、红河、昭通的卷烟公货险业务有了新的突破。按照省分公司消灭公货险“空白县”，创公货险名优的部署，各级公司想方设法挖掘本地区的保险资源，抓住云南省烤烟这个优势产业，做好配套保险服务，选择当地大宗物资和名特产品发展公货险业务。全省十六个地州(市)分公司除丽江分公司外都有了公路货运险业务，全省公路货运险业务保费收入3631.9万元，公货险在整个国内货运险中所占的比重达到45.28%。

(二)进一步加大展业公关力度，抓铁路货运险业务的巩固和发展。在货物保全保足上下功夫：一是与铁路局召开了保险公司与铁路站、段领导参加的“货物运输足额保险工作会”，动员企业向投保铁路货物运输保险。二是要求有铁路货运险业务的基层公司不等、不靠，主动出击，采取各种有效办法挖潜拓源，与一些厂矿、企业签订保险业务协议，加大了铁路货运险预约业务发展的力度。三是争取了部分出省有色金属和零担货运险业务。四是省内新开通的两条铁路运输线水富铁路有限公司、南昆铁路沿线车站代办铁路货运险业务已走上了正轨，业务规模有了较大的上升。全省铁货险保费收入达3468.7万元。

(三)认真贯彻“集中管理、分散展业”的经营指导思想，巩固进出口货运险业务阵地。不仅抓住省属专业进出口公司的货运险业务，同时鼓励地州(市)分公司大力发展进出口货运险业务。在省分公司和省分公司国际部的帮助下，玉溪、红河、曲靖等地州市进出口货运险业务有了较大的发展。

(四)航空货运险业务继续保持上升的态势。广泛建立新的航空险代办关系点，扩大业务。全省航空货运险业务增长速度为115.27%。

(五)货运险赔付得到有效控制。通过加固施封，选择承运部门、发运车站、优化业务结构等等防灾防损一系列手段，防灾工作取得了明显效果，整个货运险业务的赔付得到了有效的控制，全年货运险综合赔付率较上年下降了10.2%，继续保持着货运险低赔付的良好势头。

(六)在1999年为昆明铁路局等266家办理了代办货运险业务许可证的基础上，2000年又为数十家单位申报办理了货运险的代理业务许可证。根据保险监管要求，对以往在货运险业务工作中做得不太妥的地方及时进行了纠正，重点对货运险业务的手续费支出情况进行了抽查，对存在的问题提出了整改要求。

(段体寿)

【代理业务】

一、把握市场发展脉搏，积极探索行业、系统多渠道、广代理的路子。

以银行、邮政等行业代理业务为突破口，携手促进代理业务的实质发展。一是下发了《关于促进银行兼业代理业务实质性发展有关事项的通知》。二是确定了以自身财产投保为银行代理实质推进的着力点。三是针对在同一经济发达地区有若干个业务经营机构的情况，为避免内部相互争抢业务，及时与银行联系，明确双方归口管理部门和经办公司，从而理顺合作关系。

捕捉市场信息，积极开拓新的代理合作领域。随着国家积极财政政策的出台，银行新业务不断推出。为适应其变化，代理业务坚持互惠互利，携手发展的原则，加强同各商业银行的合作，积极委托代理汽车消费贷款保证保险等业务。

把握保监会新的《兼业代理管理办法》"一代一"规定的出台，及时与代理单位签订《兼业代理关系确认书》和代理资格登记等，加强与伙伴依法合规的合作。年末，针对原与金融行业中介业务合作中反映出来的问题及现行监管规定的变化，与各银行基本达成共识，进一步完善《代理协议书》内容。

二、激励有效益的分散性业务的发展。

根据保险监管的有关法律、法规，结合财产保险分散性业务市场还有较大的业务发展空间这一情况，坚持"有条件、有市场、有管理能力"的原则，在部分公司推行了个人代理业务。至2000年末，个人代理业务从业人员发展到近2050人，对发展分散性业务、占领市场、探索新的展业策略和技巧起到了重要的作用。

三、强化内部管理，规范代理行为。

进一步加强对基层公司执行《中国人民保险公司云南省分公司个人代理管理办法(试行)》和《中国人民保险公司云南省分公司兼业代理管理办法(试行)》管理办法和有关法律法规、规章制度的检查力度，有效防范和化解代理风险，切实做到依法合规经营。

抓住新的《保险兼业代理管理暂行办法》出台之机，重申坚决贯彻执行保监会及总公司的有关要求，及时将新规定的精神传达给代理人。对代理业务依法合规经营问题，通过自查自纠、省公司组织检查组抽查等工作，清理了一些不规范的代理网点。同时，做好兼业代理资格申报前的准备工作。

加强了代理人队伍建设。组织全省系统代理人员分四批进行了考前强化培训，参加全国统一资格考试。全省系统代理人队伍有2594人获得《代理人资格证书》。

(庄季伟　王崇林)

【信息技术】　2000年，建立起一整套实现车险数据集中的程序和办法，在此基础上进行了在地州(市)公司建立核保中心、县支公司建立出单中心的试点。

一、数据集中工作方面。制定了数据集中试点工作实施方案，明确了全省数据集中的目的、实现标准、工作任务、实施步骤、实施进度及组织领导等，完成了玉溪、大理、昆明市五华区支公司下属5个办事处到营业管理部车险业务的数据集中；进行了玉溪、大理分公司核保中心及各县支公司的出单中心试点，强化了地州(市)分公司业务管理部门的权威性，提高了承保质量。

二、办公自动化建设。办公自动化是提高机关办公效率和计算机应用水平的重要手段。省分公司制定了机关办公自动化系统推广应用实施方案，完成了省分公司机关设备的配备、网络配置、程序修改、推广培训及运行维护工作。

三、家财险储金业务清理工作。进行了储金清理程序的试运行、修改及完善任务；完成了全省所有机构的家财险储金业务清理工作。

四、软件应用方面。根据数据集中工作的需要，制定了代码规范标准，研制了车险数据集中整合程序，将车险程序由原来的县公司单机版改为地州(市)公司集中版，开发了配套的业务收支模块及基于实收保费的管理分析报表模块，编制了车险程序到统计台账系统、分保系统的接口程序；进行了机动车辆险核保核赔系统的试点；开发了公众责任险、雇主责任险等6个责任险程序；重新开发了家财险程序；在全省推广了个人住房抵押贷款软件；进行了防灾预案分析软件的试点。

五、培训方面。加强培训，保障各项工作的顺利实施。2000年共举办各类培训班6期，培训人员320多人次，主要有：省公司机关两期计算机基础知识及办公自动化系统脱产培训班；玉溪、大理业务人员数据集中试点培训班；全省储金清理程序培训班；全省收付费软件推广应用培训班；全省数据集中程序推广培训班。

(严建昆)

【营业管理】　为贯彻党中央、国务院和中央金融工委对国有保险公司机构体制改革的指示精神，在省分公司领导下，于2000年5月16日推开了省、市公司机构体制改革工作。成立了新的营业管理部，精简了机关职能部门，合并了部分营业机构；顺利完成了营业管理部新老领导班子的交替，领导班子成员的平均年龄由54.5岁下降为44岁；提拔了10名学历高、懂专业、年纪轻的干部担任机关职能部门正(副)处长和基层公司经(副)理；经省分公司人事处考核并经省分公司党委同意，盘龙、五华、官渡、西山支公司和北郊营业部经理按副处级配备；年龄超过50岁的干部退出机关部门领导和县支公司经(副)理岗位,不再担任领导职务。

加强了营业管理部领导班子民主集中制,实行集体领导下的分工负责制,制定党委工作制度和总经理室议事规则,增强决策科学性。通过机构改革和加大考核力度,机关工作作风明显改变,增强了为基层公司服务,为发展业务服务的自觉性,办事效率明显提高。按照省分公司的部署,实施了资金"收支两条线"管理;部署清查了"小金库",组织了机构改革前财产物资的清理工作,确保物资在体改中不流失;接受了市统计局的统计执法检查和税务局的专项检查,确保经营的真实性和准确性。推行机关车辆集中定损的做法,成立三个定损中心,提高理赔质量。制定了遏制内部挖抢的有关规定,通过规范汽车消费贷款保证保险、与中国太平洋保险公司昆明分公司、中国平安保险股份有限公司昆明分公司共同发布规范车险市场的联合公告、召开肇事机动车辆规范修理定损工作联席会等措施规范市场。全面加强了营业管理部与基层公司的局域网络建设,营业管理部拥有一个连接覆盖39个县(市)区支公司、办事处的高质量的网络系统。进一步完善"综合业务处理系统",使之能和实务处理相吻合。认真细致地做了大量的数据集中前期准备工作。更新换代了近百台套的终端、打印机UPS电源等设备,在城区的几个代办点安装了远程终端,方便了保户,提高了工作效率。

(张 涛)

【大事记】 (2000年)

(一)1月初,受西伯利亚强冷空气南侵影响,全省16个地、州、市的农作物遭受不同程度的霜冻灾害,人保云南省分公司保险赔款超过2000万元。

(二)2月15日至18日,人保云南省分公司召开全省工作会议,向可碧总经理作了题为《认清形势,振奋精神,努力开创新世纪云南人保事业的新局面》的工作报告,对2000年人保云南省分公司的工作作了全面的部署。

(三)5月16日,人保云南省分公司召开机构体制改革动员大会,省分公司向可碧总经理代表公司党委宣布撤销昆明分公司,成立省分公司营业管理部,并任命营业管理部新的领导班子。

(四)6月6日至10日,人保云南省分公司作为唯一保险公司向第八届中国昆明出口商品交易会提供保险保障。

(五)6月17日,人保云南省分公司与云南消防总队联合举行"让家庭远离火灾"防火知识宣传活动,以此提高市民消防安全意识。

(六)6月30日,人保云南省分公司全系统千余名职工走上街头进行人保专线"95518"宣传咨询活动,向广大市民宣传人保专线的功能和使用方法,取得较好的社会宣传效果。

(七)9月,人保云南省分公司为中国昆明国际花卉节提供赔偿限额为7380万元的公众责任保险,为花卉节指挥部在册工作人员和特邀记者提供雇主责任险。

(八)12月,人保云南省分公司为首届中国民营企业交易会提供赔偿限额为8700万元的公众责任保险、为指挥部在册工作人员和特约记者提供每人伤残、死亡最高赔偿限额10万元和每人医疗费最高赔偿限额5万元的雇主责任保险。

(刘 畅)

中国人寿保险公司云南省分公司

总经理:刘文选

【综述】 2000年是"九五"最后一年,中国人寿保险云南省分公司业务规模由1996年的4.6亿元发展到2000年的16.87亿元,平均年增长29.53%。公司资产、偿付能力大幅提高,整体实力大大增强,员工队伍素质、现代化服务水平显著提高,管理技术与手段发生巨大变化,精神文明建设全面进步。

2000年,中国人寿保险公司云南省分公司实现保费收入16.87亿元,完成年计划的104.6%,比上年增长10.5%,保费绝对增长额1.6亿元。其中:寿险保费8.15亿元,同比增长3.82%,占总保费49%;养老年金险保费5.11亿元,同比增长22.84%,占总保费30%;意外险及健康险保费3.61亿元,同比增长21%,占总保费21%。首年寿险新单保费6.7亿元,占总保费39.7%,其中期缴首年保费2.5亿元,趸交4.19亿元。公司资产总额34.6亿元,比上年增长19.5%。共为1152万人次提供寿险保障,保障金额4603亿元。支付各类赔(给)付款共5亿元。

(刘文选)

【个人寿险业务】 2000年公司个人(代理人)业务达92521.7万元,占总保费的55.1%。

一、组织各类业务企划,推动个人业务发展。2000年,公司贯彻落实中国人寿总公司的各项发展措施,查原因,定措施,狠抓发展。主要通过开展劳动竞赛活动和促销企划活动,掀起业务发展高潮。特别是进入10月份,省公司深入研究市场形势,挖掘潜在市场,发起了"决胜2000大会战"活动,推动了公司个人寿险业务发展。

二、加强代理人管理的基础工作,为业务发展奠定了基础。结合公司代理人管理基础薄弱的情况,一是进一步贯彻落实《个人代理人管理办法(暂行)》和《组训队伍建设与管理办法(暂行)》,充分调动了各级代理人的积极性,促进了代理人队伍的健康发展。二是认真开展《个人代理人(业务员)销售活动管理规范》和《个人代理人(主管)活动管理规范》的推广试点工作,加强营销部规范化管理,提高代理人的专业水平。三是规范佣金使用范围,确保"两个办法"的实施有足够的资金保障。四是与省建行合作开发委托银行代收、代扣保费业务,以提高代理人工作效率,提高服务水平,防范现金收费过程中的风险。五是建立了代理人违法违纪事件通报制度,加强了代理人违规违法的预防和处理力度。

【团体寿险业务】 团体业务一直是公司的优势所在,2000年在积极稳妥推进发展,紧紧把握"合规、效益"的大原则下,公司选准方向,大力推进团体业务的发展。主要工作:一是在意外伤害保险业务方面,除抓好司乘险、航意险等险种的巩固和发展外,重点抓好学生平安系列保险业务。在健康保险方面,积极主动占领保险市场;同时,根据市场的需求,认真进行险种组合销售,积极寻找新的业务增长点。二是积极开办健康保险业务,有效占领云南健康保险市场。要求各分公司不失时机做好政府和医改部门的工作,力争掌握职工补充医疗保险工作的主动权。到10月份,全省共有5个地州市公司和当地政府、医改中心签订了协议。三是在调查研究的基础上,充分汲取兄弟公司的先进经验,以总公司条款为基础,组合了"全家福100、全家福50、无忧卡、路路顺、一路平安"等卡折式保单，并举办了"卡折式保单"培训班，扩大了银行、邮电销售渠道，经过两个月的试销活动，普遍反映良好。四是对全省农村保险网点和中介代理机构进行了清理调查，进一部掌握了全省农村保险网点和中介代理机构人员及经营状况。

【规范管理】 着重抓好财务和业务的集中管理，从建立好"财务处理中心"和"业务处理中心"入手，抓好经营管理。一是通过试点运行，公司出台并推广了有关全省财务中心的运行制度及办法。各公司的财务处理中心均于2000年年底组建完毕，并逐步进入正常运行，为公司财务集中统一管理奠定了坚实的基础。二是加强代理人制度的基础建设，进一步理顺代理人的管理关系，通过认真贯彻中国人寿总公司《代理人管理暂行办法》和《组训队伍建设与管理办法》，积极推行《营销员活动管理规范》和《主管活动管理规范》，加强了对公司代理人销售活动的日常管理，提高了各级营销人员的专业技能。三是开发完成了老业务管理系统，使老业务管理系统得到进一步推广运用，提高了公司长期以来积累下来的一些老业务的管理质量。四是在全省试点并推广了地州(市)分公司一级的集中管理模式，逐步构建以承保、保全、理赔、客户服务为架构的业务管理体系，实现了以地州(市)分公司一级的统一出单、统一单证档案的集中处理模式。五是加强了财务预算制管理的力度。公司在2000年继续实行费用从紧政策，控制费用开支，降低经营成本。加大了资金集中管理力度，加快资金结算速度，降低活期存款的比重，保证资金安全及时调度。六是通过对银行定期存单稽核，对主要领导干部的离任责任审计，加强执法监察和责任追究制度，提高了公司风险防范能力。

【信息化建设】 九五期间，按照总公司三步走的战略思想，实现由单机应用向网络应用的转变，由处理层应用向决策、管理层应用发展，由部分业务上机处理向全部业务上机处理发展。

在网络建设上，2000年全省计算机网络建设向纵深发展，扩大了网络布点范围，完成了全省数十个寿险代理机构的建网工作，实现了全省计算机网络覆盖率100%。

以计算机网络为依托，公司实现了业务、财务、OA办公自动化的网络化管理以及省公司网站的建设，为公司人寿保险的经营和管理，创造出了更大的经济效益和社会效益。

【三项制度改革】 一是在机构设置方面，积极稳妥推进改革，顺利完成了省分公司营业部与昆明市分公司的合并。按照经济合理、精简高效的原则，着眼于强化内部集中管理，减少管理层次，成立省公司营业管理部，负责原昆明市分公司5区9县和省公司营业部所辖的业务发展及管理工作。精减管理层次和管理人员，改变内设机构分工过细、职责交叉状况，初步改变机构重叠，因人设事现象。

二是大胆改革公司用人制度，坚持竞争上岗、择优聘用的人事、劳动用工制度，营造优秀人才脱颖而出的用人机制。首次在省公司机关实行中层干部竞聘上岗，职工实行双向选择，有力地推进了三项制度改革。

【大事记】 (2000年)

(一)2月15日至17日，中国人寿云南省分公司2000年全省工作会议在昆明召开。会议确定了2000年任务目标是16亿元，总体要求是：坚定不移地以发展为主题，以调整结构、强化管理、提高效益为主线，以深化改革为动力，大力推行可持续发展战略，加快个人业务的发展，加快农村市场的开发。

(二)3月9日，2000年全省营销会议在昆明召开。

(三)3月30日至4月1日，全省业务管理工作会议(即老业务、短期险业务处理系统推广会)在丽江召开，这是省分公司分业经营以来，首次召开业务管理专题会议。会议主要部署了老业务CLSB系统和短期险业务系统在全省的推广应用工作。

(四)6月14日，中国人寿云南省分公司营业部与昆明市分公司宣布合并，成立省公司营业管理部。同时，进行了公司首次部门经理公开竞聘大会。这是公司机构体制改革的一项重大举措。

(五)7月5日，中国人寿云南省分公司与中国建设银行云南省分行签订保险合作协议。中国人寿云南省分公司委托建行云南省分行代理收取保险费和给付保险金，同时代理推销保险产品。

(六)10月1日至12月31日，为确保全年任务的完成，中国人寿保险公司云南省分公司启动"决胜2000"企划案，推动个人寿险业务。

(七)10月16日至10月19日，中国人寿全国系统理赔业务培训班在昆明举办。来自全国各地和云南省各地州(市)的业务管理和理赔人员参加了培训。培训班还邀请了台湾保险行业资深的理赔人员进行讲课。

(八)12月7日至12月14日，中国人寿云南省分公司机关自分业经营以来首次实行处级领导干部全员竞聘上岗。

(李　茜)

交通银行昆明分行

行长:郭静华

【综述】 2000年,交通银行昆明分行认真贯彻落实交通银行全国分支行长会议精神和交通银行深化改革、加快发展的思路及工作实施要点,制定分行"三年发展规划",围绕年度工作目标,坚持"三个坚定不移",私人金融业务、中间业务、电子化建设取得了长足发展,有两项业务指标在交行系统位居前10名,为实现三年改革与发展目标打下了一定基础。

2000年末,全行人民币存款余额达1055239万元,比上年增加20138万元,增长1.95%;其中:人民币储蓄存款余额达293035万元,比上年增加13308万元,增长4.76%。外汇存款余额达26997万美元,比上年增加725万美元,增长2.76%;其中丙种存款余额达9209万美元,比上年增加3632万美元,增长65.12%,在交行系统排名第5位。人民币贷款余额达842926万元,基本与上年持平。外币贷款余额为14240万美元,比上年减少1919万美元。国际结算完成52626万美元,完成计划95.1%。实现利润11433万元,在全国交行系统排名第6位。太平洋卡发卡量新增367657张,相当于前6年发卡量的4倍,完成总行下达发卡任务的400%,新增卡存款(活期)27096万元,增长390%,交易笔数200万笔,交易额40亿元,交易额比上年增长800%。

2000年的工作主要有以下五个方面的特点:

一、业务制度建设进一步加强,结构性矛盾有所缓解,私人金融业务、中间业务、电子化建设等成效明显,为分行下一步改革与发展打下了一定基础。

业务制度建设进一步加强,年内相继制定和完善了《昆明分行信贷管理实施细则》、《市场营销工作操作务实》、《风险资产管理暂行办法》等近30项规章制度,全行上下遵守业务规章制度的自觉性明显增强,内部管理机制进一步健全。

长期困扰交行昆明分行的结构性矛盾有所缓解,在稳定涉烟存款份额的基础上,初步形成了"一行一业"的格局,如以建设路支行为代表的教育行业;以正义支行为代表的交通、财政系统;以东风东路支行和护国支行为代表的石化行业;以南区支行和护国支行为代表的电信行业;以北区支行为代表的社保行业;以营业部为代表的医疗行业等。这些行(部)已初步形成了一定的行业特色,促进了全行存款结构的调整。

2000年,全行私人金融业务成效明显,太平洋卡全年新增发卡近37万张,全年每天平均发卡量在1000张以上;丙种存款新增3632万美元,完成年度计划的227.56%,成为外币存款稳中有升的重要资金来源;个人消费贷款有了明显进展等。

中间业务取得突破性发展,与7家证券公司合作开办银证转账业务;与云南大学等一批高等院校和中国联通、五华、盘龙医保中心等企事业单位签订了协议,开办了代收代缴费业务。

电子化建设取得显著成绩,在全行建成了65家自助银行,为太平洋卡这一优势品牌提供了一流的用卡环境。同时,弥补了网点少、覆盖面小的不足。建立了客户服务中心和电话银行,架起了客户与交行直接沟通的桥梁。创办了具有特色的办公管理网络系统——电子分行,初步实现了办公自动化,内部管理效率和质量大为提高。

二、指导思想明确,工作思路清晰。

年初,分行党委制定了《交通银行昆明分行2000～2002年改革与发展规划》,确立了"围绕一个中心,营造两个环境,实现一个目标"的指导思想,在业务发展上提出了"存款上规模、贷款上质量、经营上效益"的目标,规划成为全行干部员工的行动纲领,追求方向。此外,分行还结合年度工作计划提出了"三个坚定不移",即坚定不移高举发展大旗,坚定不移推进改革,坚定不移严抓管理。要求业务工作抓死、抓细、抓目标,管理工作抓紧、抓严、抓高效,改革工作抓实、抓稳、抓创新,思想工作抓深、抓活、抓面貌。对年度工作方针进一步明晰,做到了既有长远规划,又有短期安排。

三、改革工作初见成效,激励机制初步建立。

推行了百基分综合考核计奖办法,将各支行(部)、机关处室工作以100分为基分进行量化考核,奖金分配与完成任务情况直接挂钩,倾斜一线,多劳多得。

在机构设置、人事制度等方面也进行了一系列改革,为分行的改革与发展注入了活力,激发了干部员工工作的积极性和创造性,初步建立了干部能上能下,员工能进能出的动态管理体制。

四、强化内控机制,严格内部管理,确保一方平安。

2000年,根据市场变化的情况和业务发展的需要,强化了内控机制和风险控制,通过加强组织领导,健全、细化各项规章制度,完善各项措施等,把经营风险和事故案件降到最低程度,确保了一方平安。

【市场营销】

一、发挥指导和管理职能,增强工作的计划性和目标性。年初,根据分行机构调整,各支行(部)成立了市场营销科,分行召开了2000年市场营销工作会议。为规范业务操作,建立科学的营销计划,防范和规避金融风险,实现营销业务的安全、高效和稳健运行,依照总行有关规定,结合分行工作实际,制定并实施了《交通银行昆明分行市场营销工作操作务实》,同时,进一步强化了市场营销管理部门内部管理细则,细化各个岗位的工作流程,落实职能,责任到人。

二、积极组织存款,加强行业指导。2000年,交行昆明分行对全行的存款结构进行了分析研究,在拓展存款市场的工作中,注重整合现有的市场资源,实施"一行一业"的营销战略,初步形成了"一行一业"的发展格局,存款结构有所改善。

三、加强股权管理,密切股东关系。2000年4月份召开了43家股东单位参加的交行昆明地区股东座谈会。会上,交行昆明分行向股东单位代表汇报了分行近期的工作情况及三年改革与发展规划,听取了股东单位对分行改革与发展的意见和建议。

6月份交通银行在上海召开2000年股东代表大会,按照参会股东代表的资格条件,云南省有4位股东代表137户股东单位出席大会,不能直接参会的股东通过委托方式参加表决,股东委托率达100%。云南红塔集团代表被选为交通银行董事会董事。随后,根据交行《关于认真做好定向募股工作的通知》和《交通银行定向募股实施办法》,定向募股7000万股,进一步扩大了交行在云南的股份。

四、发挥对公业务优势,促进公私业务联动。全面开办个人消费信贷业务,制定了个人消费信贷市场营销方案,先后与云南一汽汽车销售有限公司、昆明自更房地产开发有限公司、昆明国基房地产开发公司等签订合作协议。

五、发挥市场调查研究职能,当好领导和基层的参谋。为配合云南省实施西部大开发行动计划,制作了《交通银行昆明分行参与和支持西部大开发的行动计划》;为有效指导全行对公营销业务,增强工作的计划性,在调查研究的基础上完成了《交行昆明分行对公客户基本情况》、《交行昆明分行总分行联动贷款调查》、《交行昆明分行委托贷款业务调查》。为了配合中间业务的开展,制作了《全球通话费代收项目营销方案》、《外汇"圆梦宝"市场营销策划书》、《银证业务情况调查》等。通过这些工作,为行领导和基层支行提供了正确有效的决策参考,较好发挥了参谋作用。

【授信管理】

一、整章建制,狠抓制度落实。认真贯彻人民银行、交总行关于信贷管理的各项规章制度,结合实际工作,从整章建制,狠抓制度落实入手,确保全行的信贷管理和控制体系朝着规范、科学、有效的方向发展。对信贷业务的管理制度、办法及实施细则进行了补充和修订,同时,还结合实际业务需要,制定完善了一系列规章制度及管理办法,强化了信贷基础管理,落实"三查"制度,规范操作程序,从根本上改变了过去对信贷工作较为粗放的管理机制。

二、加强信贷风险管理,规避和防范金融风险,提高信贷资产质量。机构分设后,各部门的职能划分明确,改变了过去的岗位交叉、职能混淆的现象,实现了"部门分设、职能分离、各负其责、相互制约",真正做到了审查、审批两条线分开并相互制约。同时,还对贷审会制度进行了修改完善,对贷审会的工作职责、操作程序、会议记录等方面进一步进行了规范和细化,较好的发挥了贷审会的审查职能。

三、完成了全行客户信用等级评估、五级分类等工作。按照《交通银行客户信用等级评估选择办法》的要求,及时组织信贷人员培训,认真填写输入表,确保了信用等级评估、五级分类等工作顺利完成。同时,根据各支行(部)的决策管理水平、自律能力及客户的作用等，进行综合授信。

四、加强信贷档案管理。对信贷档案管理进行了统一和细化，包括一户三夹以及信贷员台账等资料的内容、要件、外包装等都实现了统一。对贷款合同的填写严格按照合同文本的标准格式填制。

【风险资产管理】 2000年，风险资产管理工作坚持“积极拓展业务，努力盘活信贷资产质量，大力调整结构，防范化解金融风险”的工作方针，制定了《交通银行昆明分行2000～2002年压缩不良贷款的具体实施方案》，成立了分行风险资产管理委员会和压缩不良贷款领导小组等。

一、加强内部管理，完善规章制度。先后制定和完善了《交通银行昆明分行风险资产管理暂行办法》、《交通银行昆明分行风险资产管理暂行办法》、《交通银行昆明分行清收不良资产专项奖励管理办法》等8项规章制度，确保了全行的不良资产清收工作有章可循，逐步规范化。

二、加大清收力度，抓好不良贷款的重组工作。在不良贷款大户中，外贸、商业和房地产等国有企业和股份制企业占比较大，共收回现金1亿余元。同时，对于符合总行规定条件的不良贷款进行了重组和转贷。

三、加强经济纠纷案件的管理和抓好呆坏账核销工作。对全行经济纠纷案件采取集中式管理，即凡涉及诉讼的贷款纠纷案件均填写《交通银行昆明分行拟进入诉讼程序贷款依法诉讼审批书》上报分行审批，全年审批经济纠纷案件18起，涉诉标的8000万元，共依法收回现金2500万元。按照总行的要求，充分应用呆账核销手段，全年共核销呆坏账678万元。

四、加强不良贷款的监控与管理。分行建立了不良贷款日常监控台账体系，及时反映各支行(部)不良贷款增减变化情况及贷款企业的变化动态，向网点户管信贷员了解新增不良贷款形成的原因、采取的措施以及落实还款情况等信息，并将这些信息及时反馈给行领导，对不良贷款实行动态监控管理。为了加强对诉讼贷款的管理，建立了诉讼贷款管理监控台账，有效配合法院做好判决后的执行工作，提高了案件的结案率。

【计划资金管理】

一、适应新的计划管理体制要求，改进计划分配与调控，做好综合平衡，发挥计划工作对全行各项工作的指导作用。根据分类管理的原则，对信贷计划实行增量存贷比管理，改变了过去规模管理的做法。

二、加强资金管理与调度，确保支付，努力提高资金使用效益。结合分行资金管理办法，针对分行直管机构增多的实际，提高了分行与支行间的内部资金往来利率，对分行上存统筹资金进行了重新分配，及时掌握资金变化情况，在保证支付的前提下，使全行日均备付率的使用比上年度有所下降，保证在较合理的范围内，提高了资金的使用效益。利用资金的纽带作用，做好新业务的开拓，同时针对资本市场活跃，大量资金分流到股市的情况，积极配合各支行做好对证券公司的营销工作，积极争取总行对证券公司的融资授信，促进与券商资金清算业务的合作，增加同业存款，扩大资金来源。

三、继续抓好资产负债比例管理工作，充分发挥其预警管理作用。制定了《交通银行昆明分行资产负债预警管理实施细则》及相应的考核办法，这些办法的制定并实施，提高了全行的资产负债管理水平，资金的“三性”得到合理协调。分行每季度召开一次资产负债管理例会，并写出比较详实的分析报告。

四、加强统计工作，确保统计质量，提高分析水平。

五、进一步规范现金、利率管理，加大检查指导力度。年初，在全行开展了现金管理自查工作，并接受了人民银行的检查，由于工作落实，政策执行较好，受到人民银行的通报表扬。针对下半年外汇贷款及大额定期存款利率放开的情况，及时做好利率的调整工作，拟定了外汇利率管理实施细则，努力研究探索对外汇流动利率的科学确定方法。

六、配合分行机构改革，对新设立支行的计划人员进行了计划、统计、资金管理、资产负债管理等培训，确保了全行资金计划工作的顺利进行。

【私人金融业务】

一、加大营销力度，完善服务功能，大力拓展太平洋卡业务。在致力于市场营销，拓展中间业务功能方面取得了一定进展，在银证转账、代缴费与寻呼机实时对账等方面取得了显著成效。作为第一批昆明市金卡工程成员银行，从参与程序测试、运行到全面开通，积极支持和配合人民银行结算中心的各项工作，认真履行职责，营造良好的用卡环境。

二、建立健全内部机制，安全管理，稳健经营，推动业务发展。树立全行干部员工的风险防范、遵章守纪、合规经营的意识，结合自助银行发展较快、太平洋卡功能延伸等实际，相继建立健全规章制度、管理办法28项，同时，还加强了对制度执行情况的督促检查及事后监督和综合分析工作，促进了全行私人金融业务进一步规范化。组织了全行储蓄人员“上岗证”培训，确保了全员持证上岗。在全行开展了储蓄柜(所)达标活动，为开展争创“精品网点”、“五星级柜(所)”活动打下了基础。

三、明确工作职责及业务流程，确保全行制卡、资金清算、账务处理的正常进行。另一方面，有效发挥私人金融业务管理部门的综合功能，既发挥着业务拓展、业务指导、检查、服务、协调等管理职能，又发挥肩负全行制卡、受理投诉、咨询、卡业务资金清算、账务处理、日终批处理等具体业务运作，保证了全行私金业务的改革与发展。

四、发挥客户服务中心在为客户提供个人理财咨询、信息收集反馈、受理客户投诉、为客户提供救助等方面的作用，向客户提供银行产品和市场信息。

【电子化建设】

一、为全行的业务发展提供科技支持。2000 年 65 家自助银行相继投入运行，做好应用项目的推广升级工作，完成了电子汇兑二级网的推广、零售业务系统的升级及昆明市金卡工程等工作。做好全行投产计算系统的运行维护工作，及时解决运行过程中的各种问题和故障。完成分行行政办公自动化网络——电子分行的开发和推广工作。保障系统、网络等基础维护工作，主机系统和网络运行质量明显提高，网络通信故障影响大大减少。

二、组织人员积极研究开发。主要开发的项目有：代收费、实时对账、银证合作、客户服务、集中式对公处理系统、电子分行等。

三、进一步加强计算机系统运行管理和计算机安全防范工作。对全行配电设施、网络系统进行了专项检查，记录、整理了配电、网络设备的运行状况，对信息系统、技术、操作、应用、管理及制度进行了全面的监督和检查，确保了网络安全可靠。

【大事记】 （2000 年）

（一）1 月 30 日，召开交通银行昆明分行 2000 年工作会议，出台《交通银行昆明分行 2000～2002 年改革与发展规划》。

（二）2 月 18 日，交通银行昆明分行电子分行在全辖开通试运行，标志着办公自动化迈出实质性的第一步。

（三）4 月 7 日，交通银行昆明分行相继与云南师范大学、云南大学、昆明冶金高等专科学校、云南公安专科学校签署银校全面合作协议。

（四）4 月 14 日～20 日，完成了“三讲”教育“回头看”活动。

（五）6 月 21 日，交通银行 2000 年股东代表大会召开，云南的红塔集团、省烟草公司、省财政厅、昆明市财政局代表省内 137 户股东单位参加了大会，红塔集团代表被推举为交通银行董事会董事。

（六）7 月 18 日，交通银行昆明分行在昆明市内的 53 家自助银行全部建成投入运行。新华社发了通稿，在国内外产生了较好的反响。

（七）8 月 5 日，根据交通银行的统一安排，在全行开展职业道德教育。

（八）9 月 11 日，欧美民间审计代表团的专家学者到交行昆明分行就银行电子化建设及内部控制等进行考察与交流。

（九）10 月 12 日，交通银行昆明分行与昆明市公安局签署消费贷款协议，集中向市公安局干警发放住房贷款 2000 万元。

（十）10 月 26 日与团省委，省、市新华书店联合举行太平洋读书卡发行仪式，省政协副主席孟继尧出席仪式。

（十一）11 月 17 日，交通银行副行长吴建到昆明分行宣布总行人事任免决定，郭静华同志任昆明分行党委副书记、副行长（主持工作）；姚永杰同志因工作变动，不再担任昆明分行副书记、副行长。

（十二）12 月 25 日，分行党委发出通知，在全行基层党组织和全体党员中开展“创先争优”活动。

（陈志拴）

中国光大银行昆明分行

行长:戴文毅

【综述】 2000年,中国光大银行昆明分行按照总行"建立可持续的比较竞争优势"和"三三二"指导思想,从市场、客户、人才、技术、管理着手,立足发展、创新、稳健,以创新求发展、以创新求生存、以人为本,加强内部规范管理和内控机制的完善,合规经营。经营中,根据总行阶段性要求和昆明地区实际,围绕目标适时调整工作思路。各项目标完成较好,存款稳步增长,市场占比较上年有所提高,资金运行良好,各项业务真实平稳发展、增资扩股工作圆满完成,利润较1999年有较大幅度增长,增长率达55.3%。

截止12月末,本外币各项存款余额170561万元,较年初增加16463万元,增长10.68%,完成总行下达年末达16.5亿元计划的103.37%;完成总行下达阶段性存款目标17亿元的100.33%;日平均存款余额达151739万元,完成总行下达全年日均余额14亿元的108.39%。其中:储蓄存款余额21226万元,较年初增加6483万元,增长43.97%,高于昆明地区银行机构平均增长水平;同业存款余额10652万元,比年初增加10515万元,增长76.7倍,完成总行下达年末同业存款达1亿元的106.52%;各项贷款余额89594万元,较年初增加6659万元,增长8.03%,第四季度日均存贷比50.6%,严格控制在总行下达的指标内,无外币贷款;总资产19.45亿元,较年初增加1.26亿元,增长6.93%,不良资产率和不良贷款率分别为1.34%和2.9%,本期贷款收息率和累计贷款收息率分别为95.09%和93.92%。完成国际结算量2036万美元,比1999年同期的752万美元增加1284万美元,增长170.74%,超额完成总行下达全年1000万美元计划的203.6%。结售汇量919万美元,比1999年同期的689万美元增加230万美元,增长33.38%;全年实现利润1668万元,较1999年全年利润额1074万元,增加594万元,增长55.3%。

【存贷款工作】

一、存款

(一)完善内部组织机构,成立公司银行部和私人银行部。抽调和充实人员。加强调研和基本客户群及业务的拓展。并以全新的理念,要求每一个客户经理就是一个流动银行,针对目标客户,找准突破口,加强服务推介。同时,根据工商企业情况,设计整理出《重点客户基本情况联系表》,有重点、有目的地对各类企业进行排队筛选,建立客户信息档案,选择了一批重点客户作为重点服务和发展对象。

(二)抓稳存和增存。对存款大户进一步做好服务,根据客户需求上门收款和送单、送票。对股东单位和存款在1000万元以上的企业,行领导亲自管理。

(三)拓展新客户,增加新存源。继续抓好云南省工商行政管理局企业注册资金验资专户业务,2000年共为466户企业办理了注册验资手续,累计存入验资款10.06亿元,验资专户日平均余额达5500万元,同时抓好新注册企业开户和重点客户的存款工作。

(四)进一步做好优质文明服务,抓好储蓄存款。对大户存取款主动上门服务。尤其抓好外币利率上调的柜台宣传工作,促进了外币储蓄的持续增长。12月末本外币储蓄存款余额21226万元,比年初增加6483万元,增长43.97%,高于昆明地区银行机构平均增长水平。

二、贷款

在总行下达的存贷比控制指标内积极开拓信贷业务，优化信贷结构，加大了对国有大中型企业、上市公司、股份制企业的信贷投入。云南省各金融机构贷款投放量明显下降。在贷款投向上，进入经济效益好的各类企业进行多品种的金融服务。在服务手段上，向客户进行多品种的金融产品推介，对客户实行综合授信管理，在业务品种上实现多样化。至12月末，共对云南省效益好的六家大型企业实行综合授信，授信额度8.04亿元。对7户企业实行统一授信。在贷款投向投量上65%的贷款用于支持国有大中型企业、上市公司及股份制企业。通过综合授信和投向上的把握，对优化信贷资产质量奠定了较好基础，保持了较好的贷款结构。积极开展票据贴现业务，12月末共办理贴现7050万元，转贴现2500万元，向人民银行再贴现4500万元。同时，加快私人银行业务发展，积极开展消费贷款和小额抵押贷款业务。全年发放小额抵押贷款2477万元，12月末小额抵押贷款余额1860万元，住房贷款1159万元，汽车消费贷款189万元，住房装修贷款52万元，私人业务的拓展和资产的多样化，扩大了社会影响，资产结构日趋合理。

【中间业务】 昆明分行一直把金融创新视为体现银行整体服务水平和竞争能力的重要标志，在做好传统业务的同时，加强市场信息的捕捉，致力于零售业务和中间业务的拓展。一直利用现有设备和条件，积极开展中间业务。在1999年前开办代理中国进出口银行代理业务、代收寻呼费、银税一体化(代收代缴税收)、企业注册资金验资等中间业务的基础上，2000年开办了银证一体化、汽车消费贷款、住房按揭贷款等业务，7月份在全国光大银行系统首家推出了储蓄活期账户银证转账，为综合柜台系统、阳光卡系统开展中间业务奠定了坚实的技术基础和成熟的业务经验。11月份在云南同业中又首家推出网络银行业务，极大地促进了银企合作关系。与光大证券昆明营业部、海通证券、云南金旅证券三家证券公司合作，业务发展较好，12月末，三家证券公司在昆明分行存款余额10652万元。积极与上市公司合作，稳妥地与上市公司红河光明办理了网上发行国家A级债券质押贷款1500万元，质押金价值3700万元，已提前归还。同时，按照总行的整体部署，按要求圆满地开通了全国储蓄通存通兑，按时完成了收付清算系统上线工作和阳光卡柜台系统、ATM、POS等调试上线工作，积极地发展特约商户。2000年发卡112张，布设ATM2台，签约特约商户3家，已申请领卡10028张。中间业务的顺利开展，对昆明分行业务发展和经营以及树立形象起到极大作用。

【国际业务】 2000年，昆明分行紧紧抓住效益好的企业，加强联系和合作。行领导会同客户部、国际部、信管部同志多次联系走访了云南铜业集团、云南冶金集团进出口公司、昆明钢铁总公司进出口公司等企业并达成国际业务结算协议。全年国际结算量2036万美元，较1999年末752万美元增加1284万美元，超额完成总行下达全年国际结算量1000万美元目标。在办理国际业务过程中，充分重视信用风险和政策风险的防范，稳健经营，无一笔信用证下垫款和不良资产。

【资产负债管理】

一、资产负债管理机制。1998年批准经营外币业务后，昆明分行即建立了全行本外币合一的资产负债管理，并按中央银行的监管要求和商业银行的运行，加强资产负债的管理和资金的调度，认真匡算资金，既保证支付，又减少闲置资金。多余资金及时上存总行。全年累计上存总行人民币44亿元，年末上存总行资金余额人民币4.75亿元，美元1775万美元，港币395万港元；同时向华夏银行昆明分行拆出资金5笔，金额8000万元人民币，到期全部收回，无不良资产。在负债结构上，主要抓好定活期存款结构的调整，努力抓好活期存款，降低资金成本，年末活期占比为63.24%，比1999年末的54.92%提高8.32个百分点。使资金的安全性、流动性、效益性得到了有机的统一。

二、银行业务营销机制。按市场经济发展的客观要求和市场的需要，实现信贷体制由单纯的收放型向以客户为中心的综合集约营销型转变。将信贷部改为客户经理部和信用管理部(客户经理部分公司银行部和私人银行部)，构筑以市场为目标、营销为手段、服务为中心的营销体系，使银行的各项工作围绕客户转、围绕市场转。

三、金融风险防范机制。在机构组织上，成立了信用审查委员会，信用审查委员会由正式委员、候补委员、专家委员构成，设立信用管理部。管理程序上贷前调查和贷后审查由客户经理部负责，对符合贷款条件的企业，客户经理部提供贷前调查报告，对每笔贷款均进行风险度计算，为贷前调查提供决策依据，交由信用管理部审查。对贷款超过500万元的提交信用审查委员会审查。构架起了以审贷分离为核心的信贷工作程序化、标准化、科学化、效率化的运作制约机制。从制度上增强对分支机构信贷工作的指导和检查力度，形成较健全的“内外制约、上下制约、岗位制约”的内控框架。

四、稽核监督内控机制。加强稽核和事后监督力度。稽核部工作重点是合规性和风险防范；对象是重点岗位和易造成错弊的关键岗位；形式以现场稽核与非现场稽核相结合。开展了对贷款“三查”合规性和利率执行情况的专项稽核和对现金管理、重要空白凭证、库存现金等进行稽核检查，对所有的信贷资料进行了查阅，查验了抵(质)押品，对发现的问题及时纠正整改，通过稽核检查，全行经营合规。事后监督工作对各营业网点上日所有业务从票据的真实性、合法性、凭证要素及业务规范性，利率的执行和计算、重空核销、印鉴、机器录入勾兑业务流水等方面进行全面监督。监督发现问题立即填发差错通知书通知业务人员并督促整改，坚持事后监督周报制度和重大情况立即报告制度。稽核监督内控的建立，有效地杜绝了差错，控制了风险。

【增资扩股工作】 2000年9月13日收到总行开展增资扩股工作通知后，昆明分行立即组织有关部门召开紧急会议，由戴文毅行长任组长，各部门负责人组成了增资扩股领导小组。为确保增资扩股工作任务完成，行领导及有关部门多次走访了云南省烟草公司、玉溪红塔烟草集团有限公司、红河卷烟厂、曲靖卷烟厂、昆明卷烟厂、云天化集团公司、云南省冶金集团公司、昆明钢铁总公司等企业，并积极地为企业解决实际问题。如老股东云南省烟草公司原股份由五家下属企业入股投资，投资企业提出需将股权分开，否则不增扩，昆明分行立即向总行报告，得到总行支持，同意将五个投资人股权分开，行领导及有关人员立即到云南省烟草公司与其领导沟通，得到支持和理解，向省政府请示同意后，计财部、信管部同志分别到玉溪、红河、曲靖等地为投资人办理手续，使投资人都按配售比例认购，其中红河卷烟厂增量认购884.22万股，大理卷烟厂认购550万股，且资金30846万元都按要求提前到账，确保了增资扩股任务超额完成。

【大事记】 (2000年)

(一)1月19日，昆明分行成立阳光卡发卡筹备领导小组。

(二)2月24日，昆明分行与光大证券签订银证合作协议书。

(三)4月5日~4月6日，昆明分行代理销售'98云南昆玉高速公路建设债券。

(四)5月30日，计财部、电脑部负责人到广州分行学习网络银行业务。

(五)6月14日，昆明分行收付清算系统全部安装完毕。

(六)7月14日，昆明分行正式开通银证转账业务。

(七)8月22日，昆明分行成功堵截一起利用假银行承兑汇票贴现的犯罪案件。

(八)10月25日，中国烟草总公司云南省公司与昆明分行签订“中国光大银行致现有股东认购配售股份确认函”。

(九)10月27日，金碧路支行正式开业。

(陈朝龙)

华夏银行昆明分行

行长:梁光辉

【综述】 2000年,华夏银行昆明分行在省委省政府、人民银行的正确领导下,根据总行的年度工作要求:“全方位开拓市场,大力推进金融创新,强化内部管理,加快业务发展,开创二次创业的新局面”,确立了“规范管理、提升服务、拓展市场、全面创新”的年度发展目标,牢牢把握“以效益为目标、以存款为中心、以内控为保证、以服务为手段”的工作思路。各项指标全面超额完成总行下达的各项任务指标,在云南省内股份制商业银行中名列前茅。

截止2000年12月31日,全行资产达44.1亿元;2000年实现利润3700余万元,实现一般性存款本外币合计41.4亿元;存贷比59.52%,不良贷款率0.36%,利息实收率达99.6%。年末实现储蓄存款余额2.94亿元,个人贷款余额8501万元。华夏卡发卡19.65万张,卡均存款1051元,在华夏银行系统内名列前茅。年末全行实现国际结算量1.51亿美元,贸易结算量居全省9家外汇指定银行的第4位。2000年实现中间业务收入占利润总额的18%。保函业务、票据业务均在省内名列前茅。三年累计实现利润8500万元,向地方财政上缴税金5000余万元。

【市场拓展与客户开发】

一、继续推行“三体系两层次”的客户发展战略,加大筹资力度,在稳定原有大客户的基础上,保证存款的稳定增长。

二、丰富客户种类和融资渠道,在完善筹资体系的同时,优化存款结构、增加存款沉淀量。真正树立“凡是有金融服务需求的每一个领域,都是我们的市场”的观念,进一步拓宽客户领域。

三、采用多样的吸存方式和规范的服务手段,提高存款的稳定性。第一,重视和推广客户开发当中的“链条效应”。第二,重视与客户的信息交流。第三,提供完善的后期服务。以优质的售后服务来吸引客户。第四,尽力以最短的时间为客户提供最满意的服务。

【信贷业务】 面对云南省信贷市场有效需求不足、外部经营环境不宽松的不利形势,华夏银行昆明分行的信贷工作在拓展有效的信贷市场和培植优质客户的同时积极创新,并以支持支柱型、基础型、集团化国有大中型企业、上市公司和准上市公司为重点。认真贯彻国家金融方针,根据总行有关信贷政策和云南省发展地方经济的有关产业政策,继续确立“大力支持烟草、交通、旅游、邮电、通讯、绿色生物制药、花卉、市政基础设施建设,以及集团化、股份化国有大中型企业”的信贷政策,积极慎重地发放项目资金贷款。有力地支持了省内的支柱型、基础型、效益型及世博会配套项目建设。同时稳步推进名牌客户战略,不断发展和扩大客户队伍。继续全面推进“客户经理制”,完善了对客户经理的考核与管理。

【中间业务】 华夏银行昆明分行以公路保函为切入点,对其下属公路建设指挥部、公路施工企业提供从项目招投标到工程决算交付的“一条龙”全程配套金融服务,并以此为契机延伸,向西部开发项目吸收存款。2000年累计办理保函业务近7亿元,较1999年业务量增长了30倍。公路保函业务逐渐成为华夏银行昆明分行支持西部开发项目的切入点及华夏银行昆明分行业务开拓中的特色,大大提高了华夏银行昆明分行中间业务盈利水平,取得了良好的社会效益与经济效益。

华夏银行昆明分行还以票据业务为依托迈出了银银合作、银证合作的新路子,通过加大对票据业务的投放来调控贷款余缺。2000年,华夏银行昆明分行共办理承兑汇票6.1亿元,较1999年的增速为11倍;办理票据贴现8.7亿元,是上年贴现业务的15倍。

中间业务的快速发展带动了华夏银行昆明分行负债业务与相关效益的同步增长。据统计,2000年办理中间业务为华夏银行昆明分行带来的大量派生存款已成新的利润增长点。

【国际业务】 2000年认真贯彻总行"以国际结算为龙头,带动各项本外币业务全面发展"的指导方针,从客户营销拓展和业务管理规划两方面着手,边调整边发展。年终共完成国际结算量15019万美元,完成总行下达任务的107.28%。

【业务创新】 华夏银行昆明分行自成立就提出了"本外币一体化、金融电子化、个人金融服务创新"三个特色。2000年,华夏银行昆明分行深入贯彻总行提出的"凡是我们还没有开办的业务和品种,都是创新的领域",从大处着眼,从小处着手,力求达到"突破雷同、发扬个性、展现特色、稳健发展"。

一、扩大本外币一体化运作业务优势。

2000年华夏银行昆明分行本外币一体化工作着重在"营销一体化"方面予以加强,尤其在柜面综合服务和对外营销的一体化方面加大了工作力度。着重加强外汇从业人员特别是客户经理和柜面人员的技能培训,使各级客户经理真正把人民币业务与外汇业务同时抓起来,通过进一步完善和加强,以本外币一体的营销组合策略和完善的风险防范系统,开创了本外币运作一体化新局面,年终国际业务各项指标优异,稳居云南省9家外汇银行的第4位。

二、把握"科技兴行"的理念,利用高科技手段进行银行业务的扩张。

2000年华夏银行昆明分行在电子化方面加大投入,进行了更为深入的探索。一方面进一步优化和完善原有的综合业务、华夏卡、支付清算和国际结算系统;另一方面在企业内部网、IC卡、自助银行、客户服务中心、银证转账等方面做了大量基础性工作,并配合总行进行网上银行的开发及各种业务系统的开发和测试工作。8月25日,华夏银行昆明分行企业内部网一期工程建成并投入试运行。

三、大力拓展个人金融业务,实现多样化发展。

2000年华夏银行昆明分行个人金融业务紧紧围绕:以扩大华夏卡发卡量、加快吸收储蓄存款为主要目标,继续改善用卡环境,全面推进个人信贷业务,并以联名卡、认同卡的发行为核心搞好华夏卡的功能延伸,大力开拓个人理财业务的经营思路,大力拓展市场。年末各项个人业务指标均超额完成总行年度计划;卡均存款在华夏银行系统内名列前茅。进一步加强市场营销,积极寻求合作伙伴,除发行"华夏天泉卡"、"华夏延寿卡"、"华夏银行玉溪商业大厦"等联名卡外,还与昆明万怡酒店、云南天恒大酒店、昆明金龙饭店和云南泰丽国际酒店等达成了有关华夏卡消费优惠的协议,利用联名单位大力开拓了华夏卡市场。此外,华夏银行昆明分行还顺利实现了与金卡工程的对接,金卡交易笔数及交易量在工、农、中、建、交之后排名第6。

保管箱业务采用分点式布局,根据投入产出效益原则要求,在所属5个支行设置了保管箱库。

【内控机制】

一、合理配置人力资源,重视行员队伍建设。

(一)完善激励机制。全面实施临时行员制度,制定并下发了《临时行员管理办法》,实现了正式行员与临时行员的竞争与轮换;使每个岗位上的行员都能发挥自身优势和最大潜能。针对分行机关管理层工作完成情况,制定并下发了《行长嘉奖令和处罚令》、《阶段性工作不满意书》等管理办法,使奖、罚更全面地与待遇挂钩,有效地提高了行员的工作效率。行员激励机制的完善,充分调动了大家的积极性和创造性,营造了一个良好的内部竞争环境。

(二)加大培训力度。一是对新行员的基础知识、技能培训,学习各个岗位技能达标教材,积极组织岗位培训,经总行统一考核后持证上岗。二是继续进行业务知识培训,对信贷、国际业务等经办员进行业务知识的巩固加深,使行员的专业知识水平和综合素质得到很大程度的提高。三是为中层管理者提供出省、出国交流的机会,学习同业的先进经验,提高华夏银行昆明分行的管理水平。

二、规范业务操作和监督管理、健全规章制度,防范金融风险。

(一)继续强化"四个不搞"和"四个确保"的风险防范指导思想。

(二)领导班子高度重视金融风险的防范工作,把抓好风险防范与保持较快的发展速度摆在同等重要的地位,从根本上保证了全年经营管理的稳健运作。

(三)从建章立制出发,继续抓好内部控制制度建设,先后出台了涉及银行业务经营各方面的20多个内控制度、操作规程及考核办法，健全了整套信贷规章制度体系。严格保障各项制度的贯彻落实，确保按章操作。全年成功堵截了3张假银行承兑汇票，合计金额980万元。

（四）保证资产的良性运行，对2000年信贷资产项目实行分、支行两级职能部门共同调查，使分行管理层均掌握第一手资料，辅以科学的测评手段，使贷审工作规范到公正、科学、具有前瞻性的轨道上来，同时也规范了审贷委的议事规则，使项目评审工作公正、公开、科学，大大减少了评审失误带来的风险隐患。

（五）开展了积极的、有针对性的专项稽核，同时配合总行和人民银行的各项稽核工作。通过现场稽核、非现场稽核和开展法律事务活动，促进内部机制的进一步完善。

三、强化行员安全防范意识，把安全保卫纳入模式化管理。

拟定安全保卫模式化管理方案，逐步细化、完善了安全保卫的各项规章制度；及时完善《安全保卫责任书》和《重点要害人员登记表》，严格落实安全管理责任制。工作中突出重点，对金库、营业网点、运钞环节等的安全防范采取有力措施，确保了重要部门和重要环节的安全，对全行各项业务的顺利开展起到了保驾护航的作用。

【机构网点建设和CI形象宣传】

一、机构建设

2000年，华夏银行昆明分行新增了两个同城支行——官渡支行和红塔支行，网点机构增加到了8家。至此，华夏银行昆明分行已在昆明市的经济发达地区设置了7个同城支行、玉溪设置了1个异地支行，逐步建立了科学合理的机构网络，形成了覆盖昆明地区、辐射发达城市，服务云南经济的新格局。

2000年，华夏银行昆明分行还加快了7个自助银行的筹建进度，在增加华夏银行昆明分行营业网点的同时改善华夏银行昆明分行华夏卡用户的用卡环境，提高华夏银行昆明分行业务的电子化进程。

二、CI战略实施与营销宣传活动

第一，加大宣传力度，利用行庆八周年，奥运会、民交会、三年创业各项业绩的突破等一系列有利时机进行积极广泛的宣传。抢占广告媒体的滩头阵地，做到“有字、有声、有影、有反响”，全年在报刊杂志上刊登了近100篇介绍华夏银行昆明分行的文章。

第二，充分利用华夏银行昆明分行一系列大型活动，借助新闻媒体来播发华夏银行昆明分行的报道、消息、广告等，宣传华夏银行昆明分行崭新的金融企业文化形象，提高华夏银行昆明分行的知名度。12月2日，华夏银行昆明分行借三周年行庆之际，举行大型“创业者的足迹”演讲比赛，充分展示了华夏银行昆明分行行员的文化底蕴。

第三，积极投身于社会公益活动，创造良好的社会效益。为了确保小学生上学路上的交通安全，以实际行动关心孩子的成长，积极支持配合昆明市“文明畅通工程”的实施，华夏银行昆明分行经多方努力在省市等有关政府部门的大力支持下，于11月18日成功举办了“向昆明市8万小学生赠送安全小黄帽”的大型捐赠活动。

（张云龙）

广东发展银行昆明分行

行长:江南云

【综述】 2000年广东发展银行昆明分行认真执行"强化管理、防范管理、稳中求进、提高效益"的工作方针,紧紧围绕"以开拓求发展,以发展促稳定、以稳定保开拓"的工作思路,圆满地完成了各项任务。一方面在强化存款立行,强化贷款营销,强化中间业务,强化内部考核机制,强化服务保障系统上做了大量有效的工作,打牢了发展基础,扩大了市场份额,拓宽了收入渠道;另一方面通过实行"五个集中"(授权授信集中、审贷集中、财务费用审批集中、事后监督集中和同城内款项押运集中),落实"五个挂钩"(分行领导与支行挂钩、分行职能部门与支行挂钩、分行党员负责人与支行党支部挂钩、支行与支行挂钩、党员与非党员挂钩),充分发挥了党组织的核心作用,防范经营风险,确保了业务稳健运行,实现了全行的共同发展。2000年全行实现利润3488万元。

截止2000年底,全行本外币存款达35.88亿元,比上年增长50.8%。全年累计发放贷款40.31亿元,比上年增加138%,存贷比较好地控制在总行下达的计划范围内。全行现金净回笼19.08亿元,累计承兑8.1亿元。全行累计办理银行承兑汇票贴现、转贴现、再贴现及回购共9.9亿元。

【存款工作】 广东发展银行昆明分行始终把存款作为生存和发展的前提,制定了全年分季度存款计划,确保全行存款按计划稳步增长。一是多渠道多形式加大吸存力度:通过发展票据业务,既满足客户需要,又吸收了稳定的保证金;通过贷款主动营销,建立稳定的银企合作关系,既赢得企业的结算业务,增大了资金流量,又形成了较大的资金沉淀;采取上门服务,建立"汽车银行"、"电话银行"等方式,既扩大了影响,又增加了存款来源。二是重点突破大客户,吸引中小客户:行长亲自深入交通、烟草、生物、化工、冶金等重点行业。通过大量艰苦、细致的工作,赢得客户的信任、支持,形成一批优质客户群。同时抓大不放小,把工作重心放在中小企业及储蓄存款上,改进存款结构。三是积极拓展新的客户群,增加新的市场份额。年末各项存款达35.88亿元,其中:企业存款达32.68亿元,较1999年增长50.8%;储蓄存款达3.2亿元,较1999年增长50.2%。

【票据业务】 昆明分行根据市场分析,把票据业务作为新的业务增长点。针对票据的鉴别、防伪是这一业务难点和风险点的问题,抽调分行资金、信贷、财会部门的业务骨干,专门成立了票据管理中心,负责对全辖票据业务实行统一管理,积极开办银行承兑汇票贴现、转贴现、再贴现及回购业务。2000年累计办理银行承兑汇票贴现54401万元,办理转贴现5780万元,办理再贴现及回购38371万元,再、转贴现率为81%,再贴现业务占全省的50%以上,居全省第一,贴现利息收入906万元,被中国人民银行成都分行选定为云南省的票据业务试点行。

【信贷业务】 2000年昆明分行在信贷业务方面加大了贷款营销力度。为实施营销策略,专门组织人员对云南产业政策、经济发展规划等进行了专题研究和分析,并结合国家实施西部大开发战略和实际情况制定和出台了一系列信贷营销措施，优化信贷资产结构，抓大不放小。信贷资金重点扶持了云南交通、市政基础设施建设、“两烟”、有色金属等支柱产业和一批上市公司、支持了云南省生物资源创新工程和旅游资源开发项目，支持了云南省地方经济建设的发展。

狠抓业务拓展的同时，着力强化基础管理，加强了规章制度建设，规范贷款操作行为。先后制定并实施了《广东发展银行昆明分行贷款“三查”工作指南》、《广东发展银行昆明分行贷款操作规程》、《广东发展银行昆明分行信贷责任划分与追究暂行办法》、《广东发展银行昆明分行重大授信项目调查组长负责制》、《广东发展银行昆明分行信贷档案管理规定》等规章制度，加强了信贷基础工作的领导和管理，增强了审贷责任意识。

【电子化建设及银行卡业务】 昆明分行一贯将科技视为兴行之路，在电子化建设进程中，从加强内部管理，规范操作和提高科技工作人员业务素质着手，完成了通过路由器优化计算机网络结构，组建全行局域网的工作，最大限度地降低了通信线路的故障率，完善了全行的通信系统。配合总行按时完成了储蓄实名制的上线，按质按量地完成了我国历史上重大的一次存款制度变革工作。积极主动地配合昆明银行电子结算中心进行金卡工程的开发与建设，于10月份实现了金卡工程全线开通。同时根据总行部署，积极开拓新的电子化服务和清算系统，如“四合一”电话银行系统的上线，2000年国债系统联机上线，教育储蓄存款的开通，银证转账系统的接通等。为进一步推广优势服务品种打下了基础。2000年昆明分行适时推出IP电话卡、广发卡、奥运卡、联名卡、上网卡、如意卡等业务，全年共发行理财通卡12237张，本外币收单量1760万元，储值卡10000余张。

【大事记】 （2000年）

（一）1月15～16日，召开1999年全行工作总结暨“双先”表彰大会。

（二）5月18～19日，由江南云行长带队，率股东代表到广州总行，参加广东发展银行董事会、监事会及股东代表大会。

（三）6月1日，由广发行捐资20万元建在丽江县石鼓镇红岩村的“丽江县广发行希望小学”竣工。

（四）7～8月，进行了首次全行行员劳动合同的签订工作。

（五）10月，广发卡系统加入昆明金卡工程。

（六）10月28～29日，举行全行第二届业务技术竞赛。

（七）1月10日，曲靖支行沾益分理处、玄坛分理处开业。2月26日，昆明分行高新支行开业。4月8日，昆明分行护国广场支行开业。12月31日，玉溪支行朱瑾路分理处开业。

（马　雁）

上海浦东发展银行昆明分行

行长：杨国樑

【综述】 2000年是上海浦东发展银行昆明分行开业第一年，根据浦发总行工作会议提出的指导思想、发展目标，结合云南的经济金融形势和昆明分行发展的内在要求，制定了全年奋斗目标，至年底基本完成年初制定的各项发展目标，初步形成了一定的经营规模，为今后的发展奠定了良好的基础。在坚持抓各项业务的营销和开拓的同时，努力抓制度建设、队伍建设和规范管理，初步建立了适应业务发展的组织机构、规章制度和内控制度，形成了一支较为精干的员工队伍，全行各项业务稳步协调发展，品种功能逐步完善，3个同城支行的筹备工作全面完成，国际业务和东方卡业务硬件环境构建完毕。

截止年末各项存款余额为90366万元，完成计划的113%。其中：企业存款余额71995万元；储蓄存款余额为3004万元；其他存款余额15367万元。在各项存款余额中，活期存款余额68387万元；定期存款余额21979万元。各项贷款余额为60025万元，完成计划的102%。其中：短期贷款58626万元，中长期贷款1399万元。在各项贷款中，个人金融贷款6498万元，日均存款额为45111万元，日均贷款额28381万元，存贷比为66.42%，贷款未出现风险，全年贷款收息率达100%。实现利润12.5万元，完成计划的12.5%。

【市场营销】 围绕着存款业务，全行上下积极实施“三位一体”的营销战略，突出服务，完善功能，强化机制，讲究效率，整体推进，重点突破，协同联动，全员营销，创造性地开展综合营销工作，始终把吸存、揽储作为业务工作的重中之重，切实抓紧抓好。

一、建立了以公金部、营业部、资财部为主，其他部门为辅，全行上下团结协作的全员营销格局。

二、分行始终坚持大小兼顾，整体推进，各项业务健康协调发展的工作方针，注意质的提高，也注意量的扩展；在狠抓存款不放松的同时，注意资产业务、中间业务的相互促进，联动协调发展；注意突出公司金融，不放松个人金融和机构金融，在集中力量抓重点、抓大户的同时，积极吸引中小客户；注意传统产品营销的同时，积极开发业务新品种，不断完善功能、品种，适应市场需求。

【防范风险】 在各项业务的经营管理过程中，把防范各种经营风险放在业务工作的重要议程，正确处理好稳健经营、防范风险与业务发展、承担风险的关系，坚持制度落实，措施有效，控制有力，监督到位的工作原则，有效地控制和防范各项风险。一是按照审贷分离原则，建立了信贷审查、审批的组织机构；二是建立和完善了信贷业务调查、审查、审批和贷后管理的规章制度，认真落实统一授信和信贷授权制度，并根据不同业务的风险程度划分权责，落实责任；三是控制贷前调查、审查、审批和贷后跟踪管理等每一个环节，加强对授信客户信息的收集、分析和监控；四是严格执行各项业务操作的规章制度，凡开展一项新的业务，都坚持统一和规范业务操作流程；五是信贷管理和稽核部门加强对业务经营过程的事前预测、控制和事后监测、稽核，认真抓好风险管理的日常工作，发现问题及时解决。全行经营风险得到了有效控制，全年，全行贷款收息率为100%，没有产生一笔不良贷款。而且还堵截了假银行汇票2笔,金额分别为300万元和270万元,避免了巨大的经济损失,维护了浦发银行的良好形象。

【信贷工作】

一、优化信贷投向。严格执行总行有关信贷投向的指导意见,正确把握信贷投向,重点支持市场前景好、符合国家和地区产业及相关政策、有一定自有资金比例、获得政府较大力度支持的项目;重点支持综合实力强、经营稳健、发展前景好的大集团、大企业和上市公司等优质客户;重点支持具有比较稳定收入来源的科技、教育、文化、卫生单位,具有一定垄断性的公共事业单位;积极支持具有一定实力、市场前景好、自身信誉好、产品技术含量较高的民营企业。

二、科学调整结构。一是下力气调整全行的客户结构,按照总行"三位一体"的整合营销精神,在继续做好对大型企业、上市公司以及有潜力的重点客户服务的同时,进一步研究中小企业客户群的发展问题,调整客户结构就是要体现有效发展原则;二是下力气调整全行的资产结构,着力改善现在信贷资产过于集中的局面,加大低风险中小客户的信贷投入,合理摆布各类资产占比,以及信贷资产和资金交易资产的占比、中长期投放与短期投放的占比;三是下力气调整全行的负债结构,在扩大负债总量的同时,不断提高活期存款和储蓄存款的比重,并积极探索低成本负债业务,确保负债业务的长期性和稳定性;四是下力气调整全行的收益结构,积极发展中间业务和表外业务,努力提高全行在金融服务方面的收入水平。

【机构建设】 加快机构网点的建设是昆明分行实现快速、可持续发展的内在要求。为满足不断扩大的客户和市场的要求,加快支行建设进程,迅速形成合理的服务网点格局。在总行、人民银行昆明中心支行的支持下,新建网点的报批、装修、人员招聘和培训工作等都严格按照各项规定协调有序地进行,到年末完成白龙路支行、吴井支行、安康路支行3个同城支行的筹建工作。

【大事记】 (2000年)

(一)2月16日,浦发昆明分行开门试营业。当日储蓄存款余额约383万元,开户68户;对公存款5户,存款余额100万元。

(二)2月25日,上海浦东发展银行昆明分行在昆明饭店丹霞宫举行开业仪式。上海市老领导汪道涵、云南省副省长程映萱、中国人民银行成都分行副行长李宝上、总行庄晓天董事长、金运行长及云南、昆明有关领导出席开业仪式。仪式上云南省交通厅李裕光厅长和昆明分行杨国樑行长签订了5亿元人民币贷款意向书,以支持云南运输主动脉昆明——石林公路改建项目;同时,将原来用于开业典礼的20万元人民币捐赠给云南"希望工程"建设。

(三)3月24日,"上海市政府驻昆办、驻滇企业浦发银行联谊座谈会"在昆明分行举行。

(四)6月5日,堵截一张金额为300万元的银行承兑汇票。

(五)6月20日,通过招投标方式,昆明分行和云南新世界医药投资有限公司签订银企合作协议,双方全面确立长期稳定的合作关系。

(六)7月5日,昆明分行与云南证券有限责任公司签订银企合作协议。

(七)10月17~19日,总行金运行长、梁沅凯副行长及各部门领导一行23人的验收工作组莅临昆明分行对开业以来8个多月的工作进行验收,昆明分行顺利通过验收。

(八)11月5日,"西电东送云南宝峰——罗平500千伏输变电工程"正式启动。昆明分行杨国樑行长出席并对此工程承诺提供1.5亿元的贷款。

(李凤仙)

中国信达资产管理公司昆明办事处

总经理:黄继林

【综述】 前中国信达资产管理公司昆明业务部成立于1999年12月29日,是在云南省成立最早的一家资产管理公司机构,2000年9月经中国人民银行批准升格为办事处。中国信达资产管理公司昆明办事处是经中国人民银行批准,并经云南省工商行政管理局注册登记,中国信达资产管理公司在云南省的唯一派驻机构。

昆明办事处自成立以来,在信达总公司和中国人民银行昆明中心支行的直接领导下,凭借运用其独有的投资银行功能手段,为促进云南省经济结构的调整,支持和推动云南省经济的发展做出了积极的贡献。

一、全面完成了461户,金额640303.68万元不良贷款和呆账贷款的剥离审查与接收工作,为化解银行信贷风险,降低银行不良贷款起到了积极的促进作用。

二、按国家的要求和总公司的部署,完成了对11户债转股企业的调查,债转股协议内容条款的协商、谈判和正式协议的签署,协议债转股金额达32.36亿元,占全省债转股总额的65%。

三、按照总公司和建总行的部署,对建行云南省分行的59个自办经济实体和对外实体投资进行协商和联合核查,完成42个自办经济实体和对外实体投资资产的共同协商和确认,对其中符合总公司和建总行规定条件、范围的经济实体及对外实体投资进行划转接收。

四、组织对接收不良资产的质量进行了全面、认真的清理和分析。按照财政部的要求和总公司的部署,认真负责地进行不良资产的折扣和现值计算。

五、运用市场、法律等手段,尽力保全、催收和追偿金融债权。全年债权清收和处置实现现金回收5358万元,其中债权本息清收3910万元,通过法院诉讼拍卖销售变现620万元,破产清算收回137万元、查封执行收回691万元。为总公司调整下达年度同口径现金回收计划的107.2%,超额完成了债权清收处置的现金回收计划。采用各种方式共回收非现金资产22303万元,占总公司下达全年计划的245.09%。

六、突击完成了将接收转让的不良贷款本息数据全面录入新搭建的信达公司债权管理信息系统的工作;顺利开通了信达电子信息系统,与总公司取得了即时的信息联系。按总公司部署完成了债权管理信息系统的转换以及不良资产折扣和现值导入资金财务系统的工作。

七、在抓紧清收、追偿金融债权和对资产进行处置的同时,注重抓紧基础建设和内部管理,使之能够实现规范经营和有序运作。针对资产管理公司业务运作和管理的特点加强内部管理,成立了资产处置小组,负责资产处置和经营中的方案审查;适时制定了《资产处置暂行管理办法》、《财务管理工作规程》等一系列规章制度,形成有章可循、规范运作,用制度和规章实施管理的良好开端;健全了以党支部为核心的学习制度,定期不定期地组织全体员工进行政治学习、政策规章制度学习以及业务技能学习。结合工作实际,认真组织全体员工进行了三个阶段的职业道德教育,采取学习、宣讲、讨论、重点发言、观后座谈、试卷答题等多种方式,提高了员工"爱岗敬业、遵纪守法"的自觉性,初步形成了在共同目标基础上既有相互配合又有必要制约的业务运作和内部管理机制。

(武艾玲)

中国长城资产管理公司昆明办事处

总经理:郭尔合

【综述】 中国长城资产管理公司是经国务院批准,具有独立法人资格的国有独资金融企业。中国长城资产管理公司昆明办事处经中国人民银行批准设立、是中国长城资产管理公司在云南省的派出机构,在总公司授权范围内开展业务,于2000年3月17日开业。中国长城资产管理公司昆明办事处依法收购中国农业银行云南省分行剥离的不良资产,并严格按照总公司授权的业务范围,充分利用自身具有的特殊法律地位和由专业人员形成的专业化优势,综合运用债务追偿、资产置换、资产转让与销售、资产重组与企业重组、债转股、租赁、资产证券化等方法,在实现不良资产价值回收最大化、最大限度保全国有资产的同时,促进云南省国有企业的改革和经济结构的调整,为振兴云南经济做出应有的贡献。

2000年末,办事处资产总值折合人民币为154357万元,负债总值折合人民币为416011万元;所有者权益总值折合人民币为-261654万元。全年处置资产44169万元,实现现金回流1764万元。办事处共有内设部门四个,分别为综合管理部、资产经营部、债权追偿部和资金财务部,并有曲靖、大理、西双版纳片区项目经理组三个,同时在昆明地区设项目组三个,为有效加强对不良资产的经营管理奠定了基础。

一、资产收购。根据总公司下达的不良资产收购规模,昆明办事处始终以财政部、总公司和农总行的各项政策为依据,及时、有效、保证进度,在规定时间圆满完成总公司下达的41.1亿元收购任务,其中债转股企业2户,金额4.1亿元。办事处共完成收购40630户、55952笔,其中:收购呆滞贷款13397户、18464笔、金额307424万元;呆账贷款27233户、37488笔、金额103676万元。

二、评估确值。根据总公司要求,办事处在对80万元以上项目进行全面摸底调查的基础上,于2000年10月底完成了对收购的不良资产的初评估工作。评估企业户数为80万元以上单户和综合户共1151户,评估面100%,80万元以下抽样户1052户。

三、债权维护。2000年,不良资产的管理是办事处的一项基础工作,办事处自收购不良资产后,就及时加强对资产的管理和台账的建设工作,先后与农行联合发文明确不良资产的管理权责,并从9月份开始,先后委托剥离行发放催收通知书1591份,发出对担保人履行责任催收通知书431份。

四、资产处置。2000年,根据总公司关于办事处可选择1至2个县进行试点的精神,结合实际,昆明办事处资产处置审查委员会集体研究决定,对几家急需进行债权维护的企业采取试点办法进行了资产处置。2000年,办事处共计处置资产项目28个(不含债转股),涉及账面价值14935万元。

五、内控管理。办事处成立伊始,就根据总公司的有关规定,成立了收购不良资产领导小组、资产处置审查委员会、资金财务审查委员会、保密委员会等,建立健全了办事处内控制度,并拟定了办事处《会议制度》、《学习制度》、《考勤制度》、《资金财务管理实施细则》、《固定资产购建及管理办法》、《资产管理办法实施细则》、《车辆管理办法》等10多项制度,拟定了各部职责及办事处《“三定”工作方案》,本着“精简、务实、高效、协作”的原则设立办事处各部门机构,使办事处工作程序化、规范化、科学化,建立起了适合办事处运作的功能齐全、灵活高效的内部管理体系。

(赵　原)

昆明市商业银行

行长:李万清

【综述】 2000年昆明市商业银行认真接受人民银行的有效监管,积极贯彻1999年中央经济工作会议精神和2000年云南省银行证券保险工作会议精神,克服了经营上的许多困难和不利因素,保证了各项业务的稳健运行,并实现了资产规模和经营效益的持续增长。截至2000年末,资产总额总额111.70亿元,较上年末增加33.63亿元,增长43.08%;负债总额为106.92亿元,较上年末增加33.26亿元,增长45.16%;各项存款余额64.62亿元,各项贷款余额为39.32亿元。全年实现利润3000余万元,为地方经济的发展做出了应有的贡献。

【存贷款情况】 至2000年末,各项存款余额达64.62亿元,比1999年末上升3.33个百分点。

一、加大对非公有制经济的信贷支持力度,配合财政和工商管理等部门,在省、市政府的大力支持下,共同探索解决非公有制企业贷款担保难的问题。分别与盘龙区、五华区和安宁市的相关部门签订了筹建贷款担保中心(公司)的合作协议,切实解决贷款担保难的问题。

二、积极支持昆明市政建设。对昆明市金碧路改扩建工程、螺蛳湾商品批发市场改扩建工程、宜良县柴石滩水库工程以及昆明——石林高速公路建设工程发放贷款。

三、继续保持对云南省四大支柱产业的信贷投入。截至2000年末,对云南省四大支柱产业的贷款余额为2.14亿元,其中对烟草行业的投入达到1.34亿元。

四、积极拓展消费信贷业务。新增了商铺按揭贷款、个人授信贷款等消费信贷品种,进一步扩大了消费信贷规模。消费信贷年末余额为0.63亿元,较上年末增长186.36%。

2000年7月,人民银行总行批准昆明市商业银行开办银行承兑汇票业务。截至年末累计签发银行承兑汇票5.10亿元,适时满足了企业的资金需求,在一定程度上缓解了资金的供求矛盾。

【业务创新】

一、完成了综合业务系统和MIS系统的开发。1999年建设完成的综合业务系统经过2000年的测试和上点试运行运转正常。与此同时,管理信息(MIS)系统地投入使用。MIS系统包含11个子系统,几乎覆盖了所有业务的经营和管理。综合业务系统和MIS系统的开发运用,明显提高了全行的业务处理速度,有效改善了经营管理水平。

二、完成了春城卡开发工作。2000年初即开展了春城卡的开发工作。2000年6月末完成开发及测试,并向本行员工发行了部分春城卡进行试用以检验其运行效果;7月,春城卡通过了人民银行昆明中心支行和昆明电子结算中心的验收;9月末,尝试与“好又多量贩”联合发行了联名卡;11月,春城卡正式加入昆明银行卡网络工程;12月末,正式向社会推出春城卡,使昆明市民又多了一种便于存取款和消费的理财工具。

三、进一步完善结算手续,加快资金周转速度。2000年初,实现了人民银行电子联行系统与昆明市商业银行综合业务系统的连接,使所辖各支行能直接收发电子联行来往账,真正实现了电子联行的“天地对接”,减少了票据的传递环节,更好地发挥了电子联行在异地结算中的作用。

四、参与货币市场和债券市场的运作,有效降低资产风险。2000年坚持积极参与、恪守信用、努力降低交易风险和提高资金使用效益的原则,利用资金余缺的时间差,积极参与货币市场运作,货币交易量大幅度上升,全年累计货币交易量达69.2亿元。

2000年,发挥拥有国债、金融债承销团成员资格的优势,继续加大债券一级市场的参与力度。组织销售、兑付国债、企业债,有效地服务了社会公众,同时也扩大了社会影响。

五、办理贴现、转贴现业务,创造新的收益增长点。2000年11月成立了票据中心,并遵循防范风险、提高效益、增加效益的原则开展业务。累计办理银行承兑汇票贴现、转贴现2.61亿元。

六、2000年与建设银行云南省分行和工商银行云南省分行签订了代签银行汇票的协议,开展银行汇票业务。

【内部控制】

一、规范营业网点设置,树立企业整体形象。

经人民银行批准,2000年初原在城市信用社体制下遗留的38个服务点全部改建为不具有核算主体资格的支行,成为昆明市商业银行正规的营业网点。部分服务点在改建为支行的过程中,通过重新调整地域布局、改造装修及充实业务力量,使昆明市机构设置更加规范、企业整体形象更具特色。

为扩大服务地域和防范城市信用社可能出现的金融风险,经人民银行批准,对安宁市城市信用社和昆钢建设街城市信用社在平等、自愿的原则下进行了合并。2000年4月,两城市信用社正式并入昆明市商业银行并改建为2个具有核算主体资格的支行。2000年7月,昆明市商业银行与安宁市人民政府签订了经济金融合作协议,并授权安宁和昆钢两支行与安宁市政有关部门开展全方位的政银合作。

二、增设内控职能部门,完善监督管理措施。

2000年初设立了特殊资产管理部,对不良资产进行集中管理和处置,有效地化解资产风险。

2000年6月开始筹建,于2000年11月正式设立了事后监督中心,对全辖35个支行的会计业务开展了事后监督。

三、加强制度建设,狠抓贯彻落实。

2000年,按照"内控优先"的原则,在开办新业务时坚持制度先行。为规范业务操作,先后制定了《昆明市商业银行债券结算代理业务管理办法》、《昆明市商业银行综合业务系统管理办法》、《昆明市商业银行承兑汇票管理办法》、《昆明市商业银行个人授信贷款管理办法》、《昆明市商业银行票据中心银行承兑汇票业务操作规程》、《昆明市商业银行事后监督中心业务管理办法》和《昆明市商业银行营业网点营业库箱接送操作规程》等10多项规章制度。

开展了现金大检查、凭证式国债销售情况检查和文档管理工作检查等;配合人民银行开展了业务经营真实性检查、营业网点设置规范化检查和执法大检查等;充分发挥稽核监督的职能作用,对辖内30个支行的内控状况进行了调查。

四、加强安全经营观念,解除经营后顾之忧。

2000年检查了全辖所有营业网点的安全保卫设施,并对15个营业网点的安防设施进行了改造。自设的业务库房于2000年正式启用,统一办理各支行的现金解缴和营业库箱的寄存,实现了全行的资金集中管理和使用。

【大事记】 (2000年)

(一)3月16日,召开建行以来的首次党风廉政建设工作会议,专题总结、研究和部署全行党风廉政建设工作。

(二)4月4日~6日,副行长胡钢到北京参加全国城市商业银行发展论坛第一次会议。

(三)4月7日,经中国人民银行成都分行和昆明中心支行批准,安宁市城市信用社和昆钢建设街城市信用社正式并入昆明市商业银行并改建为安宁支行和昆钢支行,使服务地域拓展到昆明的卫星城市及大型工矿区。

(四)5月,共青团云南省委命名西山支行和白云支行为1999年度省级"青年文明号",分别授予科技支行和广场支行魏晓松"云南省十行业万名青年迎世博优质服务竞赛"先进集体和先进个人称号;共青团昆明市委命名中山支行为1999年度市级"青年文明号"。

(五)中国银行业协会于6月27日在北京召开第一届理事会第一次会议,同意吸收昆明市商业银行为中国银行业协会会员。

(六)安宁市人民政府与昆明市商业银行签订《安宁市人民政府、昆明市商业银行经济金融合作协议书》,以加强地方政府与地方银行的联系,促进地方经济与地方金融的共同发展。

(七)7月25日,昆明市财政局以及昆明市监察局等46个市级行政机关与昆明市商业银行签订了《昆明市级行政机关罚款委托代收代缴协议书》。委托昆明市商业银行自2000年8月1日起代收代缴全市除交警罚款外的所有行政罚款。

(八)8月29日,召开的第四次股东大会批准了《昆明市商业银行增加资本的修订方案》和《关于公开发行昆明市商业银行股票的议案》。

(九)11月10日,昆明市人民政府正式批准《昆明市商业银行2001年至2003年发展规划方案》。

(十)12月9日,举行“昆明市商业银行2000年岗位业务技能比赛”。

(十一)12月23日,正式向社会推出昆明市商业银行的银行卡——春城卡,使昆明市民又多了一种便于存取款和消费的理财工具。

(段海涛)

昆明市农村信用合作社联合社

主任:高　波

【综述】 2000年,昆明市农村信用合作社联合社围绕“强化管理,稳健经营,改善服务,开拓创新,降险增效”的二十字思路开展各项工作,在支持农民增收和农村经济发展的同时,各项业务也稳步发展,取得了“三增一减一调整两提高”的成绩。

“三增”—— 一是各项存款余额达到88.18亿元,同比增加6.12亿元,增长7.47%;二是各项贷款余额达56.38亿元,同比增加1.64亿元,增幅为4.94%,存贷比为63.93%;三是盈利社利润616万元,同比增加337万元,增长1.15倍。

“一减”——亏损社10个,同比减少8个。

“一调整”——资产和业务结构向好的方面调整。对农户、农业及农村经济组织贷款余额比年初增加1.37亿元,增长11.22%。城郊地区信用社开办了汽车保险、住房按揭等消费性贷款,余额达6000万元,取得了较好的收益。

“两提高”—— 一是银行间货币市场业务比上年增长1倍以上,实现业务收入1385万元,提高了农村信用社的效益;二是电子化建设水平提高,通存通兑网点增加到131个,金碧卡与“金卡工程”联通,实现了全市金融机构银行卡的“一卡通”。

(马　红)

【信贷管理】

2000年,全市农村信用社各项存款余额88.18亿元,比年初增加6.13亿元,增幅为7.47%。各项贷款余额为56.38亿元,比年初增加5.91亿元,增幅为11.7%。在全部贷款中,农户、农业及农村经济组织贷款余额为13.66亿元,比年初增加1.38亿元,增幅为11.22%,占年末贷款余额的24.23%,突出了农村信用社为“三农”服务的宗旨。

全年累计发放各项贷款37.74亿元,比上年增加3.65亿元;累计收回各项贷款31.77亿元,比上年增加2.3亿元。全年申请使用再贷款9.2亿元,已归还6.8亿元,年末人民银行支农再贷款余额2.4亿元。

一、强化考核措施,确保存贷款计划的完成。

市联社采取自上而下的办法,编制了2000年度的计划任务,做到2000年度信贷计划任务目标明确,步调一致。为确保信贷计划任务的顺利完成,保证计划的严肃性,做到奖惩分明,使各县(区、市)联社外有压力、内有动力,市联社制定了信贷计划考核办法,并与各县(区、市)联社机关工作人员的经济利益挂钩,调动了全市信用社广大干部职工的积极性，信贷计划任务完成情况良好。

二、调整信贷结构，积极引导基层信用社加大对“三农”的支持。

根据国家产业政策和农村信用社的服务方向，在人民银行昆明中心支行的支持下，市联社结合各县（区、市）联社的经营情况先后向人行申请了9.2亿元的再贷款，并分配到急需资金投入的晋宁、嵩明、富民、禄劝、东川、宜良、呈贡、石林等农业县，有力地支持了农业、农村经济的发展，从而使全市农村信用社信贷结构的调整收到了明显效果，从各项贷款的增减变动情况看，各项贷款余额为56.38亿元，比年初增加5.91亿元，其中支农贷款余额13.66亿元，占贷款总额的24.23%，结构的调整充分反映了市联社对全市农村信用社信贷调控作用的发挥。

三、加强信贷检查，降低信贷风险。

根据信贷工作年初意见安排，市联社抽调了各县（区、市）联社信贷、稽核部门的40名专职人员分4个组，历时15天分别对官渡、西山、呈贡、曙光、长春五个联社的大额贷款、抵贷资产的经营和管理进行了抽查，同时还指导各县（区、市）联社组织了由基社信贷员、县（区、市）联社信贷、稽核、会计部门参加的自查工作。通过抽查和自查，市联社对发现的问题，从加强领导干部教育，特别是信贷经营、管理人员的教育，认真贯彻信贷法规、制度等方面，提出了整改意见，并研究制定了具体的解决办法和措施，对查出的一些突出问题进行了处置，降低了经营风险，维护了信贷资金的安全，确保了全市农村信用社稳步健康发展。

四、利用信贷杆杠作用，防范和化解风险。

市联社利用以资抵贷、统提统支贷款呆账准备金的办法，为各县区联社化解高风险信用社和资不抵债信用社注入新的活力。累计年度内审批以资抵贷金额1626万元，统一提取呆账准备金4434.8万元，统支呆账准备金4116.5万元，促进了各县（区、市）联社高风险信用社和资不抵债信用社风险的化解工作。

五、积极主动地做好信贷调查、咨询和审批工作。

根据市联社对直属信用社大额贷款进行调查审批和对各县（区、市）联社大额贷款进行咨询的规定，按照各县（区、市）联社和直属信用社的要求，组织人员分别对各上报单位的信贷材料进行认真的审查，并到借款单位进行信贷调查，及时地掌握借款企业的基本情况，写出调查报告和咨询意见提交审贷委员会讨论，及时为直属单位的大额贷款提供正确的决策意见，也为各联社提交的大额贷款提供了正确的咨询意见，避免了过去在大额贷款调查中信息互不沟通、范围小、掌握情况片面的问题。2000年市联社参与调查了23户、24笔企业贷款，金额合计3.59亿元，其中：参与审查、审批9户10笔，金额6700万元；咨询调查了8户8笔，金额2.61亿元。有效控制了大额贷款的盲目性，降低了贷款风险。

六、拓展新业务，增加金融商品，提高农村信用社在市场中的竞争力。

按照人总行的有关政策及市联社提出的分层次占领市场的金融营销策略，市联社组织制定并下发了《小额农户联保贷款》等几个办法，批准长春信用社、西山区联社、官渡区联社开办汽车消费贷款和住房按揭贷款，使小额农户联保贷款在农业县得到发展，在中心城市发放汽车消费贷款6000多万元，住房按揭贷款发放3000多万元，从而提高了农村信用社的知名度和市场竞争能力。

七、建成了昆明市农村信用社信贷登记咨询系统工作平台，完成了与人民银行昆明中心支行联网工作。

八、完善信贷制度，规范管理行为。

修改和完善了《昆明市农村信用社信贷管理基本办法》、《资金管理办法》等，对规范全市农村信用社信贷管理、资金管理提供了制度保障。

（梁祖明　杨云祥）

【财务会计管理】 一是采取有力措施，严格控制费用支出。2000年初，经过逐级认真分析、测算，市联社核定下达了各县（区、市）联社的费用指标和费用率，并与之签订了财务计划目标责任书，在一定程度上降低了费用支出。二是严格执行固定资产购建的报批制度，控制非生息资产的增加；对于各联社上报的固定资产购置请示，市联社一律严格把关，认真调查，落实资金来源，并根据其经济实力和承受能力给予批复，有力扼制了不生息资产增长的现象。三是从提高会计人员的业务素质入手，促进核算水平的提高，加强经济核算，真实、准确地反映经营成果。四是通过自查、重点抽查等方式，加强会计检查和监督工作，先后进行了结算纪律、盈亏真实性及财务管理等方面的大检查，及时指出各社在财务核算、费用管理、结算业务等方面存在的问题，健全了内控机制，堵塞了漏洞，全市财务收支情况逐步好转。五是认真做好财务报表的统计上报工作，强化财务分析。各县（区、市）联社和信用社按季进行财务分析，从贷款利息收入、费用支出等方面进行认真分析，及时掌握营运成本的增减变化规律，改善经营管理。

（杨植寿）

【电子化建设】

一、小型机综合门柜业务网络系统的建设。

开通“通存通兑”网点131个，覆盖全市12个县（区、市）联社的11个农村信用联社，实现储蓄存款跨地区的“通存通兑”，极大地方便了城乡群众的生产、生活，切实提高了农村信用社的综合竞争能力及金融服务水平。

二、金碧卡与“金卡工程”联网，实现“一卡通用”。

市联社配合昆明市银行电子结算中心的“金卡”工程于2000年初开发昆明市农村信用社“金卡工程”联网软件。为实现“一卡在手，城乡任走”，电脑中心对“金碧卡”程序进行了优化，抓住与“金卡工程”连接的机遇，在开通ATM柜员机业务后，进一步开展了POS业务，使金碧卡支持ATM、POS“金卡”业务的取款、冲正、预授权等21种交易，并能在各商场、酒店等公共场所进行购物、住宿、消费等经济活动。

三、强化计算机安全管理。

市联社逐级成立了计算机安全领导小组，加强管理，层层落实安全责任制，在加强人员防范管理的同时，制定并更新了一系列管理规定和管理制度，提出了完整的业务需求方案、规划及资金预算，准备建设技术防范系统。

四、提高职工职业技能和道德教育素质，加强网络业务培训。

中心先后对300多名技术人员、业务人员、操作人员、管理人员进行了业务培训及技术培训。第一，中心职工的进修培训。第二，中心担负着全市信用社计算机网络业务的培训工作。3～4月份，分别举办了四期网络门柜业务培训班，培训学员达250多人，为基层输送了一批掌握电子化业务操作的骨干。

（杨　敏）

【大事记】　（2000年）

（一）1月26日，昆明市农村信用社县（区、市）联社主任会议召开，全市各县（区、市）联社主任、相关业务部门负责人共计150人参加了会议。会议全面安排布置了2000年工作，考核兑现了1999年四个目标责任奖，签订了信贷计划、财务会计、电子化建设、“三防一保”暨内控建设四个目标责任书，全年工作任务分解落实到基层。

（二）4月18日，人民银行昆明中心支行党委对中共昆明市农村信用合作社联合社领导班子进行了调整，任命高波为中共昆明市联社委员会书记、市联社主任；季科目为中共昆明市联社委员会副书记兼纪委书记；王汉松、杨金留、张连锁、毛云禄为党委委员、市联社副主任。

（三）4月18日，市联社组建了纪律检查委员会，成立了纪委办公室，配备了专职人员，设立了举报箱和意见箱，主动接受群众监督和听取群众意见建议，使纪律检查工作落到实处。

（四）5月上旬，12个县（区、市）联社的99名经济民警参加了为期一周的第二届经济民警培训班。

（五）9月，市联社“金碧卡”与人民银行“金卡工程”联通，大大扩展了金碧卡的服务领域，并实现昆明银行卡的“一卡通用”。

（六）10月14日、21日两天，全市农村信用社2400余名员工在市、县两级联社的统一组织下，参加了全省农村信用社系统员工持证上岗考试，合格率达98.2%。

（七）11月21日，市联社开展了为期20天的以“爱岗敬业，遵纪守法”为主要内容的职业道德教育活动。

（马　红）

中国太平洋财产保险股份有限公司昆明分公司

总经理:吴致钊

【概况】 2000年是中国太平洋保险公司体制改革大步向前推进,经营发展取得丰硕成果的一年,也是太保发展历史上具有重要意义的一年。公司在确保积极稳妥地实施产、寿险分业经营机构体制改革,顺利完成产寿险公司分设的同时,认真贯彻落实"在发展中调整"的战略方针,全面完成了年度经营目标计划。分业后的中国太平洋财产保险股份有限公司昆明分公司2000年财产保险承保金额达到1768.4357亿元,全年完成财产险保费2.08亿元,超计划14%,同比增长率16.2%,上缴税金1956万元,受理灾险案件17084件,赔款支出7227万元,结案率80.63%,综合赔付率34.75%。

【分业改革】 2000年8月,中国保监会根据国务院批复的意见,下发了《关于中国太平洋保险公司分业经营机构体制改革的通知》,对昆明分公司提出了产、寿险分业经营机构体制改革要在年内完成的要求。根据总公司制定的分业改革实施方案,9月,分公司按总公司要求召开了全省辖内科以上干部会议,对昆明分公司分业经营体制改革做了具体、周密的安排布置,成立了分公司改革领导小组,组织财务账务、机构及人员的具体分设工作,并相应落实了风险防范、工作衔接移交等具体事项,同时确保了改革与发展两不误,始终抓住业务发展不放松,到年底全司实现了分业与业务发展共同推进的好结局。

【发展战略】 2000年总公司提出将过去"在调整中发展"的战略转变为"在发展中调整"的战略,坚持在发展中解决问题,昆明分公司在充分发挥管辖职能、指导下属机构发展的同时,切实抓紧自身发展,拓展行业性、集团性业务,坚持在扩大增量中调整业务结构。在大力发展车辆保险的同时,专项清理了车险业务,积极推广新险种,如安居综合保险等,加大了对重大项目的承保展业力度,在电力、铁路、高速公路的承保上取得突破,如继承保大保高速公路之后,又争取到元磨高速公路2.3标段保险,承保金额达29亿元。

【业务发展】 2月,公司全省工作会议在昆明召开。会议分析了云南保险市场状况和严峻的市场形势,根据总公司下达的业务计划,明确了新建机构加大增幅的原则。至12月底,新建机构如大理支公司完成保费1309万元,红河支公司完成保费2401万元,春城支公司完成保费1258万元,新设机构的增量可观,同比增长率保持了较高水平。

2000年各业务部门进一步细化了客户的管理与服务工作,非水险业务部、水险业务部采取制作工作日报、客户承保情况表、续保时间表等办法把新老客户的管理细化到科室及个人,细化到日期,不仅使原有业务维持住80%以上的续保率,且得以抓住新的契机,使业务取得新的进展。2000年非水险部、水险部实现保费近7000万元,进出口业务和铁路货运业务保持了一个较好的市场份额。

【保险服务】 配合总公司在国内开通电子商务网站,为推进管理升级、服务升级做了大量基础工作。顺利开通了太保昆明分公司网站，顺利开通了“95500”统一客户服务电话，并确保该电话与分公司报案中心电话全天24小时畅通无阻。至12月底完成“95500”电话服务中心的建设工作，呼叫接入、服务调度等已适应咨询的要求，“快速、准确、热情、耐心”的人工服务成为进一步树立公司形象与品牌的重要内容。在雨季等灾害事故频发季节，公司专门为客户制定防汛防灾方案，举办防火及安全生产知识讲座，组织专家小组对重点客户定期进行安全巡视，防患于未然。公司还向客户赠阅江泽民题字的《保险知识读本》及《保险法》，积极宣传动员客户共同做好保险市场秩序的清整工作，共同做好保险依法合规运作的工作。

【“三集中”管理】 根据总公司加强业务管理，实行业务、财务、资金“三集中”管理的规定，分公司针对辖内各机构情况，确定2000年5月底前实现二级管理“三集中”的目标。在业管部、电脑室共同分析调研的基础上，拟定了分公司本部及全辖直接机构二级核保，四地六点一级核保的实施方案。在电脑室及理赔部的共同配合下，根据分公司全辖实际，拟定了二级核赔的实施方案，于5月底在全辖各机构及分公司各部门实现了核保、理赔的集中管理，将核保、核赔权限控制在分公司业务管理部、理赔部及各自营机构业务处，有效地控制了风险的源头。

对于财务集中管理，分公司计财部2000年结合“三集中”的要求，在总结过去财务管理工作经验教训的基础上，分别到各机构指导帮助，使执行收支两条线落到实处，单证纳入计财部运用微机管理，对各机构实行内部利润考核，真实反映各机构的经营水平。由于基础工作做得实，使产、寿险财务账务分设如期完成。为了调动各机构的主观能动性，同时培养各机构领导财务经营和当家理财的能力，分公司总经理室确定了各机构费用包干的办法，对总公司核定的费用指标，分公司仅留下很少量，作为全司会议、活动及全辖调控使用，绝大部分由各机构自行安排使用，为各机构发展业务，解决自身实际问题创造了条件。

在认真执行资金集中上划规定的同时，根据本地各代理单位的实际情况和要求积极向总公司申请政策，既基本满足了业务发展的需要，也满足了总公司资金集中管理的要求，按计划和进度完成了总公司上划资金量，对改善分公司的财务状况起到积极的作用。

【代理工作】 2000年保监会新确定的代理原则对原来的代理业务形成冲击，其他保险公司凭借资金实力形成强烈竞争优势，一些代理单位出于利益考虑也做出相应反应，分公司总经理室极为重视新情况，与代理业务管理部共同研究对策，分别向各省级商业银行做好宣传解释工作，分析保险市场现状和发展趋势。同时诚恳地解决实际问题，最终使后续业务得以稳住，业务发展良好。为适应新的代理业务管理规定，分支公司共同研究、共同配合，顺利完成了代理业务管理的属地管理移交工作，并形成对口的管理部门，对新的代理关系也按新的规定努力做工作，争取本着实事求是，因地制宜，有利于发展及风险管理的原则，适度地发展代理关系及范围。

【大事记】 （2000年）

（一）1月15日，楚雄州发生5.9级、6.5级强烈地震，昆明分公司当天即组织慰问组首批赶赴受灾地区，送去6万余元捐款及衣物、棉被等赈灾物资，并及时对受灾保户进行灾情勘查及慰问活动。

（二）按太保总公司“三集中”管理的要求，昆明分公司于3月末全面完成财产险管理信息系统推广计划，实现全省数据共享，核保、核赔集中管理的第一步。

（三）3月28日，太保楚雄支公司与楚雄州医保中心签署了楚雄州城镇职工大病补充医疗保险协议书，楚雄支公司成为云南省首家承保城镇职工补充医疗保险业务的保险公司。

（四）4月，太保全省机构统一推行按月进行登记自查的“防范风险检查登记制度”，特别严格了对各类单证的按期清查，有效地规范各个管理的环节。

（五）8月，中国保监会下发《关于中国太平洋保险公司分业经营机构体制改革的通知》，9月，昆明分公司召开全省科级以上干部会议，进行分业改革的宣贯动员暨思想政治工作，根据总公司的总体分业方案，分公司具体布置了财务账务分设，资产、机构、人员、办公场所等具体分设工作。2000年底，昆明分公司顺利完成产寿险公司的分业，成立了中国太平洋财产保险股份有限公司昆明分公司及中国太平洋人寿保险股份有限公司昆明分公司。

（冷少萍）

中国太平洋人寿保险股份有限公司昆明分公司

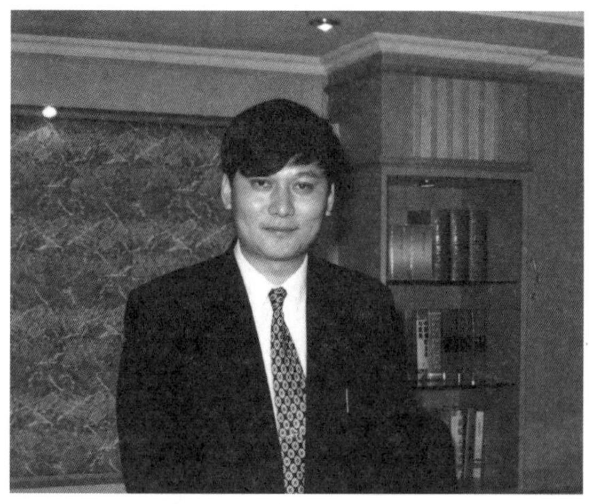

副总经理:姚向东

【综述】 2000年是太平洋保险公司一个重要的历史发展时期,按照总公司"抓住机遇加快发展,严格管理,夯实基础,把在调整中发展转为在发展中调整,积极稳妥实施体制改革,努力转换经营机制,大力提高服务水平,促进寿险快速、健康、稳定发展"的总体要求下,昆明分公司坚持"以效益为中心,以市场为导向,以客户为基础"的经营指导思想,坚定不移地把工作重心放在抓市场机遇,促进经营管理和业务发展上,通过狠抓各项基础建设,强化管理,业务持续上增,公司经营稳健发展。8月,经国务院和保监会批准,太平洋保险公司全面实施产、寿险分业经营机构体制重大改革,太保昆明分公司实现了产、寿险分业经营的平稳过渡,并取得了超额完成总公司下达年度业务指标的较好业绩。公司辖内全年承保金额1342.2亿元,累计实现保费收入2.4亿元,完成年计划125.2%,同比增长37.28%,上缴税金220.3万元,实现利润384万元,全年综合赔付率42.3%。

【分业经营改革】 2000年8月,按照中国保监会下达的国务院批复精神,总公司科学缜密地制定了产、寿险分业经营机构体制改革方案。9月,昆明分公司按照统一部署,全面进入改革实施阶段。全司召开辖内干部大会,总经理室提出:要以讲党性、讲政治、讲大局、讲纪律的高要求,高度统一全体干部、员工的思想和行动,严格按照总公司的改革进程精心组织实施分业改革,确保分业的顺利进行。在分公司改革领导小组的统一领导下,按照分公司制定的分业改革实施方案,全辖内坚持做到改革实施和业务发展同步推进。由于分公司几年来始终坚持产、寿险的财务、账务、人员、机构、管理的"五分开",为2000年的分业改革打下了较好的基础。至11月底,分公司本部及各分支机构均按分业改革要求进度全部到位,由此实现了太保昆明分公司分业改革人员、业务和机构的平稳过渡。寿险业务也在分业改革实施中得到进一步促进。2000年的分业改革为太平洋寿险的发展注入了新的活力。

【寿险业务】 2000年产、寿险分业经营机构体制的重大改革成为寿险发展的一个新起点。面对日益激烈的市场竞争,公司始终把工作重心放在抓市场机遇,促业务发展上。在一手抓改革的同时,抓业务发展不松劲,通过加大投入,加强管理,理顺关系,开展劳动竞赛等,在全年业务推动上取得了明显的效果。全年业绩同比稳步增长。总体特点为:团寿险超额完成全年下达计划,队伍架构建设进一步加强,辖内业务全面启动。4月,公司通过加强业务归口管理和加大考核力度、充实团险队伍人员、业务培训、重点公关等一系列发展措施的推进,使全年团险业务出现较大的上升势头。全辖内也组建起一支具有一定规模的专职展业队伍,为团险业务的稳步、长期发展提供了切实的组织保障和必要的基础保障;个人寿险通过营销机制的调整及"龙腾盛世业务竞赛"、"夏季极峰挑战赛"、"寿险关爱工程活动"、"寿险业务冲刺"等一系列业务竞赛的推动,促进了业绩的增长。此外,经对续收工作专业化管理的加强,确保了全年较高的续保率水平;意外险业务总体发展平稳,归口管理明显加强。在原有的业务基础上,通过抓住省内举办国际艺术节、中国民族服装服饰博览会、国际花卉节等大型活动的机遇，在激烈的市场竞争中拓展业务，保费收入同比持平。自4月起，分公司按照现实发展的要求，先后组建代管部、业管部，通过狠抓制度的建立与完善、业务的集中归口管理、业务的专项培训等，进一步规范了意外险业务的操作及管理，有效防范了风险的存在和发生；健康险业务方面：分公司紧紧抓住2000年医疗制度改革深化进行的时机，将医补险作为团险业务的基础险种而加以大力推进，并以此规模影响和带动其他业务的拓展。与往年相比，健康险业务增长显著，医补险成为新的业务增长点。全司业务发展的另一个方面是：地州市支公司的团险、个人寿险、健康险业务出现了较大的上升势头，与往年相比，分、支公司间业务发展不平衡的状况有了很大改变。

【营销管理】 全年工作重心围绕营销机制的调整与全面启动个人寿险市场两大核心展开。在管理目标上为形成全省个险专业化、集约化的经营管理。在此主导思想下，一是为彻底改变以往因营销职场分散、成本费用大、难以集中管理的状况，实施了对昆明地区营销职场的集中化管理，使营销督导、管控、基本建设等得到很大加强；二是为全省集约化、专业化管理做好前期铺垫。针对地州市支公司情况，落实了人员、组织架构的到位情况。由分公司派人帮助指导各地明确了组织架构中销售管理、营销管理、营销培训三个系列的职责分工与人员构成，并经严格的检查落实，使辖内营销基本组织架构全面到位，对年内个险业务的全面开展提供了必要的组织保障；三是对总公司2000版营销基本法进行了有力的宣导与落实。在紧扣总公司管理主架的基础上，根据公司辖内实际，分公司全力推出营销管理的“基本法”，并将之层层贯彻落实。7月，全司作了营销基本法新系统的切换，对营销队伍的专业化管理和发展予以有力的促进。

【基础建设】 严格管理、强化管理及风险防范是公司2000年坚持抓实抓好的一项重要工作。主要围绕几个方面来开展工作：一是在全司范围内全面进行有价单证、各类协议、存量保单的兜底清理，解决了一些长期遗留的问题，对强化内部管理，消除隐患取到了实实在在的收效；二是进一步强化整章建制的工作，狠抓制度的落实与执行。针对以往对规章制度的落实、执行不力，以及在制度建设方面存在的不足，强调注重制度建设向纵深发展，进一步规范、细划、完善业务及管理的流程。如对航意险、旅意险等有价单证管理的流程及业务归口的管理等，通过严格制定并实施对有价单证、代理业务管理上双人送票、结票制、定期对账、电话跟踪监督、严格有价单证领、核、销三级管理等一系列监督措施，完善了风险防范的内控细则，增强了管理的实效性；三是加强客户基础管理工作，不断提升客户服务质量。实现了2000年首次给付高峰的平稳过渡，实施了昆明地区新业务处理系统切换后续期银行转账业务的启动。此外，与交通银行全面合作的银行转账业务及“太平洋万事顺联名卡”业务进入运行阶段。客户服务实现全日制体检；四是客户档案管理进一步规范化。通过加大投入，公司新建密集架档案库，制定了周密完善的档案管理实施细则；五是电子化基础建设步伐大大加快。通过更新软件模块、调整综合业务统计系统、切换分共保、营销人事系统、开发单证管理系统、团体承保测算程序、急难救助客户管理程序等，提高了全司范围内的管理效率和工作效率。年内还顺利完成了营销职场集中化管理后广域网的建设及曲靖、大理、玉溪等地州市支公司的网络建设工作，对全司工作开展给予强有力的技术支撑。

【保险服务】 在总公司的统一管理下，分公司坚持以“一流的服务质量、一流的工作效率、一流的公司信誉”为宗旨，依法稳健经营，面向市场，面向大众，通过优质、高效、快捷的保险服务，为地方的改革和发展提供风险保障。在全年的经营中，公司不断提升工作质量和服务层次，完善服务手段。为尽快适应市场竞争及公司业务发展的需要，本着精干、高效的用人原则，公司对客户服务部门一些重要岗位及专业性强的岗位进行人员配备和充实。地州市支公司在总、分公司的工作要求和指导下，全面建立起客户服务部门。按照总公司的有关管理要求及分公司客户服务架构日臻健全、客户管理逐步到位等条件的具备，分公司收展队伍自9月起统一划归客户服务进行管理。7月开展“太平洋寿险关爱工程活动”，通过客户大回访、保险宣传咨询、客户问卷调查、发放“太平洋急难救助卡”等一系列服务活动，使2000年的客户服务更加贴近客户、贴近市场。公司在客户服务方面建有：全国范围内急难救助计划、95500全国统一客户服务电话、24小时值班报案制、咨询投诉处理、理赔承诺服务、客户体检服务等。

【大事记】 (2000年)

(一)2月15～16日，太保昆明分公司召开2000年全省工作会议。

(二)3月13日，随着经营管理发展的需要，分公司部分内设机构做出调整：设立寿险代理业管部、团险部、寿险客户服务部、电脑室；撤销原人身险部、寿险客户服务中心。

(三)3月31日，太保昆明分公司召开2000年寿险工作会议。

(四)4月24日,为规范管理,夯实各项基础建设,分公司成立专项清理小组,对公司重要单证进行全面认真的兜底清理。

(五)9月18日~9月19日,分公司召开"贯彻分业经营干部大会",传达贯彻总公司分业经营体制改革暨思想政治工作教育会议精神。

(六)9月30日,分公司对寿险组织架构进行调整:设立寿险办公室、人教处、业务管理部、原计财科改计财部。

(七)12月1日,总公司领导到昆宣布产、寿险分业经营领导班子的任命。

(八)12月7日,在昆明召开分公司全体员工大会。会上宣布总、分公司有关昆明分公司分业经营领导班子及干部任命。昆明分公司分业改革顺利结束。

(牛晓露)

中国平安保险股份有限公司昆明分公司

总经理:战　鹰

【综述】 2000年,中国平安保险股份有限公司昆明分公司认真贯彻保险监管的有关规定和精神,坚持"规范经营,强化管理,稳健发展"的经营方针,各项业务得以健康、稳定的发展。2000年,昆明分公司实现产险收入7124万元,寿险收入2.1亿元,产、寿合计2.714亿元,全面、超额实现了年度各项业务综合指标。

【人寿保险】 2000年,昆明分公司实现寿险保险费收入2亿元,其中:个人营销5412.2万元,同比增长18.63%;续期保费13065万元,同比增长25.75%;团体业务1535万元,同比减78.29%。个人寿险销售队伍突破千人,营销活动率比1999年增加了5个百分点,月人均保费达到5100元。全年处理赔案8245件,支付赔款1454万元,为众多的企业、个人提供了完善的服务和全面的保险保障。

一、业务措施:(1)营销:严格贯彻基本法,落实活动量管理和经营指标追踪管理;制定切实有效的增员激励方案和业务竞赛方案,开展多项业务推展活动,开拓市场、鼓舞士气,保证任务的超额完成。(2)续收:完善规章制度,强化管理和考核力度,加强培训,提高技能,充分调动了保险外勤员工的工作积极性。(3)团险:深化团险改革,培养精英队伍,启动活动量管理,加强培训,建立代理渠道,逐步实现规模向以效益为中心转化。

二、内部管理:充分利用平安的"竞争、激励、淘汰"三大机制,激活内部管理,强化竞争意识。在干部和员工中开展了定岗定责、民主评议、竞争上岗活动,进一步疏理了内部工作流程,调整了组织架构,使一大批优秀人才脱颖而出。公司的干部队伍得到了优化与加强,并强化了广大员工的责任意识、危机意识和工作积极性。同时,贯彻开明的管理思路,完善民主监督机制。通过"总经理室民主恳谈会"听取大家的意见和建议,接受员工的监督;利用"仲裁法庭"及时处理内外勤员工的投诉,解决大家普遍关心的问题,充分调动了员工参与公司管理、为公司发展献计献策的积极性。

三、新商品上市:2000年7月以后,分公司寿险先后在昆明市场上推出健康保险、分红保险和投资连结保险等新型保险产品,实现了云南市场上传统分红保险和非传统保险商品零的突破，实现了与国际保险产品的接轨。投资、分红型新商品满足了人们对保险和投资理财的双重需求，为个人和家庭提供了一种比较理想的投资理财工具。健康保险的推出对医疗体制改革起到有力的支持，成为社会医疗保险的有效补充，为中低收入阶层提供了较全面的医疗保障。

【财产保险】 2000年，产险实收保费7124万元，完成总公司计划的101.78%。其中，车险占全年产险保费69%，非车险保费占31%，全年承保大项目保额59亿元，电力、航空等保费占764亿元。全年共支付赔款3391万元，赔付率达58.12%。

一、业务拓展：加大对外公关力度，提高理赔质量，改善售后服务手段，巩固老客户，不断发展新客户，全年跟踪了12个大项目，并在烟草行业及车险、货运险承保方面都取得了一些突破性的进展，市场份额不断扩大。通过发展银行代理，先后同省建行、农行、广发行等6家银行签订了代理协议。同时，公司积极推出新险种，如《会计师执业责任保险》、《雇员忠诚险》以及分期付款保险等，满足不同行业、不同市场对保险服务的需求。

二、内部管理：公司内部统一思想，牢牢树立服务观念，为客户服务、为业务一线服务；精减高效，调整人员，完成“定编、定人、定岗、定薪”的“四定”工作，完成人力资源的改革；开源节流，营业费用率较1999年降低3个百分点。

【文化品牌】 2000年是平安企业文化宣传年，分公司制定了详尽的“平安新价值管理文化”推展计划，并分阶段组织了“个人价值与公司价值最大化”演讲比赛、“我与平安”征文、锦言比赛、“爱司、爱部、爱业”大讨论以及“平安夜晚会”，使广大员工在生动活泼、形式多样的活动中受到感染与熏陶。“企业是树、文化是根”，通过健康向上的企业文化推广，激发了员工敬业爱司的热情，坚定了大家“依存于平安、发展于平安、奉献于平安”的信心，增强了公司的凝聚力。同时，公司趁下半年新产品连连上市之机借助多种宣传媒体，通过新产品新闻发布会，新产品销售启动大会以及新闻报道、专题采访、销售追踪等形式，有步骤、有节奏地进行了全方位的对外宣传活动，平安因此为更多的春城百姓所关注和认同，进一步树立起了平安的品牌形象。分公司在东风广场全国第二大电子荧屏上强力推出了公司形象广告，并以此为激励手段，鼓励一批又一批优秀的个人寿险业务员走上荧屏，一展风采。

【大事记】 （2000年）

（一）1月24日，中国平安保险公司昆明分公司向“一·一五”姚安地震灾区捐款5万元。

（二）2月3日，分公司寿险召开1999年年终总结表彰暨2000年企业文化推广启动大会。

（三）3月上旬，平安系统2000年一季度团险工作会议在昆召开。

（四）昆明分公司对中国建设银行云南省分行进行代理业务培训，近二百名建行业务骨干参加了培训。

（五）4月18日，中国保监会财产保险监管部会同人民银行昆明中心支行对昆明分公司机动车辆保险业务进行专项检查。

（六）5月26日，分公司隆重举行“企业文化巡礼”活动，用独特的公司晨会、平安礼仪套餐“宴”请大客户和新闻单位，共庆建司12周年。

（七）6月21日，昆明分公司回访平安希望小学，捐赠现金7177.5元，捐赠书籍、教具400元，并对优秀教师、学生进行奖励。

（八）7月，新健康保险产品在昆明上市。

（九）8月，分公司寿险在昆明市场率先推出分红保险和平安世纪理财保险，填补了云南保险市场分红保险和投资连结保险的空白，实现了保险商品与国际保险产品的接轨。

（十）9月～10月，分公司寿险举办“客户服务节”，举办了“我心中的美好家园”少儿绘画大赛、客户游园会、大客户体检、大规模客户回访等大型活动，以回馈广大客户。

（十一）10月，响应总公司号召，分公司寿险员工捐资800余元，修建“三北”防护林。

（十二）10月26日，总公司在昆明开展廉政教育，在东陆饭店举办了2000年廉政教育和法制宣传专题报告会。

（十三）12月11日，昆明分公司员工捐款支持西部干旱地区建水窖工程。

（杨　敏　裴根合）

云南省国际信托投资公司

【综述】 2000年,云南省国际信托投资公司(不含下属办事处)资产总额421956万元,负债总额374942万元,净资产46984万元;全年实现公司各项收入总额18454万元,年度实现利润1590万元。

一、按照国务院关于金融信托业整顿的要求以及省政府的统一部署,做好清理整顿的各项工作。

(一)配合中介机构,完成了两次清产核资和资产评估工作。年初,完成了以1998年12月31日为基准日的第一次清产核资和资产评估。此次评估结果为:资产评估值424607万元,负债评估值370244万元,净资产评估值54362万元;资产评估减值额为2724万元,减值率为0.64%,净资产评估减少值为731.53万元,减少率为1.33%。年末完成了以2000年3月31日为基准日的第二次清产核资和资产评估工作,评估的结果为:资产评估值484072万元,负债评估值430504万元,净资产评估值53567万元;资产评估减值额为7045万元,减值率为1.43%,净资产评估减少值为5454万元,减少率为9.24%。

(二)证、信分业工作。(1)抽调人员成立工作班子,参与并负责证、信分业工作。(2)确定公司参与重组的证券资产分列方案。(3)与有关方面配合,做好参与重组证券资产的认证工作。(4)配合证券重组,清理并结清了公司本部与下属证券营业部的各项往来,明确了公司与营业部部分业务的委托关系。

(三)根据省政府对信托清理整顿的安排,认真做好有关机构并入和撤销的前期准备工作。公司成立并调整充实了"省国托公司信托清整工作小组",负责拟订有关并入和撤销方案,专门负责处理有关机构并入和撤销的具体事宜。

二、完善贷款手续,抓好贷款本息回收工作,防范和化解贷款风险。

2000年,公司将催贷收息作为全年工作的重点,采取了经济、法律、行政等各种手段,全力催收到、逾期贷款本息。全年公司本部共收回贷款13140万元、利息1256万元,合计14396万元,有效地防范和化解了部分贷款风险。

(一)完善贷款手续。在全面清查所有存量贷款的基础上,重新落实贷款的抵押物和担保单位,并进一步完善了相关手续。

(二)区别不同贷款户的情况,综合运用各种手段,采取不同措施努力催收。(1)针对实际情况,运用各种手段收回贷款。公司于1998年1月15日向云南汉德公司贷款250万美元。贷款到期后,汉德公司由于资金紧张不能还款,公司被迫于2000年4月18日向省高级人民法院提起诉讼。在强制执行不利的情况下,通过谈判,汉德公司用土地款归还贷款250万美元,归还利息11万美元。(2)对无法还贷,但尚有资产的,采取"以资抵债"方式收回,全年公司收回抵债资产1100万元。(3)对已经向法院起诉的贷款,积极协助法院,依法收回贷款。年内通过法律手段收回贷款2200万元。(4)对企业状况恶化,抵押、担保手续快失效的,采取法律手段依法收贷。全年公司共对10余户贷款企业约计12000多万元的贷款标的向法院提起了诉讼。

(三)召开全省县乡开发公司贷款清欠工作会议。针对县乡开发公司和涉及地县财政担保的2亿多元贷款逾期比重大、催收难度大、手续不尽完善的实际情况,公司组织召开了全省县乡开发公司贷款清欠工作会议。通过会议,公司共与29户县乡开发公司签订了还款协议书,协议计划:2001年以前还款5755万元,2002年还款9180万元,2003年还款500万元,共计15435万元,占全省县乡公司借款余额的74.57%。

三、加强内部管理,建立健全内部运行机制。

(一)规范公司议事程序。进一步完善了公司办公会制度,实行办公例会制度,办公会主要研究各部门提交会议讨论的有关议题,通报公司重大事项以及总经理办公会议决定事项,会议有关内容及时形成会议纪要,并形成与之相应的催办、督办制度。建立了公司总经理办公会议事制度,主要研究公司有关重大事项,做到了政务公开。

(二)坚持重大事项请示报告制度,完善了公司内部的办事呈报制度,推行使用呈批件。部门呈批的一般事项由分管领导审批,涉及财务等重要事项由总经理审批，重大事项由公司总经理办公会或者公司办公会讨论后决定，有力地促进了决策的科学化、民主化、规范化。

（三）认真清理近几年经办的贷款、投资业务，实行"只收不贷"，停止了新增贷款、投资业务。并对近几年发生的贷款、投资业务进行了全面的清理和审视，积极采取有效措施，努力催收到逾期贷款和加强投资管理。

（四）加强对下属办事处联系和子公司的管理，开展内部审计，发现问题，及时堵漏。鉴于办事处和公司的关系，公司下发了《关于加强办事处监督管理的通知》，并指定专人联系办事处，负责认真分析办事处的各种业务报表，对办事处的业务经营进行实时了解；同时，由公司稽核部、计财部、办公室共同组成内审小组，完成了对深圳云信公司和云南联信公司内部审计，基本摸清了两个子公司的情况，对审计中发现的问题，及时采取了相应的措施。

（五）认真清理银行存款账户，积极采取整改措施。根据省财政厅有关清理账户工作的安排，对公司本部及各下属单位的银行存款账户进行了自查自检，在规定的时间内完成了账户的清理工作，并对存在的问题提出了整改意见和措施。通过清理，公司全辖共保留账户 28 个，撤销账户 31 个。

【证券业务】 公司全年共兑付国债 3100 万元，兑付企业债券 14335 万元，代理发行企业债券 1 亿元，代理股票及基金买卖 110 亿元，实现营业收入 5374 万元，实现利润 2942 万元。其中，各营业部实现利润的情况分别为：上海营业部 1501 万元；春城路营业部 1178 万元；南屏街营业部 263 万元。

【外汇业务】 2000 年末公司外汇资产达 11007 万美元，外汇存款余额达 9728 万美元，全年实现外汇营业收入 480 万美元，实现外汇利润 171 万美元（冲减 85.7 万美元贷款损失后，实现外汇利润为 85.3 万美元）。

【投资业务】 2000 年底，公司共有 4 个全资子公司、1 个控股子公司和 16 个对外投资项目，涉及金额 42025.45 万元，其中：5 个子公司 17539 万元；项目投资 16 个，总金额 24486.45 万元。2000 年，北海石林大酒店全年实现营业收入 509.18 万元，比上年略有下降。另外，公司采取收缩战线的办法，逐步回收投资。年内共回收投资 1000 万元，其中：云南省生物资源投资公司 500 万元、"俊园"项目投资 500 万元。

【物业管理】 公司下属全资子公司——云信物业公司在搞好整个国托大厦的管理及服务工作的同时，重点抓好公司现有物业的营销、出租工作。截止年底，物业公司管理的物业达 5 万余平方米。2000 年，物业公司租出国托大厦房屋共 9186 平方米，其中：商场 5804 平方米、写字楼 3382 平方米，共实现租金收入 394 万元，物业租金收益成为公司一个稳定的收入来源。

（毛雁斌）

云南金旅信托投资有限公司

总经理:袁荣智

【综述】 2000年是按照年初董事会确立的“证券创效益、信托抓清欠、投资抓盘活”的思路安排全年工作,下达年度经营计划为年末规模14亿元,清收不良资产7000万元,财务收支持平。

一、采取多种措施、清欠盘活

年初公司召开了清欠专题会议,任务分解落实到部门、个人。按职能划分,贷款、外汇、拆借、回购分别由计划、信托、证券等几个部门负责。为集中力量,公司把几个部门负责清收的职工集中办公,统一由清欠办指挥。

为最大限度保全公司资产,公司加大了法律手段的清收力度。全年共向各级法院提起诉讼12笔,其中:人民币业务10笔,金额13875万元;外币业务2笔,金额310万美元。申请法院执行收回货币资金和实物4629.4万元。截止2000年末,公司累计诉讼108笔,金额65034.88万元,其中:申请执行90笔,金额48692.9万元;结案8笔,金额3583万元;证券回购债权方清算登记5笔,金额913万元。

公司对上海明鸿房地产公司3400万元贷款的清收在原有担保措施落空,风险很大的情况下,公司调整策略,聘请了专项律师,查找证据,对其资产予以查封,使原来风险很大的贷款清收得到了保障。在各级法院的支持下,公司收回逾期八年的沈阳工商银行拆借本息1756万元。收回了宜昌工商银行、开封证券大部分欠款。对风险较大而资金收回困难的项目,收回了一些实物资产,全年共收回实物资产3239.5万元。全年实物资产变现回收资金240万元,实物资产抵债936万元。

二、推行证券经营新机制,经营效益显著

2000年3月中旬召开了证券专题会。会议就改革证券部人事工资管理体制、完善内部经纪人制度、推行标准化服务、强化内部管理等内容进行了讨论。形成了《证券总部人事工资管理试行办法》等文件,确定了“人事总额控制、聘用审查备案、工效挂钩、分配自主、费用率限制、税前利润考核”的原则。证券总部根据公司年度经营计划,将各项指标层层分解到各营业部,各营业部按照不同岗位下达业务指标,定期考核。营业部按双向选择的原则聘用员工。人事工资制度改革使证券部从上到下都感到了来自市场的压力与机制带来的动力。全年证券部实现营业收入6191万元,营业支出4188万元,实现利润总额1988万元。

三、参与证券重组工作

按照省证券重组办、红塔证券筹备办的要求,公司配合并聘请了云南亚太会计师事务所完成了1998年末、2000年3月末两个基准日的资产评估、清核工作,参与重组资产的划分工作,以及证券资产抵偿省财政债务的必要手续。

【业务活动】

一、信托业务:2000年公司在信托业务上,以清收为原则,以稳存款、保支付为指导思想,强化管理,稳定资产负债业务,做好清收工作。截止2000年12月末,共清收资产7422.32万元,较计划数7000万元多完成422.32万元,超额完成计划6.03%,较上年多完成906万元,增幅为13.90%。

二、投资业务:坚持“盘活资产”的方针,进一步抓好项目管理,盘活存量资产。2000年共盘活资产回笼资金近300万元。(1)分解任务,落实责任;(2)根据市场变化及时调整盘活策略和办法。为盘活文山物业管理中心及西双版纳大曼么建成的房产,针对房屋所处位置、质量及户型结构等存在的不足,结合当地市场情况,推出了适时的市场价格,大曼么积压房全部销出,文山商品房也售出部分,回笼了资金200多万元;(3)突出重点加大盘活力度。云信房地产公司管理的资产占投资部所管资产70%以上,根据转让为主、合作为辅、短期出租的原则,投资部在一年内与数家企业、个人就土地转让、合作等进行了多次推介、洽谈,掌握市场信息;(4)及时掌握参股公司的情况,加强对参股公司的监控。

三、证券业务:强化管理,完善证券经营机制,提高员工综合业务素质,积极开发客户资源,改善证券部的经营环境,取得了一定的经济效益。全年共实现证券交易量145.77亿元,完成计划125亿元的116.61%,较上年的85亿元增长了71.49%。年末股民保证金余额6.66亿元,较上年3.31亿元增加3.35亿元,完成计划3.6亿元的185%。全年代理发行企业债券2100万元,代理兑付企业债券6500万元。

(王郑英)

昆明国际信托投资公司

总经理:杨　栋

【综述】

一、认真开展清产核资工作

按照国务院和省市政府清理整顿信托投资公司的要求,公司聘请了云南省亚太会计师事务所对公司的资产、负债、所有者权益、表外科目和账外业务进行了审计评估,以摸清家底,为公司的整顿重组工作奠定基础。

经亚太会计师事务所第一次审计评估,截至1998年12月31日止,公司的资产为247049万元,负债为208667万元,资产损失为23659万元,冲减资产损失后净资产为14723万元。

由于第一次评估又经历了1999年一个会计年度,而各信托公司的经营情况也发生了变化,因此省信托投资公司清理整顿办公室要求各信托投资公司将评估日期顺延至2000年3月31日,进行第二次评估。截止2000年3月31日,公司资产为166032万元,负债为124936万元,净资产为41096万元。

截止2000年12月31日公司总资产为13.16亿元,较上年减少3.3亿元,总负债为11.57万元,较上年减少2.48亿元,实现利润(净利润)957万元。

二、按照国有资产管理的有关规定对资产损失进行报批

按照财政部和人民银行财债字[1999]第86号文件《关于信托投资公司清产核资资产评估和损失冲销的规定》的要求,根据国有资产管理的规定,公司向省财政厅、市国有资产管理局进行了资产损失的报批手续,对公司上报的23659万元的资产损失,批准19904万元列入1998年、1999年、2000年的损益核销处理。

三、积极配合省内证券重组工作

证券部按照省市政府的部署,参加云南省内证券重组。完成了公司证券部截止2000年9月30日的资产评估,并按照《公司法》的要求,书面征求了公司董事会的意见;积极配合红塔证券筹委会准备报批材料,签署了证券资产重组意向书,基本理清了公司证券部的重组资

产。在重组报批的过程中,证券部坚持正常经营,保证了正常服务和市场业务开发,并归还了历年挪用的股民保证金,为重组后业务的规范发展奠定了较好的基础。

四、积极开展与省国托的合并工作

根据省政府第47次省长办公会议的决定,公司与省国托合并。公司在学习省长办公会议决定后,对合并的决定积极拥护,并积极着手与省国托协商,在省政府办公厅的主持下,多次交换了合并意见,公司围绕合并的一系列问题开展工作,特别是对公司原有债权债务的处理采取了一些积极措施,争取早日促成合并,并为公司今后的发展减轻负担,奠定基础。

【业务活动】 为使清理整顿平稳过渡,公司一方面动员职工做好存款客户的稳定工作,另一方面通过积极催收逾期贷款、出售股票、变现资产、股票质押贷款等措施,尽量满足部分存款客户的资金急需,全年共计解决存款支付金额为10225万元。2000年信贷部收回人民币信贷资金2635万元,其中自营贷款945万元,委托贷款1150万元,贷款利息355万元,收回已报损的信贷资金185万元。国际部收回外币贷款折合人民币160万元,变现抵债物资7.7万元,并会同执法部门扣收实物资产轿车3辆、房屋2套,冻结证券账户1个,涉案资金近千万元人民币。2000年以资产抵债的形式折抵客户存款1818万元。同时,为了盘活资产,对子公司进行了清理。另外,根据资产报损的批复,公司财务部进行了调账处理,结合合并中债权债务的处理问题,对公司的小额存款户作销户处理。此外,办公室除做好日常工作外,还积极搞好工商、税务、沪深会员资格、《劳动法》执法年检、职称申报等工作。

(李世广)

云南证券有限责任公司

总经理:孙国萍

【概况】 2000年公司一方面根据省政府的部署,积极参与云南证券机构联合重组的工作;另一方面,继续抓住机遇,努力在激烈市场竞争中,赢得经济效益。全年实现利润3395万元。

一、参加省内证券经营机构联合重组

1999年,省政府组织成立了云南证券经营机构联合重组办公室,具体负责对云南省证券经营机构的联合重组工作。公司是省内券商中最先提出联合重组倡议的公司,对这项工作,在全体股东一致同意参与省内重组的基础上,公司经营班子按照股东大会的决议,抽调了精干人员参与到重组工作中。

二、在竞争中努力创造经营业绩

年初,公司与8个营业部签订了目标任务责任书,年终有7个营业部超额完成了目标任务。

(一)规范运用,严格防范各种风险。

昆明各营业部教育员工遵纪守法,按证券从业人员的规范要求严格自律,对重要岗位人员配合保卫部定期审核,同时在交易过程中,从开户、委托、交割、取款等环节上严格按规章制度执行,杜绝交易委托风险的发生。采取“三备份”的做法,确保数据安全。在资金风险控制方面,采取经办人、审核人、经理签名的做法。采取经警、公司保卫部及当地派出所联网监控的办法控制突发事件。加强和完善经纪人管理制度,增强经纪人风险意识。严肃处理了违规操作人员,充实和完善了经纪人队伍,并制定经纪人若干管理办法。

(二)认清市场形势,强化竞争意识,不断扩大经营业绩。

第一步是从坐商到行商,将点式服务变为面式服务。使简单的柜台服务转向智能性的投资顾问服务和经纪综合性服务,逐步实现服务内容从单一、简陋向高层次、多方位的方向发展。经纪人工作、神光工作室、夜市服务是这一思路的具体尝试。第二步是从行商到情商,用有情的服务面对无情的竞争,将情感服务溶化到日常的服务中去。有的营业部审时度势,及时调整经营战略,增加经营场地,完善服务设施,在竞争中巩固了市场份额,稳住了绝大部分客户。

(三)开拓市场,寻求新的利润增长点。

2000年,公司先后在西双版纳和开远设立了两个营业部。同时,在通海、澄江、宣威、腾冲新设4个远程服务部。完成了曲靖及北京路营业部的搬迁。截止2000年末公司共有11个营业部和4个远程服务部。

【大事记】 (2000年)

(一)经中国证监会批准,8月18日景洪证券营业部成立,8月28日开远证券营业部成立。

(二)10月初,曲靖营业部完成搬迁,扩大了经营面积,改善了服务设施。

(三)10月9日,昆明吴井路营业部迁至金碧路,经营环境及设施明显改善,并更名为金碧路证券营业部。

(四)经中国证监会批准,年内公司在通海、澄江、宣威、腾冲新设4个远程服务点。至此,公司全辖共有11个营业部和4个远程服务部。

(五)11月23日,云南省证券经营机构联合重组办公室正式通知"云南证券"暂不参加红塔证券重组。公司派驻重组办的工作人员陆续撤回。

(六)公司表彰奖励了1999~2000年度优秀员工11名,表扬员工39名。

(李大勋)

云南证券登记有限公司

总经理:郭永生

【综述】

一、主营业务。

(一)2000年共开立股东账户129430户。其中,沪市个人股东账户64421户,法人股东账户134户;深市个人股东账户64747户,法人股东账户128户。全年开户较1999年增长155%,比历史上最好的1997年增长22.5%。截止2000年底,累计开户446520户,其中上海账户231662户、深圳账户214858户。

(二)及时为投资者办理证券账户挂失560户,较1999年增长70%,历年累计为3056户。

(三)提供证券查询服务,方便投资者理财。全年办理查询87户,比1999年增长314%,历年累计1012户。

(四)开展国债实物代保管业务,全年发生兑付1笔,金额1820.6万元,年末余额为零。

二、加强规范化管理,完善规章制度。

(一)制定了《业务管理及处罚规定》;为充分调动第一线员工工作积极性,体现按劳分配原则,制定了《业务部岗位责任奖罚规定》;为减少浪费,防止工作中的漏洞,避免管理不严造成不良后果,制定了《账户卡,开户申请表领用登记制度》;并重点研究加强开户档案管理办法,对历年挂失资料进行整理归档,对近期产生的档案按时间顺序完整建档。

(二)调整业务部前后业务分工,开发电脑新程序,严防开户差错的发生。在临柜开户压力大的情况下,把可能发生问题的开户改错、挂失、修改股东资料的工作进行了调整,放到后台由电脑机房工作人员监督和办理。对电脑设定的沪市开户程序进行新的开发,制定了定期和不定期对微机、程序进行检查、维护制度。严格执行每天下班后对账户卡、开户申请表、开户号码进行核对,便于及时发现问题,及时处理纠错,促使开户质量不断提高。

三、参与“红塔证券”筹建工作。

公司根据省政府的指示,积极投入组建“红塔证券”的工作之中。以在全体干部、员工中广泛深入动员,统一思想认识为前提,认真按“红塔证券”筹委会的计划和步骤,在自身清产核资的基础上,配合亚太会计师事务所对公司所有资产进行了评估,及时申报国资局审定核批,并与筹委会友好协商,核定了公司参股“红塔证券”的证券业优良资产,及时、准确、圆满地完成了筹建“红塔证券”的前期工作。

(茅心湖)

海通证券有限公司昆明东风西路证券营业部

副总经理:张崇德

【综述】 2000年,海通证券有限公司昆明营业部A股(基金)交易量完成58亿元,比上年增长142%;客户保证金平均存款余额完成1.9亿元,比上年增长85%,实现利润1013万元,比上年增长237%。

一、强化内部管理,提高竞争能力

2000年,昆明市区的证券营业部从原来的十家,快速增加到十六家,使得同业竞争更加激烈。对此海通证券昆明营业部积极调整经营战略。

首先,加大投资力度,通过加强基础设施建设,适当扩大营业面积,改善服务环境,新增贵宾室和500多平方米的中户室、200多台电脑设备,及时而有效地稳住原有客户。

其次,调整内部机构设置,加强投资咨询工作,培养自己的投资咨询人员;营业部提出了“增强优质服务,树立品牌意识”的口号,加大对外业务拓展力度,大力宣传海通稳健、规范及对客户负责的经营理念,增强客户对海通的信任感和安全感。增加了大户管理人员,建立了大户档案,分不同档次建立了家庭大户室,增加了大量远程可视电话委托,及时缓解了大中户室拥挤的状况,同时带来了经济效益。

第三,深化内部改革,积极配合总公司搞好经纪业务和管理方面的执法监察,严格制度,对存在的问题做到有措施、有落实。加大全员考核力度,对各部门定员定岗,强调部门经理的权利和责任,分层次进行管理,切实体现干好干坏不一样,使员工感到有压力、有动力,充分调动广大员工的积极性。

第四,加强业务规范化管理,启用了总公司统一制定的经纪业务的各项协议书和单据,做到每项业务的操作都实现全公司制度化、统一化,避免了操作上的不规范而带来的风险,充分体现了海通证券作为全国性大券商的优势。建立健全各个岗位的职责和操作规程,增强了部门之间的协作,实现了营业部日常工作的安全有序,使各个业务部门的工作质量和效率得到了提高。营业部还按总公司办公室的要求,重视基础管理,完成了营业部综合档案管理的升级达标工作,成为省二级综合档案先进单位。

二、加强业务开拓,提高市场占有率

面对激烈的同业竞争,海通证券昆明营业部努力做到“变坐商为行商”。

首先,组织专职、兼职人员外出谈业务、拉客户,先后增加了大、中客户30%。在做好二级市场业务的同时,积极拓展投资银行业务,与总公司投行部的协同配合,争取了昆明世博和丽江旅游等发行项目。

其次,立足于优质服务,深化服务的质量和内涵。营业部的客户服务以客户需要为中心,向高层次的“智能化、咨询化服务”转变。充分重视研究咨询工作,采取多种形式如举办多种投资研讨会、报告会、股市沙龙、设立现场咨询台等为投资者提供全方位的服务。以方便客户交易为出发点,与工商银行、农业银行等各大商业银行全面实现“银证联网”。大力宣传和推进网上交易和B股业务,在昆明地区以外发展客户,扩大营业部的无形空间。

第三,抓住管理层超常规发展机构投资者的历史机遇,争取和培育核心客户群。树立营销意识,进行市场细分,区分机构投资者不同需求,提供针对性的专家式服务。通过周到良好的服务激发了投资者的投资热情。2000年,营业部的保证金最高时达3亿元,是上年最高时的136%,最高日交易量达8000多万元,创历史新高。

(付 嵘)

国泰君安证券股份有限公司昆明人民中路证券营业部

总经理:黄灵谋

【综述】 2000年是国泰与君安两大证券公司新设合并的第一年,昆明营业部作为新公司在云南唯一的分支机构,在中国证监会昆明证券监管特派办的监督指导下,确立"加强管理,规范经营,提高创新能力,推进公司持续稳步发展"的经营理念,按总公司统一部署,积极拓展市场,创新业务领域,取得了较好的经营业绩,全年实现营业收入4268.13万元,实现利润1378.08万元。

一、顺应市场趋势,积极推进各项业务发展

(一)经纪业务

2000年完成代理股票、基金交易量106亿元,同比增长86.96%,市场份额0.845‰,新增开户人数6060户,同比增加45%,累计开户人数达24000多户。保证金余额达2.7亿元。在系统内全国118家营业部中排名第14位。随着投资者需求的不断变化。在1999年开通169网上交易的基础上,通过报纸、电台和专题推介会等形式加大了向云南省16个地州市的推广力度,极大地方便了云南省大部分没有营业网点地区的投资者。10月份,应广大投资者的强烈要求,在《滇池晨报》刊登了"B股交易系列知识",广受好评。根据总公司存折炒股业务规范意见,与中国银行云南省分行签订了合作协议,合作开展银券一户通业务,2000年,在云南5个经济发达的地州市与中国银行共同推出。

为了满足广大股民日益增长的信息咨询需求,除依托总公司研究所的研究力量以外,还邀请了在昆较有影响的专家每周六在营业部免费为股民讲解证券投资知识。同时,针对大中户咨询力量薄弱的现实问题,加强了信息咨询,每层大中户室都有营业部市场分析人员对客户进行指导,为提升服务、盘活存量做了有益的尝试。

(二)投资银行业务

年初营业部就提出了要为机构客户提供专业化、系统化服务的宗旨。通过一年的努力,依托总公司强大的综合实力,配合总公司积极参与本地区投行项目的开发,储备了一批项目。同时,将机构开发和投行业务进行有机结合,利用业务联动效应,最大限度地向机构客户提供专业化服务,撰写了各类机构入市的操作方案,满足了各种机构的投资偏好。

(三)债券兑付工作

顺利完成曲靖发电有限责任公司发行的5000万元面值的企业债券到期兑付工作,树立了营业部在云南证券市场的良好声誉。

二、健全内部机制,注重风险防范

年初,落实了总公司定岗、定编、定责、竞聘上岗的制度。同时,营业部根据部门职能及工作情况,制定2000年的工作目标,对各部门明确提出了具体的目标、任务及奖罚措施,并响应公司减员增效的工作要求,进行了营业部各部门人员精简,精简后营业部正式定编35人。同时,针对客户服务部的特点,本着经纪业全能型人才的培养原则,建立健全了客户服务部的轮岗制度。适时调整员工的工作岗位,并对各大户管理及其他岗位工作人员下达了分解量化指标。

年中,根据总公司有关规范操作的文件精神和业务发展客观需求,补充修改了操作流程,其中对取款授权、指定交易、转托管、修改密码等业务重新做了规范。对各业务重新做了规范。统一格式重新修订了客户的开户资料及相关单证。对各业务环节进行风险自查,及时消除隐患并制定了相应的风险防范措施。

年末,营业部进行职业思想道德教育,全面提高员工的职业道德修养,爱岗敬业、遵纪守法精神得到弘扬。

(孙夕喻)

云 南 省 邮 政 储 汇 局

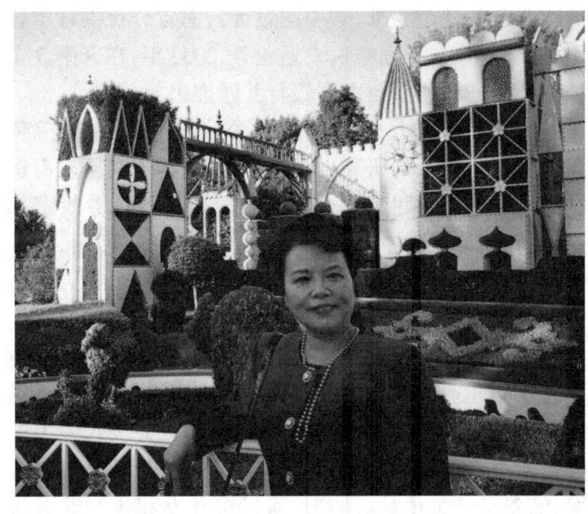

局长:马汝凤

【综述】 2000年云南邮政金融坚持"以发展求突破,以发展求进步,依靠规模化、效益型的发展解决存在问题"的工作思路。一是加快邮政金融绿卡工程建设进度,加大绿卡工程投入,绿卡网络在业务发展中的支撑作用日益突出;二是进一步建立健全储汇业务管理的各项规章制度,保证业务发展的规范性和可持续性。针对新业务的处理流程、业务发展管理、服务质量等出台了相关的规定,依靠适时建立健全各项规章制度来应对复杂多变的金融市场和自身业务的需求;三是及时调整经营思路,大力发展中间业务,使中间业务比重进一步提高,初具规模;四是加强稽查工作体系和制度建设,及时有效开展稽核检查工作,从上到下加大了对违纪违规行为的处罚力度,有力保障了业务的健康发展;五是为提高储汇从业人员的业务、管理水平,开展了多层次、多形式的岗位培训,使储汇职工的综合素质得到进一步提高;六是集中力量,优质高效地完成了邮储两千年问题、存款实名制、全省邮储利息实算三项工作。2000年,完成了各项邮政金融工作,创造了提前两个月完成全年邮储余额净增计划任务的好成绩,实现了邮政储蓄余额年内突破50亿元大关的既定目标,邮储余额的增幅高于全省金融机构的平均增幅。全年完成邮政储蓄收入和汇费收入共计1.9亿元,占全省邮政收入的27.17%。

(木江涛)

【邮政储蓄】

一、以余额增长为根本,以普及"绿卡"为方向,以广泛发展储户为源头,以提供优质、高效、快捷的服务为宗旨,使全省邮政储蓄业务跃上新台阶,年末邮政储蓄存款余额514302万元,比1999年末净增60743万元,增幅13.4%,超额完成余额净增计划,拥有存款户数为138万户,户均余额达到3727元,邮政储蓄业务收入为1.45亿元,邮政储蓄业务成为邮政业务的支柱业务。

二、以市场为导向,以发展为动力,以管理为基础。针对金融市场的变化莫测和激烈竞争,云南省邮政储汇局始终把深入基层、深入市场、分析市场、研究市场作为一项重要工作来抓,对重点地州市县局的储蓄工作进行调研,总结推广先进经验,解决业务发展过程中的新问题,使邮政储蓄在合规经营的基础上健康、稳步发展。

三、加强营业网点建设,加强形象建设,推行标准化、规范化服务。2000年全省储蓄营业网点开展"争先创优"劳动竞赛,涌现了一批优秀的班组和先进个人,评选出"十佳"优秀储蓄网点十个,树立了良好的社会形象。

（周忠萍）

【代理业务】 各项代理业务发展势头良好。2000年邮政代理保险业务步入正轨，各级邮政部门与当地保险机构密切合作，共同拓宽保险业务市场，全省年末代收保险费807.50万元，代理投保户数14872户，保费收入达到40万元。邮政代理发行国债任务完成较好，2000年全省邮政储蓄网点代理发行凭证式国债共计8500万元。代发工资业务稳步发展，全年累计代发工资39229万元，代发工资单位数量不断增加。2000年邮政代发养老金启动，全年累计代发养老金4061万元，代发户数为27178户。邮政代收电信资费、代收公益事业费、代缴税金等业务范围逐步扩大。

（周忠萍）

【电子化建设】 为提高和完善"绿卡"网络的业务功能和处理功能，2000年按计划完成了云南省邮政储蓄"绿卡"二期工程改造——扩建昆明城市中心、新建大理和玉溪两个城市中心、新建临时省中心的工程建设。全省538个网点进入"绿卡"网进行通存通兑，自动柜员机(ATM)223台分布全省县以上营业网点，36台POS终端布放在各大中商场。同时，邮政储蓄还投放了78台ATM参与昆明的银行卡网络，实现了跨行业务交易。邮政储蓄电子化网点普及率达到70%。邮政储蓄卡户数为132497户，实现了全省电子化网点的纵横交错，实现了全国、全省通存通取业务畅通无阻。

（周忠萍）

【邮政汇兑】 2000年是云南邮政汇兑发展艰难的一年，全年邮政汇兑收入4787万元，比1999年下降了2.6%，完成了全年6000万元任务的79.78%。在云南省经济发展迅速的情况下，在全国邮政汇兑收入以4%的速度增长的大环境下，云南邮政汇兑发展如此艰难，除了银行竞争激烈、邮政公事免费汇款无法完全取消以外，自身发展缓慢、无法挖掘内部潜力是主要原因。

一、邮政汇兑基本情况

国内部分：2000年全省开发汇票649万张，比上年下降了6.6%；收汇金额54.6亿元，比上年下降了3.68%；平均每张汇票收汇款额为841.57元，比上年增长了3.2%；兑付汇票431万张，比上年下降了5.84%；兑付金额36.3亿元，比上年下降了2.64%；平均每张汇票兑付款额为842.22元，比上年增长了3.32%。汇费收入4787万元，比上年下降了2.6%，占全省邮政收入的7%。汇费实收率达到了0.84%，居全国前列。

国际部分：2000年开通了两个国家(地区)，使通汇国(地区)数量达到了20个，与美国的通汇除了原有方式外，又增加了与美国国宝银行通汇的方式。与香港开通的国际汇兑，采取美元与人民币两种汇款方式。2000年收汇国际汇票2张，金额398美元，兑付国际汇票269张，金额147791.17美元。

二、加强汇兑资金清算调拨

自1999年10月云南省实行邮政汇兑资金清算调拨办法以来，2000年各项工作逐步走入正轨，各级汇兑会计也逐渐适应了新的清算调拨方式。新的清算调拨方式改变了原有的由县局主动上划汇兑款的资金调拨方式，改由省局主动用电汇和托收的方式调拨各县局的汇兑款，每季度清算一次。这样，汇兑资金的调拨权在省局手中，防止挪用汇兑款，保证了人民群众汇款的及时、足额兑付，同时提高了资金利用率，增加了汇兑利息收入，减少了汇兑利息支出。

三、利用科技提高劳动生产率

在1999年完成了全省的汇兑会计、汇检的计算机化以后，利用清算调拨的服务器，在2000年使大部分地区的汇兑微机联网成功，各地邮政局上传的数据除了清算调拨数据以外，还上传稽核所需要的开发汇票数据，每月大约有40万张汇票通过网络上传数据，减轻了省局稽核人员的负担。

四、大力发展邮政汇兑延伸服务

2000年，云南邮政汇兑大力发展了各种新业务，入账汇款、礼仪汇款、快件汇款、传真汇款都有了长足进展，逐步形成了新的业务增长点。在1998年取消后重新开办的快件汇款业务，受到了各地用户的好评，而在一些少数民族地区，礼仪汇款受到了广泛的欢迎。在全国电子汇兑尚未开通前，云南省部分地区开办的区域性的传真汇款业务，减少了汇款处理环节，提高了电汇收款人姓名、地址的准确性，减少了邮政支出。

（朱　斌　杨晓黎）

【稽核检查】 2000年是邮政管理年，云南省各级邮政金融部门本着"一手抓发展，一手抓管理"的方针，加大了管理力度。为保证依法稳健经营，防范金融风险，省邮政储汇局稽核检查部门根据《储蓄管理条例》、《金融违法行为处罚办法》等规定对邮政金融业务依法进行检查，并对高级管理人员违规违纪行为，工作人员违规操作按责任划分给予相应处罚。现场稽核检查工作中以《云南省邮政金融内部控制管理办法》和国家邮政局《邮政储汇稽核检查处罚规定》为尺度，抽查邮政储蓄机构及网点，审查相关业务经营管理和会计等资料。全年5人共出检431个工作日，填写稽核检查报告书89份、查账记录表136份；盘核库存现金42次；核对银行存款余额42次;缮发整改通知1份;查处案件5起,涉及金额141万元;被实施经济处罚6人。

(李正庄)

【大事记】 (2000年)

(一)1月1日,FCFM省各绿卡城市中心系统顺利过渡到2001年,经过检测没有发生Y2K问题,1月1日10:00,各营业网点准时对外营业。

(二)1月6日,FCFM省邮政汇兑三级清算调拨系统(省县间清算调拨系统)顺利通过验收,标志着云南省汇兑资金清算调拨网络系统的建设已走在全国邮政系统的前列。

(三)2月1日,“绿卡”二期工程通过初验,427个新建绿卡网点陆续投入使用。

(四)3月9日,省绿卡二期工程省内网开通试运行。至此,全省、全国邮储“绿卡”异地通存通取网点达467个。

(五)3月,全省各级邮政部门参加了2000年凭证式(一期)国债发行工作,全省共承销2000万元。5月,全省再次参与2000年(二期)国债销售,共承销2500万元。

(六)4月1日,“个人存款账户实名制”在全省邮政储蓄顺利实施。

(七)4月1日,省储汇局所辖南屏街营业室成建制移交昆明市邮政局。

(八)4月2日~3日,召开了云南省邮政“两网”(邮政综合网和绿卡网)工程总结表彰会。省储汇局储蓄科和省临时绿卡中心被评为先进集体。

(九)9月25日,云南省绿卡临时省中心向正式省中心切割工作宣告成功。

(十)9月,云南省开办省内快件汇款业务。

(十一)10月,由省储汇局管理的省绿卡清算中心成建制划入省信息技术局。

(十二)12月22日,“绿卡”二期工程通过终验。“绿卡”二期工程是扩建了昆明“绿卡”城市中心,新建了大理、玉溪两个“绿卡”城市中心及云南省“绿卡”临时清算中心。至此,全省共建成538个绿卡网点,并配置有223台自动柜员机、36台POS消费终端。

(十三)12月25日,昆明银行卡业务全面开通,昆明地区邮政储蓄的78台ATM与其他9家金融机构的ATM、POS实现资源共享。

(木江涛)

第 三 部 分

各地州市经济、金融概况

昆　明

【经济形势】 2000年,昆明市国民经济保持较快增长势头。一是全年全市完成国内生产总值625亿元,比1999年增长8.40%,增速比1999年增长2.49个百分点。其中:第一产业完成51亿元,增长3.50%;第二产业完成295亿元,增长7.6%;第三产业完成279亿元,增长10.20%。二是工业生产平稳增长,全年工业总产值达240亿元,增长8.80%。三是农业粮食产量全年达123.24万吨。农林牧渔业稳步增长,达404亿元。四是全市商品零售价格指数下降0.02个百分点,居民消费价格指数下降1.40个百分点。五是投资需求继续增长,全年全社会固定资产投资额达239亿元,比1999年增长0.02%,其中房地产开发投资有所下降。六是城乡居民收入继续增加,全年城镇居民人均可支配收入达7563元,扣除物价因素,比1999年增长4.50%。

【金融情况】

一、存款。2000年,昆明市金融机构各项存款持续增长,企业存款增幅较大。12月末,全市金融机构各项存款余额为1138.28亿元,比年初增加73.50亿元,增长6.90%。其中企业存款余额为572.74亿元,比年初增加61.22亿元,增长11.97%,企业存款增势逐月转好。其原因:一是2000年企业效益逐步好转,销售形势好转,货款回笼增加;二是贷款大幅增长使企业派生存款增加较多;三是随直接融资的增多,使企业有了更多的融资渠道和更广阔的投资空间。与企业存款大幅增加形成对比的是储蓄存款增势继续减弱,12月末,全市储蓄存款比年初增加23.60亿元,增长5.62%,定期储蓄存款呈负增长,说明近年连续7次降息、征收利息税、实施储蓄存款实名制、发展资本市场等政策措施效应进一步显现,居民储蓄意愿减弱,消费、投资倾向增强。

二、贷款。2000年,昆明市各项贷款平稳增加,贷款结构进一步得到优化。12月末,全市金融机构各项贷款余额为840.31亿元,比年初增加85.59亿元,增长10.31%。其中:短期贷款和中长期贷款同步增加,分别增加27.71亿元和36.90亿元,增长4.82%和18.46%,主要支持了工业企业、烟草、交通、通讯、电力、冶金、糖业、房地产及国家西部建设投资项目的资金需求,并为基础设施、重点项目建设、重点企业技改及时提供了配套所需流动资金。中期流动资金增长较快,比年初净增15.66亿元,增长52.57%。

三、现金。12月末,全市金融机构现金收入181.98亿元,现金支出172.77亿元。收支相抵,净回笼货币9.21亿元。现金回笼渠道发生变化,主要是储蓄存款增长减缓,信用回笼减少。

四、外汇业务。12月末,全市金融机构外汇各项存款为10.45亿美元,比年初增加1.49亿美元,增长16.57%。各项外汇贷款余额为3.11亿美元,比年初减少1.05亿美元,下降25.25%。

五、保险业务。12月末,全市保险费收入17.08亿元,比上年增长32.80%;保险赔款支出4.48亿元,比上年增长28.40%。

【支持地方经济发展】 2000年,全市金融机构认真处理好防范金融风险与支持经济发展二者之间的关系,进一步加大支持地方经济发展力度。为确保国企三个脱困目标的实现,支持国有企业的改革发展,全市金融系统积极对扭亏有望企业发放封闭贷款,参与企业的债转股和核销呆坏账等工作,为减轻企业负担,支持全市企业发展做出了积极的贡献。同时,2000年,全市各金融机构在拓展信贷领域,培育新的经济增长点,开办住房、汽车、教育助学等新的信贷业务方面迈出了可喜的步伐。截止12月末,全省个人消费贷款余额83亿元,比年初增加53亿元,增长177%。各商业银行与云南省高校签订后勤设施贷款协议金额11.84亿元,实际贷款1.03万元,其中三分之二的资金运用在昆明市。

【防范风险与内部管理】 2000年年初,人民银行成都分行初步提出了防范和化解金融机构风险目标和措施,即到2002年底前在辖内建成金融机构自我约束、同业相互自律、人民银行依法监管、全社会共同监督的严格有效的金融监管体系,高风险金融机构的风险基本化解完毕,各金融机构普遍达到人民银行各项监管指标要求,积极推进金融安全区的创建工作,形成良好的社会信用环境和稳定的金融秩序。基本思路是:继续支持和促进地方经济发展,实现金融安全运行;深化金融体制改革,建立现代银行制度,转换经营机制,完善内控制度;采取积极措施,消化历史包袱,对被撤销和关闭的金融机构实行严格稽查,严肃处理违法乱纪人员;建立科学有效的监管体系。整顿和规范社会信用,增强全社会的金融风险意识。为此,全市金融系统根据这一布置和思路,以创建金融安全区为目标,以加强内部管理,强化内部约束机制为手段,层层落实内部管理责任制,从内部入手,筑起一道防范风险的“风火墙”。同时,严密监控昆明辖区金融机构的风险情况,妥善处置了昆明市商业银行突发挤兑事件,迅速控制了局面,平息了事件,维护了金融秩序和社会经济的稳定。

【信贷政策指导】 2000年,人民银行总行先后出台了一系列货币信贷政策。为认真落实好这些已经出台的政策措施,昆明中支积极加强政策指导和督促,全辖信贷结构调整成效明显,贷款进度加快。一是认真贯彻货币信贷支农政策。除及时发放支农再贷款外,积极督促农村信用社改善支农服务,确保支农资金的专款专用。二是积极支持国有企业改革与发展。拟订了《关于认真贯彻落实党的十五届四中全会精神,进一步改善金融服务,支持云南省企业改革和发展的意见》,结合云南实际,提出了八个方面的19条意见,并认真组织实施。同时,积极推动银企合作,督促做好国债技改贴息项目贷款及债转股的工作。对省经贸委向省级国有商业银行推荐的85个贷款企业(其中国债贴息技改项目9个),对有关银行实施了逐月跟踪检查,及时与有关银行交换意见。此外,还配合参与国有工业企业的兼并破产,努力维护金融债权。对债权债务的界定、落实、转移、清偿等工作进行了全过程监督。三是督促商业银行大力拓展消费信贷。针对开展消费信贷业务过程中遇到的新情况、新问题,与有关部门共同商讨进一步推动消费信贷发展的措施建议,有效地推动了全省消费信贷的开展。四是积极推进教育信贷。根据国务院的有关精神,配合有关部门制定了《云南省国家助学贷款实施意见》,迅速组织辖内金融机构大力开展宣传工作,积极指导商业银行和农村信用社尽快发展业务,并协调处理有关事务。五是灵活运用货币政策工具,加大对金融机构信贷资金的支持,引导金融机构加大对地方经济发展的支持力度。截止12月末,累计办理再贷款66.95亿元,其中,发放短期再贷款23.6亿元;对昆明市商业银行发放专项再贷款5亿元,用于支持中小企业及个体私营经济及消费信贷的发展;向农村信用社累计发放支农再贷款10.33亿元,基本满足了“三农”经济发展的合理资金需要。累计办理再贴现8.83亿元,有力地支持了云南省和昆明地区重点企业的发展。

【金融监管】 2000年,人民银行昆明中心支行的金融监管工作以创建金融安全区为目标,以督促监管对象提高资产质量,健全内控制度,依法合规经营,防范和化解金融风险为重点,通过完善监管体系,提高监管水平,加大监管力度,把改善金融服务、支持经济增长、深化改革与防范化解金融风险有机结合起来,使金融监管工作更加深入、扎实、有效。年初党委就将安全区列入2000年的重要议事日程,除签订目标责任书外,还建立了工作机构,做到机构、责任、人员三落实。同时,认真落实金融监管责任制,并纳入2000年工作目标责任制。成立了金融风险防范领导小组,严密监控昆明辖区金融机构的风险状况。继续认真做好对各类金融机构的年检、高级管理人员任职资格的审查、机构的设、迁、撤以及实施各种现场、非现场检查等工作。同时,还根据金融业务的创新和发展,积极探索人民银行金融监管的新思路和新方法。

一、对金融机构的真实性检查

根据上级行对金融机构进行真实性检查的要求,成立了真实性检查领导小组,在全行抽调工作人员共159名,分别组织行长约见谈话和座谈会586次,281个金融机构1463人参加。谈话结束后,人民银行昆明中心支行又抽调240人有针对性地抽查了各类金融机构70个,并根据查出的问题,及时提出整改要求。

二、加强对金融机构的监管

加强对国有独资商业银行贷款质量的监管,认真完成了贷款质量真实性现场复查工作,准确掌握国有独资商业银行不良贷款剥离后贷款质量的真实性情况;对四家股份制商业银行1999年度现场检查整改措施的落实情况进行了专项检查,督促其进一步健全内控制度,依法合规经营;对昆明辖区内三家信托投资公司进行了清理整顿,并多次配合省政府研究信托投资公司分类处置方案,处置方案在成都分行辖内率先正式上报国务院;按照人民银行总行的要求,于8月顺利将昆明市辖区内35家典当行监管职责全部移交云南省经贸委。同时,高度重视中小金融机构的金融风险问题,做好金融稳定工作。加大对城乡信用社的现场检查力度,督促其合规经营,进一步建立健全各项内控制度。同时,积极运用再贷款、法定存款准备金等货币政策工具,缓解中小金融机构的资金供求矛盾,增强其竞争实力。

三、协助做好清理农村合作基金会工作

为配合省市政府做好清理工作,成立了协助配合云南省人民政府清理整顿农村合作基金会领导小组，并从有关处室抽调16人成立办公室，负责指导协调全省清理整顿工作。3月3日云南省清理整顿工作正式启动，年内“协清办”共派出20余人的工作组对全省清理整顿农村合作基金会工作进行指导，正确地宣传和贯彻了清理整顿农村合作基金会的有关方针、政策，当好政府的参谋和助手。经过5个多月的努力，全省农村合作基金会全部统一关闭，顺利实现了农村合作基金会的市场退出，并于8月15日开始兑付个人股金，未发现将风险转嫁给农村信用社的现象。此外，为确保整顿工作的顺利进行，还发放清理整顿农村基金会专项贷款28亿元。

【外汇监管】　一是强化了对外汇指定银行外汇业务经营合规性的监管，促使其认真履行国家赋予其对外汇收支合规性监管把关的职责，提高监管的有效性。配合全国国有股份制银行系统结、售汇和付汇业务真实性、合规性检查工作的开展，对云南省四家国有股份制银行的7家分支机构1998年至1999年结、售汇和付汇业务开展了全面检查，查出违规办理结售付汇156笔和漏报国际收支统计申报等违规行为。二是为进一步规范旅游外汇管理，根据国家外汇管理局有关要求，布置全省43家国际旅行社对其外汇收支及管理现状进行了自查，在旅行社自查的基础上，人民银行昆明中心支行重点选择了5家进行现场检查，弄清了情况、发现了问题，为强化旅游外汇收支监管打下了基础。三是对1998～1999年单笔金额在50万美元以上的出口逾期未核销余额最大的前30家进口付汇企业进行了清理催收；对1999年4～12月辖内企业挂失的新版出口收汇核销单进行了清理。截止12月底，全省出口收汇核销率为97.87%，进口付汇报审率继续保持在75%以上。

（郑　斌）

2000 年昆明市主要经济、金融指标

单位:亿元

项目		金额	比 1999 年(±)%
国内生产总值		625.00	8.40
其中	第一产业增加值	51.00	3.50
	第二产业增加值	295.00	7.60
	第三产业增加值	279.00	10.20
固定资产投资		239.00	0.00
地方财政收入		56.34	7.50
地方财政支出		70.27	11.50
社会商品零售总额		239.53	10.10
商品零售物价指数(比 1999 年%)		97.00	
全部金融机构各项存款(余额)		1 138.28	6.90
银行存款		1 058.02	9.35
其中	财政存款	25.29	-15.75
	企业存款	563.90	12.02
	储蓄存款	389.85	6.07
城乡储蓄存款		443.83	5.62
全部金融机构各项贷款(余额)		840.31	10.31
银行贷款		779.76	10.44
其中	短期贷款	491.20	4.08
	中长期贷款	217.12	19.37
现金投放(+)回笼(-)		-136.43	-10.17
保险费收入		17.08	32.80
保险赔款支出		4.48	28.40

昭　　通

【经济运行】　2000年，昭通地区国民经济运行态势正常，实现了国内生产总值增长7%的目标。全区金融部门进一步深化改革，在保持金融稳定、安全运行的同时，积极改善金融服务，支持地方经济发展。

一、国民经济持续增长。全年完成国内生产总值106.5亿元，增长7%。其中：第一产业实现国内生产总值32.2亿元，增长4.08%；第二产业实现国内生产总值37.66亿元，增长5.5%；第三产业实现国内生产总值36.64亿元，增长10.91%。

二、农业生产基本稳定，农村经济得到发展。全年粮食总产量129.9万吨，比上年增长3.5%，再创历史新高；烤烟产量5.66万吨，增长2.8%；油料产量1.37万吨，增长6.2%；甘蔗产量16.3万吨，增长0.4%；茶叶产量0.23万吨，增长3.6%；水果产量5.34万吨，增长9%；全年肉类总产量达19万吨，增长5.4%。

三、工业生产稳步增长，效益有所提高。2000年全区实现工业总产值45.4亿元，比上年增长6.44%，增幅比1999年同期上升6.16个百分点。其中：重工业实现产值8.79亿元，增长10.85%；轻工业实现产值20.27亿元，增长3.2%。增长原因主要是受昭通卷烟厂、云天化等大中企业产值增加拉动所致。国有及年销售收入500万元以上的非国有工业企业效益有所好转，全年实现销售收入29.4亿元，同比增长8.17%，实现利税总额12.61亿元，增长2.7%。

四、固定资产投资仍保持较快增长形势，重点建设项目进展顺利。全年国有单位完成固定资产投资14.23亿元，比同期增长60.3%。其中：基本建设投资完成9.8亿元，增长51.1%；更新改造完成4.43亿元，增长85%；农业投资2.02亿元，增长80.1%；工业建筑业投资4.43亿元，增长42.4%；商业运输邮电业投资10.3亿元，增长86.7%。重点工程进展顺利，资金到位情况较好，全年内昆线昭通段完成投资15亿元，“213国道”完成投资1.6亿元。

五、市场销售渐显活跃，物价仍低位运行。全年社会消费品零售总额达23.6亿元，比同期增长7.41%，其中县以上实现销售额13.76亿元，增长10.8%，县以下实现销售额9.84亿元，增长2.75%。年末居民消费品价格总指数为101.1%，商品零售价格指数为101.2%，物价仍低位运行。

六、财政收入略有增长，但收支矛盾仍然突出。全年地方财政收入5.5亿元，同比增长0.6%，其中一般预算收入5.28亿元，同比下降2.2%；累计支出17.85亿元，同比增长3.7%。

【金融情况】

一、存款平稳增加，但增幅下降。2000年末，全区金融机构各项存款余额为78.41亿元，比年初增加9.77亿元，增长14.23%，同比少增加6.51亿元，增幅下降15.5个百分点，其中：企业存款余额为33.71亿元，比年初增加3.4亿元，增长11.24%，同比少增加5.76亿元，增幅下降32个百分点，企业存款增加主要是各商业银行新增贷款派生的存款，但企业实有资金存款呈下降趋势，特别是铁路存款比年初减少5亿元左右，昭通烟厂的存款因压存还贷而大量减少；储蓄存款余额为33.98亿元，比年初增加4.11亿元，增加13.75亿元，同比多增加0.73亿元，增幅上升1个百分点，但储蓄存款的结构发生变化，改变了定期存款占主导的局面。

二、贷款总量增加，结构得到调整，积极支持了经济发展合理、有效的资金需求。2000年末，全区金融机构贷款余额为69.42亿元，比年初增加8.2亿元，增长13.39%，同比多增加9.59亿元，主要表现在：

（一）加大对重点骨干企业的信贷支持力度。一是稳定了烟草企业的贷款总量，昭通地区烟草企业的贷款自1999年初以后持续下滑，2000年末昭通烟厂的贷款总量达到12.31亿元，比年初增加0.42亿元，全区烟草企业的贷款总量达到23.79亿元，与年初持平；二是新增云天化贷款2.47亿元；三是新增侨通公司贷款0.1亿元，保证了昭通地区重点骨干企业合理的资金需求。

（二）中小企业贷款适度增加。2000年末，全区中小企业贷款余额达13.34亿元，比年初增加1.51亿元，重点支持了昭通市建筑建材公司、地区纸箱厂、三乘酒业公司、昭通市百货公司等一批优势企业。

(三)农业贷款保持增长。2000年,全区农村信用社和农行积极发放农贷支持农业生产,农村信用社累计发放支农贷款达3.78亿元,比上年增加0.36亿元,保证了全区农业生产合理的资金需求,年末,全区农业贷款余额为6.64亿元,比年初增加0.52亿元。

(四)个人消费贷款明显增加。各商业银行在巩固发展个人住房信贷业务的同时,积极拓展汽车、住房装修、高档家电、助学等多种综合信贷业务,取得明显成效。2000年累计发放各类个人消费贷款2.98亿元,是1999年的2倍多,年末消费贷款余额达3.95亿元,比年初增加1.88亿元,其中个人住房贷款余额达3.17亿元,比年初增加1.54亿元。

(五)基础设施建设得到信贷倾斜。2000年各金融机构对昭通地区电力、交通、通信、城建改造等重点基础设施建设项目加大了信贷支持力度,发放贷款的项目主要有:昭通市环城东路改造0.2亿元;火车站连接线0.49亿元;渔洞水库0.6亿元;渔洞水库南北干渠建设0.12亿元;地区移动通信设施建设0.5亿元;牛洒公路改造0.1亿元。这些基础设施建设贷款的投入,大大拉动了昭通地区贷款总量的增长和结构的调整。

(六)人民银行增加贷款,支持各金融机构加大信贷投入。2000年,全区人民银行累计对信用社发放支农贷款3.65亿元,最高余额达到1.3亿元,比年初增加0.82亿元,增长1.7倍,有力增强了信用社的支农资金实力。同时对各商业银行累计发放短期贷款0.73亿元,及时解决了商业银行临时头寸不足的需要。

(七)用好有关政策,剥离不良贷款。至2000年末,全区各商业银行向资产管理公司剥离不良贷款5.85亿元,有效改善了商业银行资产质量状况,缓减困难企业的债务负担。

三、现金投放适度。2000年全区累计现金支出169亿元,比上年多支出23.02亿元,累计现金收入158.7亿元,比上年多收入24.24亿元,累计净投放现金10.45亿元,比上年少投放1.22亿元,控制在上级行下达的净投放11亿元的计划内,重点保证了工资性支出、农副产品采购支出、储蓄和汇兑支出、重点工程建设支出等。

四、保险事业不断发展壮大。2000年末,全区各项保险承保金额146.7亿元。其中:中国人民保险公司昭通分公司承保金额57.6亿元;中国人寿保险公司昭通分公司承保金额89.1亿元。全区各项保费收入1.12亿元,比1999年增长6.7%,其中:中国人民保险公司昭通分公司保费收入0.59亿元,比1999年增长3.6%;中国人寿保险公司昭通分公司保费收入0.53亿元,比1999年增长9.69%。各项保险理赔支出0.33亿元,比1999年下降31.25%,其中:中国人民保险公司昭通分公司保险理赔支出0.27亿元,比1999年下降14.21%;中国人寿保险公司昭通分公司保险理赔支出0.06亿元,比1999年下降66.8%。

【金融监管】 2000年昭通地区金融监管工作围绕“创建金融安全区为目标,督促金融机构提高资产质量,健全内控制度,依法合规经营”的工作重点,主要完成了以下工作:

一、认真开展真实性检查工作。按照人行成都分行的工作部署,完成了对1999年度金融机构贷款质量、盈亏、内控制度执行情况、高级管理人员任职资格等的真实性检查。在检查工作中,共组织检查组44个,抽调156人次参加检查,通过真实性检查,督促各行社加强内控制度建设,依法合规经营。对存在的不良贷款、盈亏反映不实,内控制度执行不到位等问题进行了认定和纠正。

二、积极开展创建安全区工作。为认真落实成都分行关于创建金融安全区的要求,一是在认真收集资料和调查分析的基础上,完成了昭通地区金融风险测评报告上报人行成都分行。二是结合全区实际,拟定了《昭通地区创建金融安全工作规划》,提交金融监管委员会讨论通过后,经昭通行署批准转发各县实施。为把昭通地区建成A级金融安全区奠定了坚实的基础。

三、认真完成了金融机构年检工作。完成了全区199个银行机构,379个农村信用社机构,76个邮政储蓄机构,19个保险机构的年度检审。经认定,年检合格机构469个,基本合格182个,不合格19个,缓办年检登记3个。对基本合格、不合格机构,督促其限期进行整改。

【金融内审】 2000年,人民银行昭通中心支行内审部门充分发挥内审作用,完善内部监督机制,按照中支党委提出的“加大力度,认真检查,细化监督,严肃处理”的原则,着重加强了对履行金融监管职责,财务资金管理情况,执行各项规章制度以及解决历史遗留问题等的内审监督。全年共组织内审检查组15个(次),参加内审检查人员达44人次,投入现场检查工作日645个,指出存在问题220条,提出整改纠正意见152条,督促整改纠正197条,纠正落实率达90%以上,为加强中央银行的内部监督管理,规范各项工作,防范和化解各类风险发挥了重要作用。

(熊顺军)

2000年昭通地区主要经济、金融指标

单位:亿元

项　　目		金　额	比1999年增减(±)%
国内生产总值		106.50	7.00
其中	第一产业总产值	32.20	4.08
	第二产业总产值	37.66	5.50
	第三产业总产值	36.64	10.91
固定资产投资		41.70	4.30
社会商品零售总额		24.60	7.41
商品零售物价指数		101.10	1.10
地方财政收入		5.50	0.60
财政支出		17.85	3.80
金融机构存款		78.41	14.23
其中	企业存款	33.71	10.12
	储蓄存款	33.98	1.00
金融机构存款		69.42	13.81
其中	工业贷款	17.94	27.59
	农业贷款	6.64	7.83
	商业贷款	17.33	7.85
金融机构现金收入		158.69	18.00
金融机构现金支出		169.14	16.00
现金投放(+)回笼(-)		10.45	-10.00
保险费收入		1.12	6.70
保险赔(给付)款支出		0.33	-40.50

曲　　靖

【经济形势】 2000年,全市国民经济呈现良好发展势头,实现国内生产总值(GDP)213亿元,增长8.2%,高于全省平均增长水平1.1个百分点。主要表现在:

一、农村经济全面发展,农业产业结构调整步伐进一步加快。全年共完成农业总产值89亿元,比上年增长4.3%,农业产业结构调整初显成效,全年粮食总产量为192.7万吨,下降0.5%,经济作物中油料产量完成5.7万吨,增长51.7%,烤烟产量16.9万吨。农民人均纯收入达1468元,比上年增长3.5%。

二、工业生产快速增长。2000年是实现国企改革和脱困三年目标的最后一年,全市工业企业认真落实扭亏增盈责任制,努力提升质量、积极开拓市场,工业经济运行趋好,三年脱困目标基本实现。全年完成工业总产值166.3亿元,增长11.6%,1~11月累计实现利润4.9亿元,增长37%,绝大多数行业如期实现整体扭亏和继续增盈。结构调整成效显著:汽车、生铁产值分别比上年增长197.2%、54.7%,相应压缩了一些行业的生产能力,如原煤、焦煤,分别下降7.6%、3.2%。

三、投资需求稳步增长。得益于国家扩大内需和实施西部大开发的历史机遇,全年固定资产投资活跃,全市国有单位完成固定资产投资65亿元,增长12.8%,增幅高出上年10.33个百分点。

四、市场消费日趋活跃。全市社会消费品零售总额累计完成47.3亿元,增长7%,增幅比上年高3.41个百分点,旅游、教育、住房装修、电子产品等成为新的消费热点,商品零售价格指数为98.1%,居民消费价格指数为98.1%,农业生产资料价格指数为101%。

五、对外贸易取得较好成绩。全市完成进出口总额1532万美元,增长17.4%,其中:出口总额1452万美元,增长11.6%。

六、财政收支同步增长。全市一般性财政收入完成14.1亿元,增长1%,其中:增值税完成3.4亿元,增长4.7%;农村“四税”完成3.4亿元,增长1.7%,全市一般性财政支出为25.6亿元,增长4.7%。

【金融运行】 2000年,全市金融部门继续执行稳健货币政策,落实支持扩大内需和西部大开发的有关政策和措施要求,深化改革,改善服务,强化经营管理,防范化解金融风险,创造良好金融环境,形成经济金融相互促进、协调发展的良好局面。全年金融运行态势平稳,主要特点是:

(一)金融总量稳定增长,主要指标居全省前列

1、存款总额平稳增长,存款结构变化较大,流动性趋强。年末存款余额达1776109万元,比上年增加176410万元,增长11.03%,同比高出2.43个百分点,比全省平均增幅高出1.29个百分点。各月环比除8月份下降2.04%外,其余各月均为正增长且最大增幅不超过3.6%。其中:企业存款新增54091万元,增长8.07%,占全部新增存款总额的30.7%,活期增加48368万元,增长8.6%,占全部新增企业存款的89.4%,增势强劲;定期增势趋缓,共增加5723万元,增长5.2%,同比少增0.1个百分点。储蓄存款余额达907860万元,增加96118万元,增长11.4%,占全部新增存款的54.5%,同比下降10.7个百分点,利率下降、征收利息所得税等扩大内需的政策措施对分流储蓄效应明显;在储蓄存款总体下降的同时,活期储蓄存款持续增加,全年新增65959万元,增长31.15%,占全部新增储蓄存款的68.62%;定期储蓄存款增加300159万元,增长5.03%。

2、贷款投入总量适度,结构得到优化。年末贷款余额达1409295万元(不含国家开发银行委托贷款79119万元和已剥离的不良资产、债转股164650万元),按可比口径计算,比上年增加49070万元,增长3.6%。其中:短期流动资金贷款减少10166万元,下降0.9%;中期流动资金贷款增加26541万元,增长91.73%,占全部新增贷款的54.1%;中长期贷款增加2251万元,增长1.1%,金融机构年末存贷比为79.35%,与全省基本

持平。

(二)现金收支同步增长并呈净投放态势。全年全市金融机构累计现金收入3894226万元,增长31.5%,累计现金支出4179353万元,增长31.7%,净投放现金285127万元,同比少投入10494万元。

(三)金融机构支付能力充足。全市备付金率为10.4%,其中:国有独资商业银行7.3%,其他商业银行7.2%,地方性中小金融机构24%,备付金率适度,尤其是中小金融机构保持较强支付能力。

(四)金融机构经营业绩显著。全年全市金融机构实现利润10769万元(不含人民银行亏损5450万元),比1999年增加12931万元。其中:工行亏损1767万元,农行实现利润5812万元,中行亏损261万元,建行实现利润7729万元,交行实现利润5812万元,广发行实现利润682万元,城市信用社亏损110万元,农村信用社亏损1760万元(减亏1312万元)。

(五)中小金融机构竞争力增强。年末广发行存、贷款同比分别增长33.5%、318.2%,份额同比分别上升0.44和0.81个百分点;曲靖市城市信用社存、贷款同比分别增长15.4%、34.9%,份额分别上升0.24和2.13个百分点;曲靖市农村信用社存、贷款同比分别增长12.6%、15.7%,份额分别上升0.24和2.13个百分点。

(六)保险业稳步发展。较好发挥了对经济生产、人民生活的保障作用。全年实现保费收入39560万元,较上年上升8.99%,承保金额达5670011万元,产险累计赔付9636万元,寿险累计给付5957万元。全市保险业实现利润4789万元。

【货币信贷】 人民银行充分发挥货币政策作用,加强窗口指导、协调引导、监管督导功能,积极引导全市商业银行、城乡信用社围绕全市扩大内需、实施西部大开发、支持国企改革发展脱困、农业增产农民增收等经济工作重点,优化信贷投向、调整信贷结构、增加有效信贷投入,有力促进了全市经济增长。

一、充分发挥货币政策工具作用。全年累计办理再贴现9397万元,同比多增7547万元,重点投向煤炭、冶金、电力、烟草等行业;累计发放商业银行短期再贷款3000万元;累计发放农村信用社支农再贷款20000万元,同比多增16000万元。

二、加大信贷支农力度。通过深入调研,帮助农村信用社创新支农思路,积极争取支农再贷款,广泛筹措资金,推进农业产业化进程。全年农贷余额129677万元,全年新增16162万元,增长14.2%,高出各项贷款10.6个百分点;累计发放农贷112344万元,同比增长24.64%。

三、切实改善服务,支持国企改革、发展、脱困。充分运用货币信贷政策,积极做好信贷总量、投向、质量和支付能力监测,增加对“三有一不”企业的信贷支持,合理确定期限,保证其生产流动资金和技改资金需要。全年全市工业贷款余额达329658万元,同比下降3%,商业贷款余额385044万元,下降15.3%(季度性下降)。旺季收购期间,农行累放收购贷款148755万元,收购烟叶283.05万担。对符合条件的宣磷、曲纺等困难企业注入“封闭贷款”5495万元,同比增加2495万元,上升83.17%。累计办理银行承兑汇票15390万元,再贴现22920万元,培育企业之间的商业信用社,减少贷款拖欠,促进企业直接融资,有效解决流动资金不足的问题。

四、拓展消费信贷,活跃城乡市场,拉动消费需求增长。曲靖市建行、工行、农行先后推出“金融超市”、“金钥匙”等个人消费贷款,包括住房、汽车、教育等十六个消费品种,实现申请、评估、登记、审批“一条龙”服务,成为全年信贷投放的一个亮点。全年全市金融机构累计发放各类消费贷款93067万元,月均发放7759万元,其中:住房贷款76102万元,占全部消费贷款的81.8%。

五、确保扩大投资的资金需求。全年中长期贷款比上年上升1.13%,投向宣威水厂、曲胜高速公路、滇东北蔬菜批发市场等基础设施建设17060万元,投向云峰化学工业总公司、越州钢铁厂、罗平锌电集团等技改贷款14700万元。

六、积极支持中小企业健康发展。2000年末全市非公有制贷款达94253万元,新增12071万元,占全部新增贷款的24.6%。其中:乡镇企业贷款新增6354万元,增长10.03%;三资企业贷款新增671万元,增长11.22%;个体及私营企业贷款新增5046万元,增长39.1%。

【金融监管】 2000年金融监管围绕“创建金融安全区”工作中心,落实监管责任制,加大金融执法力度,主要开展了以下工作:

一、加强日常监管。年内,完成1999年度金融机构年检。应检机构324个,实检324个,参检率100%。其中合格317个,基本合格7个。按权限审核批准和报批新设机构4个,搬迁14个,撤销8个,核准123名拟任机构负责人任职(不含农村信用社)。

二、加大现场检查和非现场监管力度。充分发挥非现场监管预警功能,全面、及时、准确收集、汇总、分析、上报各类监管报表。年内根据上级要求,先后开展了全辖银行、信用社机构的真实性检查、对农业发展银行的全面稽核、商业银行上半年不良贷款真实性复查、邮政储蓄清理整顿、政策性住房“大委托”信贷业务清查等监管工作。并针对存在问题提出建议和整改措施50余条。

三、强化对城乡信用社的监管。通过建立联系人制度,进一步明确监管责任,开展了规范整顿工作,进行了风险调查预测,制定风险处置预案,对高风险社实施重点监控,有效防范和化解潜在风险。同时人民银行加大中小金融改革力度,加大组建地方性金融机构步伐,2000年11月17日、12月16日曲靖市农村信用社联社、曲靖市城市信用社正式挂牌。全市城乡信用社进入了一个新的发展时期。

四、继续加强对非银行金融机构的监管。按“属地监管”原则,加强对保险业的日常监管,督促保险机构加强内控制度和自律约束机制,严格执行各项条款费率,按要求准确、及时报送有关报表。根据成银发[2000]90号文件通知,顺利完成了对典当行监管移交工商行政管理部门的工作。根据成银发[1999]429号通知,完成了彩票管理移交财政工作。

【外汇管理】 年内全市外汇管理以促进国际收支平衡为主线,以加强管理、夯实基础为核心,紧紧抓住核销、查处、登记、银行监管等主要环节,围绕支持企业扩大出口和利用外资、打击骗汇、逃汇和非法买卖外汇活动等开展工作,保持了外汇业务平衡增势。

一、简化办事程序,公开业务操作规程,实行“一站式”服务,为投资者提供优质服务,支持企业出口创汇。全年发出核销单371份,办结270份,金额1179万美元。

二、加强进出口核销管理,监督企业足额收汇及时核销,完善经常项目汇兑监督,与公安、工商部门联合,张贴公告、开展非贸易汇兑监督检查,打击骗、逃、非法买卖外汇活动。出口交单率、收汇率、核销率分别达85%、94%、97%。

三、对34户外资企业开展了年检,合格28户。同时加强外汇业务及外汇统计指导,提高工作质量。接待业务400多人次,接受各类咨询20多次。

全年办理结售汇1564万美元。其中:结汇1374美元,增长221%,主要原因是出口企业增加及资本项目结汇和异地结汇增加;售汇190万美元,同比下降12%。各项外汇存款908万美元。其中企业存款233万美元,同比增2.6%;个人外汇存款675万美元,同比增44%。外汇贷款4606万美元。国内外汇贷款1446万美元,新增美国买方信贷1442万美元,出口收汇核销1179万美元,进口付汇52万美元。累计外商投资企业72户,新增6户,累计投资额29000万美元,合同外资额16000万美元;实际利用外资5846万美元。

【农村信用社】 2000年末,全市农村信用社各项存款228788万元,比上年增加25940万元,增长12.8%。各项贷款余额164287万元,比上年增加22319万元,增长15.7%,其中:农业贷款余额153395万元,比上年增长0.75%。累计发放贷款116744万元,其中农业贷款累放达109399万元。积极促进了全市农村经济发展。各项财务总收入17194万元,比上年增126万元;各项财务总支出18340万元,比上年减少1797万元;净亏损1146万元,比上年减亏1923万元。132个法人机构中除市联社外,盈余92个社,亏损39个社,亏损面为29.77%,比上年下降12.98个百分点。

人民银行对农村信用社主要开展了以下监管工作:

一、积极协助清理整顿农村合作基金会。人民银行协清工作从2月27日召开动员大会开始全面铺开。中支及时编印了《关于协助清理整顿农村合作基金会有关政策、法规及注意事项》资料,并抽调3人参与政府的清整工作,圆满完成了106个农村合作基金会的清产核资及其他阶段的工作,没有出现转嫁风险行为。经省政府批准安排兑付再贷款1亿元,从8月15日开始首期兑付,到12月25日止共兑付个人股金15719.9万元,占应兑付的90.29%,没有出现挤兑情况。

二、开展真实性检查。按照上级要求,从4月17日全市人民银行支行长会议后开始,市、县两级人民银行共抽调人员74人,历时64天对全市农村信用社资产质量、盈亏真实性、固定资产、内控制度建设、高级管理人员任职资格等情况进行全面检查。有力促进了农村信用社的经营管理。

三、年检、机构管理和高级管理人员任职资格审查。按监管权限,年内核准6个机构搬迁、更名,上报核准撤销分社20个,更换16个法人机构的《合作金融机构法人许可证》和55个非法人机构《合作金融机构营业许可证》,核准30人的任职资格审查。年内,对全市农村信用社应检131个法人机构和276个非法人机构进行年检,根据标准,129个法人机构(包括9个联社)、263个非法人机构年检合格,2个法人机构、13个非法人机构准予年检登记并限期改正。

四、落实责任,突出重点,做好现场检查和非现场监管。年内,分别对市、县两级监管人员的监督对象进行调整,中支监管人员挂钩到县,县级人民银行建立以行长为监管第一责任人的监管责任制,分片包干到社,进一步落实监管岗位职责,明确了监管责任。及时组织制定了辖内农村信用社防范化解金融风险工作规划,强化现场检查力度,认真做好各类监管报表、报告的收集、报送工作,充分发挥非现场监管的预警功能。同时,加大调查研究力度,指导辖内县人行的监管工作和农村信用社的经营管理。

【城市信用社】　年末,全市城市信用社资产总额达67679万元,较上年末增加10164万元,增长17.67%;负债总额63333万元,较上年末增加8687万元,增长15.90%;所有者权益4346万元,较上年增加1477万元,增长51.48%。各项存款60700万元,较上年增加5842万元,增长10.65%,各项贷款36926万元,较上年增加9588万元,增长35.07%。全年经营亏损115万元。

曲靖市城市信用社是由曲靖市辖内原六家城市信用社合并重组,经中国人民银行成都分行成银复[2000]694号文批准成立、于2000年12月16日开业的股份制地方金融机构,下辖23个分支机构及对外营业网点,其中:总社营业部1个,分社6个,储蓄服务点16个,现有职工216人。其主要经营范围是:吸收公众存款;发放短期、中期和长期贷款;办理结算业务;办理票据贴现;发行金融债券;代理发行、兑付、承销政府债券;买卖政府债券;从事同业拆借;办理地方财政周转使用资金的委托贷款业务;代理收付款项及代理保险业务;提供担保和服务以及经中国人民银行批准的其他业务。

【邮政储蓄】　曲靖市邮政局共有储蓄机构46个,从业人员138人。年末邮政储蓄存款余额30802万元,比上年增加2413万元,增长8.5%。其中:定期存款24736万元,占比80.13%,比上年增长8.29%;活期存款5695万元,比上年增长5.17%;定活两便存款371万元,占比1.2%。

【大事记】　(2000年)

(一)9月26日,中央金融工委副书记阎海旺、人民银行成都分行党委书记、行长王洪章一行到人民银行曲靖中支调研视察。

(二)11月17日,经人总行、成都分行批准,曲靖市农村信用联社成立,负责对全市农村信用社的行业管理。

(三)12月16日,经人总行、成都分行批准,曲靖市城市信用社成立,负责对全市麒麟、南宁、城关、宣威、陆良、师宗六家城市信用社的行业管理。

(孟德彦)

2000 年曲靖市主要经济、金融指标

项　　目	单　位	总　额	比上年增减%
国内生产总值	亿元	213	8.2
农业总产值（现价）	万元	903 078	7.0
工业总产值（现价）	万元	1 662 733	11.6
固定资产投资	万元	635 000	10.2
对外贸易：	万美元	1 714	19.8
出口总额	万美元	1 634	16.5
进口总额	万美元	80	185.7
财政：			
一般性财政收入	万元	140 736	1.0
一般性财政支出	万元	256 340	4.7
社会消费品零售总额	万元	473 336	7.1
金融机构存款余额	万元	1 776 109	11.0
其中：储蓄存款	万元	907 860	11.8
企业存款	万元	724 204	8.1
金融机构贷款余额	万元	1 409 295	3.6
其中：工商贷款	万元	714 612	-12.5
农业贷款	万元	129 677	14.2
金融机构现金收入	万元	3 894 226	31.5
其中：商品销售收入	万元	495 161	20.6
金融机构现金支出	万元	4 179 353	31.7

玉　溪

【经济形势】 2000年,玉溪市国民经济稳步发展,保持持续、健康、平稳增长的势头,呈现出经济实力明显增强;结构调整初见成效,产业发展势头良好;固定资产投资加大,基础设施日臻完善;城乡居民收入明显增加,人民生活水平有了提高的良好局面。主要表现在:

一、国民经济稳步发展,经济实力明显增强。

(一)全年完成国内生产总值(现价)2965000万元,比上年增长3.2%,扣除卷烟因素后增长8%。其中:第一产业增长6.6%;第二产业增长7.1%;第三产业增长15.8%。财税总收入达1458500万元,其中:地方一般预算收入完成262100万元,比上年增收2600万元,增长1%;支出278100万元,比上年增2.7%。

(二)工业总产值继续增长,年末完成1714600万元(不变价),较上年增6.7%,乡镇企业完成营业收入2264600万元,比上年增长15%。

(三)固定资产投资加快,全年全市固定资产投资总量583300万元,比上年增5.3%;社会消费品零售总额358600万元,扣除物价下降因素,实际增长5.6%。

二、结构调整初见成效,产业发展势头良好。

(一)第一产业保持稳定,第二产业由70.3%下降到68.5%,第三产业由20.7%上升到22.5%。种植业产值在农业总产值中的比重由62.7%下降到58.2%,畜牧业产值由26.1%上升为30.6%,成为农村继烤烟之后的又一支柱产业;乡镇企业营业收入由1969900万元增加到2264600万元;粮食作物与非粮作物比例由63.8:36.2调整为54.2:45.8,效益明显增加。

(二)非公有制经济创造的增加值在国内生产总值中的比重由2.3%上升到10.1%,扣除卷烟后由7.4%上升到24.3%,上升16.9个百分点,成为新的经济增长点。

(三)非农业人口由26.5万人增加到33.9万人,城镇化水平由25%提高到31.5%,城乡结构进一步改善。

(四)在支柱产业的培育上,"两烟"及其配套产业得到进一步巩固和提高;以旅游业为突破口的现代服务业,在全市逐步兴起;蔬菜、花卉、食用菌、茉莉花、芦荟、特种养殖、热带水果等特色生物资源开发创新产业发展势头较好,部分特色生物产品加工企业逐步成为龙头企业;实施名牌战略取得实效,名牌产品不断增加。

三、固定资产投资加大,基础设施日臻完善。

2000年社会固定投资达583300万元,比上年增长5.3%。水利化程度达到73.8%。

(一)"昆玉"、"玉元"高速公路和"安易"、"澄川"高等级公路全线通车,玉江、江华、江通、大新等五条高等级公路建设进展顺利。以国道高速公路为龙头,以经济干线和旅游景区公路为骨架的高等级公路网基本形成。

(二)建成光纤数字传输网、本地程控电话网、移动通信网、无线寻呼网,电话普及率每百人达18.5部。

四、城镇居民收入明显增加,人民生活水平有了提高。

(一)2000年,全市城镇居民人均可支配收入和农民人均纯收入分别达7413元、2337元,分别比上年增加426元和84元,分别高于全省平均水平994元和849元;城镇和农村人均住房面积分别达20.5和32.5平方米,分别高于全省平均住房面积8.5和12.7平方米。

(二)2000年,社会消费品零售总额达358600万元,比上年增长2.3%;城镇居民储蓄存款余额达1004900万元,比上年增加191100万元;城乡居民人均储蓄存款余额达4983元,比上年增加896元。

【金融形势】 2000年玉溪市金融部门认真贯彻执行稳健的货币政策,切实改进金融服务,支持国有企业改革和发展,支持西部大开发战略的实施,狠抓内部管理,加大监管力度,有效防范和化解金融风险,促进玉溪市经济持续、快速、健康发展。

一、各项存款保持较高幅度的增长,企业活期存款、储蓄存款均有大幅度提高。

2000年,全市金融机构各项存款余额达2403197万元,较上年增306858万元,增长14.64%,高于西南四省平均增幅。其中:企业存款余额1103896万元,增加21685万元,增长2%。储蓄存款余额1004913万元,增加191121万元,增长23.49%。农业存款余额95834万元,增加37401万元,增长64.01%。财政存款余额50853万元,增加21485万元,增长73.16%。

二、贷款总体水平增长,有效突出支持重点。

2000年,全市金融机构各项贷款余额达1408416万元,剔除卷烟、剥离不良资产因素后,较上年增76000万元,增长5.35%,创下近四年的最高点。其中:工业贷款余额238319万元,减少26211万元,下降9.91%;商业贷款余额455084万元,减少103470万元,减少18.52%;农业贷款余额108392万元,增加8091万元,增长8.07%;中长期流动资金贷款104792万元,增加98706万元,增长1621.85%;中长期贷款147963万元,增加13073万元,增长9.69%。

三、现金净投放持续减缓。

2000年,全市累计现金收入2980982万元,累计现金支出3245897万元,收支相抵累计净投放现金264915万元,较上年减少投放23094万元,减少8.02%。

四、金融机构支付力增强。

2000年,全市金融机构准备金存款282564万元,备付金率为11.8%,银行机构准备金存款152773万元,备付金率为7.8%.

五、保险业稳步发展。

2000年,保险金额累计7370241.1万元,实现保费收入43111.5万元,支付赔款14132万元。

【支持地方经济发展】 人民银行玉溪市中心支行切实发挥货币信贷政策导向作用,加强政策指导和监督,引导金融部门调整信贷结构,加大信贷支持力度,努力做好促进经济增长的相关工作。中长期流动资金及中长期贷款比上年增加11200万元,消费信贷业务发展较快,国家助学贷款开始启动。

一、人民银行有效发挥货币政策工具作用。

一是先后对广东发展银行、华夏银行、工商银行办理再贴现16笔(次),累计金额3800万元;对农业银行、广东发展银行发放短期再贷款7000万元;对农村信用社发放支农再贷款6000万元;对城市信用社发放紧急再贷款2000万元,有效地支持了金融机构的正常经营,保证了金融稳定。

二是积极做好与政府、有关部门、企业单位以及金融机构的联系和协调,加强银政、银企合作,先后两次召开银企座谈会,进一步加强银企联系,新增贷款28000万元,有效缓解了"银行难贷款、企业贷款难"的矛盾和压力。

三是召开由市级金融机构负责人及信贷部门参加的玉溪市金融债权管理行长联席会议。针对当前金融债权管理中存在的难点问题,提出解决的办法和措施,遏制了玉溪市少数企业恶意逃废银行债务的行为。

四是增强金融企业对货币政策的反应能力。1999年至2000年,玉溪市国有商业银行共向信达、长城、东方、华融四家金融资产管理公司剥离不良贷款92937万元,明显降低国有商业银行不良贷款比例。

二、各金融部门合理调整信贷投向,有效突出支持重点。

一是加大对全市重点建设项目资金投入力度。玉溪市国有商业银行对已开工的58个重点建设项目累计发放贷款110600万元。其中:公路建设项目51300万元;城市基础设施项目41200万元;经济适用房项目12700万元;环境保护项目4250万元;农村电网改造项目590万元;邮电通讯项目1290万元,有力地支持了全市重点项目建设。

二是拓展业务经营,促进消费信贷业务增长。全市银行机构个人住房贷款余额39882万元,助学贷款余额49.2万元。年末,新增个人住房贷款、汽车消费贷款21000万元。

三是加大对农业、乡镇企业、三资企业、个私企业的信贷投入。年末4项贷款合计新增17800万元。其中,农业贷款108392万元,比年初增加8091万元,增长8.07%。

四是继续规范、完善封闭贷款办法,做好封闭贷款运行的相关工作,帮助困难企业走出困境。

三、加大对农业、农村和农民的信贷投入。

一是全市各金融部门积极配合地方政府对农村合作基金会办理筹资、借款等行为进行全面清理,停止其经营行为。

二是针对农村经济发展的客观实际,及时协调和引导农村信用社组织存款,调整经营,增加对"三农"的信贷投入,积极支持农田水利建设,农业生态建设,实施科技兴农,支持特色农业的发展,帮助农民增加收入,扩大对工业品的购买力,充分发挥农村信用社的"主力军"作用。全年农村信用社贷款余额182358万元,比年初增22127万元,增长13.81%。

【金融监管】 2000年，玉溪市的监管工作以“理顺关系、夯实基础、突出重点、化解风险”为指导思想，以创建金融安全区为目标，切实把监管重点转入到督促监管对象、健全内部管理、完善经营机制、提高资产质量、依法合规经营及防范化解金融风险上来。

一、全面落实监管责任制，做到依法监管、责任到人。

重点防范中小金融机构支付风险，对高风险社实行一社一策，加强监控。调整充实监管领导小组，制定《创建金融安全区规划》，对部门监管职责进行分解，实行高风险金融机构监管员制度，落实和完善处置高风险城乡信用社支付危机的预案和应急措施，对风险机构及时发出《金融监管质询通知书》、《金融监管提示书》、《告诫书》三种监管文书，收到较好的预警作用，确保中小金融机构运行平稳、风险降低、经营状况好转。

二、加大现场和非现场监督，督促金融机构加强内控制度建设，努力提高信贷资产质量。

一是对辖内金融机构开展资产质量、盈亏状况等真实性检查。重点检查国有商业银行不良贷款真实性、高风险农村信用社风险状况、城市信用社经营情况。对地、县级城市信用社、股份制商业银行的检查面达100%；国有商业银行的检查面达42%；农村信用社的检查面达53%。同时加大对农村信用社现场检查力度，对15个高风险农村信用社进行现场检查。全年现场检查共投入人员528人(次)，投入工作日10621天，并对查出问题及时作了处理。

二是认真实施对金融机构的常规监控。对549个金融机构开展年检，其中：328个机构年检合格，占59.7%，191个机构年检基本合格，占34.8%，30个机构年检不合格，占5.5%。认真审核高级管理人员任职资格，共审查、审核金融机构高级管理人员163人，其中：合格126人，基本合格32人，不合格5人。

三是加大对违规违法金融机构的查处力度。先后对中国工商银行、中国建设银行、交通银行、广东发展银行、太平洋保险公司、邮政储蓄等机构在执行利率政策、机构管理、业务经营等方面的违规行为及时进行查处，共计实施罚款38万元，取消高级管理人员任职资格10人。

四是加强对外汇业务的监管。针对玉溪市进出口公司等机构违规办理付汇核销业务的问题，严肃警告并实施处罚7万元，规范了外汇业务经营。

三、做好对中小金融机构的风险防范和化解工作。

一是加强对高风险和资不抵债农村信用社的跟踪监控。继续落实一社一策、责任到人，帮助其强化内部管理，增强激励机制，大力吸收存款，积极盘活存量，灵活调度资金，提高管理水平。

二是做好城市信用社风险的化解与防范工作。针对澄江城市信用社及玉溪市新兴城市信用社的风险问题，在加强监控的同时，及时将工作难点、风险问题和应急措施上报分行。特别是在清理农村合作基金会期间，及时报批动用存款准备金和发放再贷款，使两个城市信用社渡过难关，风险得到有效控制。

三是协助地方政府做好清理整顿农村合作基金会工作。玉溪市农村基金会共有网点479个，筹资总额达330000万元，占全省筹资总额的46%，清理工作压力大、难度大。3月3日基金会“关门”后，人行玉溪市中心支行明确职责、措施到位，积极协助市委、市政府全面参与整顿方案、清产核资指导意见、归并处置意见的制订工作，加强报告制度，并深入实地指导、督促做好清产核资工作，及时了解掌握清理整顿工作的进度及存在问题，严格按国务院规定对农村合作基金会进行审核，把好并入关，防止风险转嫁，确保城乡信用社的正常经营。人民银行、农村信用社共抽调人员704人，分别占全市人行、农村信用社人员总数的14%、55%。

【金融机构】 玉溪市金融稳步发展，至2000年末，全市金融机构达538个，从业人员4886人。

一、人民银行：机构数9个，从业人员399人。

二、国有商业银行：机构数210个，从业人员2581人。

三、股份制商业银行：机构数12个，从业人员191人。

四、政策性银行：机构数5个，从业人员107人。

五、农村信用社：机构数253个，从业人员1213人。

六、城市信用社：机构数10个，从业人员139人。

七、云南省国际托投资公司玉溪办事处：机构数1个，从业人员30人。

八、邮政储蓄：机构数47个，从业人员226人。

【外汇管理】 一是做好结售汇分析工作，为企业提供扩大出口的良好环境。截止2000年12月末，玉溪市外汇收支总额为7833万美元，比上年同期增长78.46%。顺差3444万美元，比上年同期增长164.7%。其中：自营结汇总额为4690万美元，同比增长64.85%；贸易结汇2524万美元，同比6.34%；非贸易结汇2131万美元，同比增长18倍，资本结汇35万美元，同比减少12.5%；

自营售汇总额为3143万美元,同比增长103.56%;贸易售汇2597万美元,同比增长126%;非贸易售汇445万美元,同比增长16.49%;资本售汇101万美元,同比增长7.76倍。

二是加大违规、违法行为的查处力度。全年共对出口收汇严重逾期未交单、未核销的3家外贸公司和遗失核销单长达一年未办理挂失的1家外贸公司给予行政处罚;对1家外贸公司实施警告处分,全年共计实施罚款6万元。

三是不定期对银行外汇业务进行现场检查,规范业务操作。先后开展了股份制商业银行外汇业务真实性检查、外汇银行进口售汇和所属外币兑换点检查及外汇银行红利汇出、资本金汇入汇出及外债还本付息国际收支申报与相应外汇项目报表审查。

四是做好外商投资企业外汇年检工作,监督"三资"企业外汇运行。由玉溪市外商投资办牵头,工商、税务、外经贸局、财政、经委、外管局联合办公,对1999年外商投资企业进行年检,参检企业35户,参检率85%。同时对已开立的"三资"企业外汇结算账户和资本金账户进行年检。对余额为零或长期"睡眠户"进行注销,对核定金额过高的给予重新核定。共注销账户10户,其中:资本金账户4户,结算账户6户,重新核定17户。规范"三资"企业外汇管理。

【合作金融管理】 一是存贷业务继续发展。2000年末,全市农村信用社各项存款余额达359119万元,较上年末增加102917万元,增长40.17%。其中,储蓄存款244410万元,比上年增长33.47%。各项贷款余额182358万元,较上年末增加22127万元,增长13.81%,存贷比为51.1%。

二是经营状况进一步改善,亏损面和亏损额有较大幅度下降。年末,业务收入15929万元,较上年增加53万元,增长0.3%。业务支出15127万元,较上年减6386万元,减少29.7%。全市83个独立核算单位盈余社由上年的14个增加到58个社,盈余金额由上年的207万元增至2000年的2209万元,亏损社由上年的69个降到25个,亏损金额由6043万元降至2000年的990万元,亏损面达30%。

三是及时化解和防范农村信用社经营风险。制定和落实防范和化解农村信用社风险的工作规划和19个岗位的工作职责,责任到人。在清产核资的基础上,对农村信用社进行了五级分类管理。认真开展真实性检查,加大现场检查力度,共抽调人员76人(次),投入工作日569个,分别检查44个农村信用社,占应查机构数的53%,检查两个城市信用社占检查面的100%。对年检实施规范管理,全市247个农村信用社合格机构91个,其中:法人机构20个,非法人机构71个;基本合格130个,其中:法人机构43个,非法人机构87个;不合格机构26个,其中:法人机构20个,非法人机构6个。3个县级城市信用社合格机构2个,不合格1个暂缓登记,并限期整改。

【大事记】 (2000年)

3月5日,玉溪市清理整顿农村合作基金会工作全面启动。

(张 梅)

2000 年玉溪市主要经济、金融指标

单位:万元

项　目	金　额	比上年(±)%
总人口(万)人	2 016 780	1.28
国内生产总值(现价)	2 945 531	3.20
工农业总产值(1990 年不变价)	1 714 589	6.70
工业总产值	1 496 718	6.60
农业总产值	2 179 000	7.10
财税总收入	1 458 534	-9.80
其中：地方财政收入	264 505	1.00
城镇居民收入	0.7428	6.00
农民人均收入	0.2337	3.70
社会商品零售额	358 649	2.30
商品零售价格涨幅		-3.10
金融机构存款余额	2 403 197	14.64
其中：企业存款余额	1 103 896	2.00
储蓄存款余额	1 004 913	23.49
金融机构贷款余额	1 408 416	0.77
其中：短期贷款	1 133 779	-9.57
中长期贷款	147 963	9.69
金融机构现金收入	2 980 982	21.95
金融机构现金支出	3 245 897	18.79
现金投放（+）回笼（-）	264 915	-8.02
保险金额	7 370 241	
保险费收入	43 112	
保险赔款支出	14 132	

红　　河

【经济形势】 2000年，红河州紧紧围绕“扩大内需、发展经济、提高效益”的重点，积极调整结构，努力增加投入，使国民经济在周期性回落中保持了较好的增长势头，主要经济指标基本达到预定的增长目标，国民经济运行质量进一步提高。全年实现国内生产总值1435553万元，同比增长8%，高于全省平均水平0.9%，与全国增幅水平持平。其中：第一产业实现产值36亿元，增长3%；第二产业实现产值62亿元，增长9.4%；第三产业实现产值44亿元，增长9.5%。经济运行中主要呈现以下特点：

一、工业生产受烟草工业增幅回升的拉动，增速加快。截止12月末，全州辖区实现工业总产值1389786万元，同比增长11.1%。工业生产的主要特点：一是烟草工业增幅回升，拉动了全州的工业增长；二是国有工业、集体工业、股份制工业、私营个体工业分别比1999年同期增长10.3%、1.5%、7.5%、30.9%，其他类型经济则下降27.6%；三是重工业继续保持较快增长，轻工业增幅回升。重工业、轻工业分别实现总产值509948万元、523593万元，同比增长18.9%和7.9%，轻、重工业间的比重为50.7:49.3；四是工业品产销形势良好。至12月末，全州500万元以上企业销售产值累计675650万元，同比增长13%，工业品产销率达到98.4%，高于全省水平。

二、投资需求明显加快，重点、基础项目投资得到加强。在积极的财政政策促动下，全州固定资产投资快速回升。全州36.9亿元的固定资产投资(不含农村集体、城乡个人投资)比1999年增长15.2%。

三、市场销售平稳，物价水平继续低位徘徊。至12月末，全州社会消费品零售总额累计388045万元，同比增长7.7%，私有经济及其他经济保持了较高的增长幅度。1～12月，私营经济零售总额达172671万元，同比增长12.5%。从地区结构看，城镇、农村均平稳增长，12月末，城镇和农村社会消费品零售总额累计分别为263628万元和124417万元，同比增长6%和11.7%。物价水平仍在低位运行，12月末，商品零售价格指数为96.9%，居民消费品价格指数为97%，低于市场预期的回升幅度。

四、边境贸易增长迅速。2000年，全州边境贸易进出口总额完成4069万美元，同比增长13%。其中：出口3430万美元，增长14.3%；进口639万美元，增长6.5%。

五、财政收入增长快于财政支出。1～12月，全州财政总收入累计313020万元，同比增长14.5%；财政总支出累计239894万元，同比增长9.3%。2000年红河州经济增长中的自发性因素，如消费、企业自愿投资等仍然没有明显改善，制约经济稳步回升的因素依然存在，经济回升的基础有待进一步夯实。

【金融运行态势】 2000年，红河州金融运行平稳，各项存款小幅稳步增长，贷款结构进一步优化，消费贷款继续呈现强劲的增长势头，货币净投放适度。

一、12月末，全州金融机构各项存款余额1672595万元，比年初增加185507万元，增长12.47%。其中：企业存款余额444763万元，比年初增加24015万元，增长5.71%。从结构上看，活期存款占企业存款比重为86.04%，资金流动性进一步增强；储蓄存款余额1034042万元，比年初增加139931万元，增长15.65%，活期储蓄增幅高于定期储蓄增幅。

二、12月末，全州金融机构各项贷款余额1299343万元，比年初增加82409万元，增长6.49%。其中：短期贷款余额986429万元，比年初增加65337万元，增长6.81%；中期流动资金贷款余额45156万元，比年初增加6820万元，增长18.02%；中长期贷款余额265582万元，比年初增加9302万元，增长3.42%。

三、现金净投放同比略有增长，1～12月累计现金净投放310865万元，比1999年同期增加6793万元，增长2.23%，现金净投放增长适度的主要原因是：(1)随着商品产销率的不断提高，商品销售收入和服务业收入快速增长，1～12月商品销售收入和服务业收入分别比1999年同期增长15.54%和13.45%；(2)银行业储蓄存款巩固率提高，储蓄存款收入1～12月累计达到2577370万元，比1999年同期增加479708万元，增长22.87%，而储蓄存款支出累计达2537355万元，比1999年同期增加464788万元，增长22.43%，收支相抵储蓄净回笼现金40015万元。

四、外汇存款继续稳步增长。至12月末，全州国有独资商业银行外汇存款余额为1274万美元，比年初增加293万美元，增长29.87%。

【货币信贷政策】

一、充分发挥中央银行职能，利用再贷款等货币政策工具，加大对金融宏观调控的力度。截止12月末，人民银行累计向商业银行发放短期再贷款88000万元，解决了各商业银行清算资金临时头寸不足；累计向农村信用社发放支农再贷款18400万元，缓解了农村信用社支农资金需求不足的矛盾。

二、发挥窗口指导作用，积极支持商业银行加强业务创新，拓展信贷业务新领域。2000年，红河州消费信贷特别是房地产信贷业务持续保持了较快的发展势头。至12月末，全州房地产贷款106384万元，比年初增加15907万元，增长17.58%。其中：个人住房贷款余额达42906万元，比年初增加21949万元，增长114.73%；经济适用住房开发贷款16897万元，比年初增加5892万元，增长53.54%。

【金融监管】 2000年，红河州人民银行系统按照监管责任制的要求，以"理顺关系、夯实基础、突出重点、化解风险"为指导思想，以创建金融安全区为目标，把监管重点放在督促监管对象提高资产质量，健全内控制度，依法合规稳健经营，防范和化解中小金融机构支付风险上，通过完善监管体系、提高监管水平、增强监管效能、加大监管力度，扎实有效地做好金融监管工作。

一、完善金融监管手段，提高金融监管质量和水平。一是制订了《中国人民银行红河州中心支行金融监管责任制》，采取领导分片包干责任制及各职能科室监管权限责任制的方式，把监管责任详细划分到部门，调整了监管职责、权限、任务和内容，建立了分层次、分对象的金融监管责任制。二是加强对金融机构高级管理人员任职资格的审查和任职期间经营行为的考核，通过建立健全任职资格档案，按权限进行审核、考核及管理工作，把住金融机构高级管理人员的准入关，全年共对30名拟任高级管理人员进行了资格审核，核准12名，备案通过17名，备案否决1名。三是严把金融机构准入退出关，在1999年度的金融机构年检工作中，全州有363个机构年检合格、64个机构年检基本合格、10个机构年检不合格。2000年在审批权限内批准机构搬迁更名27个，撤并机构6个，其中主要是协助工商银行按照稳妥分步实施撤销计划的原则顺利完成了工行金平、红河、绿春3个县支行的撤销工作。四是加大现场检查力度，增强现场检查的针对性、规范性和时效性。2000年4至9月，重点开展了对辖内金融机构的真实性检查工作，基本摸清了州内金融机构贷款质量、盈亏状况、内控制度建设、高级管理人员任职资格审查制度等方面的情况。五是加大对金融机构内控制度的监管，完善内控机制监管指标考核体系，制定了《红河州银行类金融机构内部控制状况考核办法》，促进其切实加强内部管理。六是按照监管权限，做好对保险业的日常非现场监管工作，对商业银行代理保险业务范围进行规范，及时纠正保险业务活动中不正当的竞争行为，维护保险市场的稳定。七是成立维护金融稳定工作领导小组和创建金融安全区领导小组，研究辖区金融形势，切实维护金融和社会稳定，确保金融突发事件能够及时处置。拟订《红河州创建金融安全区工作意见》，提出红河州辖区创建金融安全区的总体目标及原则和措施。

二、突出监管重点，切实防范和化解金融风险。一是重点强化了中小金融机构的风险化解工作，要求人民银行各级机构进一步加强对农村信用社的监管工作，在坚持"三农"服务经营方针的同时，把各项监管指标落实到各个监管岗位，按属地管理原则采取一社一策的方法，把农村信用社风险防范工作切实抓好。对三个城信社提出了分类处置意见并进行了规范改制工作。二是严密监控非金融机构乱办金融业务情况，密切注意金融"三乱"动态，代政府拟定《关于清理整顿红河州金融"三乱"的实施方案》，积极协助政府坚决制止和解决了辖内乱办金融业务的问题。

三、加强对城乡信用社的监督和管理。一是做好行业管理工作，主要表现在：(1)制定信贷收支计划，加大农业投入，支持农村调整产业结构。加大对常规农业和传统农业的支持，巩固本州优势，扩大支柱产业，密切关注救灾扶贫，支持农村搞活流通，拉动消费市场，对小额信用贷款实行"一次核定、余额控制、随还随借、信用担保或联户共保、简化手续、方便群众"的方法。2000年全州农村信用社各项存款余额287309万元，比1999年增加60063万元，增长26.4%，完成计划255.6%。各项贷款余额165178万元，比1999年增加17764万元，增长12.1%，完成计划53.1%。其中农业贷款133919万元，占贷款余额的81.1%，运用人民银行再贷款6000万元。(2)推广运用计算机门柜业务，提高农村信用社办公营业自动化水平。全州农村信用社运用计算机办理对外业务的机构达到91个，覆盖率达33.7%，高于全省平均水平14%左右。(3)建立健全信贷登记咨询系统和贷款证管理制度，全州农村信用社信贷数据入库量已达39570万元，占应入库量的67%，制定《贷款证管理暂行办法》，坚持账证核对、一次核定，逐年办理贷款，切实解决好农民贷款难的问题。(4)加大对农村信用社干部职工的培训和考核力度，抓好扭亏增盈工作。2000年财务状况有所好转，全州盈余社74个，比1999年增加25个，盈余金额118万元，增长53.4%；亏损社86个，比1999年下降25个，亏损金额3402万元，下降49.1%。二是加强对城乡信用社的监管。(1)做好一年一度的金融机构年检工作，监督城乡信用社合规合法经营。全州城乡信用社共有279个机构，其中：农村信用社合格法人机构101个，占63.1%；基本合格法人机构58个，占36.3%；缓办登记法人机构1个，占0.6%；合格非法人机构97个，占88.2%；基本合格非法人机构11个，占10%；不合格机构2个，占1.8%；城市信用社9个机构全部合格。(2)开展真实性检查，如实反映城乡信用社的经营状况。全州163个城乡信用社法人机构，共抽查了83个社，占50.9%，对检查发现的问题及时给予反馈和纠正。(3)协助地方政府抓好清理整顿农村合作基金会工作，辖内农村合作基金会全部关闭。

【保险事业】 2000年，红河州保险业共实现保费收入38494.12万元，其中：财产保险保费收入16984.8万元，占全州总保费收入的44.12%；人身保险保费收入21509.32万元，占全州总保费收入的55.88%。赔款及给付支出15133万元，其中：财产保险赔款支出8877万元，人身保险给付支出6256万元。资产总计14609.23万元，负债总计11371.77万元，所有者权益3237.46万元。提存未到期责任准备金7211.88万元，提存未决赔款准备金1884.56万元。利润总额1713.32万元。

【外汇管理】 2000年，红河州进一步加强资本项目外汇管理，确保结售汇真实性，全州结售汇金额6142万美元，其中：结汇5142万美元，比上年同期增加1623万美元，增长46.21%；售汇997万美元，比上年增加832万美元，增长504.21%。在进出口收付汇核销工作中，强化核销监督，全年累计发放核销单1075份，办理出口收汇核销788份，累计核销金额5147万美元，核销率达99%以上；年末累计银行报送核销单进口付汇额475.13万美元，企业报审额1049.75万美元，报审率达221%。在出口收汇检查工作中，对逾期未交单、逾期未核销的企业进行了通报，对遗失核销单的企业按有关规定给予处罚。在外汇账户的年检中，参加年检的43家企业有28家企业年检合格，年检不合格或未参加年检的企业按有关规定通知开户银行暂停办理外汇业务。此外还对辖内旅游用汇情况以及外汇指定银行进口付汇及其所属外币兑换点进行了检查，严厉打击了骗汇、逃汇和非法外汇买卖活动，维护了外汇秩序。

（张文凌）

2000 年红河州主要经济、金融指标

单位:万元

项　　目	金　　额
国内生产总值	1 435 553
工农业总产值	1 756 745
工业总产值	1 389 786
农业总产值	366 959
财政总收入	313 020
社会消费品零售总额	388 045
商品零售价格指数	96.90
居民消费品价格指数	97.00
银行存款	1 373 221
财政存款	29 385
企业存款	433 601
储蓄存款	819 114
银行贷款	1 126 353
短期贷款	829 366
中期流动资金贷款	44 658
中长期贷款	252 329
现金投放(+)回笼(-)	310 865
保险费收入	38 494.12
保险赔款支出	15 133
全州金融机构各项存款	1 672 595
全州金融机构各项贷款	1 299 343

文　山

【经济形势】 2000年文山州国内生产总值70.76亿元,按可比价计算增长8.3%,其中第一产业实现26.90亿元,第二产业实现17.61亿元,第三产业实现26.25亿元,分别增3.2%、10.0%和13.8%,综合经济适度增长,消费、投资、出口对GDP的贡献率分别为66.2%、32.0%和1.8%。

一、农业和农村经济形势稳定,结构调整力度加大。全年实现农业总产值40.04亿元,按可比价增长5.8%。粮食产量又上新台阶,全州粮食产量达103094万公斤,增3.6%。种植结构调整有新的起色,烤烟双控后,粮食和经济作物调优,逐步扩大了特色经济作物的种植面积。扶贫攻坚力度加大,全年共解决24.41万贫困人口温饱问题,有39.54万人、15.42万头大牲畜饮水困难得到解决。乡镇企业快速发展,全州乡镇企业总收入达83.6亿元,产值61.8亿元,分别增长20.1%和19.5%。

二、工业生产稳步增长,主要经济指标继续回升。全年完成现价工业总产值380024万元,按可比价增长14.8%。其中国有500万元以上企业增9.4%,规模以下增17.5%。受宏观经济政策效应的带动,工业经济开始复苏,国企改革收到成效。工业生产动态特点:一是工业生产增速逐月呈梯次加快;二是轻重工业同步增长;三是非公有制工业企业继续保持较快增长;四是工业运行质量进一步提高,工业产销率稳中有升,烟草、制药、冶金矿业等骨干行业经济效益明显改善。

三、消费需求平稳增长,假日消费成为亮点。2000年,全州消费市场日趋活跃,商品销售保持较快增长。全州社会消费品零售额实现270672万元,同比增9.3%,其中农村销售快于城镇。在春节、"五·一"、国庆三个消费"黄金周",消费品零售额皆保持了较高的增速。

四、固定资产投资回升,基础设施建设得到加强。全州共完成全社会固定资产投资额152616万元,同比增3.7%。其中:国有占55%,非国有占45%,政府投资依然是推动投资增长的主导力量。

五、财政收支平稳增长。全州完成地方财政收入36666万元,增4.9%。财政支出142292万元,增7.7%。

六、对外贸易继续好转。全州外贸调供出口总额43704万元,外贸进出口总额2059万美元,边贸进出口总额48894万元,分别增长13.8%、1.2倍和26.0%。

七、旅游业发展迅猛。受中国昆明国际旅游节、三个"黄金周"延长节假日等政策效果的带动,全州中外旅游人数达144.64万人次,旅游总收入36285万元,分别增长20.7%和13.6%。

八、物价水平持续走低。年末居民消费价格指数、商品零售价格指数、农业生产资料价格指数分别为96.3%、96.7%和98.5%,市场消费很难改变近两年多来物价水平缓起缓落的定式,要真正走出低谷状态尚需一定时间。

九、城乡居民收入同向增加。全州城镇居民人均可支配收入5757元,增12.2%。农民人均纯收入710元,增7.4%。

十、非公有制经济有新的突破。在拉动文山经济增长的诸因素中,非公有制经济发挥的重要作用日益突出。全州个体私营等非公有制经济共创造增加值160738万元,同比增长14.2%。

【金融情况】 2000年,文山州金融部门认真贯彻执行稳健的货币政策,充分发挥货币政策工具作用,千方百计筹措资金,改进金融服务,调整信贷结构,加大信贷投入,保持对地方经济建设必要的支持力度,全州金融运行呈平稳态势。

一、存款。至2000年末,全州金融机构各项存款余额592061万元,比年初增加65104万元,增长12.35%,较"八·五"期末增长1.3倍。其中,企业存款余额196559万元,比年初增加29916万元,增长18%。在企业存款中,活期存款占93.1%,比年初增长19.6%;定期存款占6.9%，增幅与上年持平。居民储蓄存款余额347726万元，比年初增加30948万元，增长9.8%。居民储蓄存款中，活期存款占37.7%，比1999年末上升5.2个百分点，增长27.3%，定期存款占62.3%，比上年末下降5.2个百分点，增长1.2%。活、定期存款比重和增幅的构成变化反映出存款流动性大大增强。

二、贷款。至2000年末，全州金融机构各项贷款余额536020万元，比年初增加57546万元，增长12.03%，较"八·五"期末增长1.6倍。其中：短期贷款余额370578万元，占各项贷款总额的69.1%，比年初增加25987万元，增长7.5%；中长期贷款余额162604万元，占各项贷款总额的30.3%，比年初增加32027万元，增长24.4%，增速较为强劲。

三、现金投放。2000年1至12月，全州现金累计收入1690500万元，累计支出1748577万元，收支相抵净投放现金58077万元，同比减少投放5208万元，现金收支合理，既确保了经济发展的现金需要，又促进了现金的正常流通。

四、保险业。至2000年末，全州共实现保险业务收入9742万元，同比增加662万元，增长7.29%。其中：人保分公司完成4790万元，同比增加71万元，增长1.50%，完成省公司下达任务数的109.36%；寿险分公司完成4950万元，同比增加602万元，增长13.85%，完成省公司下达任务数的105.32%。全年共办理赔案39833件，累计赔付金额4191万元，综合赔付率为39.47%。

【支持地方经济发展】 为执行好国家货币信贷政策，人民银行文山州中心支行根据地方产业结构调整思路，自觉树立服务意识，把履行央行职责同支持地方经济发展结合起来，深入调查研究，定期组织召开"金融工作汇报会"、"金融部门联席会"、"银企座谈会"，广泛征求各方对人民银行工作的意见和建议，建立文山州货币政策传导效应季度分析会议制度，加强区域货币政策研究，发挥"窗口指导"作用，确保货币政策传导机制的顺畅。结合文山实际，深刻领会西部大开发的战略意义，研究制定了《关于金融支持文山州参与西部大开发战略的实施意见》和《关于金融支持三七产业发展的指导意见》，明确工作重点，发挥金融合力，为支持文山州国民经济发展和支柱产业开发创造良好的环境和条件。为缓解中小企业和非公有制企业贷款担保难的矛盾，及时向州人民政府提交了《关于建立文山州信用担保体系的建议》，与有关部门密切配合，指导和推动全州信用担保机制的建立。到年末，文山、砚山、广南、邱北、西畴等县相继建立了非公有制贷款担保基金，筹集担保资金460多万元，配套贷款1380多万元，为改善非公有制企业的贷款环境，增强贷款的安全性发挥了积极的作用，促进了个私经济的快速发展。针对平远地区民间"高利贷"问题，人行中支党委高度重视，几次深入实地调研，召开现场办公会，提出了"八项措施"，切实做到"五个到位"，积极向成都分行反映争取了3000万元专项再贷款的支持，带动各金融机构对平远地区增加信贷投入2100万元，有效遏制了该地区的"高利贷"活动，为维护当地金融秩序稳定和社会稳定，促进民族团结和经济发展做出了积极贡献。文山州金融部门充分认识经济金融的鱼水关系，紧紧围绕地方经济建设中的重点产业、重点项目，找准信贷投入的有效增长点和切入点，抓投向、突出重点，调结构、优化产业，增投量、壮大规模，促发展、做强支柱，较好地支持和推动了国民经济的增长。在信贷投向上突出了"六个重点"：一是支持基础产业和基础设施。全州金融部门加大对市政、交通、水电、邮政通讯、广播电视等基础设施建设的支持力度，年末中长期贷款余额比年初增加3.2亿元，占新增贷款的55.2%，增长24.4%，增幅比短期贷款增幅高出16.9个百分点，有力地支持了辖区基础产业和基础设施的建设及改造。二是加强农业基础地位。在支持"三农"工作中，以结构调整为主线，把贷款重点投放到农田水利建设、农民购买农机具等方面，进一步夯实农业基础，突出支持种养业和生产加工。年末农业贷款余额达5.8亿元，较年初增加5351万元，占新增贷款的9.3%，增长10.2%。据对29706户种养业农户的调查，2000年户均收入达900多元，较上年增加150多元，增长21.6%。三是支持支柱产业和重点企业。按照市场需求，以三七为龙头，把贷款重点投放到三七、烤烟等支柱产业上，重点支持金泰得、特安呐、文山七花、金不换、州复烤厂等企业，主要用于原料种植、加工、流通、科研开发等生产经营活动。年末有关三七、烤烟项目贷款余额达4.6亿元，较上年增长1.1倍，占当年新增贷款的9%。此外，投放于地方财源建设项目上的贷款余额比上年增长9.7%，有力地支持了地方财政收入的增长。四是支持扩大消费，拉动经济增长。金融部门在贷款的经营中，把生产经营贷款同消费贷款有机地结合起来，努力拓宽服务领域，不断增加消费信贷投入，支持扩大内需，促进消费增长。全年发放居民个人消费信贷较上年增长51.2%，主要用于支持居民购买和装修住房、购买汽车等，拉动文山经济增长率达3%。五是支持个体和私营企业快速发展。金融部门不断更新贷款观念，打破传统重公轻私的贷款思想，积极协助各地建立和完善贷款担保基金，千方百计发放配套贷款，大力支持非公有制经济的发展。全年发放个私企业贷款较上年增长11.2%，为个私企业扩大规模，提高产品质量，增强市场竞争力发挥了积极的作用。六是支持国企脱贫解困。金融部门结合地方国企实际，认真贯彻落实国家经贸委"扶持中小企业发展的指导性意见"，努力帮助解决国有中小企业资金不足的困难，尽力为其减轻沉重利息负担。据不完全统计，全年通过认真执行降息、贯彻民贸优惠贷款政策、实施展期、置换、封闭贷款等多项金融扶持措施，共为国企减少利息支出近5000万元。

【金融监管】 人民银行文山州中心支行进一步转变金融监管思路和方式，充实调整监管力量，明确监管职责和内容，规范和统一全辖监管工作，加大监管力度，防范和化解金融风险，切实维护了全州金融秩序稳定。

一、加强现场检查，依照严格的法规，进行严格的监管，执行严格的处罚，提高现场检查的针对性和时效性。春节期间，及时重申了严禁高息揽存有关文件精神，组织在全州范围开展现场检查，督促各金融机构合规经营，确保全年金融监管工作开好局起好步。年内，适时组织开展利率执行检查和执行《金融违法行为处罚办法》的检查，加大处罚力度，及时制止不正当竞争苗头，树立人民银行公正监管的权威。

二、严格金融机构高级管理人员任职资格审查。建立和完善了"金融机构高级管理人员任职资格审查委员会"，制定工作职责，严格审查，确保任职资格审查的公正性和严肃性。全年共审查金融机构高级管理人员任职资格43人，并建立健全了辖内金融机构高级管理人员档案和后备高级管理人员资料。

三、严把市场准入和退出关。支持商业银行改革，年内按权限审核、报批和协助撤销了工商银行马关、邱北两县支行、农业银行12个营业所，撤销合并了1个农村信用社。由于工作方案周密，监管措施得力，实现了其市场退出的顺利完成和社会稳定。

四、认真做好真实性检查工作。根据上级分行的统一安排部署，加强领导，精心组织，制定检查措施，落实检查方案。全州共抽调95人组成检查小组，从4月中旬开始，历时两个半月，按照检查四个方面的内容和检查程序，共约见银行人员168人，抽查银行机构34个，抽查面为20%；抽查贷款940笔11.5亿元，占其贷款总额的26.62%。参加约见、座谈城乡信用社人员412人，抽查信用社机构72个，抽查面为62%；检查信用社贷款97109笔66840万元，占其贷款总额的98.27%。在此基础上，9月份组织对辖内4家国有商业银行1～6月新增不良贷款进行检查，共抽查贷款5696笔13.8亿元，占其贷款总额的37.6%。通过开展真实性检查及后续检查，较全面地摸清了辖内金融机构的实际经营状况和存在问题，并据此制定了全州2002年底前防范化解金融风险工作分年度的目标规划和措施。

五、突出加强对中小金融机构监管。组织对辖内3家城市信用社进行全面清理整顿，为城市信用社更名改制做好前期准备。落实监管责任，加强对高风险信用社的跟踪监测和预警。实行派驻监管员制度，对辖内36个城乡信用社分别派驻监管小组或监管员，长期督促指导，实行重点监管，实现了中小金融机构的安全稳健运行。全年累计向辖内农村信用社发放再贷款12150万元，确保了信用社的支付和支农资金需要。

六、加快银行信贷登记咨询系统的建设和推广到县工作，实现了全州系统联网。至年末完成了应录入数据的95.7%，发放贷款证和贷款卡1022份，为规范贷款行为，防范信贷风险，促进监管水平和效率提高奠定了坚实基础。

七、加大工作力度，打击金融"三乱"行为。与有关部门密切协作，继续对广东高州金果俱乐部文山分公司的非法集资行为进行清理和查处，落实债权人利益，维护金融机构秩序稳定。成立"协清小组"，积极配合做好对全州26个农村合作基金会的清理整顿工作，严防挤兑、闹事事件的发生，确保了清理整顿的平稳进行。

八、深入分析，认真研究，组织制定了"关于建立文山州金融安全区的意见"报经州人民政府下发全州执行，为全面加强金融监管，维护一方金融平安，推动金融安全区的早日创建提供了翔实的指导和决策意见。

【金融机构】 2000年末，文山州共有各类金融机构366个，从业人员3541人。(1)政策性银行机构6个，其中：州级分行1个，分行营业部1个，县支行4个，从业人员106人。(2)国有商业银行机构145个，其中：州级分行4个，分行营业部3个，县支行19个，办事处4个，分理处35个，营业所49个，储蓄所31个。从业人员1866人。(3)保险公司机构19个，其中：州级分公司2个，县支公司7个，营业部和其他机构10个。从业人员293人。(4)信用社机构137个，其中：农村信用社县联社8个，基社104个，分社17个，储蓄所5个；城市信用社3个。从业人员959人。(5)邮政储蓄机构59个。从业人员217人。

【外汇业务】　国家外汇管理局文山支局以扩大对外开放和即将加入WTO为契机，立足本地实际，深入调查研究，及时了解全州对外贸易、边境贸易和外汇业务的运作状况和出现的新情况、新问题，积极开展外汇政策法规宣传，不断增强社会各界的外汇管理意识。从提高服务水平和工作效率出发，强化内部管理，改善工作作风，制定外汇管理业务时限承诺制度，自觉接受社会监督，促使各项业务及时办理，努力提供优质高效、便捷的服务。加强资本项目管理，实行资本项目审批制的办法，确保资本项目收支的真实性、合规性。认真开展外汇业务检查，督促外汇指定银行严格执行外汇管理法规，规范经营行为，使各项外汇业务沿着制度化、规范化轨道运行。支持外贸企业不断拓展业务，扩大出口创汇，对企业出现的困难和问题及时帮助解决。同时，把服务与监管有机结合起来，加强出口收汇核销管理，完善经常项目汇兑监督，对代理业务发单实行资信调查和跟踪调查，加大对出口收汇违规行为的查处力度。严防骗汇、逃汇和非法买卖外汇等问题的发生，促进外汇业务和对外经济健康发展。年内，对两家违规外贸企业进行了必要的经济处罚。至2000年末，全州外汇存款余额207万美元，比年初增加75万美元，增长56.8%。全年银行结售汇总额345万美元，其中：结汇179万美元，同比减少38万美元，下降17.5%；售汇166万美元，同比减少62万美元，下降27.2%。出口总额1124万美元，已收汇额1104万美元。累计发单177份，收单143份，收单率为80.8%，收汇核销率达100%。

【农村合作金融】　2000年，文山州农村信用社系统认真总结"脱钩"三年来的成功经验，抓住机遇，认清形势，努力实践为"三农"服务的宗旨，不断深化改革，内强管理，外塑形象，规范经营机制，增强发展意识，改善服务手段，加大信贷投入，积极支持和促进农村经济发展，同时自身业务也得到了迅速发展壮大，实现了"三个增强，两个突破"。"三个增强"：一是经营实力不断增强。2000年全州农村信用社存贷款增幅均在10%以上，各项存款余额首次突破10亿元大关，达105277万元，比年初增加12057万元，增长12.93%。各项贷款余额77234万元，比年初增加9923万元，增长14.74%。其中，"三农"贷款余额62633万元，增长10.91%，占各项贷款余额的82.39%，真正发挥了支持农业和农村经济发展的主力军作用。二是风险控制能力进一步增强。通过规范管理，年末全州农村信用社的经营风险有所降低，不良贷款总额较年初（真实性检查认定数）减少3.58个百分点。股金吸纳大幅增加，余额达4210万元，较年初增长44.52%，资不抵债社由年初的31个减少到21个，资不抵债金额下降10.46%，全州有三个县全部消除了资不抵债社，风险程度得到有效控制。三是服务水平明显增强。各县联社加大了科技投入，致力于加强门柜业务电子化建设，实现电子化服务的营业网点增加了12个，并在全州各县城网点建立信贷登记咨询系统，加强了信贷业务的监督，对外服务的质量水平大大提高。"两个突破"：一是经营成果有较大突破。全州112个法人机构中，盈余社达87个，比上年增加14个，全州信用社亏损额较上年减少103.7万元。二是业务经营理念有了较大突破。在支持"三农"上打破了传统的种植业、养殖业和"春放、秋收、冬不贷"的贷款模式，大力推行小额农户联保贷款办法，努力拓展服务领域，为有效支持广大农民脱贫致富和提高生活水平做出了积极贡献。

【大事记】　（2000年）

（一）6月1日，为纪念中国人民银行文山办事处成立50周年，人行文山中支举办了"文山州社会主义金融50年回顾展"。

（二）8～10月，文山州金融系统全面开展了以"爱岗敬业，遵纪守法"为主要内容的职业道德教育活动。

（三）9月，工商银行马关县支行、邱北县支行同时撤销，业务移交当地农行。

（四）11月4日，农业银行麻栗坡县支行与越南河江省农业与农村发展银行开通边贸结算业务。

（五）建设银行文山州分行营业部所属南桥储蓄所、友谊储蓄所被建行总行授予"青年文明号"称号。

（王力新）

2000年文山州主要经济、金融指标

单位:万元

项目	金额
国民生产总值（现价）	707 582
工农业总产值（现价）	780 438
其中：工业总产值	380 024
农业总产值	400 414
地方财政收入	36 666
社会商品零售额	270 672
零售物价指数（比1999年%）	-3.30
金融机构各项存款	592 061
其中：财政存款	10 857
企业存款	196 559
储蓄存款	347 726
金融机构各项贷款	536 020
其中：短期贷款	370 578
中长期贷款	162 604
现金投放（+）回笼（-）	58 077
保险收入	9 742
保险赔款支出	4 191

思　　茅

【经济形势】 2000年,思茅地区党政部门紧紧抓住国家实施西部大开发战略和实行积极的财政政策的有利时机,加快基础设施建设,大力推进经济结构的战略性调整,国民经济保持了较快的发展势头。全区经济在平稳中呈现出积极健康发展的良好态势。全区国内生产总值53.67亿元,比上年增长7.2%,扭转了近两年增长速度下滑的局面,保持了较快的增长。其中:第一产业比上年增长2.2%,第二产业比上年增长11.0%,第三产业比上年增长11.4%。

一、农业和农村经济全面发展。全区实现农业总产值29.71亿元,比上年增长2.2%。粮食生产连续第15年获得丰收,总产量达到82.1万吨,比上年增长2.7%。农业结构得到进一步调整。

二、工业生产保持了平稳增长,企业效益明显提高。通过调整优化产业和产品结构,加强企业内部管理,强化市场营销,实施蔗糖产业战略性调整,全区实现工业总产值24.8亿元,比上年增长4.0%。

三、第三产业在物价持续走低的情况下较快增长,市场需求呈现回升态势。全区第三产业比上年增长11.4%。社会消费零售总额20.43亿元,比上年增长7.3%,高于上年的增幅。

四、非公有制经济得到较快发展。全区个体私营经济实现增加值占国内生产总值的比重为24.2%,比上年提高1.8个百分点。个体私营经济上缴税金9459万元,比上年增长24.4%。

五、财政收入继续保持较快增长。地方财政收入在连续四年保持两位数增长、连续四年超过全省平均增长速度的情况下,地方财政收入完成4.51亿元,比上年增长11.1%。财政支出15.5亿元,比上年增长22.7%。

六、随着西部大开发项目和扩大内需政策逐步落实,思茅地区固定资产投资规模快速扩张,基础设施建设得到加强。全区完成全社会固定资产投资23.08亿元,比上年增长31.1%,是思茅地区历史上完成投资额最高的一年。其中:基本建设完成投资18.63亿元,增长44.8%,技术改造完成投资0.28亿元,下降58.3%,有力地拉动了经济增长。重点建设项目进展顺利,元磨高速公路、思茅机场跑道改造工程开工建设;农村电网改造累计完成投资1.31亿元。

七、人民生活水平进一步提高。城镇居民人均可支配收入为5130元,比上年增长8.2%;农民人均纯收入1117元,比上年增长4.5%。消费启动初见成效,全区社会消费品零售总额为20.43亿元,比上年增长7.3%;物价继续走低,年末,全区商品零售物价指数为96%,较上年下降4个百分点。

【金融运行】

一、2000年各项存款增幅高于上年,企业存款增势趋好,储蓄存款同比多增。全区金融机构各项存款余额65.03亿元,比年初增加8.73亿元,增长15.5%,同比多增2.12亿元,增幅高于同期2.4个百分点。

(一)企业存款保持较高的增长速度,增幅明显高于上年同期。企业存款余额21.4亿元,较上年增加3.8亿元,同比多增0.7亿元,增速高达21.6%。其中,活期存款增加3.75亿元,同比多增1047万元。

(二)储蓄存款继续保持了较高的增长势头。储蓄存款余额36.32亿元,较年初增加3.84亿元,同比多增1.13亿元,增长11.8%,增幅高于同期2.7个百分点。活期储蓄存款比重大幅度上升,年末新增储蓄存款中活期比重为73.7%,比上年高出7.5个百分点。银行储蓄仍是居民首选保值增值手段。

(三)农业存款月末余额2.38亿元,较年初增加3514万元,增长17.4%,同比增加542万元,增幅上升0.2个百分点。

二、贷款投放适度,消费信贷业务有较大发展。年末全区金融机构各项贷款余额52.36亿元,比年初增加4.38亿元,增长8.4%,同比少增8886万元,下降3.2个百分点。其中,短期贷款、中期贷款同比多增,中长期贷款同比少增。贷款的主要投向:一是积极支持地方基础设施建设,如公路、电力、电讯等;二是满足思茅地区森工、糖业、茶叶、咖啡等重点企业和优势企业合理的流动资金需求。

(一)短期贷款同比多增。金融机构短期贷款比年初增加30190万元,同比多增882万元。除商业贷款、私营企业及个体贷款同比减少外,其余同比均为多增。工业贷款比年初增加5023万元,增长5.5%,同比减少2117万元。商业贷款、私营企业及个体贷款同比分别减少6927万元、3176万元。各项短期贷款中增加最多的是以住房贷款为主的其他短期贷款,比年初增加22979万元,增长48.5%,同比多增9314万元。

(二)中期流动资金贷款投入较年初增加2135万元,增长34.8%,同比增加2071万元,保证了部分优势企业的资金需要。

(三)中长期贷款同比少增。金融机构中长期贷款比年初增加11521万元,增长6.9%,同比少增11839万元,下降9.8个百分点。原因:一是思茅地区2000年施工项目、新开工项目与1999年相比分别减少172个、78个,分别下降26.2%、20%;二是各部门的配套资金到位情况较好;三是银行固定资产贷款审批条件所限。各商业银行地区分行固定资产贷款无审批权,而其上级行对贷款企业的具体评定标准又较高。如A级以下企业不能贷款。而思茅地区90%的企业因规模、效益等原因不属于优先贷款的范围,一定程度上影响了银行贷款的投入。

积极引导贷款投向,不断完善和改进信贷结构,支持地方基础设施和支柱产业发展。全区交通、公路建设累计发放贷款6450万元,邮电通讯累计发放贷款4356万元,个人住房和消费贷款累计发放23394万元,技术改造完成投资3335.5万元。

个人消费贷款所占份额明显上升。作为消费贷款主要品种的住房消费贷款较上年增加18438万元,占全部新增短期贷款的比重为61%。

三、人民银行再贷款、再贴现的投向及操作效果。思茅中心支行向农村信用社累计发放短期贷款20笔,金额3600万元,累计收回20笔,金额2850万元,保证了农村信用社临时性、季节性资金需要,扩大了对“三农”的支持力度。向商业银行发放短期贷款1笔,金额200万元,未办理再贴现业务。

四、现金总收入189.0亿元,总支出196.6亿元,收支相抵、净投放现金7.65亿元。比上年同期少投放2.10亿元,下降21.8%。现金投放减少的因素:一是商品销售收入增加,累计收入19.86亿元,同比增加2.57亿元,增长14.9%,增幅高于上年同期22.4个百分点。二是服务事业收入较上年同期增加1.75亿元,增长18.7%,两项收入比上年同期多回笼现金4.59亿元。三是行政事业管理费支出较上年同期减少212万元,下降0.2%,同比少投放1.69亿元。四是代发工资同比增加2.5亿元,增长32.3%。代发工资的增加,减少了居民手持现金量,从而减少了现金流通量。

2000年末,全区市场货币流通量约为80亿元,较上年增加22.8亿元,增长39.9%。

【人民银行基础工作】

一、会计国库、会计工作。

完善制度,提高素质,加强控制,保证会计核算工作的安全。建立健全完善各项会计操作制度、岗位职责,开展会计核算、联行操作、会计制度执行情况等的检查,进一步规范了会计基础工作,加强会计监督,各岗位之间相互制约,有效地防范了会计支付风险。

经理国库情况。认真履行国库职责,加强财、税、行、库之间的联系,加强税款入库,收入退库和预算拨款的监督管理,办理国库业务46万笔,实现财政预算收入65862万元,较上年同期增长9.1%,预算支出155084万元,较上年增长22.18%。发行国债5720万元。

二、内审监督情况。

(一)建立健全各项规章制度,强化干部职工的制度意识,充分发挥各职能部门的监督再监督作用,防范管理风险。为进一步强化内部管理,建立有效的内控机制,促进全行各项业务工作的规范化、制度化,中心支行建立了外汇管理、办公室、营业部、财务管理等方面的14个规章制度,修订和完善了国库管理、行政管理、文书行文规则、安全保卫等方面的23个规章制度,提高管理水平和工作效率。

(二)充分发挥内部审计的作用,强化内部管理。年内,开展了常规内审,以及对风险处置和支农再贷款使用情况、货币发行管理、电子资金管理、农村信用社管理费、电子联行、中心支行财产财务等十项检查,对发现的问题,及时进行了纠正、整改。通过内部审计,规范了基础工作,强化了内部管理,促进了人民银行依法、合理、公正、有效地履行职责。强化工作目标考核,加大督办工作力度,制定了《中国人民银行思茅地区中心支行工作目标考评及评分标准表》,建立了督办工作台账,有力地促进了全年工作任务的完成。

三、金融支付科技情况。

加快电子化进程,完善管理信息系统。加强计算机安全管理和建设管理信息系统,落实计算机安全“一把手”负责制,在维护管理好现运行的系统外,做好新上机业务的日常维护工作。一是完成卫星电视电话会议系统建设工作;二是完成电子公文传输系统的安装、调试、运行,于9月底与成都分行成功联通,实现了无纸化办公;三是完成银行信贷登记、咨询系统的建设,推广工作。在金融机构系统内全面推广了银行信贷登记咨询系统,全区九县一市均运行了贷款卡管理子系统,全年度共发贷款卡2724张。

四、货币金银管理工作。

切实加强货币金银管理工作,加强发行基金调拨的计划性,保证了思茅地区重点工程建设和农副产品采购的资金需要。加强人民币管理,维护人民币法定形象,一是通过广播、电视、电台、粘贴宣传品、悬挂宣传横幅、出动宣传车等方式,认真做好《人民币管理条例》的宣传活动;二是做好第三套人民币停止流通的宣传工作;三是与公安机关、海关、武警边防、商业银行等组织开展打击制贩假币犯罪的联合行动,全年共查缴假币案件2061起,收缴假币57637元。

【对地方经济的支持】 金融机构切实加强管理、改进金融服务,积极探索在西部大开发中的金融对策,通过调整信贷结构,促进经济结构的优化,支持地方经济的发展。

一、中国农业发展银行思茅地区分行各项贷款余额48154万元,较上年下降0.1%。其中:中央储备贷款284万元,较上年下降11.8%;地方储备贷款3475万元,比上年减少1690万元,下降32.7%;粮油收购贷款44395万元,比上年增加1776万元,增长3.8%,全年共发放粮油收购调销贷款3798万元。

二、工商银行思茅地区分行年末各项贷款98905万元,较上年增长6.4%。年末全行新增贷款6953万元,盘活贷款8000万元,主要支持电信、交通、森工等基础设施产业及区内重点骨干行业、企业的生产经营资金需要。扩大消费信贷领域,住房贷款迅猛增加,汽车贷款实现零的突破。

三、中国农业银行思茅地区分行各项贷款余额240048万元,比上年末增长13.0%。支持了制糖、橡胶、茶叶、咖啡等产业的发展,积极对医疗、电力、移动通讯、学校的发展加大了贷款投入。

四、中国建设银行思茅地区分行年末贷款余额57278万元,比上年末增长2.6%。全年累计发放贷款41253万元,全行房地产贷款余额达7691万元,比上年末增加3808万元,新开办了汽车消费信贷业务。

五、中国银行思茅分行年末贷款余额为8693万元,较上年降12.7%。年内新发放贷款6046万元,重点支持电信企业和自来水公司及个人消费,其中:电信4100万元,自来水公司200万元、个人消费1764万元。

六、农村信用社、城市信用社和邮政储蓄业务。

(一)农村信用社年末存款余额为90652万元,较上年增加13743万元,增长17.9%;各项贷款余额为63536万元,较上年增加8773万元,增长16%。其中:农业贷款40871万元,较上年增加6897万元,增长20.3%。

(二)城市信用合作社存款余额5301万元,较上年末减少1885万元,减幅26.2%;贷款3401万元,较上年末减少1082万元,减幅24.1%,其中用于支持私营企业及个体的贷款为2709万元。存贷款减少的原因是普洱茶乡城市信用合作社改制为农村信用合作社,业务归并农村信用社。

(三)邮政储蓄2000年末存款余额为30051万元,较上年增加3625万元,增长13.7%。其中:定期储蓄存款余额为23311万元,较上年末增长14.1%。

【保险业务】 保险业全年保费收入14354.7万元,较上年增长11.24%;支付各险种赔款6758万元,赔付率47.08%。

一、人民保险公司思茅地区分公司全区全年产险业务承保金额491506万元,保费收入6102.4万元,比上年末增长2.31%,是省公司下达的计划任务的100.37%。各类保险赔案7647件,支付保险赔款3913.4万元。综合赔付率64.13%,赔款比上年上升了14.9%。

二、人寿保险思茅地区分公司全年承保976517人次,保险金额达3090812.5万元,全区实现保费收入8252.3万元,同比增长18.5%,完成年计划109.3%。全年为21664人次给付死、伤、医疗保险金2844.1万元,支付满期及养老保险金911万元。

三、工商银行思茅地区分行代办太平洋保险公司业务逐步发展,全年实现保费收入279.8万元。

【金融监管】 进一步强化金融监管,提高金融监管水平、质量和效率,维护辖区金融稳定,随着人民银行金融监管重心的转变,即:从一般行政监管向依法监管、从侧重机构审批向全过程系统化、从合规性向风险性、从注重外部向内部控制等的转变,建立金融监管安全区,落实监管责任制，对监管对象进行全面、有效地监管。以“理顺关系、夯实基础、突出重点、化解风险”为指导思想，督促被监管对象提高资产质量，健全内控制度，依法合规稳健经营，防范和化解金融风险。

一、中心支行党委四位委员分别与全区四个金融风险相对较高的县挂钩，多次到基层开展调研活动，为基层排忧解难，解决实际问题，各县支行也相应建立了行领导挂钩基层单位的监管责任制。

二、制定了思茅地区2002年底前防范化解中小金融机构风险的规划和思茅地区农村信用社2002年底以前防范化解金融风险工作规划；对高风险的农村信用社建立了风险台账，并按月跟踪监测。

三、全年共组织了53个工作组，抽调266名业务骨干，对261个金融机构的贷款质量、盈亏真实性、内控制度以及高级管理人员任职资格四个方面的内容进行了两次检查，检查贷款97017笔，金额743758万元。

四、全年完成了432个金融机构和邮政储蓄的年检工作，年检面达100%；完成了对63家金融机构的年度报表审验工作；依法受理审查金融机构高级管理人员任职资格104人；按照机构改革的要求，撤销商业银行县级支行3个、代办点2个、储蓄所2个、信用社26个、信用分社22个；顺利完成了西盟县城搬迁的金融机构搬迁工作、普洱县茶乡城市信用社更名、归口农村信用社管理的移交工作和西盟农村信用社统一核算的资料上报工作。对各商业银行、政策性银行、邮政储蓄和城乡信用社开展了信贷管理、信用卡业务、应付利息、会计核算等专项检查。

五、建立了利率巡查制度和抽查制度，对金融机构执行国家利率政策情况进行检查。对全区190个金融机构的利率、加罚息政策执行情况、计结息办法执行情况等进行了检查，共检查49938笔业务，涉及金额148410万元，针对查出的问题，依照有关法律、法规，分别做出了处理，进一步严肃了国家的利率政策，保证了辖内正常的利率秩序。

【大事记】 （2000年）

（一）2月2日，彩票监管工作正式移交地方财政部门并签订协议。

（二）7月28日，中国建设银行西盟县支行撤销。

（三）8月，人行思茅地区中心支行李玉昌同志、人行澜沧县支行钟向乐同志被成都分行评为优秀共产党员。

（四）8月14日，工商银行西盟县支行、江城县支行同时撤销。

（五）10月10日，普洱茶乡城市信用社改制更名为普洱茶乡农村信用社。

（六）12月，人行思茅中支左明被省委表彰为1997～1999年党员干部结对扶贫先进个人。

（侯永昆）

2000 年思茅地区主要经济、金融指标

单位:亿元

经　济　项　目	金　　额	增长率(%)
国内生产总值(现价)	53.67	7.20
工农业总产值(现价)	54.51	3.00
工业总产值(现价)	24.80	4.00
农业总产值(现价)	29.71	2.20
财政收入	4.51	11.10
上划中央“两税”	1.70	5.90
地方一般财政收入	4.39	8.10
商品零售物价指数(比 1999 年%)	96.00	-4.00
居民消费价格指数(比 1999 年%)	96.80	-3.20
各项存款	65.03	15.50
企业存款	21.41	21.60
财政存款	1.37	-3.30
储蓄存款	36.32	11.80
各项贷款	52.36	8.40
短期贷款	34.53	8.70
中期贷款	0.83	34.80
中长期贷款	17.00	6.90
现金投放(+)回笼(-)	7.65	-21.80
保费收入	1.44	11.00
保险赔款支出	0.68	-6.10

注:1、保费收入、保险赔款支出不含工商银行思茅地区分行代理太保业务;

2、国民经济数据为 2000 年公报数。

西双版纳

【经济形势】 2000年西双版纳傣族自治州实现国内生产总值462563万元,比上年增长6.6%。其中:第一产业增加值185051万元,第二产业增加值74690万元,第三产业增加值202822万元,分别比上年增长了4.1%、2%、10.3%。人均现价国内生产总值5421元,三次产业结构比为40:16:44,第三产业的增速高于第一、第二产业。

一、农业和农村经济全面发展,农业生产条件进一步改善,传统产业优势减弱。在上年寒害的影响下,全州实现现价农业总产值258157万元,实现不变价农业总产值198987万元,比上年增长2.1%。粮食总产量为347375万元,增长1.1%;全州橡胶干胶产量137635吨,增长了1.4%;甘蔗产量1220049吨,下降1.4%;茶叶产量13674吨,下降2.2%。2000年乡镇企业营业总收入96332万元,实交各种税金4731万元。

二、制糖业占西双版纳州工业份额较大,严重寒流灾害造成甘蔗减产,影响了2000年糖产量的增加,导致全州工业总产值出现负增长。全州工业企业完成现价总产值75763万元,完成1990年不变价总产值65462万元,比上年下降16.7%。主要工业产品产量除原盐、软饮料、发电量、水泥、酒精分别增长15.6%、12.6%、8.4%、4.8%、4.1%外,糖产量为140469吨,下降22%;精制茶3691吨,下降20.3%;人造板1583立方米,下降52.8%;自来水1322万吨,下降6.5%。工业总体经济效益在糖价回升的拉动下,经济效益得到明显好转。2000年全州国有及年销售收入500万元以上非国有独立核算工业企业实现利税总额3380.7万元,经济效益综合指数为46.9%,比上年上升29.84个百分点;总资产贡献率3.14%,比上年上升了2.57个百分点;资产负债率72.81%,比上年上升3.24个百分点;流动资产周转次数1.16次,成本费用率-3.09%,产品销售率101.78%,比上年提高了6.86个百分点。

三、基础设施建设得到加强,重点建设项目启动资金不到位和农民收入增长缓慢,影响了社会固定资产投资完成额的增长。全州2000年全社会固定资产投资完成额134571万元,比上年下降3.9%。其中:基本建设投资完成100596万元,比上年下降1.1%;更新改造投资完成4772万元,下降42%;房地产开发投资完成1718万元,增长0.2%。本年新增固定资产139864万元,比上年下降16.3%。

四、在政策因素持续作用下,促进了居民消费,消费品市场日趋活跃,市场物价平稳。全州社会消费品零售总额达133018万元,比上年增长4.7%。按经济类型分,国有及国有控股经济累计完成17226万元,同比下降21.1%;集体和股份合作企业完成11090万元,同比下降20.9%;私有经济和其他经济分别完成69041万元、35662万元,同比分别增长17.8%和9.4%,显示出强劲的发展势头。农民对非农业居民销售34706万元,同比增长13.1%。居民消费价格总指数为99.7%,同比下降0.3%;商品零售价格总指数为100.9%,同比上升0.9个百分点。全州年人均可支配收入4733元,增长2.5%,年末人均手持现金同比减少110元,下降30.9%,"扩大内需、启动消费"的政策效应明显。

五、对外经济贸易迅猛发展,旅游业发展势头有所减弱。2000年全州边境经济贸易总额达136845万元,比上年增长42.6%。其中:边境小额贸易完成86574万元,增长75.4%。在边境小额贸易中,进口总额15303万元,出口总额71271万元,分别增长95.2%和71.2%;边民互市成交总额40869万元,比上年下降0.5%;经济技术合作7885万元,比上年增长57.5%;一般贸易1517万元。2000年西双版纳州紧紧抓住国家实行假日旅游的有利时机,成功举办以"泼水节"为主的多种民族节日、五国艺术节等活动,带动了旅游业的发展。全年接待国内游客237.7万人次,比上年下降6.8%;接待海外游客4.48万人次,比上年下降17%;旅游综合收入183022万元,比上年下降4.3%。

六、全州各级财税部门积极推进税制改革,加大财源培植力度,保证了财政收入的稳定增长。全年地方财政收入32653万元,比上年增长5.1%,其中:营业税收入6844万元,增长0.8%;农业四税11666万元,增长5.5%;地方财政支出64802万元,比上年增长14.6%。

【金融运行情况】 2000年全州金融系统积极贯彻稳健的货币政策,紧紧围绕西双版纳州委、州政府提出的"旅游兴州、口岸活州、生物强州、文化立州、依法治州"的战略目标,加大机制和人事制度改革,以稳健经营、防范风险为中心,提高信贷资产质量,讲求经营效益为目标,保持了存、贷款的增长。

一、2000年末,全州金融机构各项存款余额457881万元,比上年增加37831万元,增长9.01%。其中:居民储蓄存款余额为294415万元,比年初增加22964万元,增长8.46%,增量比上年同期减少6268万元,增幅下降3.67个百分点。储蓄存款占各项存款的64.30%。储蓄存款活期化倾向进一步扩大,活期储蓄存款增长20.09万元;企业存款余额114101万元,比年初增加6847万元,增长6.38%;财政存款、机关团体存款、农业存款、其他存款余额分别为3293万元、20341万元、21140万元、10229万元,分别增长了27.88%、19.14%、6.01%、58.54%。

二、按可比口径统计,2000年末,全州金融机构各项贷款余额为295663万元,比年初增加16696万元,增长5.66%,增量同比多增9784万元,增幅上升3.24个百分点。其中:短期贷款余额14402万元,增加3285万元,增长1.82%;中期流动资金贷款余额37015万元,比年初增加21704万元,增长141.75%,新增贷款中主要投向是交通、电讯、房地产开发、广播电视、烟草等项目;中长期贷款余额95791万元,比年初减少8201万元,下降7.62%。

三、2000年度,全州金融机构在金融业务活动中累计收入现金1317800万元,比上年同期增加15190万元,增长1.17%;累计支出现金1345782万元,比上年同期增加36204万元,增长2.76%;收支相抵,全年累计净投放现金27982万元,同比多投放21014万元,增长301.58%。

四、国有商业银行外汇存款稳步增长,年末余额为764万美元,比年初增加98美元,增长14.72%。其中:个人外汇储蓄存款同比增加196万美元,增长36.50%;单位定期存款同比减少98万美元,下降94.23%。

五、人民保险公司全年累计保费收入3064万元,增长1.8%,累计理赔支出2903万元,增长18.04%。其中:农业保险理赔支出累计达1444万元,增长840.91%。人寿保险公司累计保费收入4204万元,增长9.4%;累计给付支出546万元,增长2.09%。

六、2000年8月18日,云南证券公司西双版纳民族南路营业部成立。至2000年底,开户户数为457户,累计买入1281.02万元,累计卖出758.39万元,保证金余额为123.43万元,营业收入18.77万元。

【各金融机构业务发展概况】

一、中国农业发展银行

2000年,中国农业发展银行西双版纳州分行坚定不移地执行国家粮食流通体制改革的各项政策措施,以收购资金封闭管理工作为中心,严格按照"库贷挂钩、钱随粮走、购贷销还、封闭管理,收购资金与粮食收储在方向上一致、在价值上相符"的要求,积极做好信贷计划管理。年末各项存款余额为1819万元,减少549万元,下降23.18%;各项贷款余额27311万元,增加3305万元,增长13.77%。

二、中国工商银行

中国工商银行西双版纳州分行在全年的工作中突出了以"质量、效益"为中心,采取了"改善服务质量、努力增加存款;完善信贷管理、防范信贷风险;转变经营观念、提高经济效益;狠抓基层管理、确保安全经营;加强党的建设、促进文明办行"的工作思路。年末,各项存款余额为100318万元,比年初增加4894万元,增长8.27%;各项贷款余额61749万元;大力拓展中间业务及新兴业务,牡丹信用卡及灵通卡发卡量为34342张,增加17044张,交易额66000万元。

三、中国农业银行

中国农业银行西双版纳州分行坚持以业务经营为中心,进一步加强党建工作和防范化解经营风险两项工作,通过加快电子化建设,加强市场开发,调整信贷结构,进一步强化内部管理,保证各项业务的发展呈现良好态势。2000年末,各项存款余额为177978万元,比年初增加12984万元,其中:储蓄存款余额132247万元,增加12539万元;各项贷款余额为130544万元,比年初减少3681万元,存贷比为59.05%;中间业务种类增加5种,累计代理金额63234万元,储蓄卡发卡量增加39366张。

四、中国银行

中国银行西双版纳州分行坚持"改革、管理、发展、质量、效益"的十字方针,进一步完善和深化组织机构、管理体制和经营机制改革，加强内部管理提高服务质量，调整和优化信贷结构。年末，人民币存款33044万元，增加6277万元，增长23.45%；外汇存款625万美元，净增7万美元。各项人民币贷款余额10994万元，剔除剥离不良贷款682万元的因素，增加759万元，增长6.9%。长城借记卡业务发展迅猛，发行卡8274张，并在景洪市区安装了5台ATM，提高服务质量。

五、中国建设银行

中国建设银行西双版纳州分行以效益为目标，以强化管理、防范和化解金融风险为前提，全面推进经营方式转变，全面提高竞争能力、盈利能力和风险防范能力。2000年末，各项存款余额为59037万元，增加12863万元，增长27.85%；贷款余额为14031万元，增加3350万元，增长31.36%，存贷占比23.77%，比上年增长0.64个百分点；实现中间业务收入104万元，累计龙卡交易量6116万元，增加3856万元，其中ATM交易量4051万元，POS交易量2065万元。

六、其他金融机构

（一）全辖农村信用社共有营业网点53个，其中：法人机构数39个；在职职工311人，其中女职工117人。各项存款余额38554万元，增加1603万元，增长4.34%。其中储蓄存款余额38554万元；各项贷款余额24082万元，增加2558万元，增长11.88%，其中农业贷款余额20500万元；全辖减亏456万元。

（二）辖内三家城市信用社风险处置压力沉重，年末各项存款余额24960万元，贷款余额26952万元。

（三）全州有邮政储蓄机构23个，存款余额26174万元，并加快了电子化建设，在景洪各乡镇实现了全国的通存通兑，勐海、勐腊各乡镇实现全省的通存通兑，在全州开通了10台ATM，极大地方便了储户。

【货币政策执行】 2000年，人民银行西双版纳州中心支行在执行货币政策，以增强有效性为突破口，紧紧围绕中心工作，加强了调查研究工作，进一步畅通传导机制。

一、在执行稳健的货币政策中，西双版纳中心支行加强调研工作力度，深入到基层，向普通金融员工、金融机构负责人、地方党政领导人了解货币政策传导的有效性和实施货币政策对当地经济发展的作用及影响等，撰写了《关于进一步加强农村信用社管理，深化农村金融体制改革，促进西双版纳州农村经济发展的意见》、《充分发挥金融作用支持西双版纳实施西部大开发》等一些具有指导意义的材料。

二、人民银行西双版纳州中心支行综合运用货币政策工具，确保货币政策的实施。一是加强再贷款管理，合理引导信贷资金投向，进一步保证全州金融机构稳健运行，促进了地方经济产业结构调整，有力地支持了农村经济的发展；二是加强利率管理和执行利率政策的指导，开展对执行利率情况的检查，充分发挥利率政策的杠杆作用，鼓励优势企业发展，限制国家压缩产业，畅通了货币政策的传导机制；三是强化现金管理，坚持提取大额现金登记审批制度、工资基金审批制度，对全辖现金流通情况进行监测，为发行基金调运提供依据，有效地满足西双版纳边境贸易发展对货币流通的特殊要求，为金融支持地方经济发展进一步拓展了空间。

【金融监管】 西双版纳州进一步落实监管责任制，充实监管力量，把处置城乡信用社的风险作为突破口，以“理顺关系、夯实基础、突出重点、化解风险”为指导思想，提高金融监管的有效性和针对性，认真抓好全年的金融监管工作。

一、集中力量确保真实性检查保质按时完成。人民银行西双版纳州中心支行抽调48人，组成15个工作组参加检查，组织座谈、谈话81次，人民银行参加人员达180人次，金融机构参加人员达172次，共检查全辖42个金融机构，抽查贷款12225笔，金额达17.4亿元。通过这次真实性检查较为全面地掌握了全辖金融机构贷款质量、盈亏真实性、内控制度建立与执行情况、高级管理人员任职资格等方面的情况。

二、突出重点加强监管，对已出现的金融风险严防死守，重点对已出现严重支付风险的城市信用社进行监管，积极介入对城市信用社的救助，防止风险的进一步扩散。在对农村信用社的监管中确立了“以人为本抓管理、防止险随人入”的工作重心，加强了对信用联社班子建设的指导，加大考核力度，从根本上解决农村信用社的经营风险问题。

三、加大金融监管的针对性，提高金融监管的有效性。针对辖内个别金融机构连续集中发生经济案件，在人民银行党委的部署下，三次组成联合调查组，对该机构发生案件情况及整改情况进行了详细的调查，分析发案原因，对存有重大安全隐患的机构提出了整改意见和建议，并现场纠正了违规行为。采取调查的方式开展监管工作，为集中解决监管工作中存在的问题，提高监管工作的有效性，改进金融监管工作起到了积极的推动作用。

【大事记】 （2000 年）

（一）8 月 18 日，云南省证券公司西双版纳州营业部开业，结束了西双版纳州无证券营业机构的历史。

（二）10 月 1 日，人民银行西双版纳州中心支行上线运行“OA”办公自动化系统，至此实现了中支机关的无纸化、网络化、信息化办公。

（三）10 月 12 日，农业发展银行西双版纳州分行营业部被农业发展银行云南省分行授予省级“青年文明号”。

（郑宁华）

2000 年西双版纳州主要经济、金融指标

单位：万元

项　　目	金　　额	增长率（%）
国内生产总值	462 500	6.60
工业总产值	62 795	-20.1
农业总产值	198 987	2.1
地方财政收入	32 653	5.1
社会消费品零售总额	133 018	4.7
商品零售价格总指数（%）	100.9	0.90
金融机构各项存款	457 881	9.01
财政存款	3 293	27.88
企业存款	114 101	6.38
储蓄存款	294 415	8.46
金融机构各项贷款	295 663	5.66
短期贷款	144 021	7.82
中长期流动资金贷款	37 015	141.75
中长期贷款	95 791	-7.89
现金投放（+）（-）	27 982	301.58
保险收入	7 268	6.09
保险赔款及死伤医疗给付支出	3 449	15.16

楚　　雄

【经济形势】 2000年,楚雄州经济持续稳定增长。全年实现国内生产总值105.5亿元,按可比价计算,比上年增长7.7%。其中:第一产业增加值32.7亿元,增长5.3%;第二产业增加值41.0亿元,增长7.8%;第三产业增加值31.8亿元,增长9.5%。全年完成财政总收入175534万元,比上年减收9345万元,下降5.1%,其中:上划中央"两税"收入98241万元,下降10.9%;地方财政收入77293万元,比上年增长3.65%。地方财政支出191162万元,比上年增长13.17%。

一、农业。农业基础建设加强,生产条件改善,农业生产结构调整力度加大,粮、经作物种植面积由上年的78:22变为71:29。实现农业总产值51.0亿元,按1990年不变价计算,比1999年增长4.7%。

二、工业。工业生产保持增长,全年完成工业总产值726891万元,按1990年不变价计算,比上年增长12.4%,其中:国有及年销售收入500万元以上非国有工业实现产值360467万元,增长1.6%;年销售收入500万元以下的非国有工业企业实现产值366424万元,增长24.25%。全州实现工业增加值351293万元,按1990年不变价计算,比上年增长7.9%。

三、固定资产投资。固定资产投资保持增长,2000年底全社会固定资产投资完成229334万元,比上年增长12.9%,增幅比上年回落1.7个百分点。全年新增固定资产投资114936万元,新开工项目479个(不含农村集体),竣工房屋面积65.64万平方米,其中住宅面积33.07万平方米。

四、交通运输和邮电业。随着交通条件不断改善,运输事业继续发展。公路建设取得新成就,公路通车里程达14071公里,其中:高速公路58公里,二级公路132公里,年末全州拥有民用汽车29604辆,比上年增长5.1%,其中私营汽车8616辆,增长5.6%。2000年全州完成客运量1206万人,旅客周转量71897万人公里;完成货运量1167万吨,货运周转量75336万吨公里。

邮政电信业强劲增长。全年完成邮电业务总量41130万元。2000年全州程控电话机电话交换机容量达15.8万门,拥有固定电话13.3万部。固定电话普及率达到5.21部/百人,比上年提高0.7部/百人。全年共订售报纸2916万份,订售杂志197万份,办理国内函件334.6万件。

五、国内贸易。商品市场繁荣,供给充足。全年实现社会消费品零售总额273946万元,比上年增长8.6%,扣除物价因素,实际增长9.4%。国有及国有控股企业在上年扭转营销下滑的基础上略有增长,零售额52683万元,增长0.5%;集体及股份合作企业销售下滑,零售额34591万元,下降4.7%。非公有制经济强劲增长,个体私营经济零售额137750万元,比上年增长15.8%,其他经济零售额48922万元,增长9.95%。非公有制经济零售额已占零售总额的68.1%。农业生产资料销售额60303万元,增长11.9%。

六、对外贸易和旅游业。对外贸易小幅下滑。据海关统计口径,2000年全州外贸进出口总额为824万美元,比上年下降8.8%,其中:出口707万美元,下降20.2%;进口117万美元,比上年增长5.5倍。

旅游业持续发展。2000年共接待国内外游客189.7万人,实现旅游总收入35128万元,分别比上年增长12.9%和12.3%。

【金融运行态势】 2000年,楚雄州金融运行情况健康平稳,存贷款余额均有增加。金融机构年末各项存款余额1004358万元,比上年末增加53925万元,增长5.67%,其中:城乡居民储蓄存款余额526264万元,比上年末增加39521万元,增长8.12%;金融机构年末各项贷款余额881248万元(已剔除剥离的5.09亿元不良资产),较上年末增加24305万元,增长2.84%;金融机构累计现金收入1865344万元,累计现金支出1997561万元,收支相抵,全年净投放现金132217万元,比上年同期多投放18934万元，增加16.7%。

【金融监督管理】　2000年，中国人民银行楚雄州中心支行把加强金融监管和防范化解金融风险作为人民银行的主要工作狠抓落实，加大了金融监管的力度。

一、强化机构管理，规范监管运作，注重监管实效。

按照《金融机构管理规定》和成都分行的有关文件要求，年初，楚雄州中心支行全面开展了对辖区内政策性银行、国有商业银行分支机构、保险机构、邮政储蓄机构和融达典当行的联合年检工作。现场检查率达95%。全州年检机构405个，年检率为100%。共发出《整改通知书》25份，提出限期整改意见76条。在全州405个参检机构中，年检合格机构275个，占68%；基本合格机构110个，占27%；不合格机构20个，占5%。对全州农村信用社359个机构进行了年检，年检合格机构350个，不合格机构9个。通过年检，进一步掌握了辖区各金融机构的情况，也对各金融机构起到了依法合规经营的警示作用。

切实加强对高级管理人员任职资格管理工作，抓源头、重治本、有效防范人的道德风险。一是结合《金融机构高级管理人员任职资格管理办法》的实施，强化准入监管，完善约见谈话等工作制度，上半年严格按审批权限对金融机构50名高管人员任职资格进行认真初审（其中：对五名核准制人员进行任职前谈话），并实行三级审批，严把市场准入关。二是部署并实施对金融机构高级管理人员年度法律法规知识考试，对考试工作的组织领导、方式、试卷、参与人员等方面都作了精心准备，旨在引导和督促金融机构高级管理人员进一步增强学法、知法、守法意识，从而依法合规稳健经营。三是结合日常监管和年检中发现的金融机构营业网点从业人员系统掌握金融法律法规知识的缺乏，对中央银行监管要求领悟不深等实际，再版自编的《金融法律法规手册》1700本，该书深受金融机构的欢迎，并成为人民银行依法监管，金融机构依法经营的必备书。四是总结经验，大胆创新，严字当头，制定并推行“六制”。在广泛征求县支行意见的基础上，制定了金融监管工作六项制度。五是按照总行防范和化解金融风险总体目标要求和成都分行关于建立金融安全区的意见，结合真实性检查工作同时进行数据采集、评估、测评，按时完成了对辖内监管对象金融风险状况、表现和特点等金融风险情况的测评工作，为制定创建金融安全区的工作规划和方案打下了基础。六是进一步规范健全了机构、网点及高级管理人员的专档管理。

二、完善监管体系，夯实监管基础。

楚雄州中心支行继续把监管重点放在督促监管对象提高资产质量，健全内控制度，依法合规稳健经营，防范和化解金融机构风险上，通过完善监管体系，提高监管水平，结合《现场检查联合制》的实施，加大了现场检查力度，切实维护了辖内金融业的安全、高效、稳健运行。一是统筹安排，突出重点，制定计划，有针对性地开展现场检查工作，加大现场检查力度。楚雄州中心支行共投入73个工作日对融达典当行、省国托楚雄办事处及交通银行楚雄支行进行了全面现场检查。开展了对邮政储蓄76个机构业务经营规范化和内控制度建设及市场准入监管工作，督促邮政储蓄健全内控制度，加强业务管理，稳健合规经营。二是周密部署，精心安排，制定方案，采取分组连片交叉检查的方式，集中全州监管人员分三个组对辖内九县的工商银行、农业银行、农业发展银行、建设银行、中国银行业务经营的合规性、合法性，资产负债表及财务状况的真实性；不良资产形成原因，潜在风险因素及采取的防范和化解措施；贯彻执行金融法律法规和内控制度建设及执行情况进行全面现场检查工作。切实加强检查前的布置，检查中的督促和指导，检查后的汇报和违法违规事实的查处，增强针对性和实效性。三是认真完成了对全州农业发展银行的全面现场检查工作。四是做好中心支行金融风险监管委员会的日常工作。首先，对监管委员会工作重点在全辖作了安排，制定了监管委员会工作职责和议事规则；其次，创办《楚雄金融监管》，共编撰17期，及时反映了辖区监管工作；第三，做好金融风险监测工作，全面了解掌握辖区金融运行情况，认真分析金融风险情况，有针对性地提出防范和化解金融风险的意见和建议。进一步规范非现场监管工作，注重监管报表和报告质量，监测重点指标变化情况，揭示监管对象在经营过程中出现的风险情况，分析成因及趋势，充分发挥现场监管的预警预报功能。五是完成了彩票监管工作的顺利移交和融达典当行的移交工作。六是认真做好楚雄州工商银行、楚雄州农业银行、楚雄州建设银行部分县支行和营业所撤销机构的协调配合工作，关注工作进展情况，严把市场退出关，严格政策界限，按规范化管理的要求办理撤销手续，并做好撤销机构相关资料的归档立卷及公告工作。年内全辖共撤销机构21个。

三、深入、扎实、有序、高效地开展辖区真实性检查工作，按时按质完成分析汇总和修改监管报告。二、三季度两次真实性检查工作历时70多天，共约见谈话433人，参加座谈602人，对31个市内营业性机构、32个县级机构实施现场检查，抽查面和检查面分别达到41.3%和100%。针对存在问题，向被查机构提出整改意见及监管建议36条，先后处理和处罚了检查中发现的金融违法违规行为。

四、狠抓中小金融机构的风险防范。针对楚雄州城乡信用社存在的风险问题，人民银行楚雄州中心支行采取了多种措施予以监管和处置。一是发挥行业管理的职能，帮助其建立完善内控管理制度。结合城乡信用社实际，先后制定了《楚雄州农村信用社信贷资金管理办法》、《楚雄州农村信用社安全保卫工作制度》等下发执行；二是认真落实监管责任制。对全州城乡信用社实行监管责任制，挂钩负责，包干到人，日常监管与挂点进驻监管相结合，实行了行级领导、科(股)室负责人、监管员三级挂点驻社监管体制，建立了监管任期目标责任，确保了监管人员到位，措施到位；三是采取有力措施，处置已发生的风险。对全州高风险农村信用社，针对不同情况进行处置，建立了保支付防线，确保支付，中心支行建立了农村信用社保支付调控准备金，集中管理使用，以增强行业抗风险能力。全年共向城乡信用社发放《风险告诫书》53份，有效遏制了风险的蔓延与扩大。对备付金率比例低于3%的农村信用社，严禁其发放新贷款，直至达到3%为止。对两呆贷款比例高于30%的农村信用社，把催收不良贷款作为防范和化解风险的重要措施，按照谁放、谁收、谁负责的原则，落实责任。对农村信用社有关人员越权审批贷款，自批自贷、不按规定实行担保、抵(质)押制度等违规贷款，扣发其岗位工资和责任目标津贴，或实行下岗停发工资，专门清收贷款，责令6人下岗收贷。

对禄丰县金龙城市信用社存在的支付困难，州、县人行挂钩列入监管的重中之重，严密监控出现的风险，针对出现的支付危机及时向上级行和当地党政报告。积极帮助其采取措施确保支付。

积极配合地方政府，参加了农村合作基金会的清理整顿，参与了清产核资，制定了《清理整顿农村合作基金会防范和化解风险预案》。严把“收购”关，收购用于非养殖业的小额农户贷款32.8万元，个人股金的首期兑付工作进展顺利，未出现将农村合作基金会风险转嫁到农村信用社的情况。

开展了对辖内城市信用社的整顿和全面检查，成立了领导小组，制定了检查方案，抽调专人进驻检查，提出了辖内城市信用社的处置方案，经当地政府签注意见上报成都分行。

【外汇管理】 2000年，中国人民银行楚雄州中心支行进一步采取有力措施，加强对全州金融机构外汇业务的管理。做好国际收支统计及进出口收付汇核销工作，至年末共计完成国际收支申报对公收入205.48万美元，对私收入29.56万美元，对公对外付汇231.03万美元。共计完成出口663.28万美元，收汇额为652.5万美元，核销率为100%；进口额100.07万美元，报审率为93%。非贸易用汇支出149万美元。加强外汇账户管理，对辖内11家企业的12个外汇账户进行清理，结汇金额10.8万美元。会同6家外资企业管理机关完成了27户外商投资企业联合年检工作。定期开展联合办公，积极承办出口收汇贴息工作，全年累计审核贴息金额128288万美元。

【保险事业】 2000年，楚雄州辖内共有保险公司3家。即：中国人民保险公司楚雄分公司；中国人寿保险公司楚雄分公司；中国太平洋保险公司楚雄支公司，此公司在年内实行了分业经营。另外，中国工商银行楚雄州分行继续代理平安保险公司业务。全州共完成人寿保险业务保费收入13376万元；财产保险业务保费收入7794万元。全年人寿保险业务赔款支出3051万元；财产保险业务赔款支出4086万元。

【各银行的经营管理】

一、中国工商银行楚雄州分行

2000年，中国工商银行楚雄州分行以“效益、质量、管理、改革”为中心，防范和化解资产风险，转变经营意识，推行和落实存款“一把手工程”。其经营的主要特点是：各项存款低幅增长，贷款总量减少，资产质量有所好转，住房贷款大幅增加，机构改革任务圆满完成，内部管理明显加强，经营理念进一步更新，各项工作有新的进展。到年末，各项存款余额283779万元，比上年末增加5320万元；各项贷款余额167115万元，比上年末减少49602万元。完成了债转股和不良资产剥离任务，共向华融资产管理公司昆明办事处移交不良贷款115户，金额32128万元，其中：本金29735万元，表内利息2393万元，表外利息3435万元。

二、中国农业银行楚雄州分行

2000年，中国农业银行楚雄州分行以业务经营为中心，以效益为目标，以改革为动力，以管理为重点，不断创新服务手段，着力塑造金融企业良好形象。在组织存款上，充分依靠科技支撑和网点优势，努力拓展系统性、行业性中间业务，至年末，以代收代付业务为主的中间业务已开办了21种。在发放贷款上，不断调整信贷结构，制定了《中国农业银行楚雄州分行信贷结构调整2000年～2004年纲要》，确定了“十五”期间信贷发展的经营战略，信贷业务领域逐步向电信、广播电视、学校教学、微机网络建设、城镇供水等有效益、有市场的项目上转移。开办了“金钥匙”金融超市，以方便、快捷的服务推出了面对个人的住房贷款和消费贷款业务。至年末，各项存款余额28.2亿元，比上年末净增1.8亿元，增长6.8%；各项贷款余额38亿元；上交税金1871万元。

三、中国银行楚雄州分行

2000年，中国银行楚雄州分行以内部改革为契机，加强管理，从严治行，调动员工的工作积极性，开拓进取，促进了各项工作的积极开展，经营效益明显提高。到年末，各项人民币存款余额38671万元，比上年末净增3456万元，增长9.8%。其中：企业存款较上年净增5336万元，储蓄存款比上年减少1150万元。各项外汇存款余额374万美元，比上年末净增90万美元，增长31.7%；各项人民币贷款余额28735万元，比上年末减少3479万元，扣除不良资产剥离数4542万元，实际比上年末净增1063万元，增长3.84%。各项外汇贷款余额467万美元，较上年末减少61万美元。实现利润本外币折合人民币25.65万元。

四、中国建设银行楚雄州分行

2000年，中国建设银行楚雄州分行以市场为导向，以客户为中心，以效益为目标，深化改革，抓住机遇，拼抢市场，强化经营管理和风险防范，确定的“一年初见成效”的发展目标基本实现。到年末，各项存款余额112568万元，比上年末增加11568万元，增长11.45%，市场占比为11.21%，比上年末提高了0.96个百分点。各项贷款余额56602万元，比上年末增长21.05%，贷款收息率达96.36%。

五、交通银行楚雄支行

2000年，交通银行楚雄支行强化内部管理，强化“三防一保”工作。打好存款攻坚战和资产质量攻坚战，严格管理，依法经营，取得较好的经营效益。到年末，资产总额达56866万元。各项存款余额53948万元，其中：储蓄存款余额10169万元，比上年末增加562万元，全年日均存款51869万元，比上年增加2072万元，增长4.16%；各项贷款余额31805万元，比上年末增加763万元，增长2.46%。通过加大依法收贷和清理催收力度，资产质量状况有所好转。财务收支状况良好，实现利润899万元，人均创利12.3万元。

【大事记】（2000年）

（一）8月，中国人民银行楚雄州中心支行将楚雄州融达典当行移交楚雄州经济贸易委员会监管。

（二）经中国人民银行成都分行批准，中国工商银行永仁县支行、双柏县支行及4个分支机构撤销。

（三）经中国人民银行成都分行批准，中国建设银行双柏县支行及1个分支机构撤销。

（四）经中国人民银行成都分行批准，中国农业银行楚雄州分行撤销营业所13个。

（五）经中国人民银行楚雄州中心支行批准，撤销邮政储蓄机构2个。

（余美蓉）

2000 年楚雄州主要经济、金融指标

单位:万元

项　　目	金　　额
国民生产总值(现价)	1 055 000
工农业总产值(现价)	1 236 891
工业总产值(现价)	726 891
农业总产值(现价)	510 000
地方财政收入	77 293
社会消费零售总额	273 946
零售物价指数(比 1999 年%)	－1.40
金融机构存款	1 004 358
财政存款	11 092
企业存款	390 639
储蓄存款	526 264
金融机构贷款	881 248
短期贷款	733 449
中长期贷款	116 094
现金投放(＋)回笼(－)	＋132 217
保险费收入	21 170
保险赔款支出	7 137

大 理

【经济形势】 2000年,大理州完成国内生产总值134.7亿元,比上年增长7.4%,其中第一产业45亿元,增长3%,第二产业39亿元,增长8%,第三产业50.7亿元,增长10%。全州财政总收入20.1亿元,比上年增长7.4%,其中:地方财政总收入10.1亿元,比上年增长13%,财政支出21.3亿元,比上年增长11.7%。

农业二次创业进程加快,农村经济持续发展。全州投入农业和农村的项目资金达28365万元,比上年增长17.8%,完成园田化建设3.7万亩,梯地化建设10.5万亩,全州水利化程度从上年的68.7%上升到70%;粮食与经济作物的种植结构比例从80:20调整到77:23,粮食总产量达13.19亿公斤,连续夺得第11个丰收年;乡镇企业营业总收入达81.4亿元,增长16%;农村经济总收入达158.16亿元,比上年增长6.5%。

培育支柱产业取得新成效,产业发展的规模化、集约化水平提高。全年收购烤烟98.35万担,收购总值45618.7万元,卷烟生产完成产量37万箱,实现工业产值13.6亿元,"两烟"上缴财政的税收达91878万元,占全州财政总收入的45.7%,比上年增长3.6%。全年全州接待国内外游客525万人次,实现旅游外汇收入2000万美元,旅游经济总收入22亿元,比上年增长5.8%。生物资源产业开发实现产值17.5亿元,比上年增长12.9%。全州实现建材工业总产值89823万元,比上年增长3.2%,完成建筑业总产值216000万元,比上年增长1.9%。

实施"进、退、留"战略取得进展,非公有制经济增势良好。一批重大工业技改项目开工建设,组织实施了企业的关、停、并、转、破工作,完成了国有企业三年改革脱困目标,全州完成现价工业总产值69.9亿元(统计新口径),比上年增长8.2%,其中:国有增长7.9%,集体增长5.9%,非公有制增长8.9%,私营企业从1240户增加到1380户,个体私营企业上缴财政的税收达15289万元,比上年增长9%。

实施扩大内需成效明显,拉动经济增长。全社会累计完成固定资产投资31.6亿元,比上年增长3.8%,其中房地产开发投资35000万元,增长13.7%。年内有23个乡撤乡建镇,全州城镇化水平达15%;新开工房地产建筑面积37.8万平方米,完成住宅面积82800平方米;装机容量7.8万千瓦的徐村电站全部机组投产发电,大理国家粮食储备库建成验收,关宾、剑南公路竣工投入使用。社会消费品零售总额37亿元,比上年增长4.1%。据测算,全州约拉动国内生产总值增长1个百分点。

【金融运行态势】 2000年,全州金融机构各项存款余额达125.8亿元,比上年末增加16亿元,增长14.55%,全州金融机构各项贷款余额88.8亿元,比年初增加15.5亿元,增长19.73%。贷款增幅大于存款增幅5.2个百分点,为全州经济发展提供资金保证,且金融机构存贷款增幅分别高于全省4.8、10个百分点。全年全州金融机构现金累计收入369.4亿元,支出366.4亿元,收支相抵净回笼货币3亿元。

企业存款保持良好增势,储蓄存款增势平稳,流动性增强。年末,企业存款余额42.5亿元,比年初增加3.7亿元,增长9.6%;城乡储蓄存款余额69.6亿元,比年初增加10.1亿元,增长17.03%,新增储蓄存款稳定性降低,活期储蓄比重大幅上升。

信贷结构得到调整,消费信贷增长迅速。年末,短期贷款余额74.4亿元,比年初增加13.5亿元,增长20.5%;中期流动资金贷款余额5452万元,比年初增加4474万元,增长457.5%;中长期贷款余额13.4亿元,比年初增加1.7亿元,增长14.4%。银行短期贷款向以消费者个人为主体的零售业务转变,年末,州内四家国有商业银行消费贷款余额7.3亿元,比年初增长137.5%。

【金融监管】

一、加大了现场检查工作力度。一是对州、县两级国有商业银行进行了真实性检查,派出金融监管干部262人次,投入工作日2404个,抽查贷款6万多笔,金额90多亿元。基本摸清被监管金融机构资产质量、盈亏真实性等四个方面的真实性。全州国有商业资产质量是云南省最好的地区之一。二是对祥云、巍山县国有商业银行开展了合规性的全面检查,这两次检查是中支自行组织的现场检查中检查面最广、规模最大的项目,共计罚款22万元。三是对大理州农发行实施了全面稽核,对查出的利率执行错误、贷款手续不完备等9个方面的问题,责令其限期整改,规范了其经营行为。四是对巍山、祥云、大理农村信用社进行了合规性的全面检查,严肃查处违规行为,对检出的问题共计罚款4万元。五是较好地完成了利率执行情况检查和对各行司会计报表的审计鉴证,对各行储值卡进行了清查。

二、加大了对中小金融机构风险防范和化解的力度。主动对下关、开发区城市信用社开展了合规性现场检查,基本掌握了两个城市信用社的风险及成因,提出了化解风险的措施,为成都分行开展清理整顿检查工作奠定了基础,成都分行已批准对下关城市信用社的更名改制方案。强化了对农村信用社的监管,督促规范信用社的内部管理,制定了高风险机构处置预案。积极主动配合和协助政府清理整顿农村合作基金会和其他杂牌基金会,较好地按国务院要求完成了清整工作,农村合作基金会的首期兑付工作进展顺利。

三、日常监管工作进一步规范,积极开展创建安全区活动,完成对大理州1999年金融风险的自我测评工作。

四、外汇业务监管工作进一步加强。严格把住外债登记、还本付息审核关,防止外汇资本非法流动,全年共审核资本项目结汇12笔,45万美元,核准购汇还贷15万美元;组织开展了对旅游用汇情况检查,加强了对进出口收付汇核销管理;加强了对银行外汇业务监管,按规定核批外汇账户,对建行大理州分行营业部未申报授权外汇兑换点的情况给予了通报批评。

【各银行经营状况】

一、农业发展银行大理州分行。

全年全州粮油收购资金实现了持续稳定封闭运行。年末,各项存款余额5011万元,比上年减少1192万元,各项贷款余额51691万元,比上年增加10508万元。全年累计发放粮食收购贷款14328万元,收购粮食12827万公斤,做到不给农民打“白条”,有力支持地方经济的发展。封闭运行管理四项挂钩考核指标全面超额完成,收贷率为115%,超18个百分点;收息率为96.19%,超3.19个百分点;不合理占用贷款率下降率为10.55%,超3.55个百分点;信贷资金运用率为98.8%,超0.8个百分点;三项监测指标也全面完成,新增库贷比达100%,销售货款回笼率达100.46%,回笼销售款归行率113.6%,实现了收购资金封闭运行。并实现建行以来首次盈利,盈利131万元。

二、工商银行大理州分行。

年末,各项存款余额37.76亿元,比上年末增加3.5亿元,增长10.29%,其中:对公存款余额16.60亿元,比上年末增加1.58亿元,增长10.53%,完成省分行下达任务数的197.68%,储蓄存款余额21.15亿元,比上年末增加1.94亿元,增长10.11%,完成省分行任务数的172.68%。外汇存款余额331.4万美元,比上年末增加235万美元,增长243.8%。各项贷款余额22.6亿元,比上年末减少4888万元,下降2.11%(剔除剥离不良贷款27716万元、撤销县支行划转农行2126万元、省石油公司上贷下转一次性还贷款3617万元,实际增加28571万元,增长12.36%,完成计划净增数的142.89%);其中:短期贷款余额19.36亿元,比上年末减少13412万元,下降6.48%;中长期贷款余额3.26亿元,比上年末增加8524万元,增长35.34%;住房贷款余额17444万元,比上年末增加7657万元,增长78.24%。年末总资产达42.39亿元,比上年末增加2.2亿元,增长5.5%。全年实现账面利润59万元(含外汇业务利润45万元),实现封闭利润704万元,完成省分行下达的利润任务的155.26%。保持全辖十个县支行和州分行营业部全部盈利。贷款收息率达91.52%,贷款规模利用率达99.88%。全辖11个县支行及州分行机关和营业部均保持省级“文明单位”称号,全辖保持州级“文明系统”称号。

三、农业银行大理州分行。

年末,全行各项存款余额达344339万元,比上年末增43857万元,增长14.6%,完成省分行下达净增计划的118.53%,其中:储蓄存款余额达193151万元,较上年末增33533万元,增长21%,完成计划的167.7%;对公存款余额达151188万元,较上年末增10324万元,增长7.3%,完成计划的60.7%。在1999年各项存款历史性地突破30亿元大关的基础上,再创历史最好水平,增长稳中有快,呈现良好的发展态势,市场份额继续保持全州第二,增量占全州第一。年末,各项贷款余额

329672万元，比年初增加43162万元，其中：常规贷款余额为265543万元，比年初增加34652万元；专项贷款余额64129万元，比年初增加8510万元，累放15077万元，完成省分行下达投放计划的96%。在常规贷款中，农采贷款余额为92045万元，占比34.66%，非农采贷款余额为173498万元，占比65.34%，分别比年初下降和上升了10.99个百分点，既巩固了"两烟"阵地，又突破了大理州农行贷款过度依赖"两烟"贷款，风险高度集中的单一格局。不良贷款方面加大清收盘活力度，大理州农行不良贷款占比控制在7%以下，是云南省地州市分行最好的一家，其中祥云支行连续几年高居全国农行资产质量排行榜前列，被农总行授予"全国信贷管理先进集体"荣誉称号。

四、建设银行大理州分行。

年末全行一般性存款余额235935万元，较年初新增40121万元，增长率为20.49%，新增存款占当地金融机构新增存款的30.56%。一般性存款占当地金融机构占比为18.26%。其中：企业存款余额149770万元，较年初新增23985万元，储蓄存款余额86165万元，完成省分行下达计划的116.39%，较年初新增16135万元。年末，各项贷款余额134019万元，较年初增加34712万元。实际利息收入6695万元，实收率为95.5%，比上年上升8.93%，完成省分行下达任务。全年实现账面利润1666万元，完成年计划的104.85%。

五、中国银行大理州分行。

年末人民币存款余额为45404万元，比上年增加6571万元，增长16.93%，完成省分行下达新增5500万元任务的119.48%。其中：企业存款余额为19831万元，较上年增加3968万元，增幅25.02%；储蓄存款余额25573万元，较上年增加2603万元，增幅11.34%。企业存款与其他各项存款的比例为43.68%，较上年上升2.84个百分点，多年存在存款结构不合理的现象进一步得到改善，降低了资金经营成本。各项外币存款余额为699万美元，较上年增176万美元，增长33.66%，完成省分行下达新增65万美元任务的270.77%。各项人民币贷款余额达17904万元，较上年增加58万元，完成省分行控制规模的99.96%。存贷比为39.44%，较上年下降了10.12个百分点，存款增长幅度高于贷款增长幅度。各项人民币贷款收息率为94.2%，较上年上升20.21个百分点。当年创造利润594.54万元。

【保险业】　各保险公司以业务发展为中心，在竞争中求发展，2000年先后推出了机动车辆消费贷款保险、国寿养老年金、安居综合保险等新险种，推动了保险业务的长足发展。全州2000年保费收入23026万元，同比增加1101万元，增长5%，理赔给付支出7701万元，同比减少1210万元，下降13.6%，充分发挥了保险的社会保障作用。

【农村信用社】　2000年末，大理州农村信用社各项存款余额达191118万元，比上年增加41856万元，增长28.04%，各项贷款余额121544万元，比上年增加22666万元，增长22.92%，其中90%以上投向了"三农"，有力地支持了全州农村经济的繁荣和发展。2000年是农村信用社与农业银行脱钩以来存款增速最快，增加额最多的一年。行业管理工作在提高经营效率，增强生存能力上采取措施，经营状况得到明显改善，2000年全州农村信用社盈余社数104个，比上年增加2个，盈余金额321万元，比上年增加154万元；亏损社19个，比上年减少12社，亏损金额137万元，比上年减少618万元；盈亏扎差全州实现净利润79万元，比上年增加666万元。

【支持经济建设】　全州各金融机构认真贯彻执行货币信贷政策，有力支持地方经济的发展。一是进一步调整信贷结构，加大对农业和中小企业的支持力度，年末，全州农业贷款余额12.31亿元，比上年末净增2.13亿元，增幅达20.9%，支农再贷款累计发放1.15亿元，比上年多增5100万元，增长79%；全州乡镇企业、建筑业、私营及个体企业贷款余额同比增幅均在20%以上，较好地支持了农业和第三产业的发展。二是各金融机构转变观念，增强风险分散意识，提高服务质量，简化手续，推出汽车、助学、住房等个人信用综合消费信贷业务，为刺激需求，拉动经济增长发挥了积极作用。年末，全州金融机构消费贷款余额7.3亿元，较年初增长137.5%。

【大事记】　（2000年）

（一）8月，工行漾濞县支行撤销。

（二）下半年，太平洋保险公司大理支公司完成产、寿险分业经营。

（黄　琼）

2000 年大理州主要经济、金融指标

单位：亿元

项　　目	金　　额	比上年增长%
国内生产总值	134.70	7.40
第一产业	45.00	3.00
第二产业	39.00	8.00
第三产业	50.70	10.00
财政总收入	20.08	7.40
地方财政收入	10.10	13.00
社会商品零售额	37.00	4.05
零售物价指数（比上年）	98.00	-2.00
银行存款（余额）	125.80	14.55
其中：财政存款	1.81	-23.43
企业存款	42.50	9.60
储蓄存款	69.60	17.03
银行贷款（余额）	88.80	19.73
其中：短期贷款	74.40	20.50
中长期贷款	13.40	14.40
现金投放（+）回笼（-）	-3.00	
保险费收入	2.30	5.00
保险赔款支出	0.77	-13.60

丽　　江

【经济概况】　2000 年丽江地区完成国内生产总值 30.86 亿元，比 1999 年增长 7%。其中：第一产业 9.63 亿元，增长 0.8%；第二产业 6.95 亿元，下降 0.9%；第三产业 14.28 亿元，增长 17.8%；地方财政收入达 2.15 亿元，比上年增长 3.4%；地方财政支出达 7.93 亿元，比上年增长 3.7%。

一、农业和农村经济稳定发展。全年投放农业贷款 16725 万元，有力地支持了全区农业产业结构的调整。粮食总产量达 40.68 万吨，全年农业总产值 9.63 亿元，增长 0.8%；经济作物种植面达 50.73 万亩，增长 43.14%；冬季农业开发面达 8.2 万亩，增 41.4%；农民烟叶销售收入增 19%。建成一批农业扶贫工程，新增小额信贷 900 万元，有 4 万多群众解决了温饱问题。

二、工业经济发展步伐稳健。全年完成工业总产值 6.95 亿元，下降 0.9%。国企改革取得新进展，企业亏损额下降 31%，年内有 4 户国有重点企业完成改制，完成了 11 个技改项目，总投资达 4099 万元，增 58.51%。乡镇企业营业收入完成 22.4 亿元，增长 17%。

三、固定资产投资增幅达 17.2%。总投资 4.5 亿元的玉龙雪山高尔夫球场开工建设，丽江古城南门小区恢复建设启动，交通、电力、通讯等基础设施得到不断改善。

四、旅游业仍保持旺盛增长势头。全年共接待海内外游客达 287 万人次，增长 2.3%，其中：海外游客 9.2 万人次，增长 33%；旅游业综合收入达 18.66 亿元，增长 17.6%，旅游外汇收入 2580 万美元，增长 21.1%。

五、生物资源开发取得良好进展。苦良姜种植发展到 2 万亩，实现产值 2290 多万元，映华集团被列为国家级农业产业化龙头企业，青刺果原料基地发展到 2.3 万亩，青刺果产品深加工和新产品开发取得新成果。螺旋藻、山嵛菜、青梅、芸豆、三川火腿等资源的开发也取得较好成效。

六、城乡市场稳中趋活。全年社会消费品零售总额实现 9.29 亿元，增长 6%，零售物价指数下降 1.6%，农村市场消费品零售额增长 7.6%。

七、成功举办了第四届七星国际越野挑战赛。全区教育、科技、文化、卫生、计生等事业继续向前发展。

【金融运行态势】

一、金融机构各项存款余额增加。其中：居民储蓄存款持续增长，但企业存款下降。2000 年全区金融机构各项存款余额为 400178 万元，比 1999 年增加 28070 万元，增长 7.54%。其中：企业存款余额为 130516 万元，比 1999 年减少 1385 万元，下降 1.05%；城乡居民储蓄存款余额 245253 万元，比 1999 年增加 26170 万元，增长 11.95%。

二、金融机构各项贷款增幅较高，结构进一步调整。全区金融机构各项贷款余额为 312408 万元，比 1999 年增加 37171 万元，增长 12.25%。其中：短期贷款余额为 220344 万元，比 1999 年增加 24039 万元，增长 11.4%；中期流动资金贷款余额为 16458 万元，比 1999 年增加 9989 万元，增长 122.59%；中长期贷款余额为 75606 万元，比 1999 年增加 3143 万元，增长 3.73%。在各项贷款中，随着国家经济政策和产业政策的变化，贷款结构有了新的调整，加大了对基础设施建设、旅游、农业、消费性领域的贷款投入。

三、现金投放减弱。年末全区金融机构累计现金收入 1108457 万元，累计现金支出 1122617 万元，收支相抵累计投放现金 14160 万元，比上年同期少投放 5693 万元，下降 28.68%。

四、外汇收支正常。年末全区累计结汇收入 389 万美元（其中旅游结汇收入 189 万美元），比上年增长 49%；售汇支出 37 万美元，比上年增长 94%（其中外商投资企业利润分配和人员工资 35 万美元）；出口收汇核销率达 100%。

五、保险业务持续发展。年末全区商业性保费收入

8152万元，其中：中国人民保险公司丽江分公司全年保费收入4411.1万元，比1999年增长44%；中国人寿保险公司丽江营业部全年保费收入3581.5万元，比1999年增长15%。

【金融监管】 中国人民银行丽江中心支行认真履行监管职责，确保全辖金融秩序稳定。

一、制定规划，落实责任。制定了《创建丽江地区金融安全区规划》和《丽江地区2002年底前防范化解金融风险规划》，进一步落实了金融监管责任制。

二、加大现场检查和专项检查力度。全面开展了真实性检查工作。2000年4～6月，全区共抽调95人，组成33个检查小组，历时80天，对辖区64个金融机构1999年度的信贷资产质量、盈亏状况、内控制度、高级管理人员任职资格管理四个方面的真实性进行了检查，对检查出的问题及时向被查机构作了反馈并书面上报分行；8月～9月，对全区国有商业银行2000年1～6月不良贷款进行了真实性检查。共抽调业务骨干31人，投入181个现场工作日，对县以上14个机构进行了不良贷款真实性检查，共检查贷款笔数4458笔，金额140562万元。对辖区内108个金融机构进行了年检，通过年检，认定92个机构为年检合格，16个机构为基本合格。合格率和基本合格率分别为85.19%和14.01%。针对年检中查出的问题，及时提出了11条书面整改意见；对31个金融机构1999年度的会计报表进行了审查验证；对中国农业发展银行丽江地区分行进行了全面稽核；开展了辖区银行机构利率执行情况检查和执行会计基本结算制度情况检查；对部分金融机构执行现金管理制度情况进行了检查；严格金融机构高级管理人员任职资格审查和核准、备案工作。共审查核准金融机构高级管理人员23人，同意备案15人，否决任职1人。

三、整顿社会信用，维护金融秩序。协同地方政府及时处理了永胜县境内出现的非法传销活动和局部地区出现的高利贷行为；及时有效地解决了地方财政委托银行发放工资过程中账户开立的有关问题；加强了与地方财政、税务、各金融机构的联系并予以指导，适时解决和处理了国库资金收纳、报解过程中存在的问题，确保了国库资金安全；及时处理了账户结算过程中的纠纷，维护了辖区金融秩序的稳定。

四、加强了对农村信用社的监管和行业管理。对全区高风险信用社逐个建立了风险台账，进行严格的跟踪监控和非现场监管；严格审查、审批机构的增设、撤并、搬迁等事项，根据辖内农村信用社的调整情况，及时按规定审查了农村信用社高级管理人员26人次，其中不符合条件2人，不同意拟任5人；认真开展对农村信用社机构的年检和换证工作，对全区109个农村信用社机构进行了年检，合格机构47个，基本合格机构60个，不合格机构2个。通过年检，建立了全区农村信用社109个机构的微机档案；积极配合地方政府参与清理整顿农村合作基金会工作，确保了此项工作在丽江地区的平稳过渡。通过采取各种措施强化监管，使宁蒗县农村信用社基本摆脱了支付困境，永胜县农村信用社亏损面和亏损金额有较大幅度的下降。

五、加大科技投入，改善金融监管手段。2000年，建立了银行信贷登记咨询系统。建立了电子联行“天地对接”系统、电子公文传输系统、电视会议系统，完成了会计核算系统的升级工作和新国库核算业务系统改版升级工作，提高了预警预报能力。会计、金管、农金等部门还建立健全了账户管理，高级管理人员任职资格管理，机构设立、撤销、搬迁、更名等档案资料，坚持了按时上报监管报告制度，使监管能力和水平得到了不断提高。

【银行经营管理】

一、中国农业发展银行丽江地区分行

2000年继续以收购资金持续稳定封闭运行为中心任务，自觉履行农业政策性金融职能，全面完成了各项工作任务。年末各项存款余额1987万元，比1999年增加322万元，增长19%；各项贷款余额17256万元，比1999年增加1848万元，增长12%；贷款收回率119.59%；贷款利息收回率100%；信贷资金运用率98.37%；不合理占用贷款下降率为20%；粮油新收购值与新发放收购贷款比率为100%；销售款回笼率为103.3%；回笼销货款归行率为100%；综合库贷比例为60%。2000年收购资金贷款封闭运行工作取得了明显成效。

二、中国工商银行丽江地区分行

（一）各项存款余额118373万元，比1999年减少3812万元，减少4.29%（其中：宁蒗支行撤销减少存款12599万元），对公存款余额54051万元，比1999年减少4691万元；储蓄存款余额64322万元，比1999年增加879万元，增长1.39%。总存款存量同业占比较1999年减少4.29个百分点。各项外币存款余额35万美元，比1999年增加22万美元，完成省分行下达15万美元任务的133%。住房公积金归集量市场占比达到69.07%。

（二）各项贷款年末余额73631万元，剔除宁蒗支行撤销移交农行430万元、不良贷款剥离8868万元和核销呆账497万元,比1999年末净增加1802万元,保持了适度增长,贷款规模利用率为99.45%。存、贷余额比为62.05%,比1999年末增加3.26个百分点,结构更趋合理。剔除不良贷款剥离和呆账核销,实际完成收息率83.24%,比上年末增长226%。

(三)中间业务和新兴业务发展势头较好。全年增发牡丹信用卡879张,交易额达15400万元,特约商户增加23家,牡丹灵通卡增加16130张,新增外汇卡收单特约商户48户,交易额达人民币260万元。各项政策性委托贷款余额为4568万元,同业占比57.91%,其中个人住房公积金贷款存量同业占比达84.91%。

(四)利润完成情况。2000年全行实现各项业务收入7069万元,比1999年减收1551万元;各项业务支出7174万元,比1999年减支1378万元。收支相抵账面亏损101万元,比省分行下达亏损109万元减少亏损8万元。

三、中国农业银行丽江地区分行

(一)2000年末各项存款余额达121659万元,比1999年增加20405万元,完成省分行下达任务数的204.05%。其中:常规业务存款余额达121119万元,比1999年增加26872万元。存款总量市场占有率为29.67%,比1999年提高2.95个百分点;增量市场占有率为65.7%,比1999年提高37个百分点。存款总量增量在全区金融系统中首次跃居第一位。

(二)2000年末各项贷款余额达132255万元。其中常规贷款余额为82977万元,比1999年增加4876万元;常规业务存贷比例为68.5%,比1999年末降低16.1个百分点,其中增量存贷比为18.15%。

(三)经营状况。盘活不良贷款8688万元,完成年计划数的157.8%;不良贷款占比为31.3%,常规业务实现考核利润311万元,比1999年增盈257万元。专项业务在1999年呆账准备金一次性上划,2000年足额提取呆账准备金452万元的情况下亏损986万元,比分行下达任务数多亏386万元。

(四)中间业务。发行银行卡16638张,完成年计划数的277%,卡均存款余额3100元。

四、中国建设银行丽江地区分行

(一)2000年末各项存款余额达71631万元,比1999年增加6893万元,增长10.6%。其中:企业存款余额47828万元,比1999年增加3793万元,增长8.6%;储蓄存款余额23803万元,比1999年增加3100万元,增长15%。存款份额在全区金融机构中达17.4%,比1999年提高0.37个百分点。

(二)各项贷款余额30294万元,比1999年减少1373万元,下降4.3%。

(三)不良贷款额控制在4504万元,不良贷款率比1999年下降11个百分点;贷款利息实收率91.1%,比1999年提高49.7个百分点。

(四)中间业务收入完成56.7万元,比1999年提高25.2%。

(五)全年亏损149.8万元(消化1997年度挂账费用237.7万元,不含资产剥离利息收入223万元)。

五、中国银行丽江支行

(一)2000年本外币存款余额为10900.54万元,比1999年增加1535.67万元,增长16.4%。其中:人民币存款余额为9296.17万元,比1999年增加728.55万元,增长8.5%,完成省分行下达人民币存款任务的72.86%;外币存款余额为193.77万美元,比1999年增加97.48万美元,增长101.24%,完成省分行下达外币存款任务的389.92%。

(二)各项贷款余额为4239.21万元,比1999年减少360.49万元,下降12.92%;不良贷款降至1223.3万元,减少1578.21万元,不良贷款率降至28.83%,下降32.07个百分点;贷款收息率为48.71%,比1999年下降13.69个百分点。

(三)开办电子借记卡、定期一本通、教育储蓄等新业务。长城信用卡不断发展,特约商户发展到49户,比1999年增加10户;代理外卡交易增加至567.73万元,比1999年增加51.57万元。

(四)全年实现本外币总收入884.26万元,总支出620.83万元,盈利263.43万元。其中:人民币业务盈利238.1万元,外币业务盈利3.06万美元。

【农村信用社】 2000年,全区农村信用社资产总额为106348万元,比1999年增加5751万元,增长5.72%。各项存款72334万元,比1999年增加3494万元,增长6.54%;各项贷款55097万元,比1999年增加5234万元,增长10.5%;不良贷款总额为24130万元,占贷款总额的43.8%,比1999年增加4662万元,增长4.76%。全年累计亏损2454万元,比1999年多亏829万元,亏损上升51%。

【保险事业】 2000年,丽江地区保险业稳步发展,全年人保公司保费收入4411.1万元,人寿保险公司保费收入3581.5万元,分别比1999年增长44%和15%。人保分公司赔款支出3704万元,人寿保险公司赔款支出

384.2万元，分别比1999年增长127.7%和下降33.4%。在2000年6月20日永胜、宁蒗两县遭受历史上罕见的特大冰雹和暴雨灾害的理赔中，人保丽江分公司赔款支出合计1827.9万元，占全年赔款支出的49.3%，有效地支持了灾区尽快恢复正常的生产生活秩序；人寿保险公司丽江营业部2000年工作成效显著，在全省寿险系统首家完成“决胜2000”的任务，并由于综合工作皆创佳绩，被云南省分公司评为综合绩效考核第一名。

【大事记】 (2000年)

(一)6月9日，人行丽江地区中心支行与丽江地区经贸委在深入企业调研的基础上，成功地组织召开了一次大型的银企座谈会，取得了很好的效果，解决了一些实际问题，使政银企三方在相互协作，共同发展方面达成了共识。

(二)8月14日，工商银行宁蒗县支行正式撤销，相关业务划转农业银行宁蒗县支行。

(三)人寿保险公司丽江营业部被云南省分公司评为综合绩效考核第一名。

(铁雪玲)

2000年丽江地区主要经济、金融指标

单位:万元

项　　目	金　　额	比1999年增长率(%)
国内生产总值	308 600	7.00
工农业总产值	165 300	0.10
工业总产值	69 000	-0.90
农业总产值(不变价)	96 300	0.80
地方财政收入	21 500	3.40
地方财政支出	79 300	3.70
社会商品零售额	92 900	7.70
社会固定资产投资额	121 500	17.20
零售物价指数	98.40	-1.60
旅游综合收入	186 600	17.60
金融机构各项存款余额	400 178	7.54
财政存款	6 999	-7.25
企业存款	130 516	-1.05
储蓄存款	245 253	11.95
金融机构各项贷款余额	312 408	12.25
短期贷款	220 344	11.40
中期流动资金贷款	16 458	122.59
中长期贷款	75 606	3.73
现金投放	14 160	-28.68
保险收入	8 152	22.60
农村信用合作社存款余额	72 343	5.08
农村信用合作社贷款余额	54 733	10.47
邮政储蓄存款余额	16 766	24.91

保　山

【经济运行】 2000年,保山地区在坚持调整结构、深化改革、扩大开放等方面出现了较好转机,全区经济保持了经济发展、社会进步、民族团结、边疆稳定的良好局面。主要表现在:国内生产总值实现70.4亿元,比上年增长7.7%。其中:农业总产值实现45亿元,比上年增长4.6.%;粮食总产量达91.7万吨,人均占有粮食395公斤;乡镇企业总收入实现37亿元,比上年增长13.5%;农民人均纯收入为1409元,大部分农民生活逐步跨过温饱迈向小康。工业总产值实现24.25亿元,比上年增长6.97%,工业产品产销率达97.86%,工业经济效益综合指数为76.44%。社会消费品零售总额完成21亿元,比上年增长9.47%,零售物价指数为96.4%,居民生活消费价格指数为96.8%,分别比上年下降3.6%和3.2%。固定资产完成投资9.8亿元,基本与上年持平。财政总收入完成6亿元,比上年增长6%,财政支出完成10.6亿元,比上年增长6.5%。"九五"期间全区城镇建设总投资38亿元,城镇面积达29.53平方公里,每年约增加2平方公里,非农业人口达23.6万人。全区193户国有企业完成改制168户,改制面达87%,企业经济形式已向混合所有制经济发展;外贸进出口总额累计完成1.5亿美元,边境贸易完成6549万美元,批准外商投资企业19户,实际利用外资774万美元。全区个体工商户和私营企业分别为29864户和468户,从业人员5万人,注册资本达5.9亿元,完成总产值16亿元,上缴税金1.1亿元,占全区财政收入的19%,成为全区新的经济增长点和重要的经济支柱。

【金融运行】 2000年,全区金融机构各项存款余额为65.5亿元,比年初增加了7亿元,增长12%,比"八五"末净增36.4亿元,增长1.29倍。其中:储蓄存款余额44.8亿元,比年初增加4亿元,增长11%;企业存款14.9亿元,比年初增长2亿元,增长15%。各项存款的增长,进一步缓解了保山地区资金供求矛盾,银行借差逐步缩小,由"八五"末的贷差18亿元下降到8亿元,信贷资金实力明显增强,各金融机构抗风险能力得到增强。同时,全区金融机构各项贷款达66.5亿元,比年初增加5.6亿元,增长9%,比"八五"末净增37.3亿元,增长1.27%。在效益性原则的指导下,贷款对象呈现多元化趋势,重点是围绕地方的重点行业、产业和企业增加信贷投入。到2000年末,金融部门对制糖业贷款余额为6.3亿元,对烟草行业的贷款余额9.7亿元(两项产业的贷款总额占全部贷款额的15%)。此外,农业贷款余额达到10.98亿元,消费性贷款达到3.7亿元,累计核销国有企业呆坏账1.1亿元,剥离不良资产5.3亿元,置换到期贷款30亿元。保障了企业的正常资金需要,增强了企业活力,促进了全区经济的发展。

【金融改革】 2000年,保山地区在金融机构多元化格局初步形成的基础上,不断适应新形势发展的需要,各金融机构在改革创新上做了大量工作:一是撤并了一些经营管理不善、长期亏损、缺乏发展潜力和竞争能力的支行和基层机构网点,使金融机构设置更加合理。二是金融业务得到前所未有的发展,金融商品品种增多,信用卡、柜员机、业务电子化等相继进入金融部门,封闭贷款、置换贷款、小额信贷、个私贷款、消费贷款、农户联保等新的信贷方式逐步得到发展。三是地、县级金融机构都进行了内部机构改革。人行系统除腾冲县支行外,其他支行均按"三股一室"设置;农行保山分行内部科室调整为六部一室,支行调整为三部一室充分发挥全体职工的整体合力。四是各金融机构都在劳动用工制度上不同程度地进行了改革,大胆引入竞争激励机制,试行了上岗考试制度、末位淘汰制度、中层干部"公选"制度、领导干部任期制度、干部交流下派制度等等,建设一支高素质的职工队伍,建立能上能下、能进能出的人事制度。

【金融监管】 一是落实金融监管责任制。按照金融监管责任制的要求，做到人员、机构、制度和措施“四落实”，对商业银行实行“A－B”监管制度，人行党委成员实行划片包点、责任到人，跟踪监控。二是把好金融机构准入、退出关。严格按照程序和权限审查、审批、申报金融机构，完成了部分金融机构的降格和工商银行施甸支行及其分支机构的撤并工作，没有因机构的合并和撤销引发负面效应。三是积极开展真实性检查。按要求对辖内商业银行、城乡信用社1999年度的不良资产、盈亏真实性、内部控制与任职资格四个方面和四家商业银行2000年上半年的贷款质量真实性进行了现场检查，先后抽调人员103人，组成15个工作组，投入940多个工作日，抽查机构119个，抽查贷款14250笔，金额32亿元，组织被查机构真实性谈话、座谈106次，约见金融机构负责人谈话453人次。对存在问题提出整改意见限期整改。四是加强了外汇管理。全区共完成结汇收入993万美元，比年初增加352万美元，增长55%；售汇支出13万美元，比年初减少1797万美元，结售汇顺差为980万美元。同时加强了资本项目管理，把好外债登记关和还本付息核准关，防止外汇资本非法、异常流动，维护了外汇秩序。五是协助做好清理农村合作基金会工作，未出现对金融业正常运行的不良影响。

【各金融机构经营管理】

一、农业发展银行保山分行

2000年，农业发展银行保山分行以加强内部管理统筹全行工作，以收购资金封闭运行为中心，认真贯彻落实粮棉油流通体制改革的各项措施，为保山的农业及农村经济发展做出了贡献。到年末，各项存款余额1678万元，比年初下降397万元；各项贷款余额38113万元，比年初下降608万元。全年累计发放收购资金10875万元，收购粮食9095万公斤，油脂109万公斤。全年贷款收回率105.68%，利息收回率95.03%，财务收支轧差亏损83万元，比上年减亏578.5万元。

二、工商银行保山分行

2000年，工商银行保山分行以质量和效益为中心，调整结构，完善经营机制，改革创新业务，强化内部管理，依法合规经营，促进了各项业务稳步发展，基本实现了预定的经营目标，被云南省人民政府授予“文明单位”称号。到年末，全行各项存款余额为15.78亿元，比上年增加1509万元；各项贷款余额为12.53亿元，比上年下降7119万元；存贷比例79.35%；三项贷款占比为29.93%，收息率为84.55%，实现账面利润1139万元。各项主要经营指标均超过了省分行下达指标。

三、农业银行保山分行

2000年，农业银行保山分行通过改革、发展、管理、效益的经营思路，积极在机构、服务、管理上改革创新，业务发展取得了突破性进展。各项存款达到15.24亿元，实现了存款三年翻番的战略目标；各项贷款达到21.97亿元，市场份额接近三分之一；剥离不良资产1.2亿元，信贷资产质量有所提高；综合收息率达到60%，实现减亏713万元。

四、中国银行保山分行

2000年，中国银行保山分行树立“第二次创业”的经营思想，坚持以市场为导向，以效益为中心，切实加强市场营销，狠抓存款增长，扩大经营规模，调整信贷结构，降低不良资产，加强成本管理，提高经济效益。到年末，各项人民币存款余额达3.44亿元，比年初增长18%；各项外币存款373万美元，比年初增长44%；各项人民币贷款余额达1.9亿元，剔除剥离不良资产因素，实际新增贷款3971万元；外汇贷款与上年持平；存贷款比例为56%，贷款收息率为68.6%，减亏114万元。

五、建设银行保山分行

2000年，建设银行保山分行以各项改革方针总揽业务发展大局，以效益为中心，建立健全激励约束机制，强化经营管理，防范和化解金融风险，促进了自身的全面发展。到年末，各项存款余额为13.38亿元，比年初增加1.9亿元，增长17%；各项贷款余额为13.39亿元，比年初增加1.46亿元；不良贷款率仅为7.57%，利息实收率达124.65%，实现账面利润1742万元，完成省分行下达计划的108.6%。

六、人民保险公司保山分公司

2000年，中国人民保险公司保山分公司坚持“以效益为中心，深化改革，加强管理，强化服务，确保业务的健康稳步发展”的指导思想，勤奋工作，圆满完成了各项任务。全年累计实现保险费收入4196万元，比上年增长4.57%，处理赔案5583件，支付赔款2864万元，综合赔付率为68.26%，实现净利润234万元。

七、人寿保险公司保山分公司

2000年，中国人寿保险保山分公司从强化业务管理入手，构建以承保、保金、理赔、客户服务为主要内容的业务管理体系，采取积极有效的“企业行动”，充分调动员工、代办员、营销员的积极性，使业务发展取得了明显成效。全区完成保费总收入5894万元，支出4655万元，实现利润385万元。

八、农村信用社

2000年，全区农村信用社按照“管理年”的要求，坚持防风险、抓重点、保支付、调机构、强内控的工作思路，认真落实对高风险信用社分类指导原则，撤销了13个非法人机构。通过努力，全区农村信用社各项存款余额达14.65亿元，比年初增长9.18%；各项贷款余额达12.4亿元，比年初增长10.85%；存贷款比例为84.3%，不良贷款6.1亿元，全辖亏损107万元，比上年减亏106万元。

九、保山市正阳城市信用社

2000年末，各项存款余额为8033万元，比年初增加1814万元，增长29%；各项贷款余额为5154万元，比年初增加1204万元，增长30%；年末存贷款比例为64%，资产流动性比例为43.4%，不良资产占比为14.5%，实现利润40万元。

十、云南省证券公司保山营业部

2000年，云南省证券公司保山营业部调整营业方针和战略，完成了公司制定的各项目标任务，到年末，总开户数5148户，完成交易量8.85亿元，实现税后利润88万元。

【大事记】 (2000年)

(一)人行保山地区中心支行被云南省人民政府授予“文明单位”称号。

(二)人行施甸县支行被成都分行授予“文明单位”称号。

(杨庆林)

2000 年保山地区主要经济、金融指标

项　　目	单　　位	金　　额
国内生产总值	万元	704 255
工业生产总值	万元	242 538
农业生产总值	万元	457 000
地方财政收入	万元	60 127
地方财政支出	万元	106 312
社会商品零售总额	万元	207 056
零售物价指数	%	96.40
金融机构存款	万元	655 307
银行存款	万元	500 470
财政存款	万元	8 326
企业存款	万元	144 679
城乡储蓄存款	万元	447 668
金融机构贷款	万元	665 193
银行贷款	万元	536 088
短期贷款	万元	383 882
中长期贷款	万元	110 393
现金投放、回笼	万元	+ 20 296
保险费收入	万元	10 090
保险费支出	万元	7 519

德 宏

【经济形势】 全州累计完成工业总产值(1990年价,下同)16.68亿元,同比增长9.7%,工业产销衔接好,工业产品销售率达97.2%,同比提高2.8个百分点;消费品市场稳中有升,社会消费品零售总额为16.62亿元,同比增长2.4%,扣除物价因素,实际增长5.1%;州内城乡居民市场商品供应充裕,居民购买力略有提高;在"境内关外"政策作用下,全州对外贸易增长较快,外贸进出口实现了高速增长,外贸进出口总额完成21.39亿元,同比增长13.8%;物价总水平持续下降;地方一般预算收入完成2.21亿元,同比增长7.5%;地方一般预算支出完成7.23亿元,同比增长13%;固定资产投资完成11.83亿元,同比增长12.7%。

【金融运行总态势】 2000年,德宏州各项存款持续增长。各项存款余额51.96亿元,比年初增加7.66亿元,增长17.30%,其中,企业存款比年初净增1.56亿元,增长15.86%。其原因:一是2000年企业效益逐步好转,货款回笼增加;二是贷款大幅度增长使企业派生存款增加较多;三是随着直接融资的增多,使企业有了更多的融资渠道和更广阔的投资空间。全州储蓄存款余额36.66亿元,比年初增长17.13%,新增储蓄存款中活期储蓄的占比达86%,说明近几年来国家连续7次降息、征收利息税、实施储蓄实名制、发展资本市场等政策措施效应进一步显现,居民储蓄意愿减弱,消费、投资倾向增强。

2000年德宏州各项贷款余额39.1亿元,比年初增加3.42亿元,增长8.18%,其中:短期贷款和中期流动资金贷款同步增加,分别新增1.36亿元和0.6亿元,增长4.85%和57.71%,主要支持了工业企业、交通、通讯、糖业、房地产及全州重点建设投资项目的资金需要,进一步加强对农业和乡镇企业的信贷扶持力度。12月全州农业贷款余额3.22亿元,比上年初增长1.8%;乡镇企业贷款2.37亿元,比年初增长18.43%。金融机构消费信贷业务快速发展,商业银行、城乡信用社积极开办"住房信贷"、"小额抵贷"等业务,其他短期贷款中以传统工商企业为贷款主体向以个人消费贷款为主体的零售业务转变。12月末以住房、汽车等消费贷款为主的其他短期贷款余额为4.55亿元,比年初增长17.83%。

2000年德宏州现金投放与经济增长基本适应,回笼渠道发生变化。全州现金收入260.2亿元,现金支出265.6亿元,收支相抵累计净投放5.44亿元,同比多投放0.85亿元,增长18.47%,控制在人民银行昆明中心支行下达的5.5亿元指标以内。现金回笼渠道发生变化,主要是储蓄存款增长缓慢,信用回笼减少。

【金融机构】 2000年辖内共有金融机构、网点284个,其中:人行5个、工行25个、农行56个、中行17个、建行23个、农发行5个、邮政储蓄28个、保险公司18个、城市信用社9个、农村信用社97个、典当行1个。

一、2000年中国农业发展银行德宏州分行按照国务院领导和总分行提出的"管理年"的总体要求,以加强内部管理统揽全行工作,以收购资金持续稳定封闭运行为中心任务,继续抓好"两基",努力达到"三新",通过努力,全面完成和超额完成省分行核定的4项挂钩考核指标和3项监测考核指标。贷款收回率108%,与原核定数相比超11个百分点,与调整后的指标比,超6个百分点;贷款利息收回率为98%,超5个百分点;不合理占用贷款下降100%;资金运用率为102.3%,超5.3个百分点;当年新增收购值与新增贷款比率为100%;销售货款回收率为103.1%;回笼销售货款归行率为100%,当年实现利润126万元,为全省主要考核指标的完成做出了贡献。

二、2000年中国工商银行德宏州分行加强信贷管理,剥离不良贷款。积极开展存量不良贷款的资产保全工作,依法进行清收,严格控制不良贷款的增加,收回不良贷款577万元,盘活不良贷款3778万元;完成了梁河、陇川、畹町三个撤销行贷款接受和划转工作，制定了派驻管理制度和运作规程，确保债权债务不悬空。完成了省分行下达剥离不良资产任务，剥离不良资产22419万元。

年内稳健地完成了机构改革和人员分流任务。中国工商银行德宏州分行按照总行、省分行的安排部署，完成了辖内梁河、陇川县、畹町支行及三个行下辖各分支机构的撤销任务，并将业务顺利移交给农业银行，同时完成了三个行122人的人员分流、89人的减员任务。

三、2000年辖内中国农业银行各项存款余额179247万元，比上年末净增44973万元，存贷比为83.3%，下降13.4个百分点。在全州金融系统中，存量市场占有率为34.5%，增量市场占有率为58.8%，连续4年保持了存量、增量、市场份额“三个第一”。从此全面扭转了长期靠借债经营的被动局面，资金实力大为增强，变贷差行为存差行，经营管理上有了根本性的转变。

(一)强化市场开发，不断开拓，使中间业务和新业务得到较快发展。一是辖内农行将中间业务列为战略重点，以拓展系统性、行业性代收代付和委托业务为重点，不断提高中间业务的质量和效益。年末，代收代付业务累计金额68500万元，月平均沉淀资金5562万元，中间业务种类达到20多种。二是积极拓展国际业务。年末，外汇存款余额为75万美元，结汇24万美元。三是抓住机遇，提升金穗卡品牌形象，银行卡业务发展势头良好。年末，辖内金穗卡发卡量达到48346张，比年初增加26269张；银行卡存款余额19547万元。储蓄卡发卡45734张，余额18700万元；11月份发行金穗借记卡，发卡959张，存款余额高达1024万元；用卡通存通兑213669笔，金额305944万元；代收代付交易额16193万元，特约商户59家。

(二)加强系统公关，抓好行业和系统性存款。根据省财政委托银行代理发放公务员工资的决定精神，农行德宏州分行争取到了全州116个单位的代发工资代理权，陇川、梁河、瑞丽、盈江支行、营业部(潞西)分别取得了100%、74%、35%、30%、50%的代理权。

四、中国银行德宏州分行加强信贷管理，资产质量明显提高。一是继续加强贷款的投放，重点放在信息业、交通、旅游、环保、蔗糖、进出口等行业，全年累计发放人民币贷款19842万元，累计收回24161万元，到年末各项人民币贷款余额为23948万元，比上年末减少4319万元(主要是剥离不良资产11684万元)。剔除剥离不良资产的因素，实际增加贷款7364万元。二是抓了不良资产的剥离工作。年初，按照省分行的要求，成立了剥离资产领导小组，由有关部门抽调人员，集中力量进行资产剥离工作。在工作内容新、涉及面广、工作量大、操作复杂、特别是人员紧、任务重的情况下，严格按照要求和部署，行领导多次与资产管理公司、剥离办等部门加强联系、沟通、协调，带领工作人员加班加点，收集整理资料，办理有关手续剥离人民币不良资产11684万元，外汇不良资产123.9万美元。通过剥离和调整贷款结构，不良资产比例大幅度下降，从年初的53.32%下降到32.95%，下降20.37个百分点。三是抓好消费信贷。四是狠抓清贷收息工作。各行都扎实有效地落实了不良贷款清收责任制，建立了清收工作考核办法，提高了本息的实收率。累计收回低质量贷款404.4万元，累计收入贷款利息1033.5万元。

五、2000年中国建设银行德宏州分行积极探索发展综合性零售业务的途径。一是充分发挥建行基本建设工程审价咨询业务优势，努力树立工程造价编制和预决算审查等优质业务品牌，积极拼抢市场份额。完成工程审价量21935.6万元，创收47.8万元；与人寿保险公司签订代理保险协议，代理保险业务3287.8万元，保费收入19.11万元，实现代理保险手续费收入为零的突破；积极拓展代收费业务，争办财政预算内拨款单位的代发工资业务和行政执法单位代收代缴罚没款业务，预算外资金收费业务，全年代收缴罚没款单位11家，预算外资金收费153家，完成国际业务结算量307万元，中间业务总收入154万元。二是以科技创新为动力，努力改善信用卡用卡环境，完成对县市支行ATM网络模式的改造和POS网络改造，将城综网并入企业网，实现了三网合一，采用高速DDN通信，方便了顾客，提高了效率，降低了成本，为拓展业务打下了良好基础。三是在巩固和发展传统储蓄业务的同时，积极拓展个人结算业务和各种代理性综合零售业务，稳步推行储蓄柜员制。完善内控制度，建立激励约束机制，调动储蓄人员的积极性，通过“龙卡迎新春”和发行生肖储蓄卡等活动推出新的品种，累计发行储蓄卡139056张，其中2000年新增25125张，信用卡交易额8049万元，卡存款余额14702万元，较年初新增3865万元。

六、2000年德宏州城乡信用社由于受政策因素和经济环境的影响，加之汇兑结算渠道不畅，在同业竞争中处于劣势，各项业务经营在困境中发展。年末城市信用社各项存款6853万元，比年初增加241万元，增长3.64%；农村信用社各项存款76871万元，比年初增加11613万元，增长17.8%。城市信用社各项贷款5224万元，比年初减少1593万元，下降23.37%；农村信用社各项贷款57886万元，比年初增加9040万元，增长18.51%（支持"三农"的贷款47335万元，占信用社各项贷款总额的81.8%，比年初提高35.5个百分点）。

【金融监管】 2000年辖内人民银行加大了现场检查力度。认真开展真实性检查工作。按照业务分工，分级负责，属地检查原则，集中力量先后对辖内国有商业银行和城乡信用社1999年资产质量、内控制度、盈亏状况、任职资格四个方面的真实性和国有独资商业银行2000年1~6月不良贷款真实性进行了检查。在第一次真实性检查中，全州各级人民银行组织98次抽调299人参加谈话、座谈检查，分别约见金融机构主要负责人284人，组织134人参加抽查检查工作，实际完成抽查机构108个。其中：农村信用社41个，占应抽查金融机构的100%，城市内的营业机构抽查面按要求抽查20%，实际抽查面占机构总数131个的48%。共抽查金融机构贷款金额337427万元（含农村信用社）。对辖内各国有商业银行分支机构2000年1至6月新发生不良贷款的数量、真实性、主要原因及其所导致的不良贷款的数量、占比情况进行了检查。顺利完成了对城市信用社整顿工作，进一步查实了其资产、负债及财务风险状况。经过多次现场检查，基本掌握了金融机构风险状况，分析发现了问题，对金融机构内控制度和经营管理提出了更明确的要求。

加强了对高风险城市信用社的综合治理整顿。对高风险城市信用社的整治主要采取了以下措施：增资扩股，按合作制进行整改，年内召开了两个社的社员代表大会，组建了信用社"三会"民主管理组织；对经营规模小、扭亏无望的农村信用社实行了降格合并，报经成都分行批准降格3个、撤销1个；调整了两个社的领导班子；建立台账跟踪监控，促其加大对不良贷款的催收力度，制定扭亏措施。

加大监管工作规范力度。辖内各级人民银行成立了维护金融稳定工作领导小组，加强了对防范化解金融风险工作的指导。开展了创建金融安全区活动，完成了对1999年金融安全风险的自我测评工作。指导、协调、监督商业银行进行了机构撤并，使改革稳健运行。金融机构的日常监管进一步规范和加强，按规定办理金融机构的变更、撤并26个。对拟任的金融机构高级管理人员的任职资格从管理能力、政策业务水平、学历、资历等硬件和软件方面进行审查，审查核准14人、备案104人（含城乡信用社）、否决1人；对过去认定的高级管理人员进行了全面复审，加强国有商业银行分支机构高级管理人员跟踪考核，做好动态管理。

积极协助政府做好清理农村基金会工作，把好并入和"收购"关。清理农村基金会的工作从2000年3月初开始到8月底止，历时半年，在州政府的统一领导下，州、县两级人行积极配合，确保了基金会清产核资和兑付阶段社会稳定和金融稳定。一是在清产核资阶段，人行和农村信用社派出75人参加，经清产核资确认全州39个农村合作基金会，共筹资7446.5万元，发放贷款6194.9万元。在贷款中不良贷款4614.9万元，占贷款总额的74.5%，经参与清产核资工作，把住了基金会并入农村信用社的并入关和农村信用社"收购"基金会小额农户贷款的"收购"关。二是基金会兑付农户存款化股金阶段，农村信用社抽调85人参加基金会的兑付工作，截止8月31日，全州共兑付基金会个人股金2693.6万元，占应兑付数的88.3%，在兑付过程中农村信用社吸收储蓄存款1951万元，占兑付数的72.4%。三是经审查符合农村信用社收购条件的基金会农户小额种养业贷款297万元，到8月31日止，已收购34.5万元，未收购部分由基金会组织收回。

【外汇管理】 2000年辖内人民银行加强外汇监管，认真及时地为企业做好服务工作。截止年末全州办理出口收汇核销外汇登记223户，一般贸易出口收汇核销外汇登记6户，其中2000年新增办理出口收汇核销外汇登记23户。在出口收汇、进口付汇核销监管中，做到认真审核报关单、发票等单证，对单证齐全、符合规定的及时办理核销。到12月末共向企业发出出口收汇核销单1215份，办理出口收汇核销1282笔，较上年同期增加1042笔，增长434.17%；核销金额4254万美元，较上年同期增加3246万美元，增长322.02%；签发异地进口付汇备案表20份，金额746万美元，已办理进口付汇报审核销35笔，金额801万美元。在核销中积极做好对企业出口收汇、进口付汇的考核，督促企业及时进行核销和审报，到12月末出口交单率为100%，核销率99.96%，较上年同期提高40.96个百分点；报审率为97.7%，较上年同期下降1.9个百分点。

【大事记】 （2000年）

根据分行的要求，中国人民银行德宏州中心支行制定了《中国人民银行德宏州中心支行撤销中国人民银行畹町市支行，重组中国人民银行瑞丽市支行实施方案》上报分行审批后，按照分行审批的方案和批复，做好撤销畹町市支行，重组中国人民银行瑞丽市支行各项工作。整个工作于 2000 年底结束，2001 年 1 月 1 日后一切工作由重组后的瑞丽市支行负责领导和管理。

（郑艳玲）

2000 年德宏州主要经济、金融指标

单位：万元

项　　目	金　　额	比上年增（减）	比上年±%
国内生产总值（可比价）	367 000		7.00
工农业总产值（1990 年价）	291 894	15 642	5.66
工业总产值（1990 年价）	166 894	14 699	9.70
农林牧业总产值（1990 年价）	125 000	943	0.80
财政总收入	34 545	2 347	7.29
地方一般预算收入	22 086	1 536	7.50
地方一般预算支出	72 326	8 309	13.00
社会商品零售额	166 178	3 907	2.40
零售物价指数（%）	97.30		-2.70
金融机构存款	519 615	76 627	17.30
银行存款	435 828	64 724	17.44
财政存款	5 328	135	2.60
企业存款	114 290	15 644	15.86
城乡储蓄存款	366 642	53 612	17.13
金融机构贷款	391 018	34 190	8.18
银行贷款	327 970	26 743	7.38
短期贷款	261 124	13 575	4.85
中长期贷款	109 625	-439	-0.36
现金投放（+）回笼（-）	54 418	8 484	18.47
保险费收入	9 995	931	10.27
保险赔款支出	4 359	-205	-4.49

临　　沧

【经济形势】 2000年临沧地区国民经济保持了持续增长的良好势头。GDP达55亿元,同比增长8.2%,同比增幅提高0.4个百分点。大小春粮食均获丰收,糖价后期回升使糖业出现重要转机,机场、华旭住宅小区基本建成。金融部门围绕地委行署提出的全区国民经济发展目标和金融工作奋斗目标,积极筹措资金,努力拓展各项业务,有力地支持了全区经济的持续发展。

一、工农业生产增长,工业效益有所回升。全区完成工业总产值27.7亿元,同比增长0.9%。水泥、发电量有较大幅度增产。工业产品产销率达95.5%,同比提高3.2个百分点。国有及年收入500万元以上非国有独立核算工业企业亏损额降低87.3%。粮食总产量达75.6万吨,增长2%。农业产业结构有所改善。

二、固定资产投资平稳增长,城乡市场有所好转。全社会固定资产投资完成13.5亿元,同比增长6%,增幅提高0.2个百分点。其中由于新开工项目大为减少,使更新改造及基本建设投资下降,支撑固定资产投资平稳增长的主要因素是房地产开发及其他投资。特别是一批经济适用住房及集资建房的建成,陆续拉动了装饰材料、家具及家用电器市场。城镇居民人均可支配收入增长9.1%,人均消费支出增长8.5%。农民人均可支配收入增长1.9%。社会消费品零售总额增长8.6%。旅游业、边境贸易收入有较大增长。

三、财政增收,平衡任务艰巨。通过克服各种增支减收因素,财政总收入完成5.1亿元,按可比口径计算增长6.3%,同比减少0.2个百分点;财政支出完成11.1亿元,增长7.3%,同比增幅减少3.2个百分点,但支出压力依然很大。

【金融形势】 2000年临沧地区金融机构存贷款继续稳步增长,现金投放减缓。

一、各项存款余额首次突破40亿元,特别是储蓄存款增加较多,是全区存款平稳增长的重要支撑。金融机构各项存款余额达到40.4亿元,比年初增4亿元,增长11.1%,同比多增1.4亿元,上升3个百分点。其中,储蓄存款余额24.3亿元,比年初增2.1亿元,同比多增0.7亿元,与西南四省区的储蓄存款同比少增形成明显对比。其原因,除居民收入水平较低又要对未来各方面做准备而把储蓄作为首选外,投资渠道较为单一及消费观念相对保守等也是储蓄存款平稳增长的重要原因。因此,除购房提款外,未形成明显的储蓄存款分流趋势。

企业存款余额为11.6亿元,比年初增近1亿元,增长9.2%,同比多增0.6亿元。多数企业由于经营较为困难,资金短缺,1至3季度企业存款相对保持较低水平,第4季度增加较大主要是小湾电站、大朝山电站、机场建设资金增加,供电局、电信等系统增加存款及部分派生存款。

二、信贷投向相对集中,结构得到进一步调整和优化。特别是第4季度加大贷款投入,扭转了全区贷款第3季度同比少增的局面。金融机构各项贷款余额44.7亿元,按可比口径计算比年初增3.9亿元(按报表计算比年初增2亿元),增长9.0%,同比多增0.1亿元。按照金融服务于经济建设的原则,2000年的贷款投向有三个明显特点:一是贷款增量主要集中于农业、糖业、华旭房地产开发、烟草及电信业。上述贷款占全部贷款增量的74%。其中农业及乡镇企业贷款增加近1亿元,较好地支持了农业生产和农村经济的发展。在骨干产业——糖业方面,由于行署高度重视和金融部门的积极支持配合,共增加蔗糖生产及高优蔗园建设贷款1亿元,其中发放白糖“质押”贷款0.7亿元。配合国家经济适用住房的开发建设,建设银行注入华旭房地产开发公司贷款0.4亿元。对电信、烟草系统增加贷款分别为0.3亿元、0.2亿元。二是个人住房贷款有了长足的发展,其他各类消费信贷陆续启动。个人住房贷款余额达2.3亿元,比年初增加近1亿元,占贷款增量的25.6%。此外,通过各方努力,助学、汽车消费、电脑消费及个人综合信用贷款等信贷品种陆续启动。三是临沧地区大的技术改造项目减少,技术改造贷款持续减少。通过上述贷款投入,贷款结构进一步得到调整和改善。人民银行较好地发挥了货币政策工具的作用。通过积极向上争取资金,累计向农村信用社发放支农再贷款1.42亿元,余额0.54亿元,较年初增加0.27亿元。累计向商业银行发放短期再贷款4.45亿元,余额0.32亿元,较年初增加0.2亿元。发放再贴现0.2亿元,较好地支持了农业、蔗糖业生产及临时性资金需要。

三、现金投放持续减少。全区金融机构净投放现金5.2亿元,同比少投3.4亿元,减少39.4%。主要是:(1)储蓄现金收支同比多回笼4.1亿元;(2)商品销售、服务业及城乡个体经营收入同比多回笼1.6亿元;(3)工矿、农副产品采购支出同比增加投放2.1亿元。

【宏观调控】 2000年,临沧地区金融部门紧紧围绕扩大内需、实施西部大开发、支持国有企业改革和发展等重点,大力调整信贷结构,拓展信贷业务,改善金融服务,进一步发挥货币政策作用,积极运用上级行授权的货币政策工具,调节信贷资金的有效投入,加大对地方经济发展支持的力度。

一、认真执行稳健的货币政策,落实支持经济发展的政策措施。加强经济金融形势分析,掌握辖内经济金融运行态势和货币信贷政策执行情况,疏通货币信贷政策传导渠道,努力增加对有市场、有效益、有发展前途的重点企业的信贷投入,增加对国债配套项目和重点技术改造项目的贷款支持,增加对农业、中小企业和高新技术企业的有效投入,积极推进住房、汽车等个人消费信贷和助学贷款业务的发展。

二、加强对货币政策工具的运用和管理,规范支农再贷款、再贴现的操作规程。到12月末,累计发放支农再贷款14400万元,累计收回11500万元,余额5600万元。累计发放商业银行短期再贷款44500万元,累计收回42500万元,余额5000万元,较好地支持了农业、蔗糖业等重点行业、重点企业和重点建设项目的发展。积极拓展再贴现业务,促进金融机构调整和优化信贷结构。增加对农村信用社的支农再贷款,支持其加大对农民和农业生产的信贷投入。通过积极争取,人民银行成都分行先后批准云县、耿马、临沧三县农村信用联社为再贴现业务试点社。

三、加大清收力度,降低不良资产。针对临沧地区不良资产占比大的实际,继续推广政府领导、人行牵头、其他金融机构为主、有关部门配合清收不良贷款的经验,加大清收力度,降低不良资产,防范化解金融风险。同时,积极支持国有商业银行的不良贷款剥离工作,12月末,全区国有商业银行剥离不良贷款3.1亿元。

四、积极支持临沧地区经济发展。一是认真落实帮助国有企业脱困的措施,深入企业调查研究,具体帮助企业解决流动资金不足的实际困难。对产品有市场、有销路的企业加大信贷资金投入的力度,帮助企业走出困境。二是认真落实临沧行署出台的蔗款兑付措施,千方百计协调筹措资金,解决蔗款兑付难的问题。至12月末,兑付蔗款3.2亿元,兑付率达86.1%。金融部门承诺的质押贷款7800万元,到位6200万元。三是落实支农资金、短期融通资金,解决农民贷款难、难贷款的问题,支持农业、农村、农户经济的发展,为农民增收做出贡献。

【金融监管】 2000年,人民银行临沧地区中心支行以金融监管为重点,以防范和化解金融风险为中心,以创建金融安全区为目标,切实加强金融监管,做到认识到位、人员到位、措施到位、处罚到位。一是切实把金融监管工作列为党委(党组)重要议事日程,经常召开党委(党组)会,行长办公会,听取职能部门汇报,分析研究金融监管工作,结合实际提出防范化解金融风险的措施。建立金融监管责任制,认真履行监管职责,转变监管思路和方式,加大现场检查的力度,实行行长负总责,行级领导分片包干,职能部门人员负责到金融机构,并签订监管责任书,把金融监管工作任务落实到人,形成一级抓一级,一级向一级负责,层层抓落实的金融监管格局。二是认真开展真实性检查工作。根据成都分行的统一部署,精心组织,地区中心支行各县支行成立了真实性检查领导小组及办公室,抽调得力人员组成检查组认真开展检查工作。在两次真实性检查中,全辖共组织检查组32个,抽调业务骨干191人,投入工作日3210个,抽查、复查机构78个,组织谈话、座谈68次,约见金融机构主要负责人及有关人员168人,共查出国有商业银行不良贷款反映不实2549万元,盈亏反映不实529万元。三是召开行长联席会议。2000年,地区中心支行先后3次召开规模较大的金融监管工作会议,分析全区经济金融运行态势,金融监管状况、存在的问题,并针对存在的问题提出了加强金融监管的对策和意见。四是做好金融机构高级管理人员任职资格的复查认定和管理工作。组织全辖金融机构高级管理人员进行任职资格考试,全区应考48人,实际参考47人,参考率99%。2000年共审查批准拟任金融机构高级管理人员21人。五是加强对金融机构市场准入和退出的监管,积极支持国有商业银行的机构改革。六是努力创建临沧金融安全区。组织完成了数据测算,确定以临沧县为试点,开展了创建工作,并形成以政府为领导,人行为主导,其他金融机构为主体,各部门配合,向社会辐射的格局。七是加强对农村信用社的监管。针对农村信用社存在的问题,提出了解决农村信用社"五子问题"的办法,并在沧源县农村信用联社试点,开展综合治理,收到较好效果,提前一年使该县农信社实现了扭亏目标。这一做法,得到了上级行的肯定,在10月份成都分行召开的农村信用社管理工作会议上进行了经验交流。

【金融改革】 2000年,人民银行临沧地区中心支行按时完成了中国工商银行永德、沧源、镇康三个县支行及其所属机构网点的市场退出工作。根据经济发展需要,及时调整了部分金融机构网点,共批准搬迁机构14个。

【外汇监管】 进一步加强出口核销监管,支持扩大对外出口收汇,促进出口企业稳健发展。2000年临沧地区获准经营大贸进出口经营权的企业由5家增至8家。有经营实绩的企业由3家增至4家,全年出口收汇核销9笔,金额745415.82美元。边境小额贸易进口收汇核销有经营实绩企业1家,实现了临沧地区与毗邻国家(缅甸)贸易往来以美元结汇核销为零的突破。加强调查研究工作,分别对辖区内外商投资企业情况、边境地区人民币境外流通情况、边境地区外汇管理存在问题、边境贸易的结算及与周边国家边贸往来情况等进行了专题调查。加强金融监管,防范外汇风险。全年共开展了七项外汇检查工作,重点立案查处了两家外汇指定银行在办理外汇结售业务中的违规行为,针对违规事实,给予全区通报批评及经济处罚3万元人民币,进一步规范了商业银行外汇经营行为。

(赵红军)

2000 年临沧地区主要经济、金融指标

单位:万元

项 目	金 额
国民生产总值	550 470
工农业总产值	506 791
工业总产值	277 357
农业总产值	229 433
地方财政收入	51 060
社会商品零售额	151 434
零售物价指数(比率%)	98.20
银行存款	403 983
财政存款	4 622
企业存款	116 284
储蓄存款	243 038
银行贷款	447 177
流动资金贷款	281 937
固定资产贷款	165 240
现金投放(+)回笼(-)	52 322
保险费收入	4 149(人保)+3 370(寿保)=7 519
保险赔款支出	2 004(人保)+347(寿保)=2 351

迪　　庆

【经济态势】 2000年迪庆藏族自治州经济运行正常，运行效益质量较1999年有明显提高，国有企业改革顺利实现省政府制定的“三年两目标”，快速发展非公有制经济成为经济增长的新亮点，全州对外开放步伐加快，国民经济结构调整进入一个新的阶段。迪庆州认真贯彻执行各项经济金融方针政策，加大经济工作力度的各项重要政策措施相继出台实施，坚持以邓小平理论和党的十五届五中全会精神为指导，认真贯彻落实党中央、国务院的各项方针、政策，抓住西部大开发的有利时机，积极发展迪庆支柱产业的培育，继续加大实施“香格里拉”发展战略的力度，产业结构得到调整，旅游业快速发展，城乡居民收入稳步增长，社会稳定、民族团结，促进了迪庆州民族经济持续、快速、健康发展。

2000年是实施“九五”计划的最后一年，也是制定“十五”规划的关键一年。截止2000年末，迪庆州实现国内生产总值101879万元；比上年末增加20459万元，增幅25.13%(增减速度按可比价格计算，绝对数指标以2000年现价计算)。其中：第一产业实现33315万元，比上年末增加3134万元，增幅10.38%；第二产业实现19403万元，比上年末增加3643万元，增幅23.12%；第三产业实现50161万元，比上年末增加14682万元，增幅41.38%。

一、在国家禁伐天然林政策以后，迪庆州加大对“退耕还林还草”的实施工程，以及以畜、牧业为主的基础产业。2000年完成农林牧渔业总产值46401万元，比上年末增加3386万元，增幅7.88%。其中：农业总产值为25652万元；林业总产值6981万元；畜牧业总产值13560万元；渔业总产值208万元；粮食总产量为136453(吨)，比上年末增加7610吨，增幅5.91%。

二、工业生产继续上升，经济效益有所提高。2000年，迪庆州工业总产值为28002万元，比上年末增加8319万元，同比增长22.76%；轻工业为10182万元，比上年末增加4598万元，同比增长12.94%；重工业为17820万元，比上年末增加3721万元，同比增长26.39%。

三、固定资产投资下降。2000年全社会固定资产投资完成额为74279万元，比上年末增加1594万元，增长2.19%。其中：基本建设投资完成59913万元，比上年末减少1775万元，下降2.88%；新增固定资产投资完成额31248万元，比上年末减少81347万元，下降72.25%。

四、消费品市场物价基本平稳。2000年，全社会消费品零售总额为31555万元，比上年末增加3688万元，增长13.23%。其中：(1)按行业分，批发零售贸易业增长4.30%；餐饮业增长7.13%；制造业增长223.57%；农业生产者增长8.84%。(2)按经济类型分，国有及国有控股增长12.81%；集体及股份合作下降10.07%；私有经济下降2.85%。2000年，居民消费价格指数为95.3%，增加2.20%，比上年同期增长2.36个百分点。

五、财政支出大于收入。2000年，全州财政总收入5855万元，同比增长18.07%；财政总支出50252万元，同比增长14.55%。

六、龙头产业旅游业发展迅猛。随着居民消费观念的不断提高，旅游消费已成为一种时尚。同时，“香格里拉”知名度升温，2000年迪庆州旅游总人数为106万人，比上年减少80万人，旅游总收入为6.7亿元，比上年同期增加1.3亿元。

【金融运行情况】 2000年，全州金融运行基本情况，存、贷款同比双增，现金投放同比减少。

一、存款总量增加，企业、农业存款增加较大。

截止2000年末，全州各项存款余额为145867万元，比年初增加18906万元，增幅14.89%。从存款结构看：(1)企业存款比年初增加8357万元，增幅15.99%。(2)储蓄存款年末余额为60961万元，比年初增加6815万元，增幅12.59%。其中：活期储蓄存款余额为27971万元，比年初增加7557万元，增幅37.02%；定期储蓄存款余额为32990万元，比年初减少742万元，降幅2.20%。(3)迪庆州加大了对农业生产的投入，年末农业存款余额9303万元，比年初增加2613万元，增幅39.06%。

二、贷款总量增加，中长期贷款增加占比较大。

年末，全州各项贷款余额为124316万元，比年初增加16698万元，增幅15.52%。从贷款项目看：(1)短期贷款重点突出，主要支持工业、建筑业以及非工商业经济的发展。年末，迪庆州金融机构短期贷款余额60749万元，比年初增加5196万元，增幅9.35%。工业贷款比年初增加1439万元，增幅16.45%，积极支持了迪庆州工业生产的发展。商业贷款下降，比年初减少2171万元，降幅11.89%。建筑业贷款增长，比年初增加1242万元，增长85.89%，积极支持了地方经济适用住房的发展。截止2000年末，全州经济适用住房贷款余额为9149万元，比年初增加3956万元，增长76.17%。全年累计发放贷款5257万元，累计收回2861万元。农业贷款平稳增长，但增长缓慢，全州年末农业贷款余额为15235万元，比年初增加848万元，增长5.89%，其中，农村信用社比年初增加1036万元，增长13%，保证了农业生产的资金需要。(2)中期流动资金贷款减少。年末，中期流动资金贷款余额4534万元，比年初减少146万元，下降21.47%。(3)中长期贷款稳中有升，确保了重点建设项目、基础设施资金的需要。年末，中长期贷款余额59033万元，比年初增加11648万元，增长24.58%。其中：基本建设贷款增加1593万元，增长17.52%，其他中长期贷款增加10055万元，增长26.57%。这些贷款的增加，支持了国道214线改造工程的顺利实施。

三、现金投放适度，同比投放略有减少。

2000年末，迪庆州金融机构累计现金收入262368万元，累计现金支出295197万元，收支相抵，累计净投放现金32829万元，比上年同期减少6388万元，降幅16.29%。

【金融改革和金融监管】　2000年，人民银行按照“坚持改革，实事求是，逐步完善，讲求实效”的原则，积极探索和完善改革的措施和办法。一是切实解决人民银行的技术手段，提高工作效率。二是完善辖内县支行的内设机构，改变过去人少机构多、工作效率低的状况，提高工作效率和监管水平。三是加强对国有商业银行改革的调查研究，督促国有商业银行进一步完善和实施分支机构改革方案，做好机构调整工作，合理设置营业网点，不断优化组织机构。全年撤销银行类金融机构9个，其中：撤销中国工商银行德钦、维西县支行，农业银行分支机构4个，中国工商银行迪庆州分行降格为中甸支行。2000年是迪庆州辖内金融机构改革力度最大的一年，至2000年末辖内国有独资商业银行除农业银行保留德钦、维西县支行外，工商银行、建设银行都没有县支行，仅在中甸保留工商银行、建设银行的分支机构。

按照监管责任制的要求，以“理顺关系、夯实基础、突出重点、化解风险”为指导思想，以创建金融安全区为目标，把监管重点放在督促监管对象，提高资产质量，健全内控制度，依法合规稳健经营，防范和化解中小金融机构支付风险，完善监管体系，提高监管水平，增强监管效能，加大监管力度，扎实、有效地开展金融监管工作。

一是完善金融监管手段，提高金融监管质量和水平。按照金融监管的有关要求，结合迪庆实际，进一步明确和落实监管职责内容。认真开展非现场监管工作，努力提高非现场监管质量和效率，建立金融风险预警机制，制定严密有效的风险处置预案。加强现场检查力度，增强现场检查的针对性、规范性和时效性，对辖内108个金融机构进行年检，年检合格94家，基本合格15家，不合格1家。根据《中国人民银行真实性检查实施方案》及相关要求，认真开展对辖内金融机构的真实性检查，摸清了辖内各金融机构的资产质量、盈亏状况、内控制度和高级管理人员任职资格的情况，为有效地开展监管工作掌握了资料，有力地推动防范和化解金融风险工作。进一步加强对金融机构高级管理人员任职资格的审查，全年共审批金融机构高级管理人员任职资格25人，其中：拟任9人，拟免15人；发出否决通知书1人，取消任职资格4人，其中：取消终身任职资格的3人，取消任职资格5年的1人。

二是继续整顿社会信用和金融秩序。积极督促商业银行依法收贷、收息工作，运用法律手段维护金融债权。清理企业账户，坚决刹住多头开户、逃废债务的行为。加强结算监督，配合有关部门打击诈骗等犯罪活动。积极配合地方政府做好农村合作基金会的情况整顿工作，共清理农村合作基金会会员259户，金额169.1万元，至年末兑付率达85.8%，有效地防止农村合作基金会风险转嫁给农村信用社。继续认真抓好金融“三乱”查处工作。

三是根据成都分行关于创建西南四省区金融安全区的意见，成立了以康仲明州长为组长，有关部门负责人参加的迪庆州创建金融安全区领导小组，并下设领导小组办公室，落实了组织机构和工作人员，为确保创建金融安全区提供了组织保证，并结合辖内实际制定规划,明确目标,制定具体措施,完成1999年度的指标体系测算。

【外汇管理】 2000年,认真开展对辖内的外汇管理工作,积极配合地方政府有关部门对辖内外商投资企业开展联合年检工作、组织外汇检查,清理外汇账户,加大外汇查处力度,维护外汇秩序,保证迪庆州外汇市场健康、有序发展,支持对外贸易和涉外旅游业的发展。认真开展出口收汇核销工作,全年共发出出口收汇核销单176份,收回176份,核销金额为220万美元,结汇金额为22.7万美元,收单率达100%,核销率达100%。认真开展国际收支管理、外资、外债管理工作。全年办理外币兑换业务1334笔,金额21.46万美元。

【保险业务】 2000年,迪庆保险业务继续保持稳步健康发展,在稳健经营的基础上着力优化险种结构,提高业务质量和经济效益。全年承保各类财产保险137109万元,保费收入1527万元,较上年增长5.7%,完成年计划的101%。其中:机动车辆保费收入1173万元,比上年增长8.91%,占总保费收入的76.94%;企业财产保险费收入243万元,比上年增长44.64%。年末有效储金达243.8万元。全年共处理各类赔案1375件,共支付赔款869万元,综合赔付率为57%,较上年增长7.4%,上缴各种税金130万元,实现上级考核利润80万元。代理人寿保险业务收入317万元,比上年增长5.3%,全年共给付伤残、死亡保险金49.7万元,满期给付12.2万元。

【农发行收购资金运行】 2000年,农发行迪庆州分行以加强内部管理为重点,收购资金持续稳定的封闭运行为中心,抓"两基"、"达三新",扎实开展收购资金封闭运行工作。一是认真把好贷款投放关,严格执行"收、调多少粮,贷多少款"的原则,审查和发放贷款,严格做到按收购、调入进度逐笔发放贷款,坚持贷款投放拨账制。二是严格库存监管,建立粮油库存台账,建立完善粮油库存检查制度,做到库存减少多少,贷款相应收回多少。三是按照"销一斤粮,收回一斤粮的贷款和应分摊利息"的要求,严格监督企业销货款的及时回笼、归行,正确、及时地收回贷款本金和利息。四是坚持"统一调度,分别平衡"的原则和"小额协调"办法,严格执行资金头寸双日报制度,合理调度资金,资金合理运用率达97.54%。五是严格监测和督促各级财政补贴资金的及时、足额、拨补率达97.3%。2000年末,各项贷款余额达4807万元,其中:中央储备贷款28万元;地方储备贷款1632万元;调销贷款353万元;收购贷款44万元。收购和调入687万公斤,油脂3万公斤,新收购和调销粮油价值与新发放贷款比率达100%,收贷率达114.6%,收息率达95.8%。实现了粮油收购资金持续稳定的封闭运行。

【农村信用社经营管理】 2000年,全州农村信用社坚持为农业、农村、农民服务的方向,努力增加信贷资金投入,切实转变经营作风,强化内部管理,建立内控机制,健全岗位责任制,调动职工积极性,努力提高信贷质量,逐步扭亏增盈,充分发挥农村金融主力军和联系农民的金融纽带作用。年末,全州农村信用社各项存款余额为16704万元,比1999年增加3440万元,增长25.9%,完成上级下达的年度净增任务的259%;各项贷款余额为11778万元,比1999年增加1698万元,增长17%,存贷比例为71%,农业贷款余额为10640万元,占全部贷款的90%,有力地支持"三农"的资金需要。2000年,全辖农村信用社有32个独立核算单位,亏损社由1999年的31个下降到25个,农村信用社经营管理工作有了新起色,逐步实现扭亏为盈的目标。

【大事记】 (2000年)

(一)9月10日、15日,分别撤销中国工商银行维西县支行和中国工商银行德钦县支行;12月26日,中国工商银行迪庆州分行降格,更名为中国工商银行中甸支行,属中国工商银行云南省分行的直属支行。

(二)9月19日,中国人民保险公司迪庆分公司营业部赔付迪庆州电力公司冲江河发电厂企财险"雷击"责任损失人民币1445064.69元,属迪庆州保险公司"雷击"责任险赔付最大的一项。

(三)11月,中国建设银行迪庆州分行召开首届职工代表大会,标志着建设银行迪庆州分行民主管理工作迈上新台阶。

(和庆文)

2000年迪庆州主要经济、金融指标

单位:万元

项　　目	2000年度余额	1999年度余额	2000年比1999年增减	2000年比1999年增减%
国内生产总值（可比价）	101 879	70 604	31 275	44.29
工农业总产值（当年价）	74 403	62 698	11 705	18.67
其中：工业总产值	28 002	196 830	8 319	42.26
农业总产值	46 401	43 015	3 386	7.87
地方财政收入	5 855	4 959	896	18.07
地方财政支出	50 252	40 488	9 764	24.12
社会消费品零售总额	31 555	27 867	3 688	13.23
商品零售价格指数（%）	96.80	95	1.80	1.89
金融机构各项存款	145 867	126 959	18 906	14.89
其中：银行机构存款	129 085	113 623	15 460	13.61
财政存款	8 370	7 542	828	10.98
企业存款	60 634	52 275	8 357	15.99
储蓄存款	60 961	54 145	6 815	12.59
其中：定期储蓄存款	32 990	33 731	-742	-2.20
金融机构各项贷款	124 316	109 150	16 698	15.52
其中：银行机构贷款	112 538	99 070	15 000	15.38
短期贷款	60 749	56 065	5 196	9.35
其中：工业贷款	10 185	8 765	1 439	16.45
农业贷款	15 235	14 595	848	5.89
个体私营贷款	3 080	3 922	-842	-21.47
中长期贷款	59 033	48 405	11 648	24.58
其中：基本建设贷款	10 635	9 042	1 593	17.62
其他中长期贷款	47 873	38 687	10 055	26.59
现金投放（+）、回笼（-）	32 829	39 217	-6 388	-16.29
保费收入	1 522	1 445	77	5.33
保险理赔支出	869	808	61	7.55

注:1、保费收入不含寿险;

2、因金融统计实行可比口径,导致各项贷款增减数较上年有出入。

怒　　江

【经济发展状况】 2000年全州国民经济持续增长。国内生产总值111041万元,与上年同比增长7.5%。其中,一、二、三次产业同比分别增长2.1%、8.8%和11.2%。三次产业占GDP的比重由1999年的30.3:38.4:31.3调整为29.2:37.8:33.0。边贸进出口总额完成11359万元,同比增长78%。

一、农田建设方面:完成总投资964.8万元,与上年基本持平;群众投工投劳318.5万个工日;改造农田4.73万亩,新增基本农田(地)1.59万亩;建设机耕道23条、36.3公里;建设田间渠系70条、71.8公里;建设小水池193个、778立方米。

二、水利建设方面:完成总投资1200万元,群众投工投劳600万个工日,新建、改造、加固和维修水利工程2060件,新增灌溉面积6508亩,改善灌溉面积10.9万亩,水利化程度达到26.3%,比上年提高了0.3个百分点;解决了2万人和3.5万头的人畜饮水困难。

三、林业建设方面:完成总投资2281万元。完成植树造林15万亩,完成年计划的155%;34万公顷天然林保护工程全面实施;退耕还林(草)试点工程如期启动,签订合同4952户,兑现粮食196万公斤,完成退耕还林(草)0.96万亩,宜林荒山造林3.7万亩,还草1.3万亩,封山育林3.2万亩;森林火灾各项指标严格控制在省政府下达的要求内,其中,泸水县及全州有24个乡(镇)实现无森林火灾;森林病虫害防治均达到省下达的控制指标。

四、畜牧业建设方面:总投资767.5万元,完成建设项目38个。畜牧业产值15000万元,与上年同比增长4.63%,占农业总产值的29.68%;畜牧业收入12478万元,同比增长7.78%,占农村经济总收入的22.7%;农民人均畜牧业经济收入310元,同比增长4.73%,占农民人均可支配收入的38%。全州大小牲畜年末存栏94.91万头(只),完成年计划的101.32%,同比增长4%;大小牲畜出栏37.51万头(只),完成年计划的101.49%,同比增长12.39%;肉类产量19418吨,同比增长10.74%;禽蛋产量555吨,同比增长9.25%。畜牧商品基地、畜产品加工流通、畜牧科技推广和畜牧疫病防治工作取得新进展。

五、交通建设方面:完成交通基础设施建设投资7800万元,与上年同比增长4%。完成了片古岗公路34公里改造、跃进桥至贡山公路水毁缺口修复、碧福桥至福贡子里甲31公里四级油路、新建腊门里人马吊桥、修复丙腮桥和光罗桥等工程;开工建设花桥坝至六库4公里二级公路、六兰公路啦井至大树子段93公里改造、贡山至丙中洛39公里改造等工程;全州260个村(办事处)已有166个通了公路,有56个村通了人马驿道,通公路率和通路率分别达到64%和85%。

六、能源建设方面:完成总投资3682万元,新建35KV、10KV输电线路21公里和37.54公里,年内解决了13个行政村、18307户的用电。完成发电量1.4亿度,同比增长40%;电力销售收入3922万元、上缴税金452万元、实现利润520万元,与上年同比分别增长30.5%、44.1%和85.8%。全州四县全部通过初级电气化县达标验收。

七、信息化建设方面:广播覆盖率77%,电视覆盖率84%,全州通电的村全部实现通电视;与省财贸学院共同完成州院合作项目政府上网工程的主要前期工作。

八、其他方面:六库防洪堤一期工程二阶段完成建设投资1031万元,建成主体工程堤线长1698米;三阶段建设于年末启动。同时,二期工程初设全面完成并上报省计委和省水利厅。

【金融运行情况】 怒江州金融系统在体制改革、机构压缩、人员精简的情况下,始终紧紧抓住存、贷款业务。做到存、贷款不减少,服务功能不削弱。

一、存款

到2000年12月末,全州金融机构各项存款余额达

144996万元，比年初增加26280万元，增长22.14%。其中：

（一）企业存款余额54006万元，比年初增加8153万元，增长17.78%。

（二）储蓄存款余额67270万元（占各项存款的46.4%，比上年下降0.7个百分点），比年初增加11337万元，增长20.27%。

二、贷款

到12月末，全州金融机构各项贷款余额达106329万元，首次突破10亿元大关。比年初增加12714万元，增长13.58%。

（一）短期贷款余额为55813万元，比年初减少2306万元，下降3.97%。其中：工业贷款余额为9857万元，比年初减少2706万元，下降21.54%；商业贷款余额为15376万元，比年初减少1711万元，下降10.01%；建筑业贷款余额为2163万元，比年初减少769万元，下降26.23%；农业贷款余额为5320万元，比年初增加197万元，增长3.85%；乡镇企业贷款余额为3127万元，比年初减少354万元，下降10.17%。私营企业及个体贷款余额为2058万元，比年初减少71万元，下降3.33%。其他短期贷款余额为17912万元，比年初增加3381万元，增长23.27%。

（二）中期流动资金贷款余额为4282万元，比年初增加1854万元，增长76.36%。

（三）中长期贷款余额为46234万元，比年初增加13166万元，增长39.81%。

三、货币投放

根据“双线下达、条块结合”的现金管理体制，加强现金管理，继续推行大额现金支付登记审批备案制度，保证合理的现金需要，控制不合理的货币投放。1～12月，全州金融机构累计现金收入391961万元，累计现金支出452822万元，分别比上年同期增加95230万元和101628万元，增长32.09%和28.94%。收支相抵净投放货币60861万元，比上年同期增加6398万元，增长11.75%。

四、各金融机构业务发展状况

（一）中国农业发展银行。2000年末各项存款余额为1147万元，比年初增加642万元，增长1.27倍；各项贷款余额为7498万元，比年初增加100万元，增长1.35%。

（二）中国工商银行。2000年末各项存款余额为42888万元，比年初增加4774万元，增长12.53%，各项贷款余额为21985万元，比年初减少2152万元，下降8.92%。不良资产剥离3648万元，比年初增加2425万元，增长1.98倍。

（三）中国农业银行。2000年末各项存款余额为51916万元，比年初增加9999万元，增长23.85%；各项贷款余额为58534万元，比年初增加12697万元，增长27.7%；不良资产剥离1639万元，比年初增加1639万元。

（四）中国建设银行。2000年末各项存款余额为24350万元，比年初增加3336万元，增长15.88%；各项贷款余额为12003万元，比年初增加477万元，增长4.14%；不良资产剥离99万元，比年初增加99万元。

（五）邮政储汇局。2000年末存款余额为3829万元，比年初增加1062万元，增长38.38%。

（六）农村信用合作社。2000年末各项存款余额为14238万元，比年初增加5063万元，增长54.73%；各项贷款余额为6308万元，比年初增加1591万元，增长33.73%。

【货币政策执行情况及调研信息工作】　充分发挥货币政策作用，认真落实适当增加货币供应量、调整信贷结构的政策措施，积极支持国有企业改革和非公有制经济的发展。积极宣传、引导和推动各类消费信贷业务，大力发展个人住房贷款和助学贷款。

综合运用货币政策工具。管好用活人民银行支农再贷款，2000年全州人民银行向农村信用社发放支农再贷款6笔，金额1370万元，完成成都分行下达年度支农再贷款指标1800万元的76%。已收回2笔，320万元；向建设银行发放短期融通资金贷款1笔，金额200万元，年末支农再贷款余额为1050万元，比上年同期增加450万元，增长75%。增强了农村信用社的支农力度。

加强利率管理，开展利率政策执行情况检查，年内采取自查与抽查相结合的办法开展了两次利率大检查。检查金融机构23个，检查存款业务15479笔，贷款业务1005笔，查出差错20笔，违规金额318万元，对7个金融机构进行了处罚，处以罚款8.02万元。清退回商业银行多收人民银行利差补贴16.93万元。

开展了银行信贷登记咨询系统建设工程，从7月10日开始推广此项工作，中支信贷中心数据库年末信贷入库量达44996万元，占各项贷款总数的45.69%，企业持卡量达3436张。

努力开展调查研究和信息报送、反馈工作。按时收集汇总金融统计数据，及时编报《信贷现金收支统计执行情况》月报表。按季进行执行货币政策,信贷现金执行情况分析。

由中支办公室牵头主办的《怒江金融简报》,全年共编发34期,比上年增加7期。为上级行、地方党政机关和经济主管部门的决策提供了大量的信息和依据。

【金融监管】

一、按时完成对政策性银行、国有独资商业银行的年检等常规性监管工作。

根据成银发[2000]58号《关于开展1999年度辖内政策性银行、国有独资商业银行、邮政储蓄分支机构年检工作的通知》在各商业银行、政策性银行和邮政储蓄自查的基础上进行检查。1999年度全州共有57个金融机构。其中:工行17个、农行28个、建行5个、发行2个、邮政储蓄5个。于3月6日至29日,历时23天,投入138个工作日,对全辖44个机构进行了检查,检查面达77%。从年检的情况看,多数金融机构能做到合规经营,主要负责人变更手续完备,但也存在财务反映不够真实,亏损严重、不良贷款占比高、内控制度执行不力等问题。

经过考评,全辖有48个机构为年检合格,9个机构为年检基本合格。对6个金融机构提出了整改意见。根据成银发[2000]138号《关于建立金融安全区的通知》,成立了"人行怒江中支建立金融安全区工作领导小组",对1999年度全州金融风险情况进行了调查、分析和指标测评。

二、认真开展真实性大检查。

4月中旬,召开了由县支行长及州中支相关科室负责人参加的会议,专门研究部署真实性检查工作,成立了"真实性检查领导小组",由行长、党委书记赵远华同志任组长,副行长、党委委员和寿强、叶映辉任副组长,金管科、货币信贷调查统计科、人事教育科、农金科、办公室的领导为成员。从中支各科室抽调24名业务骨干担任检查员,全州共抽调45人。从5月8日开始,分为7个检查小组分赴各国有商业银行分支机构开展现场检查。这次检查历时两个多月,共投入600多个工作日,完成了对15个金融机构的现场检查,检查贷款9656笔,金额82014万元。检查了大量的会计财务凭证,组织谈话、座谈26次,人民银行参加谈话、座谈人数67人次,金融机构被约见谈话、座谈人数63人。检查结果是:

(一)贷款质量方面。全州各国有商业银行上报的不良贷款为24231万元,占比为29.5%,查实数为26399万元,占比为32.2%,报表数与查实数相差2168万元,占比相差2.7个百分点,认定结果为不够真实。主要原因:一是有些行为完成上级行不良贷款考核指标,少报不良贷款;二是对不良贷款的考核标准不一致;三是部分机构不严格按规定及时调整不良贷款。

(二)盈亏真实性方面。全州被查商业银行分支机构1999年亏损总额为2370万元,实际查实数为1897万元,查实数比报表数少473万元。属于虚增亏损473万元。一是财务收入中利息收入少计表内利息收入119万元,财务支出多计354万元;二是应收未收利息少计233万元;三是当年计提应付利息额多计580万元;四是年末提取坏账准备金少计66万元。造成以上核算不真实的主要原因是部分商业银行表内表外利息核算不严肃,有随意调整行为;不按规定比例计提,多提应付未付利息;没有完全按照权责发生制的原则进行核算,少提呆账准备金等。

(三)内控制度建立及执行情况。多数行的制度不完整、不健全,综合性的多、专业性的少。部分行缺少会计财务检查制度、大额费用审批制度。

(四)金融机构高级管理人员任职资格情况检查。对1998年至1999年全辖金融机构的高级管理人员任职资格进行了真实性检查,全辖被监管金融机构这两年中离任的高级管理人员共12人,只有2人经过离任审计稽核,主要是被查机构未健全内部稽核制度和离任审计制度。但是人民银行在对高级管理人员的任职资格条件审查方面把关严,真实性较好,检查合格率为100%。

三、加强对农村信用社的监督管理。

完成了农村信用社1999年度年检工作。根据《农村信用合作社年检暂行办法》和成银合[2000]95号《关于开展1999年度农村信用社年检工作的通知》,从4月初在辖内开展年检工作,经过自查、现场检查、抽查三个阶段,至6月底结束。鉴于泸水县无县级人民银行的实际,中支组织人员,对泸水县农村信用社8个法人机构和11个非法人机构进行了实地检查,全州农村信用社法人机构检查面达100%,非法人机构检查面达89%。

到12月末,全州农村信用社有独立核算法人机构21个,其中:县联社3个、农村信用社18个,正式职工145人。各项存款余额达14238万元,比年初增加5063万元,增长54.73%;各项贷款余额达6308万元,比年初增加1591万元,增长33.73%,其中支持"三农"贷款余额达5085万元,占各项贷款的80.61%;三项不良贷款余额为2565万元,占比40.66%,比年初增加737万元,增长40.32%,其中两呆贷款余额达1256元,占比

19.91%;亏损金额为410万元,比上年同期增亏18万元,亏损面为76.19%,累计亏损余额达2287万元,人均亏损达15.9万元。

(张馥标)

2000年怒江州主要经济、金融指标

单位:万元

项　　目	金　　额	比1999年增减	增幅(%)
国内生产总值	111 041	8 052	7.50
工农业总产值	121 421	10 604	9.23
其中:工业总产值	71 600	9 196	13.53
农业总产值	49 821	1 408	3.23
地方财政收入	9 669	1 280	15.26
社会消费品零售总额	44 865	3 767	9.17
金融机构各项存款	144 996	26 280	22.14
其中:企业存款	54 006	8 153	17.78
财政存款	5 985	796	15.34
储蓄存款	67 270	11 337	20.27
金融机构各项贷款	106 329	12 714	13.58
其中:短期贷款	55 813	-2 306	-3.97
中长期贷款	46 234	13 166	39.81
现金投放(+)回笼(-)	60 861	6 398	11.75
保费收入	1 154.60	127.60	12.40
财险赔付支出	883.90	257.90	41.20
财险赔付率(%)	76.55	增15.55个百分点	

第 四 部 分

经 济、金 融 统 计 资 料

一、国民经济统计

历年国内生产总值和指数

单位：亿元；%

年份	国内生产总值（亿元）				国内生产总值指数（%）			
	国内生产总值	第一产业	第二产业	第三产业	国内生产总值	第一产业	第二产业	第三产业
1952	11.78	7.27	1.82	2.69	100	100	100	100
1957	22.53	12.47	5.43	4.63	177.3	151.1	308.1	159.6
1962	24.50	13.64	6.55	4.31	167.5	138.1	350.8	127.3
1963	25.63	14.01	7.11	4.51	174.8	140.4	381.6	134.2
1964	29.25	16.18	8.19	4.88	200.1	163.0	441.6	144.3
1965	33.62	17.31	11.01	5.30	233.1	174.1	600.5	159.9
1966	36.39	18.37	12.18	5.84	255.8	184.8	684.9	177.2
1967	34.18	18.49	10.17	5.52	235.7	186.0	555.1	165.5
1968	26.51	17.36	4.74	4.41	179.1	174.7	258.9	130.9
1969	34.34	18.63	10.01	5.70	236.8	187.4	546.5	171.3
1970	38.52	18.87	13.38	6.27	271.4	186.9	765.9	190.0
1971	43.47	21.99	14.57	6.91	292.5	197.6	837.3	211.3
1972	49.50	24.84	16.89	7.77	329.6	218.6	973.5	235.2
1973	54.57	27.23	18.85	8.49	363.1	238.9	1 088.6	257.1
1974	51.78	24.29	18.98	8.51	349.5	219.0	1 095.7	257.9
1975	54.29	26.34	19.12	8.83	367.5	239.3	1 102.2	269.2
1976	49.27	25.70	14.96	8.61	332.8	233.6	856.8	266.2
1977	55.84	24.36	21.45	10.03	377.9	220.5	1 240.0	304.3
1978	69.05	29.46	27.58	12.01	459.8	250.8	1 629.2	362.7
1979	76.83	32.38	30.50	13.95	474.1	233.2	1 753.5	416.4
1980	84.27	35.89	33.98	14.40	514.5	256.1	1 930.8	426.8
1981	94.13	41.23	35.80	17.10	554.8	279.9	1 975.1	500.2
1982	110.12	47.04	42.39	20.69	640.8	315.6	2 292.4	602.7
1983	120.07	49.33	47.28	23.46	694.6	328.8	2 534.1	682.9
1984	139.58	57.33	54.38	27.87	795.0	373.9	2 865.4	812.0
1985	164.96	66.07	65.41	33.48	898.6	399.5	3 316.8	971.2
1986	182.28	71.32	70.83	40.13	937.5	390.3	3 603.8	1 045.0
1987	229.03	84.06	84.30	60.67	1 052.8	420.2	4 033.9	1 255.0
1988	301.09	103.47	112.40	85.22	1 221.6	453.0	4 876.4	1 493.5
1989	363.05	119.01	138.06	105.98	1 292.4	467.5	5 098.2	1 662.3
1990	451.67	168.13	157.80	125.74	1 404.9	507.4	5 600.0	1 780.3
1991	517.41	169.48	179.56	168.37	1 497.1	513.0	6 100.3	1 976.1
1992	618.69	186.80	219.03	212.86	1 660.3	528.4	7 125.2	2 240.9
1993	779.21	191.71	327.06	260.44	1 836.3	542.1	8 136.9	2 570.3
1994	973.97	237.51	429.66	306.80	2 049.3	558.4	9 536.4	2 904.4
1995	1 206.68	305.27	536.63	364.78	2 278.8	586.9	10 833.4	3 293.6
1996	1 491.62	364.27	672.82	454.53	2 515.8	618.0	12 090.1	3 721.8
1997	1 644.23	391.48	750.01	502.74	2 752.3	647.0	13 395.8	4 142.4
1998	1 793.90	408.43	828.37	557.10	2 972.5	666.4	14 668.4	4 540.1
1999	1 855.74	412.17	825.12	618.45	3 186.5	697.1	15 709.9	4 948.7
2000	1 955.09	436.26	834.24	675.59	3 412.7	736.8	16 605.4	5 428.7

注：1. 国内生产总值按当年价格计算。

2. 国内生产总值指数按可比价格计算，以1952年为100。

历年全省工农业总产值

（按当年价格计算） 单位：万元

年份	工农业总产值	农业总产值	工业总产值	轻工业总产值	重工业总产值
1949	102 500	83 000	19 500	12 480	7 020
1952	134 127	96 000	38 127	22 991	15 136
1957	277 533	165 600	111 933	63 578	48 355
1958	313 119	136 700	176 419	79 741	96 678
1959	377 024	132 500	244 524	97 810	146 714
1960	411 006	133 274	277 732	95 818	181 914
1961	309 142	152 145	156 997	63 113	93 884
1962	332 928	188 280	144 648	63 934	80 714
1963	347 701	200 280	147 421	61 032	86 389
1964	388 815	225 205	163 610	66 426	97 184
1965	431 402	228 306	203 096	89 768	113 328
1966	475 039	240 406	234 633	91 038	143 595
1967	458 413	242 506	215 907	93 488	122 419
1968	302 108	231 706	70 402	30 484	39 918
1969	486 532	246 406	240 126	96 050	144 076
1970	557 125	248 918	308 207	102 325	205 882
1971	615 612	288 135	327 477	127 716	199 761
1972	697 536	328 105	369 431	146 295	223 136
1973	768 814	355 521	413 293	166 144	247 149
1974	745 037	329 113	415 924	182 591	233 333
1975	777 341	354 034	423 307	186 255	237 052
1976	665 206	339 163	326 043	165 630	160 413
1977	796 903	334 745	462 158	216 752	245 406
1978	954 547	400 225	554 322	238 358	315 964
1979	1 070 921	447 083	623 838	262 636	361 202
1980	1 135 544	482 029	653 515	295 389	358 126
1981	1 277 445	552 010	725 435	351 836	373 599
1982	1 454 407	618 381	436 026	412 997	423 029
1983	1 607 918	656 790	951 128	473 662	477 466
1984	1 896 300	773 552	1 122 748	551 269	571 479
1985	2 251 410	888 826	1 362 584	659 277	703 307
1986	2 430 325	960 149	1 470 176	677 101	793 075
1987	2 930 947	1 112 497	1 818 450	855 253	963 197
1988	3 800 173	1 353 906	2 446 267	1 216 368	1 229 899
1989	4 575 929	1 526 820	3 049 109	1 546 107	1 503 002
1990	5 569 820	2 117 233	3 452 587	1 811 436	1 641 151
1991	6 165 571	2 229 305	3 936 266	2 038 510	1 897 756
1992	7 274 242	2 503 535	4 770 707	2 408 461	2 362 246
1993	9 712 867	2 812 100	6 900 767	3 332 846	3 567 921
1994	13 054 849	3 567 761	9 487 088	5 146 859	4 340 229
1995	17 044 717	4 744 641	12 300 076	6 565 984	5 734 092
1996	18 588 947	5 675 149	12 913 798	6 955 577	5 958 221
1997	20 521 244	6 120 148	14 401 096	7 511 543	6 889 553
1998	21 232 596	6 200 248	15 032 348	7 747 162	7 285 186
1999	22 035 500	6 424 700	15 610 800	7 938 800	7 672 000
2000	22 702 200	6 808 600	15 893 600	8 027 000	7 866 600

注：村及村以下办工业产值包括在工业总产值中。

历年工农业总产值指数

（按可比价格计算，以1949年为100）　　单位：%

年　份	工农业总产值	农业总产值	工业总产值	轻工业总产值	重工业总产值
1949	100.0	100.0	100.0	100.0	100.0
1952	129.1	115.7	195.4	184.2	215.4
1957	246.9	175.8	601.0	556.8	679.5
1958	293.5	153.8	993.6	733.0	1 424.8
1959	358.8	144.6	1 434.6	936.1	2 253.3
1960	366.8	138.8	1 512.0	851.5	2 591.9
1961	259.5	144.2	837.0	549.1	1 309.8
1962	252.3	159.6	715.9	515.4	1 046.9
1963	262.1	168.0	732.6	494.7	1 124.0
1964	294.6	189.9	817.7	540.8	1 272.7
1965	332.3	192.2	1 033.8	744.3	1 511.8
1966	378.4	202.5	1 260.0	796.4	2 020.4
1967	353.1	204.2	1 098.0	775.5	1 629.7
1968	223.1	195.1	359.6	254.0	533.7
1969	376.3	207.6	1 211.4	795.7	1 920.6
1970	454.0	206.1	1 697.5	918.6	2 969.9
1971	480.6	219.3	1 791.7	1 057.9	2 992.8
1972	539.1	244.4	2 021.1	1 211.6	3 343.2
1973	594.0	264.2	2 261.8	1 376.2	3 704.4
1974	583.2	251.3	2 276.5	1 512.2	3 498.8
1975	610.0	272.4	2 315.7	1 544.6	3 547.5
1976	521.0	261.0	1 782.5	1 371.8	2 400.1
1977	625.4	256.7	2 528.9	1 797.4	3 674.4
1978	743.8	288.4	3 123.7	2 033.0	4 876.8
1979	764.8	272.2	3 378.6	2 153.3	5 357.0
1980	795.2	290.8	3 459.9	2 366.3	5 194.7
1981	859.9	316.7	3 725.9	2 782.1	5 171.4
1982	958.5	350.6	4 175.0	3 171.4	5 699.9
1983	1 049.4	370.0	4 691.4	3 596.9	6 346.6
1984	1 211.1	426.3	5 420.4	4 097.6	7 435.1
1985	1 354.1	453.6	6 261.4	4 819.9	8 436.9
1986	1 409.5	442.9	6 789.1	5 347.3	8 963.4
1987	1 588.5	470.0	7 921.6	6 368.8	10 261.3
1988	1 810.1	501.0	9 347.9	7 669.9	11 873.5
1989	1 909.3	515.4	9 981.1	8 140.1	12 752.8
1990	2 064.7	549.1	10 869.9	9 063.4	13 540.5
1991	2 234.3	579.8	11 937.7	9 780.0	15 169.0
1992	2 502.3	605.6	13 904.3	11 407.0	17 644.9
1993	2 785.9	623.7	16 097.9	13 154.8	20 503.4
1994	3 166.4	642.9	19 101.2	15 955.5	23 828.9
1995	3 635.9	684.4	22 624.4	18 827.5	28 332.6
1996	4 073.1	735.3	25 747.2	21 029.5	32 843.1
1997	4 447.2	795.6	28 204.6	22 178.0	37 276.1
1998	4 658.8	831.7	29 568.7	23 086.3	39 327.4
1999	5 011.7	872.9	32 082.0	24 803.2	43 056.1
2000	5 396.9	930.0	34 680.6	26 167.4	47 533.9

注：1. 村及村以下办工业产值包括在工业总产值中。

2. 用本表指数可以直接计算年度或时期的增长速度。

历年工农业总产值构成

（按当年价格计算）　　单位：%

年份	以工农业总产值为100				以工业总产值为100	
	农业总产值	工业总产值	轻工业总产值	重工业总产值	轻工业总产值	重工业总产值
1949	81.0	19.0	12.2	6.8	64.0	36.0
1952	71.6	28.4	17.1	11.3	60.3	39.7
1957	59.7	40.3	22.9	17.4	56.8	43.2
1958	43.7	56.3	25.4	30.9	45.2	54.8
1959	35.1	64.9	26.0	38.9	40.0	60.0
1960	32.4	67.6	23.3	44.3	34.5	65.5
1961	49.2	50.8	20.4	30.4	40.2	59.8
1962	56.6	43.4	19.2	24.2	44.2	55.8
1963	57.6	42.4	17.6	24.8	41.4	58.6
1964	57.9	42.1	17.1	25.0	40.6	59.4
1965	52.9	47.1	20.8	26.3	44.2	55.8
1966	50.6	49.4	19.2	30.2	38.8	61.2
1967	52.9	47.1	20.4	26.7	43.3	56.7
1968	76.7	23.3	10.1	13.2	43.3	56.7
1969	50.6	49.4	19.8	29.6	40.0	60.0
1970	44.7	55.3	18.4	36.9	33.2	66.8
1971	46.8	53.2	20.7	32.5	39.0	61.0
1972	47.0	53.0	21.0	32.0	39.6	60.4
1973	46.2	53.8	21.6	32.2	40.2	59.8
1974	44.2	55.8	24.5	31.3	43.9	56.1
1975	45.5	54.5	24.0	30.5	44.0	56.0
1976	51.0	49.0	24.9	24.1	50.8	49.2
1977	42.0	58.0	27.2	30.8	46.9	53.1
1978	41.9	58.1	25.0	33.1	43.0	57.0
1979	41.7	58.3	24.5	33.8	42.1	57.9
1980	42.4	57.6	26.0	31.6	45.2	54.8
1981	43.2	56.8	27.5	29.3	48.5	51.5
1982	42.5	57.5	28.4	29.1	49.4	50.6
1983	40.8	59.2	29.5	29.7	49.8	50.2
1984	40.8	59.2	29.1	30.1	49.1	50.9
1985	39.5	60.5	29.3	31.2	48.4	51.6
1986	39.5	60.5	27.9	32.6	46.1	53.9
1987	38.0	62.0	29.2	32.8	47.0	53.0
1988	35.6	64.4	32.0	32.4	49.7	50.3
1989	33.4	66.6	33.8	32.8	50.7	49.3
1990	38.0	62.0	32.5	29.5	52.5	47.5
1991	36.2	63.8	33.0	30.8	51.8	48.2
1992	34.4	65.6	33.1	32.5	50.5	49.5
1993	29.0	71.0	34.3	36.7	48.3	51.7
1994	27.3	72.7	39.4	33.3	54.3	45.7
1995	27.8	72.2	38.5	33.7	53.4	46.6
1996	30.5	69.5	37.4	32.1	53.9	46.1
1997	29.8	70.2	36.6	33.6	52.2	47.8
1998	29.2	70.8	36.5	34.3	51.5	48.5
1999	29.2	70.8	36.0	34.8	50.8	49.2
2000	30.0	70.0	35.4	34.6	50.5	49.5

注：村及村以下办工业产值包括在工业总产值中。

历年全省财政收支总额

单位：万元

年份	总收入	总支出	收支差额
1952	18 707	9 049	9 658
1957	29 152	22 817	6 335
1958	63 453	85 082	-21 629
1959	85 112	93 224	-8 112
1960	95 532	110 405	-14 873
1961	56 644	45 449	11 195
1962	46 918	23 244	23 674
1963	46 888	34 038	12 850
1964	51 577	42 775	8 802
1965	50 285	56 723	-6 438
1966	54 367	64 343	-9 976
1967	45 128	51 110	-5 982
1968	15 346	36 197	-20 851
1969	41 865	62 612	-20 747
1970	79 321	105 651	-26 330
1971	84 395	100 833	-16 438
1972	86 299	110 589	-24 290
1973	91 997	118 483	-26 486
1974	87 721	123 455	-35 734
1975	85 915	120 514	-34 599
1976	50 833	116 483	-65 650
1977	77 204	132 476	-55 272
1978	117 606	182 840	-65 234
1979	114 123	213 527	-99 405
1980	116 407	173 210	-56 803
1981	126 922	157 339	-30 417
1982	156 558	188 012	-31 454
1983	171 720	242 285	-70 565
1984	197 263	307 667	-110 404
1985	274 321	366 986	-92 665
1986	300 134	473 077	-172 943
1987	374 860	538 586	-163 726
1988	505 325	648 423	-143 098
1989	632 701	818 882	-186 181
1990	774 346	907 586	-133 240
1991	997 814	1 108 165	-110 351
1992	1 093 214	1 215 908	-122 694
1993	2 049 436	2 006 172	43 264
1994	767 018	2 037 309	-1 270 291
1995	983 491	2 350 993	-1 367 502
1996	1 300 129	2 703 945	-1 403 816
1997	1 504 181	3 132 012	-1 627 831
1998	1 682 347	3 280 023	-1 597 676
1999	1 726 690	3 780 468	-2 053 778
2000	1 807 450	4 141 074	-2 333 624

注：1994年以后全省财政收入数按分税制的新财政体制方法统计，未包括上划中央二税收入。

历年全省财政分项目支出

单位：万元

年份	财政支出	基本建设拨款	流动资金	企业挖潜改造资金	城市维护费	地质勘探费	工、交、商部门事业费
1978	182 840	72 327	7 155	6 938	1 291	7 077	2 877
1980	173 210	45 562	4 176	7 792	2 692	5	2 857
1985	366 986	61 208	1 385	25 835	12 486	10	9 696
1987	538 586	71 630	1 132	37 411	18 775	5	13 692
1988	648 423	74 147	942	44 696	23 526	2	14 166
1989	818 882	74 381	1 735	54 888	31 265	17 715	
1990	907 586	90 556	2 084	64 930	33 588	33	20 926
1991	1 108 165	108 773	3 827	81 400	41 406	322	27 192
1992	1 215 908	131 795	4 352	70 630	46 801	350	53 180
1993	2 006 172	288 398	6 565	351 545	67 024	281	63 990
1994	2 037 309	305 975	1 256	167 995	87 083	1 060	55 011
1995	2 350 993	330 791	891	172 434	103 340	964	64 038
1996	2 703 945	354 440	1 240	152 214	96 744	2 736	67 511
1997	3 132 012	442 387	1 147	142 545	110 414	2 059	68 128
1998	3 280 023	422 513	888	134 465	128 154	1 685	38 536
1999	3 780 468	634 850	158	124 658	158 519	739	71 174
2000	4 141 074	604 507	1 329	158 680	146 200	13 783	92 550

续表

单位：万元

年份	支援农业支出	文教、科学、卫生事业费	抚恤和社会救济费	行政管理费	科技三项费用	其他支出
1978	22 616	27 322	3 516	16 067	1 495	4 999
1980	26 447	37 941	4 108	20 510	986	14 858
1985	41 767	93 818	11 419	49 158	2 919	24 349
1987	66 610	125 880	12 694	62 873	2 650	29 982
1988	83 873	155 598	17 005	64 504	2 459	25 998
1989	116 229	181 549	37 079	75 000	3 133	36 872
1990	132 048	213 211	37 033	88 814	3 678	25 228
1991	159 073	240 835	40 702	105 614	5 461	31 718
1992	185 262	287 561	37 019	138 573	4 907	36 327
1993	238 180	373 626	33 776	167 296	5 540	132 166
1994	250 572	489 124	36 114	214 043	6 380	121 854
1995	282 832	540 638	59 238	244 747	8 154	124 142
1996	325 054	690 417	92 600	302 168	14 085	82 976
1997	338 153	750 078	95 484	305 799	18 468	168 593
1998	346 635	805 044	86 461	320 730	22 028	134 244
1999	365 858	898 645	75 827	334 725	26 481	138 478
2000	392 018	987 030	88 609	372 394	32 685	1 251 289

注：分项数相加不等于总数。

历年全省财政收入

单位：万元

年份	合计	其中			
		国有资产经营收益	各项税收	其他收入	上缴中央折旧金
1952	18 707	2 655	13 525	2 299	228
1957	29 152	3 412	23 130	567	699
1958	63 453	25 672	30 216	2 087	3 755
1959	85 112	43 862	36 532	1 073	3 645
1960	95 532	49 003	39 703	1 173	5 653
1961	56 644	19 146	30 871	1 416	5 211
1962	46 918	9 834	33 334	1 011	2 739
1963	46 888	11 492	32 551	546	2 299
1964	51 577	11 790	36 915	692	2 180
1965	50 285	11 279	35 022	762	3 215
1966	54 367	12 668	37 612	358	3 729
1967	45 128	10 948	33 887	241	52
1968	15 346	-9 964	25 114	196	
1969	41 865	3 914	37 236	715	
1970	79 321	30 098	48 570	653	
1971	84 395	30 969	52 489	937	
1972	86 299	27 567	58 051	681	
1973	91 997	25 855	65 613	529	
1974	87 721	16 776	70 548	397	
1975	85 915	11 404	74 139	372	
1976	50 833	-14 124	64 357	600	
1977	77 204	-6 336	-82 895	645	
1978	117 606	18 441	92 233	498	6 434
1979	114 123	14 501	95 354	392	3 876
1980	116 407	13 162	98 051	576	4 618
1981	126 922	136	122 446	782	3 558
1982	156 558	8 938	141 913	1 787	3 920
1983	171 720	11 855	152 528	3 192	4 145
1984	197 263	2 834	187 942	2 825	3 662
1985	274 321	4 644	322 527	2 703	
1986	300 134	6 395	333 176	4 045	
1987	374 860	6 797	410 849	5 210	
1988	505 325	7 700	563 693	7 861	
1989	632 701	-14 809	680 331	15 096	
1990	774 346	12 527	772 501	46 580	
1991	997 814	10 519	874 467	103 048	
1992	1 093 214	10 670	943 325	211 312	
1993	2 049 436	9 805	1 436 527	664 772	
1994	767 018	4 993	710 383	84 074	
1995	983 491	9 420	905 902	70 114	
1996	1 300 129	11 494	1 178 209	85 404	
1997	1 504 181	7 565	1 345 394	160 866	
1998	1 682 347	11 585	1 392 892	152 991	
1999	1 726 690	7 434	1 440 829	309 726	
2000	1 807 450	9 014	1 531 141	294 506	

主要年份各种物价总指数

（2000年以各年价格为100）

年　份	全省商品零售物价总指数	城镇居民消费价格总指数	农副产品收购价格总指数	农村居民消费价格总指数	集市贸易价格总指数
1950	351.9	522.5	819.6		
1952	403.5	510.0	842.6		
1965	382.7	461.0	477.8		
1978	377.9	452.8	438.4	443.0	317.9
1980	354.9	414.8	354.7	421.9	387.8
1985	307.2	350.7	239.7	377.9	285.1
1986	292.6	334.6	224.6	355.0	257.9
1987	274.7	311.7	205.9	333.1	231.6
1988	229.5	257.3	182.4	280.3	180.0
1989	192.5	218.1	162.1	235.5	151.2
1990	188.6	214.5	154.1	227.7	162.2
1991	181.8	206.8	158.4	221.9	164.2
1992	168.8	187.5	150.9	203.7	153.0
1993	142.0	157.6	132.4	165.3	131.4
1994	122.6	134.5	106.7	138.0	111.9
1995	103.8	111.8	84.9	113.2	79.5
1996	97.4	103.3	75.8	104.0	76.9
1997	95.2	98.8	81.9	100.2	78.6
1998	95.9	96.4	89.5	99.1	84.2
1999	97.6	97.6	93.6	98.4	89.8

续表

（各年以上年价格为100）

年　份	全省商品零售物价总指数	城镇居民消费价格总指数	农副产品收购价格总指数	农村居民消费价格总指数	集市贸易价格总指数
1952	95.3		98.8		
1957	101.3		107.1		
1965	99.3	100.1	101.3		
1978	100.1	100.0	101.2	100.3	103.0
1980	105.7	108.1	106.0	103.7	89.9
1985	108.0	111.9	116.7	105.7	120.1
1986	105.0	104.8	106.9	106.4	110.6
1987	106.6	107.4	109.1	106.6	111.3
1988	119.6	121.1	112.9	118.8	128.6
1989	119.3	117.9	112.4	119.0	119.1
1990	102.1	101.6	105.3	103.4	93.3
1991	103.7	103.8	97.2	102.7	98.7
1992	107.7	110.4	105.0	108.8	107.3
1993	118.9	118.8	113.9	123.3	116.5
1994	115.8	117.3	124.2	119.9	117.4
1995	118.1	120.3	125.6	121.8	140.8
1996	106.6	108.2	112.0	108.8	103.3
1997	102.3	104.6	92.6	103.9	97.9
1998	99.2	102.4	91.5	101.1	93.3
1999	98.3	98.8	95.6	100.7	93.8
2000	97.6	97.6	93.6	98.4	89.8

全社会固定资产投资

（1985-2000 年）　　单位：万元

指　　标	1985 年	1990 年	1994 年	1995 年	1996 年	1997 年	1998 年	1999 年	2000 年
投资总额	462 769	757 446	3 217 341	3 805 688	4 480 236	5 405 030	6 725 414	7 172 817	6 979 424
一、按经济类型分									
1. 国有单位	319 945	512 178	2 211 139	2 628 381	2 986 736	3 670 414	4 838 979	4 983 534	4 661 973
基本建设	214 707	280 045	1 199 059	1 333 185	1 641 163	2 118 608	3 153 524	3 550 222	3 421 166
更新改造	97 786	175 721	740 801	964 528	1 043 131	1 158 096	1 180 468	826 547	719 188
其他投资	7 452	35 775	44 071	49 920	52 871	116 318	117 619	110 413	96 501
房地产投资		20 637	227 208	280 748	249 571	277 392	335 588	434 754	335 118
2. 集体单位	74 279	125 713	386 905	385 520	475 604	512 983	512 077	524 343	474 362
城镇集体	38 516	52 850	102 533	91 502	124 120	95 403	102 364	100 542	82 036
房地产投资			3 310	7 725	6 308	4 537	6 778	15 844	21 800
农村集体	35 763	72 863	281 062	286 293	345 176	417 580	402 935	407 957	370 526
3. 个人私营经济投资	68 545	119 555	351 697	395 210	464 504	532 438	595 631	1 003 650	1 100 266
城镇私人建房	2 761	9 060	36 090	35 678	44 738	58 465	80 591	102 674	107 569
农村私人建房	65 784	110 495	315 607	359 532	419 766	473 973	515 040	456 538	497 534
个体私营经济投资								444 438	495 163
4. 其他单位			267 600	396 577	553 392	689 195	778 727	661 290	742 823
#房地产投资			6 125	77 845	92 234	117 648	304 958	326 069	336 168
二、按资金来源分									
1. 国家投资	74 309	99 709	156 567	185 693	236 142	415 436	420 979	549 153	571 601
2. 国内贷款	104 261	157 374	666 142	797 980	976 225	1 089 130	1 442 855	1 568 033	1 524 937
3. 债券			6 618	7 817	5 899	22 991	29 377	50 479	19 965
4. 利用外资	7 411	13 841	124 333	216 555	161 536	193 511	102 262	144 745	78 666
5. 自筹和其他	276 788	486 522	2 263 681	2 597 643	3 100 434	3 683 962	4 678 161	4 798 809	4 694 255
三、按构成分									
建筑安装工程	310 873	519 620	2 117 950	2 386 799	2 778 966	3 551 308	4 441 592	5 012 572	4 749 711
设备购置	120 736	165 587	722 259	992 654	1 233 041	1 181 408	1 283 068	1 245 453	1 363 513
其他费用	31 160	72 239	377 132	426 235	468 229	672 314	948 974	853 194	776 200
四、按用途分									
生产性建设	261 628	477 397	1 941 981	2 293 334	2 692 358	3 278 226	3 886 675	3 453 023	3 441 471
非生产性建设	201 141	280 049	1 275 360	1 512 354	1 787 878	2 126 804	2 786 959	3 658 196	1 892 520
#住宅	101 440	180 785	765 689	898 372	911 404	1 032 400	1 338 490	1 831 491	1 555 433

注：1. 自 1990 年起，商品房投资已实行三年的买卖双方成交时统计，改由房地产开发公司按建设进度统计并从 1993 年起统计范围扩大至所有经济类型的房地产开发投资。

2. 其他单位投资包括纳入基建、更改计划中的其他非国有经济类型的投资。

主要年份社会消费品零售总额

单位：万元

年　份	社会消费品零售总额	城　镇	乡　村	年　份	社会消费品零售总额	城　镇	乡　村
1978	283 811	151 529	132 282	1990	1 455 944	710 842	7 451 021
1980	379 641	199 572	180 069	1991	1 637 515	813 038	824 477
1981	420 384	209 967	210 417	1992	2 045 994	1 026 223	1 019 771
1982	475 369	230 020	245 349	1993	2 619 032	1 952 001	667 031
1983	551 868	249 199	248 669	1994	3 049 700	2 287 811	761 889
1984	655 829	290 942	364 887	1995	3 695 537	2 774 734	920 803
1985	844 463	355 620	488 843	1996	4 249 991	3 197 206	1 052 785
1986	919 066	398 175	520 891	1997	4 670 654	3 532 457	1 138 197
1987	1 025 522	451 722	537 800	1998	5 000 868	3 825 333	1 175 535
1988	1 355 679	597 078	758 601	1999	5 389 500	4 130 400	1 259 100
1989	1 421 534	671 481	750 053	2000	5 831 702	4 483 634	1 348 068

注：1. 从1993年以后城镇、乡村按市县县以下划分，城镇为市县相加之和，乡村为县以下。
　　2. 1997年社会消费品零售额不含居民购买住房（134576万元）数。

社会消费品零售总额

（2000年）

单位：万元、%

项　目	绝对数（万元）	比　重（%）	项　目	绝对数（万元）	比　重（%）
社会消费品零售总额	5 831 702	100	#个体经济	2 167 521	37.2
一、按销售地区分			其他经济	998 443	17.1
(1)市的零售额	3 092 810	53.1	三、按行业分		
(2)县的零售额	1 390 824	23.8	批发零售贸易业	3 764 867	64.6
(3)县以下的零售额	1 348 068	23.1	餐饮业	748 688	12.8
二、按经济类型分			制造业	270 218	4.6
国有及国有控股	1 485 298	25.5	其他	147 704	2.5
集体及股份合作	808 815	13.9	农业生产者	900 225	15.5
私有经济	2 539 146	43.5			

进出口贸易总额

（1985-2000年）　　单位：万美元

年　份	进出口总额	出口总额	进口总额	差额（+出超、-入超）
1980	11 037	9 601	1 436	+8 165
1981	13 474	10 331	3 143	+7 188
1982	13 614	10 927	2 687	+8 240
1983	14 724	11 852	2 872	+8 980
1984	15 076	11 138	3 938	+7 200
1985	20 953	12 901	8 052	+4 849
1986	26 537	16 893	9 644	+7 249
1987	34 217	26 226	7 991	+18 235
1988	44 388	34 196	10 192	+24 004
1989	54 768	37 442	17 326	+20 116
1990	54 842	43 449	11 393	+32 056
1991	55 051	40 097	14 954	+25 143
1992	67 056	46 653	20 403	+26 250
1993	84 008	52 291	31 717	+20 574
1994	134 406	91 016	43 390	+47 626
1995	189 609	121 548	68 061	+53 487
1996	192 220	109 631	82 589	+27 042
1997	193 698	117 224	76 474	+40 750
1998	190 329	117 376	72 953	+44 423
1999	165 969	103 444	62 525	+40 919
2000	181 283	117 516	63 767	+53 749

注：本表1998年以前的数字均未含边境贸易连计数，1998年及以后为海关统计数。

外贸系统进口总额

（2000年按国家和地区分）　　单位：万美元

国（地区）别	进口总额	国（地区）别	进口总额	国（地区）别	进口总额
香港	13 094	韩国	1 386	瑞典	201
台湾省	380	印度	1 970	瑞士	968
日本	1 114	德国	3 668	奥地利	188
缅甸	6 993	法国	2 631	俄罗斯	311
越南	766	意大利	1 037	澳大利亚	10 868
泰国	802	荷兰	376	加拿大	4 292
马来西亚	201	比利时	152		
新加坡	847	英国	260	美国	3 142

实际利用外资额

单位：万美元

年　　份	1990 年	1995 年	1996 年	1997 年	1998 年	1999 年	2000 年
总　　计	1 096	34 479	33 800	31 334	29 786	23 765	22 062
一、对外借款	359	11 979	15 800	14 834	15 218	8 380	9 250
双边政府混合贷款	228	8 044	4 926	1 162	1 045	1 007	1 271
国际金融组织贷款	-	3 025	10 140	13 522	13 972	7 273	7 979
商业性贷款	-	910	734	150	200	-	-
出口信贷	76	-	-	-	-	-	-
外国银行现汇贷款	55	-	-	-	-	-	-
二、外商直接投资	260	22 500	18 000	16 500	14 568	15 385	12 812
合资经营企业	234	15 599	12 042	11 038	9 677	11 813	7 204
合作经营企业	26	1 012	828	759	21	2 061	2 371
独资企业	-	5 889	5 130	4 703	4 870	1 511	3 237

边境贸易进出口总额

（1989——2000 年）

单位：万元

年　　份	总　　额	出　口　额	进　口　额
1989	101 182	67 612	33 570
1990	107 874	72 148	35 726
1991	127 848	84 375	43 473
1992	189 072	127 404	61 668
1993	234 471	171 322	63 149
1994	211 793	120 238	91 555
1995	190 036	96 882	93 153
1996	113 920	37 838	76 082
1997	61 540	34 875	26 665
1998	108 520	73 795	34 725
1999	238 220	191 912	46 308
2000	294 918	230 180	64 738

注：本表为昆明海关数。

主要年份国民经济主要比例关系

单位：%

指　　标	1952年	1978年	1980年	1990年	1995年	1997年	1998年	1999年	2000年
一、国内生产总值中三次产业比例									
第一产业	61.7	42.7	42.6	37.2	25.3	23.8	22.8	22.2	22.3
第二产业	15.5	39.9	40.3	34.9	44.5	45.6	46.2	44.5	43.1
第三产业	22.8	17.4	17.1	27.9	30.2	30.6	31.0	33.3	34.6
二、全社会固定资产投资的资金来源比例									
国家预算内投资				13.2	4.9	7.7	6.3	7.7	8.2
国内贷款				20.8	21.0	20.2	21.5	21.9	21.8
利用外资				1.8	5.7	3.6	1.5	2.0	1.1
自筹和其他投资				64.2	68.2	68.2	70.3	66.9	68.6
股票及债券					0.2	0.3	0.4	1.5	0.3
三、基建投资中农轻重投资比例									
农　业	2.9	14.2	15.8	7.9	2.4	2.0	1.7	2.6	6.1
轻工业	3.0	6.0	7.6	5.2	5.3	5.4	3.2	3.3	4.1
重工业	28.4	55.8	32.4	42.1	36.0	16.5	15.8	15.3	17.0
四、基建投资中能源交通投资比例									
能源工业	3.1	20.1	11.7	28.3	20.1	17.3	12.5	13.5	14.8
运输邮电业	49.9	8.2	13.2	13.2	20.7	31.8	43.6	43.0	43.6
五、财政收入占国民生产总值的比例	15.9	17.0	13.8	19.6	23.6	22.2	22.9	22.4	22.1
六、基建拨款占财政支出的比例	25.7	39.6	26.3	10.0	14.1	14.1	12.9	16.8	14.6
七、文教卫生科学事业费占财政支出的比例	14.0	14.9	21.9	23.5	23.0	23.9	23.1	23.8	23.8
八、能源使用比例									
物资部门消费				79.8	81.8	79.6	84.3	84.0	79.4
非物质部门消费				1.2	1.6	3.0	3.2	3.5	3.4
生活消费				19.0	16.6	17.4	12.5	12.5	17.2
九、工农业总产值中农轻重比例									
农　业	71.6	41.9	42.4	38.0	27.8	29.8	29.2	29.2	30.0
轻工业	17.1	25.0	26.0	32.5	38.5	36.6	36.5	36.0	35.4
重工业	11.3	33.1	31.6	29.5	33.7	33.6	34.3	34.8	34.6
十、工业总产值中轻重工业比例									
轻工业	60.3	43.0	45.2	52.5	53.4	52.2	51.5	50.8	50.5
重工业	39.7	57.0	54.8	47.5	46.6	47.8	48.5	49.2	49.5
十一、农业总产值中农林牧副渔比例									
农　业	70.0	71.4	68.5	56.5	63.1	64.9	61.5	61.5	61.1
林　业	0.1	6.2	6.1	8.6	8.5	6.6	6.7	7.1	7.3
牧　业	13.2	17.7	21.2	25.5	26.8	26.8	29.8	29.4	29.6
副　业	16.7	4.5	3.8	8.7					
渔　业		0.2	0.4	0.9	1.6	1.7	2.0	2.0	2.0

注：本表按当年价格计算。

预算外资金收入

单位：万元

年　　份	合　　计	应纳入预算外管理收入	事业和行政单位管理的收入	国营企业及主管部门管理的专用资金
1982	161 214	16 173	25 119	119 922
1983	195 899	13 384	33 975	148 540
1984	208 072	15 226	38 976	153 870
1985	256 559	7 975	54 039	194 545
1986	262 549	8 614	66 215	187 720
1987	300 759	8 916	78 909	212 934
1988	407 756	13 103	89 977	304 676
1989	463 393	12 480	115 885	335 028
1990	464 417	19 558	149 518	295 341
1991	549 045	18 258	161 183	369 604
1992	678 877	19 132	229 999	429 746
1993	340 520	22 651	317 869	-
1994	401 042	25 484	375 558	-
1995	546 124	46 658	499 466	-
1996	758 734	31 252	527 786	-
1997	866 679	2 252	620 380	-
1998	656 750	-	634 370	-
1999	656 779	-	530 024	-
2000	673 682	534 489	495 710	112 537

预算外资金支出

单位：万元

年　　份	合　　计	应纳入预算外管理支出	事业和行政单位管理支出	国营企业主管部门管理支出
1982	144 777	14 962	24 485	105 330
1983	175 351	13 294	31 985	130 073
1984	194 511	15 848	36 829	141 834
1985	224 694	9 417	48 629	166 648
1986	232 038	8 000	65 121	158 917
1987	272 123	8 452	71 625	192 046
1988	333 026	8 007	81 059	243 960
1989	424 423	13 102	116 538	294 783
1990	448 104	15 739	123 053	309 312
1991	521 234	15 078	152 952	353 204
1992	599 713	17 834	216 080	365 799
1993	304 146	15 955	288 191	-
1994	369 809	13 478	356 331	-
1995	488 991	25 914	463 077	-
1996	757 495	44 929	543 647	-
1997	874 820	-	297 953	-
1998	606 831	-	585 623	-
1999	559 724	-	373 350	-
2000	562 792	489 611	410 149	97 130

注：2000 年全省预算外资金收入及支出为新调整的口径。

各地区按国民经济行业分的基本建设投资

（2000 年） 单位：万元

地区	基本建设	农林牧渔	采掘业	制造业	电力气水	建筑业	地质	交通
合计	3 618 373	98 702	25 853	139 699	596 300	16 091	127 650	1 584 863
昆明	694 689	10 928	2 125	66 480	50 831	7 336	16 183	171 794
曲靖	322 547	2 093	1 226	5 674	107 240	1 468	17 620	124 700
玉溪	208 795	668	4 537	23 240	3 992	250	3 953	110 117
昭通	122 727	3 898		4 404	4 719	2 061	16 146	38 418
楚雄	83 012	10 435	103	1 313	5 000	652	7 413	18 963
红河	193 739	4 025	8 497	11 019	6 740	1 414	15 876	48 944
文山	78 911	3 658	2 748	3 833	4 988		2 942	13 998
思茅	77 132	5 226	950	4 618	2 459	1 019	10 925	19 364
西双版纳	97 129	9 623		1 519	4 850	320	2 965	28 810
大理	139 112	3 061	1 430	12 668	14 432	1 225	4 232	24 207
保山	69 427	5 779	300	1 501	6 866		6 323	22 532
德宏	70 694	941	235	1 022	6 060		7 911	32 855
丽江	56 683	8 319	512	1 250	4 536	214	1 744	12 352
怒江	19 659	52	1 894	57	3 601			1 390
迪庆	56 434	946	250		2 951		3 183	21 876
临沧	183 993	4 354	1 046	1 101	116 875	132	10 234	25 709
不分地区	1 143 690	24 696			250 160			868 834

续表 （2000 年） 单位：万元

地区	批发	金融保险	房地产	社会	卫生	教育	科学	国家机关	其他
合计	76 420	42 300	30 777	271 322	97 228	164 844	31 763	309 684	4 877
昆明	19 104	6 454	23 161	61 883	52 001	64 220	19 721	122 368	100
曲靖	9 924	2 987	455	9 860	3 933	15 313	650	18 954	450
玉溪	4 221	5 678		18 802	6 392	12 642	1 743	12 560	
昭通	4 110	2 856	100	13 922	2 125	11 040	1 480	17 448	
楚雄	2 171	2 419	307	10 766	3 644	7 185	1 237	10 375	1 029
红河	10 204	1 668	174	27 071	8 535	13 617	3 892	31 255	808
文山	2 391	1 381		15 114	5 919	7 069	105	14 674	91
思茅	1 703	3 978		9 083	3 043	3 702	983	10 037	42
西双版纳	7 148	3 124	139	19 323	2 826	5 548	1 303	9 468	163
大理	6 763	6 247	5 981	22 962	3 474	9 289	229	21 243	1 669
保山	893	339	89	10 671	960	6 273	55	6 796	50
德宏	477	1 779	371	6 047	2 302	2 283	151	8 005	255
丽江	1 044	230		22 234	551	1 220	70	2 407	
怒江	956	1 068		600	276	1 368	60	8 337	
迪庆	2 994	1 015		14 747	145	1 789		6 318	220
临沧	2 317	1 077		8 237	1 102	2 286	84	9 439	
不分地区									

主要年份全部职工工资总额和平均工资

单位：万元；元／人

年份	工资总额（万元）				平均工资（万／人）			
	合计	国有经济单位	城镇集体单位	其他经济单位	全省平均	国有经济单位	城镇集体单位	其他经济单位
1975	104 137	92 915	11 222		550	571	423	
1978	126 803	114 225	12 578		608	629	496	
1980	171 550	154 601	16 949		760	782	604	
1985	301 329	262 970	37 902	457	1 171	1 207	970	1 100
1986	340 827	297 155	43 127	545	1 300	1 334	1 104	1 217
1987	386 828	338 229	47 809	790	1 439	1 483	1 188	1 286
1988	470 891	413 042	56 595	1 254	1 715	1 769	1 405	1 610
1989	526 296	460 737	64 175	1 384	1 880	1 936	1 558	1 717
1990	606 598	535 607	69 695	1 296	2 130	2 200	1 713	2 037
1991	686 627	602 671	82 289	1 667	2 328	2 398	1 919	2 393
1992	814 347	712 593	99 500	2 254	2 686	2 775	2 184	2 993
1993	970 155	841 224	124 990	3 941	3 170	3 253	2 690	3 898
1994	1 389 418	1 213 488	155 660	20 270	4 514	4 673	3 518	5 201
1995	1 589 569	1 378 077	182 208	29 284	5 149	5 286	4 237	5 802
1996	1 940 655	1 690 621	202 732	47 303	6 231	6 419	4 926	6 863
1997	2 190 837	1 907 523	210 466	72 849	7 037	7 237	5 473	7 852
1998	2 260 931	1 931 463	187 028	142 440	7 667	7 882	6 029	7 564
1999	2 359 332	1 959 697	175 717	223 918	8 276	8 449	6 505	8 566
2000	2 544 600	2 095 000	167 800	281 800	9 231	9 422	7 033	9 566

全部职工工资总额和平均工资指数

（以上年为100）

单位：%

年份	工资总额			平均工资					
				货币工资			实际工资		
	合计	国有经济单位	城镇集体单位	合计	国有经济单位	城镇集体经济单位	合计	国有经济单位	城镇集体经济单位
1978	115.30	117.40	99.60	112.00	108.50	128.80	112.00	108.50	128.80
1980	120.30	120.40	119.60	115.20	115.20	114.20	106.50	106.50	105.60
1985	118.50	118.30	119.40	115.50	115.10	117.90	103.20	102.80	105.30
1986	113.10	113.00	113.80	111.00	110.50	113.80	105.90	105.50	108.60
1987	113.50	113.80	110.90	110.70	111.20	107.60	103.10	103.50	100.20
1988	121.70	122.10	118.40	119.20	119.30	118.30	98.40	98.50	97.70
1989	111.80	111.50	113.40	109.60	109.40	110.90	93.00	92.80	94.10
1990	115.30	116.30	108.60	113.30	113.60	109.90	111.50	111.80	108.20
1991	113.20	112.50	118.10	109.30	109.00	112.00	105.30	105.00	107.90
1992	118.60	118.20	120.90	115.40	115.70	113.80	104.50	104.00	103.70
1994	143.20	144.30	124.50	142.40	143.70	130.80	121.40	122.50	111.50
1995	114.40	113.60	116.70	114.10	113.10	120.40	94.80	94.00	100.10
1996	122.10	122.70	111.30	121.00	121.40	116.30	111.30	111.70	107.00
1997	112.90	112.80	103.80	112.90	112.70	111.10	107.90	107.70	106.20
1998	103.20	101.26	88.86	108.95	108.91	110.16	106.40	106.36	107.58
1999	104.40	101.50	94.00	107.90	107.20	107.90	109.21	108.50	109.21
2000	107.90	106.90	95.50	111.50	111.50	108.10	114.30	114.30	110.80

二、金融业务综合统计

云南省各月分层次货币供应量统计

单位:万元

分层次 时间	M_0				M_1				M_2			
	1997 年	1998 年	1999 年	2000 年	1997 年	1998 年	1999 年	2000 年	1997 年	1998 年	1999 年	2000 年
一　月	1 998 100	2 545 500	2 555 600	3 030 200	8 181 835	9 021 829	10 135 468	11 218 381	16 511 553	19 452 723	22 346 883	25 056 160
二　月	1 820 300	2 294 400	2 728 900	2 736 000	7 927 510	8 542 692	9 984 235	11 018 740	16 752 251	19 281 697	22 553 978	25 140 601
三　月	1 713 200	2 210 100	2 520 600	2 591 800	7 898 915	8 840 357	10 118 162	11 115 489	16 854 359	19 720 430	22 874 084	25 293 947
四　月	1 690 800	2 201 400	2 512 800	2 733 900	7 957 978	8 454 861	9 970 372	11 373 020	17 010 659	19 691 117	22 871 342	25 588 792
五　月	1 637 800	2 141 200	2 395 500	2 631 900	8 053 931	8 407 111	9 802 385	11 455 911	17 046 618	19 731 219	22 907 390	25 683 520
六　月	1 627 000	2 083 340	2 313 820	2 600 400	8 366 800	8 501 039	9 782 882	11 695 181	17 552 118	19 783 060	23 036 100	25 997 691
七　月	1 634 700	2 131 400	2 300 700	2 631 200	8 273 125	8 638 377	9 727 134	11 711 476	17 552 392	20 040 139	23 032 124	26 044 235
八　月	1 716 600	2 168 310	2 354 800	2 785 300	8 446 858	8 968 937	9 669 207	12 044 148	17 927 756	20 547 041	23 044 273	26 615 622
九　月	1 903 700	2 324 280	2 595 700	3 031 800	8 644 681	9 011 242	9 886 469	12 498 617	18 327 160	18 494 813	23 373 848	27 262 127
十　月	1 947 400	2 337 580	2 509 500	3 026 700	8 797 817	9 578 425	9 901 116	12 438 289	18 573 073	21 280 288	23 543 102	27 987 361
十一月	1 948 400	2 331 610	2 471 100	3 030 000	8 845 202	9 793 619	10 126 048	12 670 520	18 690 062	21 642 115	23 700 826	27 704 477
十二月	2 000 000	2 360 280	2 559 900	3 129 100	9 551 221	10 328 845	10 698 278	13 219 929	19 618 177	22 445 005	24 456 653	28 391 816

历年云南省金融机构存、贷款年末余额（一）

单位：万元

项目＼年份	1983年	1984年	1985年	1986年	1987年	1988年	1989年	1990年	1991年	1992年	1993年	1994年	1995年	1996年	1997年	1998年	1999年	2000年
存款合计	688 135	814 491	996 681	1 285 812	1 566 352	1 904 060	2 182 576	2 921 911	3 658 114	4 667 218	5 935 646	8 411 522	11 872 364	15 395 876	18 293 989	20 760 568	22 543 844	24 656 844
（一）企业存款	202 773	254 253	409 284	538 007	549 829	705 083	798 854	1 058 128	1 368 169	1 727 901	2 034 117	3 191 881	4 788 949	6 507 994	8 252 438	9 106 445	9 407 893	10 384 035
1．活期存款	0	0	0	0	0	0	0	0	0	0	0	0	0	0	6 591 053	7 314 838	7 430 721	8 510 429
2．定期存款	0	0	0	0	0	0	0	0	0	0	0	0	0	0	1 661 385	1 791 607	1 977 172	1 873 606
（二）财政存款	107 711	93 454	77 195	75 926	87 917	77 645	132 935	208 809	179 019	143 643	295 574	599 975	418 229	498 745	554 597	719 732	571 782	538 962
（三）机关团体存款	95 300	79 659	74 989	96 568	103 323	87 812	115 446	163 848	233 741	242 071	259 465	319 051	325 730	335 737	317 253	6 273	1 923	749 734
（四）储蓄存款	161 704	222 396	298 259	397 645	554 604	638 442	864 530	1 178 897	1 522 838	1 958 154	2 512 327	3 514 008	5 001 334	6 712 022	8 059 887	9 128 919	10 289 259	11 382 215
1．活期储蓄存款	122 013	163 279	222 759	305 033	425 613	480 824	701 393	968 137	1 247 944	1 560 021	1 992 650	2 770 377	4 006 366	5 319 706	1 866 140	2 326 904	3 008 938	3 875 488
2．定期储蓄存款	39 691	59 117	75 500	92 612	128 991	157 618	163 137	210 760	274 894	398 133	519 677	743 631	994 968	1 392 316	6 193 747	6 802 015	7 280 321	7 506 727
（五）农业存款	64 621	61 510	71 804	88 466	104 891	93 153	93 581	119 090	137 049	270 411	322 821	322 723	396 509	551 945	642 915	647 453	705 734	830 666
（六）信托存款	0	0	28 907	38 135	42 736	66 312	53 821	39 140	34 735	43 542	121 361	198 933	663 008	440 066	345 684	242 977	259 991	243 582
（七）委托存款	0	0	0	0	0	0	0	0	0	0	0	0	0	0	－162 463	－43 887	75 309	－112 141
（八）其他存款	49 443	69 405	36 243	51 065	78 052	89 758	123 409	153 999	182 563	281 496	389 981	264 951	278 605	349 367	283 678	952 656	1 231 953	639 791

历年云南省金融机构存、贷款年末余额（二）

单位：万元

项目＼年份	1983年	1984年	1985年	1986年	1987年	1988年	1989年	1990年	1991年	1992年	1993年	1994年	1995年	1996年	1997年	1998年	1999年	2000年
贷款合计	497 416	643 594	968 798	1 288 335	1 579 625	2 017 363	2 337 107	2 753 240	3 273 560	4 142 107	5 259 676	6 846 840	9 246 652	11 945 086	14 969 543	17 139 721	18 240 410	19 878 301
(一)短期贷款	463 043	584 115	779 875	1 032 352	1 260 856	1 651 537	1 940 291	2 291 965	2 647 044	3 219 058	4 094 380	5 333 465	7 133 201	9 503 168	11 873 161	12 980 760	13 302 218	12 985 765
1. 工业贷款	96 565	144 602	194 937	317 923	395 083	468 760	623 772	813 119	954 519	1 140 174	1 427 452	1 797 478	2 315 234	3 201 792	3 690 813	3 756 140	3 777 645	3 399 585
2. 商业贷款	305 366	335 145	449 578	526 909	635 955	786 841	898 052	1 008 009	1 160 378	1 410 687	1 806 842	2 359 671	3 236 407	4 124 038	5 030 155	5 216 936	5 124 717	4 336 597
其中:农副产品贷款	0	0	0	0	0	0	0	0	0	0	0	0	0	0	2 955 393	2 629 299	2 436 055	2 196 418
3. 建筑业贷款	0	0	15 516	24 058	29 383	40 310	43 916	49 528	56 332	63 794	81 362	89 247	105 541	146 034	200 762	265 993	293 756	305 866
4. 农业贷款	60 219	100 885	116 058	160 018	196 277	245 522	260 252	296 428	334 206	420 945	499 614	360 850	459 441	606 985	763 298	1 008 528	1 112 435	1 185 182
5. 乡镇企业贷款	0	0	0	0	0	104 107	110 369	119 487	135 045	175 496	266 447	338 538	438 863	629 165	734 919	734 275	825 991	815 616
6. 三资企业贷款	0	0	0	0	0	0	0	0	0	0	0	51 825	91 096	93 950	122 974	157 841	165 471	171 471
7. 私营企业及个体贷款	893	3 483	3 786	3 444	4 158	5 997	3 930	5 394	6 564	7 962	12 663	18 293	21 717	41 951	83 363	121 704	178 272	185 058
8. 其他短期贷款	0	0	0	0	0	0	0	0	0	0	0	317 563	264 902	659 253	1 246 877	1 719 343	1 823 931	2 586 390
(二)中期流动资金贷款	0	0	0	0	0	0	0	0	0	0	0	0	0	0	0	232 438	506 910	817 698
(三)中长期贷款	32 530	49 747	156 300	214 270	250 741	291 334	322 996	373 406	510 105	700 527	876 706	1 316 876	1 626 134	2 011 831	2 723 732	3 476 251	3 896 001	5 490 099
1. 基本建设贷款	4 580	7 619	78 046	100 335	107 974	111 289	123 375	146 970	240 636	358 076	453 430	488 862	544 648	578 121	850 142	1 129 977	1 319 212	2 681 225
2. 技术改造贷款	24 434	36 114	55 520	75 280	88 525	112 233	121 454	139 937	174 294	233 155	298 987	381 186	555 896	723 394	868 084	1 135 300	1 117 832	1 104 064
3. 其他中长期贷款	3 516	6 014	22 734	38 655	54 242	67 812	78 167	86 499	95 175	109 296	124 289	446 828	525 593	710 316	1 005 506	1 210 974	1 458 957	1 704 810
(四)信托贷款	1 843	9 752	29 065	38 374	48 118	34 506	26 551	23 467	23 452	44 109	65 401	89 624	336 920	189 951	166 800	162 131	95 128	21 551
(五)融资租赁	0	0														2 141	1 652	333
(六)委托贷款	0	0	3 558	3 339	19 910	39 986	47 269	64 402	92 959	178 413	223 189	106 875	150 397	240 136	205 850	68 681	54 060	47 885
(七)逾期类贷款	0	0														217 319	384 441	514 970

云南省金融机构人民币信贷收支统计(一)

单位:万元

项目 \ 年份	1996年	1997年	1998年	1999年	2000年		
	年末余额	年末余额	年末余额	年末余额	年末余额	比年初增减数	增减数%
一、各项存款	15 395 876	18 293 989	20 760 568	22 543 844	24 656 844	2 189 236	9.74
1. 企业存款	6 507 994	8 252 438	9 106 445	9 407 893	10 384 035	957 768	10.16
(1)活期存款	0	6 591 053	7 314 838	7 430 721	8 510 429	1 051 353	14.09
(2)定期存款	0	1 661 385	1 791 607	1 977 172	1 873 606	-93 585	-4.76
2. 财政存款	498 745	554 597	719 732	571 782	538 962	-32 540	-5.69
3. 机关团体存款	335 737	317 253	6 273	1 923	749 734	118 969	18.86
4. 储蓄存款	6 712 022	8 059 887	9 128 919	10 289 259	11 382 215	1 093 019	10.62
(1)活期储蓄存款	5 319 706	1 866 140	2 326 904	3 008 938	3 875 488	866 617	28.80
(2)定期储蓄存款	1 392 316	6 193 747	6 802 015	7 280 321	7 506 727	226 402	3.11
5. 农业存款	551 945	642 915	647 453	705 734	830 666	125 005	17.71
6. 信托存款	440 066	345 684	242 977	259 991	243 582	-16 409	-6.31
7. 委托存款	0	-162 463	-43 887	75 309	-112 141	-194 911	-235.49
8. 其他存款	349 367	283 678	952 656	1 231 953	639 791	138 335	27.59
二、金融债券	9 773	356	107	-391	-402	-11	2.81
三、国家投资债券	0	-8	8	-7	0	0	0
四、证券业务款项	91 358	75 948	70 753	129 631	135 301	5 670	4.37
五、所有者权益	235 857	60 877	182 623	315 735	256 823	-157 293	-37.98
其中:实收资本	0	221 283	238 012	251 437	261 863	12 397	4.97
当年结益	-141 073	-212 530	-129 001	-21 664	-63 253	-63 253	0
六、其他	-3 009 372	-2 761 308	-3 140 103	-3 850 359	-4 200 410	-251 231	8.71
资金来源总计	12 723 492	15 669 854	17 876 822	19 149 417	20 848 155	1 786 371	8.59

云南省金融机构人民币信贷收支统计(二)

单位:万元

项目 \ 年份	1996年	1997年	1998年	1999年	2000年		
	年末余额	年末余额	年末余额	年末余额	年末余额	比年初增减数	增减数%
一、各项贷款	11 945 086	14 969 543	17 139 721	18 240 410	19 878 301	1 877 027	9.51
1. 短期贷款	9 503 168	11 873 161	12 980 760	13 302 218	12 985 765	642 684	4.75
(1)工业贷款	3 201 792	3 690 813	3 756 140	3 777 645	3 399 585	-46 926	-1.20
(2)商业贷款	4 124 038	5 030 155	5 216 936	5 124 717	4 336 597	- 341 515	-6.59
其中:农副产品贷款	0	2 955 393	2 629 299	2 436 055	2 196 418	- 169 305	-6.96
(3)建筑业贷款	146 034	200 762	265 993	293 756	305 866	14 161	4.51
(4)农业贷款	606 985	763 298	1 008 528	1 112 435	1 185 182	120 758	10.85
(5)乡镇企业贷款	629 165	734 919	734 275	825 991	815 616	77 693	9.41
(6)三资企业贷款	93 950	122 974	157 841	165 471	171 471	23 416	14.20
(7)私营企业及个体贷款	41 951	83 363	121 704	178 272	185 058	6 736	3.76
(8)其他短期贷款	659 253	1 246 877	1 719 343	1 823 931	2 586 390	788 361	42.24
2. 中期流动资金贷款	0	0	232 438	506 910	817 698	323 040	63.56
3. 中长期贷款	2 011 831	2 723 732	3 476 251	3 896 001	5 490 099	868 664	16.93
(1)基本建设贷款	578 121	850 142	1 129 977	1 319 212	2 681 225	509 614	20.52
(2)技术改造贷款	723 394	868 084	1 135 300	1 117 832	1 104 064	108 960	9.21
(3)其他中长期贷款	710 316	1 005 506	1 210 974	1 458 957	1 704 810	250 090	17.08
4. 信托贷款	189 951	166 800	162 131	95 128	21 551	-41 287	-65.39
5. 融资租赁	240 136	3 280	2 141	1 652	333	-1 319	-79.84
6. 委托贷款		71 915	68 681	54 060	47 885	-6 175	-11.42
7. 逾期类贷款		130 655	217 319	384 441	514 970	91 420	20.66
二、国家投资债券贷款	11 000	4 050	2 000	2 000	2 000	0	0
三、有价证券及投资	510 271	345 225	395 023	411 776	427 356	15 788	3.83
四、证券业务占款	98 528	36 265	43 277	40 464	45 867	5 421	13.40
五、委托投资	0	20 486	12 100	13 800	106 056	-48 152	-31.23
六、金银占款	0	27 329	42 614	22 396	28 233	5 838	26.07
七、外汇占款	17 946	54 753	1 582	18 291	8 230	-10 146	-55.21
八、库存现金	140 661	212 203	243 371	411 237	352 113	-59 404	-14.44
资金运用总计	12 723 492	15 669 854	17 876 822	19 149 417	20 848 155	1 786 371	8.59

云南省金融机构人民币信贷收支季末余额表(一)

(2000年) 单位:万元

项目 \ 分季	第一季度	第二季度	第三季度	第四季度
一、各项存款	22 507 970	23 255 314	23 829 350	24 656 844
1. 企业存款	9 207 882	9 633 954	9 892 015	10 384 035
(1)活期存款	7 300 655	7 764 119	8 046 402	8 510 429
(2)定期存款	1 907 227	1 869 835	1 845 613	1 873 606
2. 财政存款	644 488	704 818	727 142	538 962
3. 机关团体存款	556 852	596 044	659 556	749 734
4. 储蓄存款	10 672 494	10 759 605	11 127 844	11 382 215
(1)活期储蓄存款	3 289 545	3 423 056	3 655 605	3 875 488
(2)定期储蓄存款	7 382 949	7 336 549	7 472 239	7 506 727
5. 农业存款	666 182	734 618	760 859	830 666
6. 信托存款	243 929	237 428	240 478	243 582
7. 委托存款	73 698	77 420	- 148 216	- 112 141
8. 其他存款	442 445	511 427	569 671	639 791
二、金融债券	- 371	- 400	- 396	- 402
三、国家投资债券	0	4	0	0
四、证券业务款项	150 508	180 495	236 792	135 301
五、所有者权益	286 978	283 078	282 574	256 823
其中:实收资本	256 051	259 330	261 906	261 863
当年结益	-24 702	-37 400	-41 370	-63 253
六、其他	-2 769 450	-3 979 305	-4 068 962	-4 200 410
资金来源总计	20 175 636	19 739 186	20 279 357	20 848 155

云南省金融机构人民币信贷收支季末余额表(二)

(2000年) 单位:万元

项目 \ 分季	第一季度	第二季度	第三季度	第四季度
一、各项贷款	19 298 159	18 859 230	19 274 085	19 878 301
1. 短期贷款	13 129 096	12 623 761	12 726 250	12 985 765
(1)工业贷款	3 616 057	3 465 200	3 457 325	3 399 585
(2)商业贷款	4 793 080	4 339 344	4 299 826	4 336 597
其中:农副产品贷款	2 287 021	2 085 259	2 161 580	2 196 418
(3)建筑业贷款	286 943	288 492	298 067	305 866
(4)农业贷款	1 244 249	1 276 298	1 267 912	1 185 182
(5)乡镇企业贷款	884 562	814 292	825 435	815 616
(6)三资企业贷款	162 685	163 646	160 594	171 471
(7)私营企业及个体贷款	181 635	182 954	187 994	185 058
(8)其他短期贷款	1 959 885	2 093 535	2 229 097	2 586 390
2. 中期流动资金贷款	626 046	629 744	723 217	817 698
3. 中长期贷款	4 967 624	4 993 746	5 220 883	5 490 099
(1)基本建设贷款	2 348 695	2 467 850	2 583 414	2 681 225
(2)技术改造贷款	1 141 783	1 025 069	1 067 649	1 104 064
(3)其他中长期贷款	1 477 146	1 500 827	1 569 820	1 704 810
4. 信托贷款	51 355	29 112	22 172	21 551
5. 融资租赁	1 622	1 580	349	333
6. 委托贷款	53 650	52 170	50 880	47 885
7. 逾期类贷款	468 766	529 117	530 334	514 970
二、国家投资债券贷款	2 000	2 000	2 000	2 000
三、有价证券及投资	384 754	380 412	387 604	427 356
四、证券业务占款	34 771	53 362	55 116	45 867
五、委托投资	153 603	153 603	146 813	106 056
六、金银占款	29 594	32 516	37 018	28 233
七、外汇占款	815	-2 145	4 132	8 230
八、库存现金	271 940	260 208	372 589	352 113
资金运用总计	20 175 636	19 739 186	20 279 357	20 848 155

云南省金融信托投资机构人民币信贷收支统计(一)

单位:万元

项目 \ 年份	1996年	1997年	1998年	1999年	2000年		
	年末余额	年末余额	年末余额	年末余额	年末余额	比年初增减数	增减数%
一、各项存款	648 482	603 446	524 528	504 098	474 086	-30 012	-5.95
1. 信托存款	375 118	318 792	240 474	257 516	240 337	-17 179	-6.67
2. 委托存款	141 926	40 744	57 111	90 119	75 365	-14 754	-16.37
(1)委托存款	0	37 244	43 611	76 519	61 765	-14 754	-19.28
(2)委托投资基金	0	3 500	13 500	13 600	13 600	0	0
3. 保证金存款	2 723	565	283	177	117	-60	-33.90
4. 其他存款	128 715	243 345	226 660	156 286	158 267	1 981	1.27
二、金融债券	1	0	0	0	0	0	0
三、长期借款	100	150	0	1 040	1 040	0	0
四、证券业务款项	65 196	49 808	44 173	100 167	104 562	4 395	4.39
五、卖出回购证券	0	22 269	31 479	-2 664	-6 504	-3 840	144.14
六、向中央银行借款	0	0	0	0	0	0	0
七、同业往来	54 794	11 818	12 942	14 304	604	-9 220	-93.85
1. 同业存放	31 194	4 418	8 942	12 004	309	-9 215	-96.76
2. 同业拆借	23 600	7 400	4 000	2 300	295	-5	-1.67
八、代理金融机构贷款基金	1 136	0	0	0	0	0	0
其中:人行委托专项贷款基金	1 136	0	0	0	0	0	0
九、各项准备	1 267	2 337	2 443	2 903	2 577	- 326	-11.23
十、所有者权益	52 543	58 089	70 431	78 927	72 425	-6 458	-8.19
其中:实收资本	0	32 035	33 080	33 080	33 080	0	0
当年结益	-2 096	2 683	8 085	10 092	- 465	- 465	0
十一、其他	-58 833	-78 583	- 109 207	- 169 049	- 131 114	38 212	-22.57
资金来源总计	764 686	669 334	576 789	529 726	517 676	-7 249	-1.38

云南省金融信托投资机构人民币信贷收支统计（二）

单位：万元

项目 \ 年份	1996年	1997年	1998年	1999年	2000年		
	年末余额	年末余额	年末余额	年末余额	年末余额	比年初增减数	增减数%
一、各项贷款	321 227	284 795	299 889	256 965	233 443	－23 522	－9.15
1. 信托贷款	187 344	166 500	161 831	94 828	21 551	－41 287	－65.70
其中：中长期信托贷款	0	5 173	3 280	12 520	7 990	－4 510	－36.08
2. 委托贷款	95 840	71 915	68 681	54 060	47 885	－6 175	－11.42
3. 抵押贷款	19 861	15 451	26 798	18 358	4 080	－5 411	－57.01
4. 贴现贷款	0	0	0	0	0	0	0
5. 融资租赁	3 218	3 224	2 115	1 652	333	－1 319	－79.84
6. 其他贷款	14 964	27 705	40 464	88 067	159 594	30 670	23.79
二、委托投资	31 605	20 732	12 316	14 016	14 016	0	0
三、投　资	49 370	122 118	121 294	92 667	66 815	－25 852	－27.90
1. 短期投资	14 798	61 023	64 208	40 448	22 801	－17 647	－43.63
2. 长期投资	34 572	61 095	57 086	52 219	44 014	－8 205	－15.71
四、证券业务占款	89 893	10 428	2 171	648	38	－610	－94.14
五、经营租赁	0	1 790	4 610	5 299	11 432	6 133	115.74
六、准备金存款	105 786	98 184	41 699	48 797	60 742	11 552	23.48
七、缴存人行特种存款	0	0	0	0	0	0	0
八、同业往来	165 304	131 087	89 287	109 981	237 570	58 019	32.3
1. 存放同业	69 072	69 350	8 942	12 004	130 990	25 810	24.54
2. 拆放同业	96 232	61 737	35 835	35 610	106 580	32 209	43.31
九、代理金融机构贷款	1 136	0	0	0	24 410	－6 399	－20.77
其中：代理人行专项贷款	1 136	0	0	0	0	0	0
十、库存现金	365	200	477	793	705	－88	－11.10
十一、外币占款	0	0	509	167	－505	－672	－402.40
资金运用总计	764 686	669 334	576 789	529 726	517 676	－7 249	－1.38

云南省金融机构备付金率

单位：%

名称＼年份	1995年末	1996年末	1997年末	1998年末	1999年末	2000年末
金融机构	17.30	15.55	12.20	11.36	11.02	9.31
银行机构	13.59	8.68	9.77	8.34	9.14	6.94
工商银行	10.26	7.57	9.52	7.83	8.24	6.48
农业银行	21.76	15.02	8.73	8.89	10.81	8.83
中国银行	8.87	7.62	10.45	5.17	6.32	5.61
建设银行	15.89	7.54	13.16	8.21	9.55	6.05
交通银行	26.05	25.48	12.45	11.46	7.60	5.74

云南省银行机构人民币信贷收支统计(一)

单位:万元

项目 \ 年份	1996年	1997年	1998年	1999年	2000年		
	年末余额	年末余额	年末余额	年末余额	年末余额	比年初增减数	增减数%
一、各项存款	12 567 493	15 604 701	17 888 280	19 363 366	21 266 912	1 987 347	10.31
1. 企业存款	6 264 908	7 913 240	8 747 734	9 109 904	10 064 664	936 386	10.26
(1)活期存款	5 513 827	6 475 400	7 167 515	7 262 991	8 355 002	1 063 656	14.59
(2)定期存款	751 081	1 437 840	1 580 219	1 846 913	1 709 662	- 127 270	-6.93
2. 财政存款	498 740	480 651	648 276	500 096	465 813	-34 003	-6.80
3. 机关团体存款	335 737	317 253	6 273	1 923	725 705	108 853	17.65
4. 储蓄存款	5 333 094	6 494 980	7 425 645	8 418 908	9 283 860	865 017	10.27
(1)活期储蓄存款	1 030 719	1 464 438	1 903 423	2 503 111	3 233 644	730 597	29.19
(2)定期储蓄存款	4 302 375	5 030 542	5 522 222	5 915 797	6 050 216	134 420	2.27
5. 农业存款	118 546	130 723	137 121	132 727	124 297	-8 430	-6.35
6. 信托存款	16 468	26 892	2 503	2 475	3 245	770	31.11
7. 其他存款	0	240 962	920 728	1 197 333	599 328	118 754	24.71
二、委托存款及投资基金	0	- 198 665	-99 200	-14 225	-187 831	- 173 624	1 222.10
三、金融债券	9 772	93	87	-408	-420	-12	2.94
四、国家投资债券	0	-8	8	-7	0	0	0
五、同业往来	452 072	243 766	254 153	166 577	319 651	101 964	46.84
1. 同业存放	384 559	213 681	242 897	147 240	294 621	96 271	48.54
2. 同业拆借	67 513	30 085	11 256	19 337	25 030	5 693	29.44
六、所有者权益	40 309	- 140 871	-31 719	113 837	65 128	- 144 537	-68.94
其中:实收资本	150 254	34 839	33 289	36 218	39 182	2 640	7.22
当年结益	- 148 631	141 456	- 125 953	-3 652	-52 611	-52 611	0
七、其　　他	-1 852 915	-1 539 939	2 220 052	-2 829 499	-2 581 191	- 149 113	10.80
资金来源总计	11 216 731	13 969 077	15 791 557	16 799 648	18 882 248	1 622 025	8.86

云南省银行机构人民币信贷收支统计(二)

单位:万元

项目 \ 年份	1996年	1997年	1998年	1999年	2000年		
	年末余额	年末余额	年末余额	年末余额	年末余额	比年初增减数	增减数%
一、各项贷款	10 346 489	13 186 321	15 223 405	16 173 499	17 616 394	1 674 210	9.47
1. 短期贷款	8 184 379	10 525 853	11 563 705	11 702 414	11 174 983	422 355	3.53
(1)工业贷款	3 145 736	3 677 397	3 745 609	3 766 864	3 385 700	-49 795	-1.28
(2)商业贷款	4 029 976	4 994 174	5 184 784	5 107 532	4 321 975	-338 797	-6.56
其中:收购贷款	1 939 604	2 955 393	2 624 264	2 434 191	2 196 418	- 169 305	-6.96
(3)建筑业贷款	146 034	200 432	265 844	292 777	305 521	14 795	4.72
(4)农业贷款	192 101	264 006	307 701	296 771	243 277	-5 469	-1.84
(5)乡镇企业贷款	169 706	206 120	280 466	311 680	225 871	1 713	0.55
(6)三资企业贷款	93 950	122 974	157 841	165 471	171 471	23 416	14.20
(7)私营企业及个体贷款	17 225	64 802	98 706	147 740	150 502	3 268	2.20
(8)其他短期贷款	389 651	995 948	1 522 754	1 613 579	2 370 666	773 224	46.42
2. 中期流动资金贷款	0	0	231 834	506 302	817 620	323 570	63.74
3. 中长期贷款	2 011 292	2 576 131	3 299 107	3 736 553	5 336 701	869 725	17.48
(1)基本建设贷款	578 121	850 142	1 129 977	1 317 235	2 677 013	507 379	20.45
(2)技术改造贷款	723 394	868 084	1 135 300	1 117 832	1 103 889	108 785	9.20
(3)其他中长期贷款	709 777	857 905	1 033 830	1 301 486	1 555 799	253 561	19.33
4. 信托贷款	0	300	300	300	0	0	0
5. 逾期类贷款	150 818	84 037	128 459	227 930	287 090	58 560	23.67
二、国家投资债券贷款	11 000	4 050	2 000	2 000	2 000	0	0
三、有价证券及投资	425 166	283 680	237 886	211 788	906 601	3 277	1.55
四、同业往来	309 874	276 195	118 117	70 212	78 131	7 918	11.28
1. 存放同业	79 479	32 177	38 669	3 263	3 324	61	1.87
2. 拆放同业	230 395	244 018	79 448	66 949	74 807	7 857	11.74
五、金银占款	20 842	27 329	42 614	22 396	28 233	5 838	26.07
六、外汇占款	17 946	54 753	1 073	18 124	8 735	-9 474	-52.03
七、库存现金	85 414	136 749	166 462	301 629	242 155	-59 743	-19.79
资金运用总计	11 216 731	13 969 077	15 791 557	16 799 648	18 882 248	1 622 025	8.86

云南省银行机构人民币信贷收支季末余额表（一）

（2000年） 单位:万元

项目 \ 分季	第一季度	第二季度	第三季度	第四季度
一、各项存款	19 372 603	20 044 203	20 618 101	21 266 912
1. 企业存款	8 925 628	9 341 108	9 593 343	10 064 664
(1)活期存款	7 149 374	7 609 676	7 894 599	8 355 002
(2)定期存款	1 776 254	1 731 432	1 698 744	1 709 662
2. 财政存款	571 938	632 149	653 864	465 813
3. 机关团体存款	543 362	582 889	640 699	725 705
4. 储蓄存款	8 783 159	8 858 330	9 072 993	9 283 860
(1)活期储蓄存款	2 768 498	2 885 124	3 050 735	3 233 644
(2)定期储蓄存款	6 014 661	5 973 206	6 022 258	6 050 216
5. 农业存款	119 656	134 481	106 612	124 297
6. 信托存款	2 498	2 492	244	3 245
7. 其他存款	426 362	492 754	550 345	599 328
二、委托存款及投资基金	－25 863	－19 745	－ 241 090	－ 187 831
三、金融债券	－395	－409	－414	－420
四、国家投资债券	0	4	0	0
五、同业往来	221 121	224 352	282 555	319 651
1. 同业存放	199 289	204 978	267 525	294 621
2. 同业拆借	21 832	19 374	15 030	25 030
六、所有者权益	94 354	96 147	99 412	65 128
其中:实收资本	36 664	36 665	36 666	39 182
当年结益	－11 129	－14 117	－12 371	－52 611
七、其　　他	－2 111 882	－3 291 467	－2 379 803	－2 581 191
资金来源总计	17 549 939	17 053 085	18 378 760	18 882 248

云南省银行机构人民币信贷收支季末余额表(二)

(2000年) 单位:万元

项目 \ 分季	第一季度	第二季度	第三季度	第四季度
一、各项贷款	17 049 796	16 534 081	16 927 008	17 616 394
1. 短期贷款	11 351 082	10 761 704	10 840 390	11 174 983
(1)工业贷款	3 605 201	3 454 918	3 448 016	3 385 700
(2)商业贷款	4 777 095	4 324 253	4 286 865	4 321 975
其中:收购贷款	2 287 021	2 085 259	2 161 580	2 196 418
(3)建筑业贷款	286 634	288 112	297 687	305 521
(4)农业贷款	306 683	278 892	266 526	243 277
(5)乡镇企业贷款	317 674	237 469	232 200	225 871
(6)三资企业贷款	162 685	163 646	160 594	171 471
(7)私营企业及个体贷款	147 367	146 562	148 542	150 502
(8)其他短期贷款	1 747 743	1 867 852	1 999 960	2 370 666
2. 中期流动资金贷款	625 477	629 268	722 880	817 620
3. 中长期贷款	4 806 818	4 838 005	5 066 389	5 336 701
(1)基本建设贷款	2 345 618	2 464 593	2 580 351	2 677 013
(2)技术改造贷款	1 141 783	1 025 069	1 067 649	1 103 889
(3)其他中长期贷款	1 319 417	1 348 343	1 418 389	1 555 799
4. 信托贷款	300	300	0	0
5. 逾期类贷款	266 119	304 804	297 349	287 090
二、国家投资债券贷款	2 000	2 000	2 000	2 000
三、有价证券及投资	200 619	218 945	910 643	906 601
四、同业往来	70 911	85 199	220 780	78 131
1. 存放同业	5 235	3 023	144 680	3 324
2. 拆放同业	65 676	82 176	76 100	74 807
五、金银占款	29 594	32 516	37 018	28 233
六、外汇占款	634	-2 168	4 190	8 735
七、库存现金	196 385	182 512	277 121	242 155
资金运用总计	17 549 939	17 053 085	18 378 760	18 882 248

云南省银行机构分地区存款统计

（2000 年）

单位：万元

项目 地区	各项存款	企业存款	企业存款中活期存款	财政存款	机关团体存款	储蓄存款	储蓄存款中活期存款	农业存款	信托存款	其他存款
昆明市	10 580 161	5 638 967	4 642 787	252 936	326 984	3 898 494	1 395 651	28 750	3 245	430 785
昭通地区	665 336	333 750	307 357	25 725	30 229	260 705	98 258	4 214	0	10 713
曲靖市	1 475 912	674 932	578 837	6 977	46 316	724 261	224 235	5 554	0	17 872
玉溪市	1 939 406	1 034 759	724 984	50 814	67 264	748 998	179 046	4 922	0	32 649
红河州	1 373 221	433 601	379 142	29 385	53 331	819 111	244 361	12 923	0	24 867
文山州	469 912	191 512	180 308	10 843	11 418	244 578	102 440	5 319	0	6 242
思茅地区	553 126	210 716	194 380	13 628	0	290 523	105 024	6 059	0	32 200
西双版纳州	399 933	97 982	68 501	2 955	19 557	254 901	88 400	17 082	0	7 456
楚雄州	816 581	362 755	313 973	10 965	22 342	402 670	132 236	6 009	0	11 840
大理州	1 055 886	416 047	363 547	18 066	50 633	545 278	209 807	8 708	0	17 154
保山地区	500 470	144 679	125 850	8 326	20 620	315 234	115 334	4 268	0	7 343
德宏州	435 828	110 889	97 038	5 328	9 081	299 178	135 627	5 630	0	5 722
丽江地区	339 365	129 669	109 858	6 999	17 959	184 314	73 221	2 820	0	22 562
怒江州	130 036	53 534	47 711	5 900	6	58 580	33 473	2 119	0	9 897
迪庆州	129 085	66 462	56 918	8 357	12	48 875	22 984	4 889	0	6 490
临沧地区	337 087	115 570	109 972	5 672	14 956	189 280	74 283	5 033	0	6 576

云南省银行机构分地区贷款统计

（2000年）

单位：万元

项目 地区	各项贷款	短期贷款	短期贷款中工业贷款	商业贷款	农业贷款	乡镇企业贷款	中期流动资金贷款	中长期贷款	信托贷款	逾期类贷款
昆明市	7 797 620	4 912 027	1 526 549	1 699 430	51 824	89 127	442 685	2 171 242	0	271 666
昭通地区	605 242	459 903	179 441	173 348	10 368	5 149	7 512	137 827	0	0
曲靖市	1 204 962	942 840	327 825	379 756	22 104	25 134	55 475	198 217	0	8 430
玉溪市	1 188 305	951 673	232 541	452 756	18 611	37 996	104 792	129 374	0	2 466
红河州	1 126 353	829 366	335 383	339 762	18 387	17 711	44 658	252 329	0	0
文山州	445 335	287 954	68 811	115 952	4 668	3 369	1 008	156 373	0	
思茅地区	456 662	290 012	87 155	115 000	8 249	2 396	8 200	158 450	0	0
西双版纳州	244 630	129 494	16 882	61 708	11 642	867	37 015	78 121	0	0
楚雄州	746 184	622 071	179 055	313 820	16 847	10 329	11 897	109 006	0	3 210
大理州	759 834	623 652	157 785	218 900	28 299	11 026	5 452	130 730	0	0
保山地区	536 088	383 882	121 454	158 159	20 522	7 115	41 813	110 393	0	0
德宏州	327 970	209 031	41 417	109 052	8 870	3 630	16 254	102 685	0	0
丽江地区	257 675	168 218	33 570	60 907	8 779	4 242	16 458	72 999	0	0
怒江州	100 020	49 706	9 857	15 306	1 270	2 290	4 282	46 032	0	0
迪庆州	112 538	50 395	10 185	16 091	6 094	1 124	4 534	57 609	0	0
临沧地区	393 276	230 033	60 335	91 808	6 748	4 362	2 774	160 469	0	0

云南省分地区城乡储蓄存款统计

(2000年)

单位:万元

项目 地区	城乡储蓄存款		城镇储蓄存款		农户储蓄存款	
	合计	其中:定期	合计	其中:定期	合计	其中:定期
昆明市	4 438 340	2 898 207	3 900 304	2 504 087	538 036	394 120
昭通地区	339 809	213 144	260 705	162 447	79 104	50 697
曲靖市	907 860	630 150	747 451	514 606	160 409	115 544
玉溪市	1 004 913	763 847	760 503	577 957	244 410	185 880
红河州	1 034 042	732 331	826 124	579 317	207 918	153 014
文山州	347 726	216 758	258 467	153 691	89 259	63 067
思茅地区	363 170	231 803	293 101	187 283	70 069	44 520
西双版纳州	294 415	193 494	261 009	167 931	33 406	25 563
楚雄州	526 264	347 486	414 513	277 175	111 751	70 311
大理州	695 967	429 672	548 336	337 176	147 631	92 496
保山地区	447 668	288 888	320 790	202 133	126 878	86 755
德宏州	366 642	203 996	303 714	165 704	62 928	38 292
丽江地区	245 253	148 796	184 314	111 093	60 939	37 703
怒江州	67 270	28 960	58 580	25 107	8 690	3 853
迪庆州	60 961	32 990	48 925	25 891	12 036	7 099
临沧地区	243 038	146 592	189 280	114 997	53 758	31 595

云南省城乡储蓄存款增长情况

单位：万元

项目＼年份	1996年			1997年			1998年			1999年			2000年		
	年末余额	比上年末增减额	增长%	年末余额	比上年末增减额	增长%	年末余额	比上年末增减额	增长%	年末余额	比上年末增减额	增长%	年末余额	比上年末增减额	增长%
城乡储蓄存款	6 758 723	1 752 736	35.01	8 063 973	1 305 250	19.31	9 136 976	1 073 003	13.31	10 289 196	1 152 220	12.61	11 382 301	1 093 105	10.62
活期储蓄存款	1 407 618	425 863	43.38	1 866 061	458 443	32.57	2 331 133	465 072	24.92	3 008 871	677 738	29.07	3 875 626	866 755	28.81
定期储蓄存款	5 351 105	1 326 873	32.97	6 197 912	846 807	15.82	6 805 843	607 931	9.81	7 280 325	474 482	6.97	7 506 675	226 350	3.11
城镇储蓄存款	5 484 570	1 433 903	35.40	6 568 025	1 083 455	19.75	7 514 349	946 324	14.41	8 517 448	1 003 099	13.35	9 375 030	857 582	10.07
活期储蓄存款	1 090 093	332 744	43.94	1 489 521	399 428	36.64	1 932 846	443 325	29.76	2 535 244	602 398	31.17	3 268 872	733 628	28.94
定期储蓄存款	4 394 477	1 101 159	33.44	5 078 504	684 027	15.57	5 581 503	502 999	9.90	5 982 204	400 701	7.18	6 106 158	123 954	2.07
农户储蓄存款	1 274 153	318 833	33.37	1 495 948	221 795	17.49	1 622 627	126 679	8.47	1 771 748	149 121	9.19	2 007 271	235 523	13.29
活期储蓄存款	317 525	93 119	41.50	376 540	59 015	18.59	398 287	21 747	5.78	473 627	75 340	18.92	606 754	133 127	28.11
定期储蓄存款	956 628	225 714	30.88	1 119 408	162 780	17.02	1 224 340	104 932	9.37	1 298 121	73 781	6.03	1 400 517	102 396	7.89

主要年份云南省城乡人均储蓄情况

单位:万人;万元;元/人

项目 年份	总人口（万人）	其中		城乡储蓄存款余额（万元）	其中		全省人均储蓄存款（元/人）	城镇人均储蓄存款（元/人）	农户人均储蓄存款
		市镇人口	乡村人口		城镇储蓄存款	农户储畜存款			
1978	3 091.5	375.7	2 715.8	42 001	32 353	9 648	13.59	86.11	3.55
1980	3 173.4	395.4	2 778.0	67 800	54 305	13 495	21.37	137.34	4.86
1985	3 418.1	904.6	2 513.5	298 422	231 158	67 264	87.31	255.54	26.76
1990	3 730.6	1 510.1	2 220.5	1 179 286	948 717	230 569	316.11	628.25	103.84
1991	3 782.1	1 555.2	2 226.9	1 522 764	1 221 465	301 299	402.62	785.41	135.30
1992	3 831.6	1 608.1	2 223.5	1 958 998	1 564 447	394 551	511.27	972.85	177.45
1993	3 885.2	1 664.0	2 221.2	2 510 715	1 994 613	516 102	646.23	1 198.69	232.35
1994	3 939.2	1 782.1	2 157.1	3 517 265	2 811 251	706 014	892.89	1 577.49	327.30
1995	3 989.6	1 821.3	2 168.3	5 005 987	4 050 667	955 320	1 254.76	2 224.05	441.60
1996	4 041.5	1 857.4	2 184.1	6 758 723	5 484 570	1 274 153	1 672.33	2 511.14	583.38
1997	4 094.0	1 937.3	2 156.7	8 063 973	6 568 025	1 495 948	1 969.71	3 390.30	693.63
1998	4 143.8	1 951.7	2 192.1	9 136 976	7 514 349	1 622 627	2 204.98	3 850.16	740.12
1999	4 192.4	1 991.3	2 201.1	10 289 196	8 517 448	1 771 748	2 454.25	4 277.33	804.94
2000	4 240.8	2014.4	2 226.4	11 382 301	9 375 030	2 007 271	2 684.00	4 654.01	901.58

云南省金融机构现金收入情况

单位:万元

项目 \ 年份	1996年	1997年	1998年	1999年	2000年		
	全年累计	全年累计	全年累计	全年累计	全年累计	比上年同期增减数	增减数%
一、商品销售收入	4 539 097	5 292 736	5 872 416	5 962 034	6 541 556	579 522	10
二、服务业收入	1 124 152	1 355 525	2 120 259	2 564 625	2 758 264	193 639	8
三、税款收入	116 490	118 827	170 463	208 190	250 560	42 370	20
四、城乡个体经营收入	434 434	1 059 424	1 869 379	1 955 621	1 924 687	－30 934	－2
五、储蓄存款收入	9 257 009	13 454 049	20 953 662	27 586 509	32 614 488	5 027 979	18
六、其他金融机构收入	702 567	933 574	261 803	290 265	207 263	－83 002	－29
七、居民归还贷款收入	0	0	882 935	954 242	1 022 774	68 532	7
八、汇兑收入	395 070	560 571	721 541	869 249	970 868	101 619	12
九、有价证券收入	68 573	194 291	314 788	208 247	378 874	170 627	82
十、其他收入	2 505 217	4 444 933	2 992 320	3 788 075	3 808 518	20 443	1
其中:兑换外币收入	0	0	65 827	133 211	91 574	－41 637	－31
收入合计	19 142 609	27 413 930	36 159 566	44 387 057	50 477 852	6 090 795	14

云南省金融机构现金支出情况

单位:万元

项目 \ 年份	1996年	1997年	1998年	1999年	2000年		
	全年累计	全年累计	全年累计	全年累计	全年累计	比上年同期增减数	增减数%
一、工资性支出	3 303 255	3 646 727	4 028 938	4 040 979	3 998 215	-42 764	-1
1. 国家工资及奖金支出	1 809 455	1 931 546	1 987 321	2 011 618	2 009 148	-2 470	0
2. 国家对个人其他支出	995 241	1 059 985	1 236 005	1 218 084	1 128 190	-89 894	-7
3. 部队存款支出	101 544	129 930	153 607	177 347	190 895	13 548	8
4. 其他单位工资性支出	397 015	525 266	652 005	633 930	669 982	36 052	6
二、农副产品采购支出	1 613 568	1 716 806	1 134 148	1 673 220	1 904 237	231 017	14
三、工矿及其他产品采购支出	431 288	489 215	1 165 430	849 933	1 043 378	193 445	23
四、行政企事业管理费支出	1 074 092	1 372 064	1 979 214	2 214 575	2 397 059	182 484	8
五、城乡个体经营支出	525 185	804 568	1 890 041	2 020 675	2 131 067	110 392	5
六、储蓄存款支出	8 776 088	13 536 516	21 283 244	27 858 513	32 910 519	5 052 006	18
七、其他金融机构支出	378 858	163 465	156 245	201 582	169 869	-31 713	-16
八、居民提取贷款支出	0	0	861 058	930 288	1 070 356	140 068	15
九、汇兑支出	284 177	328 110	436 411	477 350	551 554	74 204	16
十、有价证券支出	90 399	127 731	229 296	214 311	198 690	-15 621	-7
十一、其他支出	3 098 286	5 731 773	3 355 822	4 105 233	4 227 600	122 367	3
其中:兑换外币支出	0	0	35 866	21 902	16 086	-5 816	-27
支出合计	19 575 196	27 916 975	36 519 847	44 586 659	50 602 544	6 015 885	13
投放(+) 回笼(-)	432 587	503 045	360 281	199 602	124 692	-74 910	-38
附:代发工资	0	0	1 337 731	1 454 326	1 863 183	408 857	28

历年云南省货币投放（+）、回笼（-）情况

单位：万元

行别 / 年份	人民银行	工商银行	农业银行	中国银行	建设银行	交通银行	全年累计
1990	15 327	- 205 021	153 435	- 18 167	100 191	- 6 388	39 377
1991	- 6 037	- 247 454	222 496	- 6 340	121 269	- 6 524	77 410
1992	- 13 145	- 327 104	373 673	15 536	175 591	- 57 441	167 110
1993	- 46 090	- 326 361	491 171	10 427	240 308	- 193 878	175 577
1994	- 27 409	- 140 219	567 781	- 13 551	263 123	- 233 908	415 817
1995	- 77 685	- 156 388	778 625	- 54 880	255 098	- 269 278	475 492
1996	- 300 471	- 129 024	1 017 482	- 23 251	163 429	- 295 578	432 587
1997							503 045
1998							360 281
1999							199 602
2000							124 692

云南省分月货币投放(+)、回笼(-)情况

(2000年)

单位:万元

项目 分月	实际数	
	本月份	年累计
一月份	469 748	469 748
二月份	- 297 938	171 810
三月份	- 150 998	20 812
四月份	27 330	48 142
五月份	- 153 107	- 104 965
六月份	- 43 357	- 148 322
七月份	2 626	- 145 696
八月份	120 663	- 25 033
九月份	214 097	189 064
十月份	- 90 644	98 420
十一月份	- 29 757	68 663
十二月份	56 029	124 692

云南省分地区货币投放或回笼情况

（2000年） 单位：万元

项目 地区	货币投放	货币回笼
昆明市		－1 364 274
昭通地区	104 485	
曲靖市	285 127	
玉溪市	264 915	
红河州	310 865	
文山州	58 077	
思茅地区	76 455	
西双版纳州	27 982	
楚雄州	132 217	
大理州		－30 433
保山地区	20 296	
德宏州	54 418	
丽江地区	14 160	
怒江州	60 861	
迪庆州	32 829	
临沧地区	52 322	

云南省金融机构各项存、贷款余额分析表

单位:万元、%

项目 \ 年份	1992年	1993年	1994年	1995年	1996年	1997年	1998年	1999年	2000年
一、各项存款小计	4 667 218	5 935 646	8 411 522	11 872 364	15 395 876	18 293 989	20 760 568	22 543 844	24 656 844
(一)企业存款	1 727 901	2 034 117	3 191 881	4 788 949	6 507 994	8 252 438	9 106 445	9 407 893	10 384 035
(二)财政存款	143 643	295 574	599 975	418 229	498 745	554 597	719 732	571 782	538 962
(三)机关团体存款	242 071	259 465	319 051	325 730	335 737	317 253	6 273	1 923	749 734
(四)城镇储蓄存款	1 564 095	1 995 352	2 808 076	4 047 009	5 469 939	6 567 768	7 514 486	8 517 513	9 374 943
(五)农户储蓄存款	394 059	516 975	705 932	954 325	1 242 083	1 492 119	1 614 433	1 771 746	2 007 272
(六)农业存款	270 411	322 821	322 723	396 509	551 945	642 915	647 453	705 734	830 666
(七)信托存款	43 542	121 361	198 933	663 008	440 066	345 684	242 977	259 991	243 582
(八)其他存款	281 496	389 981	264 951	278 605	349 367	121 215	908 769	1 307 262	527 650
其中:新增存款	1 013 441	1 188 194	2 585 269	3 139 708	3 697 323	2 768 824	2 358 501	1 802 924	2 189 236
二、各项贷款小计	4 142 107	5 259 676	6 846 840	9 246 652	11 945 086	14 969 543	17 139 721	18 240 410	19 878 301
(一)短期贷款	2 798 113	3 594 766	4 972 615	6 673 760	8 896 183	11 109 863	12 204 670	12 696 693	12 618 281
(二)中长期贷款	700 527	876 706	1 316 876	1 626 134	2 011 831	2 723 732	3 476 251	3 896 001	5 490 099
(三)农业贷款	420 945	499 614	360 850	459 441	606 985	763 298	1 008 528	1 112 435	1 185 182
(四)信托贷款	44 109	65 401	89 624	336 920	189 951	166 800	162 131	95 128	21 551
(五)其他贷款	178 413	223 189	106 875	150 397	240 136	205 850	288 141	440 153	563 188
其中:新增贷款	868 356	1 115 802	1 635 338	2 078 926	2 847 147	2 776 859	2 141 962	1 079 167	1 887 027
三、存贷款余额比重	112.68	112.85	122.85	128.40	128.89	122.21	121.13	123.59	124.04
四、新增存贷款比重	116.71	106.49	158.09	151.03	129.86	99.71	110.11	167.07	116.63
五、金融资产	4 315 010	5 430 227	9 493 988	11 319 725	16 395 094	15 669 854	17 876 822	19 149 417	20 848 155
六、贷款占金融资产比重	95.99	96.86	72.12	81.69	72.86	95.53	95.88	95.25	95.35

云南省金融机构外汇信贷收支统计(一)

单位:万美元

项目＼年份	1999年	2000年		
	年末余额	年末余额	比年初增减数	增减数%
一、各项存款	109 020	124 750	15 678	14.37
1. 单位活期存款	9 941	10 884	945	9.51
其中:中资企业存款	5 519	7 577	2 060	37.34
外商投资企业存款	3 526	2 657	– 869	– 24.65
2. 单位定期存款	46 870	37 970	– 3 764	– 9.02
其中:中资企业存款	38 232	35 340	– 2 892	– 7.56
外商投资企业存款	2 715	1 879	– 836	– 30.79
3. 储蓄存款	44 557	62 388	17 776	39.85
其中:定期存款	42 493	60 295	17 750	41.72
4. 信托存款	340	7 555	2 079	37.97
5. 委托存款	3 183	2 558	– 625	– 19.64
6. 其他类存款	4 089	3 374	– 714	– 17.47
7. 境外存款	40	21	– 19	– 47.50
二、境外筹资	1 179	1 018	– 161	– 13.66
三、向中央银行借款				
四、中央银行存款				
五、同业存放	28	37	9	32.14
其中:境外同业存放		11	– 6	– 35.29
六、应付及暂收款				
其中:应付及预提利息				
七、同业拆入				
其中:境外同业拆入				
八、外汇买卖	5 008	3 963	– 984	– 19.89
其中:结售汇	2 357	621	– 1 664	– 72.82
九、境外联行存放				
十、证券业务款项				
十一、各项准备				
其中:贷款呆账准备金				
十二、所有者权益	5 915	5 717	– 111	– 1.90
其中:实收资本	4 767	4 767		
当年结益	495	1 002	1 002	
十三、其　　他	– 54 720	– 83 363	– 29 272	54.12
资金来源总计	66 430	52 122	– 14 841	– 22.16

云南省金融机构外汇信贷收支统计(二)

单位:万美元

项目 \ 年份	1999年	2000年		
	年末余额	年末余额	比年初增减数	增减数%
一、各项贷款	58 796	46 921	-12 367	-20.86
1. 短期贷款	10 013	4 721	-5 134	-52.10
(1)境内短期贷款	10 013	4 721	-5 134	-52.10
其中:中资企业贷款	6 903	3 027	-3 696	-54.98
外商投资企业贷款	2 531	1 064	-977	-47.87
(2)境外短期贷款				
2. 中长期贷款	12 499	6 640	-5 285	-44.32
(1)境内中长期贷款	12 499	6 640	-5 285	-44.32
其中:中资企业贷款	10 134	6 429	-3 705	-36.56
外商投资贷款	1 201	435	- 192	-30.62
(2)境外中长期贷款				
3. 进出口贸易融资	17 773	16 719	-1 035	-5.83
4. 票据融资	210	153	-56	-26.79
其中:贴现				
5. 融资租赁				
6. 信托贷款	275		- 849	- 100.00
7. 委托贷款	986	686		
8. 各项贷款	3 486	6 389	2 083	48.37
9. 境外筹资转贷款	13 554	11 613	-1 791	-13.36
二、有价证券及投资	728	2 531	1 803	247.66
三、应收及预付款				
其中:应收及预付利息				
四、存放中央银行	806	27	- 779	-96.65
其中:缴存准备金	806	27	- 779	-96.65
五、存放同业	383	61	- 322	-84.07
其中:存放境外同业		61	- 322	-84.07
六、拆放同业				
其中:拆放境外同业				
七、存放境外联行	1 368	104	-1 264	-92.40
八、证券业务占款				
九、库存现金	4 349	2 478	-1 912	-43.55
资金运用总计	66 430	52 122	-14 841	-22.16

云南省金融机构外汇信贷收支季末余额表(一)

(2000年)　　单位:万美元

项目 \ 分季	第一季度	第二季度	第三季度	第四季度
一、各项存款	110 322	111 639	118 489	124 750
1. 单位活期存款	10 131	7 703	7 985	10 884
其中:中资企业存款	5 213	4 165	4 929	7 577
外商投资企业存款	2 807	2 919	2 735	2 657
2. 单位定期存款	39 680	39 893	40 596	37 970
其中:中资企业存款	35 808	35 916	36 093	35 340
外商投资企业存款	3 107	3 181	3 743	1 879
3. 储蓄存款	48 034	51 775	57 369	62 388
其中:定期存款	45 858	49 823	55 261	60 295
4. 信托存款	7 557	7 547	7 547	7 555
5. 委托存款	1 727	1 957	2 305	2 558
6. 其他类存款	3 146	2 727	2 653	3 374
7. 境外存款	47	37	34	21
二、境外筹资	1 069	1 059	1 004	1 018
三、向中央银行借款				
四、中央银行存款				
五、同业存放	26	24	26	37
其中:境外同业存放	15	16	14	11
六、应付及暂收款				
其中:应付及预提利息				
七、同业拆入				
其中:境外同业拆入				
八、外汇买卖	2 520	2 533	2 618	3 963
其中:结售汇	326	965	1 085	621
九、境外联行存放				
十、证券业务款项				
十一、各项准备				
其中:贷款呆账准备金				
十二、所有者权益	5 829	6 127	6 244	5 717
其中:实收资本	4 767	4 767	4 767	4 767
当年结益	121	488	761	1 002
十三、其　他	- 56 339	- 63 144	- 75 381	- 83 363
资金来源总计	63 427	58 238	53 000	52 122

云南省金融机构外汇信贷收支季末余额表(二)

(2000年)　　单位:万美元

项目＼分季	第一季度	第二季度	第三季度	第四季度
一、各项贷款	56 560	53 611	48 626	46 921
1. 短期贷款	7 426	5 498	5 044	4 721
(1)境内短期贷款	7 426	5 498	5 044	4 721
其中:中资企业贷款	4 903	2815	2 901	3 027
外商投资企业贷款	1 440	1 433	934	1 064
(2)境外短期贷款				
2. 中长期贷款	11 885	11 540	7 377	6 640
(1)境内中长期贷款	11 885	11 540	7 377	6 640
其中:中资企业贷款	9 627	9 282	6 731	6 429
外商投资贷款	627	627	435	435
(2)境外中长期贷款				
3. 进出口贸易融资	17 431	17 223	17 827	16 719
4. 票据融资	251	182	196	153
其中:贴现				
5. 融资租赁				
6. 信托贷款	536	400	400	
7. 委托贷款	986	986	686	686
8. 各项垫款	5 310	5 408	4 981	6 389
9. 境外筹资转贷款	12 735	12 374	12 115	11 613
二、有价证券及投资	728	728	728	2 531
三、应收及预付款				
其中:应收及预付利息				
四、存放中央银行	829	881	894	27
其中:缴存准备金	829	881	894	27
五、存放同业	362	593	50	61
其中:存放境外同业	362	593	50	61
六、拆放同业				
其中:拆放境外同业				
七、存放境外联行	2 731	80	80	104
八、证券业务占款				
九、库存现金	2 217	2 345	2 622	2 478
资金运用总计	63 427	58 238	53 000	52 122

云南省银行机构外汇信贷收支统计(一)

单位:万美元

项目 \ 年份	1999年	2000年		
	本年余额	本年余额	比年初增减数	增减数%
一、各项存款	100 361	124 750	15 678	14.37
1. 单位活期存款	9 941	10 884	945	9.51
其中:中资企业存款	5 519	7 577	2 060	37.34
外商投资企业存款	3 526	2 657	-869	-24.65
2. 单位定期存款	41 734	37 970	-3 764	-9.02
其中:中资企业存款	38 232	35 340	-2 892	-7.56
外商投资企业存款	2 715	1 879	-836	-30.79
3. 储蓄存款	44 557	62 388	17 776	39.85
其中:定期存款	42 493	60 295	17 750	41.72
4. 信托存款		7 555	2 079	37.97
5. 委托存款		2 558	-625	-19.64
6. 其他类存款	4 089	3 374	-714	-17.47
7. 境外存款	40	21	-19	-47.50
二、境外筹资	1 179	1 018	-161	-13.66
三、向中央银行借款	300			
四、中央银行存款				
五、同业存放	769	37	9	32.14
其中:境外同业存放	17	11	-6	-35.29
六、应付及暂收款				
其中:应付及预提利息				
七、同业拆入				
其中:境外同业拆入				
八、外汇买卖	4 595	3 963	-984	-19.89
其中:结售汇	2 357	621	-1 664	-72.82
九、境外联行存放	-53 566			
十、证券业务款项				
十一、各项准备				
其中:贷款呆账准备金				
十二、所有者权益	3 087	5 717	-111	-1.90
其中:实收资本	2 667	4 767		
当年结益	299	1 002	1 002	
十三、其他	6 371	-83 363	-29 272	54.12
资金来源总计	63 096	52 122	-14 841	-22.16

云南省银行机构外汇信贷收支统计(二)

单位:万美元

项目 \ 年份	1999年	2000年		
	本年余额	本年余额	比年初增减数	增减数%
一、各项贷款	54 975	46 921	-12 367	-20.86
1. 短期贷款	9 343	4 721	-5 134	-52.10
(1)境内短期贷款	9 343	4 721	-5 134	-52.10
其中:中资企业贷款	6 723	3 027	-3 696	-54.98
外商投资企业贷款	2 041	1 064	- 977	-47.87
(2)境外短期贷款				
2. 中长期贷款	11 925	6 640	-5 285	-44.32
(1)境内中长期贷款	11 925	6 640	-5 285	-44.32
其中:中资企业贷款	10 134	6 429	-3 705	-36.56
外商投资贷款	627	435	-1 043	-5.87
(2)境外中长期贷款	13 554			
3. 进出口贸易融资	17 773	16 719	-1 035	-5.83
4. 票据融资	210	153	-56	-26.79
其中:贴现				
5. 融资租赁				
6. 信托贷款			- 849	- 100.00
7. 委托贷款		686		
8. 各项垫款	2 170	6 389	2 083	48.37
9. 境外筹资转贷款		11 613	-1 791	-13.36
二、有价证券及投资	604	2 531	1 803	247.66
三、应收及预付款				
其中:应收及预付利息				
四、存放中央银行	806	27	- 779	-96.65
其中:缴存准备金	806	27	- 779	-96.65
五、存放同业	140	61	- 322	-84.07
其中:存放境外同业	140	61	- 322	-84.07
六、拆放同业	854			
其中:拆放境外同业				
七、存放境外联行	1 368	104	-1 264	-92.40
八、证券业务占款				
九、库存现金	4 349	2 478	-1 912	-43.55
资金运用总计	63 096	52 122	-14 841	-22.16

云南省银行机构外汇信贷收支季末余额表(一)

(2000年)

单位:万美元

项目 \ 分季	第一季度	第二季度	第三季度	第四季度
一、各项存款	101 038	102 135	108 637	124 750
1. 单位活期存款	10 131	7 703	7 985	10 884
其中:中资企业存款	5 213	4 165	4 929	7 577
外商投资企业存款	2 807	2 919	2 735	2 657
2. 单位定期存款	39 680	39 893	40 596	37 970
其中:中资企业存款	35 808	35 916	36 093	35 340
外商投资企业存款	3 107	3 181	3 743	1 879
3. 储蓄存款	48 034	51 775	57 369	62 388
其中:定期存款	45 858	49 823	55 261	60 295
4. 信托存款				7 555
5. 委托存款				2 558
6. 其他类存款	3 146	2 727	2 659	3 374
7. 境外存款	47	37	34	21
二、境外筹资	1 069	1 059	1 004	1 018
三、向中央银行借款	300	300	300	
四、中央银行存款				
五、同业存放	317	214	253	37
其中:境外同业存放	15	16	14	11
六、应付及暂收款				
其中:应付及预提利息				
七、同业拆入				
其中:境外同业拆入				
八、外汇买卖	2 105	2 138	2 233	3 963
其中:结售汇	326	965	1 085	621
九、境外联行存放	-51 936	-60 177	-67 361	
十、证券业务款项				
十一、各项准备				
其中:贷款呆账准备金				
十二、所有者权益	3 145	3 302	3 496	5 717
其中:实收资本	2 667	2 667	2 667	4 767
当年结益	198	424	619	1 002
十三、其他	3 236	5 118	5 701	-83 363
资金来源总计	59 274	54 089	54 263	52 122

云南省银行机构外汇信贷收支季末余额表(二)

(2000年) 单位:万美元

项目 \ 分季	第一季度	第二季度	第三季度	第四季度
一、各项贷款	52 768	49 829	45 441	46 921
1. 短期贷款	7 426	5 498	5 044	4 721
(1)境内短期贷款	7 426	5 498	5 044	4 721
其中:中资企业贷款	4 903	2 815	2 901	3 027
外商投资企业贷款	1 440	1 433	934	1 064
(2)境外短期贷款				
2. 中长期贷款	11 885	11 540	7 377	6 640
(1)境内中长期贷款	11 885	11 540	7 377	6 640
其中:中资企业贷款	9 627	9 282	6 731	6 429
外商投资贷款	627	627	435	435
(2)境外中长期贷款				
3. 进出口贸易融资	17 431	17 223	17 827	16 719
4. 票据融资	251	182	196	153
其中:贴现				
5. 融资租赁				
6. 信托贷款				
7. 委托贷款				686
8. 各项垫款	3 040	3012	2 882	6 389
9. 境外筹资转贷款	12 735	12 374	12 115	11 613
二、有价证券及投资	604	604	604	2 531
三、应收及预付款				
其中:应收及预付利息				
四、存放中央银行	829	881	894	27
其中:缴存准备金	829	881	894	27
五、存放同业	125	350	4 622	61
其中:存放境外同业	115	343	50	61
六、拆放同业				
其中:拆放境外同业				
七、存放境外联行	2 731	80	80	104
八、证券业务占款				
九、库存现金	2 217	2 345	2 622	2 478
资金运用总计	59 274	54 089	54 263	52 122

云南省非银行金融机构外汇信贷资金运行情况

单位:万美元

	项目	月末余额	比上年同期增减	比上年末增减
资金来源	一、外汇存款			
	(一)储蓄存款			
	(二)企业存款			
	1. 中资企业			
	2. 外商投资企业			
	3. 外国驻华机构			
	4. 其他			
	二、信托存款	10 113	1 403	1 403
	(一)境内信托存款	10 113	1 403	1 403
	(二)其他境内信托资金			
	(三)境外信托存款			
	(四)其他境外信托资金			
	三、人民银行存放			
	四、同业存款			
	五、拆入同业			
	六、资本	2 297	19	19
	七、外汇买卖	326	-87	-87
	八、其他	121	-570	-570
	合计	12 857	765	765
资金运用	一、外汇放款	1 556	-466	-466
	1. 中长期放款	1 165	-94	-94
	2. 短期放款		-763	-763
	二、信托放款	813	-1	-1
	1. 中长期放款			
	2. 短期放款	813	-1	-1
	三、外汇投资	124		
	四、信托投资			
	五、外汇租赁			
	六、现金			
	七、存放人民银行			
	八、存放同业	9 275	1 984	1 984
	九、拆放同业	200	-70	-70
	十、外汇买卖			
	十一、其他	889	-682	-682
	合计	12 857	765	765

云南省外汇指定银行外汇资金运行情况

单位：万美元

	项目	月末余额	比上年同期增减	比上年末增减
资金来源	一、外汇存款	114 747	14 123	14 123
	（一）居民存款	114 387	14 028	14 028
	1. 企业存款	47 806	-3 551	-3 551
	其中：外商投资企业	6 296	-2 410	-2 410
	2. 储蓄存款	62 253	17 662	17 662
	3. 其他存款	4 327	-85	-85
	（二）非居民存款	360	95	95
	其中：驻华机构	360	95	95
	二、境外筹资	1 436	- 469	- 469
	（一）短期借款			
	（二）中长期借款	418		- 308
	三、人民银行往来			
	四、同业往来	5 647	1 029	1 029
	五、自有资金	8 651	- 500	- 500
	六、当年结益	933	636	636
	七、外汇买卖	3 427	- 919	- 919
	八、联行往来	20 233	-60 287	-60 287
	九、其他	3 216	-1 948	-1 948
	合计	158 290	-48 335	-48 335
资金运用	一、外汇贷款	32 649	-9 969	-9 969
	二、投资	605		1
	三、委托贷款	11 613	-1 641	-1 641
	四、存放同业资金	3 827	-12	-12
	五、缴存准备金	2 617	- 364	- 364
	六、人民银行往来		- 375	- 375
	七、同业往来	2 609	-1 200	-1 200
	八、现金	52 933	-41 120	-42 120
	九、联行往来	46 220	3 343	3 343
	十、其他	5 217	3 002	3 002
	合计	158 290	-48 335	-48 335

云南证券营业部2000年交易情况表

单位:万元

项目 单位	总成交	总成交排名	A股、基金	A股、基金排名	托管市值
云证青年路	585 046	6	561 696	6	95 530
云证金碧路	502 823	8	502 551	8	50 927
云证东风西路	663 320	4	662 755	3	74 616
云证新兴路	104 838	22	104 838	20	13 761
云证曲靖	293 977	13	287 438	12	40 102
云证玉溪	209 787	17	209 566	15	22 804
云证保山	124 816	20	88 537	22	1 271
云证开远	13 331	23	13 331	23	4 041
云证西双版纳	4 137	24	4 137	24	872
金旅永安路	397 424	10	396 864	10	45 893
金旅永昌路	481 705	9	463 880	9	48 713
金旅人民东路	220 693	16	220 439	14	26 149
金旅楚雄	105 302	21	104 798	21	26 354
省国托春城路	238 818	15	231 979	13	47 672
省国托南屏街	250 910	14	204 901	16	25 908
省国托大理	187 870	18	157 576	18	26 779
昆国托北京路	1 012 814	3	888 908	2	205 420
国泰君安昆明	1 075 820	2	1 066 353	1	109 334
海通证券昆明	1 077 660	1	580 164	5	128 781
银河白塔路	637 844	5	635 579	4	62 390
银河人民中路	393 580	11	382 369	11	48 242
光大证券昆明	532 992	7	519 972	7	78 632
湘财证券昆明	301 803	12	181 007	17	69 480
广发证券昆明	156 924	19	155 568	19	35 982
合计	9 574 234		7 560 959		1 289 653

云南省上市公司股票发行情况表

序号	名称	社会公众股(万股)发行时	社会公众股(万股)送配后	发行方式	发行价(元)	中签率(%)	募集资金(万元)	发行日期	上市日期	上市地点
1	云南白药(0538)	2 000	5 821.2	认购证	3.38	0.128941	21 053.73(原 6 760)	1993 11.6	1993 12.15	深圳
2	昆百大(0560)	3 000(另 1 800)	6 240	认购证	3.96	0.051642	15 912(原 11 880)	1993 12.3	1994 2.2	深圳
3	昆明机床 A 股(600806)	6 000	6 000	认购证	4.43	0.123304	26 580	1993 12.3	1994 1.3	上海
	昆明机床 H 股(0300)	6 500	6 500	全额预缴	2.20	超认购634.93倍	19 040.62	1993 11.23	1993 12.7	香港
4	富邦科技(600883)	1 800	1 800	定向发行	1.00		18 000	1990年以前	1995 12.8	上海
5	云维股份(600725)	3 750	3 750	全额预缴摇号抽签	4.85	11.58806	18 187.5	1996 6.10	1996 7.2	上海
6	华一投资(0667)	2 271	6 358.8	定向发行	1.00		2 271	1990年以前	1996 12.5	深圳
7	云南马龙(600792)	1 500	1 500	全额预缴比例配售	4.80	0.68479	7 200	1997 1.8	1997 1.23	上海
8	保税科技(600794)	1 750(另 258)	3 855.36	全额预缴摇号抽签	3.75	2.3242	6 562.5	1997 2.19	1997 3.6	上海
9	云天化(600096)	10 000	10 000	全额预缴摇号抽签	6.21	2.5537	62 100	1997 6.18	1997 7.9	上海
10	云南铝业(0807)	8 000	8 000	全额预缴比例配售	4.90	0.661	39 200	1998 2.25	1998 4.8	深圳
11	云南铜业(0878)	12 000	21 600	上网定价	6.26	11.156668	75 120	1998 4.20	1998 6.2	深圳
12	云大科技(600181)	6 000	6 000	上网定价	6.39	0.192659	38 340	1998 8.27	1998 9.28	上海
13	云内动力(0903)	6 000	6 000	上网定价	6.48	0.390798	38 880	1999 1.27	1999 4.15	深圳
14	南天信息(0948)	4 000	4 000	上网定价	8.13	0.35	32 520	1999 8.18	1999 10.14	深圳
15	红河光明(600239)	2 000(另 500.8)	2 500.8	上网定价	5.44	0.221	10 880	1999 9.1	1999 12.2	上海
16	锡业股份(0960)	13 000	1 300	上网定价	6.00	0.442	78 000	1999 10.11		深圳
17	景谷林业(600265)	4 000	4 000	上网定价	5.19		20 760	2000 7.21	2000 8.25	上海
18	昆明制药(60042)	4 000	4 000	上网定价	10.22	0.15838	40 880	2000 11.16	2000 12.6	上海

备注：
1. 募集资金均未扣除发行费用；
2. 社会公众股发行时另有的职工股：昆百大 1800 万，保税科技 258 万，红河光明 500.8 万；
3. 富邦科技、华一投资为 1990 年以前发行并经国家确认的历史遗留问题企业，发行价按 1 元计。

云南省股票投资者历年开户股东数

单位：户

年度	当年开户			累计开户
	数量	其中		
		上海开户	深圳开户	
1993	20 808	11 677	9 191	20 808
1994	7 483	5 743	1 740	28 351
1995	7 937	5 897	2 040	36 288
1996	49 520	24 636	24 884	85 808
1997	105 623	58 541（含机构）	47 577（含机构）	191 431
1998	74 377	34 067（含机构）	39 449（含机构）（另基金 355）	266 303
1999	49 926	26 013（含机构）	24 744（含机构）	316 229
2000	130 310			446 539
说明	1.1999 年累计开户数中，上海开户 166601 户，深圳开户 149628 户； 2.1998 年基金开户未计算在总数中； 3. 当年开户数量未计算机构开户数。			

云南省上市公司股本结构表

单位:万股

序号	名称（数量/项目）	股本总额		结构（送配后）						备注
				国有股		法人股		社会公众股		
		发行时	送配后	数量	占%	数量	占%	数量	占%	
1	云南白药	800	18 591.24	8 712	46.86	4 058.04	21.83	5 821.2	31.31	1993年10送1股;1994年10送2股;1995年10配2.7股,3.1元/股;1999年10送1转增4后,新10配2,老10配3.7元/股
2	昆百大	12 000	13 440	3 226.19	24	3 973.81	29.57	6 240	46.43	1995年10配3股,2.8元/股
3	昆明机床	24 500.74	24 500.74	10 239.77	41.79	1 760.97	7.19	12 500	51.02	社会公众股含A股6000万、H股6500万
4	富邦科技(云南保山)	6 800	6 800	1 000	14.71	4 000	58.82	1 800	26.47	1998年国有股3000万转给法人股
5	云维股份	11 000	11 000	7 250	65.91			3 750	34.09	
6	华一投资	8 751	24 502.8	18 144	74.05			6 358.8	25.95	1996年10送3增7股;1998年10送2转2股
7	云南马龙	5 100	5 100	3 600	70.59			1 500	29.41	
8	保税科技(大理造纸)	5 608	10 767.36	5 376	49.93	1 536	14.26	3 855.36	35.81	1997年10送2股;1999年10送3转增3
9	云天化	56 818.18	56 818.18			46 818.18	82.40	1 000	17.6	
10	云南铝业	3 100	31 000	23 000	74.19			8 000	25.81	
11	云南铜业	40 600	73 080	51 480	74.44			21 600	29.56	1998年10送2增6股
12	云大科技	14 100	14 100	4 608.9	32.69	3 491.1	24.76	6 000	42.55	
13	云内动力	18 000	18 000	12 000	66.67			6 000	33.33	
14	南天信息	14 000	14 000	6 965	49.75	3 035	21.68	4 000	28.57	法人股含自然人股500万
15	红河光明	5 056.6	5 056.6	991.2	19.6	1 564.6	30.94	2 500.8	49.46	
16	锡业股份	35 790.4	35 790.4	22 500	62.87	290.4	0.81	13 000	36.32	
17	景谷林业	10 500	10 500	6 132	58.4	368	3.5	4 000	38.1	
18	昆明制药	9 818	9 818	2 150.056	21.9	3 667.944	37.36	4 000	40.74	

三、金融机构业务统计

国家开发银行昆明分行人民币信贷收支表

（2000年12月31日）

单位：元

指标编码	指　标　名　称	数据值
0401	一. 资产类总计	13 044 709 415.94
0402	(一)流动资产	355 179 914.38
0404	2. 银行存款	287 155.96
0406	4. 存放中央银行准备金存款	13 087 222.17
0407	存放中央银行存款	13 087 222.17
0413	6. 存放同业款项	1 170 944.01
0414	存放商业性银行同业款项	1 170 944.01
0415	存放国有商业银行	1 170 944.01
0433	7. 存放联行款项	16 399 330.90
0441	系统内资金往来	16 399 330.90
0442	存放系统内资金	16 399 330.90
0471	9. 短期贷款	320 000 000.00
0501	其他短期贷款	320 000 000.00
0505	中央设备储备贷款	320 000 000.00
0604	15. 应收及预付款项	4 235 261.34
0605	应收款项	4 235 261.34
0606	应收账款	3 381 151.66
0607	其中：应收利息	3 381 151.66
0608	其他应收款	854 109.68
0628	（二）长期资产	12 689 529 501.56
0629	1. 中长期贷款	12 661 058 000.00
0630	基本建设贷款	12 130 168 000.00
0631	技术改造贷款	489 860 000.00
0635	其他中长期贷款	41 030 000.00
0650	基本建设软贷款	41 030 000.00
0654	2. 逾期类贷款	13 200 000.00
0655	逾期贷款	8 200 000.00
0656	呆滞贷款	5 000 000.00
0681	8. 固定资产净值	11 442 711.38
0682	固定资产	11 979 653.30
0683	累计折旧（减）	536 941.92
0688	13. 递延资产	3 828 790.18

（续表一）

指标编码	指　标　名　称	数据值
0695	二. 负债及所有者权益类总计	13 044 709 415.94
0696	（一）短期负债	12 821 953 098.96
0697	1. 活期存款	589 232 008.85
0698	工业存款	589 232 008.85
0699	工业企业存款	589 232 008.85
0840	6. 联行存放款	12 221 891 719.63
0848	系统内资金往来	44 167 855.94
0849	系统内存放	44 167 855.94
0857	信贷资金调拨	12 177 723 863.69
0873	9. 应付及暂收款	10 829 370.48
0874	应付款项	10 829 370.48
0877	应交税金	10 815 934.18
0883	其他应付款	13 436.30
0909	（二）定期负债	100 000 000.00
0951	5. 其他长期负债	100 000 000.00
0952	拨入营运资金	100 000 000.00
0962	（三）各项准备	318 755.49
0963	1. 坏账准备	318 755.49
0967	（四）所有者权益	122 437 561.49
0973	6. 本年利润	122 437 561.49
0974	利息收入	705 639 236.41
0975	金融机构往来收入	569 162.91
0976	手续费收入	140.00
0984	利息支出	536 721 925.31
0986	手续费支出	17 468.10
0987	营业费用	8 301 838.32
0990	营业税金及附加	38 726 606.10
0991	营业外支出	3 140.00
1031	逾期类贷款	13 200 000.00
1032	逾期贷款	8 200 000.00
1034	逾期中长期贷款	8 200 000.00
1035	其中：基本建设贷款	8 200 000.00
1038	呆滞贷款	5 000 000.00
1039	其中：基本建设贷款	5 000 000.00
1048	单个最高贷款总额	5 185 000 000.00
1052	十家最高贷款总额	12 030 820 000.00
1056	信用贷款及透支	400 000 000.00

（续表二）

指标编码	指标名称	数据值
1057	保证贷款	5 236 848 000.00
1061	非银行金融机构保证	768 000 000.00
1064	国家大型或特大型企业担保	1 859 840 000.00
1065	其他企业担保	1 828 488 000.00
1066	其他保证	780 520 000.00
1067	质押贷款	7 112 220 000.00
1077	其他质押	7 112 220 000.00
1078	抵押贷款	231 990 000.00
1086	（四）一年内到期的长期贷款	798 240 000.00
1089	（七）流动资产	2 312 209.65
1093	一个月内到期的应收款项	854 109.68
1134	存放金融机构收入	569 162.91
1135	中央银行收入	569 162.91
1160	其中：职工工资	927 969.10
1161	职工福利费	180 467.43
1162	业务宣传费	199 422.75
1163	业务招待费	907 936.82
1164	差旅费	1 499 777.08
1165	会议费	642 095.19
1166	电子设备运转费	156 578.00
1170	递延资产摊销	525 804.71
1198	（六）流动负债	13 436.30
1248	其他抵押	231 990 000.00
1268	金融机构往来收入	569 162.91
1269	利息支出	536 721 925.31
1271	营业费用	8 301 838.32
1284	一个月内到期的存放同业款	1 170 944.01
1286	其他一个月内到期可变现的资产	287 155.96
1288	一个月内到期的其他应付款	13 436.30
1374	其中：三个月内逾期贷款	8 200 000.00
8008	核销贷款本金（自用）	9 567 772 000.00
8013	发生应收逾期类贷款利息（自用）	-5 392 109.38
8015	实收逾期类贷款利息（自用）	960.38
8016	贷款利息调整数（自用）	-3 381 151.66
8017	逾期类贷款利息调整数（自用）	1 069 377.56
8024	其中：股权投资资金（贷方）（自用）	119 620 000.00
8026	其中：其他存款（自用）	17 442 963.00

中国工商银行云南省分行存、贷款项目明细表（人民币）

（2000年12月31日）

单位：万元

资产项目	本月末余额	比上月 2000年	比上月 1999年	比年初 2000年	比年初 1999年	负债项目	本月末余额	比上月 2000年	比上月 1999年	比年初 2000年	比年初 1999年
各项贷款合计	4 640 879	75 413	-10 535	-359 190	341 671	各项存款合计	6 575 017	24 699	13 276	374 696	467 757
一、工业贷款	2 308 041	30 896	-31 022	-233 292	45 728	一、对公存款	3 262 091	-10 366	1 133	218 669	69 533
工业企业贷款	1 744 056	13 297	-13 153	-151 576	66 271	（一）企业存款	1 955 613	-56 037	-60 998	19 594	-59 271
物资供销企业贷款	308 919	16 136	-9 073	-18 421	-28 181	1. 工业存款	949 146	-37 340	-50 517	52 301	-78 189
工业收购农副产品贷款	2 584	-470		-560	1 035	工业企业存款	867 996	-22 982	-16 181	46 480	-76 774
三资企业贷款	74 209	6 516	-91	4 497	18	物资供销企业存款	57 911	-17 310	-36 623	416	6 748
集体企业贷款	178 273	-4 583	-8 705	-67 232	6 585	三资企业存款	23 239	2 952	2 287	5 405	-8 163
二、商业贷款	657 432	-1 837	-34 794	-208 808	-25 257	2. 商业存款	244 344	16 003	-13 091	6 829	-40 174
商业企业贷款	506 624	-7 543	-28 080	-142 218	-19 218	商业企业存款	239 486	14 821	-10 814	5 635	-35 571
商业收购农副产品贷款	769		-2	-3 649	29	外贸企业存款	4 858	1 182	-2 277	1 194	-4 603
粮棉油附营企业贷款	13 360		-125	-7 187	-3 879	3. 建筑企业存款	3 622	-627	235	-1 679	423
外贸企业贷款	23 274	-471	-530	-14 483	850	4、保险公司存款	17 432	-5 272	412	-1 801	-4 608
集体商业贷款	113 405	6 177	-6 057	-41 271	-3 039	5、集体工商企业存款	202 330	4 601	2 861	-793	19 054
三、其他贷款	281 416	1 548	-846	26 640	39 789	6、私营及个体工商业	36 607	2 388	3 936	2 714	3 363
私营及个体工商业贷款	46 492	695	-870	-8 176	5 938	7、单位定期存款	390 365	-45 092	-14 399	-71 321	19 759
其他短期贷款	221 957	-5 599	1 528	27 174	49 557	8、房地产业存款	101 762	9 302	9 565	33 340	21 507
贴现	3 682	1 310	-2 574	257	-17 606	9、开发银行贷款资金	5			4	-406
建筑安装企业贷款	4 113	-30	1 070	2 213	1 900	10、三峡移民资金存款					
代理资产						（二）其他存款	1 306 478	45 671	62 131	199 075	128 804
四、中长期贷款	1 393 990	44 806	56 127	56 270	281 411	其他活期存款	778 597	39 994	32 002	154 296	24 719
个人住房贷款	218 675	13 483	5 128	100 554	64 769	财政预算外存款	54 813	-31 601	2 050	-6 486	9 310
个人其他贷款	35 333	4 925	561	27 748	7 433	机关团体存款	388 182	33 908	22 395	41 983	84 931
技术改造贷款	739 766	24 577	23 579	-77 456	-542	特种存款	3 988	407	-61	8 089	4 276
技术改造贴息贷款	5 565	-26	-920	-11 683	-274	特种事业存款	9 150	1 262	2 032	1 979	-25
基本建设贷款	54 949	-1 146	6 317	-19 955	36 996	特种企业存款	3 278	-3 111	569	-1 383	-2 116
房地产业贷款	43 295	-1 112	2 321	2 777	-1 641	应解汇款	19 237	3 653	2 050	-5 972	958
国家特定贷款	470	-2	-283	-234	-42	保证金	19 233	1 159	1 094	6 569	6 751
国家助学贷款	163	75		163		二、储蓄存款	3 312 926	35 065	12 143	156 027	398 224
中期流动资金贷款	280 869	6 585	22 605	45 852	184 147	活期储蓄存款	1 056 485	29 042	32 144	177 080	223 019
科技开发贷款	13 291	-1 977	-1 641	-10 598	-6 826	定期储蓄存款	2 256 441	6 023	-20 001	-21 053	175 205
其他中长期贷款	1 614	-576	-1 540	-898	-2 609						

中国工商银行云南省分行存款分地区分析表（人民币）

（2000年12月31日）

单位：万元

地区	各项存款					其中：1、对公存款					2、储蓄存款				
	本期余额	比上月末±		比上年末±		本期余额	比上月末±		比上年末±		本期余额	比上月末±		比上年末±	
		2000年	1999年	2000年	1999年		2000年	1999年	2000年	1999年		2000年	1999年	2000年	1999年
全省合计	6 575 017	24 699	13 276	374 696	467 757	3 262 091	-10 366	1 133	218 669	69 533	3 312 926	35 065	12 143	156 027	398 224
营业部	3 146 679	42 958	124 394	169 421	326 746	1 648 238	34 350	88 586	107 566	107 680	1 498 441	8 608	35 808	61 855	219 066
昭通	217 103	-4 761	-14 708	18 834	22 643	131 024	-6 560	-15 703	18 582	12 570	86 079	1 799	995	252	10 073
曲靖	503 382	-2 068	-11 720	40 325	19 135	231 419	-5 688	-8 359	14 371	-7 545	271 963	3 620	-3 361	25 954	26 680
玉溪	646 990	-44 629	-61 484	80 328	-112 082	377 715	-54 282	-62 139	40 278	-136 545	269 275	9 653	655	40 050	24 463
红河	480 176	-4 084	-15 417	26 903	50 993	175 920	-5 401	-15 585	10 904	18 045	304 256	1 317	168	15 999	32 948
文山	127 019	3 692	8 512	-5 982	15 920	66 300	2 093	7 362	-85	12 067	60 719	1 599	1 150	-5 897	3 853
思茅	167 990	15 569	8 488	11 075	8 585	78 173	14 401	6 810	10 048	1 651	89 817	1 168	1 678	1 027	6 934
西双版纳	100 318	-932	-4 337	4 894	9 403	41 131	-1 300	-4 742	2 447	3 667	59 187	368	405	2 447	5 736
楚雄	283 353	4 472	2 931	5 282	30 087	135 483	1 925	1 480	1 976	18 644	147 870	2 547	1 451	3 306	11 443
大理	377 566	10 649	8 210	35 240	45 324	166 044	8 105	5 529	15 814	21 990	211 522	2 544	2 681	19 426	23 334
保山	157 803	3 906	4 461	1 509	14 367	51 184	3 041	4 007	-110	4 601	106 619	865	454	1 619	9 766
德宏	92 670	-638	589	307	-1 586	30 377	-1 112	1 156	1 124	-7 116	62 293	474	-567	-817	5 530
丽江	118 373	1 738	4 160	-3 812	21 525	54 051	455	4 389	-4 691	11 846	64 322	1 283	-229	879	9 679
怒江	42 888	1 560	3 909	4 774	4 663	21 318	1 697	3 436	2 307	3 403	21 570	-137	473	2 467	1 260
迪庆	25 562	2 103	-2 039	-3 728	2 889	16 094	2 604	-1 771	859	1 309	9 468	-501	-268	-4 587	1 580
临沧	87 145	-4 836	-2 036	-10 674	9 145	.37 620	-4 694	-2 390	-2 721	3 266	49 525	-142	354	-7 953	5 879
省分行															

中国工商银行云南省分行贷款分地区分析表（人民币）

（2000年12月31日）

单位：万元

地区	各项贷款					其中：一、短期贷款					1、工业贷款				
	本期余额	比上月末±		比上年末±		本期余额	比上月末±		比上年末±		本期余额	比上月末±		比上年末±	
		2000年	1999年	2000年	1999年		2000年	1999年	2000年	1999年		2000年	1999年	2000年	1999年
全省合计	4 640 879	75 413	-10 535	-359 190	341 671	3 246 889	30 607	-66 662	-415 460	60 260	2 308 041	30 896	-31 022	-233 292	45 728
营业部	2 354 478	61 857	78 377	-88 024	257 953	1 388 475	18 093	-1 507	-175 979	14 725	979 246	33 970	-4 941	-111 632	-1 744
昭通	164 948	-2 590	-15 523	-9 797	-32 976	150 020	-2 618	-14 823	41 921	-80 158	145 289	-2 050	-4 334	48 217	-65 507
曲靖	373 329	8 702	-11 642	-52 378	14 415	309 483	6 924	-8 925	-69 694	16 489	261 796	8 334	-4 114	-51 444	10 553
玉溪	360 893	1 064	147	-74 651	46 198	327 457	766	478	-71 850	48 808	171 189	-7 749	2 744	-44 570	50 298
红河	311 281	-824	-28 487	-23 837	-1 585	239 649	2 266	-13 240	-110	12 932	189 210	2 131	-8 024	17 480	8 915
文山	103 446	727	1 350	-11 848	8 590	66 929	767	1 153	-16 391	7 897	56 771	694	2 463	-4 606	11 602
思茅	98 905	1 868	-3 517	-10 179	2 033	81 270	2 209	-3 307	-8 096	1 793	52 305	1 394	-723	-1 478	2 615
西双版纳	61 749	2 364	402	-4 818	4 904	33 303	1 021	-1 372	-10 302	-2 360	15 326	-393	-1	-4 936	-2 591
楚雄	167 115	-4 984	14 253	-49 602	12 251	145 806	-4 136	14 078	-46 780	12 471	126 955	-4 433	15 281	-38 908	8 798
大理	226 242	4 781	-2 599	-4 888	11 804	193 595	3 910	-3 202	-13 412	13 829	141 183	3 539	-709	-6 748	16 897
保山	125 217	2 128	-1 433	-7 119	6 508	92 868	493	-1 981	-15 641	5 512	60 625	-279	70	-10 835	4 391
德宏	89 283	-75	-2 733	-13 425	-1 091	64 919	1 030	-2 736	-13 888	-3 339	31 929	-3 533	-739	-7 397	-843
丽江	73 631	-84	-652	1 802	7 315	60 672	-205	108	-1 321	8 588	24 419	-1 490	525	-9 236	3 648
怒江	21 985		-44	-2 152	2 244	14 233	-175	-159	-3 032	1 505	5 897	-331	104	-2 860	268
迪庆	18 957	-104	-5 880	330	-2 193	14 911	252	-4 683	-1 005	-2 491	5 654	371	-3 526	650	-2 936
临沧	89 420	583	-3 949	-8 604	5 301	63 299	10	-3 258	-9 880	4 058	40 347	721	-3 152	-4 989	1 364
省分行															

（续表一）

地区	2、商业贷款					3、其他贷款					二、中长期贷款				
	本期余额	比上月末±		比上年末±		本期余额	比上月末±		比上年末±		本期余额	比上月末±		比上年末±	
		2000年	1999年	2000年	1999年		2000年	1999年	2000年	1999年		2000年	1999年	2000年	1999年
全省合计	657 432	-1 837	-34 794	-208 808	-25 257	281 416	1 548	-846	26 640	39 789	1 393 990	44 806	56 127	56 270	281 411
营业部	299 298	-14 984	-453	-82 539	-13 827	109 931	-893	3 887	18 192	30 296	966 003	43 764	79 884	87 955	243 228
昭通	2 015	-378	-8 244	-7 205	-7 862	2 716	-190	-2 245	909	-6 789	14 928	28	-700	-51 718	47 182
曲靖	29 873	-1 190	-3 090	-18 168	3 177	17 814	-220	-1 721	-82	2 759	63 846	1 778	-2 717	17 316	-2 074
玉溪	119 827	8 799	-191	-25 433	-2 333	36 441	-284	-2 075	-1 847	843	33 436	298	-331	-2 801	-2 610
红河	46 790	-47	-5 317	-17 431	8 213	3 649	182	101	-159	-4 196	71 632	-3 090	-15 247	-23 727	-14 517
文山	5 241	-93	-1 354	-11 632	-2 177	4 917	166	44	-153	-1 528	36 517	-40	197	4 543	693
思茅	19 446	13	-2 880	-7 335	-1 643	9 519	802	296	717	821	17 635	-341	-210	-2 083	240
西双版纳	16 229	1 423	-1 241	-5 102	117	1 748	-9	-130	-264	114	28 446	1 343	1 774	5 484	7 264
楚雄	10 858	618	-1 044	-6 387	1 402	7 993	-321	-159	-1 485	2 271	21 309	-848	175	-2 822	-220
大理	21 169	295	-3 270	-8 275	-7 139	31 243	76	777	1 611	4 071	32 647	871	603	8 524	-2 025
保山	19 063	52	-1 977	-6 605	-2 369	13 280	720	-74	1 799	3 490	32 349	1 635	548	8 522	996
德宏	29 150	4 044	-1 811	-5 916	-2 051	3 840	519	-186	-575	-445	24 364	-1 105	3	463	2 248
丽江	11 942	-148	-1 105	-328	-10	24 311	1 433	688	8 243	4 950	12 959	121	-760	3 123	-1 273
怒江	4 744	-15	-205	-208	-417	3 592	171	-58	36	1 654	7 752	175	115	880	739
迪庆	5 940	-51	-1 329	-646	125	3 317	-68	172	-1 009	320	4 046	-356	-1 197	1 335	298
临沧	15 847	-175	-94	-5 598	1 537	7 105	-536	-12	707	1 157	26 121	573	-691	1 276	1 243
省分行															

（续表二）

地区	1、固定资产贷款					2、房地产业贷款					3、个人其他贷款				
	本期余额	比上月末±		比上年末±		本期余额	比上月末±		比上年末±		本期余额	比上月末±		比上年末±	
		2000年	1999年	2000年	1999年		2000年	1999年	2000年	1999年		2000年	1999年	2000年	1999年
全省合计	815 185	20 852	25 795	-120 590	26 745	261 970	12 371	7 449	103 331	63 128	35 496	5 000	561	27 911	7 433
营业部	602 005	30 315	52 673	-29 411	78 035	124 473	6 607	5 195	50 956	33 227	11 360	2 762	432	8 189	3 171
昭通	3 676	-100	-889	-8 652	-1 279	6 998	188	-119	433	933	2 983	-60	308	2 541	517
曲靖	19 265	-1 326	-2 135	-19 322	-4 262	12 949	1 369	-616	6 147	1 047	4 892	835	34	4 024	868
玉溪	20 438	-445	-360	-7 105	-3 820	11 586	556	31	2 918	1 190	1 406	187	-2	1 386	20
红河	51 016	-3 588	-16 465	-25 203	-18 970	15 110	431	1 223	5 479	4 284	736	67	-5	567	169
文山	22 408	-785	-41	-1 293	-1 000	13 443	625	238	5 170	1 693	666	120		666	
思茅	9 368	-633	-240	-6 521	-276	8 000	306	30	4 234	522	206	-14		206	
西双版纳	9 749	-100	437	-1 642	-1 358	6 607	78	-88	1 968	1 690	283	-15		283	
楚雄	6 070	-1 456	-350	-8 135	-6 020	13 970	734	511	5 195	4 895	1 269	-126	14	137	905
大理	8 432	-46	152	-4 525	-9 001	17 444	606	483	7 657	5 749	5 962	311	-32	4 755	1 207
保山	14 786	-300	17	-2 156	-2 193	11 256	665	540	4 417	3 143	1 478	747	-9	1 432	46
德宏	20 786	-116	-24	-521	976	1 853	71	27	-241	1 272	355	-560		355	
丽江	5 699	-505	-731	-2 523	-831	5 405	277	-29	3 872	-442	1 424	349		1 424	
怒江	3 640	-63		-904	-270	2 436	72	130	1 296	-179	596	-34	-15	488	108
迪庆	515		-1 160		-1 160	2 991	-385	-37	795	1 458	540	29		540	
临沧	17 332		-1 090	-2 677	-1 826	7 449	171	406	3 035	2 647	1 340	402	-7	918	422
省分行															

中国农业银行云南省分行分地区常规、专项业务存贷比分析表

（2000年12月31日）

单位：万元

	常规、专项业务存款合计				常规、专项业务贷款合计				2000年存贷比例（%）		1999年存贷比例（%）	
	余额	比上月末	比年初	同比	余额	比上月末	比年初	同比	存量比	增量比	存量比	增量比
合计	4 919 740	38 927	632 502	195 450	5 099 872	88 467	-55 454	-488 512	103.66	-8.77	120.25	99.09
营业部	1 436 798	67 057	120 006	37 155	1 362 518	-20 448	-57 537	-217 306	94.83	-47.95	107.84	192.84
昭通	208 956	-4 607	31 660	-11 278	282 318	15 834	-6 219	-27 083	135.11	-19.64	162.74	48.59
曲靖	431 219	1 085	60 464	38 184	446 365	18 363	-44 274	-54 731	103.51	-73.22	132.33	46.93
玉溪	500 419	-54 276	48 045	61 128	342 238	4 676	-50 014	-68 593	68.39	-104.10	86.71	-142.01
红河	447 561	-17 851	71 364	47 612	519 102	9 510	4 858	-58 511	115.98	6.81	136.70	266.79
文山	167 335	5 723	37 499	14 820	231 018	8 643	12 777	1 056	138.06	34.07	168.09	51.68
思茅	217 727	9 064	40 474	7 725	240 048	11 170	16 036	-18 485	110.25	39.62	126.32	105.41
西双版纳	177 979	593	12 985	-14 964	130 542	3 780	-3 683	-10 021	73.35	-28.36	81.35	22.68
楚雄	282 065	13 969	18 047	-12 541	377 728	11 284	-14 177	-16 218	133.92	-78.56	148.44	6.67
大理	345 034	-2 783	42 545	-30 206	329 674	-2 295	43 166	18 833	95.55	101.46	94.72	33.45
保山	152 372	5 833	25 088	8 421	219 568	1 560	-359	-22 740	144.10	-1.43	172.78	134.28
德宏	179 246	-3 523	44 971	22 220	145 012	6 724	-4 779	-9 767	80.90	-10.63	111.56	21.92
丽江	121 658	9 878	20 406	1 382	132 255	7 573	8 888	360	108.71	43.56	121.84	44.83
怒江	51 916	2 969	9 999	-1 767	58 534	6 390	12 697	-324	112.75	126.98	109.35	110.67
迪庆	63 548	5 800	15 497	4 904	73 820	5 239	10 709	-140	116.16	69.10	131.34	102.42
临沧	135 907	-4	33 452	22 655	209 132	464	16 457	-4 842	153.88	49.20	188.06	197.27

中国农业银行云南省分行分地区常规业务存贷比分析表

（2000年12月31日）

单位：万元

	常规业务存款				常规业务贷款				2000年存贷比例（%）		1999年存贷比例（%）	
	余额	比上月末	比年初	同比	余额	比上月末	比年初	同比	存量比	增量比	存量比	增量比
合计	4 879 264	14 390	671 810	234 584	3 816 588	9 710	-202 688	-455 049	78.22	-30.17	95.53	57.72
营业部	1 434 567	66 379	127 875	21 239	1 165 859	-26 708	-71 259	-212 141	81.27	-55.73	94.68	132.11
昭通	202 225	-8 813	40 652	7 901	163 049	6 554	-19 867	-17 775	80.63	-48.87	113.21	-6.39
曲靖	430 921	1 104	64 269	41 858	393 847	15 816	-46 752	-48 927	91.40	-72.74	120.16	9.71
玉溪	500 046	-54 053	49 094	62 769	319 756	4 886	-49 762	-62 459	63.95	-101.36	81.94	-92.85
红河	442 173	-21 840	73 495	51 514	401 649	2 323	-8 461	-55 407	90.84	-11.51	111.24	213.58
文山	161 258	2 947	42 744	28 640	124 418	-82	-9 302	-461	77.15	-21.76	112.83	-62.68
思茅	207 520	-47	38 868	14 213	115 423	1 201	-1 179	-11 260	55.62	-3.03	69.10	40.89
西双版纳	177 662	330	13 969	-12 920	104 899	2 513	-5 294	-9 233	59.04	-37.90	67.32	14.65
楚雄	280 848	14 234	20 505	-17 531	311 688	6 666	-22 723	-18 716	110.98	-110.82	128.45	-10.53
大理	344 339	-3 146	43 857	-27 878	265 543	-6 099	34 654	22 492	77.12	79.02	76.84	16.95
保山	149 472	3 980	24 804	8 354	129 044	-5 047	-4 574	-15 457	86.33	-18.44	107.18	66.16
德宏	179 242	-3 523	44 973	22 168	87 458	4 617	-6 994	-9 613	48.79	-15.55	70.35	11.48
丽江	121 119	9 376	26 873	9 110	82 977	3 223	4 878	813	68.51	18.15	82.87	22.88
怒江	51 591	3 037	10 205	-1 399	23 484	1 338	1 132	-4 839	45.52	11.09	54.01	51.46
迪庆	61 361	3 655	15 736	5 686	35 567	894	3 432	-3 761	57.96	21.81	70.43	71.57
临沧	134 920	770	33 891	20 860	91 927	-2 385	-617	-8 305	68.13	-1.82	91.60	59.00

中国农业银行云南省分行常规业务各项贷款累放累收汇总表

（2000年12月31日） 单位：万元

项目	1～12月累放		1～12月累收	
	2000年	1999年	2000年	1999年
各项贷款累计合计	2 611 467	3 084 539	2 814 155	2 835 178
一、各项贷款合计	2 610 112	3 083 831	2 808 780	2 830 650
（一）农业贷款	261 833	342 476	222 982	261 527
（二）工业贷款	150 039	131 387	153 152	95 980
（三）商业贷款	1 650 410	2 078 049	2 003 065	2 099 035
（1）贸易贷款	127 458	159 893	205 630	42 820
（2）供销社贷款	54 405	91 598	85 244	86 250
其中：生产资料贷款	35 334	48 945	42 996	60 497
（3）农副产品收购贷款	1 468 547	1 826 558	1 712 191	1 969 965
（四）乡镇企业贷款	82 611	112 165	175 526	83 850
（五）基本建设贷款	24 779	17 560	12 117	12 118
（六）技术改造贷款	3 111	9 590	13 669	13 252
（七）房地产开发贷款	31 276	72 845	28 297	48 103
（八）其他贷款	406 053	319 759	199 972	216 785
二、利用国外资金贷款	1 355	708	5 375	1 528
三、发展少数民族经济贷款				

中国农业银行云南省分行专项业务各项贷款累放累收汇总表

（2000年12月31日）　　单位：万元

项　　目	1～12 月 累 放		1～12 月 累 收	
	2000年	1999年	2000年	1999年
贷款总计	247 979	315 157	100 745	134 460
一、粮棉油加工贷款小计	9 625	14 661	14 860	14 271
(一)加工企业短期贷款	10 040	8 991	11 029	7 223
1、粮油加工企业短期贷款	10 040	8 881	11 029	6 363
2、棉花加工企业短期贷款		110		860
(二)加工企业长期贷款	349	24	1 477	1 723
1. 粮油加工企业长期贷款	349	94	1 477	1 723
2. 棉花加工企业长期贷款		−70		
(三) 粮棉油企业其他贷款	−764	5 646	2 354	5 325
二、商办及供销社工业贷款				
三、开发性贷款小计	218 567	239 400	60 267	52 099
(一)扶贫贴息贷款	8 222	30 708	16 934	14 045
(二)扶贫贷款	180 177	157 596	33 357	24 192
(三)农业基本建设贷款	350	1 080	674	3 370
(四)农业技术改造贷款	50	1 330	1 400	−707
(五)农业综合开发贷款	25 216	33 491	7 089	7 688
(六)蔬菜批发市场贷款				50
(七)科技开发贷款	100		100	
(八)林业贷款	4 471	15 155	604	2 565
(九)治沙贷款	−19	40	109	916
四、其他贷款	19 426	63 392	16 019	59 817
(一)其他贷款	19 426	63 392	16 019	59 817
(二) 贴现				
五、人行划转专项贷款	361	−2 296	9 599	8 273
(一)人行划转老边地区发展经济贷款	−1 323	868	4 743	7 487
(二)人行划转地方经济开发贷款	1 071	−281	3 855	3 165
(三)人行划转购买外汇额度人民币贷款	974	−2 594	974	−2 594
(四)人行划转沿海城市及经济特区贷款				
(五)人行划转投资企业专项贷款		−289	326	−225
(六)人行划转其他专项贷款	−361		−299	440

中国农业银行云南省分行外币信贷资金运用、来源状况表

（2000年12月31日）

单位：万美元

资产项目	本月余额	比上月增减数±		比上月增减数±		负债项目	本月末余额	比上月增减数±		比上月增减数±	
		2000年	1999年	2000年	1999年			2000年	1999年	2000年	1999年
资金运用总计	1 448	8	10	-203	-484	资金来源总计	1 448	8	10	-203	-484
一、各项贷款	966	-16		-238	-353	一、各项存款	1 091	27	-29	228	272
1、境内短期贷款				-38	-162	1、单位活期存款	128	-3	-162	-27	8
其中：中资企业贷款				-38	-162	其中：中资企业存款	128	-3	-162	-27	8
三资企业贷款						2、单位定期存款	187		123	5	123
2、境内中长期贷款	200			-140	-115	3、储蓄存款	753	27	7	252	140
其中：中资企业贷款	200			-140	-115	其中：定期储蓄	746	27	8	254	140
、进出口押汇					-94	4、其他类存款	23	3	3	-2	1
（1）正常进出口押汇					-94	二、境内中长期借款		-300		-300	-310
（2）逾期进出口押汇						三、卖出回购证券					
（3）呆滞进出口押汇						四、境外筹资					-130
（4）呆账进出口押汇						1、转贷外国政府贷款资金					
4、票据融资	2	-16		2	1	2、转贷国际金融组织贷款资金					-130
5、逾期类贷款	764			-62	17	3、境外其他筹资资金					
二、投资						五、向中央银行借款					
1、购买有价证券						六、同业存放				-3	-1
其中：购买境外有价证券						1、境内同业存放				-3	-1
2、其他投资						2、境外同业存放					
三、境外筹资转贷款	300					七、同业拆入					
1、转贷外国政府贷款						八、委托及代理负债业务净额					
2、转贷国际金融组织贷款						九、外汇买卖	163	-63	60	137	-466
3、转贷其他境外筹资贷款	300					其中：结售汇	159	-41	29	622	-465
四、存放中央银行款项						十、境内联行存放	74	372	-11	20	447
其中：缴存准备金						十一、或有负债					
五、存放同业	27	1		11	-23	1、备付保函款项					
1、存放境内同业	27	1		11	-23	2、承兑汇票					
2、存放境外同业						3、应付信用证款项					
六、拆放同业						十二、所有者权益		4		-20	-116
1、拆放境内同业						其中：实收资本					
2、拆放境外同业						十三、其他	-29	-35	7	-29	25
七、库存现金	155	23	10	24	-108		149	3	-17	-236	-205
八、或有资产											
1、开出保函款项											
2、应收承兑汇票											
3、应收信用证款项											

中国银行云南省分行人民币信贷资金来源、运用情况表

（2000年12月31日） 单位：万元；%

资产项目	本年末余额	比上年末		负债项目	本年末余额	比上年末	
		增减数	增减率%			增减数	增减率%
资产总计	1 080 327	19 985	2	负债总计	1 080 327	19 985	2
一、各项贷款合计	980 704	16 201	2	一、各项存款合计	1 547 820	86 680	6
二、信托贷款	0	0	0	二、代理财政存款	0	0	0
三、国家投资债券贷款	0	0	0	三、发行金融债券	4	-4	-50
四、有价证券及投资	6 629	-699	-10	四、国家投资债券	0	0	0
五、准备金存款	69 572	-3 678	-5	五、卖出回购债券	0	0	0
六、存放中央银行特种存款	0	0	0	六、向中央银行借款	500	-2 000	-80
七、存放中央银行财政性存款	31	31	0	七、同业往来	13 773	1 518	12
八、同业往来	3 859	-295	-7	1、同业存款	13 773	3 018	28
1、存放同业	48	-262	-85	2、同业拆借	0	-1 500	-100
2、拆放同业	3 811	-33	-1	八、委托存款及委托投资基金	0	114	-100
九、代理金融机构存款	0	0	0	九、代理金融机构基金	0	-114	-100
其中：代理人行专项贷款	0	0	0	十、所有者权益	3 870	725	23
十、库存现金	17 318	-2 049	-11	其中：实收资本	0	0	0
十一、外汇占款	2 214	10 474	-127	其中：当年结余	3 486	3 486	0
				十一、其他	-485 640	-66 934	16
				其中：联行往来	-455 903	-79 187	21
				(1)联行汇差	-784	14 299	-95
				(2)总分行之间往来	-382 553	-59 460	18

中国银行云南省分行分地区本、外币存款情况

（2000年12月31日）　　单位：万元；万美元

地区	年末余额		比上年末增减情况	
	人民币	外汇	人民币	外汇
省分行	308 767	21 037	-17 409	2 330
东风支行	440 815	13 245	36 698	3 202
南窑支行	207 341	10 686	10 614	1 724
昭通	17 008	122	1 129	42
曲靖	93 448	781	13 289	143
玉溪	110 030	2 154	-1 399	650
红河	75 104	928	10 036	213
文山	25 230	184	4 390	61
思茅	29 470	764	1 125	20
西双版纳	32 843	625	6 076	7
楚雄	38 671	374	3 456	90
大理	45 404	699	6 571	176
保山	34 225	375	5 209	116
德宏	59 819	796	5 427	202
丽江	9 293	194	727	99
临沧	20 352	173	741	22
总计	1 547 820	53 137	86 680	9 097

中国银行云南省分行分地区本、外币贷款情况

（2000年12月31日） 单位：万元；万美元

地区	年末余额		比上年末增减情况	
	人民币	外汇	人民币	外汇
省分行	427 770	8 039	1 207	-4 857
东风支行	205 269	12	22 136	-241
南窑支行	31 722	2 579	8 855	0
昭通	20 732	0	-1 142	0
曲靖	48 609	791	-6 433	-479
玉溪	64 866	78	-9 402	-300
个旧	40 202	0	11 233	-3
文山	17 780	0	1 161	-130
思茅	8 692	0	-2 808	0
西双版纳	10 994	4	759	1
楚雄	28 735	467	-3 479	-61
大理	17 904	4	58	0
保山	19 222	224	-603	0
德宏	23 948	114	-4 319	-124
丽江	4 239	8	-361	0
临沧	10 020	58	-661	0
总计	980 704	12 378	16 201	-6 194

中国建设银行云南省分行存、贷款余额表（本外币）

（2000年12月31日） 单位：万元

各分（支）行	一般性存款	各项贷款
昭通	163 655	63 998
曲靖	304 093	236 620
玉溪	354 525	273 160
红河	282 258	207 180
文山	97 358	52 831
思茅	92 720	57 278
西双版纳	59 037	14 031
楚雄	112 568	56 602
大理	235 935	134 020
保山	133 757	133 963
德宏	84 140	27 541
丽江	71 631	30 294
怒江	24 354	12 004
迪庆	28 032	14 955
临沧	72 357	50 527
营业部	285 065	449 214
分行	23	
滇龙	20 986	155
新兴	60 092	40 398
建业	60 646	54 530
城东	570 008	354 221
城北	502 141	290 185
城南	407 114	188 021
城西	482 118	260 543
全省合计	4 504 613	3 002 271

注：1、其中新兴行外币存贷款分别为4830万美元、551万美元。

2、城西行外币存贷分别为457万美元、393万美元。

3、外币折算比率为1$=8.28RMB。

中国人寿保险公司云南省分公司业务统计汇总表

（2000年12月31日）

单位：千元；人

	承保人数	保险金额	保费收入							储金		
	累计	累计	其中：本年新保	其中：续保	合计	上年同期数	+ - %	计划数	完成 %	期末有效数	上年期末有效数	+ - %
合计	11 526 384	460 376 942	1 016 324	671 255	1 687 579	1 527 786	10.46	1 613 000	104.62	8 059	11 126.00	-27.57
养老年金险类	66 604		415 350	95 757	511 107	414 154	23.41					
短期意外险类	7 157 676	322 588 474	199 923		199 923	192 322	3.95					
健康险类	4 146 477	133 158 318	160 963		160 963	133 946	20.17					
寿险类	155 627	4 630 150	240 088	575 498	815 586	785 263	3.86					
储金性业务						2 101	-100.00			8 059.00	11 126.00	-27.57

	死伤医疗给付							满期给付			累计解除合同金额
	人次	金额	上年同期数	+ - %	给付率	上年给付率	增减点	本年累计	上年同期数	+ - %	
合计	353 891	272 296	251 581	8.23				228 059	363 958	-37.34	128 659
养老年金险类	1 087	3 080	1 848	66.67				50 043	12 532	299.32	79 045
短期意外险类	82 545	65 884	69 082	-4.63	32.95	35.92	-2.97				
健康险类	242 630	160 004	132 538	20.72	99.40	98.95	0.45				
寿险类	27 580	43 207	47 661	-9.35				174 013.00	342 208.00	-49.15	49 449.00
储金性业务	49	121	452	-73.23				4 003	9 218	-56.57	165

中国人寿保险公司云南省分公司统计分析总表

（2000年12月31日）

单位：千元；人

	承保人数	保险金额	保费收入								死、伤、医疗给付		满期给付		累计解除
	累计	累计	本年新保	续交	合计	上年同期数	增长额	+-%	计划数	完成%	金额	+-%	金额	+-%	合同金额
合计	11 526 384	460 376 942	1 016 324	671 255	1 687 579	1 527 786	159 793	10.5	1 613 000	104.62	272 296	8.2	228 059	-37.3	128 659
昆明市	3 830 450	240 112 485	296 288	146 207	442 495	399 834	42 661	10.7	405 900	109.02	34 651	3.4	81 189	-0.8	47 598
昭通	409 296	8 148 857	33 346	19 124	52 470	47 616	4 854	10.2	51 500	101.88	5 662	-28.6	3 394	-56.5	3 788
曲靖	480 740	31 530 476	123 345	80 376	203 721	181 707	22 014	12.1	193 000	105.55	25 575	-19.3	20 034	-64.4	11 390
楚雄	587 318	13 034 312	79 537	40 239	119 776	105 993	13 783	13.0	113 500	105.53	27 167	17.3	16 314	-46.0	7 929
玉溪	813 302	19 060 036	100 821	71 195	172 016	159 782	12 234	7.7	171 700	100.18	22 830	-8.3	30 497	-13.0	21 824
红河	646 418	11 361 077	101 553	108 664	210 217	202 244	7 973	3.9	210 000	100.10	54 617	10.1	20 794	-51.4	10 317
文山	752 627	15 325 291	33 151	16 350	49 501	43 477	6 024	13.9	47 000	105.32	18 171	57.6	5 107	-55.5	2 932
思茅	976 511	30 908 125	55 525	27 005	82 530	69 666	12 864	18.5	75 500	109.31	28 441	73.0	9 110	-56.8	6 883
西双版纳	399 026	21 665 845	19 542	22 473	42 015	38 404	3 611	9.4	42 000	100.04	5 463	2.1	7 280	-48.0	1 974
大理	724 175	18 973 391	69 299	57 231	126 530	117 273	9 257	7.9	126 000	100.42	15 439	-8.4	12 714	-50.7	7 539
保山	641 449	12 958 628	43 920	15 976	59 896	53 163	6 733	12.7	57 900	103.45	15 928	11.9	6 768	-39.3	1 576
德宏	325 111	12 610 612	29 005	27 880	56 885	48 246	8 639	17.9	53 000	107.33	6 106	16.5	6 961	-53.0	1 842
丽江	717 870	13 819 739	16 805	19 020	35 825	31 094	4 731	15.2	34 000	105.37	8 066	18.9	3 895	-55.2	1 442
怒江															
迪庆															
临沧	222 091	10 868 068	14 187	19 515	33 702	29 287	4 415	15.1	32 000	105.32	4 180	-3.7	4 002	32.7	1 625
营业部															
营销部															

交通银行昆明分行信贷收支统计月报比较表

（2000年12月31日）

单位：万元

项目名称	余额	比上月末	比1999年同期增量	比上年末	项目名称	余额	比上月末	比1999年同期增量	比上年末
一、各项存款	1 055 239	62 502	95 868	20 138	一、各项贷款	842 926	88 422	14 139	-1 522
（一）企业存款	698 576	41 035	107 974	-7 973	1、短期贷款	635 451	94 954	44 050	-28 351
1、活期存款	528 561	24 396	95 124	-32 017	(1)工业贷款	140 891	5 908	7 862	9 133
(1)工业存款	90 098	-8 912	47 211	-878	(2)商业贷款	196 142	-16 910	-134 723	-189 417
(2)商业存款	110 100	-175	63 318	-45 314	其中：外贸企业贷款	38 815	-190	-5 272	-21 991
其中：外贸企业存款	14 485	-943	2 848	-3 806	(3)农业贷款				
(3)城镇集体企业存款	38 537	7 117	9 635	2 914	(4)乡镇企业贷款				
(4)乡镇企业存款					(5)三资企业贷款	6 500	50	4 561	2 433
(5)三资企业存款	9 111	1 223	4 402	-359	(6)私营企业贷款				
(6)私营企业存款	1 660	76	-648	-611	(7)贴现贷款	76 745	76 170	75 980	75 798
(7)其他企业存款	279 051	25 077	-28 795	12 230	(8)其他贷款	215 173	29 736	90 370	73 702
(8)单位信用卡存款	4	-10	1	1	其中：短期抵押贷款	51 991	4 193	-5 572	-2 442
2、定期存款	170 015	16 639	12 850	24 044	个人住房贷款	2 128	115	2 062	2 015
(1)企事业单位存款	170 015	16 639	3 850	15 044	2、中期贷款	4 459	900	-9 859	-9 200
(2)其他定期存款					其中：中期流动资金贷款	4 459	900	-9 859	-9 200
（二）储蓄存款	293 035	4 007	-10 618	13 308	3、长期贷款	38 475	-1 101	21 157	-2 595
1、活期储蓄	84 829	4 734	14 094	26 909	(1)基本建设贷款	24 660	-501	17 800	5 340
其中：个人信用卡存款	35 159	2 965	20 550	27 738	其中：其他地产开发贷款	20 660	399	17 800	5 340
2、定期储蓄存款	208 206	-727	-24 712	-13 601	(2)技术改造贷款	8 800	-600	42	-6 800
其中：保值储蓄存款	830	-177	10 507	-1 429	(3)其他中长期贷款	5 015		3 315	-1 135
（三）农业存款					4、信托贷款				
（四）信托存款					5、逾期类贷款	164 541	-6 331	-41 209	38 624
（五）其他存款	63 628	17 460	-1 488	14 803	其中：基建				
二、代理财政存款		-16			房地产	2 320	-400	719	1 518

（续表）

项　目　名　称	余　额	比上月末	比 1999 年同期增量	比上年末	项　目　名　称	余　额	比上月末	比 1999 年同期增量	比上年末
四、发行金融债券	31		-1	-3	技改			35	
五、国家投资债券					中期资金流动				
六、卖出回购证券					二、国家投资债券贷款				
七、向人民银行借款					三、有价证券和投资	76 888		-10 007	-13 864
八、同业往来	5 421	-3 803	-3 927	298	其中：投资国债				
1. 同业存放款	5 421	-3 803	-3 927	298	买入返售证券				
2. 同业拆借					投资央行债券				
九、所有者权益	13 242	2 518	-6 308	1 106	购买政策性银行债券	72 888		-11 676	-13 864
其中：实收资本					股本投资	4 000			
当年利润	13 245	2 513	-4 392	13 242	四、准备金存款	54 302	-6 226	37 451	-16 587
十、委托及投资基金存款	26		4	4	其中：存放中央银行清算汇票款	3 301	-9 812	1 386	316
1. 委托存款净值	26		4	4	五、缴存人行特种存款				
其中：委托存款	20 368		15 524	15 013	六、缴存人行财政性存款				
委托贷款	20 342		15 520	15 009	七、同业往来	1 356	-220	-276	-305
2. 委托投资基金					1. 存放同业	129		-1	
十一、代理金融机构贷款基金	20				2. 拆放同业	1 227	-220	-275	-305
其中：中央银行委托贷款基金	20				八、代理金融机构贷款	10			
政策性银行委托贷款基金					其中：中央银行委托	10			
十二、其他	-91 288	22 077	-51 584	-55 718	政策性银行委托				
其中：各项准备	8 501	-12	1 294	-12	九、库存现金	6 317	1 300	-7 247	-1 898
存放联行款	67 873	-40 957	52 732	41 488	十、外汇占款	895	1	-8	1
融资租赁					其中：结售汇占人民币资金				
资金来源总计	982 694	83 278	34 052	-34 175	资金运用总计	982 694	83 278	34 052	-34 175

中国光大银行昆明分行累放累收月报表（人民币）

（2000年12月31日）

单位：万元

编码	项目名称	累计发放		累计收回		贷款增减额		余额	
		2000年	1999年	2000年	1999年	2000年	1999年	2000年	1999年
141000000	贷款合计	111 801	101 089	105 142	98 154	6 659	2 935	89 594	82 935
141100000	1、短期贷款	109 896	99 440	102 936	98 154	6 960	1 286	88 246	81 286
141110000	（1）工业贷款	56 970	28 260	44 570	46 880	12 400	-18 620	39 260	26 860
141120000	（2）商业贷款	6 090	15 205	9 400	10 955	-3 310	4 250	5 870	9 180
141121000	其中：收购贷款	0	0	0	0	0	0		
141130000	（3）建筑业贷款	0	0	0	0	0	0		
141140000	（4）农业贷款	0	0	0	0	0	0		
141150000	（5）乡镇企业贷款	0	0	0	0	0	0		
141160000	（6）三资企业贷款	300	4 160	860	3 440	-560	720	400	960
141170000	（7）私营企业及个人贷款	0	0	0	0	0	0		
141180000	（8）其他短期贷款	46 536	51 815	48 106	36 879	-1 570	14 936	42 716	44 286
141200000	2、中长期贷款	1 905	1 649	2 206	0	-	1 649	1 348	1 649
141210000	（1）基本建设贷款	0	0	0	0	301	0		
141122000	（2）技术改造贷款	0	0	0	0	0	0		
141230000	（3）其他中长期贷款	1 905	1 649	2 206	0	0	1 649	1 348	1 649

中国光大银行昆明分行外汇信贷月报表

（2000年12月31日） 单位：万美元

资金来源	本期余额	增减数		比年初	
		比上月	比上年同期	增减数	增减幅度
一、各项存款	1 691.00	18.00	731.00	731.00	76.15
1、单位活期存款	6.00	−8.00	−120.00	−120.00	−95.24
其中：中资企业存款	0.00	0.00	0.00	0.00	0.00
外商投资企业存款	1.00	−1.00	−114.00	−114.00	−99.13
2、单位定期存款	309.00	0.00	309.00	309.00	0.00
其中：中资企业存款	0.00	0.00	0.00	0.00	0.00
外商投资企业存款	309.00	0.00	309.00	309.00	0.00
3、储蓄存款	1 376.00	26.00	542.00	542.00	64.99
其中：定期储蓄	1 335.00	26.00	531.00	531.00	66.04
4、其他类存款	0.00	0.00	0.00	0.00	0.00
5、境外存款	0.00	0.00	0.00	0.00	0.00
二、境内中长期借款	0.00	0.00	0.00	0.00	0.00
三、卖出回购证券	0.00	0.00	0.00	0.00	0.00
四、境外筹资	0.00	0.00	0.00	0.00	0.00
五、向中央银行借款	0.00	0.00	0.00	0.00	0.00
六、中央银行存款	0.00	0.00	0.00	0.00	0.00
七、同业存放	0.00	0.00	0.00	0.00	0.00
（1）境内同业存放	0.00	0.00	0.00	0.00	0.00
（2）境外同业存放	0.00	0.00	0.00	0.00	0.00
八、同业拆入	0.00	0.00	0.00	0.00	0.00
（1）境内同业拆入	0.00	0.00	0.00	0.00	0.00
（2）境外同业拆入	0.00	0.00	0.00	0.00	0.00
九、委托基金存款	0.00	0.00	0.00	0.00	0.00
十、外汇买卖	53.00	2.00	50.00	50.00	1666.67
其中：结售汇	53.00	2.00	50.00	50.00	1666.67
十一、境内联行存放	−1 936.00	−155.00	−820.00	−820.00	73.48
十二、境外联行存放	0.00	0.00	0.00	0.00	0.00
十三、所有者权益	233.00	14.00	15.00	15.00	6.88
其中：实收资本	200.00	0.00	0.00	0.00	0.00
其中：当年结益	33.00	15.00	15.00	33.00	0.00
十四、其他	42.00	0.00	23.00	23.00	121.05
资金来源总计	83.00	−121.00	−1.00	−1.00	−0.83

（续表）

资金运用	本期余额	增减数		比年初	
		比上月	比上年同期	增减数	增减幅度
一、各项贷款	0.00	0.00	0.00	0.00	0.00
1、短期贷款	0.00	0.00	0.00	0.00	0.00
（1）境内短期贷款	0.00	0.00	0.00	0.00	0.00
其中：中资企业贷款	0.00	0.00	0.00	0.00	0.00
外商投资企业贷款	0.00	0.00	0.00	0.00	0.00
（2）境外短期贷款	0.00	0.00	0.00	0.00	0.00
2、中长期贷款	0.00	0.00	0.00	0.00	0.00
（1）境内中长期贷款	0.00	0.00	0.00	0.00	0.00
其中：中资企业贷款	0.00	0.00	0.00	0.00	0.00
外商投资企业贷款	0.00	0.00	0.00	0.00	0.00
（2）境外中长期贷款	0.00	0.00	0.00	0.00	0.00
3、进出口贸易融资	0.00	0.00	0.00	0.00	0.00
4、票据融资	0.00	0.00	0.00	0.00	0.00
5、逾期类贷款	0.00	0.00	0.00	0.00	0.00
二、投资	0.00	0.00	0.00	0.00	0.00
1、购买有价证券	0.00	0.00	0.00	0.00	0.00
其中：购买境外有价证券	0.00	0.00	0.00	0.00	0.00
2、其他投资	0.00	0.00	0.00	0.00	0.00
其中：境外投资	0.00	0.00	0.00	0.00	0.00
三、境外筹资转贷款	0.00	0.00	0.00	0.00	0.00
四、存放中央银行	0.00	0.00	0.00	0.00	0.00
其中：缴存准备金	0.00	0.00	0.00	0.00	0.00
五、存放同业	44.00	-99.00	0.00	0.00	0.00
（1）存放境内同业	44.00	-99.00	0.00	0.00	0.00
（2）存放境外同业	0.00	0.00	0.00	0.00	0.00
六、拆放同业	0.00	0.00	0.00	0.00	0.00
（1）拆放境内同业	0.00	0.00	0.00	0.00	0.00
（2）拆放境外同业	0.00	0.00	0.00	0.00	0.00
七、存放境外联行	0.00	0.00	0.00	0.00	0.00
八、库存现金	39.00	-22.00	-1.00	-1.00	-2.50
资金运用总计	83.00	-121.00	-1.00	-1.00	-0.83

华夏银行昆明分行人民币信贷收支表

（2000年12月31日）

单位：万元

行列名称	本月	2000年比1999年增	1999年比1998年增	2000年比年初增	1999年比年初增	行列名称	本月	2000年比1999年增	1999年比1998年增	2000年比年初增	1999年比年初增
一、各项存款	382 878.00	54 805.00	275 270.00	382 878.00	275 270.00	一、各项贷款	240 025.00	7 952.00	175 418.00	240 025.00	175 418.00
1. 企业存款	336 566.00	53 564.00	245 257.00	336 566.00	245 257.00	1. 短期贷款	166 746.00	18 378.00	87 551.00	166 746.00	87 551.00
（1）活期存款	224 573.00	41 890.00	175 012.00	224 573.00	175 012.00	（1）工业贷款	40 550.00	-300.00	34 480.00	40 550.00	34 480.00
（2）定期存款	111 993.00	11 674.00	70 245.00	111 993.00	70 245.00	（2）商业贷款	38 100.00	7 250.00	12 947.00	38 100.00	12 947.00
2. 城镇储蓄存款	22 942.00	3 438.00	9 601.00	22 942.00	9 601.00	其中：收购贷款					
（1）活期储蓄	13 788.00	3 240.00	5 133.00	13 788.00	5 133.00	（3）建筑业贷款	8 500.00	900.00	700.00	8 500.00	700.00
（2）个人定期储蓄	9 154.00	198.00	4 468.00	9 154.00	4 468.00	（4）农业贷款					
3. 农业存款						（5）乡镇企业贷款	240.00			240.00	
4. 信托存款						（6）三资企业贷款	3 400.00	100.00		3 400.00	
5. 其他存款	23 370.00	-2 197.00	20 412.00	23 370.00	20 412.00	（7）私营企业及个体贷款	4 235.00	1 624.00	501.00	4 235.00	501.00
二、代理财政性存款						（8）贴现	23 096.00	6 942.00	1 438.00	23 096.00	1 438.00
三、发行金融债券						（9）其他短期贷款	48 625.00	1 862.00	37 485.00	48 625.00	37 485.00
其中：发行政策性金融债券						2. 中期流动资金贷款					
四、国家投资债券						3. 中长期贷款	72 399.00	-9 461.00	87 267.00	72 399.00	87 267.00
五、卖出回购证券						（1）基本建设贷款	7 500.00			7 500.00	
六、向中央银行借款						（2）技术改造贷款	30 000.00	-10 000.00	60 000.00	30 000.00	60 000.00
七、同业往来	17 084.00	13 099.00		17 084.00		（3）其他中长期贷款	34 899.00	539.00	27 267.00	34 899.00	27 267.00
1. 同业存放	17 084.00	13 099.00		17 084.00		4. 信托贷款					
2. 同业拆借						5. 逾期类贷款	880.00	-965.00	600.00	880.00	600.00
八、委托存款及委托投资						二、国家投资债券贷款					
1. 委托存款						三、有价证券及投资	5 174.00	-4 087.00	3 206.00	5 174.00	3 206.00
2. 委托投资基金						五、缴存准备金存款	52 405.00	38 739.00	59 038.00	52 405.00	59 038.00
九、代理金融机构委托贷款						六、存放中央银行特种存款					
其中：中央银行委托贷款						七、存放中央银行财政性存款					
十、所有者权益	1 833.00	216.00	1 341.00	1 833.00	1 341.00	八、同业往来	10 000.00	-10 000.00	190.00	10 000.00	190.00
其中：实收资本						1. 存放同业					
当年结益	1 619.00	216.00		1 619.00		2. 拆放同业	10 000.00	-10 000.00	190.00	10 000.00	190.00
十一、其他	-92 544.00	-36 113.00	-13 398.00	-92 544.00	-13 398.00	九、代理金融机构贷款					
						其中：代理人行专项贷款					
						十、库存现金	958.00	-615.00	2 715.00	958.00	2 715.00
						十一、外汇占款	689.00	18.00	22 646.00	689.00	22 646.00
资金来源总计	309 251.00	32 007.00	263 213.00	309 251.00	263 213.00	资金运用总计	309 251.00	32 007.00	263 213.00	309 251.00	263 213.00

华夏银行昆明分行外汇信贷收支表

（2000年12月31日）

单位：万元；亿美元

来源项目名称	本月余额	比上月增减数 2000年	比上月增减数 1999年	比年初增减数 2000年	比年初增减数 1999年	运用项目名称	本月余额	比上月增减数 2000年	比上月增减数 1999年	比年初增减数 2000年	比年初增减数 1999年
一、各项存款	1 668.00	-83.00	870.00	1 668.00	870.00	一、各项贷款	761.00	-134.00	629.00	761.00	629.00
1．单位活期存款	287.00	-42.00	490.00	287.00	490.00	1．短期贷款	71.00	-13.00	579.00	71.00	579.00
其中：中资企业存款						(1)境内短期贷款	71.00	-13.00	579.00	71.00	579.00
外商投资企业存款	287.00	-42.00	374.00	287.00	374.00	其中：中资企业贷款	71.00	-13.00		71.00	
2．单位定期存款	533.00	-63.00	136.00	533.00	136.00	外商投资企业贷款					
其中：中资企业存款						(2)境外短期贷款					
外商投资企业存款	533.00	-63.00	136.00	533.00	136.00	2．中长期贷款					
3．储蓄存款	638.00	37.00	166.00	638.00	166.00	(1)境内中长期贷款					
其中：定期存款	618.00	34.00	156.00	618.00	156.00	其中：中资企业贷款					
4．其他类存款	210.00	-15.00	78.00	210.00	78.00	外商投资贷款					
5．境外存款						(2)境外中长期贷款					
二、境内中长期借款						3．进出口贸易融资	111.00	-121.00	50.00	111.00	50.00
三、卖出回购证券						4．票据融资					
四、境外筹资						5．逾期类贷款	579.00			579.00	
五、向中央银行借款						二、投资					
六、中央银行存款						1．购买有价证券					
七、同业存放						其中：购买境外有价证券					
(1)境内同业存放						2．其他投资					
(2)境外同业存放						其中：投资境外					
八、同业拆入						三、境外筹资转贷款					
(1)境内同业拆入						四、存放中央银行			7.00		7.00
(2)境外同业拆入						其中：缴存准备金			7.00		7.00
九、委托基金存款						五、存放同业	41.00	-85.00	38.00	41.00	38.00
十、外汇买卖	83.00	-25.00	2 735.00	83.00	2 735.00	(1)存放境内同业	41.00	-85.00	38.00	41.00	38.00
其中：结售汇	83.00	-25.00	2 735.00	83.00	2 735.00	(2)存放境外同业					
十一、境内联行存放	-977.00	-134.00	-2 980.00	-977.00	-2 980.00	六、拆放同业					
十二、境外联行存放						(1)拆放境内同业					
十三、所有者权益	26.00	-1.00	56.00	26.00	56.00	(2)拆放境外同业					
其中：实收资本						七、存放境外联行					
当年结益		-27.00				八、库存现金	6.00	-21.00	37.00	6.00	37.00
十四、其他	8.00	3.00	30.00	8.00	30.00						
资金来源总计	808.00	-240.00	711.00	808.00	711.00	资金运用总计	808.00	-240.00	711.00	808.00	711.00

广东发展银行昆明分行人民币信贷收支分析表

（2000年12月31日）

单位：万元

项目名称	本期余额	比上月增减(+/-)	比上月增减(%)	比年初增减(+/-)	比年初增减(%)	项目名称	本期余额	比上月增减(+/-)	比上月增减(%)	比年初增减(+/-)	比年初增减(%)
资金来源总计	193 360	46 591	31.74	42 057	27.80	资金运用总计	193 360	46 591	31.74	42 057	27.80
一、各项存款	346 233	37 736	12.23	114 643	49.50	一、各项贷款	134 140	14 897	12.49	39 975	42.45
1. 企业存款	309 144	35 607	13.02	94 474	44.01	1. 短期贷款	130 305	15 046	13.05	39 313	43.20
（1）活期存款	237 296	30 015	14.48	87 623	58.54	（1）工业贷款	2 987	-60	-1.97	-7 136	-70.49
（1）定期存款	71 848	5 592	8.44	6 851	10.54	（2）商业贷款	43 110	12 257	39.73	7 486	21.01
2. 城镇储蓄存款	22 834	1 145	5.28	7 603	49.92	其中：收购贷款	0	0		0	
（1）活期储蓄	11 257	847	8.14	4 933	78.00	（3）建筑业贷款	369	0	0.00	-527	-58.82
（1）定期储蓄存款	11 577	298	2.64	2 670	29.98	（4）农业贷款	0	0		0	
3. 农业存款	190	-68	-26.36	139	272.55	（5）乡镇企业贷款	0	0		0	
4. 信托存款	0	0		0		（6）三资企业贷款	1 100	0	0.00	-4 420	-80.07
5. 其他存款	14 065	1 052	8.08	12 427	758.67	（7）私营企业及个体贷款	240	0	0.00	-6 384	-96.38
二、临时存款	4 932	1 448	41.56	3 599	269.99	（8）贴现贷款	4 114	-3 224	-43.94	2 984	264.07
三、发行金融债券	0	0		0		（9）其他短期贷款	78 385	6 073	8.40	47 310	152.24
其中：发行政策性金融债券	0	0		0		2. 中期流动资金贷款	0	0		0	
四、国家投资债券	0	0		0		3. 中长期贷款	3 000	0	0.00	0	0.00
五、卖出回购证券	0	0		0		（1）基本建设贷款	0	0		0	
六、向中央银行借款	0	0		0		（2）技术改造贷款	0	0		0	
七、同业往来	31 119	-6 218	-16.65	21 160	212.47	（3）其他中长期贷款	3 000	0	0.00	0	0.00
1. 同业存放	16 119	3 782	30.66	11 160	255.05	4. 信托贷款	0	0		0	
2. 同业拆借	15 000	-10 000	-40.00	10 000	200.00	5. 逾期类贷款	835	-149	-15.14	662	382.66
八、所有者权益	3 091	1 470	90.68	884	40.05	二、国家投资债券贷款	0	0		0	
其中：实收资本	0	0		0		三、有价证券及投资	1 531	898	141.86	-3 791	-71.23
当年结益	3 107	1 470	89.80	1 650	113.25	四、准备金存款	53 730	32 161	149.11	5 921	12.38
九、委托存款及委托投资基金	0	0		0		五、存放中央银行特种存款	0	0		0	
1. 委托存款	0	0		0		六、缴存中央银行财政性存款	0	0		0	
2. 委托投资基金	0	0		0		七、同业往来	0	0		0	
十、代理金融机构委托贷款基金	0	0		0		1. 存放同业	0	0		0	
其中：中央银行委托贷款基金	0	0		0		2. 拆放同业	0	0		0	
十一、其他	-192 015	12 155	-5.95	-98 047	104.34	八、代理金融机构贷款	0	0		0	
						其中：代理人行专项贷款	0	0		0	
						九、库存现金	2 541	563	28.46	984	63.20
						十、外汇占款	1 418	-1 928	-57.62	-1 032	-42.12

昆明市商业银行信贷收支表

（2000年12月31日） 单位：万元

项　目　名　称	本月余额	比年初增减数	项　目　名　称	本月余额	比年初增减数
一、各项存款	646 156	20 848	一、各项贷款	393 187	-12 090
1、企业存款	434 834	6 876	1、短期贷款	224 952	-32 355
（1）活期存款	388 333	22 308	（1）工业贷款	8 724	-1 711
（2）定期存款	46 501	-15 432	（2）商业贷款	99 883	-7 233
2、城镇储蓄存款	126 634	13 467	其中：收购贷款		
（1）活期储蓄	63 883	14 522	（3）建筑业贷款	6 922	-5 163
（2）个人定期储蓄存款	62 751	-1 055	（4）农业贷款		
3、农业存款			（5）乡镇企业贷款	430	-330
4、信托存款			（6）三资企业贷款	23 250	-6 409
5、其他存款	84 688	505	（7）私营企业及个体贷款	19 240	-3 897
二、代理财政性存款		-148	（8）贴现	19 250	18 890
三、发行金融债券			（9）其他短期贷款	47 253	-26 502
其中：发行政策性金融债券			2、中期流动资金贷款	26 641	-18 524
四、国家投资债券			3、中长期贷款	24 682	22 343
五、卖出回购证券	-82	-28 260	（1）基本建设贷款	3 035	3 035
六、向中央银行借款	280 000	225 000	（2）技术改造贷款	300	300
七、同业往来	175	-846	（3）其他中长期贷款	21 347	19 008
1、同业存放	175	-846	4、信托贷款		
2、同业拆借			5、逾期类贷款	116 912	16 446
八、委托存款及委托投资基金	-211 695	-211 991	二、国家投资债券贷款		
1、委托存款	-211 695	-211 991	三、有价证券及投资	148 502	56 490
2、委托投资基金			四、缴存准备金存款	81 102	-33 560
九、代理金融机构贷款基金	9 100	9 000	五、存放中央银行特种存款		
其中：中央银行委托贷款基金	100		六、存放中央银行财政性存款		
十、所有者权益	47 765	3 713	七、同业往来	30 534	-7 591
其中：实收资本	26 867	2 553	1、存放同业	11 530	-3 356
当年结益	2 894	2 894	2、拆放同业	19 004	-4 235
	-101 378	-4 298	八、代理金融机构贷款	9 100	9 000
			其中：代理人行专项贷款	100	
			九、库存现金	7 616	769
			十、外汇占款		
资金来源总计	670 041	13 018	资金运用总计	670 041	13 018

昆明市农村信用合作社联合社信贷收支统计表

（2000年12月31日） 单位：万元

项目名称	本月余额	比上年末增减	项目名称	本月余额	比上年末增减
一、各项存款	881 843	61 277	一、现金	10 997	-3 485
1、 集体存款	343 807	42 115	二、存放中央银行款项	22 700	-16 100
其中：活期存款	303 152	24 116	三、存放农业银行款项	66 660	-1 996
定期存款	34 824	13 578	四、缴存存款准备金	123 683	-20 502
财政性存款	5 831	4 421	五、存放其他同业款项	7 715	602
2、 储蓄存款	538 036	19 162	六、存放联行款项	88 164	3 301
其中：活期储蓄存款	143 916	19 029	七、存放联社款项	286 823	18 493
定期储蓄存款	394 120	133	八、存放社内款项	24 241	3 512
存　款	256	-153	九、拆放银行业	47 000	47 000
三、联行存放款项	112 673	7 216	十、拆放金融性公司		
四、联社存放款项			十一、各项贷款合计	563 805	59 022
五、社内存放款项	287 050	18 762	1、农户贷款	76 520	9 234
六、借入银行款	26 073	11 700	2、农村经济组织贷款	60 076	4 545
七、银行业拆入	20 054	15 054	3、农村工商业贷款	381 957	33 850
八、金融性公司拆入			4、其他贷款	45 252	11 393
九、委托及代理款项	3 087	1 819	十二、信托及代理	3 409	1 923
十、调入调出资金	44 327	-4 183	十三、调出调剂资金	44 809	-12 575
十一、应付利息	22 044	-4 754	十四、贴现		
十二、其他资金收入	21 804	1 812	十五、贷款呆账准备	-2 505	899
十三、管理部门统筹资金	2 502	41	十六、应收利息	2 126	553
十四、应交税金	1 602	107	十七、固定资产	58 483	1 926
十五、所有者权益	38 512	-126	十八、累计折旧	-15 526	-326
其中：实收资本	27 264	-922	十九、短期投资	7 594	-1 714
股金	9 712	768	二十、长期投资	86 325	36 190
十六、收入	52 074	-4 583	二十一、其他资产占款	35 433	-8 592
			二十二、支出	51 965	-6 659
资金来源总计	1 513 901	107 588	资金运用总计	1 513 901	107 588

昆明市农村信用合作社联合社存款、贷款余额表

（2000年12月31日） 单位：万元

县（区、市）	各项存款			各项贷款		
	年末余额	比上年末增减	增长率%	年末余额	比上年末增减	增长率%
长春	18 364	2 891	18.68	13 422	2 604	24.06
曙光	13 019	1 617	14.18	9 573	507	5.59
官渡	402 865	9 383	2.38	237 362	14 115	6.32
西山	91 741	11 691	14.60	48 992	6 152	14.36
晋宁	41 292	2 192	5.61	30 382	5 516	22.18
宜良	78 222	8 638	12.41	57 563	12 477	27.67
石林	22 399	1 697	8.20	15 999	2 128	15.34
安宁	33 767	5 956	21.42	18 063	2 768	18.09
嵩明	43 392	1 247	2.96	32 954	2 077	6.72
呈贡	53 506	3 595	7.20	35 674	2 903	8.85
禄劝	17 661	2 337	15.25	16 423	647	4.10
富民	21 073	1 605	8.24	17 241	3 029	21.31
营业部	9 484	3 116	48.93	2 922	-194	-6.22
东川	13 459	2 243	20.00	11 197	2 216	24.67
寻甸	21 599	3 069	16.56	16 038	2 077	14.87
全辖合计	881 843	61 277	7.47	563 805	59 022	11.69

中国平安保险股份有限公司昆明分公司产险承保业务统计报表

（2000年12月31日）

单位：元

险种大类	险种	保批单笔数 本期	保批单笔数 累计	保额 本期	保额 累计	净保费 本期	净保费 累计	累计净保费较上年%	净费率累计%	累计净费率较上年%	净保费(上年)累计	保额(上年)累计
火险	财产保险基	6	128	10 550 000.00	624 433 018.33	40 717.40	634 696.55	7.11	0.10	-8.19	592 580.52	535 235 530.00
	财产保险综	116	835	2 080 771 077.47	9 714 451 988.76	2 398 039.98	14 071 153.79	4.37	0.14	-12.00	13 482 097.64	8 191 296 967.80
	财产一切险	0	8	0.00	152 061 636.24	0.00	491 807.50	314.41	0.32	0.65	118 676.20	36 932 000.00
	计算机综合	0	15	0.00	26 082 861.83	0.00	182 010.04	0.00	0.70	0.70	0.00	0.00
	锅炉压力容	0	7	0.00	1 081 640.60	0.00	62 028.91	0.00	5.73	5.73	0.00	0.00
	家庭财产保	848	3 265	21 241 122.48	865 573 213.15	58 812.14	1 606 431.14	467.73	0.19	187.39	282 954.74	438 150 864.00
	现金险	1	8	50 000.00	2 807 000.00	350.00	18 059.00	-13 995.81	0.64	-1 731.16	-129.96	329 500.00
	利润损失险	0	1	0.00	51 709 000.00	0.00	31 025.40	0.00	0.06	0.06	0.00	0.00
	家庭财产长	3	53	0.00	10 800 000.00	0.00	0.00	-100.00	0.00	-100.00	-45 207.36	-24 399 986.80
	液化石油气	0	0	0.00	0.00	0.00	0.00	0.00	0.00	0.00	0.00	0.00
小计		974	4 320	2 112 612 199.95	11 449 000 358.91	2 497 919.52	17 097 212.33	18.48	0.15	-5.03	14 430 971.78	9 177 544 875.00
货运险	进口运输险	0	3	0.00	9 206 038.29	0.00	18 412.08	-94.43	0.20	-24.22	330 698.45	125 303 273.02
	出口运输险	16	222	-6 212 888.56	129 883 168.65	-39 042.53	470 238.05	-63.99	0.36	-39.32	1 306 030.18	218 881 452.80
	国内运输险	0	0	0.00	0.00	0.00	0.00	-100.00	0.00	-100.00	28 995.05	11 331 685.00
	国内水路货	0	0	0.00	0.00	0.00	0.00	-100.00	0.00	-100.00	4 050.00	1 500 000.00
	公路货物运	0	0	0.00	0.00	0.00	0.00	-100.00	0.00	-100.00	220.00	100 000.00
	国内铁路货	138	941	73 365 405.42	836 897 822.73	109 932.79	1 879 431.81	37.21	0.22	-7.82	1 369 752.89	562 226 524.48
	国内公路货	19	82	46 120 000.00	165 681 705.60	83 040.00	185 844.92	31.24	0.11	-67.32	141 601.78	41 256 227.28
	国内航空货	0	1	0.00	114 400.00	0.00	457.60	69.48	0.40	48.15	270.00	100 000.00
小计		173	1 249	113 272 516.86	1 141 783 135.27	153 930.26	2 554 384.46	-19.71	0.22	-32.45	3 181 618.35	960 699 162.58
工程险	机器损坏险	28	162	-24 085 884.06	1 226 511 110.91	395 882.36	3 591 855.44	15.03	0.29	-15.19	3 122 545.16	904 265 157.24
	建筑工程一	3	12	0.00	200 657 832.66	908 315.00	1 338 524.19	-58.47	0.67	207.36	3 223 247.66	1 485 172 451.00
	安装工程一	0	0	0.00	0.00	0.00	0.00	-100.00	0.00	-100.00	162 908.00	55 370 000.00
小计		31	174	-24 085 884.06	1 427 168 943.57	1 304 197.36	4 930 379.63	-24.25	0.35	29.76	6 508 700.82	2 444 807 608.24
责任信用险	公众责任险	4	14	1 500 000.00	25 518 500.00	11 800.00	70 001.30	27.46	0.27	217.50	54 918.62	63 563 668.00
	产品责任险	1	19	2 000 000.00	44 650 000.00	4 000.00	192 280.66	12.89	0.43	-54.74	170 325.80	17 900 000.00
	雇主责任险	3	11	-738 177.96	4 927 917.00	-147 413.14	136 534.43	-11.90	2.77	43.48	154 973.38	8 025 501.76
	雇员忠诚险	0	1	0.00	166 000.00	0.00	1 328.00	0.00	0.80	0.80	0.00	0.00
		8	45	2 761 822.04	75 262 417.00	-131 613.14	400 144.39	5.24	0.53	25.13	380 217.80	89 489 169.76
车险	机动车辆保	3 754	29 992	300 567 058.00	2 152 630 443.00	5 172 010.50	45 391 704.07	9.35	2.11	-25.20	41 509 245.48	1 472 434 569.90
	单程提车险	0	0	0.00	0.00	0.00	0.00	-100.00	0.00	-100.00	10 030.00	1 860 000.00
	摩托车保险	1 171	14 748	38 552 000.00	459 586 000.00	133 192.75	2 075 842.13	14.34	0.45	6.74	1 815 425.48	429 002 000.00
小计		4 925	44 740	339 119 058.00	2 612 216 443.00	5 305 203.25	47 467 546.20	9.54	1.82	-20.19	43 334 700.96	1 903 296 569.90
合计		6 111	50 528	2 543 679 712.79	16 705 431 297.75	9 129 637.25	72 449 667.01	6.80	0.43	-6.81	67 836 209.71	14 575 837 385.48

中国平安保险股份有限公司昆明分公司产险理赔业务统计报表

（2000年12月31日）

单位：元

险种大类	险种	已决笔数		保品损失金额		第三者责任赔付		其他损失		理赔费用		已决赔款		未决笔数	未决估损金额
		本期	累计	本期	累计	本期	累计	本期	累计	本期	累计	本期	累计		
火险	财产保险基	1	3	1 908.00	680 604.00	0.00	0.00	0.00	0.00	76.32	9 872.32	1 984.32	690 476.32	0	0.00
	财产保险综	3	81	136 506.57	1 704 094.77	0.00	0.00	0.00	18 346.20	2 955.00	30 353.52	139 461.57	1 752 794.49	16	232 230.00
	计算机综合	0	0	0.00	0.00	0.00	0.00	0.00	0.00	0.00	0.00	0.00	0.00	10	97 400.00
	锅炉压力容	0	4	0.00	9 823.50	0.00	0.00	0.00	0.00	0.00	0.00	0.00	9 823.50	1	4 950.00
	家庭财产保	0	2	0.00	9 920.00	0.00	0.00	0.00	0.00	0.00	0.00	0.00	9 920.00	1	4 762.50
	家庭财产长	1	1	9 359.78	9 359.78	0.00	0.00	0.00	0.00	0.00	0.00	9 359.78	9 359.78	2	1 700.00
小计		5	91	147 774.35	2 413 802.05	0.00	0.00	0.00	18 346.20	3 031.32	40 225.84	150 805.67	2 472 374.09	30	341 042.50
货运险	进口运输险	0	0	0.00	0.00	0.00	0.00	0.00	0.00	0.00	0.00	0.00	0.00	0	0.00
	出口运输险	0	0	0.00	0.00	0.00	0.00	0.00	0.00	0.00	0.00	0.00	0.00	4	75 671.65
	国内运输险	0	0	0.00	0.00	0.00	0.00	0.00	0.00	0.00	0.00	0.00	0.00	1	3 300.00
	国内铁路货	0	15	0.00	696 872.49	0.00	0.00	0.00	0.00	0.00	23 694.00	0.00	720 566.49	3	64 272.20
	国内公路货	0	1	0.00	0.00	0.00	0.00	0.00	0.00	0.00	0.00	0.00	0.00	1	78 000.00
小计		0	16	0.00	696 872.49	0.00	0.00	0.00	0.00	0.00	23 694.00	0.00	720 566.49	9	221 243.85
工程险	机器损坏险	23	49	469 388.75	1 702 158.24	0.00	0.00	0.00	13 378.20	14 323.62	45 436.20	483 712.37	1 725 953.53	25	10 577 215.00
	建筑工程一	10	17	2 202 561.17	5 198 566.17	0.00	0.00	177 801.00	177 801.00	36 388.58	195 495.38	2 416 750.75	5 571 862.55	0	0.00
小计		33	66	2 671 949.92	6 900 724.41	0.00	0.00	177 801.00	191 179.20	50 712.20	240 931.58	2 900 463.12	7 297 816.08	25	10 577 215.00
责任信用险	公众责任险	0	0	0.00	0.00	0.00	0.00	0.00	0.00	0.00	0.00	0.00	0.00	0	0.00
	产品责任险	4	19	13 910.50	17 687.70	28 114.60	55 726.90	0.00	0.00	1 532.00	1 712.00	37 722.60	69 292.10	4	6 900.00
	雇主责任险	0	27	0.00	163 101.01	0.00	0.00	0.00	0.00	0.00	2 192.63	0.00	129 293.64	1	36 000.00
	产品综合险	0	0	0.00	0.00	0.00	0.00	0.00	0.00	0.00	0.00	0.00	0.00	0	0.00
小计		4	46	13 910.50	180 788.71	28 114.60	55 726.90	0.00	0.00	1 532.00	3 904.63	37 722.60	198 585.74	5	42 900.00
车险	机动车辆保	907	8 219	0.00	2 991 567.32	0.00	1 407 665.59	58 223.59	1 436 426.30	124 942.34	813 421.49	3 546 334.69	25 230 587.62	1 104	6 185 467.95
	单程提车险	0	0	0.00	0.00	0.00	0.00	0.00	0.00	0.00	0.00	0.00	0.00	0	0.00
	摩托车保险	13	138	0.00	0.00	0.00	17 931.09	0.00	11 569.76	1 200.00	4 564.06	14 963.27	147 943.12	52	104 494.62
小计		920	8 357	0.00	2 991 567.32	0.00	1 425 596.68	58 223.59	1 447 996.06	126 142.34	817 985.55	3 561 297.96	25 378 530.74	1 156	6 289 962.57
合计		962	8 576	28 833 634.77	13 183 754.98	28 114.60	1 481 323.58	236 024.59	1 657 521.46	181 417.86	1 126 741.60	6 650 289.35	36 067 873.14	1 225	17 472 363.92

中国平安保险股份有限公司昆明分公司个人寿险保费收入统计（分险种）

（2000年12月31日）

单位：千元

项　目	总保费收入					首期保费		首年续期保费		续年续期保费		其他保费	
	本月	本年累计	上年同期累计	成长率(%)	达成率(%)	本月	本年累计	本月	本年累计	本月	本年累计	本月	本年累计
意外伤害102	79	923	1 006	-8.25	0	0	0	0	0	79	923	0	0
住院医疗108	14	407	468	-13.03	0	0	0	0	0	14	407	0	0
住院医疗149	296	2 957	1 596	85.28	0	132	1 698	1	24	163	1 234	0	0
扩展医疗181	77	917	985	-6.9	0	0	0	0	0	77	917	0	0
住院安心185	366	3 534	2 463	43.48	0	114	1 261	1	21	251	2 251	0	0
住院医疗186	287	3 624	3 691	-1.82	0	0	0	0	0	287	3 624	0	0
意外伤害191	98	1 116	564	97.87	0	67	700	0	4	30	412	0	0
意外医疗192	115	1 053	376	180.05	0	82	776	0	5	33	272	0	0
意外伤害193	45	450	396	13.64	0	45	450	0	0	0	0	0	0
意外医疗194	21	201	211	-4.74	0	21	201	0	0	0	0	0	0
平安长寿404	1 132	21 427	21 401	12	0	0	0	0	0	1 132	21 427	0	0
少儿平安414	992	15 660	16 551	-5.38	0	0	0	0	0	992	15 660	0	0
重大疾病416	5	223	220	1.36	0	0	0	0	0	5	223	0	0
递增养老418	36	1 007	978	2.97	0	0	0	0	0	36	1 007	0	0
平安永乐426	3	189	197	-4.06	0	0	0	0	0	3	189	0	0
平安幸福427	43	397	472	-15.89	0	0	0	0	0	43	397	0	0
福临门险428	329	1 639	1 864	-12.07	0	0	0	0	0	329	1 639	0	0
平安长乐429	6	64	64	0	0	0	0	0	0	6	64	0	0
长寿9704701	2 170	9 577	9 722	-1.49	0	0	0	0	0	2 170	9 577	0	0
少儿9704702	1 150	7 874	8 159	-3.49	0	0	0	0	0	1 150	7 874	0	0
递增9704704	279	1 131	915	23.61	0	0	0	0	0	279	1 131	0	0
永乐9704705	75	498	506	-1.58	0	0	0	0	0	75	498	0	0
长寿9712706	262	11 569	12 214	-5.28	0	0	0	0	0	262	11 569	0	0
少儿9712707	212	8 187	8 402	-2.56	0	0	0	0	0	212	8 187	0	0
重疾9712708	8	280	299	-6.35	0	0	0	0	0	8	280	0	0
递增9712709	22	1 376	1 294	6.34	0	0	0	0	0	22	1 376	0	0
永乐9712710	13	718	797	-9.91	0	0	0	0	0	13	718	0	0
幸福9712711	11	476	520	-8.46	0	0	0	0	0	11	476	0	0
福临9712712	83	2 002	2 164	-7.49	0	0	0	0	0	83	2 002	0	0
长乐9712713	0	236	245	-3.67	0	0	0	0	0	0	236	0	0
康乐9712714	35	923	971	-4.94	0	0	0	0	0	35	923	0	0
育英9712715	18	1 868	1 929	-3.16	0	0	0	0	0	18	1 868	0	0
平安如意716	18	143	162	-11.73	0	0	0	0	0	18	143	0	0
平安永利717	1 454	14 022	15 948	-12.08	0	0	0	0	0	1 454	14 022	0	0
平安康泰718	346	5 597	6 463	-13.40	0	0	0	0	0	346	5 597	0	0
平安全福720	29	308	420	-26.67	0	0	0	0	0	29	308	0	0

（续表）

单位：千元

项目	总保费收入					首期保费		首年续期保费		续年续期保费		其他保费	
	本月	本年累计	上年同期累计	成长率（%）	达成率（%）	本月	本年累计	本月	本年累计	本月	本年累计	本月	本年累计
平安福寿 7 2 1	76	1 641	4 538	-63.84	0	0	0	0	0	76	1 641	0	0
附加万寿 7 2 2	24	556	561	-89	0	0	0	0	0	24	556	0	0
附加定期 7 2 3	1	8	18	-55.56	0	0	0	0	0	1	8	0	0
附加重疾 7 2 4	12	300	337	-10.98	0	0	0	0	0	12	300	0	0
育英才 7 2 5	88	686	778	-11.83	0	0	0	0	0	88	686	0	0
福临门 7 2 6	55	1 093	1 493	-26.79	0	0	0	0	0	55	1 093	0	0
平安康乐 7 2 7	4	60	86	-30.23	0	0	0	0	0	4	60	0	0
万家福 7 2 8	0	35	47	-25.53	0	0	0	0	0	0	35	0	0
平安永福 7 2 9	8	93	114	-18.42	0	0	0	0	0	8	93	0	0
育英年金 7 3 0	147	1 828	1 162	57.31	0	33	984	0	0	114	845	0	0
长青 A 7 3 1	24	282	150	88	0	0	158	0	0	24	124	0	0
长青 B 7 3 2	97	1 836	1 507	21.83	0	3	1 003	0	0	94	832	0	0
平安全福 7 3 3	79	915	627	45.93	0	42	510	0	0	37	405	0	0
平安永福 7 3 4	59	693	501	38.32	0	13	345	0	0	46	348	0	0
附加定期 7 3 5	16	134	44	204.55	0	10	114	0	0	6	20	0	0
附加重疾 7 3 6	489	4204	692	507.51	0	357	3 705	0	0	132	499	0	0
附加防癌 7 3 7	27	212	53	300	0	18	166	0	0	9	46	0	0
平安康泰 7 3 8	1 691	17 254	5 512	213.03	0	864	13 576	0	0	827	3 678	0	0
附加万寿 7 3 9	151	1 963	801	145.07	0	59	1 465	0	0	92	499	0	0
平安福寿 7 4 0	1 693	6 949	4 711	47.51	0	1 398	6 418	1	8	293	523	0	0
平安永利 7 4 1	305	2 968	735	303.81	0	23	2 541	0	0	282	427	0	0
祥福（A）7 4 2	43	440	90	388.89	0	13	405	0	0	30	35	0	0
祥福（B）7 4 3	1	16	10	60	0	1	16	0	0	0	0	0	0
幸福（A）7 4 4	112	597	57	947.37	0	105	587	0	0	7	10	0	0
幸福（B）7 4 5	19	62	12	416.67	0	17	60	0	0	2	2	0	0
子女（A）7 4 6	65	787	120	555.83	0	16	707	0	0	50	80	0	0
子女（B）7 4 7	14	80	36	122.22	0	1	63	0	0	13	17	0	0
平安鸿利 7 5 1	2 899	11 099	0	0	0	2 899	11 099	0	0	0	0	0	0
世纪理财 8 8 8	2 613	5 051	0	0	0	2 613	5 051	0	0	0	0	0	0
重疾 9704H01	38	152	158	-3.8	0	0	0	0	0	38	152	0	0
平安康乐 H 0 2	116	476	526	-9.51	0	0	0	0	0	116	476	0	0
住院安心 H 1 1	0	0	0	0	0	0	0	0	0	0	0	0	0
合计	21 095	185 043	150 108	23.27	0	8 945	54 058	4	62	12 146	130 923	0	0

注：首期保费 = 本月签单的首期保费 - 在本月全额退保的保费。
首年续期保费 = 本月发生的第一保单年度的续期保费。
续年续期保费 = 本月发生的所有第二保单年度以后的续期保费。
其他保费 = 因转换或其他异常情形发生的保费变化。
总保费收入 = 首期保费 + 首年续期保费 + 续年续期保费 + 其他保费。
！！保费若有负值出现，则说明本月收进保费比本月转出保费少。

云南省农村信用合作社各项存款统计表（一）

（2000年12月31日）

单位：万元

项目 / 地区	一、各项存款				1、集体存款				2、储蓄存款				二、股金			
	本月余额	比上年末	比上月末	与同期比	本月余额	比上年末	比上月末	与同期比	本月余额	比上年末	比上月末	与同期比	本月余额	比上年末	比上月末	与同期比
甲	1	2	3	4	5	6	7	8	9	10	11	12	13	14	15	16
合计																
昆明	881 843	61 277	61 615	61 350	343 807	42 115	60 609	42 190	538 036	19 162	1 006	19 160	9 712	768	128	766
昭通	116 994	28 457	5 695	28 524	37 890	14 029	2 756	14 096	79 104	14 428	2 939	14 428	3 046	340	66	340
曲靖	228 788	25 940	5 174	27 077	68 379	13 377	2 691	14 514	160 409	12 563	2 483	12 563	7 097	678	30	678
玉溪	357 412	103 442	-8 024	103 606	113 002	42 157	-4 400	42 321	244 410	61 285	-3 624	61 285	7 708	14	-248	14
红河	287 309	60 063	17 053	60 324	79 391	20 264	14 360	20 525	207 918	39 799	2 693	39 799	7 252	1 554	-32	1 554
文山	105 277	12 057	5 483	12 059	16 018	3 368	1 698	3 370	89 259	8 689	3 785	8 689	4 210	1 297	136	1 298
思茅	90 489	13 681	2 410	13 750	20 420	5 093	586	5 158	70 069	8 588	1 824	8 592	4 178	1 166	-329	1 167
西双版纳	38 554	1 603	137	1 784	5 148	105	392	286	33 406	1 498	-255	1 498	643	-8	-4	-8
楚雄	147 259	18 703	8 222	19 213	35 508	7 474	4 829	7 984	111 751	11 229	3 393	11 229	2 850	249	22	249
大理	191 118	41 856	6 034	41 940	43 487	17 156	2 857	17 240	147 631	24 700	3 177	24 700	2 980	-3	-12	-4
保山	146 456	12 319	1 110	13 469	19 578	1 053	780	2 291	126 878	11 266	330	11 178	2 288	-4	-1	-4
德宏	75 854	11 170	1 539	11 170	12 926	3 165	349	3 165	62 928	8 005	1 190	8 005	1 732	726	25	726
丽江	72 333	3 493	2 805	3 493	11 394	-247	1 312	-247	60 939	3 740	1 493	3 740	6 670	1 783	79	1 783
怒江	14 238	5 036	2 877	5 067	5 548	2 459	1 941	2 490	8 690	2 577	936	2 577	28	-2		-2
迪庆	16 704	3 440	617	3 440	4 618	1 639	543	1 639	12 086	1 801	74	1 801	599	185	31	185
临沧	66 744	7 883	2 910	7 902	12 986	1 601	556	1 620	53 758	6 282	2 354	6 282	1 279	153	28	152
单列合计																
全辖合计	2 837 372	410 420	115 657	414 168	830 100	174 808	91 859	178 642	2 007 272	235 612	23 798	235 526	62 272	8 896	-81	8 894

云南省农村信用合作社各项存款统计表（二）

（2000年12月31日）

单位：万元

项目 地区	存贷比（%）	集体活期存款				集体定期存款				个人活期储蓄存款				个人定期储蓄存款			
		本月余额	比上年末	比上月末	与同期比	本月余额	比上年末	比上月末	与同期比	本月余额	比上年末	比上月末	与同期比	本月余额	比上年末	比上月末	与同期比
甲	1	2	3	4	5	6	7	8	9	10	11	12	13	14	15	16	17
合计																	
昆明	63.93	308 983	28 537	58 443	28 612	34 824	13 578	2 166	13 578	143 916	19 029	4 897	19 026	394 120	133	-3 891	134
昭通	76.02	34 568	12 252	1 514	12 319	3 322	1 777	1 242	1 777	28 407	8 359	2 012	8 359	50 697	6 069	927	6 069
曲靖	71.81	56 218	8 508	3 145	9 645	12 161	4 869	-454	4 869	44 865	8 814	3 085	8 814	115 544	3 749	-602	3 749
玉溪	51.02	92 833	38 558	-5 308	38 722	20 169	3 599	908	3 599	58 520	22 744	-2 681	22 744	185 890	38 541	-943	38 541
红河	57.49	71 993	19 006	14 278	19 267	7 398	1 258	82	1 258	54 904	16 111	970	16 111	153 014	23 688	1 723	23 688
文山	73.36	13 695	1 703	1 681	1 705	2 323	1 665	17	1 665	26 192	5 077	1 958	5 075	63 067	3 612	1 827	3 614
思茅	70.21	19 624	4 680	574	4 745	796	413	12	413	25 549	6 254	1 713	6 256	44 520	2 334	111	2 336
西双版纳	62.46	5 144	108	392	289	4	-3		-3	7 843	1 448	96	1 448	25 563	50	-351	50
楚雄	68.62	30 952	7 102	5 044	7 612	4 556	372	-215	372	41 440	8 072	1 950	8 072	70 311	3 157	1 443	3 157
大理	63.60	39 487	15 689	2 753	15 773	4 000	1467	104	1 467	55 135	13 193	3 029	13 193	92 496	11 507	148	11 507
保山	84.63	17 812	806	671	2 044	1 766	247	109	247	40 123	7 757	1 229	7 669	86 755	3 509	-899	3 509
德宏	76.31	11 684	2 264	212	2 264	1 242	901	137	901	24 636	5 810	1 194	5 810	38 292	2 195	-4	2 195
丽江	75.67	10 547	-15	1 249	-15	847	-232	63	-232	23 236	3 492	1 811	3 492	37 703	248	-318	248
怒江	44.30	5 076	2 266	1 940	2 297	472	193	1	193	4 837	1 694	672	1 694	3 853	883	264	883
迪庆	70.51	4 446	1 712	543	1 712	172	-73		-73	4 987	1 230	139	1 230	7 099	571	-65	571
临沧	80.76	12 272	1 482	645	1 501	714	119	-89	119	22 163	4 131	2 170	4 130	31 595	2 151	184	2 152
单列合计																	
全辖合计	65.57	735 334	144 658	87 776	148 492	94 766	30 150	4 083	30 150	606 753	133 215	24 244	133 123	1 400 519	102 397	-446	102 403

云南省农村信用合作社各项贷款统计分析表

（2000年12月31日）

单位：万元

项目 地区	各项贷款合计				农户及农业经济组织贷款				农村工商业贷款				其他贷款			
	本月余额	比上年末	比上月末	与同期比	本月余额	比上年末	比上月末	与同期比	本月余额	比上年末	比上月末	与同期比	本月余额	比上年末	比上月末	与同期比
甲	1	2	3	4	5	6	7	8	9	10	11	12	13	14	15	16
合计																
昆明	563 805	59 572	-3 525	64 023	136 596	13 779	-11 122	17 302	381 957	34 400	4 279	34 572	45 252	11 393	3 318	12 149
昭通	88 940	17 805	-5 411	22 319	56 165	3 200	-4 431	5 241	9 003	1 544	-882	1 833	23 772	13 061	-98	15 245
曲靖	164 287	22 319	-13 053	23 977	108 114	17 423	-5 774	17 960	45 281	4 475	-5 110	5 441	10 892	421	-2 169	576
玉溪	182 358	22 127	8 781	27 613	101 552	15 332	4 712	19 463	60 060	3 818	3 065	4 515	20 746	2 977	1 004	3 635
红河	165 178	17 764	-3 779	19 746	105 221	9 964	-2 835	11 621	28 698	3 358	268	3 371	31 259	4 442	-1 212	4 754
文山	77 234	9 923	-2 394	13 680	56 574	5 948	-1 465	8 090	7 059	314	-350	762	13 601	3 661	-579	4 828
思茅	63 536	8 773	-1 533	12 544	49 800	6 831	-1 205	10 039	5 157	-112	-51	-20	8 579	2 054	-277	2 525
西双版纳	24 082	2 558	149	2 558	20 500	3 036	210	3 036	264	-8	4	-8	3 318	-470	-65	-470
楚雄	101 054	11 725	-1 140	12 529	72 913	10 382	-272	11 162	16 932	2 905	-1 174	2 926	11 209	-1 562	306	-1 559
大理	121 544	22 666	-8448	24 088	96 417	18 781	-5 767	20 003	15 443	2 933	-1 317	2 934	9 684	952	-1 364	1 151
保山	123 950	12 114	-5918	14 850	100 960	9 936	-4 741	12 664	15 155	542	-1 212	544	7 835	1 636	35	1 642
德宏	57 886	9 040	-641	10 821	25 841	3 232	-297	4 387	21 494	2 917	40	2 977	10 551	2 891	-384	3 457
丽江	54 733	5 189	-413	15 775	38 047	4 048	-684	12 913	9 435	133	200	1 111	7 251	1 008	71	1 751
怒江	6 308	1 591	-767	1 730	4 228	1 258	-465	1 305	857	-10	-142	-9	1 223	343	-160	434
迪庆	11 778	1 698	-481	2 587	10 516	1 701	-490	2 438	125	-15	-2	-15	1 137	12	11	164
临沧	53 901	9 288	-2 179	10 599	37 564	4 325	-1 699	5 536	8 921	5 260	-108	5 260	7 416	-297	-372	-197
单列合计																
全辖合计	1 860 574	234 152	-40 752	279 439	1 021 008	129 176	-36 325	163 160	625 841	62 454	-2 492	66 194	213 725	42 522	-1 935	50 085

云南省农村信用合作社各项贷款统计分析表（正常）

（2000年12月31日）

单位：万元

项目 地区	合计	短期贷款			中长期贷款			抵押贷款			质押贷款			贴现	农业贷款占总贷款之比%	此页合计占总贷款之比%
		本期余额	比上月末	与同期比	本期余额	比上月末	与同期比	本期余额	比上月末	与同期比	本期余额	比上月末	与同期比	本期余额		
甲	1	2	3	4	5	6	7	8	9	10	11	12	13	14	15	16
合计																
昆明	348 210	149 337	-22 570	-34 932	42 482	-4 245	-8 401	151 624	4 222	59 968	4 767	-113	-234		24.23	61.76
昭通	49 630	28 577	-6 677	5 936	2 184	702	1 804	12 307	-1 229	4 050	6 562	-160	2 048		63.15	55.80
曲靖	68 530	48 360	-24 818	-6 159	1 892	-590	-2 862	17 037	-3 546	2 153	1 241	-468	-417		65.81	41.71
玉溪	120 144	80 382	6 808	2 215	15 939	1 704	4 155	18 043	56	4 608	5 780	255	294		55.69	65.88
红河	84 595	44 189	-3 435	-13 751	12 172	228	178	26 191	537	4 192	2 043	-136	61		63.70	51.21
文山	46 902	28 859	-6 211	745	4 700	-31	908	9 049	-2 104	1 492	4 294	-272	535		73.25	60.73
思茅	45 866	19 132	-1 601	1 752	11 577	-131	-291	11 683	171	1 827	3 474	-47	-293		78.38	72.19
西双版纳	16 516	6 156	86	1 850	9 628	-208	132	614	614	614	118	118	118		85.13	68.58
楚雄	50 879	40 540	-372	-30	4 668	171	-388	4 982	-204	785	689	-100	-114		72.15	50.35
大理	76 910	66 193	-7 767	9 343	2 774	-239	-339	6 791	-394	1 309	1 152	-211	-267		79.33	63.28
保山	62 647	32 807	-6 294	-3 658	12 287	-998	1388	14 907	-2 646	612	2 646	-686	-90		81.45	50.54
德宏	42 129	17 006	-160	2 613	6 940	140	2 425	16 264	291	2 381	1 919	-17	138		44.64	72.78
丽江	30 604	3 295	-531	604	2 607	15	-4 008	14 609	1 298	4 425	10 093	-1 512	-493		69.51	55.92
怒江	3 743	1 229	-336	48	202	-3	33	2 125	-625	725	187	-11	48		67.03	59.34
迪庆	6 716	2 932	-153	164	1 424	47	705	1 054	39	178	1 306	-66	417		89.29	57.02
临沧	31 865	18 877	-437	2 467	4 771	95	1140	7 237	-582	1 637	980	-33	-330		69.69	59.12
单列合计																
全辖合计	1 085 886	587 871	-74 468	-30 793	136 247	-3 343	-3 421	314 517	-4 102	90 956	47 251	-3 459	1 421		54.88	58.36

云南省邮政储蓄业务统计表

（2000年12月31日）

单位：万元

项目	存款户数			存款余额									累计净增额	计划任务进度情况	
	本年	上年	增减幅度%	本年余额	上年余额	增减幅度%	活期存款余额	定期存款余额	定期一年以下存款余额	定期两年存款余额	定期三年以上存款余额	保值储蓄		计划任务	实际完成%
昆明市	337 281	280 527	20.23	111 923	107 745	3.88	40 923	70 698	56 654	3 032	11 012	302	4 178	12 300	33.97
红河州	150 692	125 811	19.78	55 471	50 201	10.50	12 716	42 582	36 407	1 337	4 838	173	5 270	5 500	95.82
楚雄州	113 094	111 940	1.03	33 374	31 535	5.83	8 085	25 112	20 494	1 310	3 308	177	1 839	3 500	52.54
玉溪市	128 159	110 626	15.85	64 554	43 465	48.52	9 719	54 706	50 253	1 017	3 436	129	21 089	4 800	439.35
大理州	90 240	79 872	12.98	28 867	23 594	22.35	8 150	20 564	17 207	729	2 628	153	5 273	2 500	210.92
文山州	98 192	94 891	3.48	40 116	35 566	12.79	8 364	31 651	29 907	416	1 328	101	4 550	3 000	151.67
思茅地区	75 231	73 901	1.80	30 051	26 426	13.72	6 740	23 215	20 725	530	1 960	96	3 625	2 900	125.00
西双版纳州	58 078	61 455	-5.50	26 174	25 522	2.55	9 276	16 828	13 675	707	2 446	70	652	2 500	26.08
昭通地区	115 229	97 994	17.59	29 264	24 717	18.40	8 735	20 529	18 160	645	1 724	0	4 547	2 400	189.46
临沧地区	43 956	43 872	0.19	14 388	13 697	5.04	3 786	10 541	9 011	322	1 208	61	691	1 200	57.58
德宏州	33 313	32 283	3.19	12 936	12 224	5.82	3 326	9 587	8 621	240	726	23	712	1 300	54.77
曲靖市	52 868	50 908	3.85	30 628	28 879	6.06	6 057	24 488	22 029	606	1 853	83	1 749	3 600	48.58
保山地区	32 316	28 253	14.38	13 177	11 631	13.29	3 188	9 931	8 413	338	1 180	58	1 546	1 200	128.83
丽江地区	36 517	31 630	15.45	16 766	13 422	24.91	2 938	13 803	12 846	231	726	25	3 344	2 700	123.85
怒江州	11 504	8 858	29.87	3 820	2 766	38.11	1 918	1 892	1 566	61	265	10	1 054	300	351.33
迪庆州	12 308	10 201	20.65	2 795	2 169	28.86	1 849	942	693	33	216	4	626	300	208.67
全省合计	1 388 978	1 243 022	11.74	514 304	453 559	13.39	135 770	377 069	326 661	11 554	38 854	1 465	60 745	50 000	121.49

四、资产负债表

国家开发银行昆明分行资产负债表

（2000年12月31日）

单位：元

项　　目	行次	年初数	年末数	项　　目	行次	年初数	年末数
一、流动资产	1	562 195 559.87	355 169 770.93	一、流动负债	66	12 409 679 097.59	12 821 953 098.96
现金及银行存款	2	1 740 178.12	287 155.96	短期存款	67	292 708 189.63	589 232 008.85
贵金属	3			短期储蓄存款	68		
存放中央银行款项	4	48 536 524.99	13 087 222.17	短期信托存款	69		
存放联行款项	5	120 230 000.00	16 399 330.90	委托存款	70		
存放同业款项	6		1 170 944.01	财政性存款	71		
缴存准备金	7			向中央银行借款	72		
拆出资金	8			联行存放款项	73	12 108 330 799.84	12 221 891 719.63
其中：拆放金融性公司	9			同业存放款项	74		
贴现	10			拆入资金	75		
短期贷款	11	280 000 000.00	320 000 000.00	其中：金融性公司拆入	76		
其中：抵押、质押贷款	12			应付账款	77	8 640 108.12	13 436.30
应收进出口押汇	13			卖出回购证券款	78		
应收账款	14	112 007 612.25	4 235 261.34	存入短期保证金	79		
其中：应收利息	15	106 251 830.39	3 381 151.66	应解汇款	80		
减：坏账准备	16	318 755.49	10 143.45	汇出汇款	81		
短期投资	17			应付利息	82		
其中：国库券	18			应付工资	83		
信托贷款	19			应付福利费	84		
委托贷款及委托投资	20			应交税金	85		10 815 934.18
*清算备付金	21			应付利润	86		
*交易保证金	22			预提费用	87		
*自营证券	23			发行短期债券	88		
*减：自营证券跌价准备	24			*质押借款	89		
*应收股利	25			*代买卖证券款	90		
*代发行证券	26			*代发行证券款	91		
*代兑付债券	27			*代兑付债券款	92		
*受托资产	28			*受托资金	93		
*待转发行费用	29			一年内到期的长期负债	94		
*待摊费用	30			其他流动负债	95		
买入返售证券	31			二、长期负债	96		
一年内到期的长期债券投资	32			长期存款	97		
其中：国库券	33			长期信托存款	98		
待处理流动资产净损失	34			长期储蓄存款	99		
其他流动资产	35			应付转租赁租金	100		

（续表）

项　　　　目	行次	年　初　数	年　末　数	项　　　　目	行次	年　初　数	年　末　数
二、长期资产	36	11 874 960 383.20	12 685 700 711.38	存入长期保证金	101		
中长期贷款	37	11 677 978 000.00	12 661 058 000.00	发行长期债券	102		
其中：抵押、质押贷款	38			长期借款	103		
逾期贷款	39	194 674 000.00	13 200 000.00	*应付债券	104		
减：贷款呆账准备	40			长期应付款	105		
中长期信托贷款	41			其他长期负债	106		
减：贷款呆账准备	42			其中：住房周转金	107		
应收租赁款	43			三、少数股东权益	108		
减：未实现租赁收益	44			四、所有者权益	109	29 948 998.82	222 746 173.53
应收转租赁款	45			实收资本（股本）	110	10 000 000.00	100 000 000.00
租赁资产	46			国家资本	111	10 000 000.00	100 000 000.00
减：待转租赁资产	47			集体资本	112		
△经营租赁资产	48			法人资本	113		
△减：经营租赁资产折旧	49			其中：国有法人资本	114		
长期投资	50			个人资本	115		
其中：国库券	51			外商资本	116		
合并价差	52			资本公积	117		
减：投资风险准备	53			*一般风险准备	118		
固定资产原价	54	2 308 383.20	11 979 653.30	盈余公积	119		
减：累计折旧	55		536 941.92	其中：公益金	120		
固定资产清理	56			未分配利润	121	19 948 998.82	122 746 173.53
在建工程	57			外币折算差额	123		
待处理固定资产净损失	58				124		
*交易席位费	59				125		
*长期待摊费用	60				126		
其他长期资产	61				127		
三、无形资产	62				127		
其中：土地使用权	63				128		
四、递延及其他资产	64	2 472 153.34	3 828 790.18		129		
资产总计	65	12 439 628 096.41	13 044 699 272.49	负债及所有者权益总计	130	12 439 628 096.41	13 044 699

中国农业发展银行云南省分行资产负债表（人民币）

（2000年12月31日）

单位：元

资产	行次	期初数	期末数	负债及所有者权益	行次	期初数	期末数
流动资产：				流动负债：			
现金	1	8 379 775.37	8 096 079.80	短期存款	33	1 491 319 589.86	1 208 752 445.39
存放中央银行款项	2	212 059 651.55	200 519 766.89	向中央银行借款	34		
存放同业款项	3	749 481.00	1 035 556.26	同业存放款项	35	142 923.82	-68 294.99
存放系统内款项	4			系统内存放款项	36	7 079 657 000.00	7 334 657 000.00
存放联行款项	5	89 416 440.00		联行存放款项	37		3 197 960.23
短期贷款	6	5 981 211 217.32	5 504 278 445.92	应解汇款及临时存款	38	5 943 462.96	1 351 711.01
应收利息	7	21 893 601.23	42 048 238.10	全国联行汇出汇款	39	1 065 901.40	
减:坏账准备	8	327 239.94	126 144.71	应付利息	40	63 660 757.10	6 575.94
其他应收款	9	2 914 295.12	2 914 667.68	其他应付款	41	7 218 076.19	6 531 157.33
贴现	10			应付工资	42	237 351.99	207 810.33
待处理流动资产净损失	11			应付福利费	43	-8 926 023.65	-10 930 548.26
一年内到期中长期贷款	12	130 680 573.22	53 969 843.19	应交税金	44	9 822 867.18	15 281 900.45
其他流动资产	13			应付利润	45		
流动资产合计	14	6 446 977 794.87	5 812 736 453.13	发行短期债券	46		
长期资产：				一年内到期长期负债	47		
中长期贷款	15	181 617 939.00	249 471 790.56	其他流动负债	48		
逾期贷款	16	2 043 978 149.84	39 892 023.50	流动负债合计	49	8 650 141 906.85	8 558 987 717.43
呆滞贷款	17	7 348 745.74	2 506 140 527.67	长期负债：			
呆账贷款	18		36 713 416.80	长期存款	50	345 312.54	
减：贷款呆账准备	19	99 449 165.87	99 449 165.87	长期借款	51		
固定资产原值	20	86 561 062.37	191 528 479.69	发行长期债券	52		
减：累计折旧	21	34 235 034.14	40 519 503.43	长期应付款	53		
固定资产净值	22	52 326 028.23	151 008 976.26	其他长期负债	54	-9 207 806.90	-13 452 957.43
固定资产清理	23			其中：住房周转金	55	-9 207 806.90	-13 452 957.43
在建工程	24	73 739 000.00	12 892 570.73	长期负债合计	56	-8 862 494.36	-13 452 957.43
待处理固定资产净损失	25			负债合计	57	8 641 279 412.49	8 545 534 760.00
其他长期资产	26			所有者权益：			
长期资产合计	27	2 259 560 696.94	2 896 670 139.65	实收资本	58	122 307 447.38	123 157 447.38
无形递延及其他资产：				资本公积	59		9 670 000.00
无形资产	28			盈余公积	60	-754 702.03	3 737 664.14
递延资产	29	3 440 532.33	2 612 123.92	公益金	61	30 028 449.54	29 352 125.37
其他资产	30			本年利润	62		
无形递延及其他资产合计	31	3 440 532.33	2 612 123.92	未分配利润	63	-82 881 583.24	566 719.81
				所有者权益合计	64	68 699 611.65	166 483 956.70
资产合计	32	8 709 979 024.14	8 712 018 716.70	负债及所有者权益合计	65	8 709 979 024.14	8 712 018 716.70

中国工商银行云南省分行本、外币资产负债分析表

（2000年12月31日）

单位：万元

资产项目	本月末余额	比上期 2000年	比上期 1999年	比年初 2000年	比年初 1999年	负债项目	本月末余额	比上期 2000年	比上期 1999年	比年初 2000年	比年初 1999年
一、各项贷款	4 662 915	75 117	-11 358	-387 749	328 458	一、各项存款	6 771 745	32 070	13 123	395 221	484 512
（一）短期贷款	3 267 181	30 311	-65 003	-445 515	59 952	（一）对公存款	3 424 596	-3 916	6 126	227 205	77 946
工业贷款	2 323 626	30 309	-35 001	-222 326	40 666	企业存款	2 104 380	-53 033	-50 495	21 305	-19 571
商业贷款	660 155	-1 845	-29 071	-228 521	-24 772	其他存款	1 320 216	49 117	56 621	205 900	97 517
其他贷款	283 400	1 847	-931	5 332	44 058	（二）储蓄存款	3 347 149	35 986	6 997	168 016	406 566
（二）中长期贷款	1 395 734	44 806	53 645	57 766	268 506						
其中：中期流动资金贷款	280 869	6 585	22 605	45 852	184 147						
固定资产贷款	816 929	20 852	23 899	-119 094	13 839						
二、境外筹资转贷款						二、境外筹资资金					
三、现金	77 028	17 306	42 421	-22 387	44 790						
四、存放央行款项	352 417	-67 858	86 964	-66 122	16 239	三、向央行借款	1 000	-500		-5 000	-8 550
五、存放同业	7 336	-135	5 826	-39 025	-1 006	四、同业存放	170 283	46 317	-9 181	-3 311	8 855
其中：存放境外同业	502	229	-1 269	-659	715	五、系统及联行存放	5 379	21 638	156 161	-138 168	121 267
六、存放系统及联行			-66 736			六、拆入资金			-58	-207	-94
七、系统内存款准备金	807 069	9 903	848	50 524	551	七、应付款项	77 368	-52 137	-4 578	-34 202	12 493
八、拆出资金	7 254		-4 850	-2 488	-4 945	八、发行有价证券	13			-2	-4
九、应收款项	66 281	-45 680	77 054	-140 624	153 735	九、长期借款		-8			
十、债券与投资	882 936	-3 418	1 659	714 686	-15 628	十、其他负债	33 260	24 488	33 316	-19 281	18 646
十一、风险准备金	-4 421	32 215	25 217	12 114	4 884	十一、代理业务	22 295	21 781	3 354	15 689	-18 184
十二、外汇买卖	54	54	-3 284	54		十二、外汇买卖		-95	130	-141	88
十三、其他资产	392 005	18 825	84 670	53 602	99 389	十三、拨入营运资金	149 796	-2 008	80	-2 016	82
十四、代理业务						负债合计	7 231 139	48 365	192 217	208 723	619 023
						十四、所有者权益	19 735	-11 941	46 084	-35 997	7 356
						其中：实收资本					
						结益	1 938	-11 938	43 153	1 938	38 092
资产方总计	7 250 874	36 329	238 431	172 585	626 467	负债及所有者权益总计	7 250 874	36 329	238 431	172 585	626 467

中国农业银行云南省分行资产负债报表〈本外币〉[常专合并]

（2000年12月31日）

单位：元

资产	行次	年初数	年末数	负债及所有者权益	行次	年初数	年末数
流动资产：				流动负债：			
现金及银行存款	1	889 837 451.56	807 889 962.81	短期存款	69	18 517 500 075.99	20 779 298 886.59
贵金属	2			本票	70		
存放中央银行款项	3	4 004 669 412.39	3 682 311 595.39	单位金穗卡	71	9 561 462.51	9 584 024.26
存放同业款项	4	43 761 684.72	36 059 642.97	短期储蓄存款	72	8 295 387 576.85	11 125 440 155.82
存放系统内款项	5			个人金穗卡	73	32 061 938.36	30 421 145.99
存放电子汇兑汇差款项	6	51 570 147.53	1 401 606 262.88	财政性存款	74	80 228 207.27	85 973 755.20
全国电子汇兑往来（借方）	7		1 238 467 281.62	向中央银行借款	75	416 500 000.00	52 000 000.00
上年全国电子汇兑往来（借方）	8	517 078 777.88		同业存放款项	76	1 066 000 099.13	904 312 973.39
分行辖内往来（借方）	9			系统内存放款项	77	13 103 775 228.64	8 232 769 104.39
支行辖内往来（借方）	10			电子汇兑汇差存放款项	78		
分辖电子汇兑往来（借方）	11			全国电子汇兑往来（贷方）	79		
上年分辖电子汇兑往来（借方）	12			上年全国电子汇兑往来（贷方）	80		
电子汇兑汇差（借方）	13			分行辖内往来（贷方）	81		
借记卡往来（借方）	14			支行辖内往来（贷方）	82	482 268 131.10	663 119 258.88
拆放同业款项	15	104 570 000.00	107 297 000.00	分辖电子汇兑往来（贷方）	83		66 028 664.39
拆放金融性公司款项	16	76 465 429.04	76 465 429.04	上年分辖电子汇兑往来（贷方）	84	66 834 610.92	
信用社贷款	17	96 095 200.00	82 945 200.00	电子汇兑汇差（贷方）	85	348 274 781.98	901 728 229.92
短期贷款	18	22 690 096 320.35	20 322 773 100.32	借记卡往来（贷方）	86		62 325 888.59
其中：利用国外资金短期贷款	19	1 480 000.00		同业拆入款项	87	143 300 000.00	100 300 000.00
其中：抵押质押贷款	20	237 705 916.17	221 601 227.54	引进国外短期资金	88		
进出口押汇	21			金融性公司拆入款项	89		
议付信用证款项	22			保证金	90	74 079 178.10	53 336 193.08
应收利息	23	838 362 072.04	758 841 736.84	应解汇款及临时存款	91	393 102 002.04	378 988 363.88
减：坏账准备	24	4 878 808.21	2 276 525.18	汇出汇款	92	34 811 566.69	50 535 777.44
其他应收款	25	505 009 287.01	369 119 458.15	全国联行汇出汇款	93	55 851 698.59	52 751 619.94
拨付备付金	26	10 307 966.63	8 218 379.21	应付利息	94	47 785 422.92	127 318 547.00
预付特定汇款	27			其他应付款	95	150 921 735.01	136 562 033.25
买入外币票据	28	87 985.28	136 363.67	拨入备付金	96		
委托及代理资产业务	29			外汇买卖	97	-501 187.19	146 828.40
贴现	30	32 613 579.00	22 750 877.64	委托及代理负债业务	98	255 026 889.73	348 754 814.14
短期投资	31	180 643 212.47	157 347 392.90	应付工资	99	359 906.24	2 164 830.47
其中：国库券	32			应付福利费	100	-81 578 112.64	-104 399 867.45
待处理流动资产净损失	33	89 258.87	78 758.87	应交税金	101	82 929 710.06	76 167 287.78
一年内到期长期债券投资	34	31 624 295.70	25 255 388.73	应付利润	102		
其中：国库券	35			预提费用	103	938 290.86	431 544.15
其他流动资产	36			发行短期债券	104		
流动资产合计	37	30 068 003 272.26	29 095 287 305.86	一年内到期的长期负债	105	3 872 238 271.59	4 217 242 708.69

（续表）

资　　产	行次	年　初　数	年　末　数	负债及所有者权益	行次	年　初　数	年　末　数
				其他流动负债	106		
长期资产：				流动负债合计	107	47 447 657 484.75	48 353 302 768.19
中期贷款	38	771 235 542.92	1 984 758 618.62				
其中:抵押质押贷款	39			长期负债：	108	1 392 451 295.86	1 196 362 455.20
长期贷款	40	13 974 062 472.40	15 604 061 018.63	长期存款	109	10 524 328 403.33	11 469 057 456.51
其中：利用国外资金长期贷款	41	58 764 538.23	46 988 695.65	长期储蓄存款	110	266 801.21	284 601.21
其中：抵押质押贷款	42			发行长期债券	111	25 461 462.00	230 000.00
逾期贷款	43	5 692 921 058.43	2 248 611 612.02	长期借款	112		
呆滞贷款	44	6 573 162 791.94	9 376 256 056.38	引进国外长期资金	113	423 804.74	508 605.31
呆账贷款	45	1 932 071 445.27	1 567 450 044.64	长期应付款	114	66 255.00	59 755.00
减：贷款呆账准备	46	404 258 714.58	400 007 988.92	待清理信托负债	115		
长期投资	47	126 497 182.82	101 021 554.96	待清理负债	116	57 670 651.35	36 376 870.13
其中：国库券	48			购入外汇营运资金	117	1 036 352 640.19	712 100 586.50
待清理信托资产	49	68 333 488.55	68 133 488.55	分支行营运资金	118	236 952 230.64	127 454 616.06
减：投资风险准备	50	165 874.16	165 874.16	或有负债	119	-30 344 214.79	-27 115 701.48
待清理资产	51	12 880 000.00	880 000.00	其他长期负债	120	-30 344 214.79	-27 115 701.48
外汇营运资金占款	52	48 921 161.47	27 620 433.93	其中：住房周转金	121	13 243 629 329.53	13 515 319 244.44
营运资金调拨	53			长期负债合计			
固定资产原值	54	1 363 494 551.02	1 553 830 081.40				
减：累计折旧	55	333 137 887.04	359 498 901.58	负债合计	122	60 691 286 814.28	61 868 622 012.63
固定资产净值	56	1 030 356 663.98	1 194 331 179.82				
固定资产清理	57	1 895 989.55	1 895 989.55	所有者权益：			
在建工程	58	77 255 069.05	49 830 000.00	实收资本	123		
待处理固定资产净损失	59	635 986.76	-4 285 056.09	资本公积	124	92 852 499.79	97 552 499.79
待处理以资抵债资产	60		75 472 900.00	盈余公积	125	4 929 892.22	4 929 892.22
长期资产合计	61	29 905 804 264.40	31 895 863 977.93	公益金	126	556 519.21	271 472.24
				本年利润	127		
无形、递延及其他长期资产：				利润分配	128	-195 858 355.34	-355 522 873.02
无形资产	62	40 333 054.24	40 071 613.95	所有者权益合计	129	-97 519 444.12	-252 769 008.77
其中：土地使用权	63	39 365 595.88	39 281 910.96				
递延资产	64	342 674 548.62	226 224 736.96				
或有资产	65	236 952 230.64	127 454 616.06				
其他长期资产	66		230 950 753.10				
无形、递延及其他长期资产合计	67	619 959 833.50	624 701 720.07				
资产总计	68	60 593 767 370.16	61 615 853 003.86	负债及所有者权益合计	130	60 593 767 370.16	61 615 853 003.86

补充资料：1、委托贷款21 911万元；2、抵押品65 948万元；3、抵押品0万元。

中国银行云南省分行各货币汇总折人民币资产负债表

（2000年12月31日） 单位：万元

资产项目	余额	负债项目	余额
一、实有资产	2 140 254.63	一、实有负债	2 058 519.45
1. 现金及存放人行	76 957.01	1. 人行借入款	500.00
2. 存放同业	4 736.23	2. 同业存款及借入款	18 293.05
3. 各项放款	1 173 892.83	3. 各项存款	1 988 207.92
4. 应收款项	30 175.81	4. 应付款项	49 772.05
5. 证券及投资	11 338.68	5. 已发行债券	3.33
6. 固定资产及在建工程	99 219.56	6. 其他负债	1 743.10
7. 联行及内部往来	730 851.55	二、净值	81 735.18
8. 其他资产	13 082.96	1. 营运资金	65 274.80
		2. 各项准备	9 563.98
		3. 当年利润	6 896.40
二、或有资产	119 537.37	三、或有负债	119 537.37
资产总额	2 259 792.00	负债及净值总额	2 259 792.00

中国建设银行云南省分行资产负债表

（2000年12月31日）　　单位：元

代号	资　　产	期初数	期　末　数	代号	负债及所有者权益	期初数	期　末　数
190	一、流动资产			290	一、流动负债		
101	现金及银行存款		701 753 783.93	201	短期存款		24 454 869 592.93
103	贵金属			211	短期储蓄存款		6 655 674 666.92
111	存放中央银行款项		2 235 677 150.20	221	财政性存款		1 432 904 345.39
112	存放同业款项		12 047 513.73	231	向中央银行借款		
113	存放联行款项			232	同业存放款项		3 514 264 663.89
121	拆放同业		44 200 000.00	233	联行存放款项		
122	拆放金融性公司		52 911 000.00	241	同业拆入		84 257 165.44
123	短期贷款		13 216 986 350.68	242	金融性公司拆入		
131	应收进出口押汇			243	应解汇款		15 475 284.39
132	应收账款		158 406 924.16	244	汇出汇款		76 828 964.51
138	（减：）坏账准备		475 099.38	213	委托存款		
139	其他应收款		871 752 394.85	223	应付代理证券款项		12 489 307.86
126	贴现		8 346 289.76	225	卖出回购证券款		
141	短期投资			261	应付账款		10 728 504.22
115	委托贷款及委托投资			262	其他应付款		475 473 509.48
116	自营证券			263	应付工资		15 523 988.95
117	代理证券		80 281 017.11	264	应付福利费		-125 234 976.07
118	买入返售证券			265	应交税金		56 805 938.63
163	待处理流动资产净损失		346 748.36	266	应付利润		
170	一年内到期的长期投资		711 824.20	267	预提费用		1 875 985.51
191	流动资产合计		17 382 945 897.60	275	发行短期债券		
192	二、长期资产			270	一年内到期的长期负债		5 693 153 825.03
124	中长期贷款		13 907 269 541.60	291	流动负债合计		42 375 090 767.08
127	不良贷款		2 994 360 720.57	292	二、长期负债		
128	（减：）贷款呆账准备金			205	长期存款		707 786 327.73
148	应收租赁款			215	长期储蓄存款		5 931 494 066.67
149	（减：）未收租赁收益			251	保证金		216 047 481.65
143	应收转租赁款			236	应付转租赁租金		
144	租赁资产			271	发行长期债券		-4 940 095.24
145	（减：）累计折旧			272	长期借款		
146	经营租赁资产			273	长期应付款		1 597 750.00
147	（减：）经营租赁资产折旧			293	长期负债合计		6 851 985 530.81
142	长期投资		235 641 522.96	276	三、代理政府投资基金		777 195 478.18
172	（减：）投资风险准备		749 293.55	278	四、代理贷款基金		6 629 317 058.27
151	固定资产原值		2 091 598 661.83	279	五、其他负债		1 862 608 000.97
152	（减：）累计折旧		417 364 130.02	294	六、所有者权益		
173	固定资产净值		1 674 234 531.81	301	实收资本		
153	固定资产清理		909 108 .22	302	资本公积		268 519 408.93
154	在建工程		200 035 483.20	303	盈余公积		185 378 306.69
164	待处理固定资产净损失		21 767 931.55	311	未分配利润		209 992 379.23
193	长期资产合计		19 033 469 546.36	295	所有者权益合计		663 890 094.85
176	三、代理政府投资		922 524 937.98				
178	四、代理贷款		6 874 424 756.16				
194	五、无形、递延及其他资产						
161	无形资产		45 557 089.38				
162	递延资产		178 175 640.68				
165	其他资产		14 722 989 062.00				
195	其他资产合计		14 946 721 792.06				
199	六、资产总计		59 160 086 930.16				
				299	七、负债及所有者权益总计		59 160 086 930.16
500	补充资料：（万元）						
501	代保管证券〈面值〉		182 481 198.94	504	签开信用担保函		1 735 997 451.71
502	抵押品		10 274 411 933.57	505	建贷挂账利息		
503	银行承兑汇票		239 662 267.71	506	催收贷款利息		446 122 352.76

中国人民保险公司云南省分公司资产负债表（折币月报）

（2000年12月31日）

单位：元

资　　产	外币折人民币年初数	外币折人民币期末数	外币折美元年初数	外币折美元期末数
流动资产：				
现金	1 733 766.94	2 591 760.18		
银行存款	473 635 701.47	544 953 376.53	285 724.21	494 772.29
其中：定期	193 973 729.69	262 336 342.65		
短期投资				
拆出资金	345 000.00			
应收利息	2 970 191.08	3 181 143.07		
应收保费	11 717 540.36	7 642 279.67		
应收分保账款				
应收款项小计	14 687 731.44	10 823 422.74		
减：坏账准备	146 877.31	108 234.23		
应收款项净额	14 540 854.13	10 715 188.15		
预付赔款	16 114 517.52	13 657 062.23		
托收票据				
存出分保准备金				
存出保证金				
调剂资金	267 917 987.12	293 151 349.28		
代付赔款	-1 005 253.42	-455 527.13		
其他应收款	29 510 055.21	5 898 087.67	1 944 594.61	68 213.59
物料用品	112 479.80	143 304.92		
低值易耗品	3 646 726.60	4 292 572.47		
待摊费用	1 306 564.95	305 153.56		
待处理资产净损失				
一年到期长期债券				
其他流动资产				
流动资产合计	807 858 400.32	875 252 328.22	2 230 318.82	562 985.88

（续表一）

资　　产	外币折人民币年初数	外币折人民币期末数	外币折美元年初数	外币折美元期末数
长期投资：				
长期股权投资	16 723 084.35	2 000 000.00		
长期债券投资	4 325 660.00	2 992 660.00		
减：投资风险准备	588 150.56	14 977.98		
贷款	74 393 261.00	68 950 000.00		
减：贷款呆账准备	743 932.61	689 500.00		
固定资产：				
固定资产原值	478 602 875.91	534 301 088.50		
减：累计折旧	41 831 226.87	55 188 695.72		
固定资产净值	436 771 649.04	479 112 392.78		
在建工程	134 906 945.33	89 250 276.01		
固定资产清理	11 590.25	364 536.60		
待清理资产净损失				
固定资产合计	571 690 184.62	568 727 205.39		
无形资产及其他资产：				
无形资产	48 786 907.54	42 443 971.86		
长期待摊费用	38 947 220.57	24 680 244.91		
存出资本保证金				
抵债物资	2 998 670.88	2 998 670.88		
其他长期资产				
无形资产及其他合计	90 732 798.99	70 122 887.65		
资产总计	1 564 391 306.11	1 587 340 603.28	2 230 318.82	562 985.88

（续表二）

负债及所有者权益	外币折人民币 年初数	外币折人民币 期末数	外币折美元 年初数	外币折美元 期末数
流动负债：				
短期借款				
拆入资金				
应付手续费	1 259 182.29	1 263 662.63		
应付保费				
应付分保账款				
预收保费	6 822 805.07	30 161 657.23		
预收分保赔款				
分保内部往来	17 317 141.73	12 293 309.11	1 178 927.31	-261 460.35
系统往来	309 428 388.60	336 431 002.37	456 225.06	64 533.29
代办往来				
存入分保准备金				
存入保证金				
应付工资	6 980 304.45	6 012 985.99		
应付福利费	-15 897 818.16	-19 069 356.66		
应付利润				
应交税金	15 963 858.37	24 759 495.21		
盈余积累	32 252 131.50	49 623 785.60		
其他应付款	27 736 653.52	37 568 864.82	-647 771.48	12 344.64
预提费用				
未决赔款准备金	202 058 690.28	213 619 620.05	38 350.32	9 614.32
其中：已发生未报案	33 975 090.74	35 609 193.48	38 350.32	9 124.72
未到期责任准备金	612 087 893.68	640 248 962.91	-878 420.71	-1 171 074.74
货币兑换			2 083 008.32	1 909 028.72
保户储金	244 336 504.81	190 514 647.94		
一年到期的长期负债				
其他流动负债				
流动负债合计	1 460 345 736.14	1 523 428 637.20	2 230 318.82	562 985.88

（续表三）

负债及所有者权益	外币折人民币 年初数	外币折人民币 期末数	外币折美元 年初数	外币折美元 期末数
长期负债：				
长期责任准备金				
保险保障基金				
出口信用保险基金				
长期借款				
长期应付款				
住房周转金	-16 954 430.03	-57 088 033.92		
卫星发射基金				
其他长期负债				
长期负债合计	-16 954 430.03	-57 088 033.92		
负债合计	1 443 391 306.11	1 466 340 603.28	2 230 318.82	562 985.88
所有者权益：				
实收资本				
营运资金	121 000 000.00	121 000 000.00		
资本公积				
盈余公积				
其中：公益金				
总准备金				
未分配利润				
其中：本年利润				
所有者权益合计	121 000 000.00	121 000 000.00		
负债及所有者权益总计	1 564 391 306.11	1 587 340 603.28	2 230 318.82	562 985.88

交通银行昆明分行（人民币）资产负债表

（2000年12月31日）

单位：元

项目代号	资产类	2000年末数	1999年末数	项目代号	负债、所有者权益类	2000年末数	1999年末数
0100	流动资产：			1100	流动负债		
0110	现金及银行存款	63 171 446.02	82 150 432.93	1110	短期存款	5 809 212 168.46	5 949 592 230.59
0111	其中：现金	63 171 446.02	82 150 432.93	1120	短期储蓄存款	848 291 472.82	579 200 543.26
0120	贵金属			1130	财政性存款		
0130	存中央银行款项	543 027 234.68	708 883 027.23	1140	向中央银行借款		
0131	其中：准备金存款			1150	同业存放款项	54 212 996.28	51 237 160.75
0132	其中：备付金存款	543 027 234.68	708 883 027.23	1160	联行存放款项		
0140	存放同业款项	1 287 624.02	1 286 644.06	1170	拆入资金		
0150	存放联行款项	678 682 039.99	263 992 814.52	1190	应解汇款	31 597 041.32	23 524 396.94
0160	拆出资金	12 270 000.00	15 320 000.00	11A0	汇出汇款	60 907 744.69	53 904 906.29
0180	短期贷款	5 561 623 036.79	6 627 418 388.17	11B0	委托存款	203 880 832.38	53 751 832.38
0190	应收进出口押汇			11C0	应付代理证券款项		
01A0	应收账款	107 832 762.36	63 610 722.22	11D0	卖出回购证券款		
01B0	减：坏账准备	323 498.29	313 120.59	11E0	应付账款	115 749 959.85	141 286 399.11
01C0	其他应收款	4 655 147.37	1 666 117.12	11F0	其他应付款	8 395 551.91	1 053 451.55
01D0	贴现	767 446 899.60	9 470 000.00	1100	存入短期保证金	48 066 735.31	118 862 584.24
01E0	短期投资			11G0	应付工资	13 860.17	
01F0	委托贷款及委托投资	203 518 000.00	53 430 000.00	11H0	应付福利费	666 581.14	826 411.26
01G0	自营证券			11I0	应交税金	-10 263 553.65	11 025 591.91
01H0	代理证券			11J0	应付利润		
01I0	买入返售证券			11K0	预提费用	75 000.00	
01J0	待处理流动资产净损失			11L0	发行短期债券		
01L0	其他流动资产			11P0	其他流动负债	36 838 326.35	36 854 305.72
01K0	一年内到期的长期投资	17 000 000.00	188 650 000.00	11M0	一年内到期的长期负债	3 204 307 507.00	2 957 757 636.29
0200	流动资产合计	7 960 190 602.54	8 015 565 025.66	1200	流动负债合计	10 411 952 224.03	9 978 877 450.29
0300	长期资产：			1300	长期负债：		
0310	中长期贷款	454 760 005.61	548 417 748.15	1310	长期存款	83 413 351.35	230 222 230.84
0320	逾期贷款	1 645 417 527.85	1 259 172 542.79	1320	长期储蓄存款	527 509 721.77	491 855 164.42
0330	减：贷款呆账准备	84 292 475.49	64 444 786.71	1330	存入长期保证金		
0340	应收租赁款			1340	应付转租赁租金		
0350	减：未收租赁收益			1350	发行长期债券	311 125.85	339 440.85
0360	应收转租赁款			1360	长期借款		
0370	租赁资产			1370	长期应付款		
0380	减：待转租赁资产			1500	其他长期负债		
0390	经营租赁资产			1400	长期负债合计	611 234 198.97	722 416 836.11
03A0	减：经营租赁资产折旧						
03B0	长期投资	769 855 420.73	753 139 785.03	1600	所有者权益		
03C0	减：投资风险准备	400 000.00	400 000.00	1610	实收资本		
03D0	固定资产原值	126 121 680.48	101 749 873.07	1620	资本公积		
03E0	减：累计折旧	55 873 468.82	53 358 226.36	1630	盈余公积		-7 279 838.42
03F0	固定资产净值	70 248 211.61	48 391 646.71	1640	未分配利润	94 668 078.74	128 674 452.80
03G0	固定资产清理			1650	其中：本年利润	94 668 078.74	128 674 452.80
03H0	在建工程	80 396 698.88	59 660 361.21	1700	所有者权益合计	94 668 078.74	121 394 614.38
03I0	待处理固定资产净损失						
0400	长期资产合计	2 935 985 469.19	2 583 937 289.18				
0500	无形、递延及其他资产						
0600	无形资产	1 020 000.00	980 000.00				
0700	递延资产	205 044 596.39	204 402 431.98				
0800	其他长期资产	15 613 743.62	17 804 153.96				
0900	其他资产合计	221 678 340.01	223 186 585.94				
0A00	资产总计	11 117 854 504.74	10 822 688 900.78	1A00	负债及所有者权益总计	11 117 854 501.74	10 822 688 900.78

交 通 银 行 昆 明 分 行（本 外 币）资 产 负 债 表

（2000年12月31日）

单位：元

项目代号	资　　产　　类	2000年末数	1999年末数	项目代号	负债、所有者权益类	2000年末数	1999年末数
0100	流动资产：			1100	流动负债		
0110	现金及银行存款	95 489 369.61	129 094 405.67	1110	短期存款	5 973 279 896.06	6 121 006 436.71
0111	其中：现金	95 489 369.61	129 094 405.67	1120	短期储蓄存款	862 151 895.88	591 347 989.59
0120	贵金属			1130	财政性存款		
0130	存中央银行款项	543 027 234.68	708 883 027.23	1140	向中央银行借款		
0131	其中：准备金存款			1150	同业存放款项	59 705 440.93	52 929 340.63
0132	其中：备付金存款	543 027 234.68	708 883 027.23	1160	联行存放款项		
0140	存放同业款项	14 824 438.06	83 828 570.39	1170	拆入资金		
0150	存放联行款项	1 952 814 289.89	1 328 778 148.23	1190	应解汇款	31 963 357.99	23 882 696.04
0160	拆出资金	12 270 000.00	15 320 000.00	11A0	汇出汇款	60 938 865.22	53 922 108.96
0180	短期贷款	5 561 623 036.79	6 678 903 816.17	11B0	委托存款	203 880 832.38	53 751 832.38
0190	应收进出口押汇	1 046 567 933.30	1 057 066 857.76	11C0	应付代理证券款项		
01A0	应收账款	113 761 805.21	68 764 493.27	11D0	卖出回购证券款		
01B0	减：坏账准备	341 285.42	360 779.87	11E0	应付账款	164 918 513.54	184 734 723.24
01C0	其他应收款	5 921 529.81	1 752 413.15	11F0	其他应付款	13 735 579.52	1 689 703.80
01D0	贴现	776 406 822.03	22 975 419.59	1100	存入短期保证金	127 136 243.69	249 586 912.66
01E0	短期投资			11G0	应付工资	13 860.17	
01F0	委托贷款及委托投资	203 518 000.00	53 430 000.00	11H0	应付福利费	666 581.14	826 411.26
01G0	自营证券			11I0	应交税金	-10 263 553.65	11 025 591.91
01H0	代理证券			11J0	应付利润		
01I0	买入返售证券			11K0	预提费用	75 000.00	
01J0	待处理流动资产净损失			11L0	发行短期债券		
01L0	其他流动资产			11P0	其他流动负债	250 026 409.63	249 865 496.08
01K0	一年内到期的长期投资	17 000 000.00	188 650 000.00	11M0	一年内到期的长期负债	4 943 423 687.53	4 684 282 506.13
0200	流动资产合计	10 342 883 173.96	10 337 086 371.59	1200	流动负债合计	12 681 652 610.03	12 278 851 749.39
0300	长期资产：			1300	长期负债：		
0310	中长期贷款	454 760 085.61	548 417 740.15	1310	长期存款	83 413 351.35	230 222 230.84
0320	逾期贷款	1 768 568 685.05	1 343 088 823.99	1320	长期储蓄存款	769 935 284.84	617 166 220.79
0330	减：贷款呆账准备	96 079 265.62	96 495 316.42	1330	存入长期保证金		
0340	应收租赁款			1340	应付转租赁租金		
0350	减：未收租赁收益			1350	发行长期债券	311 125.85	339 440.85
0360	应收转租赁款			1360	长期借款		
0370	租赁资产			1370	长期应付款		
0380	减：待转租赁资产			1500	其他长期负债		
0390	经营租赁资产			1400	长期负债合计	853 659 762.04	847 727 892.48
03A0	减：经营租赁资产折旧						
03B0	长期投资	769 855 420.73	753 139 785.03	1600	所有者权益		
03C0	减：投资风险准备	400 000.00	400 000.00	1610	实收资本		
03D0	固定资产原值	126 121 680.43	101 749 873.07	1620	资本公积		
03E0	减：累计折旧	55 873 468.82	53 358 226.36	1630	盈余公积		-7 279 838.42
03F0	固定资产净值	70 240 211.61	48 391 646.71	1640	未分配利润	76 598 978.16	96 776 194.75
03G0	固定资产清理			1650	其中：本年利润	76 598 978.16	96 776 194.75
03H0	在建工程	80 396 698.00	59 660 361.241	1700	所有者权益合计	76 598 978.16	89 496 356.33
03I0	待处理固定资产净损失						
0400	长期资产合计	3 017 349 836.26	2 655 803 040.67				
0500	无形、递延及其他资产						
0600	无形资产	1 020 000.00	980 000.00				
0700	递延资产	205 044 596.39	204 402 431.98				
0800	其他长期资产	15 613 743.62	17 804 153.96				
0900	其他资产合计	221 678 340.01	223 186 585.94				
0A00	资产总计	13 611 911 350.23	13 216 075 998.20	1A00	负债及所有者权益总计	13 611 911 350.23	13 216 075 998.20

中国光大银行昆明分行（本外币）资产负债表

（2000年12月31日）

单位：元

编号	资产	期初数	期末数	编号	负债及所有者权益	期初数	期末数
	流动资产:				流动负债:		
110	现金及银行存款	13 986 273.72	14 904 350.12	590	短期存款	733 547 542.30	962 401 694.50
115	其中：现金	13 986 273.72	14 904 350.12	600	短期储蓄存款	21 818 401.06	42 634 223.87
120	贵金属			610	财政性存款	31 011 015.51	127 328.79
130	存放中央银行款项	174 386 619.07	123 019 017.28	620	向中央银行借款		
135	其中：准备金存款			630	同业存放款项	1 372 218.14	124 909 159.35
136	其中：备付金存款	174 386 619.07	123 019 017.28	640	联行存放款项	144 431 295.99	
140	存放同业款项	3 681 347.73	3 638 517.68	650	拆入资金		
150	存放联行款项	722 968 294.87	819 972 245.70	660	应解汇款	56 284 778.44	12 662 545.15
160	拆出资金			670	汇出汇款	12 161 685.29	9 854 739.06
170	短期贷款	805 122 500.00	836 820 000.00	675	委托存款		
180	应收进出口押汇			680	应付代理证券款项		282 090.90
190	应收账款	3 828 341.09	7 433 039.69	690	卖出回购证券款		
200	减：坏账准备	6 764.11	13 656.68	700	应付账款	7 876 658.71	9 447 463.76
210	其他应收款	17 940 898.00	23 697 788.00	710	其他应付款	5 237 833.00	2 782 159.10
220	贴现		500 000.00	720	存入短期保证金	3 570 963.67	42 515 881.48
230	短期投资			730	应付工资	149 129.35	59 508.43
240	委托贷款及委托投资			740	应付福利费	-63 862.26	64 497.31
250	自营证券	976 600.00	5 178 900.00	750	应交税金	2 917 810.12	4 459 612.35
260	代理证券			760	应付利润		
270	买入返售证券			770	预提费用		
280	待处理流动资产净损失			780	发行短期债券		
290	其他流动资产		3 392.09	790	其他流动负债	99 999 008.11	100 000 000.00
300	一年内到期的长期投资			800	一年内到期的长期负债		
310	—			810	—		
	流动资产合计	1 742 884 110.37	1 835 153 593.88	820	—		
	长期资产:			830	—		
330	中长期贷款	16 488 500.00	32 594 011.22		流动负债合计	1 120 314 477.43	1 312 200 904.05
340	逾期贷款	7 735 000.00	26 015 000.00		长期负债:		
350	减：贷款呆账准备	8 293 460.00	8 959 290.11	840	长期存款	569 148 911.75	457 380 100.00
360	应收租赁款			850	长期储蓄存款	125 609 634.97	169 622 914.57
370	减：未收租赁收益			860	存入长期保证金		
380	应收转租赁款			870	应付转租赁租金		
390	租赁资产			880	发行长期债券		
400	减：待转租赁资产			890	长期借款		
410	经营租赁资产			900	长期应付款		
420	减：经营租赁资产折旧			910	其他长期负债	-2 598 800.00	-4 057 200.00
430	长期投资	39 500 000.00	39 500 000.00	920	—		
440	减：投资风险准备	118 500.00	118 500.00	930	—		
450	固定资产原值	12 539 740.05	15 207 633.45	940	—		
460	减：累计折旧	3 759 460.94	6 639 368.75	950	—		
470	固定资产净值	8 780 279.11	8 568 264.70		长期负债合计	692 159 746.72	622 945 814.57
480	固定资产清理				所有者权益:		
490	在建工程			960	实收资本		
500	待处理固定资产净损失			970	资本公积		
510	—			980	盈余公积		
	长期资产合计	64 091 819.11	97 599 485.81	990	未分配利润	6 659 767.13	10 068 015.09
	无形、递延及其他资产			995	其中：本年利润	6 659 767.13	
530	无形资产		80 000.00	1010	—		
535	递延资产	12 158 061.80	12 381 654.02	1020	—		
540	其他长期资产			1030	—		
	其他资产合计	12 158 061.80	12 461 654.02		所有者权益合计	6 659 767.13	10 068 015.09
	资产总计	1 819 133 991.28	1 945 214 733.71		负债及所有者权益总计	1 819 133 991.28	1 945 214 733.71

华夏银行昆明分行（本外币）资产负债表

（2000年12月31日） 单位：元

资产	行次	年初数	期末数	负债所有者权益	行次	年初数	期末数
流动资产:				流动负债:			
现金及银行存款	1	31 022 561.74	14 784 345.95	短期存款	1	1 954 846 817.74	2 273 377 291.76
其中: 现金	2	30 226 876.40	11 724 049.27	短期储蓄存款	2	52 121 306.99	139 536 582.50
贵金属	3			财政性存款	3		61 288 857.48
存中央银行款项	4	590 372 290.98	524 052 208.98	向中央银行借款	4		
其中: 准备金存款	5			同业存放款项	5		170 851 145.42
其中: 备付金存款	6	590 372 290.98	524 052 208.98	联行存放款项	6		150 000 000.00
存放同业款项	7	319 906 347.24	3 421 892.92	拆入资金	7		
存放联行款项	8		1 139 686 897.71	应解汇款	8	2 233 471.57	
拆出资金	9	237 860 050.00	100 000 000.00	汇出汇款	9	61 831 967.88	15 357 993.69
短期贷款	10	909 057 893.97	1 134 517 685.39	委托存款	10	55 000 000.00	43 000 000.00
应收进出口押汇	11	4 154 586.35	15 112 838.01	应付代理证券款项	11		
应收账款	12	1 358 850.21	1 789 903.49	卖出回购证券款	12		
减 坏账准备	13	877.94	1 788.95	应付账款	13	5 496 585.07	5 404 895.01
其他应收款	14	5 448 325.18	17 650 185.01	其他应付款	14	3 542 832.33	13 190 702.77
贴现	15	14 377 740.00	230 957 801.50	存入短期保证金	15	49 066 980.47	189 810 829.46
短期投资	16			应付工资	16	422.00	2 703 720.00
委托贷款及委托投资	17	55 000 000.00	43 000 000.00	应付福利费	17	182 135.80	1 183 160.92
自营证券	18	1 323 625.24	200 000.00	应交税金	18	7 607 907.89	14 577 325.38
代理证券	19			应付利润	19		
买入返售证券	20			预提费用	20		
待处理流动资产净损失	21			发行短期债券	21		
其他流动资产	22		6 885 257.93	其他流动负债	22	150 000 000.00	6 885 257.93
一年内到期的长期投资	23			一年内到期的长期负债	23		
流动资产合计	24	2 169 881 392.97	3 232 057 227.94				
长期资产:	25						
中长期贷款	26	872 674 100.00	1 025 964 593.01				
逾期贷款	27	6 000 000.00	56 723 469.24	流动负债合计	24	2 341 930 427.74	3 087 167 762.35
减 贷款呆账准备	28	17 996 628.05	24 632 763.87	长期负债:	25		
应收租赁款	29			长期存款	26	711 128 036.40	1 160 207 324.14
减 未收租赁收益	30			长期储蓄存款	27	57 561 247.54	142 912 760.45
应收转租赁款	31			存入长期保证金	28		
租赁资产	32			应付转租赁租金	29		
减 待转租赁资产	33			发行长期债券	30		
经营租赁资产	34			长期借款	31		
减 经营租赁资产折旧	35			长期应付款	32		208 680.00
长期投资	36	30 740 000.00	51 534 919.78	其他长期负债	33		
减 投资风险准备	37						
固定资产原值	38	33 605 260.06	45 663 749.38	长期负债合计	34	768 689 283.94	1 303 328 764.59
减 累计折旧	39	6 247 776.49	13 985 842.56	所有者权益:	35		
固定资产净值	40	27 357 483.57	31 677 906.82	实收资本	36		
固定资产清理	41			资本公积	37		
在建工程	42			盈余公积	38		2 141 500.00
待处理固定资产净损失	43			未分配利润	39	18 047 724.25	18 305 718.17
长期资产合计	44	918 774 955.52	1 141 268 124.98	其中: 本年利润	40	18 047 724.25	
无形、递延及其他资产	45						
无形资产	46						
递延资产	47	40 011 087.44	37 618 392.19				
其他长期资产	48						
其他资产合计	49	40 011 087.44	37 618 392.19	所有者权益合计	41	18 047 724.25	20 447 218.17
资产总计	50	3 128 667 435.93	4 410 943 745.11	负债及所有者权益总计	42	3 128 667 435.93	4 410 943 745.11

广东发展银行昆明分行资产负债表

（2000年12月31日）

单位：元

资　　产	行次	期初数	期末数	负债及所有者权益	行次	期初数	期末数
流动资产：				流动负债：			
现金及银行存款	1	17 971 163.85	31 005 366.80	短期存款	47	1 835 218 194.32	2 861 273 920.17
贵金属	2	0.00	0.00	短期储蓄存款	48	91 901 028.80	147 325 958.58
存放中央银行款项	3	478 090 901.48	537 304 191.50	财政性存款	49	1 815 653.74	0.00
存放同业款项	4	1 277 032.59	908 735.88	向中央银行借款	50	0.00	0.00
存放联行款项	5	943 362 496.17	1 862 743 364.82	同业存放款项	51	49 640 058.04	131 362 289.29
拆放同业	6	0.00	0.00	联行存放款项	52	0.00	0.00
拆放金融性公司	7	0.00	0.00	同业拆入	53	50 000 000 .00	150 000 000.00
短期贷款	8	877 409 407.00	1 203 940 831.00	金融性公司拆入	54	0.00	0.00
应收进出口押汇	9	18 287 205.20	19 145 133.52	存入短期保证金	55	6 979 147.00	111 218 929.00
应收账款	10	29 457 484.04	30 025 085.28	应解汇款	56	2 510 307.11	9 349 930.85
减：坏账准备	11	0.00	0.00	汇出汇款	57	13 342 633.45	49 324 249.69
其他应收款	12	35 995 353.47	49 690 013.92	委托存款	58	0.00	0.00
贴现	13	11 300 000.00	41 140 000.00	应付代理证券款项	59	14 988 000.00	710 400.00
短期投资	14	363 000.00	4 390 400.00	卖出回购证券款	60	0.00	0.00
委托贷款及委托投资	15	0.00	0.00	应付账款	61	42 179 447.18	5 826 484.05
自营证券	16	0.00	0.00	其他应付款	62	3 590 574.20	15 948 094.09
代理证券	17	15 000 000.00	2 735 700.00	应付工资	63	1 382 108.91	292 706.14
买入返售证券	18	0.00	0.00	应付福利费	64	-649 102.88	-388 410.31
待处理流动资产净损失	19	0.00	0.00	应交税金	65	367 316.81	483 025.76
一年内到期的长期投资	20	52 860 000.00	10 920 000.00	应付利润	66	0.00	612 497.50
其他流动资产	21	240 871.79	6 884.32	预提费用	67	0.00	0.00
流动资产合计	22	2 481 614 915.59	3 793 955 707.04	发行短期债券	68	0.00	0.00
长期资产：		0.00	0.00	一年内到期的长期负债	69	0.00	1 702 142.93

（续表）

资　　产	行次	期　初　数	期　末　数	负债及所有者权益	行次	期　初　数	期　末　数
中长期贷款	23	33 028 700.00	68 985 323.02	其他流动负债	70	6 557.80	771.68
逾期贷款	24	1 730 000.00	8 350 000.00	流动负债合计	71	2 113 271 924.48	3 485 042 989.42
减：贷款呆账准备	25	3 185 938.80	4 855 951.21	长期负债：		0.00	0.00
应收租赁款	26	0.00	0.00	长期存款	72	351 204 056.14	303 946 521.50
减：未收租赁受益	27	0.00	0.00	长期储蓄存款	73	76 750 078.85	119 948 490.82
应收转租赁款	28	0.00	0.00	存入长期保证金	74	0.00	0.00
租赁资产	29	0.00	0.00	应付转租赁租金	75	0.00	0.00
减：待转租赁资产	30	0.00	0.00	发行长期债券	76	0.00	0.00
经营租赁资产	31	0.00	0.00	长期借款	77	0.00	0.00
减：经营租赁资产折旧	32	0.00	0.00	长期应付款	78	0.00	0.00
长期投资	33	0.00	0.00	其他长期负债	79	-8 004 805.75	-8 004 805.75
减；投资风险准备	34	0.00	0.00	其中：住房周转金	80	-8 004 805.75	-8 004 805.75
固定资产原值	35	34 892 705.63	39 914 710.80	长期负债合计	81	419 949 329.24	415 890 206.57
减：累计折旧	36	7 399 914.35	12 731 836.87	负债合计	82	2 533 221 253.72	3 900 933 195.99
固定资产净值	37	27 492 791.28	27 182 873.93	所有者权益：		0.00	0.00
固定资产清理	38	0.00	0.00	实收资本	83	141 396 500.00	141 390 500.00
在建工程	39	72 955 820.58	74 810 820.58	资本公积	84	0.00	0.00
待处理固定资产净损失	40	0.00	0.00	盈余公积	85	0.00	0.00
长期资产合计	41	132 021 373.06	174 473 066.32	其中：公益金	86		
无形、递延及其他资产：		0.00	0.00	未分配利润	87	23 100 669.83	34 882 814.01
无形资产	42	0.00	6 000 000.00	外币报表折算差额	88		0.12
递延资产	43	84 082 134.90	99 203 259.73	所有者权益合计	89	164 497 169.83	176 273 314.13
其他长期资产	44	0.00	3 574 477.03				
其他资产合计	45	84 082 134.90	108 777 736.76				
资产总计	46	2 697 718 423.55	4 077 206 510.12	负债及所有者权益总计	90	2 697 718 423.55	4 077 206 510.12
补充材料：	代管证券（面值）		万元	抵押品：		万元	

上海浦东发展银行昆明分行资产负债表（人民币）

（2000年12月31日）

单位：元

资产	行次	期初数	期末数	负债及所有者权益	行次	期初数	期末数
流动资产：	001			流动负债：	051		
现金及银行存款	002		2 732 435.00	短期存款	052		515 423 872.11
贵金属	003			短期储蓄存款	053		14 775 018.26
存放中央银行款项	004		74 793 456.09	财政性存款	054		
存放同业款项	005		1 519 014.79	向中央银行借款	055		
存放联行款项	006		160 804 086.85	同业存放款项	056		20 000 000.00
拆放同业	007			联行存放款项	057		
拆放金融性公司	008		60 000 000.00	同业拆入	058		
短期贷款	009		415 930 000.00	金融性公司拆入	059		
应收进出口押汇	010			存入短期保证金	060		
应收账款	011			应解汇款	061		497 585.78
减：坏账准备	012			汇出汇款	062		
其他应收款	013		9 202 232.42	委托存款	063		
贴现	014		121 000 000.00	应付代理证券款项	064		
短期投资	015			卖出回购证券款	065		
委托贷款及委托投资	016			应付账款	066		2 472 120.04
自营证券	017			其他应付款	067		1 384 095.41
代理证券	018			应付工资	068		254 304.00
买入返售证券	019			应付福利费	069		204 275.31
待处理流动资产净损失	020			应交税金	070		820 352.23
一年内到期的长期投资	021			应付利润	071		
其他流动资产	022			预提费用	072		
流动资产合计	023		845 981 226.05	发行短期债券	073		
长期资产：	024			一年内到期的长期负债	074		
中长期贷款	025		63 323 232.38	其他流动负债	075		
逾期贷款	026			流动负债合计	076		555 831 623.14
减：贷款呆账准备	027		-6 002 532.00	长期负债：	077		
应收租赁款	028			长期存款	078		204 528 614.35
减：未收租赁收益	029			长期储蓄存款	079		15 262 386.97
应收转租赁款	030			保证金	080		153 175 077.85
租赁资产	031			应付转租	081		
减：待转租赁资产	032			发行长期债券	082		
经营租赁资产	033			长期借款	083		
减：经营租赁资产折旧	034			长期应付款	084		
长期投资	035		1 015 453.34	长期负债合计	085		372 966 079.17
减：投资风险准备	036			递延税款	087		
固定资产原值	037		9 344 510.95				
减：累计折旧	038		-929 933.06	所有者权益：	088		
固定资产净值	039		8 414 577.89	实收资本	089		
固定资产清理	040			资本公积金	090		
在建工程	041			盈余公积金	091		
待处理固定资产净损失	042			未分配利润	092		125 587.73
长期资产合计	043		66 750 731.61	其中：本年利润	093		
无形、递延及其他资产	044			所有者权益合计	094		125 587.73
无形资产	045						
递延资产	046		16 191 332.38				
其他资产	047						
其他资产合计	048		16 191 332.38				
递延税款	049						
资产总计	050		928 923 290.04	负债及所有者权益合计	100		928 923 290.04

昆明市商业银行资产负债年报表

（2000年12月31日）

单位：元

编号	资　　产	期初数	期末数	编号	负债及所有者权益	期初数	期末数
	流动资产：				流动负债：		
110	现金及银行存款	68 476 344.17	76 156 240.51	590	短期存款	3 808 530 363.23	4 021 749 976.43
115	其中：现金	68 476 344.17	76 156 240.51	600	短期储蓄存款	587 164 564.74	736 244 378.93
120	贵金属			610	财政性存款	40 323 899.46	40 306 437.88
130	存放中央银行款项	1 138 689 980.47	811 021 837.43	620	向中央银行借款	550 000 000.00	2 800 000 000.00
135	其中：准备金存款			630	同业存放款项	62 844 705.81	1 753 689.85
136	其中：备付金存款	1 138 689 980.47	811 021 837.43	640	联行存放款项	93 304 303.32	79 234 337.98
140	存放同业款项	155 540 682.78	120 474 505.21	641	系统内存放款项		1 159 516.60
150	存放联行款项	98 235 786.31	82 964 731.24	650	同业拆入		
151	存放系统内款项	120 040 795.14		660	应解汇款	802 937 210.29	649 196 708.01
160	拆放同业	233 406 807.01	195 089 535.01	670	汇出汇款		61 198 609.89
170	短期贷款	2 562 551 465.60	2 038 665 380.65	675	委托存款	15 699 527.82	788 387 374.91
180	应收进出口押汇			680	应付代理证券款项		
190	应收账款	53 714 231.86	56 329 074.65	690	卖出回购证券款	300 000 000.00	420 000 000.00
200	减：坏账准备			700	应付账款	31 922 654.78	26 133 485.87
210	其他应收款	26 603 026.39	29 634 211.95	710	其他应付款	15 037 249.84	17 172 550.95
220	贴现	3 600 000.00	192 500 000.00	720	存入短期保证金	41.57	157 377 557.05
230	短期投资	49 789 715.20	940 000.00	730	应付工资	4 780 924.74	6 261 034.87
240	委托贷款及委托投资	12 740 000.00	2 905 340 000.00	740	应付福利费	17 538 344.64	6 572 759.24
250	自营证券			750	应交税金	8 017 822.84	14 031 853.59
260	代理证券	35 026 625.55	1 292 632.26	760	应付利润	8 102 160.51	7 350 659.57
270	买入返售证券	11 815 000.00	420 825 941.33	770	预提费用	112 115.30	109 046.90
280	待处理流动资产净损失	261 760.68	256 185.47	780	发行短期债券		
290	其他流动资产		663 978.31	790	其他流动负债	1 649 838.89	4 845.25
300	一年内到期的长期投资	535 464 165.84	1 142 696 271.37	800	一年内到期的长期负债	917 228 756.19	762 644 784.45
310	–			810	–		
	流动资产总计	5 105 956 387.00	8 074 850 525.37	820	–		
	长期资产：			830	–		
330	中长期贷款	481 944 724.94	531 588 568.77		流动负债总计	7 265 194 483.97	10 596 889 608.22
340	逾期贷款	1 004 658 508.34	1 169 109 235.39		长期负债：		
350	减：贷款呆账准备	33 754 663.13	36 099 381.26	840	长期存款	24 076 826.76	17 540 728.08
360	应收租赁款			850	长期储蓄存款	74 318 546.51	76 604 384.42
370	减：未收租赁收益			860	存入长期保证金		
380	应收转租赁款			870	应付转租赁租金		
390	租赁资产			880	发行长期债券		
400	减：待转租赁资产			890	长期借款		
410	经营租凭资产			900	长期应付款		
420	减：经营租赁资产折旧			910	其他长期负债	2 188 216.61	961 134.11
430	长期投资	350 884 723.28	341 392 089.77	920	拨入营运资金		
440	减：投资风险准备	803 483.13		930	–		
450	固定资产原值	311 504 987.05	666 155 872.36	940	–		
460	减：累计折旧	52 527 387.19	73 199 342.63	950	–		
470	固定资产净值	258 977 599.86	592 956 529.73		长期负债合计	100 583 589.88	95 106 246.61
480	固定资产清理		73 460.88		所有者权益：		
490	在建工程	385 773 310.89	98 443 351.32	960	实收资本	243 140 000.00	268 672 959.00
500	待处理固定资产净损失			970	资本公积	164 482 400.28	118 341 710.68
510	拨付营运资金			980	盈余公积	20 835 000.00	60 558 230.04
	长期资产合计	2 447 680 721.05	2 697 463 854.60	990	未分配利润	12 060 686.15	30 052 913.12
	无形、递延及其他资产：			995	其中：本年利润	23 360 063.34	30 001 526.43
530	无形资产	20 370 000.00	23 205 530.00	1010	–		
535	递延资产	166 378 226.76	161 336 665.98	1020	–		
540	其他长期资产	65 910 825.47	212 765 091.72	1030	–		
	其他资产合计	252 659 052.23	397 307 287.70		所有者权益合计	440 518 086.43	477 625 812.84
	资产总计	7 806 296 160.28	11 169 621 667.67		负债及所有者权益总计	7 806 296 160.28	11 169 621 667.67

昆明市农村信用合作社联合社资产负债年报表

（2000年12月31日）

单位：元

资产	行次	年初数	期末数	负债及所有者权益	行次	年初数	期末数
流动资产：	001			流动负债：	040		
现金及周转金	002	144 833 996.71	110 053 945.46	短期存款	041	2 812 679 307.99	3 108 057 524.51
存放中央银行款项	003	1 829 887 084.56	1 463 845 446.81	短期储蓄存款	042	1 448 580 026.47	1 600 688 818.52
存放农业银行款项	004	686 612 624.81	689 091 392.41	向中央银行借款	043	140 000 000.00	257 000 000.00
存放同业款项	005	2 754 524 961.64	2 922 955 423.83	向农业银行借款	044	3 730 000.00	3 730 000.00
存放联行款项	006	1 051 746 423.46	1 123 823 795.25	同业存放款项	045	2 686 918 600.68	2 873 058 025.92
拆放同业	007	573 858 678.34	918 091 000.00	联行存放款项	046	1 049 662 094.96	1 126 671 762.63
拆放金融性公司	008			同业拆入	047	535 095 000.00	643 806 733.80
短期贷款	009	2 778 650 880.04	2 745 444 379.34	金融性公司拆入	048		
待处理抵债资产	010	11 245 900.00	28 004 416.00	应解汇款	049	69 705 435.89	98 613 746.36
应收账款	011	15 729 417.75	21 277 727.29	汇出汇款	050	759 312.88	80 410.09
其他应收款	012	91 804 372.01	109 587 924.74	应付账款	051	268 004 972.00	220 794 058.26
贴现	013			其他应付款	052	128 950 036.67	132 871 596.15
短期投资	014	93 078 577.00	75 944 237.00	应付工资	053	2 872 036.43	2 236 007.33
待处理流动资产净损失	015	668 953.32	610 631.79	应付福利费	054	5 610 320.91	5 616 572.32
一年内到期的长期投资	016			应交税金	055	15 043 184.18	16 093 406.24
流动资产合计	017	10 032 641 869.64	10 208 730 319.92	应缴代扣利息税	056	184 744.47	1 075 394.42
	018			应付利润	057	24 267 297.51	26 034 933.48
长期资产：	019			预提费用	058		
中长期贷款	020	539 417 712.33	736 699 677.84	发行短期债券	059		
逾期贷款	021	1 368 658 174.87	1 052 866 501.50	一年内到期的长期负债	060	2 363 965 284.04	2 379 322 777.75
呆滞贷款	022	332 299 435.04	1 009 394 426.20	流动负债合计	061	11 556 027 655.08	12 495 751 767.78
呆账贷款	023	23 416 334.96	93 747 428.30	长期负债：	062		
减：贷款呆账准备	024	34 203 056.52	25 178 103.32	长期存款	063	114 766 676.15	125 882 903.19
长期存放银行款项	025			长期储蓄存款	064	1 465 786 054.37	1 604 516 980.17
长期投资	026	541 266 188.97	905 166 704.97	保证金	065	277 306.81	180 194.86
固定资产原值	027	565 631 712.68	584 715 150.97	发行长期债券	066		
减：累计折旧	028	152 128 809.69	155 363 894.27	长期借款	067	2 246 083.29	2 140 001.69
固定资产净值	029	413 502 902.99	429 351 256.70	长期应付款	068	3 259 041.35	5 921 947.68
固定资产清理	030		167 883.85	长期负债合计	069	1 586 335 161.97	1 738 642 027.59
在建工程	031	74 637 204.00	47 259 232.30	所有者权益	070		
待处理固定资产净损失	032	306 625.07	223 265.07	实收资本	071	371 313 751.00	370 005 177.35
长期资产合计	033	3 259 301 521.71	4 249 698 273.41	资本公积	072	9 717 792.81	9 942 403.81
无形、递延资产	034			盈余公积	073	55 317 763.01	58 025 036.26
无形资产	035			其中：公益金	074	2 930 224.08	3 289 649.00
递延资产	036	236 621 479.48	160 919 577.77	未分配利润	075	-441 814.21	138 316.77
无形、递延资产合计	037	236 621 479.48	160 919 577.77	减：未弥补历年亏损	076	49 705 438.83	53 156 558.46
	038			所有者权益合计	077	386 202 053.78	384 954 375.73
资产总计	039	13 528 564 870.83	14 619 348 171.10	负债及所有者权益总计	078	13 528 564 870.83	14 619 348 171.10
代保管证券（面值）		49 278 500.13		抵押品		1 593 628 888.68	
质押品		51 432 535.79					

中国太平洋财产保险股份有限公司昆明分公司资产负债表

（2000年12月31日） 单位：元

资　　产	行次	年初数	期末数	负债及所有者权益	行次	年初数	期末数
1	2	3	4	5	6	7	8
流动资产:				流动负债:			
现金	1	139 268.13	5 488.92	短期借款	51		
银行存款	2	168 893 556.96	138 964 039.46	拆入资金	52		
短期投资	4			应付手续费	53		
短期投资跌价准备	5						
拆出资金	6			应付佣金	55	813 087.74	344 575.01
保户质押贷款	7			应付分保账款	56		
应收利息	8	8 714 481.08	20 897 907.39	预收保费	57	598 213.50	5 304 020.97
应收保费	9	1 020 707.53	1 502 825.09	预收分保赔款	58		
应收分保账款	10			存入分保准备金	59		
应收款项小计	11	9 735 188.61	22 400 732.48	存入保证金	60		
减：坏账准备	12	19 121.64	16 610.12	应付工资	61	1 677 678.14	1 243 906.52
应收款项净额	13	9 716 066.97	22 384 122.36	应付福利费	62	544 351.94	1 004 299.25
预付赔款	14	677 897.16	2 130 293.12	应付保户利差	63		
存出分保准备金	15			应付利润	64		
存出保证金	16			应交税金	65	2 924 995.37	4 983 479.67
买入返售证券	17			卖出回购证券款	66		
其他应收款	18	1 163 829.26	3 109 374.04	其他应付款	67	-193 464 157.29	-275 875 125.14
材料物品	20			预提费用	68		
低值易耗品	21	3 800 108.25		未决赔款准备金	69	16 596 931.26	20 061 918.01
待摊费用	22	1 380 402.85	1 529 138.32	未到期责任准备金	70	71 599 983.01	77 868 394.18
待处理流动资产净损失	23			保户储金	71	18 478 224.99	7 326 290.76
一年内到期的长期债券投资	24			一年内到期的长期负债	72		
其他流动资产	25			其他流动负债	73		
流动资产合计	27	185 771 129.58	168 122 456.22	流动负债合计	75	-80 230 691.34	-157 738 240.77
长期投资:				长期负债:			
长期股权投资	28	28 484 562.00	28 000 000.00	长期责任准备金	76	934 263.54	934 263.54
长期债券投资	29	10 000 000.00	10 000 000.00	寿险责任准备金	77	285 783 861.00	380 056 976.17
减：投资风险准备	30	431 845.62	380 000.00	长期健康险责任准备金	78		
贷款:				保险保障基金	81		
贷款	31	2 600 000.00	2 100 000.00	长期借款	82		
减：贷款呆账准备	32	26 000.00	21 000.00	长期应付款	84		
固定资产:				外币兑换	85		
固定资产原值	37			住房基金	86	-3 791 206.83	
减：累计折旧	38			其中：住房周转金	86-1	-75 504.47	
固定资产净值	39			其他长期负债	88		
在建工程	40			长期负债合计	89	282 926 917.71	380 991 239.71
固定资产清理	41			负债合计	90	202 696 226.37	223 252 998.94
待处理固定资产净损失	42			所有者权益:			
固定资产合计	43			实收资本	91		
无形资产及其他资产：				营运资金	92-1	48 310 800.00	
无形资产	44			外汇营运资金	92-2	247 960.00	
长期待摊费用	45	24 857 140.41	15 431 542.72	资本公积	93		
存出资本保证金	46			盈余公积	94		
抵债物资	47			其中：公益金	95		
其他长期资产	48			总准备金	96		
无形资产及其他资产合计	49	24 857 140.41	15 431 542.72	未分配利润	97		
				所有者权益合计	98	48 558 760.00	
资产总计	50	251 254 986.37	223 252 998.94	负债及所有者权益合计	100	251 254 986.37	223 252 998.94

中国太平洋人寿保险股份有限公司昆明分公司资产负债表

（2000年12月31日）　　单位：元

资　　产	行次	年初数	期末数	负债及所有者权益	行次	年初数	期末数
1	2	3	4	5	6	7	8
流动资产：				流动负债：			
现金	1	16 754.34	3 109.33	短期借款	51		
银行存款	2	51 919 130.46	51 550 914.70	拆入资金	52		
短期投资	4			应付手续费	53		
短期投资跌价准备	5						
拆出资金	6			应付佣金	55	813 087.74	344 576.01
保户质押贷款	7			应付分保账款	56		
应收利息	8	8 412 081.08	20 897 907.39	预收保费	57	592 154.50	5 235 979.79
应收保费	9			预收分保赔款	58		
应收分保账款	10			存入分保准备金	59		
应收款项小计	11	8 412 081.08	20 897 907.39	存入保证金	60		
减：坏账准备	12	5 890.56	1 581.87	应付工资	61	393 878.00	669 498.52
应收款项净额	13	8 405 190.52	20 896 325.52	应付福利费	62	243 351.72	325 392.77
预付赔款	14		154 413.90	应付保户利差	63		
存出分保准备金	15			应付利润	64		
存出保证金	16			应交税金	65	197 074.29	286 338.50
买入返售证券	17			卖出回购证券款	66		
其他应收款	18	629 896.76	298 995 790.42	其他应付款	67	-202 148 606.94	1 828 537.24
材料物品	20			预提费用	68		
低值易耗品	21	2 520 508.50		未决赔款准备金	69	366 064.84	538 422.01
待摊费用	22	214 058.97	1 066 738.32	未到期责任准备金	70	9 126 096.22	10 670 076.75
待处理流动资产净损失	23			保户储金	71	7 320 013.88	1 290 162.99
一年内到期的长期债券投资	24			一年内到期的长期负债	72		
其他流动资产	25			其他流动负债	73		
流动资产合计	27	73 706 539.55	372 667 292.19	流动负债合计	75	-183 096 895.75	21 188 983.58
长期投资：				长期负债：			
长期股权投资	28	13 000 000.00	13 000 000.00	长期责任准备金	76		
长期债券投资	29	10 000 000.00	10 000 000.00	寿险责任准备金	77	285 783 861.00	380 056 976.17
减：投资风险准备	30	269 000.00	230 000.00	长期健康险责任准备金	78		
贷款：				保险保障基金	81		
贷款	31			长期借款	82		
减：贷款呆账准备	32			长期应付款	84		
固定资产:				外币兑换	85		
固定资产原值	37			住房基金	86		
减：累计折旧	38			其中：住房周转金	86-1		
固定资产净值	39			其他长期负债	88		
在建工程	40			长期负债合计	89	285 783 861.00	380 056 976.17
固定资产清理	41			负债合计	90	102 685 965.25	401 245 959.75
待处理固定资产净损失	42			所有者权益：			
固定资产合计	43			实收资本	91		
无形资产及其他资产:				营运资金	92-1		
无形资产	44			外汇营运资金	92-2		
长期待摊费用	45	6 249 425.70	5 808 667.56	资本公积	93		
存出资本保证金	46			盈余公积	94		
抵债物资	47			其中：公益金	95		
其他长期资产	48			总准备金	96		
无形资产及其他资产合计	49	6 249 425.70	5 808 667.56	未分配利润	97		
				所有者权益合计	98		
资产总计	50	102 686 965.25	401 245 969.75	负债及所有者权益合计	100	102 686 966.25	401 245 959.75

中国平安保险股份有限公司昆明分公司资产负债表（产险）

（2000年12月31日）

单位：元

代码	科目名称	美元		港币		人民币		折合人民币	
		年初数	期末数	年初数	期末数	年初数	期末数	年初数	期末数
	流动资产								
101	现金					210 539.96	208 181.19	210 539.96	208 181.19
102	银行存款	50 437.18	12 032.98	10 789.14	11 208.08	4 958 663.48	11 636 980.31	5 387 630.46	11 748 477.81
145	短期投资								
141	拆出资金								
148	保户质押贷款								
103	应收账款								
112	应收利息								
111	应收保费	5 644.16	17 975.10	261.36	261.36	995 727.51	647 166.80	1 042 727.63	796 243.67
115	应收分保账款								
	应收款项小计	5 644.16	17 975.10	261.36	261.36	995 727.51	647 166.80	1 042 727.63	796 243.67
114	减：坏账准备金	56.44	179.75	2.61	2.61	9 957.28	6 471.66	10 427.26	7 962.41
	应收款项净额	5 587.72	17 795.35	258.75	258.75	985 770.23	640 695.14	1 032 300.37	788 281.26
121	预付赔款					2 151 946.05	4 393 819.97	2 151 946.05	4 393 819.97
151	存出分保准备金								
152	存出保证金								
143	贷款								
144	减：贷款呆账准备								
153	系统内非寿险往来	32 905.82	-156 424.37	-11 957.53	-100 395.59	36 701 210.67	39 218 371.53	36 960 926.18	37 816 995.39
154	内部往来								
157	系统内寿险往来								
122	其他应收款					1 183 546.85	1 217 399.26	1 183 546.85	1 217 399.26
123	备用金								
131	物料用品								
132	低值易耗品								
133	自营证券								
134	代理证券								
146	委托贷款及投资								
155	待摊费用								
159	租赁资产								
19101	待处理流动资产净损益								
147	一年内到期的长期债券投资								
	其他流动资产								
	流动资产合计	88 930.72	-126 596.04	-909.64	-88 928.76	46 191 677.24	57 315 447.40	46 926 889.87	56 173 154.87
	长期投资								
164	长期股权投资								
165	长期债券投资								
163	拨付所属资金								
162	减：投资风险准备								
	长期投资合计								
	固定资产								
171	固定资产原值					17 071 446.23	17 551 597.04	17 071 446.23	17 551 597.04
172	减：累计折旧					3 058 393.53	4 837 299.67	3 058 393.53	4 837 299.67
	固定资产净值					14 013 052.70	12 714 297.37	14 013 052.70	12 714 297.37
174	在建工程					268 577.40		268 577.40	
173	固定资产清理					688 345.33	661 345.33	688 345.33	661 345.33
19102	待处理固定资产净损益								
	固定资产合计					14 969 975.43	13 375 642.70	14 969 975.43	13 375 642.70
	无形资产及其他资产								
182	无形资产								
185	长期待摊费用					2 877 020.91	1 249 211.92	2 877 020.91	1 249 211.92
183	存出资本保证金								
184	抵债物资								
	其他长期资产								
	无形资产及其他资产总计					2 877 020.91	1 249 211.92	2 877 020.91	1 249 211.92
	资产总计	88 930.72	-126 596.04	-909.64	-88 928.76	64 038 673.58	71 940 302.02	64 773 886.21	70 798 009.49

注：美元汇率：8.2781　港币汇率：1.0606

（续表）

代码	科目名称	美元		港币		人民币		折合人民币	
		年初数	期末数	年初数	期末数	年初数	期末数	年初数	期末数
	流动负债								
243	短期借款								
231	拆入资金								
201	应付手续费								
204	应付佣金								
115	应付分保账款								
219	预收保费		86.52			47 247.83	197 026.98	47 247.83	197 743.20
225	预收分保赔款								
241	存入分保准备金								
242	存入保证金								
211	应付工资								
212	应付福利费					93 825.63	102 107.22	93 825.63	102 107.22
213	应付代理证券款项								
283	应付信托款								
217	应付保户利差								
215	应付利润								
214	应交税金					956 249.03	1 823 980.19	956 249.03	1 823 980.19
203	其他应付款					588 999.32	2 211 383.51	588 999.32	2 211 383.51
222	预提费用								
252	未决赔款准备金	8 125.58	8 070.04	8 316.00	8 316.00	11 622 610.21	18 753 285.02	11 698 694.52	18 828 909.57
255	人身险给付准备金								
251	未到期责任准备金	26 997.67	-56 157.48	-628.65	-81 542.06	22 232 879.38	25 332 600.76	22 455 702.05	24 781 240.02
261	保户储金					1 591 384.36	881 734.36	1 591 384.36	881 734.36
284	货币兑换								
282	一年内到期的长期负债								
	其他流动负债								
	流动负债合计	35 123.25	-48 000.92	7 687.35	-73 226.06	37 133 195.76	49 302 118.04	37 432 102.74	48 827 098.07
	长期负债								
253	长期责任准备金								
257	寿险责任准备金								
256	长期健康险责任准备金								
258	保险保障基金	40.55	-1 681.07		-1 630.84	101 959.06	33 717.62	102 294.74	18 071.88
271	长期借款								
272	长期应付款								
274	住房周转金								
	其他长期负债								
	长期负债合计	40.55	-1 681.07		-1 630.84	101 959.06	33 717.62	102 294.74	18 071.88
	负债合计	35 163.80	-49 681.99	7 687.35	-74 856.90	37 235 154.82	49 335 835.66	37 534 397.48	48 845 169.95
	所有者权益								
301	实收资本								
302	上级拨入资金					25 000 000.00	25 000 000.00	25 000 000.00	25 000 000.00
311	资本公积								
312	盈余公积								
31203	其中：公益金								
313	总准备金								
321	本年利润		-76 914.05		-14 071.86		-617 725.64		-1 269 352.46
322	未分配利润	53 766.92		-8 596.99		1 803 518.76	-1 777 808.00	2 239 488.74	-1 777 808.00
32207	其中：上年未分配利润	53 766.92		-8 596.99		1 803 518.76		2 239 488.74	
32208	以前年度损益调整						-1 777 808.00		-1 777 808.00
	所有者权益合计	53 766.92	-76 914.05	-8 596.99	-14 071.86	26 803 518.76	22 604 466.36	27 239 488.74	21 952 839.54
	负债及所有者权益合计	88 930.72	-126 596.04	-909.64	-88 928.76	64 038 673.58	71 940 302.02	64 773 886.22	70 798 009.49

中国平安保险股份有限公司昆明分公司资产负债表（寿险）

（2000年12月31日）

单位：元

代码	科目名称	美元		港币		人民币		折合人民币	
		年初数	期末数	年初数	期末数	本期数	期末数	本期数	期末数
	流动资产								
101	现金					-61 731.00	17 940.47	-61 731.00	17 940.47
102	银行存款					612 422.10	1 676 187.28	612 422.10	1 676 187.28
145	短期投资								
141	拆出资金								
148	保户质押贷款					156 306.84	1 448 648.38	156 306.84	1 448 648.38
103	应收账款								
112	应收利息					-3 079.75		-3 079.75	
111	应收保费								
115	应收分保账款								
	应收款项小计					-3 079.75		-3 079.75	
114	减：坏账准备金					-103.94		-103.94	
	应收款项净额					-2 975.81		-2 975.81	
121	预付赔款						9 000.00		9 000.00
151	存出分保准备金								
152	存出保证金								
143	贷款								
144	减：贷款呆账准备								
153	系统内非寿险往来								
154	内部往来					-2 400.00		-2 400.00	
157	系统内寿险往来					13 876 097.95	423 229 563.25	13 876 097.95	423 229 563.25
122	其他应收款					-801 698.49	2 443 452.57	-801 698.49	2 443 452.57
123	备用金					-3 000.00	7 000.00	-3 000.00	7 000.00
131	物料用品								
132	低值易耗品					22 677.25	627 863.70	22 677.25	627 863.70
133	自营证券								
134	代理证券								
146	委托贷款及投资								
155	待摊费用					-159 900.79	258 921.38	-159 900.79	258 921.38
159	租赁资产								
19101	待处理流动资产净损益								
147	一年内到期的长期债券投资								
	其他流动资产								
	流动资产合计					13 635 798.05	429 718 577.03	13 635 798.05	429 718 577.03
	长期投资								
164	长期股权投资								
165	长期债券投资								
163	拨付所属资金								
162	减：投资风险准备								
	长期投资合计								
	固定资产								
171	固定资产原值					327 795.71	16 671 412.03	327 795.71	16 671 412.03
172	减：累计折旧					41 316.35	3 818 184.63	41 316.35	3 818 184.63
	固定资产净值					286 479.36	12 853 227.40	286 479.36	12 853 227.40
174	在建工程								
173	固定资产清理					75 600.00		75 600.00	
19102	待处理固定资产净损益					-34 262.82	-12 000.00	-34 262.82	-12 000.00
	固定资产合计					327 816.54	12 841 227.40	327 816.54	12 841 227.40
	无形资产及其他资产								
182	无形资产								
185	长期待摊费用					-29 010.59	571 849.02	-29 010.59	571 849.02
183	存出资本保证金								
184	抵债物资								
	其他长期资产								
	无形资产及其他资产总计					-29 010.59	571 849.02	-29 010.59	571 849.02
	资产总计					13 934 604.00	443 131 653.45	13 934 604.00	443 131 653.45

注：美元汇率：8.2976　港币汇率：1.0699

（续表）

代码	科目名称	美元		港币		人民币		折合人民币	
		本期数	期末数	本期数	期末数	本期数	期末数	本期数	期末数
	流动负债								
243	短期借款								
231	拆入资金								
201	应付手续费								
204	应付佣金					3 418 900.63	3 418 900.63	3 418 900.63	3 418 900.63
115	应付分保账款								
219	预收保费					961 138.99	5 341 123.10	961 138.99	5 341 123.10
225	预收分保赔款								
241	存入分保准备金								
242	存入保证金								
211	应付工资								
212	应付福利费					-182 459.70	1 427.56	-182 459.70	1 427.56
213	应付代理证券款项								
283	应付信托款								
217	应付保户利差								
215	应付利润								
214	应交税金					55 417.09	575 707.60	55 417.09	575 707.60
203	其他应付款					-206 240.79	3 130 309.03	-206 240.79	3 130 309.03
222	预提费用								
252	未决赔款准备金					732 450.94	1 945 479.94	732 450.94	1 945 479.94
255	人身险给付准备金								
251	未到期责任准备金					2 288 384.93	10 429 863.23	2 288 384.93	10 429 863.23
261	保户储金								
284	货币兑换								
282	一年内到期的长期负债								
	其他流动负债								
	流动负债合计					7 067 592.09	24 842 811.09	7 067 592.09	24 842 811.09
	长期负债								
253	长期责任准备金								
257	寿险责任准备金					22 559 906.33	484 797 027.84	22 559 906.33	484 797 027.84
256	长期健康险责任准备金					-8 750 971.40		-8 750 971.40	
258	保险保障基金					208 597.26	208 597.26	208 597.26	208 597.26
271	长期借款								
272	长期应付款								
274	住房周转金								
	其他长期负债								
	长期负债合计					14 017 532.19	485 005 625.10	14 017 532.19	485 005 625.10
	负债合计					21 085 124.28	509 848 436.19	21 085 124.28	509 848 436.19
	所有者权益								
301	实收资本								
302	上级拨入资金						25 000 000.00		25 000 000.00
311	资本公积								
312	盈余公积								
31203	其中：公益金								
313	总准备金								
321	本年利润					-7 150 520.28	-91 716 782.74	-7 150 520.28	-91 716 782.74
322	未分配利润								
32207	其中：上年未分配利润								
32208	以前年度损益调整								
	所有者权益合计					-7 150 520.28	-66 716 782.74	-7 150 520.28	-66 716 782.74
	负债及所有者权益合计					13 934 604.00	443 131 653.45	13 934 604.00	443 131 653.45

云南省农村信用合作社资产负债表

（2000年12月31日）

单位：元

资　　产	行次	年初数	期末数	负债及所有者权益	行次	年初数	期末数
流动资产：	001			流动负债	040		
现金及周转金	002	1 033 107 218.46	1 038 482 356.23	短期存款	041	5 939 363 988.99	7 431 703 999.61
存放中央银行款项	003	5 615 066 416.74	6 703 156 459.97	短期储蓄存款	042	5 241 833 121.05	6 572 489 535.42
存放农业银行款项	004	782 148 032.53	797 392 411.61	向中央银行借款	043	262 000 000.00	512 500 000.00
存放同业款项	005	7 378 915 644.97	9 086 446 700.14	向农业银行借款	044	94 925 200.00	80 365 200.00
存放联行款项	006	1 690 186 610.65	1 860 997 935.55	同业存放款项	045	7 222 548 065.41	8 886 936 139.84
拆放同业	007	1 601 823 042.27	2 016 566 386.89	联行存放款项	046	1 681 111 744.60	1 896 501 906.87
拆放金融性公司	008			同业拆入	047	1 460 326 089.39	1 606 644 084.51
短期贷款	009	8 327 569 671.48	8 515 365 428.12	金融性公司拆入	048		
待处理抵债资产	010	27 706 680.50	63 461 561.11	应解汇款	049	130 332 514.02	166 385 527.16
应收账款	011	58 442 045.58	65 697 390.84	汇出汇款	050	880 017.26	38 480.96
其他应收款	012	300 505 813.16	343 671 503.31	应付账款	051	711 099 244.39	605 971 919.26
贴现	013			其他应付款	052	464 888 140.73	485 058 025.84
短期投资	014	201 256 976.40	179 528 920.00	应付工资	053	13 291 051.61	11 837 251.51
待处理流动资产净损失	015	902 676.58	831 098.58	应付福利费	054	20 549 761.94	21 399 157.77
一年内到期的长期投资	016	23 025 500.00	21 625 000.00	应交税金	055	65 770 281.90	67 885 766.50
流动资产合计	017	27 040 656 329.32	30 693 223 152.35	应缴代扣利息税	056	598 014.16	5 358 930.48
	018			应付利润	057	40 681 333.04	45 065 755.41
长期资产：	019			预提费用	058	2 984 658.94	4 615 168.31
中长期贷款	020	1 958 305 812.18	2 348 257 385.48	发行短期债券	059		
逾期贷款	021	4 063 205 785.09	3 541 499 239.37	一年内到期的长期负债	060	5 185 173 783.56	6 018 421 015.03
呆滞贷款	022	1 752 875 363.22	3 743 259 135.92	流动负债合计	061	28 538 357 010.99	34 419 177 864.48
呆账贷款	023	162 894 353.51	458 162 172.74	长期负债：	062		
减：贷款呆账准备	024	168 991 644.19	208 121 981.05	长期存款	063	324 103 004.72	455 324 679.09
长期存放银行款项	025	1 368 000.00	140 000.00	长期储蓄存款	064	7 579 796 815.80	7 892 780 602.02
长期投资	026	809 585 645.85	1 405 420 341.70	保证金	065	8 476 536.08	8 864 240.91
固定资产原值	027	1 820 508 216.42	1 918 019 129.08	发行长期债券	066		
减：累计折旧	028	435 690 252.83	483 100 440.91	长期借款	067	5 731 959.36	6 145 877.76
固定资产净值	029	1 384 817 963.59	1 434 918 688.17	长期应付款	068	10 051 850.55	15 347 424.84
固定资产清理	030	409 613.69	557 998.38	长期负债合计	069	7 928 160 166.51	8 378 462 824.62
在建工程	031	246 249 107.39	221 456 834.75	所有者权益	070		
待处理固定资产净损失	032	1 377 381.62	1 893 130.87	实收资本	071	1 761 063 234.40	1 836 567 257.69
长期资产合计	033	10 212 097 381.95	12 947 442 946.33	资本公积	072	61 724 773.36	67 484 601.54
无形、递延资产	034		6 916 904.79	盈余公积	073	136 135 781.69	145 984 324.68
无形资产	035	9 394 887.31	11 178 352.98	其中：公益金	074	7 395 014.74	8 660 726.09
递延资产	036	414 594 773.94	325 357 095.98	未分配利润	075	618 152.76	1 426 107.61
无形、递延资产合计	037	423 989 661.25	336 535 448.96	减：未弥补历年亏损	076	749 315 747.19	871 901 432.98
	038			所有者权益合计	077	1 210 226 195.02	1 179 560 858.54
资产总计	039	37 676 743 372.52	43 977 201 547.64	负债及所有者权益总计	078	37 676 743 372.52	43 977 201 547.64
代保管证券（面值）		247 820 968.87		抵押品		1 146 116 619.78	
质押品		2 134 873 400.23					

云南省国际信托投资公司资产负债表（全辖）

（2000年12月31日）

单位：元

编号	资产	期初数	期末数	编号	负债及所有者权益	期初数	期末数
	流动资产：				流动负债：		
110	现金及银行存款	1 474 175.11	1 349 272.92	590	短期存款	3 194 952 065.52	3 247 858 366.31
115	其中：现金	1 474 175.11	1 349 272.92	600	短期储蓄存款	0.00	0.00
120	贵金属	0.00	0.00	610	财政性存款	0.00	0.00
130	存放中央银行存款	477 914 579.65	601 430 084.64	620	向中央银行借款	0.00	0.00
135	其中：准备金存款	0.00	0.00	630	同业存放款项	113 612 116.34	0.00
136	其中：备付金存款	477 914 579.65	601 430 084.64	640	联行存放款项	0.00	0.00
140	存放同业存款	1 248 733 542.10	1 551 313 649.53	650	拆入资金	3 000 000.00	2 950 000.00
150	存放联行款项	0.00	0.00	660	应解汇款	0.00	0.00
160	拆出资金	295 585 000.00	236 345 000.00	670	汇出汇款	0.00	0.00
170	短期贷款	1 387 080 652.29	1 210 017 780.15	675	委托存款	667 051 906.84	559 023 195.74
180	应收进出口押汇	0.00	0.00	680	应付代理证券款项	325 207 384.43	545 704 134.85
190	应收账款	144 865 375.17	171 270 999.64	690	卖出回购证券款	0.00	0.00
200	减：坏账准备	541 069.56	503 522.99	700	应付账款	80 677 932.91	112 535 807.64
210	其他应收款	65 304 092.91	47 528 764.99	710	其他应付款	29 597 492.98	29 907 302.91
220	贴现	0.00	0.00	720	存入短期保证金	0.00	0.00
230	短期投资	115 427 419.40	137 603 097.62	730	应付工资	15 724 724.43	19 577 927.22
240	委托贷款及委托投资	412 404 325.42	363 513 675.42	740	应付福利费	12 646 875.47	15 169 330.53
250	自营证券	11 230 217.36	7 302 423.95	750	应交税金	-3 150 479.34	14 104 203.81
260	代理证券	36 448 672.55	311 762.57	760	应付利润	0.00	0.00
270	买入返售证券	0.00	0.00	770	预提费用	48 848.68	297 535.20
280	待处理流动资产净损失	502 549.66	27 158 651.01	780	发行短期债券	0.00	0.00
290	其他流动资产	0.00	0.00	790	23. 其他流动负债	0.00	0.00
300	一年内到期的长期投资	0.00	0.00	800	22. 一年内到期的长期负债	0.00	0.00
		0.00	0.00	810		0.00	0.00
	流动资产合计	4 196 429 532.06	4 354 641 639.45	820		0.00	0.00
	长期资产：	0.00	0.00	830		0.00	0.00
330	中长期贷款	135 420 000.00	130 150 000.00		流动负债合计	4 439 368 868.26	4 547 127 804.21
340	逾期贷款	0.00	0.00		长期负债：	0.00	0.00
350	减：贷款呆账准备	17 067 578.29	13 127 848.77	840	长期存款	0.00	0.00
360	应收租赁款	3 838 457.85	2 662 992.51	850	长期储蓄存款	0.00	0.00
370	减：未收租赁收益	176 840.86	49 896.24	860	存入长期保证金	1 668 420.00	1 074 400.00
380	应收转租赁款	0.00	0.00	870	应付转租赁租金	0.00	0.00
390	租赁资产	11 523 984.59	5 002 600.00	880	发行长期债券	0.00	0.00
400	减：待转租赁资产	7 433 100.00	4 982 600.00	890	长期借款	10 400 000.00	10 400 000.00
410	经营租赁资产	54 247 150.27	120 709 874.91	900	长期应付款	0.00	0.00
420	减：经营租赁资产折旧	1 251 635.82	6 395 677.98	910	其他长期负债	0.00	0.00
430	长期投资	364 258 334.47	288 837 414.02	920		0.00	0.00
440	减：投资风险准备	3 577 591.09	3 523 006.37	930		0.00	0.00
450	固定资产原值	73 775 694.33	189 431 411.57	940		0.00	0.00
460	减：累计折旧	24 310 452.75	35 060 941.27	950		0.00	0.00
470	固定资产净值	49 465 241.58	154 370 470.30		长期负债合计	12 068 420.00	11 474 400.00
480	固定资产清理	0.00	2 137 687.33		所有者权益：	0.00	0.00
490	在建工程	230 865 416.64	55 500 698.18	960	实收资本	229 660 800.00	229 660 800.00
500	待处理固定资产净损失			970	资本公积	194 612 950.06	194 612 950.06
510		0.00	0.00	980	盈余公积	101 913 570.55	140 851 292.30
	长期资产合计	820 111 842.34	731 292 707.89	990	未分配利润	73 363 543.88	806 290.32
	无形、递延及其他资产	0.00	0.00	995	其中：本年利润	0.00	0.00
530	无形资产	31 789 606.09	28 026 540.15	1010		0.00	0.00
535	递延资产	2 657 172.26	10 572 649.40	1020		0.00	0.00
540	其他资产	0.00	0.00	1030		0.00	0.00
	其他资产合计	34 446 778.35	38 599 189.55		所有者权益合计	599 550 864.49	565 931 332.68
	资产总计	5 050 988 152.75	5 124 533 536.89		负债及所有者权益总计	5 050 988 152.75	5 124 533 536.89

云南金旅信托投资有限公司资产负债表

（2000年12月31日）

单位：元

项目	行次	年初数	年末数	项目	行次	年初数	年末数
一、流动资产：	1	802 604 376.86	778 249 749.60	一、流动负债	66	1 350 959 970.88	1 310 993 302.06
现金及银行存款	2	353 611 529.88	328 221 033.75	短期存款	67	827 388 067.94	821 418 100.07
贵金属	3	0.00	0.00	短期储蓄存款	68	0.00	0.00
存放中央银行款项	4	8 371 464.71	3 150 826.81	短期信托存款	69	0.00	0.00
存放联行款项	5	0.00	31 173 697.71	委托存款	70	137 260 545.79	130 961 690.86
存放同业款项	6	0.00	0.00	财政性存款	71	0.00	0.00
缴存准备金	7	0.00	0.00	向中央银行借款	72	0.00	0.00
拆出资金	8	67 569 013.00	55 366 613.00	联行存放款项	73	0.00	0.00
其中：拆放金融性公司	9	67 569 013.00	55 366 613.00	同业存放款项	74	0.00	0.00
贴现	10	0.00	0.00	拆入资金	75	0.00	0.00
短期贷款	11	22 367 500.00	16 000 000.00	其中：金融性公司拆入	76	0.00	0.00
其中：抵押、质押贷款	12	0.00	0.00	应付账款	77	40 195 181.56	47 612 904.86
应收进出口押汇	13	0.00	0.00	卖出回购证券款	78	19 292 235.20	2 150 000.00
应收账款	14	29 395 329.84	20 313 468.17	存入短期保证金	79	0.00	0.00
其中：应收利息	15	8 420 663.44	8 420 663.44	应解汇款	80	0.00	0.00
减：坏账准备	16	150 645.39	175 900.81	汇出汇款	81	0.00	0.00
短期投资	17	0.00	0.00	应付利息	82	0.00	0.00
其中：国库券	18	0.00	0.00	应付工资	83	0.00	1 017 706.67
信托贷款	19	0.00	0.00	应付福利费	84	28 708 30	-237 259.63
委托贷款及委托投资	20	127 544 000.00	120 954 000.00	应交税金	85	1 892 859.21	5 126 453.26
*清算备付金	21	0.00	0.00	应付利润	86	7 987 155.93	4 986 526.01
*交易保证金	22	0.00	0.00	预提费用	87	0.00	0.00
*自营证券	23	8 450 623.43	19 360 903.43	发行短期债券	88	0.00	0.00
*减：自营证券跌价准备	24	0.00	0.00	*质押借款	89	0.00	0.00
*应收股利	25	0.00	0.00	*代买卖证券款	90	314 516 592.92	293 063 993.01
*代发行证券	26	0.00	0.00	*代发行证券款	91	0.00	0.00
*代兑付债券	27	31 626.45	0.00	*代兑付债券款	92	2 398 624.03	1 893 186.95
*受托资产	28	0.00	0.00	*受托资金	93	0.00	0.00
*待转发行费用	29	0.00	0.00	一年内到期的长期负债	94	0.00	0.00
*待摊费用	30	0.00	0.00	其他流动负债	95	0.00	0.00
买入返售证券	31	89 053 427.46	67 189 015.90	二、长期负债	96	348 694.57	4 296 343.53
一年内到期的长期债券投资	32	0.00	0.00	长期存款	97	0.00	0.00
其中：国库券	33	0.00	0.00	长期信托存款	98	0.00	0.00
待处理流动资产净损失	34	-2 626 063.82	0.00	长期储蓄存款	99	0.00	0.00
其他流动资产	35	98 986 571.30	116 696 091.64	应付转租赁租金	100	0.00	0.00

（续表）

项　　目	行次	年初数	年末数	项　　目	行次	年初数	年末数
二、长期资产	36	663 723 137.34	640 300 906.63	存入长期保证金	101	95 999.35	95 999.35
中长期贷款	37	2 000 000.00	0.00	发行长期债券	102	0.00	0.00
其中：抵押、质押贷款	38	0.00	0.00	长期借款	103	0.00	0.00
逾期贷款	39	464 045 134.59	452 673 893.79	*应付债券	104	0.00	0.00
减：贷款呆账准备	40	4 891 154.53	4 693 767.10	长期应付款	105	0.00	0.00
中长期信托贷款	41	0.00	0.00	其他长期负债	106	252 695.22	4 200 344.18
减：贷款呆账准备	42	0.00	0.00	其中：住房周转金	107	252 695.22	4 200 344.18
应收租赁款	43	702 818.00	702 818.00	三、少数股东权益	108	0.00	0.00
减：未实现租赁收益	44	0.00	0.00	四、所有者权益	109	120 725 719.68	120 818 839.10
应收转租赁款	45	0.00	0.00	实收资本（股本）	110	108 535 900.00	108 535 900.00
租赁资产	46	1 166 668.00	1 166 668.00	国家资本	111	0.00	0.00
减：待转租赁资产	47	1 166 668.00	1 166 668.00	集体资本	112	0.00	0.00
△经营租赁资产	48	0.00	0.00	法人资本	113	108 535 900.00	108 535 900.00
△减：经营租赁资产折旧	49	0.00	0.00	其中：国有法人资本	114	9 000 000.00	9 000 000.00
长期投资	50	129 343 230.29	132 386 514.55	个人资本	115	0.00	0.00
其中：国库券	51	0.00	0.00	外商资本	116	0.00	0.00
合并价差	52	0.00	0.00	资本公积	117	1 566 000.00	1 566 000.00
减：投资风险准备	53	130 221.76	461 535.71	*一般风险准备	118	0.00	0.00
固定资产原价	54	65 865 807.33	86 322 037.37	盈余公积	119	17 102 244.08	17 102 244.08
减：累计折旧	55	20 810 610.33	26 629 054.27	其中：公益金	120	5 280 347.27	5 280 347.27
固定资产清理	56	0.00	0.00	未分配利润	121	-3 346 281.94	-3 242 729.08
在建工程	57	15 839 133.75	0.00	外币折算差额	122	-3 132 142.46	-3 142 575.90
待处理固定资产净损失	58	0.00	0.00		123		
*交易席位费	59	0.00	0.00		124		
*长期待摊费用	60	0.00	0.00		125		
其他长期资产	61	11 759 000.00	0.00		126		
三、无形资产	62	0.00	8 331 225.03		127		
其中：土地使用权	63	0.00	0.00		128		
四、递延及其他资产	64	5 706 870.93	9 226 603.43		129		
资产总计	65	1 472 034 385.13	1 436 108 484.69	负债及所有者权益总计	130	1 472 034 385.13	1 436 108 484.69

昆明国际信托投资公司资产负债表（汇总）

（2000年12月31日）

单位：元

项目 资产	科目代号	年初数	年末数	项目 负债及所有者权益	科目代号	年初数	年末数
流动资产：				流动负债：			
现金	101	3 456 222.49	3 288 919.89	应付账款	201	31 295 502.80	5 055 949.85
银行存款	102	133 327 697.49	386 176 788.51	其他应付款	202	26 487 971.52	7 087 463.92
应收账款	103	254 759 792.38	119 290 905.61	应付工资	203		
减：坏账准备	104	1 587 549.41	596 454.53	应付福利费	204	23 657.74	-27 523.09
其他应收款	105	95 048 033.07	78 235 347.84	应交税金	205	32 028 120.95	4 184 784.81
存放同业	110			其他应交款	206		222 798.60
拆出资金	111	15 295 510.00	4 750 000.00	预提费用	207		2 020 231.00
信托贷款	112	234 094 602.83	224 599 694.14	同业存放	210	2 818 925.20	137 414.88
减：贷款呆账准备	113	4 536 679.33	2 393 739.77	拆入资金	211	20 000 000.00	20 000 000.00
抵押贷款	114	14 774 283.00	14 774 283.00	信托存款	212	60 657 676.43	43 842 371.22
贴现	115			委托存款	213	360 291 879.02	246 428 870.80
委托贷款	116	222 416 722.48	191 316 722.48	代发行证券款	221		
委托投资	117			代兑付债券款	222	7 100.00	
短期投资	118			代售证券款	223		
自营库存证券	121	237 250 893.77	59 152 459.14	代购证券款	224	334 609 105.14	332 507 883.48
代理发行证券	122			卖出回购证券款	225	41 000 000.00	
代理兑付证券	123		73 150.00	代理收付	244	495 957 962.49	495 556 342.99
代售证券	124						
代购证券	125						
买入返售证券	126						
存入证券	127						
证券交易清算	131						
缴存准备金	132						
其他流动资产	133	959 800.00	959 800.00	流动负债合计		1 405 177 901.29	1 157 016 588.46
				长期负债：			
				租赁保证金	231		
流动资产合计		1 205 259 328.77	1 079 627 876.31	应付转租赁租金	232		
长期资产：				长期借款	241		
应收租赁款	141	12 096 489.99	12 096 489.99	发行债券	242		
减：未实现租赁款	142			长期应付款	234		
应收转租赁款	143	2 468 871.00		住房周转金		-27 546 286.97	
租赁资产	144						
减：待转租资产	145			长期负债合计		-27 546 286.97	
经营租赁资产	146			其他负债：			
减：经营租赁资产折旧	147			所有者权益：			
长期投资	151	38 874 211.08	25 206 908.78	实收资本	301	139 723 597.63	139 723 597.63
减：投资风险准备	152	282 918.83	291 922.54	资本公积金	302	2 373 412.66	2 364 412.66
固定资产原值	161	151 734 378.98	176 128 195.26	盈余公积金	303	55 322 322.37	5 308 866.85
减：累计折旧	162	24 632 164.38	30 371 496.54	本年利润	311		
固定资产清理	163	-2 270.00		利润分配	312	66 738 356.06	6 645 894.11
在建工程	164	40 889 602.26	49 185 435.86	资本准备金（外汇）		5 776 542.66	5 776 542.66
待处理财产损溢		221 160 316.83	1 978 244.25	所有者权益合计:		269 934 231.38	159 819 313.91
长期资产合计		442 306 516.93	233 931 855.06				
无形资产	171						
递延资产	172		807 300.00				
其他资产	175		2 468 871.00				
其他资产合计			3 276 171.00				
资产总计		1 647 565 845.70	1 316 835 902.37	负债及所有者权益总计		1 647 565 845.70	1 316 835 902.37

云南证券有限责任公司资产负债表

（2000年12月31日） 单位：元

资　　产	行次	年初数	期末数	负债及所有者权益	行次	年初数	期末数
流动资产：				流动负债：			
现金	1	610 053.27	153 816.18	质押借款	51	0.00	0.00
银行存款	2	531 505 462.90	687 127 764.31	拆入资金	52	0.00	0.00
其中：客户资金存款	3			卖出回购证券款	53	0.00	0.00
委托资金存款	4	0.00	0.00	应付款项	54	199 792 709.13	166 839 570.56
清算备付金	5	2 222 445.42	202 234 420.38	应付工资	55	587 321.98	959 611.98
其中：客户备付金	6	1 805 676.11	202 234 420.38	应付福利费	56	-224 954.37	1 751.59
受托资金备付金	7	0.00	0.00	应付利润	57	17 152 455.74	17 085 000.00
交易保证金	8	6 688 645.10	7 572 121.39	应交税金及附加	58	4 082 800.07	8 222 619.76
自营证券	9	26 303 966.50	7 558 228.58	预提费用	59	0.00	0.00
减：自营证券跌价准备	10	0.00	0.00	代买卖证券款	60	585 418 930.37	943 796 360.77
自营证券净额	11	26 303 966.50	7 558 228.58	代发行证券款	61	5 203 300.00	203 300.00
拆出资金	12	0.00	0.00	代兑付债券款	62	1 626 495.44	21 881 063.87
买入返售证券	13	0.00	0.00	受托资金	63	0.00	0.00
应收款项	14	263 503 891.36	251 075 594.36	一年内到期的长期负债	64	0.00	0.00
减：坏账准备	15	853 493.62	864 602.56	其他流动负债	65	0.00	0.00
应收款项净额	16	262 650 397.74	250 210 991.80				
应收股利	17	0.00	815 586.04				
应收利息	18	0.00	0.00				
代发行证券	19	0.00	0.00				
代兑付债券	20	0.00	19 429 969.29				
受托资产	21	0.00	0.00				
代转发行费用	22	0.00	0.00				
待摊费用	23	1 372 071.35	1 291 532.73				
待处理流动资产净损失	25	0.00	0.00	流动负债合计	70	813 639 058.36	1 158 989 278.53
一年内到期的长期债券投资	26	0.00	0.00	长期负债：			
其他流动资产	27	0.00	0.00	长期借软	71	0.00	0.00
流动资产合计	28	831 353 042.28	1 176 394 430.70	应付债券	72	0.00	0.00
长期投资				长期应付款	73	0.00	0.00
长期股权投资	29	57 177 248.07	55 920 325.11	其他长期负债	74	0.00	0.00
长期债券投资	30	0.00	0.00				
长期投资合计	31	57 177 248.07	55 920 325.11				
减：投资风险准备	32	561 772.48	559 203.25				
长期投资净额	33	56 615 475.59	55 361 121.86			0.00	0.00
固定资产：				长期负债合计	78		
固定资产原价	34	132 524 989.25	150 549 028.82	递延税项：			
减：累计折旧	35	34 248 294.05	46 133 238.22	递延税款贷项	79		
固定资产净值	36	98 276 695.20	104 415 790.60				
在建工程	37	0.00	201 988.00	负债合计	81	813 639 058.36	1 158 989 278.53
固定资产清理	38	0.00	0.00	所有者权益：			
待处理固定资产净损失	39	0.00	0.00	实收资本	82	120 000 000.00	120 000 000.00
固定资产合计	40	98 276 695.20	104 617 778.60	资本公积	83	24 432 768.68	24 432 768.68
无形资产及其他资产：				一般风险准备	84	2 933 603.08	4 223 391.34
无形资产	41	0.00	0.00	盈余公积	85	25 339 740.00	27 529 316.52
交易席位费	42	11 980 000.00	11 932 000.01	其中：法定公益金	86	12 196 149.15	13 043 999.30
长期待摊费用	43	6 766 398.86	12 697 391.85	未分配利润	87	18 646 441.81	25 827 967.95
其他长期资产	44	0.00	0.00				
无形资产及其他资产合计：	45	18 746 398.86	24 629 391.86				
递延税项：							
递延税款借项	46						
				所有者权益合计	91	191 352 553.57	202 013 444.49
资产总计	50	1 004 991 611.93	1 361 002 723.02	负债及所有者权益总计	92	1 004 991 611.93	1 361 002 723.02

海通证券有限公司昆明东风西路证券营业部资产负债明细表

（2000年12月31日） 单位：元

资　　产	行次	年初数	期末数	负债和所有者权益	行次	年初数	期末数
一、流动资产：				一、流动负债			
现金	1	23 880.97	3 217.61	质押借款	49		
银行存款	2	63 858 087.51	237 780 481.27	拆入资金	50		
其中：客户资金存款	3	63 858 087.51	237 021 959.70	卖出回购证券款	51		
清算备付金	4			应付款项	52	909 933.71	491 384.58
其中：客户备付金	5			应付工资	53		
交易保证金	6	51 998 854.97	1 258 068.42	应付福利费	54	-4 290.22	50 949.54
自营证券	7		1 639 611.26	应付利润	55		
减：自营证券跌价准备	8		134 811.26	应交税金及附加	56	144 507.12	479 635.11
自营证券净额	9		1 504 800.00	预提费用	57	90 000.00	
拆出资金	10			代买卖证券款	58	113 784 138.42	237 021 959.70
买入返售证券	11			代发行证券款	59		
应收款项	12	2 859 843.69	6 976 378.57	代兑付债券款	60	10 584.60	10 584.60
减：坏账准备	13	110.48	4 634.64	受托资金	61		
应收款项净额	14	2 859 733.21	6 971 743.93	一年内到期的长期负债	62		
应收股利	15			其他流动负债	63		
应收利息	16						
代发行证券	17			流动负债合计	64	114 934 873.63	238 054 513.53
代兑付债券	18			二、长期负债			
受托资产	19			长期借款	65		
代转发行费用	20		8 751.00	应付债券	66		
待摊费用	21			长期应付款	67		
待处理流动资产净损失	22			其他长期负债	68	-21 613.32	37 057.58
一年内到期的长期债券投资	23			长期负债合计	69	-21 613.32	37 057.58
其他流动资产	24			递延税项：			
流动资产合计	25	118 740 556.66	247 527 062.23	递延税款贷项	70		
二、长期资产				负债合计	71	114 913 260.31	238 091 571.11
长期投资	26	382.50	382.50	少数股东权益	72		
其中：长期投权投资	27	382.50	382.50				
长期债券投资	28			三、股东权益：			
长期其他投资	29			实收资本	73	5 000 000.00	5 000 000.00
长期投资合计	30	382.50	382.50	资本公积	74		
减：投资风险准备	31			一般风险准备	75		
长期投资净额	32	382.50	382.50	盈余公积	76	528 900.00	7 300.00
其中：合并价差	33			其中：法定公益金	77	528 900.00	7 300.00
三、固定资产	34			未确认的投资损失	78		
固定资产原价	35	4 651 069.00	6 082 346.00	未分配利润	79	3 000 824.38	10 121 708.80
减：累计折旧	36	2 687 118.77	3 849 303.33	外币报表折算差额	80		
固定资产净值	37	1 963 950.23	2 233 042.67	所有者权益合计	81	8 529 724.38	15 129 008.80
在建工程	38						
固定资产清理	39						
待处理固定资产净损失	40						
固定资产合计	41	1 963 950.23	2 233 042.67				
四、无形资产及其他资产							
无形资产	42						
交易席位费	43	1 800 000.00	1 620 000.00				
递延资产	44	938 095.30	1 840 092.51				
其他长期资产	45						
无形及其他资产合计	46	2 738 095.30	3 460 092.51				
递延税项							
递延税款借项	47						
资产总计	48	123 442 984.69	253 220 579.91	负债及所有者权益总计	82	123 442 984.69	253 220 579.91

国泰君安证券股份有限公司昆明人民中路证券营业部资产负债表

（2000年12月31日） 单位：元

资　　产	行次	年初数	期末数	负债和所有者权益	行次	年初数	期末数
流动资产：	1			流动负债：	54		
现金	2	412 029.00	473 842.93	质押借款	55		
银行存款	3	43 416 306.33	25 476 874.58	拆入资金	56		
其中：客户备付金	4			应付款项	57	49 668 388.85	26 147 594.93
受托资金存款	5			应付工资	58	901 377.11	316 455.33
清算备付金	6			应付福利费	59	136 168.24	195 651.08
其中：客户备付金	7			应付利润	60	1 134 009.74	
清算中心存款	8	104 832 653.07	183 984 816.19	应交税金及附加	61	2 053 279.87	977 827.94
应收股利	9			预提费用	62		
应收利息	10	13 383.70	9 357.08	所属存放资金	63		
应收款项	11	59 918 011.59	60 721 112.61	代买卖证券款	64	169 633 927.79	215 146 612.53
减：坏账准备	12			代发行证券款	65		3 300 000.00
应收款项净额	13	59 918 011.59	60 721 112.61	代兑付债券款	66	1 218 000.00	154 375.00
自营证券	14			卖出回购证券款	67		
减：自营证券跌价准备	15			受托资金	68		
自营证券净额	16			一年内到期的长期负债	69		
代发行证券	17		3 130 000.00	货币兑换	70		
代兑付债券	18			内部往来	71	22 656 734.00	44 554 734.00
买入返售证券	19			其他流动负债	72		
拆出资金	20				73		
受托资产	21				74		
待摊费用	22	100 708.47	3 007 600.70		75		
待转发行费用	23				76		
交易保证金	24	1 953 425.14	2 418 860.80		77		
待处理流动资产净损失	25				78		
一年内到期的长期债券投资	26				79		
货币兑换	27			流动负债合计	80	247 401 885.60	290 793 250.81
内部往来	28	5 434 772.40			81		
拨付所属资金	29				82		
其他流动资产	30				83		
流动资产合计	31	216 081 289.70	279 222 464.89		84		
长期投资：	32			长期负债：	85		
长期股权投资	33	136 753.37	136 753.37	长期借款	86		
长期债券投资	34	101 588.59	43 000.00	应付债券	87		
长期投资合计	35	238 341.96	179 753.37	长期应付款	88		
减：投资风险准备	36			其他长期负债	89		
长期投资净额	37	238 341.96	179 753.37		90		
固定资产：	38			长期负债合计	91		
固定资产原值	39	26 271 971.88	27 089 608.75		92		
减：累计折旧	40	9 770 444.85	11 643 523.46	负债合计	93	247 401 885.60	290 793 250.81
固定资产净值	41	16 501 527.03	15 446 085.29	所有者权益：	94		
在建工程	42		64 600.00	实收资本	95		
固定资产清理	43			上级拨入资金	96	8 000 000.00	8 000 000.00
待处理固定资产净损失	44			资本公积	97		
固定资产合计	45	16 501 527.03	15 510 685.29	一般风险准备	98		
其他长期资产：	46			盈余公积	99		
无形资产	47			其中：公益金	100		
交易席位费	48	1 100 000.00	989 999.96	未分配利润	101		13 780 760.43
长期待摊费用	49	21 480 726.91	16 671 107.73	本年利润	102		
其他长期资产	50			外币报表折算差额	103		
其他长期资产合计	51	22 580 726.91	17 661 107.69		104		
	52			所有者权益合计	105	8 000 000.00	21 780 760.43
资产总计	53	255 401 885.60	312 574 011.24	负债和所有者权益总计	106	255 401 885.60	312 574 011.24
补充资料：							
代保管证券（面值元）			65 249 000.00	重要空白凭证			

五、损益表

国家开发银行昆明分行利润及利润分配表

（2000年12月31日）

单位：元

项目	行次	金额	项目	行次	金额
一、营业收入	1	706 208 539.32	1、业务管理费	34	6 657 536.83
（一）利息收入	2	704 119 970.78	（1）工资	35	927 969.10
（二）金融企业往来收入	3	2 088 428.54	（2）职工福利费	36	180 467.43
其中：1、缴存央行存款利息收入	4	569 162.91	（3）工会经费	37	97 664.86
2、行社往来利息收入	5		（4）职工教育经费	38	21 026.00
3、存放同业款项利息收入	6	34 362.70	（5）公杂费	39	370 700.50
4、存放联行款项利息收入	7	1 484 902.93	（6）邮电费	40	354 410.85
5、拆放资金利息收入	8		（7）印刷费	41	20 824.00
6、政策性贷款利差补贴收入	9		（8）水电费	42	143 815.33
（三）手续费收入	10	140.00	（9）租赁费	43	71 100.00
（四）自营证券差价收入	11		（10）差旅费	44	1 499 777.08
（五）证券发行收入	12		（11）会议费	45	642 095.19
（六）买入返售证券收入	13		（12）钞币运送费	46	
（七）租赁收益	14		（13）电子机具运转费	47	156 578.00
（八）汇兑收益	15		（14）外事费	48	3 000.00
（九）其他营业收入	16		（15）诉讼费	49	
二、营业支出	17	544 732 619.69	（16）公证费	50	
（一）利息支出	18	4 242 029.89	（17）咨询费	51	29 990.00
1、单位活期存款利息支出	19	4 133 754.89	（18）审计费	52	
2、单位定期存款利息支出	20	108 275.00	（19）劳动保护费	53	16 246.00
3、活期储蓄存款利息支出	21		（20）取暖费	54	
4、定期储蓄存款利息支出	22		（21）财产保险费	55	41 794.97
5、发行债券利息支出中	23		（22）待业保险费	56	
6、其他利息支出	24		（23）劳动保险费	57	
其中：借款利息支出	25		其中：养老保险统筹	58	
（二）金融企业往来支出	26	532 479 895.42	（24）安全防卫费	59	101 330.00
其中：1、中央银行往来利息支出	27		（25）低值易耗品摊销	60	594 484.40
2、信用社利息支出	28		（26）无形资产摊销	61	
3、同业存放款项利息支出	29		（27）递延资产摊销	62	525 804.71
4、联行存放款项利息支出	30	532 479 895.42	（28）其他资产摊销	63	
5、拆入资金利息支出	31		（29）修理费	64	154 307.62
（三）手续费支出	32	17 468.10	（30）技术转让费	65	
（四）营业费用	33	7 993 226.28	（31）研究开发费	66	54 602.62

（续表）

(32) 董事会费	67		5、出纳长款及结算长款收入	99	
(33) 税金	68	38 540.38	6、其他营业外收入	100	
(34) 住房公积金	69		(四) 以前年度损益调整	101	
(35) 直接在费用中列支的坏账损失	70		减：营业外支出	102	3 140.00
(36) 出纳费	71		1、出纳短款支出	103	
(37) 绿化费	72	68 915.00	2、固定资产清理净损失	104	
(38) 其他费用	73	542 092.79	3、院校经费支出	105	
2、业务宣传费	74	199 422.75	4、捐赠支出	106	2 140.00
3、业务招待费	75	907 936.82	其中：公益救济性捐赠支出	107	
4、固定资产折旧费	76	536 941.92	5、非常损失	108	
5、提取的贷款呆账准备	77		6、赔偿和违约支出	109	
6、提取的坏账准备	78	-308 612.04	7、审计、检查上交款项	110	
7、提取的投资风险准备	79		其中：上交所得税	111	
8、其他营业费用	80		8、违法经营的罚款和被没收的财务金额	112	
(五) 卖出回购证券支出	71		9、各项税收的滞纳金、罚金和罚款	113	1 000.00
(六) 自营证券跌价损失	82		10、其他营业外支出	114	
(七) 汇兑损失	83		五、利润总额	115	122 746 173.53
(八) 其他营业支出	84		减：所得税	116	
三、营业税金及附加	85	38 726 606.10	少数股东损益	117	
(一) 营业税	86	35 206 005.54	加：未确定的投资损失	118	
(二) 城市维护建设税	87	2 464 420.39	六、净利润	119	122 746 173.53
(三) 其他税款及附加	88	1 056 180.17	加：年初未分配利润	120	19 948 998.82
四、营业利润	89	122 749 313.53	七、可供分配利润	121	142 695 172.35
其中：外币业务利润	90		加：(一) 盈余公积补亏	122	
加：(一) 投资收益	91		(二) 其他	123	-19 948 998.82
其中：国库券收益	92		减：(一) 提取盈余公积	124	
(二) 补贴收入	93		其中：公益金	125	
(三) 营业外收入	94		(二) 应付利润 (股利)	126	
1、固定资产清理净收益	95		(三) 提取一般风险准备	127	
2、教育费附加返还款	96		(四) 转增资本的利润	128	
3、罚款收入	97		八、未分配利润	129	122 746 173.53
4、财产盘盈	98			130	

中国农业发展银行云南省分行损益明细表

（2000年12月31日）

单位：元

科目名称	金额	科目名称	金额	科目名称	金额	科目名称	金额
701.贷款利息收入	482 874 698.25	705.存款利息支出	15 153 648.00				
1、中央储备粮油贷款	47 444 180.54	1、企事业单位存款利息	3 237 973.17	28、无形资产摊销			
2、地方储备粮油贷款	52 102 174.42	2、金融债券利息支出		29、修理费	11 064 158.98		
3、超正常周转库存粮	25 520 807.22	3、专项存款利息支出	10 055 866.97	30、税金	1 148 646.34		
4、正常周转贷款利息	119 918 421.04	4、其他存款利息支出	1 859 807.86	31、住房公积金	2 122 140.32		
				32、其他费用	2 298 468.61		
5、粮油调销贷款利息	22 924 442.97						
6、91粮年末财挂财政		706.金融机构往来利息	789 356 813.85				
7、91粮年末财挂企业	42 227.29	1、向人行借款利息支出		708.其他营业支出	24 246 809.40		
8、新增粮食财挂中央		2、系统内存放款项利息	788 001 656.61	1、手续费支出	7 905 664.57		
9、新增财挂中央地方	110 832 774.54	3、同业存放款项利息	47 054.03	2、业务宣传费支出	1 094 116.23		
10、新增财挂地方财政	920 952.37	4、联行存放款项利息	696 147.91	3、业务招待费支出	5 047 146.31		
11、新增粮食财挂企业	14 630 743.00	5、分摊库存现金利息支出	611 955.30	4、呆账准备支出			
12、粮油费用贷款利息	5 399 426.20			5、坏账准备支出	2 946 183.77		
13、简易建仓贷款利息	4 660 744.15	707.业务管理费	146 764 562.34	6、固定资产折旧支出	7 011 376.21		
14、未划转粮油附营业		1、工资	41 951 746.33	7、其他支出	242 322.31		
15、中央储备棉贷款利息		2、职工福利费	5 873 244.48				
16、地方储备棉贷款利息		3、工会经费	839 034.92				
17、棉花收购棉贷款利息		4、教育经费	629 276.20	709.税金及附加	26 319 731.85		
18、棉花调销贷款利息		5、公杂费	10 677 734.30	1、营业税	24 145 439.80		
19、未划转棉花附营业		6、邮电费	3 814 885.72	2、城建税	1 449 928.86		
20、棉花初加工贷款利息		7、印刷费	2 192 594.29	3、其他税款及附加	724 363.19		
21、其他专项储备贷款息	77 778 496.58	8、水电费	2 473 584.62				
22、其他贷款利息收入	699 307.93	9、租赁费	17 688 580.00				
702.金融机构往来利息	519 854 601.65	10、差旅费	7 329 776.59	710.营业外支出	505 511.52		
1、存放人行款项利息收	4 422 137.07	11、会议费	7 239 496.93	1、出纳短款支出			
2、存放系统内款项利息	514 619 966.67	12、钞币运送费	3 923 740.97	2、资产损失净支出			
3、存放同业款项利息收	101 396.13	13、电子设备运转费	4 868 162.05	3、公益救济性捐赠支出			
4、存放联行款项利息收	711 101.78	14、外事费		4、救灾支出			
5、政策性贷款利差补		15、诉讼费	150 858.00	5、非常损失			
703.其他营业收入	34 101.17	16、公证费		6、赔偿和违约支出			
1、手续费收入	34 097.82	17、咨询费	162 067.20	7、审计、检查上交款项	30 000.00		
2、其他收入	3.35	18、审计费	407 956.32	8、以前年度损益调整	25 511.52		
704.营业外收入	150 395.70	19、劳动保护费	521 939.34	9、交纳的滞纳金、罚金			
1、出纳长款收入	181.01	20、取暖费	275 809.00	10、其他支出	450 000.00		
2、罚款收入		21、财产保险费	3 433 912.31				
3、固定资产净收益	2 900.00	22、待业保险费	108 560.59	支出小计	1 002 347 076.96		
4、其他收入	147 314.69	23、劳动保险费	1 209 599.89	纯益	566 719.81		
		24、残疾人就业保险金	73 570.02	合计	1 002 913 796.77		
收入小计	1 002 913 796.77	25、安全防卫费	5 421 821.48				
纯损		26、低值易耗品摊销	8 034 788.13				
合计	1 002 913 796.77	27、递延资产摊销	828 408.41				

中国工商银行云南省分行损益明细表

（2000年12月31日）

单位：元

项　目	金　额	项　目	金　额	项　目	金　额	项　目	金　额
501. 利息收入	2 750 296 002.79	521. 利息支出	1 584 145 269.53	532. 营业费用	1 123 163 530.29	533. 营业税及附加	238 075 019.43
1. 工业利息收入	1 363 300 441.89	1. 活期存款利息支出	260 879 231.36	1. 职工工资	211 902 065.63	1. 地方营业税	140 046 237.69
2. 商业利息收入	378 408 658.88	2. 定期存款利息支出	235 070 014.52	2. 劳动及待业保险费	76 637 878.96	2. 中央营业税	84 017 101.68
3. 固定资产利息收入	508 784 827.21	3. 活期储蓄利息支出	98 525 499.62	3. 劳动保护费	12 041 410.64	3. 各种附加	14 011 680.06
4. 房贷利息收入	27 725 628.93	4. 定期储蓄利息支出	966 997 764.08	4. 职工福利费	29 666 289.19		
5. 其他贷款利息收入	384 342 726.22	5. 其他利息支出	21 968 949.12	5. 职工教育经费	3 178 530.98	536. 营业外支出	37 746 397.14
6. 个人房贷利息收入	79 073 314.43	6. 保值贴息支出	703 810.83	6. 工会经费	4 238 041.31	1. 资产一般损失	1 680 874.59
7. 贴现利息收入	1 443 334.64			7. 下岗保障基金	6 365 556.90	2. 资产非常损失	8 656 000.00
8. 个人其他贷款利息收入	7 217 070.59	522. 金融企业往来支出	1 786 651 979.58	8. 外事费	438 467.23	3. 院校经费	5 804 306.51
502. 金融企业往来收入	2 062 288 030.49	1. 系统内往来支出	1 757 968 067.95	9. 电子运转及科研费	60 351 062.00	4. 罚没支出	2 123 356.21
1. 系统内往来收入	1 980 181 873.05	2. 同业往来支出	26 477 066.90	10. 安全防范费	33 034 613.24	5. 内审罚没支出	2 200 000.00
2. 同业往来收入	15 366 587.42	3. 中央银行往来支出	2 206 844.73	11. 会计出纳费	37 141 310.68	6. 其他营业外支出	17 281 859.83
3. 中央银行往来收入	66 739 570.02			12. 印刷及用品费	45 007 616.60		
511. 手续费收入	34 392 304.11	531. 手续费支出	5 105 110.18	13. 车船燃料费	7 063 184.48		
1. 外汇业务收入	9 023 966.40			14. 取暖降温费	2 546 542.03		
2. 结算业务收入	16 249 600.07	534. 其他营业支出	440 072 666.26	15. 水电费	24 026 368.46		
3. 代理业务收入	4 123 197.40	1. 呆账准备金	240 634 853.24	16. 钞币运送费	25 644 159.53		
4. 基金托管业务收入		2. 坏账准备金	64 366 039.12	17. 邮电费	25 064 559.93		
5. 其他业务收入	4 995 540.24	3. 投资风险准备金	-623 951.00	18，差旅会议费	86 458 612.97		
513. 汇兑损益	4 508 021.18	4. 固定资产折旧	120 873 204.70	19. 宣教费	8 430 705.19		
512. 其他营业收入	4 215 637.14	5. 业务招待费	2 793 412.00	20. 低值易耗品购置	20 521 111.86		
1. 利差补贴收入	4 081 992.25	6. 业务宣传费	5 028 141.60	21. 修理费	83 744 692.91		
2. 金银买卖收入		7. 其他支出	7 000 966.60	22. 租赁费	98 842 456.38		
3. 其他收入	133 644.89			23. 资产摊销费	61 355 480.61		
514. 投资收益	187 957 589.85			24，税金	20 618 284.80		
1. 已纳税投资收益				25. 咨询费	4 308 423.62		
2. 未纳税投资收益				26. 住房公积金	12 869 917.34		
3. 债券投资收益	95 277 139.19			27. 固定资产占用费	24 299 444.08		
4. 资产管理公司债券投资收益	92 680 450.66			28. 其他及公杂费	77 107 229.08		
515. 营业外收入	197 640 347.26			29. 临时工工资	20 259 513.66		
1. 盘盈清理净收益	151 401 886.55						
2. 罚款罚没收入	518 110.91						
3. 出纳长款收入	276 643.37						
4. 内审罚没收入				成本支出合计	4 939 138 555.84	支出合计	5 214 959 972.41
5. 其他营业外收入	45 443 706.43					560. 以前年度损益调整	-6 928 238.05
收入合计	5 241 297 932.82					利润	19 409 722.36

中国农业银行云南省分行财务收支报表〈本外币〉

（2000年12月31日）

单位：元

科目及账户名称	行次	收入金额	科目及账户名称	行次	支出金额	科目及账户名称	行次	支出金额
一、利息收入	1	2 723 789 320.49	七、利息支出	41	1 078 801 141.21	25. 递延资产摊销	82	25 698 756.32
1. 农业贷款利息收入	2	679 642 827.13	1. 活期存款利息支出	42	184 224 235.87	26. 修理费	83	52 611 283.66
2. 工业贷款利息收入	3	355 138 695.49	2. 定期存款利息支出	43	65 933 196.51	27. 财产保险费	84	12 725 043.32
3. 贸易贷款利息收入	4	819 814 748.88	3. 活期储蓄存款利息支出	44	82 463 209.96	28. 法律事务费	85	6 234 661.81
4. 乡镇企业贷款利息收入	5	166 123 997.10	4. 定期储蓄存款利息支出	45	737 687 245.72	29. 审计费	86	599 838.76
5. 固定资产贷款利息收入	6	41 573 716.34	5. 保值储蓄贴补支出	46	26 759.22	30. 研究开发费	87	101 100.00
6. “两呆”贷款利息收入	7	122 796 187.24	6. 金穗卡存款利息支出	47	905 755.18	31. 税金	88	14 567 708.41
7. 信用卡透支利息收入	8	609 750.63	7. 其他存款利息支出	48	7 560 738.75	32. 其他费用	89	49 047 853.33
8. 贴现利息收入	9	1 609 542.44	八、金融机构往来支出	49	3 879 516 950.97	十、其他营业支出	90	261 992 435.94
9. 其他贷款利息收入	10	536 479 855.24	1. 央行往来利息支出	50	2 633 949.80	1. 手续费支出	91	6 928 083.39
二、金融机构往来利息收入	11	3 533 800 773.92	2. 同业存放款项利息支出	51	25 711 198.55	2. 业务宣传费	92	8 068 673.14
1. 央行往来利息收入	12	56 234 961.01	3. 与总行资金往来利息支出	52	477 802 050.99	3. 业务招待费	93	18 233 538.65
2. 存放同业款项利息收入	13	13 569 701.37	4. 辖内资金往来利息支出	53	3 361 888 890.88	4. 固定资产折旧费	94	74 201 924.71
3. 与总行资金往来息收入	14	68 466 109.57	5. 与系统内其他行往来息支	54	6 272 340.88	5. 外汇买卖损失	95	440 165.89
4. 辖内资金往来利息收入	15	3 361 469 353.84	6. 分辖联行存放款项利息支	55	3 753 496.43	6. 呆账准备金支出	96	107 007 898.62
5. 系统内其他行往来息收入	16	8 318 879.45	7. 拆入款项利息支出	56	1 455 023.44	7. 投资风险准备金支出	97	
6. 存放分辖联行款利息收入	17	3 753 496.43	九、业务管理费	57	959 589 086.41	8. 坏账准备金支出	98	-1 772 104.12
7. 拆放款项利息收入	18	381 751.09	1. 工资	58	225 779 921.09	9. 坏账损失支出	99	45 761 431.31
8. 贷款利差补贴收入	19	21 606 521.16	2. 临时工工资	59	14 164 264.22	10. 其他支出	100	3 122 824.35
三、中间业务收入	20	18 144 146.59	3. 职工福利费	60	33 592 185.95	十一、营业税金及附加	101	228 184 278.42
1. 金穗卡业务手续费收入	21	1 763 726.77	4. 工会经费	61	4 798 883.71	1. 营业税款	102	215 628 829.95
2. 代理保险手续费收入	22	350 000.49	5. 职工教育经费	62	3 599 162.77	2. 城市维护建设税	103	8 003 120.85
3. 代收代付手续费收入	23	3 831 192.60	6. 劳动保护费	63	6 563 851.48	3. 其他税及附加	104	4 552 327.62
4. 结算手续费收入	24	6 366 963.08	7. 劳动保险费	64	75 779 366.71	十二、营业外支出	105	46 720 496.74
5. 其他中间业务收入	25	5 832 263.65	8. 失业保险费	65	3 686 263.53	1. 出纳短款支出	106	21 714.30
四、其他营业收入	26	3 186 024.33	9. 住房公积金	66	14 532 510.49	2. 固定资产清理净损失	107	15 624 310.59
1. 外汇买卖收入	27	148 409.86	10. 公杂费	67	47 486 084.14	3. 非常损失	108	14 782 235.79
2. 证券买卖收入	28	215 026.19	11. 取暖费	68	1 749 633.14	4. 院校经费支出	109	7 496 203.10
3. 其他收入	29	2 822 588.28	12. 差旅费	69	29 003 507.58	5. 公益救济性捐赠支出	110	1 899 163.04
五、投资收益	30	13 086 579.84	13. 会议费	70	38 824 613.23	6. 赔偿和违约支出	111	332 621.50
1. 对外投资收益	31		14. 外事费	71	381 673.86	7. 罚没支出	112	2 097 964.81
2. 国债利息收入	32	11 128 086.44	15. 邮电费	72	29 882 375.32	8. 其他支出	113	4 466 283.61
3. 其他收益	33	1 958 493.40	16. 印刷费	73	16 494 182.64	十三、以前年度损益调整	114	-983 042.92
六、营业外收入	34	2 143 889.94	17. 水电费	74	22 505 986.83	1. 外部决算审查调整	115	-849 385.42
1. 固定资产清理净收益	35	535 202.31	18. 电子设备租赁费	75	68 749 703.10	2. 内部决算审查调整	116	-133 657.50
2. 罚款收入	36	465 549.22	19. 其他租赁费	76	28 599 526.59			
3. 其他收入	37	1 143 138.41	20. 钞币运送费	77	18 981 342.42			
			21. 电子设备运转费	78	39 620 647.74			
收入小计	38	6 294 150 735.11	22. 安全防卫费	79	36 742 766.17	支出小计	117	6 453 821 346.77
纯损	39	159 670 611.66	23. 低值易耗品摊销	80	34 485 870.76	纯益	118	
总合计	40	6 453 821 346.77	24. 无形资产摊销	81	1 998 517.33	总合计	119	6 453 821 346.77

中国银行云南省分行损益表

（2000年12月31日）　　单位：万元

收入项目	金额	支出项目	金额
一、利息收入	62 030.61	一、利息支出	43 609.07
二、金融企业往来收入	78 824.77	二、金融企业往来支出	50 109.26
三、手续费收入	1 326.08	三、手续费支出	420.66
四、其他营业收入	350.18	四、业务费用	20 549.90
五、汇兑收益	1 279.96	五、折旧	7 516.56
六、投资收益	475.29	六、提取准备金	11 995.75
七、营业外收入	2 949.32	七、营业税及附加	5 540.10
		八、其他营业支出	0.95
		九、营业外支出	597.56
小计	147 236.21	小计	140 339.81
纯损		纯损	6 896.40
合计	147 236.21	合计	147 236.21

中国人民保险公司云南省分公司利润表（折币月报）

（2000年12月31日）

单位：元

项目	外币折人民币本期数	外币折人民币期末数	外币折人民币上年同期	外币折美元本期数	外币折美元期末数	外币折美元上年同期
一、保险业务收入	156 169 207.20	1 624 473 219.94	1 555 572 222.01	-1 255 733.31	51 085.39	1 122 231.61
1.保费收入	156 169 207.37	1 624 438 071.77	1 555 572 222.01	-1 255 733.31	50 946.69	1 122 231.61
2.分保费收入						
3.追偿款收入	-0.17	35 148.17			138.70	
二、保险业务支出	204 442 793.15	1 476 649 090.07	1 454 524 941.84	236 798.63	1 998 603.90	3 368 535.05
1.赔款支出	82 817 071.99	890 229 835.37	849 377 267.88	128 652.45	228 117.68	958 757.94
减：摊回分保赔款	20 487 477.36	179 853 393.99	168 917 840.36	239 498.19	258 758.90	28 967.23
2.分出保费	36 532 346.59	343 940 145.96	331 396 434.48	410 688.27	2 393 096.16	2 879 073.00
3.分保赔款支出						
4.分保费用支出						
5.手续费支出	28 130 583.37	109 163 759.32	106 237 855.05	-0.07	19.23	
6.营业税金及附加	20 988 464.41	134 516 166.09	128 373 064.50			
7.营业费用	78 625 993.61	282 913 019.11	274 460 680.20			
减：摊回分保费用	22 901 630.82	116 600 043.77	78 192 757.90	63 043.83	363 870.27	440 328.66
8.提存保险保障基金	737 441.36	12 339 601.98	11 790 237.99			
三、准备金提转差	11 752 632.04	39 721 037.69	23 267 222.69	622 120.58	321 384.38	-2 365 846.54
1.提存未决赔款准备金	7 390 501.76	213 619 620.05	202 058 690.28	5 635.71	9 614.32	38 350.32
其中：已发生未报案	3 312 682.94	35 609 193.48	33 975 090.74	5 146.11	9 124.72	38 350.32
减：转回未决赔款准备金	-47.77	202 058 642.51	156 427 977.06	-0.21	38 350.11	

（续表）

项　　目	外币折人民币本期数	外币折人民币期末数	外币折人民币上年同期	外币折美元本期数	外币折美元期末数	外币折美元上年同期
其中：已发生未报案	-47.77	33 975 042.97		-0.21	38 350.11	
2. 提存未到期准备金	59 818 430.35	640 248 962.90	612 087 893.68	-833 210.80	-1 171 074.74	-878 420.71
减：转回未到期准备金	55 456 347.84	612 088 902.75	634 451 384.21	-1 449 695.46	-878 426.15	1 525 776.15
3. 提存长期准备金						
减：转回长期准备金						
四、承保利润	-60 026 217.99	108 103 092.18	77 780 057.48	-2 114 652.52	-1 626 134.13	119 543.10
加：投资收益	-45 000.00	272 664.60	2 320 281.76			
利息收入	1 351 796.81	9 502 399.70	11 935 591.22	7 203.06	8 112.30	27 852.17
其他收入	163 629.43	1 233 183.24	89 227.44			
汇兑收益	-6 312.81	-6 312.81	817.19	3 521 023.55	3 521 023.55	1 935 559.46
减：利息支出	-8 056 179.01	-8 023 598.84	-9 534 909.54			
其他支出	7 942 636.87	8 760 002.17	6 201 891.83			
五、营业利润	-61 152 156.04	118 368 623.58	95 458 992.80	1 413 574.09	1 903 001.72	2 082 954.73
加：营业外收入	-8 809.53	90 064.12	66 842.88		6 027.00	53.59
减：营业外支出	1 778 015.82	2 881 626.64	4 328 708.75			
六、利润总额	-62 938 981.39	115 577 061.06	91 197 126.93	1 413 574.09	1 909 028.72	2 083 008.32
减：所得税						
七、净利润	-62 938 981.39	115 577 061.06	91 197 126.93	1 413 574.09	1 909 028.72	2 083 008.32
以前年度损益调整	59 113.60					

交通银行昆明分行损益表（人民币）

（2000年12月31日）

单位：元

项目代号	科目及账户名称	余额	项目代号	科目及账户名称	余额
7010	701. 利息收入	431 857 041.59	735E	14. 邮电费	4 345 504.77
7020	702. 金融企业往来收入	196 371 641.29	735F	15. 安全保卫费	7 388 062.69
7021	7021. 中央银行往来利息收入	14 221 442.78	735G	16. 外事费	8 240.00
7029	7022. 同业往来利息收入		735H	17. 印刷费	4 921 258.82
7027	1. 存放同业利息收入	2 889.96	735I	18. 公杂费	11 279 721.01
7028	2. 拆放同业利息收入		735J	19. 低值易耗品	3 193 231.49
702A	7023. 系统内往来利息收入		735K	20. 水电费	4 034 876.71
702B	7024. 联行往来利息收入		735L	21. 租赁费	42 689 029.33
702C	7028. 其他金融企业往来收入		735M	22. 修理费	4 001 497.29
7023	其中：拆放金融公司利息收入		735N	23. 税金	3 333 936.93
7026	管理费收入		7350	24. 法律顾问费	339 646.97
7030	703. 手续费收入	3 124 635.33	735P	25. 诉讼费	651 097.93
7040	704. 汇兑收益	3 038 959.17	735Q	26. 公证费	4 700.00
7050	705. 证券买卖差价收入		735R	27. 咨询费	64 089.70
7060	706. 租赁收益	288 747.70	735S	28. 技术转让费	364 760.00
7070	707. 其他营业收入		735T	29. 递延资产摊销	10 779 668.19
7110	711. 投资收益	39 922 263.94	735Z	30. 无形资产摊销	140 000.00
7111	其中：国债投资收益	15 829 516.00	735U	31. 劳动保护费	746 150.23
7120	712. 营业外收入	181 651.77	735V	32. 取暖费	186 432.00
7121	1. 固定资产盘盈收入		735W	33. 研究开发费	
7122	2. 固定资产清理收入	10 000.00	735X	34. 董事费	
7123	3. 出纳长款收入	2 058.00	735b	35. 住房公积金	1 658 937.06
7124	4. 罚款收入	60 222.34	735c	36. 广告费支出	1 379 824.00
7125	5. 其他营业外收入	109 371.43	735d	37. 代办员工资	23 031.42
7310	731. 利息支出	158 796 544.89	735Y	38. 其他费用	448 250.20
7320	732. 金融企业往来支出	157 766 650.98	7360	736. 其他营业支出	22 534 479.58
7321	7321. 中央银行往来利息支出		7361	1. 固定资产折旧	15 858 268.04
7328	7322. 同业往来利息支出		7362	2. 各项准备	5 862 701.08
7326	1. 同业存放利息支出	1 006 139.09	7364	a. 贷款呆账准备	5 716 022.68
7327	2. 同业拆放利息支出		7365	b. 坏账准备	146 678.40
7329	7323. 系统内往来利息支出		7366	c. 投资风险准备	
732A	7324. 联行往来利息支出		7363	3. 其他营业支出	813 510.46
732B	7328. 其他金融企业往来支出		7370	737. 发行债券利息支出	
7323	其中：向金融公司拆借利息支出		7410	741. 营业税及附加	37 977 987.17
732C	管理费支出		7411	1. 营业税	35 745 312.65
7330	733. 手续费支出	262 115.86	7412	2. 城市维护建设税	1 562 449.87
7340	734. 汇兑损失	3 311.91	7413	3. 教育附加	670 224.65
7350	735. 营业费用	163 190 599.15	7420	742. 营业外支出	1 827 338.80
7351	1. 职工工资	31 501 928.74	7421	1. 固定资产盘亏	
7352	2. 职工福利费	4 410 270.02	7422	2. 固定资产清理净损失	277 728.90
7353	3. 工会经费	630 038.58	7423	3. 出纳短款	760.00
7354	4. 职工教育经费	472 528.94	7424	4. 培训经费支出	286 763.00
7355	5. 待业保险费	628 523.97	7425	5. 公益救济性捐赠	632 200.00
7356	6. 劳动保险费	4 396 412.18	7426	6. 结算赔款支出	
7357	7. 业务宣传费	679 839.70	7427	7. 其他损失	
7358	8. 业务招待费	1 320 383.63	7428	8. 罚款支出	562 709.97
7359	9. 差旅费	3 709 991.58	7429	9. 其他支出	67 176.93
735A	10. 会议费	4 022 734.33	7500	750. 以前年度损益调整	29 978.80
735B	11. 电子设备运转费	5 471 988.52	7600	760. 所得税	37 727 854.91
735C	12. 钞币运转费	1 667 747.88			
735D	13. 保险费	2 296 263.54			
0A00	收入小计	674 784 940.79	1A00	支出小计	580 116 862.05
0B00	纯　损		1B00	税后利润	94 668 078.74
0C00	合　计	674 784 940.79	1C00	合式　计	674 784 940.79

交通银行昆明分行损益表（本外币）

（2000年12月31日）

单位：元

项目代号	科目及账户名称	余额	项目代号	科目及账户名称	余额
7010	701. 利息收入	437 906 841.61	735E	14. 邮电费	4 281 714.90
7020	702. 金融企业往来收入	260 766 101.21	735F	15. 安全保卫费	7 388 062.69
7021	7021. 中央银行往来利息收入	14 221 442.78	735G	16. 外事费	8 240.00
7029	7022. 同业往来利息收入		735H	17. 印刷费	4 921 258.82
7027	1. 存放同业利息收入	502 771.75	735I	18. 公杂费	11 285 603.15
7028	2. 拆放同业利息收入		735J	19. 低值易耗品	3 193 231.49
702A	7023. 系统内往来利息收入		735K	20. 水电费	4 034 876.71
702B	7024. 联行往来利息收入		735L	21. 租赁费	42 689 029.33
702C	7028. 其他金融企业往来收入		735M	22. 修理费	4 001 497.29
7023	其中：拆放金融公司利息收入		735N	23. 税金	3 333 936.93
7026	管理费收入		7350	24. 法律顾问费	339 646.97
7030	703. 手续费收入	3 817 758.73	735P	25. 诉讼费	651 097.93
7040	704. 汇兑收益	3 371 647.99	735Q	26. 公证费	4 700.00
7050	705. 证券买卖差价收入		735R	27. 咨询费	64 089.70
7060	706. 租赁收益	288 747.70	735S	28. 技术转让费	364 760.00
7070	707. 其他营业收入		735T	29. 递延资产摊销	10 779 668.19
7110	711. 投资收益	39 922 263.94	735Z	30. 无形资产摊销	140 000.00
7111	其中：国债投资收益	15 829 516.00	735U	31. 劳动保护费	746 150.23
7120	712. 营业外收入	182 395.83	735V	32. 取暖费	186 432.00
7121	1. 固定资产盘盈收入		735W	33. 研究开发费	
7122	2. 固定资产清理收入	10 000.00	735X	34. 董事费	
7123	3. 出纳长款收入	2 058.00	735b	35. 住房公积金	1 658 937.06
7124	4. 罚款收入	60 222.34	735c	36. 广告费支出	1 379 824.00
7125	5. 其他营业外收入	110 115.49	735d	37. 代办员工资	23 031.42
7310	731. 利息支出	247 925 643.57	735Y	38. 其他费用	448 250.20
7320	732. 金融企业往来支出	158 051 649.89	7360	736. 其他营业支出	22 240 867.95
7321	7321. 中央银行往来利息支出		7361	1. 固定资产折旧	15 858 268.04
7328	7322. 同业往来利息支出		7362	2. 各项准备	5 569 089.45
7326	1. 同业存放利息支出	2 030 930.51	7364	a. 贷款呆账准备	5 452 283.19
7327	2. 同业拆放利息支出		7365	b. 坏账准备	116 806.26
7329	7323. 系统内往来利息支出		7366	c. 投资风险准备	
732A	7324. 联行往来利息支出		7363	3. 其他营业支出	813 510.46
732B	7328. 其他金融企业往来支出		7370	737. 发行债券利息支出	
7323	其中：向金融公司拆借利息支出		7410	741. 营业税及附加	37 977 987.17
732C	管理费支出		7411	1. 营业税	35 745 312.65
7330	733. 手续费支出	539 551.21	7412	2. 城市维护建设税	1 562 449.87
7340	734. 汇兑损失	3 311.91	7413	3. 教育附加	670 224.65
7350	735. 营业费用	163 332 263.54	7420	742. 营业外支出	1 827 669.90
7351	1. 职工工资	31 501 928.74	7421	1. 固定资产盘亏	
7352	2. 职工福利费	4 410 270.02	7422	2. 固定资产清理净损失	277 728.90
7353	3. 工会经费	630 038.50	7423	3. 出纳短款	760.00
7354	4. 职工教育经费	472 528.94	7424	4. 培训经费支出	286 763.00
7355	5. 待业保险费	628 523.97	7425	5. 公益救济性捐赠	632 200.00
7356	6. 劳动保险费	4 396 412.18	7426	6. 结算赔款支出	
7357	7. 业务宣传费	679 839.70	7427	7. 其他损失	
7358	8. 业务招待费	1 320 383.63	7428	8. 罚款支出	563 041.07
7359	9. 差旅费	3 709 991.50	7429	9. 其他支出	67 176.93
735A	10. 会议费	4 022 734.33	7500	750. 以前年度损益调整	29 978.80
735B	11. 电子设备运转费	5 471 988.52	7600	760. 所得税	37 727 854.91
735C	12. 钞币运转费	1 867 320.80			
735D	13. 保险费	2 296 263.54			
0A00	收入小计	746 255 757.01	1A00	支出小计	669 656 778.85
0B00	纯　损		1B00	税后利润	76 598 978.16
0C00	合　计	746 255 757.01	1C00	合式　计	746 255 757.01

中国光大银行昆明分行损益明细表

（2000年12月31日）

单位：元

收入				支出			
科目	代码	科目名称	余额	科目	代码	科目名称	余额
36010	0	利息收入	45 851 497.49	36510	0	利息支出	27 149 862.22
	1	中长期贷款利息收入			1	活期存款利息支出	6 671 417.35
	2	短期贷款利息收入	20 539 944.63		2	定期存款利息支出	13 028 203.95
	3	押汇利息收入			4	机关团体存款利息支出	229 599.61
	4	贴现利息收入	767 847.75		5	活期储蓄存款利息支出	270 325.22
	5	银团贷款利息收入			6	定期储蓄存款利息支出	5 950 188.97
	6	境外转贷款利息收入			7	外汇储备存款利息支出	
	7	抵押贷款利息收入	22 656 620.85		8	其他利息支出	1 000 127.12
	8	外汇储备贷款利息收入			9	阳光卡存款利息支出	
	9	租赁利息收入			10	境外转贷款利息支出	
	10	逾期贷款利息收入	1 199 964.28	36520	0	手续费支出	227 582.35
	11	其他利息收入	69 027.88		1	央行代兑付手续费支出	132 879.97
	12	个人消费贷款收入	618 092.15		2	其他手续费支出	94 702.38
36020	0	手续费收入	756 118.12	36530	0	金融机构往来支出	10 575 142.40
	1	人民币结算手续费收入	135 037.56		1	借入央行款项支出	375 840.00
	2	外汇结算手续费收入	280 251.06		2	境内同业存款支出	349.25
	3	租赁手续费收入			3	境外同业存款支出	
	4	担保费收入	39 677.79		4	境外借入款支出	
	5	代理费收入			5	其他金融机构存款支出	1 457 180.25
	6	其他收入	301 151.71		6	联行往来支出	
	7	阳光卡手续费收入			7	系统内往来支出	8 473 672.90
	8	商户回扣收入			8	系统内拆借支出	
36030	0	金融机构往来收入	36 184 476.89		9	同业拆借支出	
	1	存放央行收入	2 173 735.84		10	其他金融机构拆借支出	
	2	存放境内同业收入	216 505.84		11	卖出回购证券利息支出	

（续表一）

收入				支出			
科目	代码	科目名称	余额	科目	代码	科目名称	余额
	3	存放境外同业收入			12	投资银行往来支出	
	4	存放其他金融机构收入			13	境外转贷款资金往来支出	
	5	联行往来收入	67 193.25		14	储备存款转贷款资金往来支出	
	6	系统内往来收入	33 585 341.96		15	转贴现支出	268 100.00
	7	系统内拆借收入		36540	0	业务及管理费	23 204 536.50
	8	同业拆借收入	30 400.00		1	工资	4 133 603.30
	9	其他金融机构拆借收入			2	补助工资	
	10	买入返售证券利息收入			3	工会经费	82 672.07
	11	投资银行往来收入			4	职工福利费	578 704.46
	12	境外转贷款资金往来收入			5	职工教育经费	62 004.05
	13	储备存款转贷款资金往来收入			6	旅差费	415 729.30
	14	转贴现收入	111 300.00		7	外事费	49 798.86
36040	0	其他营业收入	86 628.60		8	会议费	291 093.21
	1	证券收益	2 533.68		9	董事会费	
	2	其他收入	84 094.92		10	邮电费	368 729.05
	3	阳光卡工本费			11	业务用品及工杂费	2 363 267.35
	4	承销国债利息收入			12	劳动保护费	468 639.00
36050	0	汇兑收益	117 877.60		13	印刷费	146 108.00
	1	外汇买卖价差收益			14	低值易耗品摊销	
	2	套汇收益	86.26		16	电子设备运转费	173 348.90
	3	兑换收益			17	会计出纳费	150 687.50
	4	自营外汇买卖收益			18	法律咨询费	224 932.69
	5	远期外汇买卖收益			19	修理费	448 269.97
	6	外汇买卖折算收益	117 791.34		20	保险费	163 709.80
36060	0	投资收益	2 730 766.53		21	安全保卫费	152 982.30

（续表二）

收入				支出			
科目	代码	科目名称	余额	科目	代码	科目名称	余额
	1	国债利息收入			22	劳动保险费	10 166.40
	2	其他债券投资收益			23	待业保险费	58 487.80
	3	其他投资收益			24	无形资产摊销	
	4	金融债券投资收益	2 730 766.53		25	递延资产摊销	3 688 042.74
36090	0	营业外收入	682 647.29		26	租赁费	6 803 529.52
	1	变价收入			27	税金	57 977.16
	2	出纳长款收入			28	养老保险费	275 053.07
	3	固定资产净收益			29	住房公积金	
	4	结算罚款收入	2 647.29		30	住房补贴	2 037 000.00
	5	其他营业支出	680 000.00		32	其他业务及管理费	
				36550	0	营业税及附加支出	4 037 055.37
					1	营业税	3 799 581.53
					2	城建税	166 231.68
					3	教育费附加	71 242.16
				36560	0	其他营业支出	4 472 710.70
					1	宣传费	252 289.00
					2	招待费	592 224.70
					4	证券损失	
					5	折旧	2 879 907.31
					6	损失款项	
					7	业务代办费支出	
					8	呆账准备金支出	665 830.11
					9	坏账准备金支出	6 892.57
					10	投资风险准备金支出	
					11	其他营业支出	

（续表三）

收入				支出			
科目	代码	科目名称	余额	科目	代码	科目名称	余额
					12	承销国债利息支出	75 566.54
				36570	0	汇兑损失	
					1	外汇买卖损失	
					2	外汇买卖折算损失	
				36590	0	营业外支出	
					1	固定资产净损失	
					2	出纳短款	
					3	证券交易差错损失	
					4	公益救济性捐款	
					5	其他营业外支出	
				36600	0	所得税	6 607 649.84
收入合计			86 410 012.52	支出合计		76 274 539.38	
				36610	0	以前年度损益调整	-67 458.05
纯益			10 068 015.09	合计		86 410 012.52	

华夏银行昆明分行损益表

（2000年12月31日） 单位：元

项　　目	行次	本期数	本年累计数
一、营业收入	1	75 266 143.83	235 660 530.69
利息收入	2	41 262 533.54	135 076 026.34
金融机构往来收入	3	30 433 616.17	94 101 211.89
手续费收入	4	2 421 629.95	5 193 915.62
证券销售差价收入	5		
证券发行差价收入	6		
租赁收益	7		
汇兑收益	8	1 167 574.67	1 284 376.84
其他营业收入	9	-19 210.50	5 000.00
二、营业支出	10	65 594 862.72	188 744 390.31
利息支出	11	10 054 379.87	34 542 396.70
金融企业往来支出	12	26 854 354.49	77 258 605.49
手续费支出	13	68 100.69	144 066.60
营业费用	14	28 608 230.24	76 776 472.22
汇兑损失	15		
其他营业支出	16	9 797.43	22 849.30
三、营业税金及附加	17	2 757 934.42	12 101 700.03
四、营业利润	18	6 913 346.69	34 814 440.35
加：投资收益	19	1 563 995.81	2 227 715.81
加：营业外收入	20	8 298.39	26 995.45
减：营业外支出	21	-30 259.49	53 329.74
五、利润总额	22	8 515 900.38	37 015 821.87
六、减：所得税	23	7 999 346.60	18 710 103.70
七、净利润	24	516 553.78	18 305 718.17

广东发展银行昆明分行损益表

（2000年12月31日）　　单位：元

项　　目	行次	上年数	本年累计数
一、营业收入	1	149 417 200.46	231 220 174.87
利息收入	2	46 733 330.04	70 652 755.63
金融企业往来收入	3	100 508 308.96	157 903 682.73
手续费收入	4	1 692 654.18	2 333 142.66
证券销售差价收入	5	0.00	0.00
证券发行差价收入	6	0.00	0.00
租赁收益	7	0.00	0.00
汇兑收益	8	474 747.28	306 193.85
其他营业收入	9	8 160.00	24 400.00
	10		
二、营业支出	11	139 778 805.48	191 443 002.44
利息支出	12	27 776 904.44	41 356 381.33
金融企业往来支出	13	70 764 328.96	98 532 714.36
手续费支出	14	314 386.86	657 480.18
营业费用	15	40 923 188.76	50 651 534.68
汇兑损失	16	-3.54	244 891.89
其他营业支出	17	0.00	0.00
	18		
三、营业税金及附加	19	4 128 097.58	5 847 372.20
四、营业利润	20	5 510 297.40	33 929 800.23
加：投资收益	21	10 357 162.39	1 006 431.90
加：营业外收入	22	22 174.04	676 862.29
减：营业外支出	23	288 964.00	570 679.83
加：以前年度损益调整	24	7 500 000.00	0.00
五、利润总额	25	23 100 669.83	35 042 396.59
减：所得税	26	0.00	159 582.58
六、净利润	27	23 100 669.83	34 882 814.01

上海浦东发展银行昆明分行损益表（人民币）

（2000年12月31日）　　单位：元

项　目	行次	本期数	本年累计数
一、营业收入	1	9 944 490.81	25 365 016.69
利息收入	2	8 423 576.89	17 870 671.57
金融机构往来利息收入	3	416 308.82	1 183 101.90
系统内往来利息收入	4	865 130.90	5 882 480.16
联行往来利息收入	5	89 403.89	176 640.75
手续费收入	6	150 070.31	252 122.31
证券买卖差价收入	7		
证券发行差价收入	8		
租赁收入	9		
汇兑收益	10		
其他营业收入	11		
二、营业支出	12	11 193 893.56	23 689 501.86
利息支出	13	2 410 120.20	6 295 022.28
金融机构往来利息支出	14	292 635.00	913 038.50
系统内往来利息支出	15	1 235 142.50	1 321 277.50
联行往来利息支出	16		
手续费支出	17	-45.00	
营业费用	18	3 202 663.61	8 029 372.68
汇兑损失	19		
其他营业支出	20	4 053 377.25	7 130 790.90
三、营业税金及附加	21	805 486.33	1 562 580.44
四、营业利润	22	-2 054 889.08	112 934.39
加：投资收益	23	15 453.34	15 453.34
加：营业外收入	24	1 000.00	2 200.00
减：营业外支出	25		5 000.00
加或减：以前年度损益调整	26		
五、利润总额	27	-2 038 435.74	125 587.73

昆明市商业银行损益明细表

（2000年12月31日）

单位：元

科目及账户名称	自年初累计收入金额	科目及账户名称	自年初累计支出金额	科目及账户名称	自年初累计支出金额
501. 利息收入	195 341 763.64	521. 利息支出	70 630 370.28	18. 修理费	1 479 727.04
1. 短期信用贷款利息收入	9 573 307.54	1. 活期存款利息支出	32 426 315.77	19. 会议费	2 444 103.98
2. 短期保证贷款利息收入	74 413 913.32	2. 定期存款利息支出	9 890 316.65	20. 诉讼贸	3 982 023.37
3. 短期抵押质押贷款利息收入	57 065 773.35	3. 活期储蓄存款利息支出	4 888 703.60	21. 公证费	79 275.08
4. 中长期信用贷款利息收入	776 612.00	4. 定期储蓄存款利息支出	20 130 650.79	22. 无形资产摊销	30 000.00
5. 中长期保证贷款利息收入	8 771 630.29	5. 其他利息支出	3 294 383.47	23. 递延资产摊销	24 438 866.18
6. 中长期抵押质押贷款利息收入	19 850 484.84			24. 取暖费	157 914.00
7. 贴现利息牧入	4 667 070.22	522. 金融机构往来利息支出	94 412 357.47	25. 审计费	330 649.19
8. 押汇利息收入		1. 同业存放及拆入利息支出	40 895 317.38	26. 咨询费	206 612.24
9. 其他利息收入	20 222 972.08	2. 境外同业往来利息支出		27. 绿化费	287 226.46
		3. 系统内往来利息支出	52 819 618.04	29. 董事会费	266 425.20
502. 金融机构往来利息收入	89 377 933.60	4. 其他利息支出	697 422.05	29. 财产保险费	1 462 087.51
1. 存放中央银行款项利息收入	12 641 910.14			30. 劳动保险费	3 747 605.20
2. 存放及拆放同业利息收入	19 044 819.67	523. 固定资产折旧费	18 722 531.04	31. 出纳费	223 324.51
3. 系统内往来利息收入	57 513 934.92			32. 研究开发费	33 625.00
4. 其他利息收入	177 268.87	524. 手续费支出	837 210.20	33. 其他业务及管理费	3 319 889.10
		1. 储蓄代办手续费支出		34. 低值易耗品摊销	2045 643.94
511. 手续费收入	6 201 428.84	2. 结算手续费支出	714 278.50	532. 上缴管理费	
1. 结算手续费收入	1 678 402.53	3. 其他手续费支出	122 931.70		
2. 委托及代理业务手续费收入	1 780 130.73			533. 营业税金及附加	17 386 121.28
3. 证券买卖手续费收入	1 455 546.44	525. 业务宣传费	1 097 479.53	1. 营业税	16 201 351.68
4. 其他手续费收入	1 287 349.14			2. 附加税	1 184 769.60
		526. 业务招待费	836 664.24		
512. 汇兑收益				544. 其他营业支出	109 189.41
1. 外币兑换收入		527. 金银买卖损失		1. 证券买卖支出	
2. 经营套汇收入				2. 其他营业支出	109 189.41
3. 结售汇业务收入		528. 各种准备金	1 100 000.00		
4. 其他外汇业务收入		1. 呆账准备金	1 100 000.00	535. 汇兑损失	
		2. 坏账准备金		1. 外币兑换损失	
513. 补贴收入				2. 经营套汇损失	
		531. 业务及管理费	118 312 448.50	3. 结售汇汇兑损失	
514. 其他营业收入	1 911 634.48	1. 电子设备运转费	3 754 272.84	4. 其他外汇业务支出	
1. 证券买卖收入	233.33	2. 钞币运送费	2 430 744.23		
2. 其他营业收入	1 911 401.15	3. 安全防卫费	4 415 701.60	536. 营业外支出	1 580 842.00
		4. 邮电费	3 089 008.51	1. 固定资产盘亏及清理损失	3 226.41
515. 投资收益	50 546 543.52	5. 劳动保护费	1 049 551.83	2. 出纳短款损失	315.00
1. 国债利息收入	28 534 766.32	6. 外事费		3. 其他营业外支出	1 577 300.59
2. 其他债券利息收入	12 678 846.31	7. 印刷费	2 655 510.63		
3. 其他投资收益	9 332 930.89	8. 公杂费	3 998 961.43	560. 以前年度损益调整	-1 099 076.02
		9. 职工工资	27 768 575.25		
516. 营业外收入	10 548 360.28	10. 奖金	1 579 027.71	支出小计	323 926 137.93
1. 罚没款收入	357 276.32	11. 差旅费	1 880 484.43	税前利润	30 001 526.43
2. 固定资产盘盈及清理收入	72 626.27	12. 水电费	1 622 546.58		
3. 出纳长款收入	30 254.87	13. 租赁费	14 209 756.81	550. 所得税	
4. 其他营业外收入	10 088 202.82	14. 职工福利费	2 117 466.97	支出合计	323 926 137.93
收入合计	353 927 664.36	15. 职工教育经费	170 008.90	纯　益	30 001 526.43
纯　损		16. 职工工会经费	243 938.49	总　计	353 927 664.36
总　计	353 927 664.36	17. 税金	2 791 894.29		

昆明市农村信用合作联社财务损益表

（2000年12月31日）

单位：元、个

行号	项目名称	上年数	本年累计数	行号	项目名称	上年数	本年累计数	行号	项目名称	上年数	本年累计数
001	一、营业收入	545 551 250.63	484 592 857.23	044	3.代办其他业务手续费支出	698 010.61	717 817.80	087	5341. 其他营业支出	67 817 085.42	81 431 805.12
002	5011. 利息收入	424 172 808.38	401 543 496.63	045				088	1. 固定资产折旧费	28 025 753.13	29 405 830.79
003	1. 农户贷款利息收入	78 414 745.09	78 273 897.97	046	5321. 营业费用	180 337 949.72	174 449 678.49	089	2. 呆账准备金	29 904 401.96	45 810 552.66
004	2. 农业经济组织贷款利息收入	55 395 513.32	47 057 756.48	047	1. 业务宣传费	1 555 383.20	1 445 623.06	090	3. 流动资产盘亏及毁损		
005	3. 农村工商业贷款利息收入	235 401 688.92	243 831 311.88	048	2. 印刷费	4 870 594.16	2 202 839.36	091	4. 投资损失		
006	4. 其他贷款利息收入	53 943 981.06	29 789 120.85	049	3. 业务招待费	2 985 045.03	2 987 509.23	092	5. 汇兑损失		
007	5. 贴现利息收入			050	4. 电子设备运转费	21 947 806.04	7 998 165.94	093	6. 其他营业支出	9 886 930.33	6 215 421.67
008	6. 其他利息收入	1 016 879.99	2 591 409.45	051	5. 钞币运送费	5 007 221.89	4 803 916.24	094			
009				052	6. 安全防卫费	21 096 548.08	17 102 279.39	095	三、营业税金及附加(5331科目)	27 503 425.00	25 959 756.27
010	5021. 金融机构往来收入	120 281 722.56	81 279 747.70	053	7. 保险费	2 137 350.00	7 832 063.95	096	1. 营业税	25 620 050.92	24 267 138.71
011	1. 存入农业银行款利息收入	38 641 448.87	12 574 704.15	054	8. 邮电费	2 969 363.63	2 928 998.20	097	2. 其他税金及附加	1 883 374.08	1 692 617.56
012	2. 准备金存款利息收入	29 721 790.69	22 022 763.92	055	9. 诉讼费	1 235 346.34	2 264 488.32	098			
013	3. 调剂资金利息收入	13 183 933.50	13 289 449.68	056	10. 公证费	23 030.83	60 081.71	099	四、营业利润	-33 201 398.52	-21 472 086.64
014	4. 拆出资金利息收入	5 772 892.07	5 122 582.78	057	11. 咨询费	229 257.50	165 820.00	100			
015	5. 其他利息收入	32 961 657.33	28 270 247.17	058	12. 审计费	258 105.18	481 690.35	101	加：5141投资收益	26 822 222.49	24 922 735.86
016				059	13. 技术转让费	49 380.00	2 700.00	102	1. 债券利息收入	24 414 791.74	24 408 381.64
017	5111. 手续费收入	390 863.92	1 653 907.03	060	14. 研究开发费	46 050.00	300.00	103	2. 投资利润	2 407 430.75	194 767.22
018	1. 代理业务手续费收入	106 962.46	1 181 300.19	061	15. 外事费	327 600.00	-649 600.00	104	3. 其他投资收入		319 587.00
019	2. 结算手续费收入	283 901.46	472 606.84	062	16. 职工工资	34 184 369.69	39 542 084.57	105			
020				063	17. 职工福利费	4 739 089.91	5 461 922.96	106	加：5151营业外收入	14 985 504.50	12 980 207.54
021	5121. 其他营业收入	705 855.81	115 705.87	064	18. 职工教育经费	661 960.45	638 801.73	107	1. 固定资产盘盈及清理收益	240 509.83	620 684.41
022	1. 汇兑收益			065	19. 工会经费	609 519.15	721 571.32	108	2. 租赁收入	820 028.77	1 819 487.68
023	2. 其他营业收入	705 855.81	115 705.87	066	20. 劳动保护费	2 613 920.66	1 823 885.50	109	3. 其他营业外收入	1 197 992.11	1 156 836.36
024				067	21. 劳动保险费	8 006 551.02	8 240 481.87	110	4. 县联社管理费收入	12 726 973.79	9 383 199.09
025	二、营业支出	551 249 224.19	480 105 187.60	068	21. 失业保险金	381 771.78	510 554.07	111			
026	5211. 利息支出	237 354 710.06	181 336 966.73	069	23. 公杂费	6 181 528.63	5 754 891.43	112	减：5361营业外支出	5 817 567.42	10 236 918.65
027	1. 活期存款利息支出	25 507 634.53	23 506 145.17	070	24. 差旅费	7 338 003.01	5 901 386.61	113	1. 非常损失	178 870.00	631 854.93
028	2. 活期储蓄存款利息支出	12 688 193.88	12 696 556.32	071	25. 水电费	2 814 920.02	3 302 477.82	114	2. 固定资产盘亏及清理损失	104 606.32	1 344 393.51
029	3. 定期存款利息支出	10 729 071.91	5 981 535.41	072	26. 会议费	8 935 232.83	7 106 351.90	115	3. 出纳赔款	1 402.40	510.00
030	4. 定期储蓄存款利息支出	185 950 989.10	138 049 962.13	073	27. 低值易耗品摊销	470 699.87	1 907 093.40	116	4. 结算赔款	272 292.33	11 059.50
031	5. 股本金利息支出	2 436 178.49	1 074 077.66	074	28. 递延资产摊销	3 054 649.20	6 395 635.18	117	5. 其他营业外支出	5 260 396.37	8 249 100.71
032	6. 其他利息支出	42 642.15	28 690.04	075	29. 无形资产摊销		54 530.00	118			
033				076	30. 租赁费	6 329 642.91	6 947 892.51	119	加：5601以前年度损益调整	1 000.00	1 716.57
034	5221. 金融机构往来支出	64 200 088.23	41 696 225.32	077	31. 修理费	3 495 076.52	4 300 832.57	120			
035	1. 借银行款利息支出	1 153 375.00	574 482.50	078	32. 取暖及降温费	406 700.10	456 370.88	121	五、利润总额	2 789 761.05	6 195 654.68
036	2. 调剂资金利息支出	17 232 307.30	14 919 249.14	079	33. 绿化费	496 459.05	411 911.68	122	减：5501所得税	4 025 044.80	5 216 252.46
037	3. 拆入资金利息支出	6 206 027.53	3 416 008.68	080	34. 理事会费	34 202.26		123			
038	4. 同业存放款利息支出	38 508 437.62	20 432 772.81	081	35. 税金	4 350 798.08	4 412 043.75	124	六、净利润	-1 235 285.75	979 402.22
039	5. 其他利息支出	1 099 940.78	2 353 712.19	082	36. 专项奖金	698 263.14	635 025.97	125			
040				083	37. 上交管理费	13 430 946.99	14 310 231.47	126	盈余社数	141	149
041	5311. 手续费支出	1 539 390.76	1 190 511.94	084	38. 会费		20 000.00	127	盈余金额	11 041 086.86	15 062 229.83
042	1. 代办储蓄手续费支出	420 727.33	347 518.45	085	39. 住房公积金	750 826.53	1 014 199.66	128	亏损社数	18	10
043	2. 代办收贷手续费支出	420 652.82	125 175.69	086	40. 其他费用	5 614 736.04	4 952 625.89	129	亏损金额	8 251 325.81	8 866 575.15

中国太平洋财产保险股份有限公司昆明分公司利润表

（2000年12月31日） 单位：元

项目	行次	上年数	本年累计数
1	2	3	4
一、保险业务收入	1	179 718 611.43	208 063 657.15
1. 保费收入	2	179 718 611.43	208 063 657.15
2. 分保费收入	3		
3. 追偿款收入	4		
二、保险业务支出	6	147 492 912.61	172 049 378.11
1. 死伤医疗给付	7		
2. 满期给付	8		
3. 年金给付	9		
4. 退保金	10		
5. 赔款支出	11	69 835 654.84	72 269 475.86
减：摊回分保赔款	12		
6. 分出保费	13	54 770 837.85	73 667 022.46
7. 分保赔款支出	14	-22 364 501.89	-23 731 695.72
8. 分保费用支出	15	-11 624 646.52	-22 138 023.71
9. 手续费支出	16	8 731 882.34	10 526 036.78
10. 佣金支出	17		
11. 营业税金及附加	18	15 356 766.67	17 844 505.30
12. 营业费用	19	32 786 919.32	43 612 057.14
减：摊回分保费用	20		
13. 提取保险保障基金	21		
三、准备金提转差	25	646 442.48	8 017 277.45
1. 提存未决赔款准备金	26	16 230 866.42	19 523 496.00
减：转回未决赔款准备金	27	22 859 399.81	16 230 715.88
2. 提存未到期责任准备金	28	62 473 886.78	67 198 317.43
减：转回未到期责任准备金	29	55 198 910.91	62 473 820.10
3. 提存寿险责任准备金	30		
减：转回寿险责任准备金	31		
4. 提存长期健康险责任准备金	32		
减：转回长期健康险责任准备金	33		
5. 提存长期责任准备金	34	934 263.54	934 263.54
减：转回长期责任准备金	35	934 263.54	934 263.54
四、承保利润	38	31 579 256.34	27 997 001.59
加：投资收益	39		
利息收入	40-1	2 024 342.20	1 293 464.27
买入返售证券收入	40-2		
其他收入	41		
汇兑收益	42	1 059.04	-828.02
减：利息支出	43-1		
保户利差支出	43-2		
卖出回购证券支出	44		
其他支出	45		9 174.00
五、营业利润	46	33 604 657.58	29 280 463.84
加：营业外收入	47		14 970.91
减：营业外支出	48	334 893.63	394 956.13
六、利润总额	49	33 269 763.95	28 900 478.62
减：所得税	50		
七、净利润	51	33 269 763.95	28 900 478.62
附注：1. 本年计提的坏账准备		10 326.55	615 028.25

中国太平洋人寿保险股份有限公司昆明分公司利润表

（2000年12月31日）　　　　单位：元

项　　　目	行 次	上 年 数	本 年 累 计 数
1	2	3	4
一、保险业务收入	1	24 557 952.11	240 385 848.34
1. 保费收入	2	24 557 952.11	240 385 848.34
2. 分保费收入	3		
3. 追偿款收入	4		
二、保险业务支出	6	18 205 793.63	158 910 187.10
1. 死伤医疗给付	7	247 684.56	986 918.50
2. 满期给付	8		2 280 285.65
3. 年金给付	9	462 663.55	4 187 325.63
4. 退保金	10	4 008 863.45	95 688 264.47
5. 赔款支出	11	1 836 330.88	12 910 287.46
减：摊回分保赔款	12		
6. 分出保费	13	2 156 268.14	9 145 780.07
7. 分保赔款支出	14	-550 899.26	-3 873 086.23
8. 分保费用支出	15	-474 378.99	-2 012 469.30
9. 手续费支出	16	445 352.84	1 939 765.25
10. 佣金支出	17	1 645 252.32	9 669 396.65
11. 营业税金及附加	18	137 858.17	1 016 992.18
12. 营业费用	19	8 290 797.97	26 971 726.77
减：摊回分保费用	20		
13. 提取保险保障基金	21		
三、准备金提转差	25	9 109 774.08	83 072 757.25
1. 提存未决赔款准备金	26	186 670.40	538 422.01
减：转回未决赔款准备金	27		366 064.84
2. 提存未到期责任准备金	28	2 515 646.16	10 670 076.75
减：转回未到期责任准备金	29	760 508.01	9 126 096.22
3. 提存寿险责任准备金	30	285 128 801.43	369 317 255.45
减：转回寿险责任准备金	31	277 960 835.90	277 960 835.90
4. 提存长期健康险责任准备金	32		
减：转回长期健康险责任准备金	33		
5. 提存长期责任准备金	34		
减：转回长期责任准备金	35		
四、承保利润	38	-2 757 615.60	-1 597 096.01
加：投资收益	39		1 638 963.64
利息收入	40-1	473.22	
买入返售证券收入	40-2		
其他收入	41		
汇兑收益	42		
减：利息支出	43-1		
保户利差支出	43-2		
卖出回购证券支出	44		
其他支出	45		
五、营业利润	46	-2 757 142.38	41 867.63
加：营业外收入	47		5 947.80
减：营业外支出	48	3 398.55	47 815.43
六、利润总额	49	-2 760 540.93	
减：所得税	50		
七、净利润	51	-2 760 540.93	
附注：1. 本年计提的坏账准备			-4 308.69

中国平安保险股份有限公司昆明分公司利润表（产险）

（2000年12月31日）

单位：元

代码	科目名称	美元		港币		人民币		折合人民币	
		本期数	本年累计数	本期数	本年累计数	本期数	本年累计数	本期数	本年累计数
	一、保险业务收入	3 408.99	68 869.91			12 435 343.08	69 858 670.98	12 463 563.04	70 428 782.98
401	1. 保费收入	3 408.99	68 869.91			12 435 343.08	69 858 670.98	12 463 563.04	70 428 782.98
421	2. 分保费收入								
402	3. 追偿款收入								
	二、保险业务支出	166 975.04	177 026.27	95 404.21	95 404.21	14 674 378.47	60 458 400.01	16 157 800.25	62 025 026.87
411	1. 赔款支出					6 093 106.97	33 914 818.63	6 093 106.97	33 914 818.63
422	减：摊回分保赔款					2 286 097.31	8 685 751.46	2 286 097.31	8 685 751.46
437	2. 分出保费	171 518.47	181 184.86	163 084.12	163 084.12	9 063 578.78	19 193 469.96	10 656 392.84	20 866 303.37
432	3. 分保赔款支出								
433	4. 分保费用支出								
415	5. 手续费支出	274.71	3 061.31			1 216 425.65	4 211 485.93	1 218 699.73	4 236 827.76
451	6. 营业税金及附加					1 915 827.70	6 030 078.69	1 915 827.70	6 030 078.69
416	7. 营业费用	123.31	123.31			1 840 543.40	12 057 251.98	1 841 564.17	12 058 272.75
423	减：摊回分保费用	3 260.38	6 220.09	66 049.07	66 049.07	3 202 724.34	6 769 605.75	3 299 765.74	6 891 147.92
485	8. 提取保险保障基金	-1 681.07	-1 123.12	-1 630.84	-1 630.84	33 717.62	506 652.03	18 071.89	495 625.05
434	9. 系统内分出保费								
435	10. 系统内分保赔款支出								
436	11. 系统内分保费用支出								
424	减：系统内分入保费								
425	系统内摊回分保赔款								
426	系统内摊回分保费								
	三、准备金提转差	-73 039.53	-83 210.69	-81 531.61	-80 913.41	11 757 766.97	10 230 396.19	11 066 666.01	9 455 753.02
464	1. 提存未决赔款准备金	8 070.04	40 350.20	8 316.00	49 896.00	18 753 285.02	62 276 847.90	18 828 909.57	62 663 790.59
463	减：转回未决赔款准备金	8 125.58	40 405.74	8 316.00	49 896.00	10 056 540.30	55 146 173.09	10 132 624.61	55 533 575.64
462	2. 提存未到期责任准备金	-84 054.79	-56 157.48	-81 542.06	-81 542.06	1 685 882.19	25 332 600.76	903 584.72	24 781 240.02
461	2. 减：转回未到期责任准备金	-11 070.80	26 997.67	-10.45	-628.65	-1 375 140.06	22 232 879.38	-1 466 796.33	22 455 702.05
466	3. 提存长期责任准备金								
465	2. 减：转回长期责任准备金								
	四、承保利润	-90 526.52	-24 945.67	-13 872.60	-14 490.80	-13 996 802.36	-830 125.22	-14 760 903.22	-1 051 996.91
481	加：投资收益								
403	利息收入	771.78	1 236.04	84.35	418.94	8 597.43	35 760.68	15 075.76	46 437.07
405	其他收入								
484	汇兑收益	-53 204.42	-53 204.42			440 323.66	440 323.66	-107.85	-107.85
441	减：利息支出						21 171.94		21 171.94
472	其他支出								
	五、营业利润	-142 959.16	-76 914.05	-13 788.25	-14 071.86	-13 547 881.27	-375 212.82	-14 745 935.31	-1 026 839.63
491	加：营业外收入					1.70	1.86	1.70	1.86
492	减：营业外支出					160 838.54	242 514.68	160 838.54	242 514.68
	六、利润总额	-142 959.16	-76 914.05	-13 788.25	-14 071.86	-13 708 718.11	-617 725.64	-14 906 772.15	-1 269 352.45
495	减：所得税								
	七、净利润	-142 959.16	-76 914.05	-13 788.25	-14 071.86	-13 708 718.11	-617 725.64	-14 906 772.15	-1 269 352.45

中国平安保险股份有限公司昆明分公司利润表（寿险）

（2000年12月31日） 单位：元

代码	科目名称	人民币	
		本期数	期末数
	一、保险业务收入	23 575 260.78	201 241 438.60
401	1. 保费收入	23 575 260.78	201 241 438.60
421	2. 分保费收入		
	二、保险业务支出	13 978 601.82	154 632 214.23
414	1. 死伤医疗给付	120 784.80	1 708 492.80
413	2. 满期给付	1 896 093.50	65 514 309.66
418	3. 年金给付	74 261.00	948 702.27
412	4. 退保金	1 537 560.85	36 481 783.03
411	5. 赔款支出	1 302 566.08	12 950 098.66
422	减：摊回分保赔款		
437	6. 分出保费		
432	7. 分保赔款支出		
433	8. 分保费用支出		
415	9. 手续费支出	4 445.73	89 318.28
417	10. 佣金支出	6 006 156.47	23 083 321.55
451	11. 营业税金及附加	22 164.17	392 376.89
416	12. 营业费用	2 805 971.96	13 255 213.83
423	减：摊回分保费用		
485	13. 提取保险保障基金	208 597.26	208 597.26
434	14. 系统内分出保费		
435	15. 系统内分保赔款支出		
436	16. 系统内分保费用支出		
424	减：系统内分入保费		
425	系统内摊回分保赔款		
426	系统内摊回分保费用		
	三、准备金提转差	16 829 770.80	138 530 050.31
464	1. 提存未决赔款准备金	1 945 479.94	1 945 479.94
463	减：转回未决赔款准备金	1 213 029.00	1 213 029.00
470	2. 提存人身险给付准备金		
469	减：转回人身险给付准备金		
462	3. 提存未到期责任准备金	831 724.77	10 429 863.23
461	减：转回未到期责任准备金	-1 456 660.16	6 704 244.32
478	4. 提存寿险责任准备金	364 533 982.31	484 797 027.84
476	减：转回寿险责任准备金	341 974 075.98	341 974 075.98
479	5. 提存长期健康险费任准备金		
477	减：转回长期健康险责任准备金	8 750 971.40	8 750 971.40
	四、承保利润	-7 233 111.84	-91 920 825.94
481	加：投资收益		
403	利息收入	45 531.56	187 003.00
405	其他收入		
484	汇兑收益		
441	减：利息支出		
473	保户利差支出		
472	其他支出		
	五、营业利润	-7 187 580.28	-91 733 822.94
491	加：营业外收入	48 606.80	62 161.22
492	减：营业外支出	11 546.80	45 121.02
	六、利润总额	-7 150 520.28	-91 716 782.74
495	减：所得税		
0	七、净利润	-7 150 520.28	-91 716 782.74

云南省农村信用合作社财务损益表

（2000年12月31日）

单位：元、个

行号	项目名称	上年数	本年累计数	行号	项目名称	上年数	本年累计数	行号	项目名称	上年数	本年累计数
001	一、营业收入	1 794 838 872.67	1 716 456 413.27	044	3.代办其他业务手续费支出	3 955 677.72	3 565 672.77	087	5341. 其他营业支出	190 564 148.58	230 922 153.89
002	5011. 利息收入	1 477 039 775.66	1 446 935 033.65	045				088	1.固定资产折旧费	94 672 778.21	97 548 431.68
003	1.农户贷款利息收入	783 026 563.41	768 489 776.07	046	5321. 营业费用	686 545 163.30	711 883 933.74	089	2.呆账准备金	73 843 148.08	105 317 892.56
004	2.农业经济组织贷款利息收入	155 211 794.76	137 164 596.53	047	1.业务宣传费	6 747 698.13	6 089 884.71	090	3.流动资产盘亏及毁损	77 055.47	101 510.10
005	3.农村工商业贷款利息收入	374 236 279.13	394 258 185.29	048	2.印刷费	18 865 931.44	16 324 763.35	091	4.投资损失		
006	4.其他贷款利息收入	161 947 860.83	143 042 729.44	049	3.业务招待费	11 977 079.82	12 049 022.29	092	5.汇兑损失		
007	5.贴现利息收入		12 643.58	050	4.电子设备运转费	30 818 575.77	18 311 973.14	093	6.其他营业支出	21 971 166.82	27 954 319.55
008	6.其他利息收入	2 617 277.53	3 967 102.74	051	5.钞币运送费	26 806 835.45	30 507 489.09	094			
009				052	6.安全防卫费	46 813 482.30	39 657 506.13	095	三、营业税金及附加(5331科目)	94 262 723.26	92 335 103.20
010	5021. 金融机构往来收入	314 841 413.38	264 860 686.30	053	7.保险费	11 431 499.18	17 876 998.91	096	1.营业税	88 336 006.54	86 716 719.22
011	1.存入农业银行款利息收入	41 441 163.54	15 436 859.38	054	8.邮电费	13 146 424.34	13 074 515.64	097	2.其他税金及附加	5 926 716.72	5 618 383.98
012	2.准备金存款利息收入	102 607 648.77	97 901 529.20	055	9.诉讼费	3 972 850.85	5 279 432.87	098			
013	3.调剂资金利息收入	60 998 181.77	52 297 998.81	056	10.公证费	95 952.79	188 791.07	099	四、营业利润	-322 973 360.33	-155 599 500.28
014	4.拆出资金利息收入	15 953 749.40	9 479 651.97	057	11.咨询费	1 457 714.92	968 211.10	100			
015	5.其他利息收入	93 840 669.90	89 744 646.94	058	12.审计费	580 409.25	801 994.45	101	加：5141投资收益	29 704 853.26	32 253 305.36
016				059	13.技术转让费	49 380.00	2 700.00	102	1.债券利息收入	26 531 725.85	31 380 522.93
017	5111. 手续费收入	1 237 263.66	2 565 164.77	060	14.研究开发费	53 250.00	60 300.00	103	2.投资利润	3 173 127.41	426 371.27
018	1.代理业务手续费收入	510 576.67	1 596 734.99	061	15.外事费	450 700.00	-649 600.00	104	3.其他投资收入		446 411.16
019	2.结算手续费收入	726 686.99	968 429.78	062	16.职工工资	177 615 393.72	201 785 219.13	105			
020				063	17.职工福利费	25 627 145.36	29 368 044.20	106	加 ：5151营业外收入	65 163 462.32	50 332 595.69
021	5121. 其他营业收入	1 720 419.97	2 095 528.55	064	18.职工教育经费	3 103 136.41	3 214 960.84	107	1.固定资产盘盈及清理收益	694 243.90	3 469 595.50
022	1.汇兑收益		2 000.00	065	19.工会经费	3 221 715.46	3 716 762.21	108	2.租赁收入	1 821 529.77	2 911 558.39
023	2.其他营业收入	1 720 419.97	2 093 528.55	066	20.劳动保护费	7 744 434.49	8 805 111.14	109	3.其他营业外收入	901 897.62	4 135 735.13
024				067	21.劳动保险费	57 424 799.55	62 460 345.26	110	4.县联社管理费收入	61 745 791.03	39 815 706.67
025	二、营业支出	2 023 549 509.74	1 779 720 810.35	068	21.失业保险金	2 764 127.70	3 498 637.23	111			
026	5211. 利息支出	958 625 229.15	684 087 459.68	069	23.公杂费	21 635 920.38	19 887 377.74	112	减 ：5361营业外支出	19 073 607.13	23 272 249.07
027	1.活期存款利息支出	56 854 487.10	58 624 931.18	070	24.差旅费	26 873 982.98	21 486 763.31	113	1.非常损失	201 606.25	1 026 005.98
028	2.活期储蓄存款利息支出	57 966 722.95	53 663 536.29	071	25.水电费	11 061 331.22	12 380 018.63	114	2.固定资产盘亏及清理损失	1 823 765.74	5 839 339.04
029	3.定期存款利息支出	33 007 289.77	18 727 268.02	072	26.会议费	24 828 033.46	23 177 520.42	115	3.出纳赔款	32 736.22	18 941.31
030	4.定期储蓄存款利息支出	796 350 791.31	545 618 705.13	073	27.低值易耗品摊销	6 521 574.30	16 471 757.14	116	4.结算赔款	290 629.32	46 874.23
031	5.股本金利息支出	11 345 971.04	6 937 357.86	074	28.递延资产摊销	10 595 187.98	15 709 466.19	117	5.其他营业外支出	16 724 869.60	16 341 088.51
032	6.其他利息支出	3 099 966.98	515 661.20	075	29.无形资产摊销	46 839.00	226 852.35	118			
033				076	30.租赁费	12 862 519.32	11 848 632.86	119	加 ：5601以前年度损益调整	-2 239 718.00	860475.21
034	5221. 金融机构往来支出	180 097 539.07	143 879 913.26	077	31.修理费	20 087 949.98	22 701 122.48	120			
035	1.借银行款利息支出	15 637 258.22	15 251 854.65	078	32.取暖及降温费	2 461 552.00	2 581 913.12	121	五、利润总额	-249 418 369.88	-95 425 373.09
036	2.调剂资金利息支出	76 684 526.96	62 721 938.17	079	33.绿化费	1 540 534.55	2 045 627.66	122	减 ：5501所得税	7 997 812.33	12 159 312.66
037	3.拆入资金利息支出	9 446 550.84	4 794 573.26	080	34.理事会费	816 514.34	837 569.30	123			
038	4.同业存放款利息支出	62 832 051.49	43 078 006.45	081	35.税金	10 591 839.39	10 463 264.51	124	六、净利润	-257 416 182.21	-107 584 685.75
039	5.其他利息支出	15 497 151.56	18 033 540.73	082	36.专项奖金	8 683 832.97	7 205 216.59	125			
040				083	37.上交管理费	47 511 049.42	46 678 513.35	126	盈余社数	879.00	1 008.00
041	5311. 手续费支出	7 717 429.64	8 947 349.78	084	38.会费		130 222.20	127	盈余金额	30 050 832.73	63 866 906.73
042	1.代办储蓄手续费支出	1 871 046.36	1 636 209.36	085	39.住房公积金	4 231 643.08	5 184 672.96	128	亏损社数	658.00	478.00
043	2.代办收贷手续费支出	1 890 705.56	3 745 467.65	086	40.其他费用	25 426 322.00	19 474 360.17	129	亏损金额	279 469 202.61	159 292 279.82

云南省国际信托投资公司损益表

（2000年12月31日）

单位：元

项目		上季累计数	本季数	本年累计数	备注
一、营业收入		118 320 407.45	72 368 603.50	190 689 010.95	
1. 利息收入	501	22 011 063.65	34 001 456.26	56 012 519.91	
2. 金融企业往来收入	508	46 416 282.74	21 506 912.15	67 923 194.89	
3. 手续费收入	502	32 424 316.17	7 724 355.03	40 148 671.20	
4. 证券销售差价收入	503	12 914 507.38	8 001 116.60	20 915 623.98	
5. 证券发行差价收入	504				
6. 租赁收益	505	2 726 958.88	75 639.13	2 802 598.01	
7. 汇兑收益	506	7 128.13	-7 128.13		
8. 其他营业收入	507	1 820 150.50	1 066 252.46	2 886 402.96	
二、营业支出		95 730 940.89	53 774 805.84	149 505 746.73	
1. 利息支出	521	54 688 328.34	41 651 664.93	96 339 993.27	
2. 金融企业往来支出	527	6 151 709.95	465 719.77	6 617 429.72	
3. 手续费支出	522	1 000 252.69	746 624.31	1 746 877.00	
4. 营业费用	523	33 394 948.84	10 810 146.31	44 205 095.15	
5. 汇兑损失	525	38 986.10	-5.22	38 980.88	
6. 其他营业支出	526	456 714.97	100 655.74	557 370.71	
三、营业税金及附加	524	5 612 520.02	5 071 045.60	10 683 565.62	
四、营业利润		16 976 946.54	13 522 752.06	30 499 698.60	
加：投资收益	509	11 224 303.65	1 465 028.59	12 689 332.24	
加：营业外收入	510	574 490.36	2 066.37	576 556.73	
减：营业外支出	528	403 824.17	47 684 131.46	48 087 955.63	
五、利润总额		28 371 916.38	-32 694 284.44	-4 322 368.06	
六、所得税		9 010 404.77	-5 609 811.87	3 400 592.90	
七、税后利润总额		19 361 511.61	-27 084 472.57	-7 722 960.96	

云南金旅信托投资有限公司利润及利润分配表

（2000年12月31日）

单位：元

项目	行次	金额	项目	行次	金额
一、营业收入	1	70 994 902.61	1. 业务管理费	34	29 319 276.85
（一）利息收入	2	5 951 896.12	（1）工资	35	5 680 659.42
（二）金融企业往来收入	3	12 382 831.95	（2）职工福利费	36	618 403.62
其中：1. 缴存央行存款利息收入	4	159 960.45	（3）工会经费	37	88 407.45
2. 行社往来利息收入	5	6 687 229.34	（4）职工教育经费	38	132 944.51
3. 存放同业款项利息收入	6	175 642.16	（5）公杂费	39	615 073.70
4. 存放联行款项利息收入	7	0.00	（6）邮电费	40	1 355 536.45
5. 拆放资金利息收入	8	5 360 000.00	（7）印刷费	41	70 496.50
6. 政策性贷款利差补贴收入	9	0.00	（8）水电费	42	633 376.11
（三）手续费收入	10	49 037 469.54	（9）租赁费	43	1 525 930.00
（四）自营证券差价收入	11	349 641.61	（10）差旅费	44	1 276 346.09
（五）证券发行收入	12	69 000.00	（11）会议费	45	156 793.00
（六）买入返售证券收入	13	0.00	（12）钞币运送费	46	15 000.00
（七）租赁收益	14	0.00	（13）电子机具运转费	47	1 169 238.57
（八）汇兑收益	15	22 123.55	（14）外事费	48	0.00
（九）其他营业收入	16	3 181 939.84	（15）诉讼费	49	5 304 385.34
二、营业支出	17	66 236 635.12	（16）公证费	50	63 306.85
（一）利息支出	18	21 919 569.21	（17）咨询费	51	802 221.80
1. 单位活期存款利息支出	19	15 143 705.39	（18）审计费	52	908 000.00
2. 单位定期存款利息支出	20	1 120 247.64	（19）劳动保护费	53	480 423.36
3. 活期储蓄存款利息支出	21	0.00	（20）取暖费	54	85 288.41
4. 定期储蓄存款利息支出	22	0.00	（21）财产保险费	55	309 410.20
5. 发行债券利息支出	23	0.00	（22）待业保险费	56	28 230.88
6. 其他利息支出	24	5 655 616.18	（23）劳动保险费	57	353 552.57
其中：借款利息支出	25	0.00	其中：养老保险统筹	58	353 552.57
（二）金融企业往来支出	26	3 614 745.88	（24）安全防卫费	59	292 586.20
其中：1. 中央银行往来利息支出	27	0.00	（25）低值易耗品摊销	60	478 902.75
2. 信用社利息支出	28	0.00	（26）无形资产摊销	61	0.00
3. 同业存放款项利息支出	29	0.00	（27）递延资产摊销	62	3 186 349.38
4. 联行存放款项利息支出	30	0.00	（28）其他资产摊销	63	1 534 740.81
5. 拆入资金利息支出	31	3 614 745.88	（29）修理费	64	784 027.69
（三）手续费支出	32	3 035 901.38	（30）技术转让费	65	0.00
（四）营业费用	33	37 157 956.39	（31）研究开发费	66	0.00

（续表）

（32）董事会费	67	28 700.30	5. 出纳长款及结算长款收入	99	0.00
（33）税金	68	182 152.74	6. 其他营业外收入	100	160 589.54
（34）住房公积金	69	135 369.70	(四)以前年度损益调整	101	4 335 904.00
（35）直接在费用中列支的坏账损失	70	0.00	减：营业外支出	102	578 469.81
（36）出纳费	71	3 300.00	1. 出纳短款支出	103	0.00
（37）绿化费	72	7 512.10	2. 固定资产清理净损失	104	123 062.61
（38）其他费用	73	1 012 610.35	3. 院校经费支出	105	0.00
2. 业务宣传费	74	252 120.80	4. 捐赠支出	106	8 200.00
3. 业务招待费	75	256 300.50	其中：公益救济性捐赠支出	107	8 200.00
4. 固定资产折旧费	76	7 114 273.64	5. 非常损失	108	0.00
5. 提取的贷款呆账准备	77	-197 307.03	6. 赔偿和违约支出	109	0.00
6. 提取的坏账准备	78	25 261.94	7. 审计、检查上交款项	110	0.00
7. 提取的投资风险准备	79	388 029.69	其中：上交所得税	111	0.00
8. 其他营业费用	80	0.00	8. 违法经营的罚款和被没收的财务金	112	0.00
（五）卖出回购证券支出	71	0.00	9. 各项税收的滞纳金、罚金和罚款	113	0.00
（六）自营证券跌价损失	82	0.00	10. 其他营业外支出	114	447 207.20
（七）汇兑损失	83	0.00	五、利润总额	115	4 544 614.47
（八）其他营业支出	84	508 462.26	减：所得税	116	4 027 510.38
三、营业税金及附加	85	4 980 668.42	少数股东损益	117	0.00
（一）营业税	86	4 687 687.92	加：未确定的投资损失	118	0.00
（二）城市维护建设税	87	205 086.35	六、净利润	119	517 104.09
（三）其他税款及附加	88	87 894.15	加：年初未分配利润	120	-3 731 196.94
四、营业利润	89	-222 400.93	七、可供分配利润	121	-3 214 092.85
其中：外币业务利润	90	1 550 172.49	加：(一)盈余公积补亏	122	0.00
加：(一）投资收益	91	0.00	(二)其他	123	0.00
其中：国库券收益	92	0.00	减：(一)提取盈余公积	124	0.00
（二）补贴收入	93	0.00	其中：公益金	125	0.00
（三）营业外收入	94	1 009 581.21	(二)应付利润(股利)	126	0.00
1. 固定资产清理净收益	95	707 847.67	(三)提取一般风险准备	127	0.00
2. 教育费附加返还款	96	0.00	(四)转增资本的利润	128	0.00
3. 罚款收入	97	3 000.00	八、未分配利润	129	-3 214 092.85
4. 财产盘盈	98	138 144.00		130	

昆明国际信托投资公司损益表

（2000年12月31日） 单位：元

项目	科目	行次	上年数	本年数
一、营业收入		1	236 638 267.82	90 958 784.58
利息收入	501	2	49 335 138.84	6 765 043.70
金融企业往来收入	508	3	8 411 571.13	6 892 934.04
手续费收入	502	4	17 178 501.40	25 008 331.76
证券销售差价收入	503	5	161 336 298.02	36 182 030.83
证券发行差价收入	504	6		
租赁收益	505	7	109 286.95	
汇兑收益	506	8	181 151.38	
其他营业收入	507	9	86 320.10	16 110 444.25
二、营业支出		10	116 855 775.28	71 179 881.01
利息支出	521	11	54 689 169.06	24 119 576.13
金融企业往来支出	527	12	3 565 702.66	14 930 490.34
手续费支出	522	13	589 062.04	1 426 537.63
营业费用	523	14	46 750 448.04	28 330 330.27
汇兑损失	525	15	41 157.48	1 237.64
其他营业支出	526	16	11 220 236.00	2 371 709.00
三、营业税金及附加	524	17	19 189 530.86	7 508 356.06
四、营业利润		18	100 592 961.68	12 270 547.51
加：投资收益	509	19	32 895 315.25	-56 628.26
加：营业外收入	510	20	325 767.51	156 843.47
减：营业外支出	528	21	1 186 481.68	571 616.00
五、利润总额		22	132 627 562.76	11 799 146.72
减：应交所得税		23	30 567 579.40	2 229 304.58
六、净利润		24	102 059 983.36	9 569 842.14

云南证券有限责任公司损益表

（2000年12月31日）　　单位：元

项　　目	注释号	本年累计数	上年同期数
一、营业收入		117 726 933.58	79 336 562.94
手续费收入	24	93 902 370.79	59 731 960.62
自营证券差价收入	26	-429 854.02	3 871 522.40
证券发行收入	25	1 016 500.00	
利息收入	27	16 172 815.75	2 001 271.57
金融企业往来收入		1 491 643.14	9 298 892.84
买入返售证券收入	28	13 750.00	
其他业务收入	29	5 559 675.59	4 432 864.47
汇兑收益		32.33	51.04
二、营业支出		93 582 580.27	66 735 917.40
手续费支出	30	674 411.01	8 000.00
利息支出	31	22 408 595.33	14 706 114.97
全融企业往来支出		607 500.00	
卖出回购证券支出			
自营证券跌价损失			
营业费用	33	60 729 585.34	44 655 101.59
其他业务支出	34	565 794.42	1 404 432.95
汇兑损失		916.98	40.94
营业税金及附加	32	8 595 777.19	5 962 226.95
三、营业利润		24 144 353.31	12 600 645.54
加：投资收益	35	185 435.56	34 954.99
加：营业外收入	36	62 289.11	652 036.32
减：营业外支出	37	16 663.66	212 561.77
四、利润总额		24 375 414.32	13 075 075.08
减：所得税		11 477 531.72	7 418 148.32
五、净利润		12 897 882.60	5 656 926.76

海通证券有限公司昆明东风西路证券营业部利润表

（2000年12月31日） 单位：元

项　　目	行次	上年数	本年累计数
一、营业收入	1	13 574 174.69	25 974 998.99
1. 手续费收入	2	10 567 113.58	21 664 657.95
2. 自营证券差价收入（亏损以“-”号填列）	3		
3. 证券发行收入（亏损以“-”号填列）	4		
4. 利息收入	5		
5. 金融企业往来收入	6	2 722 586.83	4 257 679.85
6. 买入返售证券收入	7		
7. 其他业务收入	8	284 474.28	52 661.19
8. 汇兑损益	9		
二、营业支出	10	9 517 097.43	13 900 619.50
1. 手续费支出	11	582 062.03	1 521 786.61
2. 利息支出	12	889 646.17	1 717 839.38
3. 金融企业往来支出	13	1 125.00	
4. 卖出回购证券支出	14		
5. 自营证券跌价损失	15		-58 469.45
6. 营业费用	16	6 482 858.52	10 624 661.17
7. 其他业务支出	17	1 561 405.71	94 801.79
8. 汇兑损失	18		
三、营业税金及附加	19	922 384.97	1 845 972.15
四、营业利润	20	3 134 692.29	10 228 407.34
加：投资收益	21		
营业外收入	22		
减：营业外支出	23	83 991.71	106 698.54
五、以前年度损益调整	24	-49 876.20	
六、利润总额(亏损以“-”号填列)	25	3 000 824.38	10 121 708.80
减：所得税	26		
减：少数股东权益	27		
加：未确认的投资损失	28		
七、净利润(亏损以“-”号填列)	29	3 000 824.38	10 121 708.80

国泰君安证券股份有限公司昆明人民中路证券营业部

（2000年12月31日）　　单位：元

项　　目	行次	本　月　数	本年累计数
一、营业收入	1	3 603 284.06	42 681 326.04
1. 手续费收入	2	2 152 283.79	37 663 856.40
2. 证券发行收入	3		50 000.00
3. 自营证券差价收入	4		-13 712.06
4. 利息收入	5	193 046.68	694 655.71
5. 买入返售证券收入	6		23 500.00
6. 金融企业往来收入	7	1 257 953.59	4 263 025.99
7. 其他业务收入	8		
8. 汇兑收益	9		
二、营业支出	10	4 286 338.62	28 235 057.12
1. 手续费支出	11	423 094.05	3 606 423.82
2. 利息支出	12	1 696 129.73	3 825 205.79
3. 卖出回购证券支出	13		
4. 金融企业往来支出	14	468 241.65	1 870 307.95
5. 自营证券跌价损失	15		
6. 营业费用	16	1 515 929.07	15 676 093.29
7. 其他业务支出	17		49 350.94
8. 汇兑损失	18		
9. 营业税金及附加	19	182 944.12	3 207 675.33
三、营业利润	20	-683 054.56	14 446 268.92
加：投资收益	21	8 439.78	13 194.79
营业外收入	22	-222.06	4 032.65
减：营业外支出	23	54 658.71	682 735.93
四、利润总额(亏损以负号填列)	24	-729 495.55	13 780 760.43
减：所得税	25	-240 733.53	4 547 650.94
五、净利润	26	-488 762.02	9 233 109.49

六、金融机构、人员统计表

云南省金融机构2000年度机构简表

（2000年12月31日）

单位：个

机构项目	合计	农业发展银行	国家开发银行	工商银行	农业银行	建设银行	中国银行	交通银行	光大银行	华夏银行	广东发展银行	上海浦东发展银行	昆明市商业银行	全省农村信用社	全省城市信用社	全省邮政储蓄	信托投资公司	泰京银行昆明分行
总计	7 284	86	1	909	1 322	519	155	38	4	11	15	3	72	3 333	34	778	3	1
总行	1												1					
一级分行	12	1	1	1	1	1	1	1	1	1	1	1						1
直属分行	0																	
二级分行	70	15		14	15	15	11											
城区支行	189	3		35	15	24	9	17	3	7	7	2	67					
县（市）支行	352	51		82	106	85	22	1			2		3					
城区办事处	42				2	34	6											
集镇办事处	32			32														
分理处	1 442			256	973	133	53	19		3	5							
营业所	0																	
储蓄所	962			485	189	212	53							23				
一级分行营业部	4	1		1	1	1												
直属分行营业部	0																	
二级分行营业部	29	15				14												
其他营业部	22			1	20													
	2			2														
邮政储蓄机构	778															778		
	0																	
市、县联合社	126													126				
农村信用合作社	1 359													1 359				
农村信用社分社	1 825													1 825				
信托投资公司	3																3	
城市信用合作社	34														34			

说明：农业银行分理处和营业所机构合并填列。

云南省金融机构2000年度人员构成数据简表

（2000年12月31日）

单位：人

项目		合计	农业发展银行	国家开发银行	工商银行	农业银行	建设银行	中国银行	交通银行	光大银行	华夏银行	上海浦东发展银行	广东发展银行	昆明市商业银行	全省农村信用社	全省城市信用社	全省邮政储蓄	信托投资公司	泰京银行昆明分行
全行职工人数		64 153	1 806	24	13 533	14 408	7 979	2 999	1 159	112	202	84	280	1 151	16 399	892	2 635	483	7
性别	男	38 511	1 091	19	6 981	9 049	4 708	1 601	611	55	113	42	141	522	12 029	349	933	262	5
	女	25 642	715	5	6 552	5 359	3 271	1 398	548	57	89	42	139	629	4 370	543	1 702	221	2
学历结构情况	博士研究生	0								0		0		0					
	硕士研究生	289	22	6	73	52	35	15	21	6	14	6	13	4	5	1		16	
	大学本科	5 602	260	15	973	1 319	1 226	576	367	30	55	37	95	194	173	50	88	139	5
	大学专科	14 491	464	2	4 167	3 438	2 319	883	380	53	92	33	104	591	1 324	239	217	185	
	中专	20 001	532	1	3 215	5 653	2 336	801	248	21	30	6	68	191	6 109	274	454	62	
	高中	14 758	227		4 206	2 056	1 555	504	103	2	11	2		143	4 503	240	1 160	44	2
	初中	8 871	270		899	1 890	451	220	40	0		0		28	4 285	88	681	19	
	初中以下	141	31				57			0		0		0			35	18	
职称结构情况	高级职称	453	40	6	107	77	115	27	11	2	8	6	11	17	11		4	11	
	中级职称	9 708	602	9	2 489	2 246	1 777	563	226	20	50	25	84	106	1 291	44	28	147	1
	助理职称	26 734	726	4	8 046	6 968	2 971	976	319	20	37	23	75	360	5 695	206	190	118	
	员级职称	13 991	204	5	2 224	3 381	1 465	717	239	2	13	0	67	331	4 969	141	209	24	
	无职称	13 267	234		667	1 736	1 651	716	364	68	94	30	43	337	4 433	501	2 204	183	6
年龄结构情况	30岁以下	21 477	338	7	3 052	3 765	3 131	1 617	716	58	116	49	224	619	5 871	316	1 376	220	2
	31～40岁	29 850	873	3	8 742	7 630	3 486	808	319	33	69	30	39	411	5 910	352	972	158	5
	41～50岁	9 173	379	4	1577	2 049	1 119	351	104	20	17	4	17	100	2 946	142	261	83	
	51～60岁	3 651	216		162	946	241	223	20	1		1		21	1 672	82	26	22	
	60岁以上	2					2			0		0		0					

云南省信托机构、人员统计表

单位：个；人

	1999年末						2000年末					
	股份公司或独资公司		非独立核算办事处		证券营业部		股份公司或独资公司		非独立核算办事处		证券营业部	
	机构	人员	机构	人员	机构	人员	机构	人员	机构	人员	机构	人员
1、合计	3	486	5	157	10	208	3	551	5	152	11	245
2、省级机构	2	414					2	421				
3、地市级机构	1	72					1	130				
4、市区内机构			4	120	10	208			4	135	11	245
其中：办事处			4	120					4	135		
营业部					10	208					11	245
5、县区内机构			1	37					1	17		
其中：办事处			1	37					1	17		

中国人民银行昆明中心支行机构、人员统计表

（2000年12月31日）

单位：人；个

	机构	总人数	管理实务类行员					工勤服务类行员
			合计	高等院校毕业	中等院校毕业	高中毕业	初中毕业	
县（市）区支行	12	416	407	211	128	13	25	9
中心支行	1	668	579	446	85	32	16	89
合计	13	1 084	986	657	213	45	41	98

国家开发银行昆明分行机构、人员统计表

（2000年12月31日）

单位：人

机构	部门	总数	男	女	学历				政治面貌		
					研究生	本科	专科	中专	党员	团员	其他
	合计	24	19	5	6	15	2	1	15	2	7
昆明分行	行领导	2	2		1	1			2		
	办公室	3	3		1	2			3		
	计划财务处	2	1	1	1	1			2		
	信贷一处	3	3		2	1			2		1
	信贷二处	3	2	1		3			3		
	资产重组保全处	2	2			2			1		1
	信息处	2	1	1		2					2
	人事处	1	1			1			1		
	监察处	1	1		1				1		
	营业部	5	3	2		2	2	1		2	3

中国农业发展银行云南省分行机构、人员统计表

（2000年12月31日） 单位：人；个

地州	职工人数	辖内机构数	县支行
省分行	93	1	
昆明	215	8	7
昭通	122	6	4
曲靖	166	8	6
玉溪	108	5	3
红河	115	6	4
文山	107	6	4
思茅	108	6	4
西双版纳	83	4	2
楚雄	96	5	3
大理	90	4	2
保山	102	5	3
德宏	94	5	3
丽江	80	4	2
怒江	33	2	
迪庆	55	3	1
临沧	139	8	6
合计	1 806	86	54

中国工商银行云南分行机构、人员统计表

（2000年12月31日）

单位：个；人

	上年末机构数	本年增加机构数						本年减少机构数						本期末机构数	本期末人员数
		小计	新增	升格	降格	划入	更名	小计	撤销	升格	降格	划出	更名		
甲	1	2	3	4	5	6	7	8	9	10	11	12	13	14	15
总计	977							75	75					902	
总行															
一级分行	1													1	228
直属分行															
二级分行	16							2	2					14	1 043
县（市）支行	107							25	25					82	3 202
城郊办、支行	35													35	2 091
分理处	270							14	14					256	2 057
集镇办事处	39							2	2					37	292
储蓄所	489							31	31					458	2 743
一级分行营业部	1													1	379
直属分行营业部															
二级分行营业部	16							1	1					15	1 422
其他营业部	1													1	
计算中心	1													1	59
学院、职大															
干校、中专	1													1	17

中国农业银行云南省分行机构、人员统计表

（2000年12月31日）　　单位：人；个

名　　称	员工总数	辖内机构	
		总　　数	其中：县支行
省　分　行	303	7	
省分行营业部	2 406	206	22
昭通地区分行	1 107	89	10
曲靖市分行	1 253	105	7
玉溪市分行	942	78	9
红河州分行	1 372	148	12
文山州分行	795	80	7
思茅地区分行	729	75	9
西双版纳州分行	419	39	2
楚雄州分行	1 080	112	9
大理州分行	1 084	111	11
保山地区分行	670	82	4
德宏州分行	549	62	4
丽江地区分行	461	39	3
怒江州分行	262	21	3
迪庆州分行	263	21	2
临沧地区分行	667	59	7
省分行培训学校	46	2	
合　　计	14 408	1 336	121

中国银行云南省分行机构、人员情况表

（2000年12月31日）　　单位：人；个

总计	项　　目	合 计	省、区直辖市分行	地（市）分（支）行	直属支行		县（市）支　行	城郊办事处	营业所（分理处）	储蓄所及其他
161	一、全辖机构数	161	1	15	4		29	2	57	57
1	二、全辖人员数	2 999	509	1 406			593	70	134	287
11										
4										
7										
22										
2										
57										
53										

中国建设银行云南省分行机构、人员统计表

（2000年12月31日）　　单位：个；人

地、州（市）	职工人数	辖内机构数	其　中	
			县（市）支行	办事处
省分行	849	8	0	0
昆明	1 500	101	9	1
昭通	431	27	7	3
曲靖	701	53	7	6
玉溪	526	41	8	4
红河	694	59	10	1
文山	309	26	6	2
思茅	356	30	7	0
西双版纳	136	13	1	2
楚雄	445	31	7	5
大理	616	45	9	4
保山	333	31	4	1
德宏	310	23	4	3
丽江	227	12	2	1
怒江	139	5	1	0
迪庆	110	5	0	0
临沧	297	28	3	1
合计	7 979	538	85	34

中国人民保险公司云南省分公司机构、人员情况表

（2000年12月31日）　　　　单位：个；人

机构名称	机构数量	年末人数	年末专业技术人数	年平均人数
省分公司	1	89	82	87
省分公司营业管理部	1	63	45	63
地市级分公司	15	342	274	341
省分公司营业管理部城区支公司	6	189	146	189
县级支公司	132	1 452	1 069	1 575
办事处	37			
合计	192	2 135	1 616	2 255

中国人寿保险公司云南省分公司机构、人员统计表

（2000年12月31日）

单位：个；人

项目	总数	女	少数民族	学历					政治面貌			
				研究生	大学	大专	中专	高中及以下	党员	团员	民主党派	其他
总计	1 220	392	158	4	186	497	312	221	570	230		420
其中：女职工	392	392	39	2	49	170	110	61	110	119		163
局级以上干部	6		4		2	3		1	6			
处级干部	62	5	8	1	15	42	2	2	58			4
科级干部	578	188	78	3	81	264	139	91	341	41		196

	机构数	在职职工	离退休人员
省分公司	1	83	9
省分公司营业管理部	1	56	5
地市级分公司、营业部	13	275	30
县支公司、营业部	83	773	8
县级办事处	34	33	6

交通银行昆明分行机构、人员统计表

（2000年12月31日）

单位：个；人

机构＼数量	机构总数	人员总数
一、分行	1	217
二、支行	21	727
1、直属支行	11	445
2、城区外支行	3	190
3、城区内支行	7	92
三、分理处	19	198
合计	41	1 142

中国光大银行昆明分行机构、人员统计表

（2000年12月31日）

单位：个；人

机构	项目	总数	男	女	学历				政治面貌		
					本科	专科	中专	高中	党员	团员	其他
	总计	112	56	56	37	66	5	4	25	63	24
分行	办公室	11	9	2	2	7		2	7	1	3
分行	信用管理部	3	3			3				1	2
分行	客户经理部	11	7	4	4	7			1	8	2
分行	计划财务部	12	4	8	2	7	3		1	8	3
分行	电脑部	5	4	1	5				1	3	1
分行	营业部	31	14	17	14	15		1	6	21	4
分行	国际业务部	2	1	1	1	1		1		2	
分行	稽核部	1		1	1						1
城西支行		15	3	12	4	11				12	3
西园路支行		13	7	6	3	8	2		5	4	4
金碧路支行		8	4	4	1	7			4	3	1

华夏银行昆明分行人员结构表

（2000年12月31日）　　单位：人

项　　目	类　　别	人　　数	占总人数比例
总　人　数	202（不含临时行员）		
年龄结构	平均年龄	29.1	
	21岁～30岁	116	57.4
	31岁～40岁	69	34.2
	40岁以上	17	8.4
性别结构	男女比例	1.26:1	
	男	113	55.9
	女	89	44.1
政治面貌	党员	74	36.6
	团员	89	44.1
学历结构	硕士研究生	3	1.5
	研究生（含双学士）	11	5.4
	本科	55	27.2
	大专	103	51.0
	中专	30	14.9
职称结构	高级职称	8	4.0
	中级职称	50	24.8
	初级职称	37	18.3
	员级	13	6.4

广东发展银行昆明分行机构、人员情况统计表

（2000年12月31日）

单位：个；人

类别 项目	机构数目	性别		政治面貌			年龄结构				学历结构				职称结构			
		男	女	党	团	其他	30岁以下	31岁至40岁	41岁至50岁	51岁至60岁	研究生	大学本科	大学专科	中专	高级	中级	初级	其他
一级分行	1	34	18	26	13	13	20	23	6	3	4	25	15	8	7	18	18	9
城区支行	7	69	83	40	75	37	98	44	8	2	9	53	59	31	2	64	67	19
异地支行	2	39	37	18	42	16	53	17	6	0	0	16	27	33	1	13	33	29
分理处（异地）	5																	
总计	15	142	138	84	130	66	171	84	20	5	13	94	101	72	10	95	118	57

上海浦东发展银行昆明分行人员情况表

（2000年12月31日）

单位：人

现有人数	中共党员	性别结构		年龄结构				学历结构				职称结构		
		男	女	25岁及以下	26岁至30岁	31岁至40岁	41岁及以上	大专以下	大专	本科	研究生	高级职称	中级职称	初级职称
84	30	48	36	26	23	30	5	8	33	37	6	6	25	23

昆明市商业银行机构、人员统计表

（2000年12月31日）

单位：个；人

	机构数	人员结构								
		在职职工人数				学历				
		人数	男	女	少数民族	研究生	大本	大专	中专	高中及以下
总行	1	116	75	41	14	9	41	51	8	7
直属营业部	1	64	20	44	3	2	19	27	14	2
一级支行	31	971	429	542	86	19	109	508	169	166
二级支行	39									
总计	72	1 151	524	627	103	30	169	586	191	175

昆明市农村信用合作社联合社机构、人员状况

（2000年12月31日）

单位：个；人

项目 / 机构	职工数						政治面貌		文化程度						专业技术职务				年龄结构					机构				退体		代办员	临时工
	总数（人）	其中					党员	团员	研究生	本科	大专	中专	高中	初中以下	高师	中师	助师	员级	25岁以下	35岁以下	45岁以下	55岁以下	56岁以上	市县联社	营业部	基社	分社	历年退休人数	其中 2000年退休		
		男	女	固定	合同	联社人数																									
市联社	74	49	25	71	3	74	32	23	2	25	23	10	10	4	5	24	21	10	17	24	23	7	3	1				5	4		
营业部	53	25	28	49	4		6	21		5	17	14	15	2		4	14	10	17	17	19				1		1				
长春	53	18	35	45	8		9	12		5	24	13	7	4	1	11	24	10	6	18	23	6				1	2	5			7
曙光	51	18	33	40	11		12	21		4	23	10	11	3		8	20	12	9	21	18	2	1			1	2				7
官渡	656	382	274	335	321	45	90	230	1	15	68	232	277	63	1	24	208	140	61	337	215	39	4	1	1	20	71	75	4	65	31
西山	237	145	92	86	151	21	23	18		8	26	78	96	29		15	89	54	50	59	74	38	16	1	1	9	55	30	2	32	41
安宁	116	101	15	57	59	13	33	17			9	69	14	24		16	48	20	10	55	33	9	9	1	1	10	8	30	2	1	10
呈贡	171	97	74	77	94	23	37	42		6	28	78	29	30	1	15	72	54	29	94	31	12	5	1	1	7	20	26	2	1	5
石林	123	79	44	51	72	13	23	49		2	29	47	21	24		8	56	38	11	65	35	9	3	1	1	9	5	30	1	5	1
晋宁	151	75	76	83	68	24	36	44		3	29	74	11	34		20	91	17	13	88	34	12	4	1	1	12	7	39		4	12
嵩明	225	121	104	112	113	23	58	78	1	11	45	135	12	21		30	97	46	35	103	71	13	3	1	1	10	18	44	1	11	32
宜良	202	140	62	79	123	26	74	63	1	2	12	47	78	62		17	73	52	27	115	38	19	3	1	1	15	9	65	1		7
富民	103	58	45	44	59	21	31	24		2	10	61	19	11		6	51	30	10	64	28	1		1	1	8	4	26	2		3
禄劝	184	139	45	86	98	23	43	18		1	15	45	31	92		19	73	63	6	101	41	19	17	1	1	17	19	66	1	1	15
东川	102	56	46	43	59	15	32	1		1	12	63	9	17		6	55	21	6	41	44	9	2	1	1	13	12	41	1		15
寻甸	155	130	25	48	107	14	40	5		1	6	51	51	46		16	69	59	7	80	31	24	13	1	1	16	12	44	1		
合计	2 656	1 633	1 023	1 306	1 350	335	579	666	5	91	376	1 027	691	466	8	239	1 061	636	314	1 282	758	219	83	13	13	148	245	526	22	120	186

中国太平洋财产保险股份有限公司昆明分公司机构、人员统计表

（2000年12月31日）　　单位：个；人

	机构数	职工人数	员工总人数
省级分公司	1	125	
地市级中心支公司	6	154	
县级支公司	6	62	
代理网点	543		
总计	556	341	341

中国太平洋人寿保险股份有限公司昆明分公司机构、人员统计表

（2000年12月31日）　　单位：个；人

	机构数	职工人数（含试聘用）	员工总人数
省级分公司	1	74	96
地市级中心支公司	7	107	114
县级支公司	2	6	26
代理网点	190		
总计	200	187	236

中国平安保险股份有限公司昆明分公司人员情况统计

（2000年12月31日）　　单位：人

项目 人员	员工总数	年龄结构				文化程度			
		20至30岁	31至40岁	41至50岁	50岁以上	硕士	本科	大专	其他
管理人员	274	156	105	12		3	67	101	103
业务员	1 027	314	495	194	25		98	325	604
收费员	34	24	10			3	4	15	15
总计	1 335	494	610	206	25		169	441	722

云南省农村信用合作社机构、人员情况表

（2000年12月31日） 单位：个；人；%

地区	地级联社	县级联社	信用社		分社		储蓄所	职工情况		
			机构数	比上年增减	机构数	比上年增减	机构数	1999年职工数	2000年员工数	比上年增减
昆明	1	12	146		269		5	2 637	2 656	19
昭通		11	134	-2	225			1 495	1 444	-51
曲靖	1	9	122		276		1	1 845	1 832	-13
玉溪		9	74		164			1 177	1 213	36
红河		13	147		103		7	1 519	1 479	-40
文山		8	104	-1	17		5	910	915	5
思茅		9	85	-25	107			928	935	7
版纳		3	36	-1	12			311	311	0
楚雄		10	123		229			1 413	1 416	3
大理		12	109	-12	116			1 273	1 258	-15
保山		5	74		106		4	928	892	-36
德宏		5	45	-4	42			489	478	-11
丽江		4	41		64			591	585	-6
怒江		3	18		10		1	140	145	5
迪庆		3	26		15			176	157	-19
临沧		8	75	-1	117			678	676	-2
合计	2	124	1 359	-46	1 872	0	23	16 510	16 392	-118

云南省国际信托投资公司机构、人员统计表

（2000年12月31日）

单位：个；人

机构名称	总人数	学历					政治面貌		
		研究生	大学	大专	中专	高中及以下	党员	团员	其他
省公司	72	4	23	29	8	8	25	25	22
春城路证券部	19	0	7	10	2	0	1	17	1
南屏街证券部	15	1	8	6	0	0	1	11	3
上海证券部	34	3	6	8	7	10	2	12	19
安宁办事处	17	1	0	9	4	3	7	3	7
玉溪办事处	32	0	5	10	8	9	7	4	21
大理办事处	67	0	8	21	13	25	27	12	28
曲靖办事处	14	1	1	6	5	1	3	4	7
楚雄办事处	23	0	3	9	7	4	9	7	7
合计	293	10	61	108	56	60	82	95	115

云南金旅信托投资有限公司机构、人员统计表

（2000年12月31日）

单位：个；人

机构名称	总人数	学历					政治面貌		
		研究生	大学	大专	中专	高中及以下	党员	团员	其他
省公司	90	3	30	39	9	9	26	18	46
上海证券部	16		2	5	3	6	1	8	7
楚雄证券部	14			2	4	8		12	2
永昌证券部	19		5	5	5	4	3	11	5
永安证券部	17		4	11	2		1	9	7
人民东路证券部	18		3	12	3		3	8	7
合计	174	3	44	74	26	27	34	66	74

云南证券有限责任公司人员情况统计表

（2000年12月31日）

单位：人

按职称划分		
	高级	6
	中级	43
	初级以下	219
	合计	268
按学历划分		
	硕士	1
	学士	61
	大专	109
	中专以下	97
	合计	268

云南证券登记有限公司人员统计表

（2000年12月31日）

单位：个；%

现有人数	学历			职称			证券从业		年龄（岁）			性别	
	大专以上	中专	大专以上占百分比	中级以上	初级	中级以上占百分比	五年以上	五年以下	25岁～30岁	30岁～40岁	40岁～以上	男	女
18	14	4	70%	4	8	20%	15	3	6	7	5	12	6

海通证券有限公司昆明东风西路证券营业部人员统计表

（2000年12月31日）

单位：个；%

现有人数	学历			职称			证券从业		年龄（岁）			性别	
	大专以上	中专	大专以上占百分比	中级以上	初级	中级以上占百分比	五年以上	五年以下	25岁～30岁	30岁～40岁	40岁～以上	男	女
22	22		100	11	11	50	22		14	6	2	13	9

国泰君安证券股份有限公司昆明人民中路证券营业部人员结构表

（2000年12月31日）

单位：个

总人数	政治面貌		性别构成		年龄构成				知识结构				技术职称		
	党员	团员	男	女	25岁以下	25至29岁	30至39岁	40岁以下	大专以下	大专	大学本科	硕士	高级	中级	初级
35	5	22	15	20	8	12	14	1	6	13	15	1	0	9	5

云南省邮政储蓄（汇兑）机构、人员统计表

（2000年12月31日） 单位：人；个

管理机构	辖属县局级机构	人员总计		
		总数	其中	
			大专以上	中专
云南省邮政储汇局	0	68	29	5
昆明市邮政局储汇局	14	1 372	326	198
红河州邮政局储汇分局	13	370	26	30
楚雄州邮政局储汇分局	10	496	36	149
玉溪市邮政局储汇分局	9	220	34	39
大理州邮政局储汇分局	13	370	33	58
文山州邮政局储汇分局	8	367	12	46
思茅地区邮政局储汇科	10	286	11	31
西双版纳州邮政局储汇分局	3	163	10	18
昭通市邮政局储汇分局	11	450	46	78
临沧地区邮政局储汇分局	8	258	16	53
德宏州邮政局储汇分局	6	159	15	21
曲靖市邮政局储汇分局	9	284	29	24
保山地区邮政局储汇分局	5	230	6	24
丽江地区邮政局储汇部	4	156	10	16
怒江州邮政局经营服务部	5	92	5	19
迪庆州邮政局储汇分局	3	49	3	18
合计	131	5 390	647	827

云南省邮政储蓄（汇兑）人员岗位统计表

（2000年12月31日）

单位：个；人

管理机构	营业人员				核算会计		监督检查				稽查人员	计算机及技术	经营管理	行政管理
	储蓄		汇兑		储蓄	汇兑	储蓄		汇兑					
	营业	复核	营业	稽核	人员	人员	人员	电子化	人员	电子化				
云南省邮政储汇局	0	0	0	22	1	4	0	0	0	0	4	11	13	13
昆明市邮政局储汇局	278	50	929	8	13	13	25	25	10	10	5	16	16	0
红河州邮政局储汇分局	214	84	87	0	12	3	14	14	20	20	5	13	24	9
楚雄州邮政局储汇分局	214	0	182	13	10	10	11	11	18	18	5	13	12	0
玉溪市邮政局储汇分局	92	12	73	0	9	9	9	9	10	10	5	16	9	0
大理州邮政局储汇分局	183	183	143	16	14	13	14	14	16	16	5	13	14	0
文山州邮政局储汇分局	121	0	207	0	8	2	9	9	10	10	5	0	9	0
思茅地区邮政局储汇分局	68	54	132	0	10	10	10	10	20	20	5	6	21	1
西双版纳州邮政局储汇分局	35	61	81	0	6	6	4	4	10	10	5	3	6	9
昭通市邮政局储汇分局	102	88	136	5	11	5	11	11	14	14	5	9	21	41
临沧地区邮政局储汇分局	38	31	116	4	8	8	8	8	16	16	5	14	15	0
德宏州邮政局储汇分局	35	22	67	2	5	1	5	5	8	8	5	3	10	1
曲靖市邮政局储汇分局	90	5	133	2	8	5	9	9	12	12	5	7	9	0
保山地区邮政局储汇分局	56	35	90	0	5	5	6	6	7	7	5	6	13	0
丽江地区邮政局储汇部	51	0	79	0	4	4	4	4	6	6	5	7	4	0
怒江州邮政局经营服务部	11	5	37	0	5	5	5	5	6	6	5	4	8	0
迪庆州邮政局储汇分局	28	28	39	1	4	4	3	3	4	4	5	1	1	0
合计	1 616	658	2 531	73	133	107	147	147	187	187	5	142	205	74

七、信用卡（银行卡）业务统计

中国工商银行云南省分行牡丹信用卡业务状况月报表

（2000年12月31日）

单位：张/个/笔；万元

行名	发卡数量				特约单位数量		代理单位数量	受理储蓄所数量	单位存款余额	个人存款余额	透支余额	本月消费		本月存现		本月取现		本月转账	
	商务金卡	商务普通卡	个人金卡	个人普通卡	机具非共享单位	机具共享单位						笔数	金额	笔数	金额	笔数	金额	笔数	金额
合计	324	328	10 850	77 724	603	99	3	663	4 219	39 365	2 279	20 882	8 937	78 955	40 775	13 336	4 652	27 848	24 037
昆明	186	133	1 157	54 571	385	99	0	220	2 855	31 201	309	12 300	7 678	62 813	34 700	0	0	6 083	14 316
曲靖	28	3	509	1 152	5	0	0	56	64	697	242	129	12	304	177	707	192	1 392	2 076
玉溪	21	7	977	1 488	17	0	0	32	60	1 194	58	123	19	936	1 149	1 090	1 102	2 660	753
红河	13	1	395	1 839	6	0	0	54	21	708	30	71	7	562	94	1 015	107	1 104	26
昭通	12	9	520	2 140	8	0	0	36	467	564	49	27	2	416	120	680	112	58	24
版纳	23	5	1 048	2 599	17	0	0	14	4	1 089	71	562	41	2 730	1 048	1 860	1 060	4 325	3 990
德宏	6	145	120	1 156	10	0	0	23	24	219	1 179	1 366	256	2 151	1 819	2 505	989	2 043	564
大理	21	10	3 105	4 895	66	0	3	72	636	1 158	66	2 214	503	1 007	75	1 911	245	2 706	1 188
楚雄	1	2	686	1 812	17	0	0	64	7	939	91	3 774	371	4 608	453	0	0	3 327	327
保山	13	3	254	1 489	16	0	0	36	76	414	35	198	26	581	420	382	250	230	130
丽江	0	2	625	3 081	52	0	0	16	5	893	56	106	21	2 130	540	2 186	492	2 591	424
思茅	0	8	1 454	1 502	4	0	0	40	0	289	93	12	1	717	180	1 000	103	1 329	219

中国农业银行云南省分行金穗卡业务基本数据统计表

（2000年12月31日）

<table>
<tr><td colspan="3">发卡机构（个）</td><td>14</td></tr>
<tr><td colspan="3">其中：县级发卡机构</td><td></td></tr>
<tr><td rowspan="10">发卡量（张）</td><td colspan="2">合计</td><td>1 533 542</td></tr>
<tr><td rowspan="3">信用卡</td><td>小计</td><td>33 775</td></tr>
<tr><td>单位卡</td><td>1 363</td></tr>
<tr><td>个人卡</td><td>32 412</td></tr>
<tr><td colspan="2">转账卡（储蓄卡）</td><td>1 499 767</td></tr>
<tr><td colspan="2">储值卡</td><td></td></tr>
<tr><td colspan="2">专用卡</td><td>2 812</td></tr>
<tr><td colspan="2">国际卡</td><td></td></tr>
<tr><td colspan="2">IC卡</td><td></td></tr>
<tr><td colspan="2"></td><td></td></tr>
<tr><td rowspan="4">交易额（亿元）</td><td colspan="2">合计</td><td>1 323.6</td></tr>
<tr><td colspan="2">消费</td><td>3.6</td></tr>
<tr><td colspan="2">存取现</td><td>1 100</td></tr>
<tr><td colspan="2">转账</td><td>220</td></tr>
<tr><td colspan="3">存款余额（亿元）</td><td>36</td></tr>
<tr><td colspan="3">特约商户（个）</td><td>809</td></tr>
<tr><td colspan="3">取现网点（个）</td><td>1 175</td></tr>
<tr><td colspan="3">ATM机（台）</td><td>148</td></tr>
<tr><td colspan="3">POS机（台）</td><td>827</td></tr>
<tr><td colspan="3">EDC（台）</td><td>67</td></tr>
</table>

中国银行云南省分行长城卡业务基本数据统计表

（2000年12月31日）

项　　目	数　据
发卡量（张）	140 413
本年交易额（亿元）	46.59
其中：存取现（亿元）	31.28
转账（亿元）	13.22
直接消费（亿元）	2.12
存款余额（亿元）	4.18
特约商户（户）	1 752
取现网点（个）	254
ATM机（台）	87
EDC（台）	894

中国建设银行云南省分行龙卡业务统计表

（2000年12月31日）

发卡量（张）	2 525 569
年内交易额（万元）	5 325 855
其中：存现（万元）	2 597 204
取现（万元）	2 618 752
转账（万元）	65 142
消费（万元）	44 757
存款余额（万元）	12 000
特约商户（家）	1 655
ATM机（台）	530
POS机（台）	920

注：表中的ATM机、POS机数量为与他行共享。

交通银行昆明分行太平洋卡发卡量及卡存款余额统计表

（2000年12月31日）　　单位：张/万元

支　　行	本月新增发卡数	本年新增发卡数	累计发卡数	卡存款余额	本年新增发卡数占计划%
营业部	64	34 155	46 930	4 096	110
正义支行	1 606	51 046	78 740	5 130	150
护国支行	46	25 409	45 705	3 275	102
春城支行	31	20 305	27 386	2 599	169
北区支行	1 005	22 274	36 538	3 248	101
人西支行	73	16 985	23 047	1 484	121
东风东路支行	2 554	19 343	24 558	2 758	161
白龙支行	54	15 011	22 858	3 629	125
建设路支行	69	26 698	30 848	1 948	205
南区支行	66	36 467	43 318	3 351	146
卡部	12	408	2 609	465	
国际业务部	3	5 745	5 745	139	
昆明市内汇总	5 583	273 846	388 282	32 122	137
玉溪支行	1 005	11 736	12 493	792	
楚雄支行	16	28 642	28 811	837	
曲靖支行	11	23 189	23 785	510	
安宁支行	7 318	32 166	33 714	903	
全行合计	13 933	369 579	487 085	35 164	

华夏银行昆明分行华夏卡业务统计表

（2000年12月31日）

项　　目	本年新增	统计单位	比1999年增长（%）
发卡量	110 455	张	128%
当年累计存入金额	37 968	万元	558%
当年累计业务发生金额	70 328	万元	613%
当年累计业务发生笔数	216 614	笔	161%
POS机	12 （共计134台）	台	
ATM机	2 （共计12台）	台	

昆明市商业银行春城卡业务基本数据统计表

（2000年12月31日）

<table>
<tr><td colspan="3">发卡机构（个）</td><td>1</td></tr>
<tr><td colspan="3">其中：县级发卡机构</td><td>4 200</td></tr>
<tr><td rowspan="10">发卡量（张）</td><td colspan="2">合计</td><td></td></tr>
<tr><td rowspan="3">信用卡</td><td>小计</td><td></td></tr>
<tr><td>单位卡</td><td></td></tr>
<tr><td>个人卡</td><td></td></tr>
<tr><td colspan="2">转账卡（储蓄卡）</td><td>4 200</td></tr>
<tr><td colspan="2">储值卡</td><td></td></tr>
<tr><td colspan="2">专用卡</td><td></td></tr>
<tr><td colspan="2">国际卡</td><td></td></tr>
<tr><td colspan="2">IC卡</td><td></td></tr>
<tr><td colspan="2"></td><td></td></tr>
<tr><td rowspan="4">交易额（万元）</td><td colspan="2">合计</td><td>2 470.50</td></tr>
<tr><td colspan="2">消费</td><td>1.50</td></tr>
<tr><td colspan="2">存取现</td><td>2 469</td></tr>
<tr><td colspan="2">转账</td><td>162</td></tr>
<tr><td colspan="3">存款余额（万元）</td><td>660</td></tr>
<tr><td colspan="3">特约商户（个）</td><td>1</td></tr>
<tr><td colspan="3">取现网点（个）</td><td>71</td></tr>
<tr><td colspan="3">ATM机（台）</td><td>3</td></tr>
<tr><td colspan="3">POS机（台）</td><td>38</td></tr>
<tr><td colspan="3">EDC（台）</td><td></td></tr>
</table>

昆明市农村信用合作社联合社金碧储蓄卡业务统计表

（2000年12月31日）

发卡量	3 691张
当年所有通兑累计业务发生额	257 817 317.44元　　其中卡业务占30%
当年所有通兑累计业务发生额	31 322笔
ATM机	15台

云南省邮政储蓄“绿卡”业务统计表

（2000年12月31日）

项　　目	时间段	数　　量
发卡量（张）	2000年1～12月	51 716
卡户数（户）	1997年10月起	100 633
卡交易笔数（笔）	2000年1～12月	313 904
ATM数量（台）	1997年10月起	152
取现网点（个）	1997年10月起	366

第　五　部　分

全省金融机构、负责人名录

中国人民银行

中国人民银行成都分行昆明金融监管办事处

特派员(正厅级)：王礼国
电　话：3638227
纪检监察特派员(副厅级)：彭志强
电　话：3637420
助理特派员：任树云(副厅级)　徐　久(副厅级)
电　话：3611089　3610499
邮　编：650021
地　址：昆明市正义路69号金融大厦11-13楼

综合处

处　长：朱和平
电　话：3633153
副处长：张庆琦　向海燕
电　话：3623340　3625566-2497
助理监管员(副处级)：张廷璞
电　话：3625566-2128

银行检查处

处　长：马　驰
电　话：3622966
监管员(正处级)：纳世恩
电　话：3618846
助理监管员(副处级)：陈　霞
电　话：3625566-2612
助理监管员(副处级)：于志国
电　话：3625566-2521
助理监管员(副处级)：胡文伟
电　话：3625566-2150

其他金融机构检查处

处　长：李　超
电　话：3638662
副处长：沈　湛
电　话：3618821
助理监管员(副处级)：张智敏
电　话：3625566-2118

合作金融机构检查处

处　长：季正元
电　话：3635249
助理监管员(副处级)：李平平
电　话：3618890
助理监管员(副处级)：汪海燕
电　话：3625566-2107

中央金融纪工委、金融系统监察局驻云南省金融系统纪检监察特派员办公室

主　任：周家祥
电　话：3628207
副主任：黄朝杰
电　话：3618562
纪检监察员(副处级)：张　萍
电　话：3625566-2574

中国人民银行昆明中心支行

行　长：雷滇生
副行长：邓开琳　段会全　杨小平
党委专职副书记：王守昌
纪委书记：木文华
电　话：3625566
邮　编：650021
地　址：昆明市正义路69号

办公室

主　任：孙仲文
副主任：高午春　张述华
电　话：3625566-2021 2022 2023
《金融时报》驻云南记者站
站　长(正处级)：程世豪

电　话：3625566-2012
副站长：苏丽霞
电　话：3625566-2013

人事教育处

处　长：葛明忺
电　话：3625566-2010
副处长：陈跃明
电　话：3625566-2217

银行监管处

处　长：李宇专
电　话：3625566-2151
副处长：李永兴　张　宇
电　话：3625566-2428 2662

非银行金融机构监管处

处　长：胡勤俭
电　话：3625566-2506
副处长：李　波　侯兴德
电　话：3625566-2430 2153

合作金融机构监管处

处　长：高丽娟
电　话：3625566-2478
副处长：王应坚
电　话：3625566-2114

货币信贷管理处

处　长：王建东
电　话：3625566-2250
副处长：张晓渝　张　杰　雷一忠
电　话：3625566-2243 2073 2078

调查统计处

处　长：彭昌如
电　话：3625566-2271
副处长：李卫平　汪　渝
电　话：3625566-2097 2072

会计财务处

处　长：吴丽华
电　话：3625566-2261
副处长：陈文彩　赵聪聪
电　话：3625566-2063 2056

支付科技处

处　长：彭　明
电　话：3625566-2291
副处长：穆海韬　邱云武
电　话：3625566-2313 2302

内审处

副处长：韩文耀(正处级监管员)
电　话：3625566-2474
副处长：保光友
电　话：3625566-2487

货币金银处

处　长：陆　豪
电　话：3625566-2322
副处长：王爱祥
电　话：3625566-2323

国库处

处　长：陈逢枢
电　话：3625566-2050
副处长：王敏华　张晓云
电　话：3625566-2263 2286

保卫处

处　长：颜廷舜
电　话：3625566-2252
副处长：关治安　邢　知
电　话：3625566-2253 2254

外汇业务管理处

处　长：陈　青
电　话：3625566-2181
副处长：武耀昆　杨长明
电　话：3625566-2187 2195

国际收支处

副处长：文　坚　李亚玲
电　话：3625566-2182 2200

离退休干部管理处

副处长：王为堪　刘祖文
电　话：3625566-2225 2376

党委宣传部

部　长：韩常裕
电　话：3625566-2283
副部长：高　烽
电　话：3625566-2194

党委群工部

副部长：李景昆
电　话：3625566-2157

纪委办公室

副主任：李伯庆
电　话：3625566-2235
纪委副书记兼综合处副处长：胡忠诚

电　话：3625566-2321
其他金融机构纪检监察处长：钱旭良
电　话：3625566-2233
机关团委书记(副处级)：徐南渊
电　话：3625566-2282

信用合作管理办公室
处　长：章观麟
电　话：3625566-2581
副处长：霍国武　周小军
电　话：3625566-2582　2576

营业部
主　任：刘　莹
电　话：3518618
副主任：杜云春　艾　琳
电　话：3518648

机关事务管理处
处　长：李　滨
电　话：3625566-2015
副处长：关顶学　邹兰仙
电　话：3625566-2017 2061

昆明市银行电子结算中心
主　任：严琳珂
电　话：5349800
副主任：唐绍清
电　话：5349285
工会主席：李　伦
电　话：5386421

东川区支行
行　长：申开富
电　话：2120428
邮　编：654100
地　址：东川区新村路62号

寻甸县支行
行　长：周建云
电　话：2661950
邮　编：655200
地　址：寻甸县东钟街17号

禄劝县支行
行　长：金玉亮
电　话：8912389
邮　编：651500
地　址：金融街24号

呈贡县支行
行　长：杨存光
电　话：7479092
邮　编：650500
地　址：龙城镇双龙路

富民县支行
行　长：王治宪
电　话：8811068
邮　编：650400
地　址：环城西路8号

石林县支行
行　长：张树珍
电　话：7796780
邮　编：652200
地　址：鹿埠镇阿诗玛南路

安宁县支行
行　长：汪　莹
电　话：8697076
邮　编：650300
地　址：安宁湖滨路4号

嵩明县支行
行　长：杨荣仙
电　话：7911278
邮　编：651700
地　址：嵩明县秀嵩街

宜良县支行
行　长：郑树明
电　话：7524103
邮　编：652100
地　址：花园街10号

晋宁县支行
行　长：吴明辉
电　话：7892321
邮　编：650600
地　址：昆阳郑和路22号

官渡区支行
行　长：代　军
电　话：7171198
邮　编：650200
地　址：昆明市官渡区关上中路

西山区支行
行　长：肖红宇
电　话：8107029

邮　编：650100
地　址：昆明市西山区马街北路

中国人民银行昭通地区中心支行

行　长：于　华
电　话：（0870）2225670
副行长：杨丽英　胡宗翔　黄志强
电　话：2235958　2225050　2222541
邮　编：657000
地　址：昭通市朝阳路

鲁甸县支行

副行长：高清荣
电　话：（0870）8121473
邮　编：657100
地　址：鲁甸县城

巧家县支行

行　长：吴书泉
电　话：（0870）7122032
邮　编：654600
地　址：巧家县城

盐津县支行

行　长：郑云波
电　话：（0870）6620164
邮　编：657500
地　址：盐津县城

大关县支行

行　长：侯光友
电　话：（0870）5621463
邮　编：657500
地　址：大关县城

永善县支行

行　长：黄　群
电　话：（0870）4124049
邮　编：657300
地　址：永善县城

绥江县支行

行　长：晏祥辉
电　话：（0870）7617200
邮　编：657700
地　址：绥江县城

镇雄县支行

行　长：胡银书
电　话：（0870）3124049
邮　编：657200
地　址：镇雄县城

彝良县支行

行　长：张泽汇
电　话：（0870）5123530
邮　编：657600
地　址：彝良县城

威信县支行

行　长：晋家贵
电　话：（0870）6123201
邮　编：657900
地　址：威信县城

水富县支行

行　长：曾荣光
电　话：（0870）8637543
邮　编：657800
地　址：水富县城

中国人民银行曲靖市中心支行

行　长：储祥昌
副行长：朱　斌　苗泽林　江翠凤
电　话：（0874）3318470
地　址：曲靖市翠峰路中段

宣威市支行

行　长：田家俊
电　话：（0874）7203201
地　址：宣威市向阳西街

陆良县支行

行　长：岳炳贤
电　话：（0874）6333254
地　址：陆良县同乐大道178号

师宗县支行

行　长：张剑明
电　话：（0874）5752395
地　址：师宗县丹凤镇丹东路116号

会泽县支行

行　长：戴龙刚
电　话：（0874）5122185
地　址：会泽县钟屏西路168号

马龙县支行

行　长：蒋选坤
电　话：（0874）8889827
地　址：马龙县环城南路

罗平县支行

行　长：张泽华

电　话：（0874）8212341
地　址：罗平县罗雄镇文笔路16号

富源县支行
行　长：查建堂
电　话：（0874）4612291
地　址：富源县人民路24号

中国人民银行楚雄州中心支行
行　长：王建安
电　话：（0878）3110588
副行长：戴红高　肖　楠　廖忠华
电　话：（0878）3140746　3135399　3122369
邮　编：675000

双柏县支行
行　长：李继良
电　话：（0878）7711818
邮　编：675100

牟定县支行
行　长：董应多
电　话：（0878）5211201
邮　编：675500

南华县支行
行　长：杨雪松
电　话：（0878）7222419
邮　编：675200

姚安县支行
行　长：周德才
电　话：（0878）5711978
邮　编：675300

大姚县支行
行　长：白林生
电　话：（0878）6222844
邮　编：675400

永仁县支行
行　长：何建明
电　话：（0878）6712868
邮　编：651400

元谋县支行
行　长：陆　云
电　话：（0878）8212808
邮　编：651300

武定县支行
行　长：杨映才
电　话：（0878）8711383
邮　编：651600

禄丰县支行
行　长：夏兆平
电　话：（0878）4126369
邮　编：651200

中国人民银行玉溪市中心支行
行　长：戴　静
电　话：（0877）2025926
副行长：穆云川　吕　华　陈文玉
电　话：（0877）2025834　2034874　2024704
邮　编：653100

江川县支行
副行长：段美萍　李云辉
电　话：（0877）8011210　8011310
邮　编：652600

通海县支行
行　长：程　长
电　话：（0877）3011820
邮　编：652700

峨山县支行
行　长：张　伟
电　话：（0877）4011604
邮　编：652600

澄江县支行
行　长：沈建刚
电　话：（0877）6911297
邮　编：652500

华宁县支行
行　长：张　强
电　话：（0877）5013244
邮　编：652800

新平县支行
行　长：王伟华
电　话：（0877）7011861
邮　编：653400

易门县支行
行　长：王国辉
电　话：（0877）4965985
邮　编：651100

元江县支行
行　长：李胜平
电　话：（0877）6012334
邮　编：653300

中国人民银行红河州中心支行

行　长：钟世军
电　话：(0873) 2125287
副行长：朱云峰　李云山
电　话：(0873) 2124097 2142115
纪委书记：黄正洪
电　话：(0873) 2123039
邮　编：661000
地　址：个旧市人民路198号

开远市支行

副行长：潘启洪
电　话：(0873) 7222056
邮　编：661400
地　址：灵泉东路

蒙自县支行

行　长：曹本清
电　话：(0873) 3643302
邮　编：661100
地　址：天马路2号

建水县支行

副行长：倪　艳
电　话：(0873) 7652202
邮　编：654300
地　址：清远路3号

石屏县支行

行　长：夏长宏
电　话：(0873) 4857798
邮　编：662200
地　址：异龙镇焕文路12号

弥勒县支行

行　长：梁　艳
电　话：(0873) 6122553
邮　编：662300
地　址：冉翁西路92号

泸西县支行

行　长：李东来
电　话：(0873) 6621690
邮　编：652400
地　址：九华路东段

屏边县支行

副行长：李文光
电　话：(0873) 3221272
邮　编：661200
地　址：玉屏镇

河口县支行

行　长：刘少雄
电　话：(0873) 3421289
邮　编：661300
地　址：天香街

元阳县支行

行　长：陈黑规
电　话：(0873) 5643356
邮　编：662400
地　址：元阳南沙

绿春县支行

副行长：李欧良
电　话：(0873) 4221007
邮　编：662500
地　址：正街西段

金平县支行

行　长：苏幸福
电　话：(0873) 5221174
邮　编：661500
地　址：金沙小区

红河县支行

副行长：王　宇
电　话：(0873) 4621246
邮　编：664400
地　址：迤萨镇车口街

中国人民银行文山州中心支行

副行长(主持工作)：王　前
电　话：(0876) 2189101
副行长：韩荣锋　蔡永林
电　话：(0876) 2189102　2189780
邮　编：663000

砚山县支行

行　长：向开德
电　话：(0876) 3122417
邮　编：663100

邱北县支行

副行长(主持工作)：郝建明
电　话：(0876) 4122001
邮　编：663200

广南县支行

行　长：平文勇
电　话：(0876) 5150246

邮　编：663300

富宁县支行

行　长：晏国栋

电　话：(0876) 6123829

邮　编：663400

西畴县支行

行　长：吴　林

电　话：(0876) 7622777

邮　编：663500

麻栗坡县支行

行　长：侬科友

电　话：(0876) 6622332

邮　编：663600

马关县支行

行　长：张胜利

电　话：(0876) 7122322

邮　编：663700

中国人民银行思茅地区中心支行

行　长：王粟斋

电　话：(0879)2303831

副行长：朱树刚　马惠慈　谢云辉

电　话：(0879)2301257　2304106　2302262

邮　编：665000

地　址：思茅市环城南路6号

普洱县支行

行　长：张　宏

电　话：(0879)3235318

邮　编：665100

地　址：普洱县宁洱镇环城西路

景谷县支行

行　长：魏昌武

电　话：(0879)5222388

邮　编：666400

地　址：景谷县内环北路

镇沅县支行

行　长：纪德荣

电　话：(0879)5811936

邮　编：666503

地　址：镇沅县恩乐镇人民路

景东县支行

行　长：李林光

电　话：(0879)6221926

邮　编：676200

地　址：景东县锦屏镇景川路325号

墨江县支行

行　长：谢承诚

电　话：(0879)4232930

邮　编：654800

地　址：墨江县玖联镇蚂蝗塘10号

江城县支行

副行长(主持工作)：冯一淞

电　话：(0879)　3722078

邮　编：665900

地　址：江城县勐烈镇民族街6号

澜沧县支行

行　长：张启鹏

电　话：(0879)7221862

邮　编：665600

地　址：澜沧县勐朗镇东朗路49号

西盟县支行

行　长：瞿　伟

电　话：(0879)8342162

邮　编：665700

地　址：西盟县新县城

孟连县支行

行　长：付云念

电　话：(0879)8721851

邮　编：665800

地　址：孟连县滨河路1号

中国人民银行西双版纳州中心支行

副行长(主持工作)：唐东宁

电　话：(0691) 2131411

副行长：张建祥　马绍波　郭全厚

电　话：(0691) 2131413　2131242　2131410

纪委书记：朱云贵

电　话：(0691) 2131541

调研员(处级)：张政华

电　话：(0691) 2131540

地　址：景洪市开发区4号路

勐海县支行

行　长：胡映武

电　话：(0691) 5122381

邮　编：666200

地　址：勐海县南海路9号

勐腊县支行

行　长：王少彪

电　话：(0691) 8122341
邮　编：666300
地　址：勐腊县城南路16号

中国人民银行大理州中心支行

行　长：杨亚力
电　话：(0872) 2124374
邮　编：671000
地　址：大理市下关龙溪路107号

漾濞县支行

行　长：杨绍武
电　话：7522401
邮　编：672500
地　址：漾濞县上街镇金星路

永平县支行

行　长：孙绍林
电　话：6523100
邮　编：672600
地　址：永平县老街镇新光街

云龙县支行

副行长：张汉中
电　话：5520588
邮　编：672700
地　址：云龙县石门镇四街

祥云县支行

行　长：杨永贵
电　话：3122423
邮　编：672100
地　址：祥云县祥城镇南大街

宾川县支行

行　长：赵　斌
电　话：7142596
邮　编：671600
地　址：宾川县牛井镇桑园小区

弥渡县支行

行　长：李福昌
电　话：8161904
邮　编：675600
地　址：弥渡县弥城镇正通街

南涧县支行

行　长：石　恺
电　话：8521297
邮　编：675700
地　址：南涧县南涧镇富民街

洱源县支行

行　长：杨春贤
电　话：(0872) 5123214
邮　编：671200
地　址：洱源县玉湖镇兴源路

剑川县支行

行　长：龙文琪
电　话：(0872) 4520858
邮　编：671300
地　址：剑川县金华镇环城北路

鹤庆县支行

行　长：李其仁
电　话：4120639
邮　编：671500
地　址：鹤庆县云鹤镇文昌路

巍山县支行

行　长：张剑昆
电　话：6122274
邮　编：672400
地　址：巍山县文华镇华兴街

中国人民银行保山地区中心支行

行　长：杨宗伟
电　话：(0875) 2122255
副行长：何显海　李昆云　范　超　张光耀
电　话：2120341　2120531　2120479　2120344
纪委书记：杨明旺
电　话：2122535
邮　编：678000
地　址：保山市南小区

昌宁县支行

行　长：张康宁
电　话：7132088
邮　编：678100

施甸县支行

行　长：杨志雄
电　话：8121806
邮　编：678200

龙陵县支行

行　长：王仁坤
电　话：6121128
邮　编：678300

腾冲县支行

行　长：寸待荣

电　话：5123049
邮　编：679100

中国人民银行丽江地区中心支行

行　长：张世雄
电　话：（0888）5122065
副行长：黄德宾　杨　武
电　话：5189631　5189639
邮　编：674100

永胜县支行

副行长(主持工作)：张芮铭
电　话：（0888）6524551
邮　编：674200

华坪县支行

行　长：侯良君
电　话：（0888）6121458
邮　编：674800

宁蒗县支行

行　长：杨金龙
电　话：（0888）5521261
邮　编：674300

中国人民银行迪庆州中心支行

行　长：吴宝三
电　话：（0877）8224802
副行长：赵天华　江　初
电　话：（0877）8222969　8222922
纪委书记：和建耀
电　话：（0877）8224739
邮　编：674400
地　址：中甸县长征路

维西县支行

行　长：蒲丽敏
电　话：（0887）8626056
邮　编：674600

德钦县支行

副行长(主持工作)：郑光祥
电　话：（0887）8412247
邮　编：674500

中国人民银行德宏州中心支行

行　长：尹以庄
电　话：（0692）2121846
副行长：杨志全　罗本祥
电　话：（0692）2125273　2121845
邮　编：678400
地　址：德宏州潞西市建国路西段

瑞丽市支行

行　长：高德明
电　话：（0692）4141928
邮　编：678600
地　址：瑞丽市边城街

陇川县支行

行　长：张增然
电　话：（0692）7173598
邮　编：678700
地　址：章凤镇同心路三象路交叉口

盈江县支行

行　长：张正华
电　话：（0692）8181016
邮　编：679300
地　址：盈江县平原镇永胜路10号

梁河县支行

行　长：李灿光
电　话：（0692）6161244
邮　编：679200
地　址：梁河县振兴路2号

畹町支行

（该行于2000年底被撤并）
行　长：兰　军
电　话：（0692）5151531
邮　编：678500
地　址：畹町民主街77号

中国人民银行临沧地区中心支行

行　长：雷争春
电　话：（0883）2124267
副行长：赵　波　杨汝荣　冯敬阳
电　话：2122016　2121000　2123605
邮　编：677000
地　址：临沧县凤翔镇文德村9号

凤庆县支行

行　长：罗有新
电　话：4211170
邮　编：675900
地　址：凤庆县凤城接官亭23号

云县支行

行　长：李　岱
电　话：3211485

邮　编：675800
地　址：云县草皮街金融巷

永德县支行

行　长：李荣春
电　话：5211878
邮　编：677600
地　址：永德县德党镇德党街

镇康县支行

行　长：李德伟
电　话：6621682
邮　编：677700
地　址：镇康县凤尾镇

双江县支行

行　长：李树宏
电　话：7621160
邮　编：677300
地　址：双江县勐勐镇西大街

耿马县支行

行　长：熊文兴
电　话：6121922
邮　编：677500
地　址：耿马县爱华路7号

沧源县支行

副行长(主持工作)：高　宁
电　话：7121311
邮　编：677400
地　址：沧源县勐懂镇

中国人民银行怒江州中心支行

行　长：赵远华
电　话：(0886) 3622500
副行长：和寿强　叶映辉
电　话：(0886) 3624184　3624394
邮　编：673100
地　址：泸水县六库镇人民路70号

兰坪县支行

行　长：李有德
电　话：(0886) 3212472
邮　编：671400
地　址：兰坪县城

福贡县支行

行　长：魏德光
电　话：(0886) 3411100
邮　编：673400
地　址：上帕镇

贡山县支行

行　长：何李忠
电　话：(0886) 3511467
邮　编：673500
地　址：贡山县城

中国证监会

中国证监会昆明证券监管特派员办事处

主　任：胡伏云
电　话：3190387
副主任：范　辉
电　话：3110361

综合处：李　凌
电　话:3110015

稽查处
电　话：3133716

机构处：张玉祥
电　话：3113053

上市公司处：刘　佳
电　话：3161734
邮　编：650051
地　址：昆明市白塔路208号云南冶金大楼

国家开发银行

国家开发银行昆明分行

行　长：罗　林
电　话：3634006
纪委书记：韩　磊
电　话：3634177
邮　编：650031
地　址：昆明市东风西路158号

办公室
主　任：张建伟
电　话：3634200

综合业务处
副处长：许　可
电　话：3634045

信贷一处
副处长：马　欣
电　话：3634130

信贷二处
处　长：钟书俊
电　话：3634039

营业部
主　任：尹华富
电　话：3634056

人事处
副处长：晁　兵
电　话：3634189

信息处
处　长：施京德
电　话：3634181

中国农业发展银行

中国农业发展银行云南省分行

行　长：黎维彬
电　话：3179817
副行长：段云翔
电　话：3179752
纪委书记：姚朝柱
电　话：3190352
邮　编：650021
地　址：昆明市护国路66号

办公室

主　任：杨　辉
电　话：3186546
副主任：王　俊
电　话：3186599
主任助理：李胜豪
电　话：3186599
邮　编：650021
地　址：昆明市护国路66号

资金计划处

处　长：袁耀辉
电　话：3195855
副处长：丁　平　陶树清
电　话：3195855
邮　编：650021
地　址：昆明市护国路66号

信贷处

处　长：赵张贵
电　话：3186692
副处长：石志明
电　话：3190586
邮　编：650021
地　址：昆明市护国路66号

财务会计处

处　长：段国明
电　话：3179842
处长助理：李　韵
电　话：3197690
邮　编：650021
地　址：昆明市护国路66号

信息电脑中心

主　任：陈太才
电　话：3176492
邮　编：650021
地　址：昆明市护国路66号

人事教育处

处　长：彭　继
电　话：3173013
副处长：李　芸
电　话：3153231
邮　编：650021
地　址：昆明市护国路66号

稽核处

处　长：王宝书
电　话：3190077
邮　编：650021
地　址：昆明市护国路66号

监察(纪检)室

主　任：毛明璧
电　话：3130667
邮　编：650021
地　址：昆明市护国路66号

保卫处

副处长：杨祖华
电　话：3190386
邮　编：650021
地　址：昆明市护国路66号

行政处

处　长：唐兴元
电　话：3186629
副处长：赵　兴

电　话：3195986
邮　编：650021
地　址：昆明市护国路66号

群工部

部　长：王元林
电　话：3199708
副部长：解　星
电　话：3179843
邮　编：650021
地　址：昆明市护国路66号

营业部

总经理：董　明
电　话：3171885
副总经理：秦绍明　徐渊智
电　话：3133919　3130717
邮　编：650021
地　址：昆明市护国路66号

潘家湾支行

行　长：张学东
电　话：5314052
邮　编：650031
地　址：昆明市西昌路360号

官渡区支行

行　长：刘宇文
电　话：7152171
邮　编：650200
地　址：昆明市关上南路149号

宜良县支行

行　长：杨志平
电　话：7595112
邮　编：650100
地　址：迎宾路112号

安宁市支行

行　长：冯　学
电　话：8696013
邮　编：650300
地　址：连然街91号

禄劝县支行

行　长：周建宏
电　话：8913198
邮　编：651500
地　址：金融街25号

东川区支行

行　长：王哨锋
电　话：2125026
邮　编：654100
地　址：东川新村碧云街中段

寻甸县支行

行　长：段延勋
电　话：2662837
邮　编：655200
地　址：仁德镇新大街9号

中国农业发展银行昭通地区分行

行　长：周友立
电　话：2121703
副行长：李　慧　饶红云
电　话：2136572　2136554
邮　编：657000
地　址：昭通市爱民路96号

地区分行营业部

经　理：曹迎红
电　话：2120975
邮　编：657000
地　址：昭通市爱民路96号

巧家县支行

行　长：梁友德
电　话：7124478
邮　编：654600
地　址：新华镇新北路

镇雄县支行

行　长：詹德仁
电　话：3125093
邮　编：657200
地　址：中山路

彝良县支行

行　长：王世辉
电　话：5123202
邮　编：657600
地　址：镇雄路7号

威信县支行

行　长：王宗利
电　话：6124088
邮　编：657900
地　址：扎西镇

中国农业发展银行曲靖市分行

行　长：宋宜敏
电　话：3138666
副行长：董志兴　陈忠富
电　话：3118562　3130502
邮　编：655000
地　址：麒麟东路38号

市分行营业部

经　理：黄利民
电　话：3118522
邮　编：655000
地　址：麒麟东路38号

会泽县支行

行　长：刘建忠
电　话：5122942
邮　编：654200
地　址：钟平街

陆良县支行

行　长：郭兴宽
电　话：6225940
邮　编：655600
地　址：中枢镇南门街

师宗县支行

行　长：赵吉昌
电　话：5754199
邮　编：655700
地　址：丹凤镇文化路南路

罗平县支行

行　长：陈跃昌
电　话：8212608
邮　编：655800
地　址：云贵路202号

富源县支行

行　长：董天吉
电　话：4612985
邮　编：655500
地　址：中安街

宣威市支行

行　长：许金发
电　话：7122802
邮　编：655400
地　址：振兴街北段

中国农业发展银行红河州分行

行　长：王德忠
电　话：2143055
副行长：艾俊德　王金生
电　话：2143060　2143064
邮　编：661400
地　址：个旧市五一路72号

州分行营业部

行　长：潘增林
电　话：2143591
邮　编：661400
地　址：个旧市五一路72号

开远市支行

行　长：铁占寿
电　话：7132668
邮　编：661000
地　址：灵泉西路173号

弥勒县支行

行　长：郑　云
电　话：6125961
邮　编：652300
地　址：弥阳镇髯翁东路3号

泸西县支行

行　长：周发春
电　话：6623852
邮　编：652400
地　址：九华路中段人民银行院内

元阳县支行

行　长：包玉春
电　话：5623108
邮　编：652400
地　址：大田街农行大楼

中国农业发展银行玉溪市分行

行　长：刘庆荣
电　话：2029780
行长助理：马　辉　柏自全
电　话：2029772　2013237
邮　编：653100
地　址：玉溪市玉江西路15号

市分行营业部

经　理：马志恒
电　话：2029781

邮　编：653100
地　址：玉溪市玉江西路15号

易门县支行

行　长：廖增宝
电　话：4965994
邮　编：651100
地　址：新建街13号

峨山县支行

副行长：杨兴富
电　话：4014676
邮　编：653200
地　址：桂峰路

元江县支行

行　长：高　杰
电　话：6016362
邮　编：653300
地　址：红旗路148号

中国农业发展银行文山州分行

行　长：欧阳祖周
电　话：2137041
副行长：刘万如
电　话：2138304
行长助理：程　伟
电　话：2138304
邮　编：663000
地　址：文山县开化镇西正街路口

州分行营业部

副经理：林　文
电　话：2136147
邮　编：663000
地　址：文山县开化镇西正街路口

邱北县支行

行　长：瞿崇艳
电　话：4125658
邮　编：663200
地　址：锦屏镇农贸大街

广南县支行

行　长：徐　金
电　话：5154188
邮　编：663300
地　址：莲城镇莲湖边

富宁县支行

行　长：陈现明
电　话：6123704
邮　编：663400
地　址：新华镇电力大厦

西畴县支行

行　长：段光能
电　话：7622938
邮　编：663500
地　址：西洒镇金钟玉鼓大街

中国农业发展银行西双版纳州分行

行　长：李国祥
电　话：2147166
副行长：岩　伦
电　话：2147188
行长助理：李建昆
电　话：2139477
邮　编：666100
地　址：景洪市景洪西路32号

州分行营业部

经　理：张玉莲
电　话：2146380
邮　编：666100
地　址：景洪市景洪西路32号

勐海县支行

副行长：张增明
电　话：5123778
邮　编：666200
地　址：象山新街10号

勐腊县支行

行　长：康万钟
电　话：8125236
邮　编：666300
地　址：景岗街9至11号

中国农业发展银行思茅地区分行

行　长：肖　平
电　话：2144166
副行长：祁秋华　张学光
电　话：2138423　2136128
邮　编：665000
地　址：思茅振兴南路2号

地区分行营业部

负责人：周志荣
电　话：2135542

邮　编：665000
地　址：思茅振兴南路2号

墨江县支行

行　长：彭忠杰
电　话：4234300
邮　编：654800
地　址：墨江县城

景东县支行

行　长：刘晓萍
电　话：6225068
邮　编：676200
地　址：景东县城

澜沧县支行

副行长：杨亚春
电　话：7222650
邮　编：665600
地　址：澜沧县城

江城县支行

副行长：黄文俊
电　话：3721834
邮　编：665900
地　址：江城县城

中国农业发展银行楚雄州分行

行　长：王天富
电　话：3130821
副行长：韩仕新　李顺高
电　话：3111864
邮　编：675000
地　址：楚雄市鹿城镇双建路

州分行营业部

经　理：姜建军
电　话：3111737
邮　编：675000
地　址：楚雄市鹿城镇双建路

禄丰县支行

行　长：胡荣寿
电　话：4125888
邮　编：651200
地　址：金山镇

武定县支行

行　长：杨汝芳
电　话：8837599
邮　编：651600
地　址：近城镇

大姚县支行

行　长：林亚兰
电　话：6210199
邮　编：675400
地　址：金碧镇

中国农业发展银行大理州分行

行　长：戴文良
电　话：2181280
副行长：丁　平
电　话：2183512
行长助理：李光辉
电　话：2183511
邮　编：671000
地　址：大理市沧浪路中段

州分行营业部

副经理：李志雄
电　话：2181085
邮　编：671000
地　址：大理市沧浪路中段

祥云县支行

行　长：王立荣
电　话：3121093
邮　编：672100
地　址：祥城镇南大街48号

宾川县支行

副行长：张紫明
电　话：7140302
邮　编：671600
地　址：牛井镇新桥街10号

中国农业发展银行保山地区分行

行　长：杨世钧
电　话：2161562
副行长：张玉华
电　话：2161871
行长助理：张西林
电　话：2161871
邮　编：678000
地　址：保山市永昌镇建设路

地区分行营业部

副经理：任志明
电　话：2161564

邮　编：678000
地　址：保山市永昌镇建设路

腾冲县支行

行　长：张家万
电　话：5127195
邮　编：679100
地　址：城关镇三街晋家园一号

施甸县支行

行　长：段　连
电　话：8121551
邮　编：678200
地　址：甸阳西路35号

昌宁县支行

行　长：赵志元
电　话：7130789
邮　编：678100
地　址：右甸街38号

中国农业发展银行丽江地区分行

行　长：和建宏
电　话：5121258
行长助理：王仲辉　张利昆
电　话：5181320　5124302
邮　编：674100
地　址：丽江县大研镇福慧路

地区分行营业部

经　理：王泽贵
邮　编：674100
地　址：丽江县大研镇福慧路

永胜县支行

副行长：袁子平
电　话：6521188
邮　编：674200
地　址：永北镇

宁蒗县支行

行　长：余朝清
电　话：5523489
邮　编：652300
地　址：宁蒗县大兴镇

中国农业发展银行怒江州分行

行　长：李江龙
电　话：3622084
行长助理：张继云　童　飞
电　话：3625860　3627021
邮　编：673100
地　址：六库向阳西路86号

州分行营业部

经　理：褚学宽
电　话：3625054
邮　编：673100
地　址：六库镇

中国农业发展银行德宏州分行

行　长：金洛德
电　话：2113118
副行长：谢成良
电　话：2116581
行长助理：杨文会
电　话：2113114
邮　编：678400
地　址：芒市青年路16号

州分行营业部

副经理：多守平
电　话：2113119
邮　编：678400
地　址：芒市青年路16号

盈江县支行

行　长：郭友进
电　话：8183936
邮　编：679300
地　址：平原镇10号

陇川县支行

行　长：王自富
电　话：7173109
邮　编：678701
地　址：章凤镇金融路

瑞丽市支行

行　长：岩　过
电　话：4149838
邮　编：678600
地　址：勐卯路5号

中国农业发展银行迪庆州分行

行　长：杨华贵
电　话：8222624
行长助理：赵永春　李　华
电　话：8225070

邮　编：674400
地　址：中心镇长征路122号

州分行营业部

经　理：陈茂生
电　话：8222023
邮　编：674400
地　址：中心镇长征路

维西县支行

行　长：和天龙
电　话：8626236
邮　编：674600
地　址：保和镇

中国农业发展银行临沧地区分行

行　长：王良志
电　话：2130418
副行长：张怀沧　陶树清
电　话：2134263　2134264
邮　编：677000
地　址：临沧县圈掌街4号

地区分行营业部

副经理：陈书军
电　话：2130415
邮　编：677000
地　址：临沧县圈掌街4号

凤庆县支行

行　长：李朝斌
电　话：4213888
邮　编：675900
地　址：凤庆县城

云县县支行

行　长：鲁天发
电　话：3214486
邮　编：675800
地　址：云县县城

永德县支行

行　长：尹雪生
电　话：5213298
邮　编：677600
地　址：永德县城

镇康县支行

行　长：杨光宏
电　话：6624139
邮　编：677700
地　址：镇康县城

双江县支行

行　长：曹　玲
电　话：7623041
邮　编：677300
地　址：双江县城

沧源县支行

行　长：汪国福
电　话：7123775
邮　编：677400
地　址：沧源县城

中国工商银行

中国工商银行云南省分行

行　长：李忠平
电　话：3179999
副行长：卢　云　杨高林　许　海
电　话：3158698　3188168　3188968
总稽核：刘文庆
电　话：3158896
工委主任兼教育处长：唐　宏
电　话：3158746
巡视员：吕幼初
电　话：3189166
邮　编：650011
地　址：昆明市青年路395号

办公室、党委办公室

主　任：陶　云
电　话：3158189
副主任：黎跃辉
电　话：3158713

人事处、组织部

处长、组织部长：陈守甲
电　话：3133608
副处长、副部长：潘　玲
电　话：3134211
副处长、副部长：赵　勇
电　话：3158120
再就业服务中心主任：刘豫昆
电　话：3158917

管理信息处

处　长：杜　鸣
电　话：3158096
副处长：汤许萍
电　话：3158119

计划财务处

处　长：周　玮
电　话：3136368
副处长：杨建敏　杨应飞
电　话：3158815　3158522

资金营运处

处　长：黄良萍
电　话：3158526
副处长：高　燕
电　话：3158544

零售业务处

处　长：杨家文
电　话：3158927
副处长：周学华
电　话：3158071

银行卡业务处

处　长：邬鸣放
电　话：3158294
副处长：方云昆
电　话：3158213

工商信贷处

处　长：宋　琪
电　话：3158404
副处长：苏　雨　倪锦忠
电　话：3158292　3158295

项目信贷处

副处长：张筱菊　袁凌峰
电　话：3158646　3132643

住房信贷处

处　长：张型虹
电　话：3158892

资产风险管理处

处　长：翁莹石

电　话：3158566

会计结算处

处　长：尹德富

电　话：3158502

副处长：李浩良　毛　群

电　话：3158075　3158850

国际业务处

副处长：李　君

电　话：3102775

稽核处

处　长：王　贵

电　话：3158849

副处长：邓晓丽

电　话：3158170

法律事务处

副处长：雷雅雯

电　话：3158210

技术保障处

处　长：合　杰

电　话：5166307

副处长：沈　跃　崔　巍

电　话：5166312　5139209

总工程师：吴跃钧

电　话：5166339

邮　编：650031

地　址：昆明市圆通街48号

监察室

副主任：陈金美

电　话：3134295

工会工作委员会

副主任：张文德

电　话：3158747

女工委主任：沈亦倩

电　话：3158929

工会办公室主任：何国劭

电　话：3158666-91245

系统团委书记：刘庆田

电　话：3158271

保卫处

处　长：李培岳

电　话：3158884

教育处

副处长：王福生

电　话：3132733

副部长、机关党委副书记：王兴伦

电　话：3158267

发展规划处

副处长：冯晋崎

电　话：3158163

离退休人员管理处

处　长：程建生

电　话：3137515

后勤服务中心

主　任：熊　健

电　话：3134778

副主任：吴晓洁　刘志军

电　话：3158685　3158078

干校

校　长：荀怀彬

电　话：4152757

邮　编：650031

地　址：豆腐营46号

基建办

主　任：郑松林

电　话：3100316

副主任：蒋玉宽

电　话：3178740

中国工商银行云南省分行营业部

总经理：万仁礼

电　话：3158756

副总经理：陆恩达　杨永德

电　话：3158198　3158196

副总经理：尚素坤　瞿长富

电　话：3158988　3158199

纪委书记：朱咏梅

电　话：3158885

营业室

主　任：李晓虹

电　话：3158386

邮　编：650011

地　址：昆明市青年路395号

南屏支行

行　长：张力克

电　话：3639737

邮　编：650021

地　址：昆明市南屏街54号

正义支行

行　长：惠红平
电　话：3634035
邮　编：650021
地　址：昆明市正义路102-103号

大观支行

行　长：谷晓平
电　话：5330474
邮　编：650031
地　址：昆明市人民西路2号

银通支行

行　长：黄　睿
电　话：3528863
邮　编：650011
地　址：昆明市北京路35号

汇通支行

行　长：秦晓春
电　话：3360862
邮　编：650023
地　址：昆明市新迎路235号

圆通支行

副行长：祝晓菲
电　话：5158282
邮　编：650031
地　址：昆明市圆通街48号

护国支行

行　长：李骊南
电　话：3131403
邮　编：650021
地　址：昆明市护国路15号

北京路支行

行　长：高卫国
电　话：3192318
邮　编：650051
地　址：昆明市北京路446号

关上支行

行　长：张　勇
电　话：7172732
邮　编：650200
地　址：昆明市老民航路410号

海口支行

行　长：刘玉成
电　话：8590871
邮　编：650114
地　址：昆明市海口中滩街156号

昆钢支行

行　长：何远兰
电　话：8651016
邮　编：650302
地　址：安宁昆钢晓塘东路34幢

五华支行

行　长：姜杨杨
电　话：3641498
邮　编：650021
地　址：昆明市东风西路42号

高新技术产业开发区支行

行　长：罗静波
电　话：8139536
邮　编：650018
地　址：昆明市人民西路427号

经济技术开发区支行

行　长：李永祥
电　话：7196888
邮　编：650200
地　址：昆明市关上北路103号

安宁支行

行　长：马　俊
电　话：8699789
邮　编：650300
地　址：安宁市连然街中华路6号

西市区支行

行　长：王云发
电　话：8181998
邮　编：650100
地　址：马街北路9号

城市开发支行

行　长：牛路有
电　话：3130626
邮　编：650041
地　址：昆明市东风东路80号

牡丹支行

行　长：宋玉强
电　话：3184458
邮　编：650051
地　址：昆明市北京路572号4楼

东风支行

行　长：张君华

电　话：3123166

邮　编：650011

地　址：昆明市北京路275号

北市区支行

行　长：唐开明

电　话：5719783

邮　编：650224

地　址：昆明市金江路1号

晋宁县支行

行　长：李建斌

电　话：7892099

邮　编：650600

地　址：晋宁县昆阳镇郑和路5号

嵩明县支行

行　长：周加宁

电　话：7918648

邮　编：651700

地　址：嵩明县嵩明镇南街59号

禄劝县支行

行　长：起学云

电　话：8912109

邮　编：651500

地　址：禄劝县屏山镇东街24号

石林县支行

行　长：张　勤

电　话：7796530

邮　编：652200

地　址：石林县大兴街24—25号

宜良县支行

行　长：杨兴华

电　话：7524233

邮　编：652100

地　址：宜良县人民路69号

东川支行

行　长：李俊涛

电　话：2122712

邮　编：654100

地　址：东川市新村路

呈贡县支行

行　长：李　诚

电　话：7479267

邮　编：650500

地　址：呈贡县双龙路中段

富民县支行

行　长：杜崇武

电　话：8811478

邮　编：650400

地　址：富民县永定镇卖鸡巷2号

寻甸县支行

行　长：许光三

电　话：2662368

邮　编：655200

地　址：寻甸县仁德镇东钟街92号

中国工商银行昭通地区分行

行　长：闻玉璧

电　话：（0870）2220815

副行长：王兴惠　黄河静

电　话：2223008　2221352

副行长：张　荣　陈　超

电　话：2127158　2225688

纪委书记：杨长安

电　话：2223006

总稽核：梁绍福

电　话：2223713

邮　编：657000

地　址：昭通市元宝路122号

营业部

总经理：张　荣

电　话：2127158

邮　编：657000

地　址：昭通市爱民路25号

巧家县支行

副行长：袁志宁

电　话：7122002

邮　编：654600

地　址：巧家县新华北路1号

盐津县支行

行　长：刘玉昆

电　话：6620191

邮　编：657500

地　址：盐津县洞天街

永善县支行

行　长：杨云峰

电　话：4121027

邮　编：657300
地　址：永善县兴隆街18号

绥江县支行
行　长：王世学
电　话：7621591
邮　编：657700
地　址：绥江县金江街158号

镇雄县支行
副行长：崔凤文
电　话：3120399
邮　编：657200
地　址：镇雄县建设街

彝良县支行
行　长：王志刚
电　话：5121874
邮　编：657600
地　址：彝良县角奎镇西正街

水富县支行
行　长：邓　洪
电　话：8637500
邮　编：657800
地　址：水富县人民西路8号

中国工商银行曲靖市分行
副行长：杨常稳
电　话：（0874）3143210
副行长：李德云　赵有斌　陈世平
电　话：3143396　3145337　3143230
总稽核：夏成礼
电　话：3144006
纪委书记：杨黔林
电　话：3144326
邮　编：655000
地　址：曲靖市教场东路37号

营业部
主　任：李培宏
电　话：3146158
邮　编：655000
地　址：曲靖市开发区翠峰路中段

马龙县支行
行　长：熊石云
电　话：8889116
邮　编：655100
地　址：马龙县新街14号

陆良县支行
行　长：朱华林
电　话：6332208
邮　编：655600
地　址：陆良县西大街66号

罗平县支行
行　长：高连景
电　话：8512500
邮　编：655800
地　址：罗平县振兴街16号

富源县支行
主　任：侯　寅
电　话：4612306
邮　编：655900
地　址：富源县太和街274号

宣威支行
行　长：余　力
电　话：7122705
邮　编：655400
地　址：宣威市上堡街22号

会泽支行
行　长：陈友才
电　话：5122886
邮　编：654200
地　址：会泽县钟平镇钟平东路5号

中国工商银行文山州分行
副行长：陈维方
电　话：（0876）2122142
副行长：黄　强　肖文林
电　话：2123799　2122147
纪委书记：刘　洪
电　话：2123259
总稽核：李　雄
电　话：2137440
邮　编：663000
地　址：文山县沙坝中路2号

营业部
经　理：尚兴勇
电　话：2185701
邮　编：663000
地　址：文山县开化镇普阳路

砚山县支行
行　长：曾文才

电　话：3222298
邮　编：663100
地　址：砚山县红那镇砚华路35号

西畴县支行
行　长：李　文
电　话：7622918
邮　编：663500
地　址：西畴县西海镇中心街29号

麻栗坡县支行
行　长：张学良
电　话：6622401
邮　编：663500
地　址：麻栗坡县沿河街1号

广南县支行
行　长：崔健强
电　话：5150298
邮　编：663400
地　址：广南县莲城镇西路53号

富宁县支行
行　长：黄绍鼎
电　话：6125106
邮　编：663400
地　址：富宁县团结路4号

中国工商银行思茅地区分行

副行长：李建伟
电　话：（0879）2129516
副行长：肖德辉　李忠频　刘　洋
电　话：2122155　2131199　2121699
总稽核：李继英
电　话：2133075
邮　编：665000
地　址：思茅市人民西路90号

营业部
主　任：罗爱华
电　话：2122132
邮　编：665000
地　址：思茅市振兴中路21号

普洱县支行
行　长：向　前
电　话：3232645
邮　编：665100
地　址：普洱县凤新街93号

墨江县支行
行　长：雷启斌
电　话：4232866
邮　编：654800
地　址：墨江县环城路39号

景东县支行
行　长：苏大明
电　话：6221575
邮　编：676200
地　址：景东县景川路121号

景谷县支行
行　长：张　春
电　话：5224089
邮　编：666400
地　址：景谷县文明路27号

镇沅县支行
行　长：查佩荣
电　话：5815369
邮　编：666500
地　址：镇沅老县城二街

澜沧县支行
行　长：赵新华
电　话：7222570
邮　编：665600
地　址：澜沧县勐朗路35号

孟连县支行
行　长：武继伟
电　话：8723819
邮　编：665800
地　址：孟连县大街31号

中国工商银行西双版纳州分行

行　长：王跃屏
电　话：（0691）2123866
副行长：夏琼仙　钱良模
电　话：2122391　2122809
邮　编：666100
地　址：景洪西路3号

勐海县支行
行　长：刘光培
电　话：5122457
邮　编：666200
地　址：勐海县象山镇景管路34号

勐腊县支行
副行长：彭义伟
电　话：8122770
邮　编：666300
地　址：勐腊县城正街74号

中国工商银行楚雄州分行

行　长：凤兆龙
电　话：3129596
副行长：梅荣升　李德胜　徐　沧
电　话：3122661 3122481 3115577
工委主任：聂正贵
电　话：3129199
纪委书记：罗　勋
电　话：3113978
总稽核：龚登明
电　话：3120699
邮　编：675000
地址：楚雄市中大街201号

营业部
总经理：徐　沧
电　话：3115577
邮　编：675000
地　址：楚雄市龙泉路

牟定县支行
行　长：李国文
电　话：5212165
邮　编：675500
地　址：牟定县城新南路

南华县支行
副行长：李　明
电　话：7221992
邮　编：675200
地　址：南华县龙川镇北街104号

姚安县支行
行　长：马家智
电　话：5711928
邮　编：675300
地　址：姚安县栋川西大街

大姚县支行
行　长：段国文
电　话：6222385
邮　编：675400
地　址：大姚县城东街

元谋县支行
行　长：罗德祥
电　话：8212541
邮　编：651300
地　址：元谋县城龙川路102号

武定县支行
副行长：杨凤霄
电　话：8712198
邮　编：651600
地　址：武定县府街41号

禄丰县支行
行　长：杨必荣
电　话：4121313
邮　编：651200
地　址：禄丰县金山镇

中国工商银行玉溪市分行

行　长：李维忠
电　话：（0877）2023307
副行长：喻明忠
电　话：2027715
纪委书记：李荣昌
电　话：2029053
总稽核：白树宁
电　话：2029054
邮　编：653300
地　址：玉溪市土星街11号

营业部
主　任：刘继虎
电　话：2025800
邮　编：653100
地　址：玉溪市新兴路205号

江川县支行
行　长：李本良
电　话：8011220
邮　编：652600
地　址：江川县文明街9号

通海县支行
行　长：林家魁
电　话：3013430
邮　编：652700
地　址：通海县南街4号

华宁县支行
行　长：刘云柱

电　话：5012493
邮　编：652800
地　址：华宁县宁州镇宁阳路11号

澄江县支行

行　长：潘越彪
电　话：6911727
邮　编：652500
地　址：澄江县凤唐镇振兴路中段

峨山县支行

行　长：李春波
电　话：4011220
邮　编：653200
地　址：峨山县双江镇昆洛路

易门县支行

行　长：王　敏
电　话：4961220
邮　编：651100
地　址：易门县新建街11号

新平县支行

副行长：朱开勇
电　话：7012317
邮　编：653400
地　址：新平县平山路20号

元江县支行

行　长：李　江
电　话：6013874
邮　编：653400
地　址：元江县澧江镇红旗路5号

中国工商银行丽江地区分行

副行长：吴灿华
电　话：(0888) 5128866
副行长：杨晓宇　杨　军　李明光
电　话：5123573 5122082 5187786
纪委书记兼总稽核：和　杰
电　话：5180939
邮　编：674100
地　址：丽江县城

营业部

主　任：李世阳
电　话：5122066
邮　编：674100
地　址：丽江县城

永胜县支行

行　长：吕荣华
电　话：6521449
邮　编：674200
地　址：永胜县城

华坪县支行

行　长：张　勇
电　话：6521511
邮　编：617300
地　址：华坪县城

中国工商银行大理州分行

行　长：吕昆燕
电　话：(0872) 2123702
副行长：赵鹤祥　杨秀慧　高建鹏
电　话：2124763 2124317 2133064
纪委书记：李建明
电　话：2127240
总稽核：赵广华
电　话：2133364
邮　编：671000
地　址：大理下关建设路88号

营业部

总经理：杨银彪
电　话：2123767
邮　编：671000
地　址：大理市下关建设路

巍山县支行

行　长：童淑丽
电　话：6120783
邮　编：672400
地　址：巍山县文华镇西新街4号

永平县支行

行　长：自建开
电　话：6520564
邮　编：672600
地　址：永平县新华街15号

鹤庆县支行

行　长：张　锦
电　话：4121167
邮　编：671500
地　址：鹤庆县云鹤镇南大街

祥云县支行

行　长：刘吉成

电　话：3121063
邮　编：672100
地　址：祥云县新大街7号

云龙县支行

行　长：杨少军
电　话：5520631
邮　编：672700
地　址：云龙县石门镇四街47号

宾川县支行

行　长：陈光辉
电　话：7141533
邮　编：671600
地　址：宾川县牛井镇中心街17号

弥渡县支行

副行长：邱左卫
电　话：8161977
邮　编：675600
地　址：弥渡县弥城南大街东口

剑川县支行

副行长：杨鹏林
电　话：4521239
邮　编：671300
地　址：剑川县金华镇

洱源县支行

行　长：丁立炜
电　话：5123803
邮　编：671200
地　址：洱源县玉湖镇

南涧县支行

行　长：彭文彦
电　话：8521342
邮　编：675700
地　址：南涧县城振兴南路

中国工商银行红河州分行

行　长：林家慧
电　话：（0873）2123957
副行长：何其明　何　宇　李克明
电　话：2123741　2123937　2147876
纪委书记：黄从起
电　话：2122761
邮　编：661000
地　址：个旧市中山路58号

营业部

总经理：郑利洪
电　话：2123640
邮　编：661000
地　址：个旧市人民路梧桐大厦

开远市支行

行　长：林锡山
电　话：7122186
邮　编：661600
地　址：开远市东风路94号

蒙自县支行

行　长：伍志云
电　话：3650428
邮　编：661100
地　址：蒙自县城人民中路49号

建水县支行

行　长：伍　新
电　话：7652653
邮　编：654300
地　址：建水县东正路308号

屏边县支行

行　长：余静明
电　话：3222123
邮　编：661200
地　址：屏边县人民路2号

石屏县支行

行　长：杨卫东
电　话：4857560
邮　编：662200
地　址：石屏县异龙镇焕文路78号

弥勒县支行

行　长：李树林
电　话：6122201
邮　编：652300
地　址：弥勒县城民主街126号

泸西县支行

行　长：王少龙
电　话：6622132
邮　编：652400
地　址：泸西县城九华路东段

河口县支行

行　长：卢海昆
电　话：3421910

邮　编：661200
地　址：河口县城人民路29-30号

元阳县支行
行　长：严正学
电　话：5622448
邮　编：662400
地　址：元阳县大田街

中国工商银行中甸支行
行　长：洛桑朗吉
电　话：8222494
副行长：和炳春
电　话：8222383
邮　编：674400
地　址：中甸县建塘镇长征路171号

中国工商银行怒江州分行
行　长：张吉根
电　话：3622071
副行长：陈学孝　和三斤
电　话：3622296　3622368
邮　编：673100
地　址：泸水县六库镇人民路191号

营业部
行　长：木争武
电　话：3622371
邮　编：673100
地　址：泸水县六库镇

兰坪县支行
行　长：乔根旺
电　话：3212111
邮　编：671400
地　址：兰坪县金顶镇

中国工商银行保山地区分行
行　长：刁文利
电　话：(0875)2120666
副行长：王能兴　夏　强　王　焰
电　话：2122477　2121698　2120555
邮　编：678000
地　址：保山市隆阳路39号

营业部
总经理：杨文俊
电　话：2121071
邮　编：678000
地　址：保山市保山东路57号

腾冲县支行
副行长：左灿龙
电　话：5181289
邮　编：679100
地　址：腾冲县城关二街光华东路38号

龙陵县支行
行　长：徐世禄
电　话：6122487
邮　编：678300
地　址：龙陵县城关正街20号

昌宁县支行
行　长：王荣祥
电　话：7130682
邮　编：678100
地　址：昌宁县城关右甸街48号

中国工商银行德宏州分行
行　长：杨伟云
电　话：2112535
副行长：沙永华　赵重华
电　话：2114571　2127704
纪委书记：吴昆建
电　话：2121310
总稽核：黄　亮
电　话：2121547
邮　编：678400
地　址：潞西县友谊路西段

营业部
总经理：赵重华
电　话：2127704
邮　编：678400
地　址：潞西县团结大街172号

盈江县支行
行　长：林小午
电　话：8180539
邮　编：679300
地　址：盈江县平原镇永胜路12号

瑞丽市支行
行　长：张　海
电　话：4141747
邮　编：678600
地　址：瑞丽市人民路7号

中国工商银行临沧地区分行

副行长：余　良
电　话：2122418
副行长：邵曰灿　李新文
电　话：2122410 2134750
纪委书记：付建华
电　话：2122102
总稽核：胡　银
电　话：2122413
邮　编：677000
地　址：临沧县城凤翔镇后寨1号

营业部

主　任：李生高
电　话：2133804
邮　编：677000
地　址：临沧县凤翔镇西大街61号

凤庆县支行

行　长：罗正洪
电　话：4211119
邮　编：677000
地　址：凤庆县凤山镇横街34号

云县县支行

行　长：朱云东
电　话：3211125
邮　编：677000
地　址：云县爱华镇草皮街

双江县支行

行　长：李庆华
电　话：7621136
邮　编：677000
地　址：双江县城北街上段

耿马县支行

副行长：沙卫疆
电　话：6121929
邮　编：677500
地　址：耿马县城建设路

中国农业银行

中国农业银行云南省分行

行　长：姜仕俊
电　话：(0871) 3179945
副行长：字如钧
电　话：3179971
副行长：吕存昌
电　话：3179972
总稽核：张树枝
电　话：3190349
纪委书记：吴佩锋
电　话：3179955
邮　编：650051
地　址：昆明市人民中路1号

办公室

副主任(主持工作)：傅灼良
电　话：3179763
副主任：张维新　花永芳
电　话：3179900　3179944

资金计划处

处　长：何法昌
电　话：3179964
副处长：郝　青
电　话：3179096

信贷管理处

处　长：王　箭
电　话：3179967
副处长：张永富　李咏竹

电　话：3190689　3179793

专项贷款处

处　长：杨志刚

电　话：3190725

副处长：田茂山

电　话：3189036

零售业务处

处　长：马　明

电　话：3171867

副处长：林发洪

电　话：3179792

风险监管处

处　长：杨　华

电　话：3101191

副处长：刘　丽

电　话：3101221

财务会计处

处　长：曾芝仪

电　话：3179960

副处长：张立发　杨怀玉

电　话：3179933　3179934

市场开发处

副处长(主持工作)：许　琨

电　话：3190730

副处长：杨迎丰

电　话：3171805

稽核处

处　长：柴朝荣

电　话：3105203

副处长：蔡元福

电　话：3179837

人事教育处

处　长：龙幼辉

电　话：3179954

副处长：于　尤　李慧芬

电　话：3190664　3179836

宣传部

部　长：刘文彬

电　话：3197420

副部长：赵志坚　李申德

电　话：3179956　3179750

群工部

部　长：段金朝

电　话：3179936

副部长：王和平

电　话：3179936

纪检监察室

主　任：史光武

电　话：3185347

副主任：刘　达

电　话：3189039

保卫处

处　长：柏启龙

电　话：3190353

副处长：孙学慧

电　话：3179951

总务处

处　长：胡选发

电　话：3179976

副处长：杨志刚　周　杰

电　话：3195148　3195149

老干部服务中心

主　任：焦丽芬

电　话：3179950

副主任：李　葛

电　话：3179761

信息电脑中心

主　任：邹世榕

电　话：3179762

副主任：张学耀

电　话：3105157

银行卡部

副主任(主持工作)：徐自文

电　话：3196787

副主任：邓小东

电　话：3186792

国际业务部

副主任(主持工作)：孙旭东

电　话：3193095

副主任：潘文昆

电　话：3193096

地　址：昆明市白塔路19号

云南省农村金融学会秘书处

秘书长：张维新

电　话：3179900

邮　编：650051

地　址：昆明市人民中路1号

省分行培训学校

校　长：李元春

电　话：(0878)3129185

副校长：冯家政　张　斌

电　话：(0878)3122176

邮　编：675000

地　址：楚雄市万家坝

红河培训学校

校　长：王全福

电　话：(0873)7652924

邮　编：654300

地　址：建水县陈官镇

云南省分行营业部

常务副总经理：章辅华

电　话：(0871)3155408

副总经理：秦光富　马炽春　郑守廉

电　话：3155499　3155248　3193690

纪委书记：杨志敏

电　话：3155476

工委主任：周思国

电　话：3153206

邮　编：650021

地　址：昆明市青年路(南太桥)华一广场

护国支行

行　长：杨维嵩

电　话：3155751

邮　编：650021

地　址：昆明市青年路(南太桥)华一广场

盘龙支行

行　长：郝云康

电　话：3179853

邮　编：650051

地　址：昆明市人民中路1号

潘家湾支行

行　长：王　涛

电　话：5323010

邮　编：650031

地　址：昆师路北汇商场

春城支行

行　长：郑　伟

电　话：3190219

邮　编：650051

地　址：昆明市白塔路331号

拓东支行

行　长：陶正红

电　话：3155010

邮　编：650011

地　址：昆明市拓东路96号

长春支行

行　长：曾庆留

电　话：5316343

邮　编：650118

地　址：昆明市人民西路132号

北市区支行

行　长：万　虹

电　话：5193380

邮　编：650051

地　址：昆明市环城北路239号

双龙支行

行　长：张文才

电　话：3113722

邮　编：650011

地　址：昆明市塘双路199号

经济技术开发区支行

行　长：桂保国

电　话：3556187

邮　编：650200

地　址：昆明市宝海路8号

滇池国家旅游度假区支行

行　长：刘国文

电　话：4151556

邮　编：650034

地　址：严家地新村花园路1号

西山区支行

行　长：杜黎明

电　话：8251099

邮　编：650118

地　址：昆明市春苑小区春阳里1号

官渡区支行

行　长：王　玲

电　话：7173756

邮　编：650200

地　址：昆明市关上中路193号

呈贡县支行

行　长：陈发安

电　话：7479421
邮　编：650500
地　址：呈贡县双龙路

安宁市支行
行　长：赵国友
电　话：8686096
邮　编：650300
地　址：安宁市中华路中段

晋宁县支行
行　长：李建新
电　话：7892643
邮　编：650600
地　址：晋宁县昆阳街69号

富民县支行
副行长(主持工作)：钱启祥
电　话：8811661
邮　编：650400
地　址：富民县永定镇环城南路

嵩明县支行
行　长：苏志高
电　话：7911300
邮　编：651700
地　址：嵩明县秀嵩街南段

宜良县支行
行　长：张炳良
电　话：7524060
邮　编：652100
地　址：宜良县迎宾路112号

禄劝县支行
行　长：杨国林
电　话：8911192
邮　编：651500
地　址：禄劝县五星路

石林县支行
行　长：王跃华
电　话：7796381
邮　编：652200
地　址：石林县鹿阜镇

东川区支行
行　长：马玉东
电　话：2152066
邮　编：654100
地　址：东川区新村路南段

寻甸县支行
行　长：林旺友
电　话：2662907
邮　编：655200
地　址：寻甸县仁德镇新大街

中国农业银行昭通地区分行

行　长：马玉平
电　话：(0870)2122493
副行长：刘国姬　陈大强
电　话：(0870)2122536　2132719
邮　编：657000
地　址：昭通市青年路36号

昭通地区分行营业部
行　长：陈　平
电　话：(0870)2222998
邮　编：657000
地　址：昭通市青年路南段路口

巧家县支行
行　长：何升旭
电　话：(0870)7122242
邮　编：654600
地　址：巧家县新华北路

大关县支行
行　长：刘　华
电　话：(0870)5620398
邮　编：657400
地　址：大关县园门街42号

绥江县支行
行　长：谭继东
电　话：(0870)7623987
邮　编：657700
地　址：绥江县中城镇金江街

彝良县支行
行　长：粟　涛
电　话：(0870)5123650
邮　编：657600
地　址：彝良县角奎镇振兴路6号

水富县支行
行　长：曾　聪
电　话：(0870)8637651
邮　编：657800
地　址：水富县云富镇人民东路11号

鲁甸县支行
行　长：肖　建
电　话：(0870) 8121471
邮　编：657100
地　址：鲁甸县文屏西路21号

盐津县支行
行　长：李太勇
电　话：(0870) 6622928
邮　编：657500
地　址：盐津县盐井镇14号

永善县支行
行　长：张天培
电　话：(0870) 4122152
邮　编：657300
地　址：永善县景新镇玉泉路222号

镇雄县支行
副行长(主持工作)：邓书俊
电　话：0870-3120688
邮　编：657200
地　址：镇雄县乌锋镇乌峰路22号

威信县支行
行　长：刘祥礼
电　话：(0870) 6123339
邮　编：657900
地址：威信县扎西镇人民路23号

中国农业银行曲靖市分行
行　长：沈　锐
电　话：(0874) 3290466
副行长：王开学　吕发昌　张利生
电　话：(0874)3290661　3290166　3290299
邮　编：655000
地　址：曲靖市麒麟东路70号农行大厦

曲靖市分行营业部
总经理：宁德刚
电　话：(0874) 3319169
邮　编：655000
地　址：曲靖市麒麟西路506号

马龙县支行
行　长：段嘉喜
电　话：(0874) 8889166
邮　编：655100
地　址：马龙县通泉镇龙泉路50号

蓝箭办事处
主　任：李小生
电　话：(0874) 3516883
邮　编：655000
地　址：曲靖市麒麟北路389号

陆良县支行
行　长：曾　勇
电　话：(0874) 6334996
邮　编：655600
地　址：陆良县同乐大道180号

师宗县支行
行　长：史福灿
电　话：(0874) 5757351
邮　编：655700
地　址：师宗县丹凤镇漾月路1号

罗平县支行
行　长：李　坤
电　话：(0874) 8212213
邮　编：655800
地　址：罗平县云贵路202号

富源县支行
行　长：李东鸿
电　话：(0874) 4612308
邮　编：655500
地　址：富源县兴源街22号

宣威市支行
行　长：侯宁波
电　话：(0874) 7131388
邮　编：655400
地　址：宣威市振兴街3号

会泽县支行
行　长：马维朝
电　话：(0874) 5122293
邮　编：654200
地　址：会泽县钟屏镇钟屏西路83号

沾益办事处
主　任：周　敏
电　话：(0874) 3166159
邮　编：655031
地　址：沾益县龙华南路94号

中国农业银行玉溪市分行
副行长(主持工作)：周　曜

电　话：（0877）2026138
副行长：邓炳初　王黎明
电　话：2038269　2037975
邮　编：653100
地　址：玉溪市玉兴路5号

红塔支行
行　长：施永达
电　话：2064528
邮　编：653100
地　址：玉溪市凤凰路上段

玉溪市分行营业部
行　长：郑　云
电　话：2034466
邮　编：653100
地　址：玉溪市玉江路7号

江川支行
行　长：管建国
电　话：8011098
邮　编：652600
地　址：江川县星云路8号

通海支行
行　长：马慈跃
电　话：3011895
邮　编：652700
地　址：通海县城西小区68号

华宁支行
行　长：赵永平
电　话：5011742
邮　编：652800
地　址：华宁县宁州镇宁新街74号

澄江支行
行　长：朱文忠
电　话：6914061
邮　编：652500
地址：澄江县凤麓镇劝学街

峨山支行
行　长：余　鸿
电　话：4011057
邮　编：653200
地　址：峨山镇双江镇

易门支行
行　长：普长德
电　话：4966998
邮　编：651100
地　址：易门县城

新平支行
行　长：普福荣
电　话：7011108
邮　编：653400
地　址：新平县桂山镇平山路25号

元江支行
行　长：吕少刚
电　话：6011295
邮　编：653300
地　址：元江县澧江镇澧江路

中国农业银行红河州分行

行　长：陆绍洪
电　话：（0873）2123157
副行长：张云晋　陈保邦
电　话：（0873）2123736　2125550
邮　编：661000
地　址：个旧市人民路88号

红河州分行营业部
副总经理：舒向红
电　话：2122889
邮　编：661000
地　址：个旧市人民路91号

蒙自县支行
行　长：李东剑
电　话：3722946
邮　编：661100
地　址：蒙自县天马路西段农行小区

开远市支行
行　长：牛　屏
电　话：7225301
邮　编：661600
地　址：开远市灵泉东路451号

建水县支行
行　长：王　庆
电　话：7653435
邮　编：654300
地　址：建水县东正路303号

石屏县支行
行　长：刘庆林
电　话：4857533
邮　编：662200

地　址：石屏县异龙镇焕之路3号

弥勒县支行

行　长：王　勇

电　话：6125036

邮　编：652300

地　址：弥勒县冉翁西路58号

泸西县支行

行　长：张　灿

电　话：6621493

邮　编：652400

地　址：泸西县中枢镇九华路75号

屏边县支行

行　长：王国良

电　话：3221430

邮　编：651200

地　址：屏边县建设路72号

河口县支行

行　长：潘洪江

电　话：3421788

邮　编：661300

地　址：河口县天香街

元阳县支行

行　长：高朝林

电　话：5643988

邮　编：662400

地　址：元阳县常青路

金平县支行

行　长：杨　山

电　话：5222853

邮　编：661500

地　址：金平县金沙小区

红河县支行

行　长：白琪校

电　话：4621386

邮　编：654400

地　址：红河县迤萨镇东门街

绿春县支行

行　长：白阿师

电　话：4221021

邮　编：662500

地　址：绿春县城中段

红河州分行红河烟厂办事处

主　任：马应禄

电　话：6122993

邮　编：652300

地　址：弥勒县桃园路50号

中国农业银行文山州分行

行　长：冯　宁

电　话：（0876）2121755

副行长：梁　永　李千里　孟崇东

电　话：（0876）2122770　2122404　2126890

邮　编：663000

地　址：文山县开化镇沙坝地北三巷

文山州分行营业部

经　理：孟崇东

电　活：（0876）2123012

邮　编：663000

地　址：文山县开化镇东风路88号

砚山县支行

行　长：杨建伟

电　话：（0876）3122713

邮　编：663100

地　址：砚山县江那镇砚华东路20号

西畴县支行

行　长：侯应祥

电　话：（0876）7622940

邮　编：663500

地　址：西畴县西洒镇金玉路49号

麻栗坡支行

行　长：白胜安

电　话：（0876）6623447

邮　编：663600

地　址：麻栗坡县河滨路2号

马关县支行

行　长：李国政

电　话：（0876）7123256

邮　编：663700

地　址：马关县农贸大街下段

邱北支行

行　长：李云波

电　话：（0876）4122293

邮　编：663200

地　址：邱北县锦屏镇东正街3号

广南县支行

副行长(主持工作)：刘光明

电　话：（0876）3122713

邮　编：663300
地　址：广南莲城西路130号

富宁县支行
行　长：周开明
电　话：（0876）6121000
邮　编：663400
地　址：富宁县团结街8号

中国农业银行思茅地区分行

行　长：姚梦龙
电　话：（0879）2124038
副行长：杨建勋　李　涛　陈宝安
电　话：（0879）2124108　2136204　2144660
邮　编：665000
地　址：思茅市人民东路

普洱县支行
行　长：管祥明
电　话：（0879）3232056
邮　编：665100
地　址：普洱县宁洱镇春场街

墨江县支行
行　长：李鸿康
电　话：（0879）4232105
邮　编：654800
地　址：墨江县联珠镇新建路4号

景东县支行
行　长：李正东
电　话：（0879）6221752
邮　编：676200
地　址：景东县景川路131号

景谷县支行
行　长：罗庭彦
电　话：（0879）5221963
邮　编：666400
地　址：景谷县人民路1号

镇沅县支行
行　长：李朝平
电　话：（0879）5811898
邮　编：666500
地　址：镇沅县金山路

澜沧县支行
行　长：和永锋
电　话：（0879）7222802
邮　编：665600
地　址：澜沧县东朗路

孟连县支行
副行长(主持工作)：郑从军
电　话：（0879）8721389
邮　编：665800
地　址：孟连县正大街

西盟县支行
行　长：许光辉
电　话：（0879）8343999
邮　编：665700
地　址：西盟县新县城

江城县支行
行　长：苏子顺
电　话：（0879）3721831
邮　编：665900
地　址：江城县勐烈镇振江路1号

中国农业银行西双版纳州分行

副行长(主持工作)：陈建华
电　话：（0691）2123416
副行长：江崇云
电　话：（0691）2124182
邮　编：666100
地　址：景洪市东路15号

西双版纳州分行营业部
副总经理(主持工作)：杨吉娅
电　话：（0691）2122621
邮　编：666100
地　址：景洪市西路23号

勐海县支行
行　长：李永纯
电　话：（0691）5121041
邮　编：666200
地　址：勐海县象山镇新街10号

勐腊县支行
行　长：严　勇
电　话：（0691）8122410
邮　编：666300
地　址：勐腊县勐腊镇景岗街1号

中国农业银行楚雄州分行

副行长(主持工作)：王小平
电　话：（0878）3133904
副行长：姜耀平　赵克田

电　话：3123250　3133913
邮　编：675000
地　址：楚雄市鹿城南路91号

楚雄州分行营业部

总经理：尹建华
电　话：3017437
邮　编：675000
地　址：楚雄市鹿城镇东新路34号

双柏县支行

行　长：杨相洪
电　话：7711918
邮　编：675100
地　址：双柏县城兴贸路

牟定县支行

行　长：倪志开
电　话：5211306
邮　编：675500
地　址：牟定县共和镇新南路

南华县支行

行　长：杨庆生
电　话：7221891
邮　编：675200
地　址：南华县龙川镇龙泉东路28号

姚安县支行

行　长：罗　坚
电　话：5711640
邮　编：675300
地　址：姚安县栋川镇西街

大姚县支行

行　长：张正才
邮　话：6222991
邮　编：675400
地　址：大姚金碧镇白塔路

永仁县支行

行　长：倪小平
电　话：6712098
邮　编：651400
地　址：永仁县永定镇建设路18号

元谋县支行

行　长：潘一兵
电　话：8211454
邮　编：651300
地　址：元谋县元马镇龙井街75号

武定县支行

行　长：李炳光
电　话：8711394
邮　编：651600
地　址：武定县近城镇中山路7号

禄丰县支行

行　长：李兰林
电　话：4124380
邮　编：651200
地　址：禄丰县金山镇南小区

中国农业银行大理州分行

行　长：杨光廷
电　话：（0872）2124659
副行长：段汉鼎　杨旭新　赵泽润
电　话：（0872）2124686　2178742　2122436
邮　编：671000
地　址：大理州人理市人民街134号

大理州分行营业部

总经理：李鹏春
电　话：（0872）2252380
邮　编：671000
地　址：大理州大理市下关新桥北

漾濞县支行

行　长：杨瑞昌
电　话：（0872）7521301
邮　编：672500
地　址：大理州漾濞彝族自治县上街镇新建街31号

祥云县支行

行　长：李竹安
电　话：（0872）3121255
邮　编：672100
地　址：大理州祥云县祥城镇南大街96号

宾川县支行

行　长：赵志华
电　话：（0872）7143478
邮　编：671600
地　址：大理州宾川县农行

弥渡县支行

行　长：杨金寿
电　话：（0872）8163860
邮　编：675600
地　址：大理州弥渡县建设路

南涧县支行

行　长：杨国生

电　话：（0872）8521896

邮　编：675700

地　址：大理州南涧县南涧镇振兴路8号

巍山县支行

行　长：赵栋才

电　话：（0872）6122184

邮　编：672400

地　址：大理州巍山县文华镇西新街6号

永平县支行

行　长：孙绍云

电　话：（0872）6524921

邮　编：672600

地　址：大理州永平县博南路

云龙县支行

副行长(主持工作)：李若松

电　话：（0872）5520648

邮　编：672700

地　址：大理州云龙县石门镇四街105号

洱源县支行

行　长：赵俊峰

电　话：（0872）5123773

邮　编：671200

地　址：大理州洱源县玉湖镇兴源路33号

剑川县支行

行　长：张　超

电　话：（0872）4521675

邮　编：671300

地　址：大理州剑川县金华镇鼎新街2号

鹤庆县支行

行　长：杨焯东

电　话：（0872）4121541

邮　编：671500

地　址：大理州鹤庆县云鹤镇兴鹤路32号

中国农业银行保山地区分行

行长：姚光建

电　话：（0875）2120546

副行长：李希鹏　董汝汇　杨怀尧

电　话：2120450　2134332　2134330

邮　编：678000

地　址：保山市上巷街13号

保山地区分行营业部

总经理：董汝汇

电　话：2134115

邮　编：678000

地　址：保山市保岫东路92号

腾冲县支行

行　长：周立仁

电　话：5182703

邮　编：679100

地　址：腾冲县凤山南路87号

昌宁县支行

行　长：李建强

电　话：7131888

邮　编：678100

地　址：昌宁县佑甸镇前进路

施甸县支行

行　长：赵正福

电　话：8125188

邮　编：678200

地　址：施甸县甸阳中路5号

龙陵县支行

行　长：明正有

电　话：6121534

邮　编：678300

地　址：龙陵县远征路2号

中国农业银行德宏州分行

行　长：张益荣

电　话：（0692）2110228

副行长：乐江云　王兴昌

电　话：2121702　2119095

邮　编：678400

地　址：潞西芒市为民路下段

德宏州分行营业部

总经理：乐江云

电　话：2121702

邮　编：678400

地　址：潞西芒市为民路下段

梁河县支行

行　长：冯全富

电　话：6161088

邮　编：679200

地　址：梁河县遮岛镇南甸路2号

盈江县支行
行　长：赵德光
电　话：8180736
邮　编：679300
地　址：盈江县平原镇永胜路18号

陇川县支行
行　长：杨清常
电　话：7173129
邮　编：678701
地　址：陇川县章凤镇三象路中段

瑞丽市支行
行　长：彭启明
电　话：4141645
邮　编：678600
地　址：瑞丽市兴市街中段

中国农业银行丽江地区分行
行　长：杨文举
电　话：（0888）5150566
副行长：张志宏　张　平
电　话：（0888）5150568　5150519
邮　编：674100
地　址：丽江县大研镇福慧路市政广场旁

丽江地区分行营业部
总经理：和林森
电　话：（0888）5188058
邮　编：674100
地　址：丽江县大研镇福慧路

永胜县支行
行　长：田应华
电　话：（0888）6521519
邮　编：674200
地　址：永胜县永北镇

华坪县支行
副行长(主持工作)：刘福国
电　话：（0888）6126143
邮　编：674800
地　址：华坪县中心镇

宁蒗县支行
行　长：李永红
电　话：（0888）5521517
邮　编：674300
地　址：宁蒗彝族自治县大兴镇

中国农业银行怒江州分行
副行长(主持工作)：褚学君
电　话：（0886）3624955
副行长：和文军　李陈军
电　话：3627287　3622956
邮　编：673100
地　址：泸水县六库镇人民路146号

怒江州分行营业部
行　长：和文华
电　话：3629027
邮　编：673100
地　址：泸水县六库镇穿城路117号

福贡县支行
行　长：李　鲸
电　话：3411169
邮　编：673400
地　址：福贡县上帕镇

兰坪县支行
行　长：和长青
电　话：3212520
邮　编：671400
地　址：兰坪县城振兴路14号

贡山县支行
行　长：田长春
电　话：3511486
邮　编：673500
地　址：贡山县城

中国农业银行迪庆州分行
行　长：水润生
电　话：（0887）8222895
副行长：蔡忠义　和丽群
电　话：（0887）8222938　8231080
邮　编：674400

迪庆州分行营业部
常务副总经理：李灿兴
电　话：（0887）8222363
邮　编：674400

德钦县支行
行　长：海金春
电　话：（0887）8413100
邮　编：674500

维西县支行
副行长(主持工作)：邵丽强

电　话：(0887) 8626801
邮　编：674600

中国农业银行临沧地区分行

行　长：刘星照
电　话：(0883) 2120398
副行长：杨伟章　陈光和
电　话：(0883) 2137817　2134948
邮　编：677000
地　址：临沧县凤翔镇南塘街6号

风庆县支行

行　长：莫　凡
电　话：(0883) 4211175
邮　编：675900
地　址：风庆县太平街45号

云县支行

行　长：吕亚生
电　话：(0883) 3211109
邮　编：675800
地　址：云县爱华镇草皮街

临沧地区分行营业部

总经理：陈书军
电　话：(0883) 2123371
邮　编：677000
地　址：临沧县凤翔镇西大街66号

永德县支行

行　长：夏照云
电　话：(0883) 5211884
邮　编：677600
地　址：永德县德党镇德党街

镇康县支行

行　长：马非马
电　话：(0883) 6621481
邮　编：677700
地　址：镇康县凤尾镇

双江县支行

行　长：鲁光荣
电　话：(0883) 7621170
邮　编：677300
地　址：双江县城

耿马县支行

行长：字光前
电　话：(0883) 6121729
邮　编：677500
地　址：耿马县城

沧源县支行

行　长：罗　剑
电　话：(0883) 7121756
邮　编：677400
地　址：沧源县城

中国银行

中国银行云南省分行

行　长：李永秾
电　话：3179599
副行长：曹立聪　曲恒善　张双林
电　话：3192919　3184922　3184885
纪检组长：石安华
电　话：3179196
行长助理：叶健生
电　话：3179196
邮　编：650051
地　址：昆明市北京路515号

行长办公室

主　任：郑斯杰
电　话：3178251
副主任：陈双雨
电　话：3192906
邮　编：650051
地　址：昆明市北京路515号

人事教育处

处　长：何秀全
电　话：3176066
副处长：陈敏元　赵建钊
电　话：3172652　3124768
邮　编：650051
地　址：昆明市北京路515号

培训中心

主　任：单治明
电　话：8411676
邮　编：650111
地　址：昆明市西山区龙门村

资金计划处

副处长：徐　平
电　话：3190502
邮　编：650051
地　址：昆明市北京路515号

风险管理处

副处长：李新明　杨顺萍
电　话：3192900　3192905
邮　编：650051
地　址：昆明市北京路515号

财会处

处　长：周洪源
电　话：3178231
副处长：杨振兴　董锦虹
电　话：3176112　3176049
邮　编：650051
地　址：昆明市北京路515号

机构管理处

处　长：陈嘉兴
电　话：3197584
邮　编：650051
地　址：昆明市北京路515号

公司业务处

副处长：曹　曙　李　钢
电　话：3175611　3175230
邮　编：650051
地　址：昆明市北京路515号

零售业务处

处　长：黄晓青
电　话：3187667
副处长：张人栋　任和平
电　话：3192923　3190505
邮　编：650051
地　址：昆明市北京路515号

结算业务处

处　长：何亚林

电　话：3175556

副处长：曾　峻

电　话：3190503

邮　编：650051

地　址：昆明市北京路515号

营业部

主　任：许锡明

电　话：3192912

副主任：张　静　何小云

电　话：3192913　3176134

邮　编：650051

地　址：昆明市北京路515号

稽核处

处　长：张小薇

电　话：3155105

副处长：瞿　坚

电　话：3192925

邮　编：650051

地　址：昆明市北京路515号

监察室

主　任：王有元

电　话：3176196

副主任：杨文根

电　话：3172665

邮　编：650051

地　址：昆明市北京路515号

保卫处

处　长：樊兆山

电　话：3176161

副处长：丁挺坚

电　话：3176101

邮　编：650051

地　址：昆明市北京路515号

信息科技处

处　长：杨延光

电　话：3178267

副处长：章宗达　张永强

电　话：3155102　3636033

邮　编：650051

地　址：昆明市北京路515号

总务处

处　长：赵德贤

电　话：3179699

副处长：朱火山

电　话：3176226

邮　编：650051

地　址：昆明市北京路515号

工会工作委员会

系统工会主席：李迎辉

电　话：3175621

机关工会主席：田　野

电　话：3176210

邮　编：650051

地　址：昆明市北京路515号

东风直属支行

行　长：段凤英

电　话：3622805

副行长：申开有　杜惠云

电　话：3639362　3622485

邮　编：650022

地　址：昆明市东风西路16号

高新开发区支行

行　长：王　波

电　话：8336696

副行长：谢利群

电　话：8336627

邮　编：650118

地　址：昆明市人民西路350号

滇池渡假区支行

行　长：奚跃刚

电　话：4162468

副行长：叶文华

电　话：4162068

邮　编：650034

地　址：昆明市环城南路659号

西山区支行

行　长：路祖民

电　话：8109193

副行长：张　富

电　话：8109247

邮　编：650100

地　址：昆明市西山区马街北路23号

金碧支行
行　长：苏　勇
电　话：3611626
副行长：应惠娟
电　话：3102942
邮　编：650051
地　址：昆明市复兴村304号

海口支行
副行长(主持工作)：姚　舜
电　话：8590104
副行长：杨建武
电　话：8590250
邮　编：650114
地　址：昆明市海口镇中潭街

南窑直属支行
主　任：张　敏
电　话：3170956
副行长：苏振荣　黄友兰
电　话：3199385　3513036
邮　编：650011
地　址：昆明市环城南路305号

官渡区支行
行　长：张　清
电　话：7188551
副行长：王建伟
电　话：7157079
邮　编：650200
地　址：昆明市关上双桥路

北市区支行
行　长：张　洁
电　话：5172186
副行长：祝建林
电　话：5140498
邮　编：650011
地　址：昆明市北京路328号

宜良县支行
行　长：梁乃生
电　话：7594481
副行长：达云菊
电　话：7595432
邮　编：652100
地　址：宜良县振兴街54号

晋宁县支行
行　长：俞宏剑
电　话：7892916
邮　编：650600
地　址：晋宁县昆阳镇郑和路

中国银行昭通直属支行
行　长：阴安滇
电　话：(0870) 2234344
副行长：诸人谨
电　话：(0870) 2224303
邮　编：657000
地　址：昭通市青年路南段

中国银行丽江直属支行
行　长：马永华
电　话：(0888) 5122445
副行长：潘　文
电　话：(0888) 5122374
邮　编：674100
地　址：丽江县大研镇

中国银行大理分行
行　长：奚汝宽
电　话：(0872) 2124850
副行长：王有祚
电　话：(0872) 2124473
邮　编：651000
地　址：大理市下关溪龙路东段

宾川县支行
副行长(主持工作)：王光祖
电　话：(0872) 7142618
副行长：赵庆春
电　话：(0872) 7142618
邮　编：671600
地　址：牛井镇东街25号

中国银行红河州分行
行　长：李碧浩
电　话：(0873) 2129325
副行长：张书华　谭　立
电　话：(0873) 2125164　2129327
总稽核：杨丽春
电　话：(0873) 2125297
邮　编：661400

地　址：个旧市人民路88-2号

河口县支行

行　长：禹　顺
电　话：（0873）3421961
副行长：武　杰
电　话：（0873）3424157
邮　编：661300
地　址：河口县广龄街138号

开远市支行

行　长：吴　宏
电　话：（0873）7224288
副行长：阮友宾
电　话：（0873）7133799
邮　编：661000
地　址：开远市西中路10号

蒙自县支行

副行长(主持工作)：左　昆
电　话：（0873）3642035
副行长：刘素清
电　话：（0873）3643076
邮　编：661100
地　址：蒙自县环城南路36号

中国银行曲靖分行

行　长：章以全
电　话：（0874）3149125
副行长：何　刚　陈　洪
电　话：（0874）3114527　3114537
邮　编：655000
地　址：曲靖市麒麟东路

宣威市支行

行　长：刘　波
电　话：（0874）7132943
副行长：邹圣碧
电　话：（0874）7124297
邮　编：655400
地　址：宣威市下堡街278号

陆良县支行

行　长：李晓友
电　话：（0874）6226518
邮　编：655600
地　址：陆良县北门街1号

中国银行保山地区分行

行　长：刘常欢
电　话：（0875）2120786
副行长：杨明光　杨汝洪
电　话：（0875）2120738 2120758
邮　编：678000
地　址：保山市保岫东路1号

腾冲县支行

行　长：金明章
电　话：（0875）5126133
副行长：徐定峰
电　话：（0875）3187234
邮　编：679100
地　址：腾冲县盈江东路24号

中国银行文山分行

副行长(主持工作)：刘建云
电　话：（0876）2180889
副行长：左经翠
电　话：（0876）2183233
纪委书记：曹兆昆
电　话：（0876）2183683
邮　编：663000
地　址：文山县开化中路

麻栗坡县支行

行　长：戚云昌
电　话：（0876）6622143
副行长：万红芳
电　话：（0876）6624585
邮　编：663600
地　址：麻栗坡县麻船路

中国银行玉溪分行

行　长：汪文斗
电　话：（0877）2053283
副行长：王昌文　吕维佑
电　话：（0877）2052798　2051808
邮　编：653100
地　址：玉溪市红塔路上段

澄江县支行

行　长：罗以林
电　话：（0877）6911597
副行长：李毅山

电　话：(0877）6917158
邮　编：652500
地　址：澄江县振兴路下段

元江县支行

行　长：陈云彪
电　话：(0877）6013124
副行长：夏洪涛
电　话：(0877）6013253
邮　编：653300
地　址：元江县澧花镇澧江路54号

通海县支行

行　长：李　顺
电　话：(0877）3011931
副行长：朱学林
电　话：(0877）3015118
邮　编：652700
地　址：通海县长虹路

中国银行楚雄分行

副行长(主持工作)：刘　荣
电　话：(0878）3122425
副行长：孙玉霞
电　话：(0878）3124868
邮　编：675000
地　址：楚雄市水闸口蔡家巷

禄丰县支行

行　长：宋　杰
电　话：(0878）4121884
邮　编：651200
地　址：禄丰县金山镇新大街

中国银行思茅地区分行

行　长：姚文祥
电　话：(0879）2125057
副行长：朱克锋
电　话：(0879）2124042
邮　编：665000
地　址：思茅市月光路3号

孟连县支行

行　长：杨惠兰
电　话：(0879）8722074
副行长：余卫东
电　话：(0879）8724345
邮　编：665800
地　址：孟连县大街

中国银行临沧地区分行

行　长：蔡正喜
电　话：(0883）2123168
副行长：顾光裕　董　芸
电　话：(0883）2123282　2140778
邮　编：677000
地　址：临沧县南塘街

云县县支行

行　长：王维民
电　话：(0883）3211288
副行长：潘继勇
电　话：(0883）3211378
邮　编：675800
地　址：云县爱华镇

耿马县支行

行　长：窦云生
电　话：(0883）6121868
副行长：奚云红
电　话：(0883）6122425
邮　编：677500
地　址：耿马县耿宣镇

中国银行西双版纳分行

行　长：孙伟敏
电　话：(0691）2136438
副行长：曹　武
电　话：(0691）2125099
邮　编：666100
地　址：景洪民族南路

勐腊县支行

副行长(主持工作)：李　宏
电　话：(0691)8122817
邮　编：666300
地　址：勐腊县勐腊镇

中国银行德宏分行

行　长：杨明贤
电　话：(0692）2122132
副行长：张国聪　解近宏
电　话：(0692）2126212　2123012
邮　编：678400
地　址：芒市东风西路中段

畹町市支行

行　长：许国佑
电　话：（0692）5151532
副行长：李健美
电　话：（0692）5151955
邮　编：678500
地　址：畹町国防街85号

瑞丽市支行

副行长(主持工作)：蒋志勇
电　话：（0692）4142187
副行长：毛丛荣
电　话：（0692）4144180
邮　编：678600
地　址：瑞丽市瑞宏路

陇川县支行

行　长：赵炳翔
电　话：（0692）7171977
副行长：李卫其　早大能
电　话：（0692）7171677　7174949
邮　编：678701
地　址：陇川县章凤镇

盈江县支行

行　长：杨冶钦
电　话：(0692)8180631
副行长：陈郁松
电　话：(0692)8181145
邮　编：679300
地　址：盈江县平原镇永胜路

中国建设银行

中国建设银行云南省分行

行　长：帅晋昆
电　话：（0871）3513300-6610
副行长：杨槐璋　范京云
电　话：（0871）3513300-6608　6611
纪委书记：黄为群
电　话：（0871）3513300-1306
工会主任：赵天明
电　话：（0871）3513300-6712
总审计师：刘　平
电　话：（0871）3513300-6706
邮　编：650041
地　址：昆明市永安路37号

办公室

主　任：马亦凌
电　话：(0871)3513122

人事处

处　长：黄为群(兼)
电　话：（0871）3513276

纪检监察室

主　任：王大竹
电　话：（0871）3513274

保卫处

处　长：范昌杰
电　话：（0871）3513275

会计处

处　长：杨谷存
电　话：（0871）3513280

资产保全处

处　长：谢文琼
电　话：（0871）3513135

个人银行业务部

副处长：周力明
电　话：（0871）3513130

机关党团委

副书记：晁永生

电　话：（0871）3513277

工会

副主席：蒋永富

电　话：（0871）3513279

系统管理处

处　长：杨明轩

电　话：（0871）3513300-1206

综合审计处

副处长：王黎川

电　话：（0871）3513300-1206

计财处

处　长：张勋蓉

电　话：（0871）3513128

科技处

处　长：张新吾

电　话：（0871）3513121

后勤服务中心

主　任：黄体安

电　话：（0871）3513285

教育培培训处

处　长：张慧言

电　话：（0871）3513278

清算中心

主　任：王培良

电　话：（0871）3559336

公司业务部

处　长：叶厚刚

电　话：（0871）3513300-1304

信贷管理委员会办公室

副主任：陈　沛

电　话：（0871）3513131

信贷风险管理委员会办公室

副主任：李　斌

电　话：（0871）3513300-1016

房地产信贷部

主　任：王忠华

电　话：（0871）3559234

委托业务处

处　长：张启昆

电　话：（0871）3513129

财政委托处

副处长：李　虹

电　话：（0871）3513300-1502

老干处

副处长：罗玉元

电　话：（0871）3513300-1810

业务发展处

处　长：胡　林

电　话：（0871）3513132

昆明审计办事处

审计特派员：陆明明

电　话：（0871）3621645

邮　编：650021

地　址：昆明市南屏街

曲靖审计办事处

审计副特派员：窦和平

电　话：（0874）2066198

邮　编：655000

地　址：曲靖市麒麟区开发区翠峰路中段

大理审计办事处

审计副特派员：安　波

电　话：（0872）2285278

邮　编：671000

地　址：大理市泰安路泰安桥北

红河审计办事处

审计副特派员：邝　钧

电　话：（0873）2136363

邮　编：661000

地　址：个旧市人民路112号

玉溪审计办事处

审计副特派员：赵云钦

电　话：（0877）2066198

邮　编：653100

地　址：玉溪市凤凰路38号

保山审计办事处

审计特派员：徐永祥

电　话：（0875）2140572

邮　编：678000

地　址：保山市正阳南路中段

滇龙支行

副行长：王亚雄

电　话：（0871）3634982

邮　编：650021

地　址：昆明市南屏街

新兴支行

副行长：王晶武

电　话：（0871）3100383
邮　编：650041
地　址：昆明市北京路404号

建业支行
行　长：王万昆
电　话：（0871）3101188
邮　编：650021
地　址：昆明市青年路385号

省分行营业部
主　任：王　岚
电　话：（0871）3513123
邮　编：650041
地　址：昆明市永安路37号

青年路支行
副行长：杨　言
电　话：（0871）3127743
邮　编：650021
地　址：昆明市青年路382号

城东支行
行　长：卜海河
电　话：（0871）3182887
副行长：郭　莲　李玉成
电　话：（0871）3183686　3183780
邮　编：650051
地　址：昆明市东风东路建工大楼

和平支行
行　长：李继华
电　话：（0871）3546917
邮　编：650041
地　址：昆明市环城南路328号

春城路支行
行　长：孙　健
电　话：（0871）3178557
邮　编：650011
地　址：昆明市春城路5号

官渡区支行
行　长：陈惠萍
电　话：（0871）7172691
邮　编：650002
地　址：昆明市官渡区

嵩明县支行
行　长：杨光伟
电　话：（0871）7911214
邮　编：651700
地　址：嵩明县嵩阳城南街

呈贡县支行
行　长：王艳屏
电　话：（0871）7479215
邮　编：650500
地　址：呈贡县古银路中段

宜良县支行
行　长：张长林
电　话：（0871）7527620
邮　编：652100
地　址：宜良县匡远镇清远街178号

石林县支行
行　长：李绍雄
电　话：（0871）7796103
邮　编：652200
地　址：石林县30米大街北路

晋宁县支行
行　长：张雁波
电　话：（0871）7893616
邮　编：650600
地　址：晋宁县昆阳城郑和路4号

城北支行
行　长：傅红宁
电　话：(0871)3128189
副行长：马锦林　郭树方
电　话：（0871）3127452　3129356
邮　编：650021
地　址：昆明市人民中路美亚大厦西裙楼

正义路支行
行　长：钱　云
电　话：（0871）3628536
邮　编：650021
地　址：昆明市正义路123号

长春路支行
行　长：曹　玉
电　话：（0871）3625465
邮　编：650021
地　址：昆明市长春路中段如意苑

护国路支行
行　长：许　颖
电　话：（0871）3139973

邮　编：650021
地　址：昆明市护国路22号

圆通街支行
行　长：杜云冰
电　话：（0871）5121158
邮　编：650031
地　址：昆明市圆通街26号

寻甸县支行
行　长：马青松
电　话：（0871）2662912
邮　编：655200
地　址：昆明市寻甸县仁德镇玉屏街31号

城南支行
行　长：庞明祥
电　话：（0871）3127782
副行长：丁广燕
电　话：（0871）3127790
副书记：李开展
电　话：（0871）3127822
邮　编：650011
地　址：昆明市书林街新桥村2-3号

北京路支行
行　长：龚爱萍
电　话：（0871）3191527
邮　编：650051
地　址：昆明市北京路501号

东川支行
行　长：徐　年
电　话：（0871）2121883
邮　编：654100
地　址：东川区古铜路

城西支行
行　长：许焕生
电　话：（0871）3640369
副行长：陈泽民　徐建华
电　话：（0871）3640399　3640396
邮　编：650031
地　址：昆明市东风西路77号

塘双路支行
行　长：陈毫安
电　话：（0871）3100385
邮　编：650011
地　址：昆明市北京路400号

西坝路支行
行　长：刘　春
电　话：（0871）4100636
邮　编：650032
地　址：昆明市西坝路2号青年大厦一楼

环城西路支行
行　长：彭国太
电　话：（0871）5319667
邮　编：650031
地　址：昆明市环城西路141号

西山支行
行　长：杨　军
电　话：（0871）8228839
邮　编：650100
地　址：昆明市兴苑路北侧

昆钢支行
行　长：刘登成
电　话：（0871）8602136
邮　编：650302
地　址：安宁市昆钢建设街中段

安宁支行
行　长：张云彪
电　话：（0871）8699222
邮　编：650300
地　址：安宁市中华路西段

海口支行
行　长：苏碧琼
电　话：（0871）8590341
邮　编：650114
地　址：昆明市西山区海口镇中滩街225号

富民县支行
行　长：屠建明
电　话：（0871）8811168
邮　编：650400
地　址：富民县永定镇农贸街6号

禄劝县支行
行　长：张　云
电　话：（0871）8912989
邮　编：651500
地　址：禄劝县屏山镇五星街中段贸易大楼

草铺支行
行　长：杨　兵
电　话：(0871)8699444

邮　编：650300
地　址：安宁市草铺乡

中国建设银行昭通地区分行

行　长：杨忠芬
电　话：(0870) 2154667
副行长：胡焕必　张文才
电　话：(0870) 2153621　2152955
纪委书记：魏荣毅
电　话：(0870) 2153042
邮　编：657000
地　址：昭通市东后街208号

昭通地区分行营业部

主　任：王剑勇
电　话：(0870) 2224654
邮　编：657000
地　址：昭通市南大街西段(体育馆东侧)

城区办事处

主　任：向玉新
电　话：(0870) 2229554
邮　编：657000
地　址：昭通市青年路287号

通龙办事处

主　任：锁　恒
电　话：(0870) 2135264
邮　编：657000
地　址：昭通市北顺城街183号

渔洞办事处

主　任：吴远江
电　话：(0870) 2160424
邮　编：657000
地　址：昭通市三孔桥渔洞管理局基地

大关县支行

行　长：吕　跃
电　话：(0870) 5621363
邮　编：657400
地　址：大关县顺城路36号

鲁甸县支行

行　长：陆昭平
电　话：(0870) 8121734
邮　编：657100
地　址：鲁甸县文屏西路5号

水富县支行

行　长：张家林
电　话：(0870) 8637622
邮　编：657800
地　址：水富县云富镇团结路

盐津县支行

行　长：陈　普
电　话：(0870) 6622988
邮　编：657500
地　址：盐津县盐井镇县大街146号

彝良县支行

行　长：吕　跃
电　话：(0870) 5121883
邮　编：657600
址：彝良县角奎镇环城北路6号

永善县支行

行　长：李国玖
电　话：(0870) 4122354
邮　编：657300
地　址：永善县景新镇新华街30号

镇雄县支行

行　长：谭万文
电　话：(0870) 3120488
邮　编：657200
地　址：镇雄县乌峰镇建设街133号

中国建设银行曲靖市分行

行　长：杨天才
电　话：(0874) 3313518
副行长：赵建国　吴灿文
电　话：(0874) 3313533　3313588
工会主席：杨菊芬
电　话：(0874) 3310308
纪委书记：周学祥
电　话：(0874) 3316088
邮　编：655000
地　址：曲靖市麒麟区开发区翠峰路中段

曲靖市分行营业部

主　任：赵家先
电　话：(0874) 3320822
邮　编：655000
地　址：曲靖市翠峰路中段

电厂办事处

主　任：潘粤萍
电　话：(0874) 3131267
邮　编：655000

地　址：曲靖市沾益县白水乡曲靖电厂

花山办事处

主　任：赵培德

电　话：（0874）3068377

邮　编：655000

地　址：曲靖市沾益县花山镇

南宁北路办事处

主　任：周昆景

电　话：（0874）3132449

邮　编：655000

地　址：曲靖市南宁北路中段

麒麟办事处

主　任：顾开文

电　话：（0874）3123767

邮　编：655000

地　址：曲靖市麒麟东路25号

沾益办事处

主　任：王德友

电　话：（0874）3163251

邮　编：655000

地　址：沾益县西平镇东风北路

宣威市板桥办事处

主　任：邓家龙

电　话：（0874）7982123

邮　编：655400

地　址：宣威市板桥镇

富源县支行

行　长：杨　勤

电　话：（0874）4612344

邮　编：654500

地　址：富源县兴源街17号

会泽县支行

行　长：饶　沛

电　话：（0874）5122225

邮　编：654200

地　址：会泽县钟屏镇新大街123号

陆良县支行

行　长：姜　斌

电　话：（0874）6332597

邮　编：650000

地　址：陆良县开发区

罗平县支行

行　长：田　政

电　话：（0874）8212228

邮　编：655800

地　址：罗平县罗雄镇文笔路17号

马龙县支行

行　长：杨国才

电　话：（0874）8880932

邮　编：650000

地　址：马龙县通泉镇龙泉东路

师宗县支行

行　长：张如松

电　话：（0874）5752282

邮　编：654400

地　址：师宗县丹凤镇漾月东路12号

宣威市支行

行　长：崔同欢

电　话：（0874）7122260

邮　编：650000

地　址：宣威市建设西街9号

中国建设银行玉溪市分行

副行长：母其会　杨福勇　周国庆

电　话：（0877）2026180　2023403　2023196

纪委书记：程　桥

电　话：（0877）2023550

工会主席：林文华

电　话：（0877）2034927

邮　编：653100

地　址：玉溪市玉兴路6号

玉溪市营业部

主　任：杨　润

电　话：（0877）2034552

邮　编：653100

地　址：玉溪市玉兴路6号

城区办事处

主　任：李武瑜

电　话：（0877）2070469

邮　编：653100

址：玉溪市泰山路

建设办事处

主　任：童　伟

电　话：（0877）2034408

邮　编：653100

地　址：玉溪市红塔路22号

玉龙办事处

主　任：魏　跃

电　话：（0877）2028483

邮　编：653100

地　址：玉溪市人民路中段

澄江县支行

副行长：张建恒

电　话：（0877）6911819

邮　编：652500

地　址：澄江县凤麓镇仙湖路

峨山县支行

行　长：段志敏

电　话：（0877）4011719

邮　编：653200

地　址：峨山县双江镇练江北路26号

华宁县支行

行　长：张华中

电　话：（0877）5015848

邮　编：652500

地　址：华宁县宁州镇宁阳路下段

江川县支行

行　长：刘文清

电　话：（0877）8011819

电　话：652200

地　址：江川县大街镇宁海路19号

通海县支行

行　长：黄兰仙

电　话：（0877）3018585

邮　编：652700

地　址：通海县秀山镇西街93号

新平县支行

副行长：华　明

电　话：（0877）7011917

地　址：653400

地　址：新平县桂山镇

易门县支行

副行长：邵　兵

电　话：（0877）4961881

邮　编：651100

地　址：易门县易兴路7号

元江县支行

行　长：阚朝阳

电　话：（0877）6016588

邮　编：653300

地　址：元江县澧江镇兴隆街3号

中国建设银行红河州分行

行　长：何　跃

电　话：（0873）2123168

副行长：陈　伟　普　跃

电　话：（0873）2129658　2143370

工会主席：赵建福

电　话：（0873）2130968

邮　编：661000

地　址：个旧市金湖西路380号

红河州分行营业部

行　长：杨忠富

电　话：（0873）2122335

邮　编：661000

地　址：个旧市人民路112号

河口县支行

行　长：陈建军

电　话：（0873）3421228

邮　编：661300

地　址：河口县天香街

红河县支行

行　长：马王章

电　话：（0873）4621456

邮　编：654400

地　址：红河县迤沙镇北门街

建水县支行

行　长：王世安

电　话：（0873）7652298

邮　编：654300

地　址：建水县朝阳北路75号

金平县支行

行　长：朱乃雄

电　话：（0873）5221482

邮　编：661500

地　址：金平县环城南路

开远市支行

副行长：龙志福

电　话：（0873）7223400

邮　编：661600

地　址：开远市灵泉路236号

泸西县支行

副行长：史　冰

电　话：（0873）6621416
邮　编：652400
地　址：泸西县九华路66号

蒙自县支行
行　长：范永平
电　话：（0873）3643757
邮　编：661100
地　址：蒙自县天马路3号

弥勒县支行
行　长：杨兴德
电　话：（0873）6122522
邮　编：652300
地　址：弥勒县冉翁西路54号

石屏县支行
行　长：杨文亮
电　话：（0873）4857745
邮　编：662200
地　址：石屏县焕文路68号

元阳县支行
行　长：张绍祥
电　话：（0873）5643584
邮　编：662400
地　址：元阳县新街镇

中国建设银行文山州分行
行　长：唐育明
电　话：（0876）2124671
副行长：何富强
电　话：（0876）2124945
纪委书记：王华书
电　话：（0876）2124885
邮　编：663000
地　址：文山县开化镇田坝心河东路

文山州分行营业部
主　任：肖正兵
电　话：（0786）2124642
邮　编：663000
地　址：文山县开化镇望华路47号

东风办事处
主　任：王宪祥
电　话：（0876）2127857
邮　编：663000
地　址：文山县开化镇东风路108号

文龙办事处
主　任：陶声发
电　话：（0876）2129258
邮　编：663000
地　址：文山县开化镇南桥路55号

富宁县支行
副行长：陶发高
电　话：（0876）6122087
邮　编：663400
地　址：富宁县新华镇振兴小区二巷20号

广南县支行
副行长：王征海
电　话：（0876）5152858
邮　编：663300
地　址：广南县莲城西路99号

麻栗坡县支行
行　长：李明刚
电　话：（0876）6622576
邮　编：663600
地　址：麻栗坡县麻栗镇麻船路6号

马关县支行
副行长：杨明奎
电　话：（0876）7122343
邮　编：663700
地　址：马关县马白镇园中路8号

邱北县支行
行　长：王　丽
电　话：（0876）4122322
邮　编：663200
地　址：邱北县锦屏镇人民路2号

砚山县支行
行　长：孙绍洪
电　话：（0876）3123865
邮　编：663100
地　址：砚山县江那镇建设路

中国建设银行思茅地区分行
行　长：舒家禾
电　话：（0879）2122792
副行长：白　杨　查文军
电　话：（0879）2124337　2123549
纪委书记：赵云盟
电　话：（0871）2123931

邮　编：665000
地　址：思茅市人民东路

思茅地区分行营业部

主　任：李宏伟
电　话：（0879）2123963
邮　编：665000
地　址：思茅市人民东路

景东县支行

行　长：王开贵
电　话：（0879）6221052
邮　编：676200
地　址：景东县景川路

景谷县支行

行　长：鲁双秀
电　话：（0879）5222736
邮　编：666400
地　址：景谷县内环北路

澜沧县支行

副行长：何福先
电　话：（0879）7222095
邮　编：665600
地　址：澜沧县勐朗镇温泉路

孟连县支行

行　长：李加飞
电　话：（0879）8722289
邮　编：665800
地　址：孟连县白象街

墨江县支行

副行长：吕立华
电　话：（0879）4232612
邮　编：654800
地　址：墨江县新建路38号

普洱县支行

行　长：佘德正
电　话：（0879）3232504
邮　编：665100
地　址：普洱县环城西路

镇沅县支行

行　长：王贵勇
电　话：（0879）5812026
邮　编：666500
地　址：镇沅县金山路

中国建设银行西双版纳州分行

行　长：秦以贵
电　话：（0691）2128881
副行长：陈绮华
电　话：（0691）2128408
纪委书记：叶金文
电　话：（0691）2133997
邮　编：666100
地　址：景洪市纳昆康小区

西双版纳州分行营业部

副主任：李美玉
电　话：（069）2128401
邮　编：666100
地　址：景洪市纳昆康小区

打洛办事处

主　任：黄　晓
电　话：（0691）5561229
邮　编：666212
地　址：勐海县打洛镇开发区

景龙办事处

主　任：王　兵
电　话：（0691）2128415
邮　编：666100
地　址：景洪市纳昆康小区

勐海县支行

行　长：米云跃
电　话：（0691）5122837
邮　编：666200
地　址：勐海县象山镇新街12号

中国建设银行楚雄州分行

行　长：李培芳
电　话：（0878）3019888
副行长：李　林　谭永芳
电　话：（0878）3016888　3017888
纪委书记：蔡家顺
电　话：（0878）3018665
邮　编：675000
地　址：楚雄市鹿城东路142号

楚雄州分行营业部

主　任：李　全
电　话：（0878）3124695
邮　编：675000

地　址：楚雄市双建路

楚龙办事处

主　任：刘跃平

电　话：（0878）3128070

邮　编：675000

地　址：楚雄市鹿城南路44号

金晖办事处

行　长：任宝俊

电　话：（0878）3122801

邮　编：675000

地　址：楚雄市鹿城南路18号

大姚县支行

行　长：陈安礼

电　话：（0878）6222146

邮　编：675400

地　址：大姚县金碧镇新大街25号

禄丰县支行

行　长：李忠顺

电　话：（0878）4122120

邮　编：651200

地　址：禄丰县金山镇南路136号

牟定县支行

行　长：金洪文

电　话：（0878）5212343

邮　编：675500

地　址：牟定县共和镇新南路

南华县支行

行　长：杨　斌

电　话：（0878）7221021

邮　编：675200

地　址：南华县龙川镇215号

武定县支行

行　长：杨明安

电　话：（0878）8712055

邮　编：651600

地　址：武定县近城镇中山路15号

姚安县支行

行　长：徐家林

电　话：（0878）5711908

邮　编：675300

地　址：姚安县栋川镇西街

元谋县支行

行　长：刘建刚

电　话：（0878）8211609

邮　编：651300

地　址：元谋元马镇环城南路26号

中国建设银行大理州分行

行　长：赵卫国

电　话：（0872）2281999

副行长：刘崇云　张步荣

电　话：（0872）2285288　2285268

纪委书记：杨文海

电　话：（0872）2285258

邮　编：671000

地　址：大理市泰安路泰安桥北

大理州分行营业部

主　任：刘　勇

电　话：（0872）2234473

邮　编：671000

地　址：大理市泰安路泰安桥北

大理办事处

主　任：杨福东

电　话：（0872）2670202

邮　编：671003

地　址：大理市大理古城护国路65号

风城办事处

主　任：沈世荣

电　话：（0872）2134475

邮　编：671000

地　址：大理市下关沧浪路

宾川县支行

行　长：杨　诚

电　话：（0872）7142148

邮　编：671600

地　址：宾川县牛井镇环城南路

洱源县支行

行　长：杨应齐

电　话：（0872）5124346

邮　编：671200

地　址：洱源县城新区洱周路

鹤庆县支行

行　长：白超群

电　话：(0872)4121823

邮　编：671500

地　址：鹤庆县西门外新大街

弥渡县支行
行　长：杨福亮
电　话：(0872)8162250
邮　编：675600
地　址：弥渡县弥城东郊

南涧县支行
行　长：李培良
电　话：(0872)8521341
邮　编：675700
地　址：南涧县城富民街

巍山县支行
行　长：史宾菊
电　话：(0872)6122767
邮　编：672400
地　址：巍山县巍城西路

祥云县支行
行　长：金国胜
电　话：(0872)3121395
邮　编：672100
地　址：祥云县祥城镇八里路

漾濞县支行
行　长：张学锋
电　话：(0872)7522946
邮　编：672500
地　址：漾濞县环城西路

永平县支行
行　长：杨忠泽
电　话：(0872)6520125
邮　编：672600
地　址：永平县博南路口

中国建设银行保山地区分行

行　长：王昆生
电　话：（0875）2160879
副行长：李　林
电　话：（0875）2120136
纪委书记：张志红
电　话：（0875）2120068
工会主席：李荣胜
电　话：（0875）2120132
邮　编：678000
地　址：保山市正阳南路中段

保山地区分行营业部
主　任：杨丽云
电　话：（0875）2120082
邮　编：678000
地　址：保山正阳南路中段建银大夏

城南办事处
主　任：刘崇猛
电　话：（0875）2120028
邮　编：678000
邮　址：保山市民航路东段

昌宁县支行
行　长：刘宗汉
电　话：（0875）7130168
邮　编：678100
地　址：昌宁县城商业街北段

龙陵县支行
行　长：张　滦
电　话：（0875）6121838
邮　编：678300
地　址：龙陵县新城北路

施甸县支行
行　长：肖晓梅
电　话：（0875）8121307
邮　编：678200
地　址：施甸县甸阳东路

腾冲县支行
行　长：江　兴
电　话：（0875）5182006
邮　编：679100
地　址：腾冲县城关二街光华东路6号

中国建设银行德宏州分行

副行长：林尚信　李济茗　梁二麟
电　话：（0692）2121609　2121997　2121966
纪委书记：杨庆华
电　话：（0692）2121605
党委副书记：张绍华
电　话：（0692）2131619
邮　编：678400
地　址：芒市镇团结大街北段

德宏州分行营业部
主　任：李志芳
电　话：(0692)2112403
邮　编：678400
地　址：潞西芒市镇团结大街北段

团结大街办事处
主　任：杜仕英
电　话：(0692)2128688
邮　编：678400
地　址：潞西芒市镇团结大街150号

为民路办事处
主　任：杨　萍
电　话：(0692)2124097
邮　编：678400
地　址：潞西芒市镇为民路下段

梁河县支行
行　长：杨继康
电　话：(0692)6161235
邮　编：679200
地　址：梁河县振兴路3号

陇川县支行
行　长：段和义
电　话：(0692)7172705
邮　编：678700
地　址：陇川县章凤镇三象路

瑞丽市支行
行　长：王向宏
电　话：(0692)4148530
邮　编：678600
地　址：瑞丽市姐岗路12号

瑞丽市支行姐告办事处
主　任：翁草干
电　话：(0692)4666571
邮　编：678600
地　址：瑞丽市姐告

盈江县支行
行　长：李维相
电　话：(0692)8180758
邮　编：679300
地　址：盈江县平原镇永胜路南牌44号

中国建设银行丽江地区分行

副行长：吴秉勤　黄志斌　年建伟
电　话：（0888）5121098　5123625　5122788
纪委书记：和美泉
电　话：（0888）5123195
邮　编：674100
地　址：丽江县福慧路东段

丽江地区分行营业部
主　任：张崇达
电　话：（0888）5123369
邮　编：674100
地　址：丽江县大研镇民主路

丽龙办事处
主　任：易国富
电　话：（0888）5124787
邮　编：674100
地　址：丽江县大研镇玉龙桥东侧

华坪县支行
行　长：江元朝
电　话：（0888）6121529
邮　编：674800
地　址：华坪县中心镇正东街101号

永胜县支行
行　长：龙佳菊
电　话：（0888）6521510
邮　编：674200
地　址：永胜县新大街56号

中国建设银行怒江州分行

行　长：沙文金
电　话：（0886）3623043
副行长：密正华　余选永
电　话：（0886）3621836　3626523
纪委书记：和社国
电　话：（0886）3622695
邮　编：673100
地　址：怒江州泸水县六库镇桥东南巷八号

怒江州分行营业部
主　任：张金柱
电　话：（0886）3623804
邮　编：673100
地　址：怒江州六库镇人民南路

兰坪县支行
行　长：陈荣发
电　话：（0886）3211513
邮　编：671400
地　址：兰坪县城

中国建设银行迪庆州分行

行　长：杨利民
电　话：（0887）8222239
副行长：叶森萍

电　话：(0887) 8222167
邮　编：674400
地　址：中甸县城和平路36号

中国建设银行临沧地区分行

行　长：李自仁
电　话：(0883) 2123880
副行长：王新林　宋桥生
电　话：(0883) 2123552　2120593
工会主席：沈文才
电　话：(0883) 2137960
邮　编：677000
地　址：临沧县凤翔镇上营盘20号

临沧地区分行营业部

主　任：赵炳礼
电　话：(0883) 2133666
邮　编：677000
地　址：临沧县凤翔镇上营盘20号

大朝山电站支行

行　长：彭林祥
电　话：(0883) 3891006
邮　编：675811
地　址：云县大朝山西镇

漫湾电站专业支行

行　长：李国美
电　话：(0883) 3814248
邮　编：675815
地　址：云县漫湾镇

孟定办事处

主　任：袁　忠
电　话：(0883) 6516029
邮　编：677506
地　址:耿马孟定镇

凤庆县支行

行　长：张天江
电　话：(0883) 4211363
邮　编：675900
地　址：凤庆县凤城

耿马县支行

行　长：杨瑜建
电　话：(0883) 6121821
邮　编：677500
地　址：耿马县耿宣镇振兴路

云县县支行

行　长：茶金祥
电　话：(0883) 3211552
邮　编：675800
地　址：云县爱华镇草皮街

中国人民保险公司

中国人民保险公司云南省分公司

总经理：向可碧
电　话：3526188
副总经理：侯荣森　宋元璋
电　话：3526288　3526388
系统工会主任：宋巧旺
电　话：3526168
总稽核：王建华
电　话：3526268
邮　编：650011
地　址：春城路277号

办公室

副主任：卞　化
电　话：3526216

计财处

副处长：徐　芸
电　话：3526238

人事处

处　长：汪保宁
电　话：3526328

财产保险处

处　长：冯西南
电　话：3526180

运输工具险处

处　长：李永平
电　话：3526178

货物运输险处

处　长：王　建
电　话：3526120

代理网点处

副处长：庄季伟
电　话：3526187

信息技术处

处　长：房立建
电　话：3526196

稽核审计处

副处长：李　励
电　话：3526176

纪检、监察室

主　任：张登淮
电　话：3526138

系统工会办公室

主　任：郭姝星
电　话：3526236

宣传群工部

部　长：刘光思
电　话：3526219

国际业务部

经　理：施　辉
电　话：3312055
邮　编：650041
地　址：昆明市董家湾大厦2楼

中国人民保险公司昆明市分公司

总经理：汪保宁
电　话：5159433
邮　编：650031
地　址：昆明市五一路黄公东街3号

中国人民保险公司昆明市盘龙区支公司

经　理：梁楚祥
电　话：3322567
邮　编：650041
地　址：昆明董家湾大厦1楼

中国人民保险公司昆明市五华区支公司

经　理：杨　卫

电　话：5389696
邮　编：650031
地　址：昆明市洪化桥路口

中国人民保险公司昆明市西山区支公司
经　理：苏学良
电　话：8187033
邮　编：650100
地　址：昆明市西山区马街北路54号

中国人民保险公司昆明市官渡区支公司
经　理：杨智云
电　话：7174416
邮　编：650200
地　址：昆明市关上双桥路

中国人民保险公司昆明市国家滇池旅游度假区支公司
经　理：赵永斌
电　话：4147206
邮　编：650034
地　址：昆明市永昌小区云兴路1号

中国人民保险公司昆明市国家高新技术产业开发区支公司
负责人：沈学峰
电　话：8193685
邮　编：650118
地　址：昆明市西二环路麻园商住区R1—1小区G-4栋

中国人民保险公司昆明市分公司北郊营业部
经　理：余家贵
电　话：5171003
邮　编：650051
地址：昆明市穿金路中段166号源泰商厦

中国人民保险公司昆明市分公司海口营业部
负责人：杨国伟
电　话：8590532
邮　编：650114
地　址：昆明市海口中滩街224号

中国人民保险公司昆明市分公司昆钢营业部
副经理：马明刚
电　话：8698374
邮　编：650302
地　址：安宁市昆钢建设路22栋

中国人民保险公司宜良县支公司
经　理：张　玮
电　话：7594047
邮　编：652100
地址：宜良县匡远镇环城西路33号

中国人民保险公司石林县支公司
副经理：李文富
电　话：7796800
邮　编：652200
地　址：石林县阿诗玛南路

中国人民保险公司嵩明县支公司
经　理：段家祥
电　话：7911274
邮　编：651700
地　址：嵩明县嵩阳镇秀嵩街

中国人民保险公司富民县支公司
经　理：刘　贵
电　话：8811693
邮　编：650400
地　址：富民县环城西路

中国人民保险公司禄劝县支公司
副经理：保　勇
电　话：8912810
邮　编：651500
地　址：禄劝县金融街61号

中国人民保险公司安宁市支公司
经　理：杨　平
电　话：8697276
邮　编：650300
地　址：安宁市金川路综合楼

中国人民保险公司晋宁县支公司
经　理：刘　毅
电　话：7892176
邮　编：650600
地　址：晋宁县昆阳镇昆阳街67号

中国人民保险公司呈贡县支公司
经　理：李绍富
电　话：7479317
邮　编：650500
地　址：呈贡县双龙路

中国人民保险公司东川区支公司
副经理：刘　昆
电　话：2121391
邮　编：654100
地　址：东川市新村石羊路

中国人民保险公司寻甸县支公司

经　理：周庭昆
电　话：4122621
邮　编：655200
地　址：寻甸县仁德镇德平街24号

中国人民保险公司昭通分公司

总经理：张正明
电　话：（0870）2222724
邮　编：657000
地　址：环城东路248号

中国人民保险公司昭通分公司营业部

经　理：苏映华
电　话：（0870）2234411
邮　编：657000
地　址：环城东路248号

中国人民保险公司鲁甸县支公司

经　理：吴　荣
电　话：（0870）8121481
邮　编：657100
地　址：鲁甸县南大街25号

中国人民保险公司巧家县支公司

经　理：姜　林
电　话：（0870）7122072
邮　编：654600
地　址：巧家县新华北路1号

中国人民保险公司盐津县支公司

经　理：王跃屏
电　话：（0870）6624699
邮　编：657500
地　址：盐津县盐井镇平街

中国人民保险公司永善县支公司

经　理：胡吉文
电　话：（0870）4125180
邮　编：657300
地　址：永善县景新镇玉泉路

中国人民保险公司绥江县支公司

副经理：何立成
电　话：（0870）7624011
邮　编：657700
地　址：绥江县曾家街210号

中国人民保险公司彝良县支公司

经　理：黄训彭
电　话：（0870）5120325
邮　编：657600
地　址：彝良县角奎镇环城北路5号

中国人民保险公司威信县支公司

经　理：熊春洲
电　话：（0870）6123858
地　址：威信县扎西镇文明路

中国人民保险公司镇雄县支公司

经　理：朱大俊
电　话：（0870）3124229
邮　编：553500
地　址：镇雄县乌峰镇建设街7号

中国人民保险公司水富县支公司

副经理：彭庆涛
电　话：（0870）8635000
邮　编：657800
地　址：水富县工农路27号

中国人民保险公司曲靖分公司

副总经理：朱如云
电　话：（0874）3323491
邮　编：655000
地　址：曲靖市开发区翠峰路

中国人民保险公司曲靖分公司营业部

经　理：石培录
电　话：（0874）5757217
邮　编：655000
地　址：曲靖市麒麟北路39号

中国人民保险公司马龙县支公司

经　理：朱　严
电　话：（0874）8885458
地　址：马龙县通泉镇新大街

中国人民保险公司宣威市支公司

经　理：宁燕刚
电　话：（0874）7203513
邮　编：655400
地　址：宣威市开发区向阳路

中国人民保险公司富源县支公司

经　理：符泽林
电　话：（0874）4612896
邮　编：655500
地　址：富源县新源路

中国人民保险公司罗平县支公司

经　理：叶向平
电　话：（0874）8212872

邮　编：655800
地　址：罗平县罗雄镇2号

中国人民保险公司师宗县支公司

经　理：张　民
电　话：（0874）5756048
邮　编：655700
地　址：师宗县青年路

中国人民保险公司陆良县支公司

经　理：季　春
电　话：（0874）6224643
邮　编：655600
地　址：陆良县中枢镇北大街108号

中国人民保险公司会泽县支公司

经　理：彭　明
电　话：（0874）5122102
邮　编：654200
地　址：会泽县城西郊

中国人民保险公司曲靖分公司沾益营业部

经　理：王炳忠
电　话：（0874）3162006
邮　编：655002
地　址：沾益东风路

中国人民保险公司楚雄分公司

总经理：周庆华
电　话：（0878）3394899
邮　编：675000
地　址：楚雄市经济技术开发区永安路219号

中国人民保险公司楚雄分公司营业部

经　理：李曙光
电　话：（0878）3122329
邮　编：675000
地　址：楚雄市龙泉路

中国人民保险公司南华县支公司

经　理：吕汉兴
电　话：（0878）7221395
邮　编：675200
地　址：南华县龙川镇龙泉路127号

中国人民保险公司姚安县支公司

经　理：李子政
电　话：（0878）5712086
邮　编：675300
地　址：姚安县栋川镇宝成路4号

中国人民保险公司大姚县支公司

副经理：永培映
电　话：（0878）6210499
邮　编：675400
地　址：大姚县金碧镇西街30号

中国人民保险公司牟定县支公司

经　理：鲁中文
电　话：（0878）5212133
邮　编：675500
地　址：牟定县共和镇茅阳东路

中国人民保险公司永仁县支公司

经　理：李祝森
电　话：（0878）6712792
邮　编：651400
地　址：永仁县永定镇文汇路9号

中国人民保险公司元谋县支公司

经　理：王国民
电　话：（0878）8211588
邮　编：651300
地　址：元谋元马镇龙川街2号

中国人民保险公司武定县支公司

经　理：杨利勇
电　话：（0878）8836872
邮　编：651600
地　址：武定县近城镇中山路23号

中国人民保险公司禄丰县支公司

副经理：张　明
电　话：（0878）4129688
邮　编：651200
地　址：禄丰县金山镇环城南路44号

中国人民保险公司双柏县支公司

经　理：杨云龙
电　话：（0878）7712858
邮　编：675100
地　址：双柏县妥甸镇人民路

中国人民保险公司玉溪分公司

总经理：高朝仁
电　话：（0877）2063626
邮　编：653100
地　址：玉溪市昆仑路

中国人民保险公司玉溪分公司营业部

经　理：张　明

电　话：（0877）2016616
邮　编：653100
地　址：玉溪市东风中路29号

中国人民保险公司江川县支公司

经　理：彭智铭
电　话：（0877）8011195
邮　编：652600
地　址：江川县大街镇临海路北段

中国人民保险公司澄江县支公司

经　理：刘发兴
电　话：（0877）6918988
邮　编：652500
地　址：澄江县澄波路7号

中国人民保险公司通海县支公司

经　理：钱正恒
电　话：（0877）3801859
邮　编：652700
地　址：通海县秀山西大街

中国人民保险公司华宁县支公司

经　理：李　敏
电　话：（0877）5019999
邮　编：652800
地　址：华宁县宁阳路中路

中国人民保险公司易门县支公司

经　理：普学勇
电　话：（0877）4964425
邮　编：651100
地　址：易门县龙泉路东段45号

中国人民保险公司峨山县支公司

经　理：李长德
电　话：（0877）4014068
邮　编：653200
地　址：峨山县昆洛路80号

中国人民保险公司新平县支公司

经　理：郝家兴
电　话：（0877）7014480
邮　编：653400
地　址：新平县幸福路15号

中国人民保险公司元江县支公司

经　理：雷永俊
电　话：（0877）6019160
邮　编：653300
地　址：元江县澧江镇兴隆街4号

中国人民保险公司红河分公司

副总经理：文满成
电　话：（0873）2157256
邮　编：661400
地　址：红河州个旧市金湖西路358号

中国人民保险公司红河分公司营业部

经　理：胡庆喜
电　话：（0873）2139698
邮　编：661400
地　址：红河州个旧市金湖西路358号

中国人民保险公司开远市支公司

经　理：李云忠
电　话：（0873）7223834
邮　编：661000
地　址：红河州开远市灵泉东路

中国人民保险公司蒙自县支公司

经　理：白章黎
电　话：（0873）3642540
邮　编：661100
地　址：蒙自县天马路东段北侧入口处

中国人民保险公司建水县支公司

经　理：谭伟荣
电　话：（0873）7152196
邮　编：654300
地　址：建水县光明路8号

中国人民保险公司弥勒县支公司

经　理：张海阳
电　话：（0873）6125589
邮　编：652300
地　址：弥勒县弥阳镇吉山南路

中国人民保险公司泸西县支公司

经　理：王　勇
电　话：（0873）6621757
邮　编：652400
地　址：泸西县九华路东段

中国人民保险公司石屏县支公司

经　理：王　云
电　话：（0873）4857848
邮　编：662200
地　址：石屏县异龙镇焕文路

中国人民保险公司元阳县支公司

经　理：普　灿
电　话：（0873）5642348

邮　编：662400
地　址：元阳县南沙新城区十字路口旁

中国人民保险公司绿春县支公司

经　理：许　翔
电　话：(0873) 4221456
邮　编：662500
地　址：红河州绿春县城

中国人民保险公司红河县支公司

经　理：廖灿伟
电　话：(0873) 4621296
邮　编：654400
地　址：红河县迤萨镇东兴街16号

中国人民保险公司金平县支公司

负责人：李绍清
电　话：(0873) 5221212
邮　编：661500
地　址：金平县前哨南路15号

中国人民保险公司河口县支公司

副经理：周嘉俊
电　话：(0873) 3421630
邮　编：661300
地　址：河口县天香街

中国人民保险公司屏边县支公司

负责人：李云波
电　话：(0873) 3221420
邮　编：661200
地　址：屏边县卫国路32号

中国人民保险公司文山分公司

副总经理：黄寿邦
电　话：(0876) 2188088
邮　编：663000
地　址：文山县城关镇卧龙路

中国人民保险公司文山分公司营业部

经　理：陈兆华
电　话：(0876) 2125021
邮　编：663000
地　址：文山县城文华路88号

中国人民保险公司砚山县支公司

副经理：杨　斌
电　话：(0876) 3125488
邮　编：663100
地　址：砚山县江那镇建设路

中国人民保险公司广南县支公司

经　理：王志林
电　话：(0876) 5150847
邮　编：663300
地　址：广南县莲城西路56号

中国人民保险公司马关县支公司

经　理：张　健
电　话：(0876) 7122356
邮　编：663700
地　址：马关县马白镇园中路5号

中国人民保险公司邱北县支公司

经　理：彭定文
电　话：(0876) 4122320
邮　编：663200
地　址：邱北县重阳街36号

中国人民保险公司麻栗坡县支公司

经　理：吴明光
电　话：(0876) 6621715
邮　编：663600
地　址：麻栗坡文麻路178号

中国人民保险公司西畴县支公司

经　理：张文祥
电　话：(0876) 7622334
邮　编：663500
地　址：西畴县西洒镇金玉路54号

中国人民保险公司富宁县支公司

负责人：农建平
电　话：(0876) 6122586
邮　编：663400
地　址：富宁县新华镇振兴路2号

中国人民保险公司思茅分公司

总经理：高永清
电　话：(0879) 2148799
邮　编：665000
地　址：思茅市人民中路保险大楼

中国人民保险公司思茅分公司营业部

经　理：张红文
电　话：(0879) 2123364
邮　编：665000
地　址：思茅市人民中路保险大楼

中国人民保险公司普洱县支公司

经　理：李志宏

电　话：(0879) 3232143
邮　编：665100
地　址：普洱县环城西路

中国人民保险公司景东县支公司

副经理：黄靖宇
电　话：(0879) 6228891
邮　编：676200
地　址：景东县景平镇北川路35号

中国人民保险公司景谷县支公司

经　理：高建忠
电　话：(0879) 5222258
邮　编：666400
地　址：景谷县环城北路110号

中国人民保险公司墨江县支公司

副经理：彭质生
电　话：(0879) 4232237
邮　编：654800
地　址：墨江县新建路110号

中国人民保险公司澜沧县支公司

经　理：杨　明
电　话：(0879) 7228666
邮　编：665600
地　址：澜沧县勐朗镇东郎路113号

中国人民保险公司镇沅县支公司

经　理：晋　兵
电　话：(0879) 5814491
邮　编：666500
地　址：镇沅县镇二街

中国人民保险公司江城县支公司

经　理：陈俊昆
电　话：(0879) 3721851
邮　编：665900
地　址：江城县边贸街

中国人民保险公司孟连县支公司

负责人：秦正华
电　话：(0879) 8721074
邮　编：665800
地　址：孟连县北象街12号

中国人民保险公司西盟县支公司

经　理：刀学昌
电　话：(0879) 8342799
邮　编：665700
地　址：西盟县2号路

中国人民保险公司西双版纳分公司

总经理：官文明
电　话：(0691) 2125056
邮　编：666100
地　址：景洪市纳昆康小区

中国人民保险公司西双版纳分公司营业部

经　理：金明荣
电　话：(0691) 2124915
邮　编：666100
地　址：景洪市纳昆康小区

中国人民保险公司勐腊县支公司

经　理：韦　元
电　话：(0691) 8122200
邮　编：666300
地　址：勐腊县曼它拉路

中国人民保险公司勐海县支公司

经　理：李强明
电　话：(0691) 5122249
邮　编：666200
地　址：勐海县沿河路16号

中国人民保险公司大理分公司

总经理：陈　源
电　话：(0872)2121657
邮　编：671000
地　址：大理市龙溪路

中国人民保险公司大理分公司营业部

经　理：姚　韧
电　话：(0872) 2120616
邮　编：671000
地　址：大理市泰安路148号

中国人民保险公司祥云县支公司

经　理：李绍彬
电　话：(0872) 3121877
邮　编：672100
地　址：祥云县祥城镇

中国人民保险公司宾川县支公司

经　理：杨惠波
电　话：(0872) 7143569
邮　编：671600
地　址：宾川县牛井镇

中国人民保险公司弥渡县支公司
经　理：钟建平
电　话：(0872) 8162387
邮　编：675600
地　址：弥渡弥城镇

中国人民保险公司巍山县支公司
负责人：张建鹏
电　话：(0872) 6122246
邮　编：672400
地　址：巍山县文华镇

中国人民保险公司洱源县支公司
副经理：薛　峰
电　话：(0872) 5121758
邮　编：671200
地　址：洱源县玉湖镇

中国人民保险公司永平县支公司
经　理：杨永康
电　话：(0872) 6520809
邮　编：672600
地　址：永平县老街镇

中国人民保险公司鹤庆县支公司
副经理：陈忠杰
电　话：(0872) 4120824
邮　编：671500
地　址：鹤庆县云鹤镇

中国人民保险公司云龙县支公司
副经理：田晓东
电　话：(0872) 5520638
邮　编：672700
地　址：云龙县石门镇

中国人民保险公司剑川县支公司
经　理：许天明
电　话：(0872) 4521560
邮　编：671300
地　址：剑川县金华镇

中国人民保险公司漾濞县支公司
副经理：李云书
电　话：(0872) 7524398
邮　编：672500
地　址：漾濞县上街镇

中国人民保险公司南涧县支公司
经　理：常义升
电　话：(0872) 8521257
邮　编：675700
地　址：南涧县南涧镇

中国人民保险公司大理分公司大理营业部
经　理：金砚芹
电　话：(0872) 2677330
邮　编：671000
地　址：大理市大理中和镇

中国人民保险公司大理分公司凤仪营业部
副经理：张美荣
电　话：(0872) 2482229
邮　编：671000
地　址：大理市凤仪镇

中国人民保险公司保山分公司
副总经理：潘振华
电　话：(0875) 2122351
邮　编：678000
地　址：保山市永昌镇南小区民航路

中国人民保险公司保山分公司营业部
经　理：郭进勇
电　话：(0875) 2120440
邮　编：678000
地　址：保山市永昌镇南小区民航路

中国人民保险公司腾冲县支公司
经　理：杨映林
电　话：(0875) 5125802
邮　编：679100
地　址：腾冲县环城南路105号

中国人民保险公司昌宁县支公司
经　理：伍尤厚
电　话：(0875) 7131092
邮　编：678100
地　址：昌宁县宝丰路59号

中国人民保险公司施甸县支公司
经　理：周　卫
电　话：(0875) 8121074
邮　编：678200
地　址：施甸县甸阳镇甸阳东路

中国人民保险公司龙陵县支公司
经　理：梁正清
电　话：(0875) 6121926
邮　编：678300
地　址：龙陵县新城北路

中国人民保险公司德宏分公司
总经理：王　剑
电　话：（0692）2121371
邮　编：678400
地　址：芒市青年路20号

中国人民保险公司德宏分公司营业部
副经理：刘忠如
电　话：（0692）2130852
邮　编：678400
地　址：芒市青年路20号

中国人民保险公司畹町市支公司
经　理：刘向红
电　话：（0692）5151540
邮　编：678600
地　址：畹町市民主街115号

中国人民保险公司瑞丽市支公司
经　理：陈　黎
电　话：（0692）4146033
邮　编：678600
地　址：瑞丽市姐岗路

中国人民保险公司陇川县支公司
经　理：余发鹏
电　话：（0692）7171060
邮　编：678700
地　址：陇川县章凤镇公务员路

中国人民保险公司盈江县支公司
经　理：许本清
电　话：（0692）8180725
邮　编：679300
地　址：盈江县永胜路

中国人民保险公司梁河县支公司
经　理：杨　洪
电　话：（0692）6161271
邮　编：679200
地　址：梁河县遮岛镇南甸路3号

中国人民保险公司丽江分公司
总经理：和国欣
电　话：（0888）5123234
邮　编：674100
地　址：丽江县雪山中路

中国人民保险公司丽江分公司营业部
经　理：张积会
电　话：（0888）5121392
邮　编：674100
地　址：丽江县雪山中路保险大楼

中国人民保险公司永胜县支公司
经　理：季立斌
电　话：（0888）6522779
邮　编：674200
地　址：永胜县永北镇环城东路

中国人民保险公司华坪县支公司
经　理：何万祥
电　话：（0888）6121578
邮　编：617300
地　址：华坪县中心镇

中国人民保险公司宁蒗县支公司
经　理：杨正红
电　话：（0888）5121132
邮　编：674300
地　址：宁蒗县大兴镇东路

中国人民保险公司怒江分公司
副总经理：李永富
电　话：（0886）3626550
邮　编：673100
地　址：六库镇桥东南巷9号

中国人民保险公司怒江分公司营业部
经　理：罗红萍
电　话：（0886）3624828
邮　编：673100
地　址：六库镇桥东南巷9号

中国人民保险公司兰坪县支公司
经　理：范　俊
电　话：（0886）3211949
邮　编：671400
地　址：兰坪县金顶镇新县城

中国人民保险公司福贡办事处
主　任：黄茂恩
电　话：（0886）3411526
邮　编：673400
地　址：福贡县上帕镇

中国人民保险公司迪庆分公司
总经理：和全伟
电　话：（0887）8222572
邮　编：674400

地　址：中甸县长征北路25号

中国人民保险公司迪庆分公司营业部

副经理：杨　成

电　话：(0887) 8223042

邮　编：674400

地　址：中甸县中乡路37号

中国人民保险公司德钦县支公司

副经理：杨春华

电　话：(0887) 8412361

邮　编：674500

地　址：德钦县升平镇

中国人民保险公司维西县支公司

经　理：宋黎华

电　话：(0887) 8626656

邮　编：674600

地　址：维西县保和镇秆香村112号

中国人民保险公司临沧分公司

副总经理：艾自逵

电　话：(0883) 2132749

邮　编：677000

地　址：临沧县南屏西路5号

中国人民保险公司临沧分公司营业部

副经理：张顺昌

电　话：(0883) 2123435

邮　编：677000

地　址：临沧县南屏西路5号

中国人民保险公司云县支公司

副经理：李育庆

电　话：(0883) 3214008

邮　编：675800

地　址：云县草皮街

中国人民保险公司凤庆县支公司

副经理：李天银

电　话：(0883) 4211504

邮　编：675900

地　址：凤庆县凤山镇雅致塘

中国人民保险公司永德县支公司

经　理：杨自宽

电　话：(0883) 5211903

邮　编：677600

地　址：永德县德党镇

中国人民保险公司镇康县支公司

经　理：鲁兴朝

电　话：(0883) 6621634

邮　编：677700

地　址：镇康县凤尾镇

中国人民保险公司耿马县支公司

经　理：周忠森

电　话：(0883) 6121792

邮　编：677500

地　址：耿马县耿宣镇17号

中国人民保险公司沧源县支公司

负责人：王　源

电　话：(0883) 7121666

邮　编：677400

地　址：沧源县勐懂镇

中国人民保险公司双江县支公司

副经理：李文海

电　话：(0883) 7621241

邮　编：677300

地　址：双江县勐勐镇新大街

中国人寿保险公司

中国人寿保险公司云南省分公司

总经理：刘碧春
电　话：3185888
副总经理：李石有　杨　晶
电　话：3157161　3186988
纪委书记：冉从怀
电　话：3157052
总经理助理：马　宏
电　话：3189285
邮　编：650011
地　址：云南昆明市拓东路80号

办公室

经　理：王玉国
电　话：3195988

人力资源部

经　理：李静云
电　话：3189335

计划财务部

经　理：杨　敏
电　话：3189282

业务管理部

经　理：宋繁祥
电　话：3189167

个人业务部

经　理：林　伟
电　话：3182640

团体保险部

经　理：梁国锋
电　话：3189337

信息技术部

经　理：王　平
电　话：3189257

监审部

负责人：姜桂津
电　话：3189234

党政工办

主　任：姚　平
电　话：3157185

中国人寿保险公司云南省分公司营业管理部

经　理：杨[illegible]云
电　话：（0871）3371118
邮　编：650041
地　址：云南昆明市董家湾大厦

中国人寿保险公司昆明市盘龙区支公司

经　理：李国秋
电　话：（0871）3381046
邮　编：650041
地　址：云南昆明市董家湾大厦

中国人寿保险公司昆明市五华区支公司

经　理：李　欧
电　话：（0871）5177873
邮　编：650031
地　址：云南昆明市黄公东街3号

中国人寿保险公司昆明市官渡区支公司

经　理：查文莉
电　话：（0871）7174442
邮　编：650200
地　址：云南昆明市官渡区关上民航路

中国人寿保险公司昆明市西山区支公司

经　理：李子哲
电　话：（0871）8196605
邮　编：650100
地　址：云南昆明市西山区马街北路52号

中国人寿保险公司昆明市北郊营业部

经　理：金本航

电　话：(0871) 5133669
邮　编：650051
地　址：云南昆明市青年路71号

中国人寿保险公司安宁市支公司
经　理：陈绍国
电　话：(0871) 8694604
邮　编：650300
地　址：云南安宁市金方路14栋

中国人寿保险公司宜良县支公司
经　理：张　云
电　话：(0871) 7524188
邮　编：652100
地　址：云南昆明市宜良县

中国人寿保险公司嵩明县支公司
经　理：李应辉
电　话：(0871) 7913834
邮　编：651700
地　址：云南昆明市嵩明县

中国人寿保险公司寻甸县支公司
经　理：陈玉奎
电　话：(0871) 2662813
邮　编：655200
地　址：云南昆明市寻甸县

中国人寿保险公司昆明市东川区支公司
经　理：杨卫泽
电　话：(0871) 2128124
邮　编：654100
地　址：云南昆明市东川区

中国人寿保险公司呈贡县营业部
经　理：俞　晓
电　话：(0871) 7479128
邮　编：650500
地　址：云南昆明市呈贡县

中国人寿保险公司晋宁县营业部
经　理：杨德刚
电　话：(0871) 7892131
邮　编：650600
地　址：云南昆明市晋宁县

中国人寿保险公司石林县营业部
经　理：苏晓波
电　话：(0871) 7796724
邮　编：652200
地　址：云南昆明市石林县

中国人寿保险公司昆明市昆钢营业部
经　理：周　云
电　话：(0871) 8603364
邮　编：650302
地　址：云南昆明市昆钢建设路

中国人寿保险公司昆明市海口营业部
经　理：李丽娅
电　话：(0871) 8603364
邮　编：650031
地　址：云南昆明市海口镇

中国人寿保险公司昆明市茨坝办事处
经　理：杜　平
电　话：(0871) 5213694
邮　编：650051
地　址：云南昆明市茨坝正街12号

中国人寿保险公司昭通分公司
经　理：涂云俊
电　话：(0870) 2220054
邮　编：657000
地　址：云南昭通市青年路248号

中国人寿保险公司昭通分公司营业部
经　理：姜　华
电　话：(0870) 2222734
邮　编：657000
地　址：云南昭通市青年路

中国人寿保险公司镇雄营业部
经　理：林光焰
电　话：(0870) 3120554
邮　编：657600
地　址：云南省镇雄县乌峰镇

中国人寿保险公司彝良营业部
经　理：张　涛
电　话：(0870) 5120281
邮　编：657600
地　址：云南省彝良县角奎镇

中国人寿保险公司水富办事处
经　理：范　春
电　话：(0870) 8635616
邮　编：657800
地　址：云南省水富县云富镇

中国人寿保险公司曲靖分公司
经　理(主持工作)：杨　戈
电　话：(0874)3316667　3316865

邮　编：655000

地　址：云南省曲靖市开发区保险大楼

中国人寿保险公司曲靖分公司营业部

经　理：陈　敏

电　话：（0874）3143658　3143202

邮　编：655000

地　址：云南省曲靖市麒麟北路

中国人寿保险公司师宗县支公司

经　理：李玉辉

电　话：（0874）5757216　5758524

邮　编：655700

地　址：云南省师宗县丹凤镇

中国人寿保险公司罗平县支公司

经　理：郎红彬

电　话：（0874）8212634　8219191

邮　编：655800

地　址：云南省罗平县罗雄镇

中国人寿保险公司陆良县支公司

经　理：宋建昆

电　话：（0874）6224638　6224641

邮　编：655600

地　址：云南省陆良县中枢镇

中国人寿保险公司宣威市支公司

经　理：范志光

电　话：（0874）7122056　7122607

邮　编：655400

地　址：云南省宣威市榕城镇

中国人寿保险公司会泽县支公司

经　理：杨　锐

电　话：（0874）5126166　5120503

邮　编：654200

地址：云南省会泽县环城北路西段

中国人寿保险公司富源县支公司

经　理：周　攀

电　话：（0874）4612336　4612337

邮　编：655500

地　址：云南省富源县中安镇

中国人寿保险公司沾益县营业部

经　理：侯国富

电　话：（0874）3161294　3164409

邮　编：655031

地　址：云南省沾益县西平镇

中国人寿保险公司马龙县营业部

经　理：杨　伟

电　话：（0874）8880595　8882166

邮　编：655100

地　址：云南省马龙县龙泉路北段

中国人寿保险公司楚雄分公司

经　理：周崇文

电　话：（0878）3122786　3124218

邮　编：675000

地　址：云南省楚雄市龙泉路蔡家巷

中国人寿保险公司楚雄分公司营业部

经　理：温楚明

电　话：（0878）3127954

邮　编：675000

地　址：云南省楚雄市龙泉路蔡家巷

中国人寿保险公司禄丰县支公司

经　理：王仕华

电　话：（0878）4125188

邮　编：651200

地　址：云南省禄丰县

中国人寿保险公司武定县营业部

经　理：伍建昌

电　话：（0878）8710298

邮　编：652500

地　址：云南省武定县

中国人寿保险公司元谋县支公司

经　理：李　江

电　话：（0878）8212034　8212312

邮　编：651300

地　址：云南省元谋县

中国人寿保险公司大姚县支公司

经　理：姚茂川

电　话：（0878）6222763　6222578

邮　编：675400

地　址：云南省大姚县

中国人寿保险公司牟定县支公司

经　理：张贵权

电　话：（0878）5212164　5211278

邮　编：675500

地　址：云南省牟定县

中国人寿保险公司姚安县营业部

经　理：杨　刚

电　话：（0878）5712531　5712530

邮　编：675300
地　址：云南省姚安县

中国人寿保险公司双柏县营业部
经　理：王　骏
电　话：（0878）7712218　7712659
邮　编：675100
地　址：云南省双柏县

中国人寿保险公司南华县办事处
经　理：周万铭
电　话：（0878）7211539　7211822
邮　编：675200
地　址：云南省南华县

中国人寿保险公司永仁县办事处
经　理：张喜中
电　话：（0878）6722154
邮　编：651400
地　址：云南省永仁县

中国人寿保险公司玉溪分公司
经　理：陈　彪
电　话：（0877）2063661
邮　编：653100
地　址：云南省玉溪市东风南路

中国人寿保险公司玉溪分公司营业部
经　理：张明忠
电　话：（0877）2038999
邮　编：653100
地　址：云南省玉溪市玉江西路29号

中国人寿保险公司玉溪分公司营销部
经　理：高正兴
电　话：（0877）2062488
邮　编：653100
地　址：云南省玉溪市东风南路

中国人寿保险公司通海县支公司
经　理：李光有
电　话：（0877）3801899
邮　编：652700
地　址：云南省通海县秀山镇

中国人寿保险公司易门县支公司
经　理：魏　青
电　话：（0877）4961168
邮　编：651100
地　址：云南省易门县龙泉镇

中国人寿保险公司澄江县支公司
经　理：谭饶红
电　话：（0877）6912645
邮　编：652500
地　址：云南省澄江县凤麓镇

中国人寿保险公司江川县支公司
经　理：官雁刚
电　话：（0877）8011796
邮　编：652600
地　址：云南省江川县大街镇

中国人寿保险公司新平县支公司
经　理：刘宝元
电　话：（0877）7011219
邮　编：653400
地　址：云南省新平县桂山镇

中国人寿保险公司华宁县支公司
经　理：张劲松
电　话：（0877）5011496
邮　编：652800
地　址：云南省华宁县宁州镇

中国人寿保险公司元江县营业部
经　理：袁励声
电　话：（0877）6016376
邮　编：653300
地　址：云南省元江县澧江镇

中国人寿保险公司峨山县支公司
经　理：王永祥
电　话：（0877）4019399
邮　编：653400
地　址：云南省峨山县双江镇

中国人寿保险公司红河分公司
经　理：李　奇
电　话：（0873）2122877　2123177
邮　编：661000
地　址：云南省个旧市金湖东路142号

中国人寿保险公司红河分公司营业部
经　理：鲁玉明
电　话：（0873）2146492　2125022
邮　编：661000
地　址：云南省个旧市金湖东路144号

中国人寿保险公司开远市支公司
经　理：欧建波
电　话：（0873）7238132　7238137

邮　编：661600
地　址：云南省开远市

中国人寿保险公司蒙自县支公司

经　理：李　波
电　话：（0873）3643239　3652511
邮　编：661100
地　址：云南省蒙自县

中国人寿保险公司建水县支公司

经　理：李　群
电　话：（0873）7656799　7656700
邮　编：654300
地　址：云南省建水县

中国人寿保险公司石屏县支公司

经　理：于建明
电　话：（0873）4857849　4857845
邮　编：662200
地　址：云南省石屏县

中国人寿保险公司弥勒县支公司

经　理：王菊芬
电　话：（0873）6122584　6122460
邮　编：652300
地　址：云南省弥勒县

中国人寿保险公司泸西县支公司

经　理：普学云
电　话：（0873）6621887　6622974
邮　编：652400
地　址：云南省泸西县

中国人寿保险公司元阳县营业部

经　理：王忠文
电　话：（0873）5622131　5642114
邮　编：662400
地　址：云南省元阳县

中国人寿保险公司河口办事处

经　理：何为枰
电　话：（0873）3421615　6421580
邮　编：661300
地　址：云南省河口县

中国人寿保险公司文山分公司

经　理(主持工作)：文　泽
电　话：（0876）2184297
邮　编：663000
地　址：云南省文山县开化镇

中国人寿保险公司文山分公司营业部

经　理：杨　武
电　话：（0876）2183297
邮　编：663000
址：云南省文山县开化镇

中国人寿保险公司砚山县营业部

经　理：朱保寿
电　话：（0876）3122762
邮　编：663100
地　址：云南省砚山县江那镇建设路

中国人寿保险公司思茅分公司

经　理：李培林
电　话：（0879）2123115
邮　编：665000
地　址：云南省思茅市人民东路

中国人寿保险公司思茅分公司营业部

经　理：周晓良
电　话：（0879）2130303
邮　编：665000
地　址：云南省思茅市人民东路

中国人寿保险公司普洱县营业部

经　理：常海卿
电　话：（0879）3235888
邮　编：665100
地　址：云南省普洱县环城西路

中国人寿保险公司景东县支公司

经　理：贾万明
电　话：（0879）6221351
邮　编：676200
地　址：云南省景东县锦屏镇

中国人寿保险公司镇沅县营业部

经　理：苏祥君
电　话：（0879）5812576
邮　编：666500
地　址：云南省镇沅县恩乐镇

中国人寿保险公司景谷县营业部

经　理：杨继文
电　话：（0879）5222148
邮　编：666400
地　址：云南省景谷县环城北路

中国人寿保险公司墨江县营业部

经　理：金云龙
电　话：（0879）4233765

邮　编：654800
地　址：云南省墨江县景国路

中国人寿保险公司澜沧县营业部

经　理：苏喜云
电　话：（0879）7221735
邮　编：665600
地　址：云南省澜沧县环城路

中国人寿保险公司西双版纳分公司

经　理(主持工作)：王晓东
电　话：（0691）2147431　2145420
邮　编：666100
地　址：云南省景洪市西路29号

中国人寿保险公司西双版纳分公司营业部

经　理：刘伟章
电　话：(0691)2123200
邮　编：666100
地　址：云南省景洪市西路29号

中国人寿保险公司勐海县营业部

经　理：李兴华
电　话：(0691)5123205
邮　编：666200
地　址：云南省勐海县沿河路33号

中国人寿保险公司勐腊县支公司

经　理：陈洪勇
电　话：(0691)8122692
邮　编：666300
地　址：云南省勐腊县曼它路

中国人寿保险公司大理分公司

经理(主持工作)：赵丛林
电　话：(0872)2123657　2124605
邮　编：671000
地　址：云南省大理市下关泰安路148号

中国人寿保险公司大理分公司中和营业部

经　理：蒲兆祥
电　话：(0872)2674282
邮　编：671003
地　址：云南省大理市大理镇

中国人寿保险公司大理市凤仪营业部

经　理：董飞龙
电　话：(0872)2481209
邮　编：671005
地　址：云南省大理市凤仪镇

中国人寿保险公司巍山县支公司

经　理：陈彦康
电　话：(0872)6121944　6120957
邮　编：672400
地　址：云南省巍山县文华镇

中国人寿保险公司宾川县营业部

经　理：包　明
电　话：(0872)7142009　7141522
邮　编：671600
地　址：云南省大理州宾川县牛井镇

中国人寿保险公司弥渡县营业部

经　理：熊　波
电　话：(0872)8162347
邮　编：675600
地　址：云南省大理州弥渡县弥城镇

中国人寿保险公司洱源县营业部

经　理：李锦华
电　话：(0872)5124303
邮　编：671200
地　址：云南省大理州洱源县玉湖镇

中国人寿保险公司鹤庆县营业部

经　理：高锦洲
电　话：(0872)4121909
邮　编：671500
地　址：云南省大理州鹤庆县云鹤镇

中国人寿保险公司大理分公司永平办事处

经　理：彭　梅
电　话：(0872)6522028
邮　编：672600
地　址：云南省大理州永平县老街镇

中国人寿保险公司保山分公司

经　理：陈国基
电　话：(0875)2121562
邮　编：678000
地　址：云南省保山市九龙路

中国人寿保险公司保山分公司营业部

经　理：褚兴永
电　话：（0875）2161886
邮　编：678000
地　址：云南省保山市九龙路

中国人寿保险公司腾冲营业部

经　理：谢金香
电　话：(0875)5185803　5185809

邮 编：679100
地 址：云南省腾冲县城关六街395号

中国人寿保险公司昌宁营业部

经 理：杨宁生
电 话：(0875)7131666
邮 编：678100
地 址：云南省昌宁县

中国人寿保险公司施甸寿险

经 理：张朝春
电 话：(0875)8124319
邮 编：678200
地 址：云南省施甸县甸阳西路

中国人寿保险公司龙陵寿险

经 理：赵德畅
电 话：(0875)6124066
邮 编：678300
地 址：云南省龙陵县兴农路

中国人寿保险公司德宏分公司

经 理：杨得时
电 话：(0692)2122112 2111986
邮 编：678400
地 址：云南省德宏州潞西市青年路20号

中国人寿保险公司德宏分公司营业部

经 理：赵 宏
电 话：(0692)2122197 2111283
邮 编：678400
地 址：云南省德宏州潞西市青年路20号

中国人寿保险公司瑞丽市营业部

经 理：张 勇
电 话：(0692)4141634 4148697
邮 编：678600
地 址：云南省德宏州瑞丽市姐岗路南段

中国人寿保险公司陇川县营业部

经 理：李春兰
电 话：(0692)7171061 7174588
邮 编：678700
地 址：云南省德宏州陇川县三象路

中国人寿保险公司盈江县营业部

经 理：任向东
电 话：(0692)8183563 8187798
邮 编：679300
地 址：云南省德宏州盈江县永胜路文化巷

中国人寿保险公司梁河办事处

经 理：李昊烨
电 话：(0692)6162999
邮 编：679200
地 址：云南省德宏州梁河县振兴路

中国人寿保险公司丽江分公司

经 理：谭 龙
电 话：(0888)5123552 5121935 5121577
邮 编：674100
地 址：云南省丽江县大研镇雪山中路南段

中国人寿保险公司华坪县营业部

经 理：和 忠
电 话：(0888)6122250
邮 编：617300
地 址：云南省华坪县中心镇

中国人寿保险公司永胜办事处

经 理：马艳梅
电 话：(0888)6521437
邮 编：674200
地 址：云南省永胜县永北镇

中国人寿保险公司临沧分公司

经 理：刘志坤
电 话：(0883)2133663 2123449
邮 编：677000
地 址：云南省临沧县凤翔镇

中国人寿保险公司临沧分公司营业部

经 理：段丽珠
电 话：(0883)2127101 2122688
邮 编：677000
地 址：云南省临沧县凤翔镇

中国人寿保险公司云县营业部

经 理：徐云昆
电 话：(0883)3211371 3214073
邮 编：675800
地 址：云南省云县爱华镇东大街

中国人寿保险公司耿马办事处

经 理：李成东
电 话：(0883)6125113
邮 编：677500
地 址：云南省耿马县公园路

中国人寿保险公司凤庆办事处

经 理：段成伦
电 话：(0883)4215388
邮 编：675900
地 址：云南省凤庆县小北门

交通银行

交通银行昆明分行

副行长(主持工作)：郭静华
电　话：3106609
副行长：陈广业　王　宇　单子安　高晓凤
电　话：3106659 3106690　3106622　3107095
纪委书记：李　秀
电　话：3108606
邮　编：650021
地　址：昆明市护国路67号

办公室
副主任(主持工作)：陈志拴
电　话：3154723

人教处
处　长：李新民
电　话：3107226
副处长：黄　琦
电　话：3171248

行政处
处　长：熊光周
电　话：3106700

计划处
副处长(主持工作)：李　萍
电　话：3109201

财会处
处　长：马世惠
电　话：3107221

授信（风险）处
处　长：高　林
电　话：3106096
副处长：潘　浩　江南春
电　话：3197313 3106786

市场营销处
副处长：古勇坚　字国祥
电　话：3105250-331

私人金融业务处
处　长：李智斌
电　话：3183420
副处长：韩　竹
电　话：3107194

电脑处
处　长：李智斌
电　话：3183420
副处长：张　颖　熊郎武
电　话：3636802

稽核处
处　长：姜新村
电　话：3198043

监察室
主　任：赵以文
电　话：3106475

工会
副主席：杨谟瑜
电　话：3196956

保卫处
处　长：肖　健
电　话：3109352
副处长：王金喜
电　话：3105250-302

国外业务部
副主任（主持工作)：陈建平
电　话：3105250-218
副主任：杨　涛
电　话：3109400
地　址：护国路67号

营业部
主　任：钟小秋

电　话：3625701
副主任：赵　斌
电　话：3611522
邮　编：650031
地　址：东风西路137号

扩国支行

行　长：曾尔树
电　话：3194304
副行长：陶　彦
电　话：3105226
地　址：昆明市护国路67号

正义支行

行　长：李先龙
电　话：3625424
邮　编：650021
地　址：昆明市正义路北段1号楼

南区支行

行　长：杨谟瑜
电　话：3134196
邮　编：650011
地　址：昆明北京路239号

北区支行

副行长(主持工作)：陈秀华
电　话：5192621
副行长：智向勇　方　毅
电　话：5198616
邮　编：650051
地　址：昆明北京路657号

春城路支行

副行长(主持工作)：陈晓娴
电　话：3512258
邮　编：640041
地　址：昆明市春城路113号

东风东路支行

副行长(主持工作)：梁楚华
电　话：3328679
邮　编：650041
地　址：环城东路266号

人民西路支行

副行长（主持工作）：肖　洁
电　话：5393590
副行长：陈映勇
电　话：5393591
邮　编：650118
地　址：昆明市人民西路83号

建设路支行

副行长（主持工作）：邓小龙
电　话：5325911
邮　编：600031
地　址：昆明市东风西路494号

白龙路支行

副行长(主持工作)：赵　虹
电　话：5635273
副行长：吴伯寿
电　话：5612895
邮　编：650224
地　址：昆明市白龙路373号

玉溪支行

行　长：马庆德
电　话：(0877)2034508
副行长：杨兴贵　杨保和
电　话：(0877)2028295　2023531
邮　碥：653100
地　址：玉溪币玉兴路45号

楚雄支行

行　长：吴学亮
电　话：(0878)3124285
副行长：沈晓燕
电　话：3127971
邮　编：675000
地　址：楚雄市北浦路96段

曲靖支行

行　长：李建宏
电　话：(0874)3118029
副行长：熊志培
电　话：(0874)3118056
邮　编：655000
地　址：曲靖市酒行街

安宁支行

副行长(主持工作)：周　东
电　话：8699490
副行长：山汝霖
电　话：8697969
邮　编：650300
地　址：安宁市金方路9幢

中国光大银行

中国光大银行昆明分行

行　长：戴文毅
电　话：3111666
副行长：雷培明
电　话：3111668
行长助理：金昌平
电　话：3111686
邮　编：650021
地　址：昆明市人民中路28号

行政处

副总经理：李其贵(行政)
电　话：3111812

人事处

副总经理：王顺明
电　话：3111811

保卫处

副总经理：阎士坤
电　话：3111813

信用管理部

副总经理：虞亚雄
电　话：3111699

公司银行部

副总经理：张晓丽
电　话：3111698

电脑部

副总经理：夏　阳
电　话：3111801

营业部

副总经理：张　辉
电　话：3111813

计财部

经　理：张　兵
电　话：3111825

中国光大银行昆明分行城西支行

副行长：余　巍
电　话：3615212
邮　编：650031
地　址：昆明市东风西路164号

中国光大银行昆明分行西园路支行

副行长：王中志
电　话：4196307

中国光大银行昆明分行金碧路支行

副行长：李　俊
电　话：3159055

华夏银行

华夏银行昆明分行

行　长：梁光辉
电　话：3153299
副行长：魏　建　马建生
电　话：3197308　3153328
行长助理：马晓辉
电　话：3154748
地　址：昆明市拓东路98号

办公室

副主任：武治兴
电　话：3153218

计划财务处

处　长：王　莉
电　话：3155078

会计处

副处长：张永蔚
电　话：3153238

法人金融处

处　长：阚　曦
电　话：3153228

个人金融处

副处长：晋　斌
电　话：3197318

稽核处

处　长：危庆云
电　话：3153308

资产管理处

处　长：郎　滨
电　话：3155348

电子科技处

副处长：吴　杰
电　话：3154948

国际业务部

主　任：陈冬云
电　话：3155278

保卫处

副处长：何　杰
电　话：3155578

玉溪支行

行　长：王明华
电　话：(0877) 2068788
副行长：孔繁红　戈　弋
电　话：(0877) 2068798　2068777
地　址：玉溪市凤凰路中段40-1号

营业部

主　任：王　峰
电　话：3153258
主任助理：杜　云　陈　飙
电　活：3179700
地　址：昆明市拓东路98号

城北支行

行　长：孟祥彬
电　话：3154519
行长助理：陈　明　朱晓丽
电　话：3154509　3154559
地　址：昆明市北京路630号

圆通支行

行　长：杨金华
电　话：5125089
副行长：曾廷碧
电　话：5127016
地　址：昆明市圆通街90号

新云支行

行　长：张　锐
电　话：5637699

副行长：盛　洁
电　话：5637599
地　址：昆明市白云路153号

高新支行
行　长：方晓明
电　话：8326798
行长助理：刘才军
电　话：8326625
地　址：昆明市高新技术开发区科医路

官渡支行
行　长：罗新学
电　话：7158357
地　址：昆明市官渡广场关上中路37号

红塔支行
行　长：王红开
电　话：3558280
行长助理：杜　东
电　话：3558223
地址：昆明市北京路155号附1号红塔大厦二楼

大观支行
行　长：黄明华
电　话：5380288
地　址：昆明市西昌路706号成功大厦

广东发展银行

广东发展银行昆明分行
行　长：江南云
电　话：4177111
副行长：朱　炳　何笃庆
电　话：4165867　4166040
纪委书记：陈云鹤
电　话：8336368
邮　编：650034
地　址：昆明市滇池路2号

营业部
总经理：陈亚杰
电　话：4132723

国际业务部
总经理助理：胡邦珍
电　话：4178935

资金部
总经理：吕艳杰
电　话：4192152

信贷部
总经理：洪　源
电　话：4107104

财会部
总经理：杨昆元
电　话：4174468

科技部
总经理：周尔震
电　话：4163311

内审部
副总经理：饶惠琼
电　话：4106810

保卫部
总经理：徐渊哲
电　话：4104284

人事部
副总经理：李兴才
电　话：4106811

纪检监察室、办公室
主　任：李竞业
电　话：4128245

玉溪支行
副行长：赵发明
电　话：（0877）2064659

邮　编：653100

地　址：玉溪市凤凰路20号红塔大酒店附裙楼

曲靖支行

行　长：王建生

电　话：（0874）3130865

邮　编：655100

地　址：曲靖市建设路1-3号

第一支行

行　长：段灵庆

电　话：3113749

邮　编：650051

地　址：昆明市人民中路2号(交三桥)

第二支行

行　长：王力雄

电　话：3524511

邮　编：650041

地　址：昆明市吴井路33号(吴井桥)

第三支行

行　长：官　强

电　话：5371646

邮　编：650031

地　址：昆明市丰园大厦附楼(洪化桥)

金碧路支行

行　长：崔　晓

电　话：3633083

邮　编：650032

地　址：昆明市金碧路中段194号(鸡鸣桥)

江岸支行

行　长：张晓霞

电　话：5721670

邮　编：650223

地　址：昆明市白云路606号(江岸桥)

护国广场支行

行　长：李光玉

电　话：3182278

邮　编：650021

地　址：昆明市南屏街4号(护国桥)

高新支行

行　长：陈云鹤(兼)

电　话：8337368

邮　编：650118

地　址：昆明市菱角塘小区9-10幢(运粮桥)

双龙支行

行　长：杨光霆

电　话：3154470

邮　编：650034

地　址：昆明市双龙桥1号(双龙桥)

国贸支行

行　长：杨克林

电　话：（0871）7170709

邮　编：650200

地　址：昆明市关上中路117号(宝海桥)

上海浦东发展银行

上海浦东发展银行昆明分行

行　长：杨国樑

电　话：5391758

副行长：李海林　单　健

电　话：5391756　5391769

邮　编：650031

　址：昆明市东风西路145号附1号

办公室

负责人：彭　武

电　话：5391767

电脑科

负责人：何　耀

电　话：5391765

人事部

负责人：曹廷伶

电　话：5394215

稽核科

负责人：谢　军

电　话：5391764

公司金融部

负责人：唐一丹

电　话：5391763

信贷管理部

电　话：5391756

资金财务部

负责人：和桂英

电　话：5394208

国际业务部

负责人：周　静

电　话：5394203

营业部

负责人：陈　兵

电　话：5391760

白龙路支行

常务副行长：兰　键

电　话：3306161

副行长：陈跃明

电　话：3306160

邮　编：650051

地　址：昆明市白龙路196号

吴井支行

行　长：吴晓峰

电　话：3196376

副行长：管荣庆

电　话：3196364

邮　编：650011

地　址：昆明市吴井路67号

安康路支行

行　长：施曙明

电　话：4158993

副行长：陆玉芹

电　话：4158659

邮　编：650032

地　址：昆明市安康路195号

中国华融资产管理公司

中国华融资产管理公司昆明办事处

总经理：王永定
电　话：5700799
副总经理：王　标
电　话：5700555
邮　编：650224
地　址：昆明市金星小区金江路1号

综合部

高级经理：雷春云
电　话：5700828

债权管理部

高级副经理(主持工作)：高存宏
电　话：5700696
高级副经理：朱丽莎　顾　格
电　话：5700698　5700608

股权管理部

高级副经理：张远江
电　话：5700286

资金财务部

高级副经理(主持工作)：陈绍霖
电　话：5700123

审计评估部

高级副经理(主持工作)：邓伍明
电　话：5700598

中国信达资产管理公司

中国信达资产管理公司昆明办事处

主　任：黄继林
电　话：3638999
副主任：陈卫红
电　话：3639666
邮　编：650021
地　址：昆明市祥云街55号

综合管理部

高级经理：李万祥
电　话：3643676

资产管理一部

高级副经理：堵　云
电　话：3643687

资产管理二部

高级副经理：武艾玲
电　话：3643391

资产管理三部

高级副经理：陆洪标
电　话：3643686

中国长城资产管理公司

中国长城资产管理公司昆明办事处

总经理：郭尔合
电　话：3190767
副总经理：罗树才　韩柏林
电　话：3190805　3190732
邮　编：650051
地　址：昆明市人民中路1号

资产经营部

处　长：回兰民
电　话：3191110
副处长：何艳平
电　话：3191263

综合管理部

处　长：黎永清
电　话：3191212
副处长：吕大志
电　话：3191180

债权追偿部

处　长：颜　刚
电　话：3191227
副处长：施怀信　万　蓓
电　话：3191116　3174075

资金财务部

处　长：王　虹
电　话：3191255
副处长：高　焱
电　话：3191261

昆明市商业银行

昆明市商业银行（总部）

行　长：李万清
电　话：3131518
副行长：胡　钢　张正平　刘　景
电　话：3131518
邮　编：650011
地　址：昆明市拓东路西段南廊云信大厦（拓东路15号）

昆明市商业银行直属营业部

副总经理(主持工作)：何　瑾
电　话：3130598
地　址：拓东路15号1-2楼

长春支行

行　长：周　兢
电　话：3162553
地　址：青年路延长线61号

五华支行
行　长：李真娅
电　话：4163712
地　址：西昌路269号
南屏支行
行　长：张维珀
电　话：3628377
地　址：南屏街41号
岔街支行
行　长：顾海珠
电　话：3107529
地　址:拓东路79号
兴业支行
行　长：普雪松
电　话：3193187
地　址:人民东路244号
聚兴支行
行　长：苏飞卡
电　话：3172746
地　址：护国路51号
西山支行
行　长：卢　伟
电　话：8109165
地　址：马街中路43号
轻联支行
行　长：陈庆云
电　话：3634332
地　址：环城南路螺蛳湾第四交易区西南角1号
老年支行
行　长：段志刚
电　话：3111701
地　址：青年路386号
龙井支行
副行长(主持工作)：马　男
电　话：5714995
地　址：北市区张官营万华路口
科技支行
行　长：张亚光
电　话：5358848
地　址：东风西路73号
崇仁支行
行　长：张　腾
电　话：3615380
地　址：金碧路121号
银光支行
行　长：赵白华
电　话：3126659
地　址：人民中路明昌花园一楼
联发支行
代行长：邓秀伟
电　话：3512848
地　址：永安路77号
汇元支行
行　长：李镇芳
电　话：3333318
地　址：环城西路497号至511号
广场支行
行　长：王蕴瑜
电　话：3149653
地　址：北京路474号
新民支行
副行长：严　伟
电　话：3514003
地　址：春城路241号
百大支行
行　长：许永平
电　话：3184510
地　址：东风东路13号
景星支行
行　长：胡庆华
电　话：3193781
地　址：西昌路128号
圆通支行
行　长：松文忠
电　话：5156817
地　址：圆通街86号
白塔支行
行　长：蒋世诚
电　话：3177367
地　址：人民东路134号
国防支行
行　长：程晓林
电　话：3616600
地　址：国防路153号
康达支行
行　长：周卫国

电　话：4154018
地　址：二环西路289号

寅峰支行
副行长(主持工作)：黄建民
电　话：7176108
地　址:民航路422号

金龙支行
行　长：王祖岷
电　话：3511962
地　址：环城南路289号

白云支行
行　长：罗金生
电　话：3313864
地　址：白龙路11号

中山支行
行　长：曹艳丽
电　话：3545596
地　址：春城路115号

侨谊支行
行　长：王云莉
电　话：5338623
地　址：大观商业城A座

华山支行
副行长(主持工作)：林蔚霞
电　话：3617211
地　址：华山东路58号

安宁支行
行　长：皇甫云龙
电　话：8697614
地　址：安宁市连然镇百花西路2号

昆钢支行
行　长：赵桂芬
电　话：8651535
地　址：安宁市昆钢建设街中段昆钢生活管理办公大楼一楼

昆明市农村信用合作社联合社

昆明市农村信用合作社联合社
主　任：高　波
电　话：3161999
副主任：季科目　王汉松　杨金留　张连锁　毛云禄
电　话：3148885　3148895　3148136　3148402　3163935
邮　编：650021
地　址：昆明市兴仁街50—54号

昆明市农村信用合作社联合社营业部
主　任：许　炜
电　话：3148391
邮　编：650021
地　址：昆明市兴仁街50—54号

长春农村信用合作社
主　任：张振武
电　话：3612390
邮　编：650021
地　址：昆明市长春路昆二十八中临街楼

曙光农村信用合作社
主　任：韩文超
邮　编：650041
地　址：曙光小区南段11号

官渡区农村信用合作社联合社
主　任：尹丽琼
电　话：7159058
邮　编：650100
地　址：官渡区关上南路217号

西山区农村信用合作社联合社
主　任：邓邦成
电　话：8324289
邮　编：650100
地　址：昆明市西郊马街22号

安宁市农村信用合作社联合社
主　任：杨跃兴
电　话：8698613
邮　编：650300
地　址：安宁市百花东路

呈贡县农村信用合作社联合社
主　任：李艳坤
电　话：7479193
邮　编：650500
地　址：呈贡县双龙路

石林县农村信用合作社联合社
主　任：陈　琳
电　话：7792800
邮　编：652200
地　址：石林县阿诗玛南路

晋宁县农村信用合作社联合社
主　任：施增荣
电　话：7894008
邮　编：650600
地　址：晋宁县昆阳镇东门

宜良县农村信用合作社联合社
主　任：吕希刚
电　话：7526697
邮　编：652100
地　址：宜良县匡远镇清远街208号

富民县农村信用合作社联合社
主　任：杨永庆
电　话：8810259
邮　编：650400
地　址：富民县永定镇环城南路

嵩明县农村信用合作社联合社
主　任：杨维彩
电　话：7913400
邮　编：651700
地　址：嵩明县城嵩阿公路起点旁

禄劝县农村信用合作社联合社
副主任：赵嘉贵
电　话：8917109
邮　编：651500
地　址：禄劝县屏山镇五星路北段

东川区农村信用合作社联合社
主　任：蔡桂珍
电　话：2161818
邮　编：654100
地　址：东川区春晓路下段

寻甸县农村信用合作社联合社
主　任：陈世能
电　话：2662544
邮　编：655200
地　址：寻甸县过境公路旁

云南省城市信用合作社

昆明市

晋宁县城市信用合作社

负责人：杨　勤
电　话：7892268
邮　编：650600
地　址：晋宁县昆阳大街

曲靖市

曲靖市城市信用社

副董事长(主持工作)：李利民
电　话：(0874) 3115336
邮　编：655000

曲靖市宣威城市信用社

理事长：孔令宏
电　话：(0874) 7140750
邮　编：655400
地　址：宣威市建设西路7号

陆良城市信用社

理事长：董福祥
电　话：6222647
邮　编：655600
地　址：陆良西大街65号

师宗城市信用社

理事长：杨明坤
电　话：5754696
邮　编：655700
地　址：师宗县丹凤东路12号

麒麟城市信用社

理事长：储　韬
电　话：3134755
邮　编：655000
地　址：曲靖市麒麟南路中段

南宁城市信用社

理事长：廖恩辉
电　话：3131856
邮　编：65500
地　址：曲靖市南宁西路112号

城关城市信用社

理事长：余德树
电　话：3123300
邮　编：65500
地　址：曲靖市麒麟南路282号

红河州

个旧市金湖城市信用合作社

主　任：胡建勇
电　话：(0873) 2135007
邮　编：661000
地　址：个旧市人民路198号

开远市城市信用合作社

主　任：颜应终
电　话：7136999
邮　编：661400
地　址：人民路

河口县城市信用合作社

主　任：陈　伟
电　话：3421490
邮　编：661300
地　址：天香街

西双版纳州

西双版纳洪亚城市信用社

理事长：薛　云
主　任：赵　德

西双版纳民族经济城市信用社

主　任：施超美

西双版纳南亚边贸城市信用社

副主任：王文静

文山州

文山兴州城市信用社

主　任：陆井梅

电　话：（0876）2135368

邮　编：663000

文山城市信用社

主　任：朱玉刚

电　话：2137979

邮　编：663000

砚山城市信用社

主　任：杨培龙

电　话：3124774

邮　编：663100

楚雄市

楚雄市城市信用社

主　任：赵　琼

电　话：（0878）3012859

邮　编：675000

楚雄市开发区城市信用社

主　任：马开和

电　话：3124188

邮　编：675000

禄丰县金龙城市信用社

负责人：张文峰

电　话：4122098

邮　编：651200

大理州

大理下关城市信用社

副主任：杜海波

电　话：（0872）2121748

邮　编：671000

地　址：大理市下关关平路

大理经济开发区信用社

经　理：黄　勇

电　话：2166088

邮　编：671000

地　址：大理市下关泰安南路

保山地区

保山市正阳城市信用社

主　任：张　钦

电　话：（0875）2161996

邮　编：678000

德宏州

潞西市芒市城市信用社

主　任：赵　刚

电　话：（0692）2122686

邮　编：678400

地　址：芒市青年路38号

瑞丽市边城城市信用社

主　任：赵常金

电　话：4146151

邮　编：678600

瑞丽市滨海城市信用社

主　任：刘兴文

电　话：4666573

邮　编：678600

地　址：瑞丽市姐告二号路

畹町城市信用社

主　任：合志刚

电　话：5153285

邮　编：678500

地　址：畹町民主街77号

云南省农村信用合作社

昭通市农村信用社联合社
主　任：余　平
电　话：(0870) 2226556
地　址：昭通市青年路延伸段

鲁甸县农村信用社联合社
主　任：曾朝万
电　话：8124060
地　址：鲁甸县文屏东路27号

巧家县农村信用社联合社
主　任：韩太荣
电　话：7124054
地　址：巧家县新华北路57号

盐津县农村信用社联合社
主　任：林　青
电　话：6621567
地　址：盐津县县大街181号

大关县农村信用社联合社
主　任：张举香
电　话：5020604
地　址：大关县顺城路41号

永善县农村信用社联合社
主　任：梁吉银
电　话：4122363
地　址：永善县景兴镇新华街111号

绥江县农村信用社联合社
主　任：彭　艺
电　话：7626498
地　址：绥江县县府街

镇雄县农村信用社联合社
主　任：涂云兴
电　话：3123864
地　址：镇雄县凤山路1号

彝良县农村信用社联合社
主　任：洪国辉
电　话：5121869
地　址：彝良县环城东路

威信县农村信用社联合社
主　任：周清松
电　话：6124960
地　址：威信县人民路25号

水富县农村信用社联合社
主　任：彭兴宇
电　话：8631945
地　址：水富县振兴南路

保山市农村信用社联合社
主　任：邱广柱
电　话：2160255
地　址：保山市隆阳路中段

腾冲县农村信用社联合社
主　任：陈国熙
电　话：5183759
地　址：县城环城南路

昌宁县农村信用社联合社
主　任：字国华
电　话：7131056
地　址：县城宝丰路

施甸县农村信用社联合社
主　任：李有宝
电　话：8121033
地　址：县城甸阳西路

龙陵县农村信用社联合社
主　任：蒋大寿
电　话：6121500
地　址：县城新城北路

楚雄市农村信用社联合社

主　任：周晓阳
电　话：3139199
地　址：楚雄市府后街

双柏县农村信用社联合社

主　任：谭绍发
电　话：7720666
地　址：双柏县城

牟定县农村信用社联合社

主　任：张泽兴
电　话：9220709
地　址：牟定县共和镇毛阳南路

南华县农村信用社联合社

主　任：龚启松
电　话：7221459
地　址：南华县龙川镇南大街

姚安县农村信用社联合社

主　任：杨明科
电　话：5712744
地　址：姚安县栋川镇新大街

大姚县农村信用社联合社

主　任：黄　平
电　话：6221860
地　址：大姚县金碧镇

永仁县农村信用社联合社

主　任：高汉民
电　话：6711221
地　址：永仁县永定镇

元谋县农村信用社联合社

主　任：杨绍德
电　话：8211200
地　址：元谋县元马镇新大街

武定县农村信用社联合社

主　任：杨德会
电　话：8711975
地　址：武定县近城镇北街

禄丰县农村信用社联合社

主　任：李绍贤
电　话：4121085
地　址：禄丰县金山镇新南路

丽江县农村信用社联合社

主　任：和继勋
电　话：5169324
地　址：丽江县大研镇福慧路

永胜县农村信用社联合社

主　任：沈相思
电　话：6526406
地　址：永胜县永北镇环城东路

华坪县农村信用社联合社

主　任：何德友
电　话：6126874
地　址：华坪县河东新城区演河路

宁蒗县农村信用社联合社

主　任：吴龙文
电　话：5521974
地　址：宁蒗县大兴镇大兴中路

中甸县农村信用社联合社

主　任：赵红生
电　话：8222615
地　址：中甸县长征路7号

德钦县农村信用社联合社

主　任：阿　支
电　话：8413214
地　址：德钦县升平镇南坪街32号

维西县农村信用社联合社

主　任：秦仪尧
电　话：8627207
地　址：维西县保合镇复兴村

文山县农村信用社联合社

主　任：李应慈
电　话：2190972
地　址：文山县环北路云龙商场

砚山县农村信用社联合社

主　任：杨嬉龙
电　话：3126128
地　址：砚山县风味食品街

西畴县农村信用社联合社

主　任：肖明践
电　话：7623240
地　址：西畴县西镇金卡路50号

麻栗坡县农村信用社联合社

主　任：卢应春
电　话：6622110
地　址：麻栗坡县麻船路4号

马关县农村信用社联合社

主　任：黄应良

电　话：7122170

地　址：马关县西路银丰大楼

邱北县农村信用社联合社

主　任：李　宏

电　话：4122641

地　址：邱北县锦屏镇人民路25号

广南县农村信用社联合社

主　任：龙荣祥

电　话：5158669

址：广南县莲城镇莲湖边2号

富宁县农村信用社联合社

主　任：邓政军

电　话：6122559

地　址：富宁县城北路33号

泸水县农村信用社联合社

主　任：何杨盛

电　话：3621882

地　址：泸水县六库镇

福贡县农村信用社联合社

主　任：郑阳祥

电　话：3411284

地　址：福贡县上帕镇

兰坪县农村信用社联合社

主　任：杨国禧

电　话：3212284

地　址：兰坪县新县城

贡山县农村信用合作社

主　任：玉　宝

电　话：3512934

地　址：贡山县茨开镇

思茅市农村信用社联合社

主　任：罗正明

电　话：2303499

地　址：思茅市振兴南路38号

普洱县农村信用社联合社

主　任：王道达

电　话：3232175

地　址：宁洱镇凤新街150号

墨江县农村信用社联合社

主　任：柴伟相

电　话：4231742

地　址：墨江县新建设路联珠街82号

景东县农村信用社联合社

主　任：自国福

电　话：6223086

地　址：锦屏镇建设路

景谷县农村信用社联合社

主　任：周平荣

电　话：5224316

地　址：景谷县威远路58号

镇沅县农村信用社联合社

主　任：罗忠敏

电　话：5811828

地　址：恩乐镇迎宾路

澜沧县农村信用社联合社

主　任：袁学林

电　话：7224929

地　址：勐朗镇温泉路

西盟县农村信用社联合社

主　任：汪　华

电　话：8342846

地　址：新县城

孟连县农村信用社联合社

主　任：彭先智

电　话：8724645

地　址：孟连镇白象街3号

江城县农村信用社联合社

主　任：刀红学

电　话：3722658

地　址：勐烈镇勐烈东路14号

曲靖市农村信用社联合社

主　任：李　梅

电　话：3115369

地　址：曲靖市麒麟巷78号

麒麟区农村信用社联合社

主　任：晋乐安

电　话：3146579

地　址：曲靖市南宁北路178号

沾益县农村信用社联合社

主　任：王天荣

电　话：3166631

地　址：沾益县玉林东路

马龙县农村信用社联合社
主　任：万乔富
电　话：8880815
地　址：马龙县环城南路
陆良县农村信用社联合社
主　任：李富荣
电　话：6262025
地　址：陆良县春光东路 167 号
师宗县农村信用社联合社
主　任：黄书平
电　话：5767589
地　址：师宗县文笔坡
罗平县农村信用社联合社
主　任：王石所
电　话：8212409
地　址：罗平县罗雄镇红星街 258 号
富源县农村信用社联合社
主　任：岳德宽
电　话：4612326
地　址：富源县建设路 64 号
宣威市农村信用社联合社
主　任：苏文春
电　话：7122833
地　址：宣威市城双路 8 号
会泽县农村信用社联合社
主　任：王兴美
电　话：5125524
地　址：会泽县钟屏西路 18 号

景洪市农村信用社联合社

主　任：岩坦囡
电　话：2161786
地　址：西双版纳州景洪市曼听路
勐海县农村信用社联合社
主　任：唐志华
电　话：5121044
地　址：西双版纳州勐海县沿河路 63 号
勐腊县农村信用社联合社
主　任：赵明山
电　话：8123411
地　址：西双版纳州勐腊县曼它拉路 82 号

潞西市农村信用社联合社

主　任：易岩保
电　话：2124523
地　址：芒市镇东风西路中段
瑞丽市农村信用社联合社
主　任：金德华
电　话：4143271
地　址：瑞丽市人民路 7 号
陇川县农村信用社联合社
主　任：冯祖德
电　话：7171832
地　址：章凤镇商业大道中段
盈江县农村信用社联合社
主　任：杨剑忠
电　话：8187169
地　址：盈江县振兴路 2 号
梁河县农村信用社联合社
主　任：谢金华
电　话：6163288
地　址：遮岛镇南甸路中段

红塔区农村信用社联合社

主　任：杨家良
电　话：2051750
地　址：东风路中段
江川县农村信用社联合社
主　任：余从友
电　话：8011636
地　址：江川县星云路
通海县农村信用社联合社
主　任：马　骙
电　话：3801586
地　址：通海县兴文路
华宁县农村信用社联合社
主　任：豆敬林
电　话：5011749
地　址：华宁县宁锦街中段
澄江县农村信用社联合社
主　任：夏堰平
电　话：6917900
地　址：澄江县仙湖路东 30
易门县农村信用社联合社
主　任：王永裕
电　话：4861515
地　址：易门县易兴路 54 号

峨山县农村信用社联合社
主　任：飞兴明
电　话：4010218
地　址：峨山县桂峰路中段

新平县农村信用社联合社
主　任：樊兴禄
电　话：7012546
地　址：新平县桂山路16号

元江县农村信用社联合社
主　任：杨灿武
电　话：6028090
地　址：澧江路10号

大理市农村信用社联合社
主　任：赵琴松
电　话：2121921
地　址：大理下关龙路东131号

宾川县农村信用社联合社
主　任：余　海
电　话：7143005
地　址：宾川县牛井镇青年路16号

祥云县农村信用社联合社
主　任：孙富芳
电　话：3120302
地　址：祥云县祥城镇八里路

弥渡县农村信用社联合社
主　任：李昆忠
电　话：8169369
地　址：弥渡县弥城镇中和路53号

南涧县农村信用社联合社
主　任：雷永祥
电　话：8524316
地　址：南涧县城富民街54号

巍山县农村信用社联合社
主　任：杨春华
电　话：6126116
地　址：巍山县文华镇华兴街100号

漾濞县农村信用社联合社
主　任：饶明忠
电　话：7522363
地　址：漾濞县城商业街

永平县农村信用社联合社
主　任：杨云波
电　话：6520673
地　址：永平县烟草公司大院内

云龙县农村信用社联合社
主　任：杨　勇
电　话：5520655
地　址：云龙县石门镇文笔路

洱源县农村信用社联合社
主　任：杨锦胜
电　话：5123744
地　址：洱源县河溪路67号

剑川县农村信用社联合社
主　任：李耀京
电　话：4521479
地　址：剑川县玉华镇东门外练公街5号

鹤庆县农村信用社联合社
主　任：杨双飞
电　话：4123884
地　址：鹤庆县鹤镇兴鹤路

凤庆县农村信用社联合社
主　任：张泽勇
电　话：4212403

云县农村信用社联合社
主　任：李天福
电　话：3211017

临沧县农村信用社联合社
主　任：李贵山
电　话：2139046

永德县农村信用社联合社
主　任：鲁朝华
电　话：5213328

镇康县农村信用社联合社
主　任：李正发
电　话：6621253

双江县农村信用社联合社
主　任：杨学明
电　话：7621187

耿马县农村信用社联合社
主　任：王龙德
电　话：6123943

沧源县农村信用社联合社
主　任：赵天伦
电　话：7121115

个旧市农村信用社联合社

主　任：杨树林

电　话：2131372

地　址：个旧市金湖西路 65 号

蒙自县农村信用社联合社

主　任：潘炳寿

电　话：3691569

地　址：蒙自县环城北路 199 号

开远市农村信用社联合社

主　任：颜应忠

电　话：7226255

地　址：开远市民泉西路 165 号

建水县农村信用社联合社

主　任：叶建明

电　话：7656347

地　址：建水县朝阳东路 8 号

石屏县农村信用社联合社

主　任：刘丽波

电　话：4859444

地　址：石屏县焕文路 8 号

弥勒县农村信用社联合社

主　任：张雯铭

电　话：6126184

地　址：弥阳镇髯翁西路

泸西县农村信用社联合社

主　任：杨彦祥

电　话：6621039

地　址：泸西县中枢镇九华路 78 号

屏边县农村信用社联合社

主　任：姜付昌

电　话：3222394

地　址：屏边县玉屏镇建设路 248 号

河口县农村信用社联合社

主　任：龙举灿

电　话：3421030

地　址：河口县槟榔路 38 号

元阳县农村信用社联合社

主　任：白金林

电　话：5643056

地　址：元阳县南沙镇

金平县农村信用社联合社

主　任：白云宝

电　话：5221479

地　址：金平县金河镇广街 13 号

红河县农村信用社联合社

主　任：毛保全

电　话：4622276

地　址：红河县海萨镇

绿春县农村信用社联合社

主　任：李趋禄

电　话：4221440

地　址：绿春县城正街西段

中国太平洋财产保险股份有限公司

中国太平洋财产保险股份有限公司昆明分公司

总经理：吴致钊
电　话：5195666
副总经理：王　军
电　话：2126066
总经理助理：钟曼莉
电　话：2034509
总经理助理：陆俊柏
电　话：5126099

办公室
副主任：温经建
电　话：5190599
传　真：5136331

人力资源部
处　长：张　淳
电　话：5110209　5196320

稽核科
电　话：5196325

工　会
电　话：5110473

保卫处
电　话：5110674

行政处
副处长：李一俊
电　话：5136416

计划财务部
经　理：张雅国
电　话：5110378　5196349

产险代管部
经　理：把志平
电　话：5110581　5136376

非水险部
副经理：王　云
电　话：5110376

水险部
经　理：陆俊柏
电　话：5126099　5126381

信息技术部
电　话：5136370

防灾理赔部
负责人：黄　勇
电　话：5136372
报案电话：5136199

产险业务管理部
经　理：孙安民
电　话：5118891　5136340

风险管理部
经　理：程建国
电　话：5196335

高风险科
李永萍：5110748

营业厅
电　话：5136375

春城支公司
经　理：陈　勇
电　话：4121152　4121150
邮　编：650032
地　址：西坝路2号青年大厦

官渡支公司
副经理：宁　俊
电　话：7156087　7151747
邮　编：650200
地　址：关上西路34号宏兴大厦

新迎支公司

经　理：袁　波

电　话：5639008　5639318

邮　编：650225

地　址：昆明市白云路418号

晋宁支公司

副经理：刘云强

电　话：7897993　7897996

邮　编：650600

地　址：晋宁县昆阳街32号

宜良支公司

经　理：陈有贵

电　话：7526417　7526243

邮　编：652100

地　址：宜良县迎宾路112号

安宁支公司

副经理：钱美琴

电　话：8690816　8690814

邮　编：650300

地　址：安宁市中华路富安大厦

玉溪支公司

经　理：钟曼莉

电　话：（0877）2034509　2013312

邮　编：653100

地　址：玉溪市棋阳路北段

元江支公司

经　理：李俊山

电　话：（0877）6018960

地　址：元江县环城西路5号

曲靖支公司

副经理：杨亚平

电　话：（0874）3117988　3130340

邮　编：655000

地　址：曲靖市寥廓路

楚雄支公司

副经理：王　德

电　话：（0878）3394156　3395156

邮　编：675000

地　址：楚雄市鹿城北路

红河支公司

副经理：杨国庆　任伟明

电　话：（0873）2163298　2163296

邮　编：661400

地　址：个旧市中山路4号

大理支公司

经　理：杨爱平

电　话：（0872）2139296　2139301

邮　编：671000

地　址：大理市苍山路48号

中国太平洋人寿保险股份有限公司

中国太平洋人寿保险股份有限公司昆明分公司

副总经理(主持工作)：姚向东
电　话：(0871) 5136066
总经理助理：刘忠万
电　话：(0871) 5136086
邮　编：650031
地　址：昆明市圆通街23号

办公室
负责人：牛晓露
电　话：(0871) 5196530

人事教育处
负责人：庄德庆
电　话：(0871) 5193937

计划财务部
负责人：李晋萍
电　话：(0871) 5196369

稽核部
副经理：张光玉
电　话：(0871) 5138709

客户服务部
副经理：刘一兵
电　话：(0871) 5136347

电脑室
主　任：陆其杭
电　话：(0871) 5196387

业务管理部
负责人：李永军
电　话：(0871) 5110755

团寿险部
副经理：李　丽
电　话：(0871) 5110092

代管部
副经理：张晋明
电　话：(0871) 5110377

营销管理部
副经理：冯　屹
电　话：(0871) 3642606

官渡支公司
副总经理(主持工作)：王　凯
电　话：(0871) 7165566
邮　编：650200
地　址：昆明市官渡广场旁中国银行8楼

春城支公司
副总经理：胡其京
电　话：(0871) 3116616
邮　编：650032
地　址：昆明市护国路1-6号广业大厦13楼

宜良支公司
副经理(主持工作)：王伟品
电　话：(0871) 7541258
邮　编：652100
地　址：宜良县城迎宾路121号

安宁营业部
副主任(主持工作)：罗宏波
电　话：(0871) 8687046
邮　编：650300
地　址：安宁市连然街161号建行办公楼2楼

大理支公司
副总经理(主持工作)：尹建宏
电　话：(0872) 2251598
邮　编：671000
地　址：大理市下关新桥北州农行大楼3楼

楚雄支公司
副总经理(主持工作)：张　健

电　话：（0878）3393989
邮　编：675000
地　址：楚雄市经济技术开发区永兴小区 A6 幢 2 楼

红河支公司
副总经理(主持工作)：朱培清
电　话：（0873）2165303
邮　编：661400
地　址：个旧市中山路 4 号

玉溪支公司
副经理(主持工作)：谢洪文
电　话：（0877）2031088
邮　编：653100
地　址：玉溪市玉兴路 7 号

曲靖支公司
副总经理(主持工作)：李培彦
电　话：（0874）3122088
邮　编：655000
地　址：曲靖市寥廓路

中国平安保险股份有限公司

中国平安保险股份有限公司昆明分公司

（寿险）
总经理：战　鹰
电　话：4134536
总经理助理：陈　暄　沈卫兵
电　话：4134632　4134526
人事行政部
电　话：4135791
财务部
电　话：4135980
营销部
电　话：4134549
团险部
电　话：4134525
客户服务部
电　话：4134564
契约部
电　话：4134389
培训部
电　话：4134807
理赔电话：4136095
咨询电话：4136057
收费电话：4134934　4134607　4136042　4139494
传　真：4136107

（产险）
总经理：瞿文仲
电　话：4138696
总经理助理：尤程明
电　话：4137983
人事行政部
电　话：4134668
产品管理部
电　话：4136485
车险部
电　话：4136684
计财部
电　话：4136487
市场部
电　话：4135472
理赔电话：4136809
总机电话：4138666
传　真：4136806
业务电话：4136011
邮　编：650034
地　址：昆明市环城南路 675 号

云南省国际信托投资公司

云南省国际信托投资公司

总经理：刘　捷

副总经理：曹　芹　袁根云

电　话：3173981

邮　编：650021

地　址：昆明市南屏街四号楼云南国托大厦

办公室

主　任：樊　宏

电　话：3150689

人事部

经　理：危庆玉

电　话：3151027

信托部

经　理：田泽望

电　话：3151033

计财部

经　理：杨春和

电　话：3151023

县乡部

副经理：裴淑萍

电　话：3151015

国际业务部

经　理：陆一平

电　话：3151016

稽核审计部

副经理(主持工作)：何海清

电　话：3151035

投资发展部

经　理：钟　敏

电　话：3150096

春城路证券部

经　理：吴寿昌

电　话：3540335

邮　编：650021

地　址：昆明市春城路94号

南屏街证券部

副经理：张文耀

电　话：3180553

邮　编：650021

地址：昆明市春城路94号云南国托大厦4楼

上海证券部

经　理：季广杰

电　话：(021)56091087

邮　编：200065

地　址：上海市骊山路1号

云南金旅信托投资有限公司

云南金旅信托投资有限公司

董事长：袁荣智
电　话：3163451
总经理：吴纯勇
电　话：3134125
副总经理：杜海鸥
电　话：3185821
邮　编：650011
地　址：昆明市书林街1号

办公室
主　任：陈　敏
电　话：3163473

人事部
经　理：田晓东
电　话：3163377

计划部
经　理：刘越沛
电　话：3163446

财务部
经　理：汤　翀
电　话：3154411

信托部
经　理：刘效军
电　话：3191859

投资部
经　理：郭瑞泉
电　话：3163456

法规部
经　理：赵爱英
电　话：3154415

证券业务总部
经　理：吴纯勇(兼)
电　话：4109089
邮　编：650034
地　址：昆明市环城南路554号

永昌证券营业部
副经理(主持工作)：薛文俊
电　话：4109080
邮　编：650034
地　址：昆明市环城南路554号

永安证券营业部
经　理：周国菁
电　话：3512662
邮　编：650011
地　址：昆明市永安路8号

人民东路证券营业部
经　理：江　涛
电　话：3373109
邮　编：650216
地　址：昆明市人民东路392号

上海证券营业部
经　理：旷锦东
电　话：（021）65076958
邮　编：200092
地　址：上海市密云路25号

楚雄证券营业部
副经理（主持工作）：王　平
电　话：（0878）3012369
邮　编：675000
地　址：楚雄市东新路6号

昆明国际信托投资公司

昆明国际信托投资公司

总经理：杨　栋
电　话：3140288
副总经理：李国惠　赵　璧
电　话：3188928　3161626
传　真：3140388
邮　编：650021
地　址：昆明市人民中路美亚大厦19-23层

信贷投资部
经　理：李剑锋
电　话：3140588

证券业务部
经　理：赵　璧
电　话：3187130

国际业务部
经　理：许　哨
电　话：3187132

资金计划部
经　理：林应珊
电　话：3187008

政策发展部
经　理：李世广
电　话：3189268

人事教育部
经　理：周丽珊
电　话：3140081

财务部
经　理：丛　飞
电　话：3188958

办公室
经　理：李远志
电　话：3140113

电脑部
副经理：许海蓉
电　话：3127228

保卫部
经　理：何国庆
电　话：3129048

云南证券有限责任公司

云南证券有限责任公司

总经理:孙国萍
电　话:(0871) 3161152
副总经理:聂愿牛
电　话:(0871) 3149235
副总经理:顾　锐
电　话:(0871) 3164326
总会计师:王丽琼
电　话:(0871) 3149228
总经理助理:李　炬
电　话:(0871) 3189365
董事会秘书、办公室主任:李大勋
电　话:(0871) 3149230
传　真:(0871) 3165456
地　址:昆明市青年路400号(昆明剧院旁)

云南证券有限责任公司昆明青年路第一证券营业部

负责人:任　平
电　话:(0871) 3138076
传　真:(0871) 3149239
地　址:昆明市昆明剧院一楼

云南证券有限责任公司昆明金碧路证券营业部

负责人:刘　川
电　话:(0871) 3116969
传　真:(0871) 3116884
地　址:昆明市金碧路大德大厦六楼

云南证券有限责任公司昆明东风西路证券营业部

负责人:王　豫
电　话:(0871) 5351871
传　真:(0871) 5351897
地　址:昆明市东风西路41号

云南证券有限责任公司昆明新兴路证券营业部

负责人:高　瞻
电　话:(0871) 5611836
传　真:(0871) 5611817
地　址:昆明市新兴路262号

云南证券有限责任公司保山正阳南路证券营业部

负责人:吴苏原
电　话:(0875) 2161095
传　真:(0875) 2161077
地　址:保山市永昌镇正阳南路建行大厦2楼

云南证券有限责任公司玉溪西站南路证券营业部

负责人:余昆荣
电　话:(0877) 2039991
传　真:(0877) 2039954
地　址:玉溪市西站南路

云南证券有限责任公司曲靖麒麟南路证券营业部

负　责人:杨　璞
电　话:(0874) 3113849
传　真:(0874) 3113846
地　址:曲靖市麒麟南路110号

云南证券有限责任公司开远东风路证券营业部

负责人:王德刚
电　话:(0873) 7125225
传　真:(0873) 7125315
地　址:开远市东风路179号

云南证券有限责任公司西双版纳民族南路证券营业部

负责人:肖继东
电　话:(0691) 2133198
传　真:(0691) 2141901
地　址:西双版纳景洪市民族南路1号

云南证券有限责任公司深圳翠竹路证券营业部

负责人:杨丽珍
电　话:(0755) 5612596
传　真:(0755) 5612600

地　址：深圳市罗湖区翠竹路1181号

云南证券有限责任公司上海清真路证券营业部

负责人：沈永方

电　话：(021) 64186789

传　真：(021) 64189322

地　址：上海市共和新路3015号

云南证券登记有限公司

云南证券登记有限公司

董事长、总经理：郭永生

电　话：3633529

副总经理：茅心湖

电　话：3631856

邮　编：650032

地　址：昆明崇仁街5号

综合部

经　理：郑秋生

电　话：3625362

业务部

经　理：黄　明

电　话：3626248

传　真：3621118

财务部

经　理：张亚莉

电　话：3638574

海通证券有限公司

海通证券有限公司昆明东风西路证券营业部

副总经理(主持工作)：张崇德

电　话：3615997

副总经理：许　锋

电　话：3615995

编　650031

地　址：昆明东风西路162号电子大厦

国泰君安证券股份有限公司

国泰君安证券股份有限公司昆明人民中路证券营业部

总经理：黄灵谋
电　话：3189899
总经理助理：魏渝鸿
电　话：3186991
邮　编：650051
地　址：昆明人民中路7号

办公室
主　任：刘曦晖
电　话：3190150

财务部
经　理：张　涛
电　话：3189753

机构客户部
经　理：陈　扬
电　话：3107159

客户服务部
经　理：宁　琳
电　话：3186991

云南省邮政储汇局

云南省邮政储汇局

局长、书记：马汝凤
电　话：3180128
副局长：梁　宏
电　话：3105849
副局长：赵焕鼎
电　话：3104078
邮　编：650011
地　址：昆明市北京路

办公室
主　任：景凤珍
电　话：3105586

储蓄科
科　长：张　斌
副科长：王学军
电　话：3181422

汇兑科
科　长：朱　斌
副科长：李正学　方莉云
电　话：3195876　3180464

稽查科
科　长：李正庄
副科长：杨　勇
副主任稽查员：赵承胤
电　话：3104548

党群办
主　任：李　宏
电　话：3104048

行政科
科　长：宋晓晖
副科长：麻昆华
电　话：3125712

第 六 部 分

附 录

云南资本市场发展对商业银行经营和中央银行货币政策的影响与提高货币政策传导机制的建议

近年来，我国资本市场发展迅速，社会融资体系发生了深刻变化。银行信贷在社会融资体系中的地位和作用有所削弱，商业银行资金来源出现结构性变化，资产经营被赋予了新的内容和要求。在资本市场迅速发展的情况下，货币政策传导渠道更加复杂，中央银行对货币政策目标的制定和监测内容更加丰富，货币政策调控工具也呈现出新的变化。当然，我国资本市场在总体上是不均衡的，且存在一些不规范的因素，但其迅速发展的前景是不可逆转的，其对经济的影响也将逐步深化，因此，研究资本市场发展对商业银行经营和中央银行货币政策的影响，对及时调整货币银行政策和决策，提高商业银行经营效益，增强中央银行货币政策的有效性有着重要的意义。

一、云南省利用资本市场筹集资金的情况及问题

所谓资本市场是指经营1年以上，中长期资金借贷的市场。其主要职能是为企业及政府筹集所需要的中长期资金，以及为私人的中长期投资提供场所及便利的机会。资本市场除了银行长期放款以外，就是证券市场(包括债券市场和股票市场)现代资本市场为企业的发展提供了充分的供应，它通过股票基金和债券等媒体，把社会闲散资金汇集起来，投入到企业，为企业开辟了广阔的融资渠道。(1)证券市场融资。证券市场是资本市场的核心。利用证券市场融资具有快捷、中间环节少，能有效降低企业负债等优点。“九五”期间，我省证券业从无到有，省政府积极扶持一批支柱产业走向资本市场，截止1999年底我省利用证券市场直接募集资金50.58亿元。虽然只占全国上市公司筹集资金总量的1%，但仍大大缓解了企业资金不足的矛盾，优化了企业资本和产品结构，增强市场竞争力。从1999年云南上市公司的净资产收益率平均为8.82%，高于同期云南企业的整体水平可见在西部大开发中利用证券市场筹资潜力巨大。(2)建立各种投资基金筹资。投资基金是通过发行基金受益凭证等形式，将民间、机构的闲散资金集中起来进行组合投资，利益共享、风险共担的一种融资方式，在直接融资方式中，能有效引导资金积聚和流动，并且能控制资金回流的只有基金。但云南省在这方面还未取得实质性突破，至今利用基金筹资仍然为零，由于投资基金具有长期性融资的特点，它更加适合周期较长的开发建设筹资。因此，我们应重视对基金特别是对地区经济提供资金贡献最大的产业投资基金和风险投资基金的创设和发展，拓展直接融资渠道。(3)发行企业债券筹资。所谓企业债券是指企业作为债务人为筹集资金经主管部门批准向社会发行的一种标准化债务凭证。企业债券作为资本市场的重要构成部分，是目前最方便的一种直接融资方式。“九五”期间前三年云南省企业发行的债券只有9.33亿元，仅占全国发行总量的2%，水平较低。结合西部大开发，我们应从基础设施项目、重点产业、支柱产业等项目中选择急需建设的项目申请发行企业债券，以便更好地获得急需的项目建设资金。从以上情况看，云南省通过资本市场融资得到的资金渠道单一，资本市场发育不健全，主要表现在：

(一)上市公司数量少、资产的规模小。到目前为止，云南省总共只有17家上市公司，占全国1100家的1.71%，股本总额只有37.3亿元。由于上市公司的数量少、资产规模小，在证券市场直接融资的比例也很小，沪深股市开办十年累计募集资金5000余亿元，我省只募集到50.58亿元，仅占全国募集总数的1%。同时，云南省上市公司股权单一，结构也不尽合理，上市的17家企业全部是国有企业，至今没一家其他成份的企业上市。另外，在上市的后备企业中，存在着好的企业不

能上市，有的企业又因效益差等因素上不了市的状况。

（二）云南省的基金发展缓慢，由于各级党委政府对利用各种投资基金筹集资金缺乏足够的认识和了解，加之开办基金的门槛过高。因此，对建立产业投资基金和风险投资基金的研究和努力不够，致使基金作为资本市场的重要组成部分没有形成资本市场“三分天下”有其一的局面，至今我省利用基金进行直接融资仍然为零。

（三）企业债券市场发展步履艰难，其主要症结是过多地考虑企业发债的还本付息能力，没有把功夫下在认真选择发债企业和项目上，致使每年发行的企业债券额度低、周转慢，形不成较大的融资额度。1998年云南省企业债券发行额度为8.5亿元，1999年全省计划发行6亿元，比上年减少发行量23.5%。而1999年全国计划发行数为300亿元，我省计划发行数仅占全国发行总数的2%，特别是对最能使企业和社会接受的企业可转换债券，至今没有一家企业发行。由于资本市场发育的不完全，导致了融资结构的过度失衡，资本市场直接融资形成了只有证券市场“苦撑天下”的局面。同时，作为资本市场有机组成部分的私人权益资本市场还未建立，直接融资的中介市场也不尽健全和完善，形不成强大的直接融资的合力。

二、云南省资本市场发展对商业银行经营和中央银行货币政策的影响

（一）资本市场发展对商业银行的影响。从当前国际银行业的发展趋势看，银行为控制风险，其资产是按三个三分之一来进行平衡的，因此银行的传统信贷投入只可能是一个相对固定的量。据估算，今后5年我省银行增量资金大约每年250亿元左右，其中用于中长期投资大约每年有100亿元左右，总之，我省金融业总量偏小，2000年存贷余额分别为2254亿元和1824亿元，仅占1999年全国存贷款108779亿元和93734亿元的2.07%和1.95%。长期以来，国有企业的资金基本上是依赖于两个渠道，一是国家财政注入资金；二是国家商业银行贷款，特别是商业银行贷款是国有企业资金来源的主渠道。全省金融机构1990年贷款余额仅为275亿元，1999年增至1824亿元，余额净增1549亿元，增长6.6倍。这种融资模式，一方面造成国有企业负债率居高不下；另一方面也造成国有商业银行不良债权增加，既给资本的有效积累增加了困难，同时也不利于资本再生能力的培植。而通过资本市场直接融资则不同，各种直接筹资的手段实现企业资本增量的补给和资本存量的盘活，既不增加企业的负债，又不给银行带来不良债权，同时又能激活民间资本，调动民间投资的积极性。从我国历代和世界各国对西部和不发达地区的开发实践来看，其开发的投入资金也都是广泛调动各方面的财源，尤其是重视民间资本的投入。美国在“西进”过程中，即使是铁路铺设这样一种大规模的基础设施建设，其资金的绝大部分也是由私人资本提供的，政府的投资只占总投资的10～15%，其余资本是由私人和外国人提供，而美国人自己的资本占了3/4。事实证明，在原始资本的积累和形式初期，仅靠政府和单个企业的投入是难以完成这种较长周期的开发和对重大项目投资的，必须把社会、民间的各种分散资金聚集起来，形成较大资本的积累，才能进行大规模的开发建设。就云南省的实际而言，目前已经具备了这种资本积累、培植和再生的能力。但国内外和我省民间都蕴含着巨大的资金潜力，主要表现在：一是社会利益主体多化及积累功能的增强，使资金所有权相对分散，国有企业直接融资的空间已初步形成。非国有经济，特别是其中的民营经济部分——个体经济、私营经济、部分乡镇企业、非传统的集体经济、合资经济及外资经济等已成为国民经济的一个有机组成部分和重要的经济增长点，是我省经济中异常活跃的先导力量；二是改革开放以来，城乡居民可支配收入的较大增长为直接融资提供了稳定的资金来源，截止2000年8月底，全国城乡居民储蓄存款余额达到62861亿元，还有近万亿的手持现金，我省金融机构的各项存款余额达到2325.23亿元，其中显著的特点是居民的金融资产大幅度增加。1979年居民只有银行存款这种单一的金融资产，现在已发展到拥有公债、国库券、股票等多种金融资产，这充分证明居民正在从被动的消费者向主动的投资者转变；三是证券市场尤其是股票市场作为市场化的融资渠道正在发挥越来越重要的作用，并被广大的投资企业和投资者所接受。我国资本市场从90年代以来得以迅速成长，包括股票市场、国债市场、基金市场等资本市场已初步形成。由此可见：(1)由于我省资本市场的迅速发展，银行存款也存在不同程度分流股市的趋势，同时银行信贷在社会融资体系中有所削弱。步入资本市场天地宽，是上市公司的共同感受，1999年我省发行了云内动力、南天信息、红河光明、锡业股份四只股票，创历年发行股票企业数量的最高纪录。上市公司大部分是我省的优势产业，也是银行支持的重点，这些企业因上市，资本市场注入资金后，银行贷款大幅下降。1999年我省名义存差为430亿元，扣除准备金6%和备付金5%，尚有可用资金182亿元，存、贷之间形成巨大

反差。(2)资本市场的发展为商业银行加强金融创新,拓展业务范围起了促进作用。由于资本市场的发展直接影响金融资源配置,面对资本市场的竞争,各商业银行要进一步改进金融服务,各商业银行不仅应从资金上保证企业的正常需求,还应发挥自身网络发达、联系面广、信息灵敏准确等优势,为企业提供全方位的服务。拓展信贷领域,大力开展消费信贷,支持扩大消费需求。各商业银行要把拓展消费信贷作为调整信贷结构重要举措,加大工作力度,继续发展个人住房贷款、汽车消费贷款、耐用消费品贷款,全面启动助学贷款,积极主动寻求新的信贷投资重点,确保贷款均衡快速投放,加大信贷对经济发展的支持力度。

(二)资本市场的发展对中央银行货币政策的影响。

资本市场的深化和发展,不仅使得它作为资源配置、产权交易、风险定价和行使公司治理的市场机制对经济增长所起的作用更加突出,而且它也成为货币政策的重要传导渠道。

资本市场在90年代发生的结构性变化影响着货币的供给和需求、货币政策的传导机制,以及货币政策的工具。资本市场发展使货币政策传导渠道更加复杂,加大了货币政策评价难度。

中央银行要使货币政策的效用最大化的一个重要条件是必须完全充分地掌握货币政策的传导机制。由于在过去相当长的时期里,主要市场经济国家的银行主导着金融体系,因而银行信用的成本和可得性是中央银行货币政策传导的主要机制。但是,随着资本市场的深化和发展,银行体系在融资体系中的地位和作用相对下降,资本市场作为融资渠道、资源配置和产权交易的地位和作用日渐增强,银行信贷在支持经济增长融资方面的贡献率有所下降,资本市场对实体经济的作用却越来越突出,因而资本市场在政策的传导中正起着越来越重要的作用。

三、当前云南省货币政策和信贷政策在执行中有关传导阻滞的原因

从外部看:

(一)有效需求不足,造成贷款需求不足。经济决定金融,金融是经济的反映。我省从1994年到1999年GDP的年增长分别是11%、10.6%、10%、9.3%、8%,1999年增长7.1%,金融机构存贷款的增长同全省经济一样,从1994年的高峰期逐步往下走。1994年至1999年全省金融机构的存款年增长分别是44.4%、36%、31.6%、18%、12.82%、8.69%;贷款年增长分别是31.4%、29%、31.3%、21.86%、14.88%、6.29%,同全省经济一样逐年递减,下降较大。

(二)烟草业对金融存款的影响。我省烟草业在发展初期以至现在都得到了整个金融系统的巨额资金支持,逐步培育发展成为了我省的第一支柱产业,同时烟草业巨大的利润和烟草的发展壮大,又为金融的发展创造了条件,逐步形成金融烟草共同发展,互相支持的局面。但随着烟草的下滑,特别是1999年卷烟产量、销售量、销售价格大幅下降后,烟草企业加强了经济核算,减少成本开支,大量归还银行贷款,使1999年末烟草系统在银行的贷款比上年末下降了28亿元,在银行的存款也大量减少。

(三)世博园工程大部分完工,国家贴息拨改项目尚未开工,造成银行中长期贷款减少。1999年末全社会固定资产投资仅增7.1%,而全省金融机构中长期贷款仅比年初增加38.5亿元,增长10.91%,比1998年同期增幅下降15.91个百分点,少增35.1亿元。

从银行内部看:

(一)金融体制改革加快,各种关系尚处于理顺之中,给货币政策、信贷政策的贯彻执行带来一定困难。具体表现为:人民银行总行的货币政策、信贷政策一是通过各商业银行总行按条条贯彻执行;二是通过人民银行各分支机构块块进行督促落实。当前的问题是,各商业银行特别是省会城市的商业银行,基本都进行了省市合并,原市级的机构都改为省级的直属机构,而人民银行省会城市中心支行,按职责定位则负责原市级人民银行的范围,因商业银行进行了省市合并,市级机构已不存在,使人民银行省会城市中心支行督促落实总行的货币信贷政策的着力点难以把握。

(二)服务观念有待更新。一是防范风险与支持经济发展的关系还有待进一步理顺。具体表现为:有的行对信贷工作和信贷人员的考核管理存在片面性,只强调防范风险而忽视开拓市场;只强调处罚,而没有建立相应的激励机制;这样在很大程度上捆住了信贷人员的手脚,使其正常的经营风险不敢承担,该贷的不敢贷,该支持的不敢支持。二是部分银行在决定对企业的贷款时,在可贷可不贷的选择中,态度较为消极,宁愿选择不贷,以确保信贷资金的安全而放弃盈利可能性。三是在思想上尚未突破大小、公私的约束。一些银行认为中小企业管理不规范、效益不稳定,信用难以掌握、风险大,因此形成了贷款向优势行业和大企业集中的倾向。对私营、民营企业的贷款,由于一些行出了一些案件,认为承担的信贷风险和道德风险太大,也不敢大胆支持。

（三）对基层银行的信贷授权不尽合理。一些行采取“一刀切”的做法，统一规定权限和额度，不考虑基层行的历史状况、经营现状、利润、存款及收贷收息情况，把防范风险的着力点主要放在收紧基层行的信贷审批权上，甚至提出不切实际的风险控制指标。没有从严格贷款条件和操作规范上制定一套既符合经济发展要求，又能从制度上分清责任，有效约束信贷人员行为的规章制度，贷款审批权过于集中，一定程度上影响了基层行信贷工作的积极性，贷款报批环节增加，审批时间延长，贷款的及时发放也受到影响。

（四）金融服务较为单一，广度和深度不够。主要表现为：一是对企业开户结算、提现等监督少；二是向企业及时提供产品、市场融资、经营管理方面的信息做得不够；三是协助企业搞好清收盘活工作方面的服务不够；四是服务方式单一，有的因内部管理衔接不到位给企业经营带来不便。

从企业自身的情况看：

一是有的企业因其自身经营状况差，经济效益不好，已不具备银行的贷款条件；二是有的企业还贷意识不强，认为企业是国家的，银行也是国家的，都是国家的资金，还不还无所谓；三是一些企业在改制和资产重组中，逃废银行债务，严重挫伤了银行贷款的积极性；四是中小企业贷款担保体系尚未建立，取得贷款仍比较困难。

四、当前提高货币政策传导机制运行效率的几点建议

针对当前货币政策和信贷政策在实际工作中有关传导受阻，在一定程度上制约了云南经济发展的情况，特提出以下建议：

（一）金融机构要正确处理好支持地方经济发展和防范金融风险的关系，要在坚持稳健经营的原则下，从多方面加大对经济发展和改革的支持力度、化解风险要在法律允许的范围内进行，要在防范金融风险的同时加大信贷投入。

（二）积极筹集中长期信贷资金，加大对基础设施的信贷投入。各金融机构要按照国家西部大开发战略的总体要求，积极支持加快对公路、铁路、水利设施以及电网、通讯、广播电视等基础设施的建设。要继续做好对已经确定的国家或省级基础设施和重点工程建设项目的配套信贷资金的落实。支持做好项目的立项、资金筹集，向上级行和总行申报贷款等工作，有效加大对基础设施的信贷投入。

（三）认真落实各项信贷政策，合理引导贷款投向。商业银行要改进金融服务，支持国有企业实现三年改革与脱困目标。一是有效发挥信贷杠杆作用，加大对有市场、有效益、守信用企业的信贷支持力度，保证其流动资金贷款和技改资金的合理需要。二是商业银行要及时发放与国债资金项目配套的固定资产和技改贴息贷款。对重点基础设施项目，有关商业银行要提前介入，抓紧评估，保证资金及时到位。三是继续搞好封闭贷款，建议省、市经贸委、开户银行联合对部分企业封闭贷款使用和经济效益等情况进行深入调查，提出切实加强和改善管理的进一步措施，推动封闭贷款工作的进一步开展，大力支持国有亏损工业企业有销路、有效益产品的生产，帮助企业培育新的盈利增长点，逐步走出困境。四是积极配合有关部门做好国有企业的增资减债工作，改善国有企业资产负债结构，降低负债率，提高融资能力。

（四）扩大商业银行对贷款利率的浮动幅度，加快市场化进程。

（五）进一步开拓农村金融市场，完善金融组织体系、继续发展农村合作金融组织。加大对农村小城镇建设支持力度。农村小城镇建设是启动农村消费市场的有效手段。各金融机构应深入调查，对旧城改造、道路建设、供水、绿化等建设给予重点支持。同时注意引导乡镇企业发展与小城镇建设相结合，积极探索支持农村小城镇建设，促进经济发展的新路子。

（六）进一步加强和完善对中小企业金融服务。各商业银行要充分认识中小企业在国民经济发展中的重要地位和作用，健全和强化中小企业信贷部，充实信贷管理队伍，国有商业银行要充分发挥大银行在网点、资金、技术、管理和信息等方面的优势，进一步完善对中小企业的金融服务，积极为科技型和社会服务型等中小企业提供信贷支持；城市商业银行要按照市场定位要求，切实办成为中小企业服务的金融机构，农村信用社要进一步加大支农力度，切实改善金融服务，着力解决农民贷款难的问题。人民银行将在再贷款、再贴现等方面加大支持力度。

（七）大力拓展消费信贷，支持扩大消费需求。各银行要把拓展消费信贷作为调整信贷结构的重要举措，加大工作力度。要继续发展个人住房信贷，全面启动汽车消费贷款、其他耐用消费品和教育贷款等。要完善现行贷款办法，简化不必要的贷款手续。充分利用广播、电视、报刊、杂志等媒介加大对消费信贷的宣传力度，设置相应的咨询服务“窗口”，有条件的要积极推行柜台服务。积极引导和促进旅游、文化、教育和健康消费，

加快研究和培育新的消费热点，适当刺激各个层次消费的全面增长。要扩大消费信贷品种范围，尽快建立为消费信贷业务服务的职能部门和信贷人员队伍，适当增加办理消费信贷业务的分支机构，促进消费信贷业务的较快发展。

（八）加大直接融资力度，鼓励企业上市以及设立产业基金，把个人的资金集中起来用于产业投资，变成资本金， 同时也可以考虑设立中外合资产业基金，专门支持中外合资企业的增资扩股。

（中国人民银行昆明中心支行　宇军）

关于金融支持云南小城镇建设的调研

党的十五届三中全会指出“发展小城镇是带动农村经济和社会发展的一个大战略”。发展小城镇，有利于转移农村富余劳动力，解决农村发展中的一系列深层次矛盾，有利于带动投资和消费需求增长，拓宽城乡市场，优化国民经济整体结构。最近，我们在深入云南省部分地区和乡镇开展实地调研的基础上，就金融支持小城镇建设发展的有关问题和思路进行了初步研究。

一、云南省小城镇建设现状

（一）建制镇数量稳步增加，但发展速度缓慢。1998年底，云南省有1561个乡镇，其中建制镇406个，乡集镇1155个，建制镇占乡镇总数的26.01%。1999年底，建制镇发展到418个，比1998年增加12个，增长2.95%。建制镇占乡镇总数的比例上升为26.78%，与贵州省的27%接近，比全国的37%低近10个百分点。

（二）小城镇已有了一定的规划和规模，农民生活条件有显著改善。1999年底，云南省累计编制建制镇总体规划266个，完成比例为88.37%，调整完成建设规划207个，完成比例为77.82%。1999年底累计村镇住宅建筑面积85835.55万平方米，人均使用面积18.96平方米，人均居住面积13.13平方米。小城镇现有182个自来水厂，有供水设备（供原水）496个，建制镇镇区现状用地21926公顷，平均每个建制镇现状用地0.76平方公里；乡集镇镇区现状用地面积32924公顷，平均每个乡集镇镇区现状用地面积0.28平方公里。由于小城镇建设有了一定的规划和规模，农民生活条件有了明显的改善。

（三）建设资金投入不断增加，促进了云南省小城镇经济的发展。1999年全省各级财政共投入17亿元用于小城镇建设，金融机构主要围绕小城镇基础设施、乡镇企业、个体私营工商业、个人住房、农业等给予必要的信贷资金支持，1999年小城镇经济的发展，拉动全省经济增长1.5%。一部分发展较好的小城镇在当地经济发展过程中起着越来越重要的作用，同时也促进了金融业的较快发展。如在巍山县的大仓镇，农业银行大仓镇营业所的存款占到全县农业银行存款总额的60%。

二、云南省小城镇建设存在的问题

（一）认识不到位。近几年来，小城镇的迅猛发展，对当地经济的推动作用日益突出，小城镇建设已引起各级党委、政府的重视，但仍有一些地方对小城镇建设停留在一般性口号上，缺乏较明确的要求和可行的措施，小城镇建设处在粗放、零散、自发的状况。一些金融部门对小城镇建设对经济的推动作用也有认识不足、关注不够等问题。

（二）资金投入较少，制约了小城镇的建设发展。一是云南省经济发展滞后，投入小城镇建设的资金较少。二是烤烟“双控”、“双减”使乡镇财政和农民收入减少。三是贫困地区交通、能源等基础设施滞后，商品经济欠发达，地方财政入不敷出，靠上级补助，无资金投入小城镇建设。四是有的地区虽然实施了小宗国有土地拍卖，但土地拍卖纯收益仅有少部分留作小城镇建设经费。由于投入到小城镇建设中的资金较少，制约了小城镇的建设和发展。

（三）受多种因素影响，信贷资金投入受到较大制约。一是目前多数小城镇的乡镇企业普遍存在着发展速度缓慢、效益较差、生产经营困难的情况，银行信贷部门对乡镇企业的投入面临相当大的风险。二是小城镇基础设施建设贷款存在选择承贷单位难、担保难、还款来源受限制等困难。三是国有商业银行县以下分支机构的贷款权普遍上收，支持小城镇建设有心无权，城乡信用社则因实力有限而有心无力。加之当前金融机构贷款办法、运作方式等尚不适应县乡经济发展的需要，客观上制约了金融对小城镇建设的信贷投入。

三、金融支持小城镇建设的政策建议

（一）金融部门要提高认识，把小城镇建设作为农村新的经济增长点。小城镇是经济社会发展的载体和必然产物，是连接城乡的桥梁和纽带，是农村剩余劳动力的“蓄水池”。加快小城镇建设，有利于农村富余劳动力的转移和农民素质的提高，有利于提高公共资源利用率，降低企业成本，实现乡镇企业二次创业，加快调整农村经济结构与产业结构步伐，开拓农村市场，促进农村商品市场体系建立；有利于农民增收和财政收入增长，带动最终消费，为经济发展提供广阔的市场空间和持续的增长动力，必将形成新的经济增长点。各金融部门要从促进农村经济社会全面发展的高度，充分认识支持小城镇建设发展的重大意义。直接服务于农村的金融机构要切实把支持小城镇建设列入改进金融服务的重点，主动与当地有关部门加强联系，主动开展调查研究，深入探索金融支持小城镇建设的思路和方法。

（二）金融部门要把小城镇建设作为信贷政策和信贷资金支持的重点之一。人民银行要把支持小城镇建设列入工作的议事日程，把其作为信贷政策支持的重点，充分发挥窗口指导作用，利用各种货币政策工具，引导商业银行、城乡信用社把更多的资金投向小城镇建设。各金融机构要在坚持经营原则的前提条件下，根据自身的业务特点，积极探索并找准支持小城镇建设的切入点，把小城镇建设作为信贷资金支持的重点之一。对道路建设、市场建设、供水设施、邮电通讯等基础设施和农业产业化、农产品结构调整、农产品的深加工、运输、储存，个体工商户及发展前景好的乡镇企业等在信贷投放上应给予重点倾斜。

（三）改善金融服务，增加信贷投入，支持小城镇健康发展。一是商业银行应把小城镇建设的资金需要列入年度经营计划，确定一定数量的信贷资金用于支持小城镇建设。二是直接服务于农村的金融机构要明确专门人员负责小城镇建设的金融服务工作，努力提高市场营销水平，充分利用当地优势，注重培育优良的客户群，支持其发展壮大，为小城镇建设的稳步发展奠定必要的物质基础。三是努力提高金融服务的水平和质量，要在服务手段上加快电子化建设，加速资金周转。在信贷服务上改进贷款管理方式，适当扩大贷款范围，简化不必要的贷款手续，积极推行小额信用放款，提高信贷工作效率。四是要结合农村、农业、农户的特点和实际需要，积极开办购建房、购买农机具、大宗耐用消费品、子女上学等消费性贷款，努力满足小城镇建设对信贷资金的需要。五是金融部门要运用自身信息源多、信息传递快等优势，积极为农业产业、产品结构调整，提高农产品商品率和扩大产品销售及农民稳产增收等提供信息咨询服务，努力与农村个体工商户和农民等建立良好的合作关系。

（四）进一步完善支持小城镇的金融服务体系。随着国有商业银行基层分支机构的收缩和对农村非法金融活动的清理整顿，尽快完善农村金融体系已成为农村工作的重点之一，也是加大金融支持小城镇建设力度的关键所在。建议：第一，应把农村金融服务体系作为系统工程，统筹研究、加快改革步伐。第二，加大对农村信用社的扶持力度，根据农村的实际需要，适当扩大信用社的业务范围，增强信用社筹资能力，提高业务经营的灵活性。人民银行应适当增加支农再贷款的数量并适当扩大贷款使用范围，为加大支持小城镇建设力度创造条件。第三，尽快出台适应农村经济发展特别是农村小城镇建设需要的贷款实施细则，为促进信贷业务的有效开展提供制度支援。第四，抓紧研究解决县以下金融机构结算渠道不畅，结算方式落后等问题。第五，积极推动个体私营经济和农户大额信贷担保体系的建设，努力寻求适应农村经济实体、个体私营经济及农户需要的贷款方式，从根本上解决农民贷款难的问题。

（五）积极研究建立国家、集体、个人、外资多元化、多层次的投资体制，小城镇建设发展是一个系统工程，而资金的筹措和使用是小城镇建设的核心问题。应按照市场经济的原则和农村的现状，明确思路，主要是明确资金来源要靠自己，自力更生，并多渠道筹集，建立国家、集体、个人、外资多元化、多层次的投资体制。玉溪市提出的“政府补一点，土地拍卖筹一点，银行贷款垫一点，投工投劳凑一点，城建税留一点，招商引资投一点，市场运作收一点，农村入股扩一点”的筹资思路很值得借鉴。

（中国人民银行昆明中心支行

雷滇生　王建东　段云波）

对云南省部分国有商业银行开办金融超市情况的调查

为了适应金融改革的需要，迎接加入WTO对金融的挑战，我省建行和农行部分分支行积极探索金融服务创新，进一步增强金融竞争力，分别于2000年5月和9月开办了以个人消费信贷为主要内容，采用流水式操作程序，实行“一条龙”服务的个人消费信贷服务中心和金融超市。截止10月底，建行系统共有昆明地区的城东和城西支行、曲靖、红河分行4家分支行成立了个人消费信贷服务中心(以下统称为金融超市)，累计发放贷款2963笔，金额14666万元，单笔最高70万元，最低6000元。其中：住房贷款2348笔，金额11978万元；消费贷款458笔，金额2168万元；存单质押贷款121笔，金额430万元；其他贷款36笔。贷款期限最长为10年，最短为2个月。农行系统共有曲靖、玉溪、大理分行，陆良、建水县支行5家分支行成立了金融超市，累计发放贷款632笔，金额2721万元，单笔最高30万元，最低3000元。其中：住房贷款601笔，金额2553万元；消费贷款13笔，金额58万元；存单质押贷款18笔，金额110万元。贷款期限最长10年，最短为3个月。

一、建行和农行开办金融超市的特点

两家商业银行开办金融超市发放贷款与传统的贷款业务相比有以下一些特点。

(一)业务流程简化，贷款手续简便。

1、在业务流程方面，农行是将业务咨询、申请受理、资料审查、合同签订、贷款发放等环节放在金融超市上全部完成。建行是把贷款审查、房地产评估、信用卡办理、贷款审批、登记、贷款发放、收费、会计等一系列业务环节全部集中到一个办公区，实行流水作业。两行都加强与涉及贷款业务的有关部门和单位协商，订立有关协议和规定，实行集中统一、联合办公，避免了借款人往返奔波，减少了中间环节，缩短了办事时间，提高办事效率。如：农行曲靖市分行与市房地产事务所签订了《关于联合开展房地产抵押贷款业务的协议》，实行联合办公，从而使住房贷款从贷款申请、审批、房屋评估登记等一系列手续在一个大厅内就完成了。

2、在贷款手续方面，普遍承诺只要客户提供完备资料和办妥有关担保抵押手续，一个工作日内即可办理完贷款发放手续。具体操作为：客户提供相关资料，信贷员审查符合条件，填写《申请审批表》，再办理有关评估手续，随后借贷双方签订相关合同，依据合同有关登记机关登记、审查、发放相关权证，客户将相关权证交由银行抵押办理有关手续。程序为：初审——评估——签订合同——抵押登记——审核——审批完毕——打印借据——会计记账——发卡——合同材料归档。建行曲靖分行对贷款手续实行各个环节限时服务，一个工作日办理完全部贷款手续，平均每笔办理时间由原来的十多天减少到三十分钟内，客户上门次数从原来的7～8次减少至2次左右。

(二)贷款品种丰富，能满足多方面需求。金融超市共向社会提供个人消费贷款7个大类13项品种。(1)个人住房贷款：包括个人建房、购房、修房贷款；(2)其他消费贷款：包括汽车消费贷款、耐用消费品贷款、助学贷款、结婚、旅游、车库贷款；(3)存单质押贷款；(4)住房批发贷款；(5)商用住房贷款；(6)个人综合授信贷款；(7)私营企业、个体户贷款。建行同时还开办了代理保险、代理收费、个人咨询理财、法律咨询等一系列中间业务。这种整合、捆绑和提供的多种金融产品顺应了客户消费需求的差异化和多元化。

(三)贷款的对象和条件趋宽。凡年满18周岁，具有完全民事行为能力的自然人、经济组织及个体户都可以成为金融超市的贷款对象。贷款人只要提供真实、合法、有效的身份证明、个人或家庭收入证明等有关资料就可以从超市取得贷款。以曲靖市农行个人综合授信贷款为例，金融超市依据申请人所在单位的经济效益、职工收入状况等因素进行综合评价，确定不同的综合授信额度。在授信额度内可以不过问贷款用途，向被授信人随时提供信贷支持。在贷款期限上也有所延长，一般个人消费贷款可长达10年，住房按揭贷款长达30年。建行规定，购买商品房的客户只需出具房产开发商的贷款推荐书、已付款收据、夫妻双方的身份证明和可能提供的材料，即可优先办理贷款。同时，废除抵押房产的保险，降低客户的评估费，从3‰降至2.5‰，以减少客户贷款成本。

(四)服务的方式和手段都有较大改进。如还款的方法和方式增多，在等额本息还款法和利随本清基础上，增加了提前还款法。农行大理州分行10月26日开业的金融超市还公告为贷款者提供了“按月等额还款法”，“按季还本付息法”两种还贷方式供客户选择。金融超市除发放储蓄卡便于客户还款外，还发行一部分信用卡，客户可利用银行网点代扣贷款，必要时也可通过信用卡透支还贷，既方便了客户，强化了借款人的还贷意识，同时扩大了信用卡的发行量，增加了用卡频率，培育了一批稳定的客户群。

(五)注重制度、规定的建立，将风险控制置于业务发展之中。

开办金融超市的建行和农行在开办业务之前，就结合贷款品种、合同文本、业务流程及监控管理等方面进行了研究，结合实际，制定有关的管理办法和规定来规范超市运作，控制业务风险，促进机构发展。如农行先后出台了《金钥匙超市个人住房贷款办法》、《个人住房按揭贷款管理办法》、《金融超市会计核算办法》、《住房贷款业务档案管理办法》、《金融超市贷款贷后管理办法》等规章制度，保障金融超市业务的开展。在风险控制方面，建行设立了三道防线，防范风险。第一，通过与房地产评估机构签订协议，若发生转让或借款到期后进行拍卖，或上市交易不能清偿贷款本息部分，由房地产评估机构负责协调清偿。第二，通过信用卡收贷，及时发现并反馈收贷信息，从严控制不良贷款产生。第三，通过与法院的合作，坚决处理信誉差、不按时还款出现逾期贷款的劣质客户的资产。同时，对出现贷款劣迹的，实行严格的贷款发放。银行还利用集中联合办公的机制，进一步增强贷款过程中有关资料、凭证、文本、证件的可信度，避免由于假、伪资信而导致的贷款风险。

二、商业银行开办金融超市的积极意义

金融超市作为我省金融领域的一个新生事物，已引起了社会各界的极大关注，得到了广大市民的欢迎。这将有利于广大消费者更好地享受便捷、高效、快速的金融服务，不断提高广大群众的生活水平，也有利于活跃市场，刺激消费，推动内需，促进地方经济稳步增长。同时，对商业银行的改革与发展也具有积极的意义。

(一)转变经营观念，提升服务意识，金融超市作为一种全新的概念，超越了金融产品业务的范畴，改变了银行与客户之间的传统沟通方式，形成了一种新型的金融产品或服务类型，形成了一种新的金融理念。其内涵和设计的指导思想使得开办金融超市的商业银行现行的零售业务体现了现代商业银行经营理念，使得银行的经营思维模式从“以我为主”的产品观念转变到“以客户为中心，以市场为导向”的市场观念上来。通过服务客户、方便客户、增加金融服务的种类和涵盖面，提高金融服务的效率，来占领市场扩大份额，促进发展。

(二)增强业务透明度，重塑银行新形象。手续繁杂、层次环节多，以及办事效率低下是当前商业银行不可忽视的问题，任其发展会损害银行的信誉。金融超市以流水式的操作程序，“一条龙”的服务承诺，一改过去分道把口、分层负责，建立在“客户围绕银行转”基础上的传统零售金融业务经营方式，使得整个金融超市贷款的条件要求简明扼要，贷款手续简便规范，贷款操作程序简洁高效，贴近客户、贴近市场。尤其是将业务咨询、申请受理、资料审查、合同签订和贷款发放置于一室公开操作，既有利于增强业务的透明度，获得客户的理解与支持，又有利于拉近广大客户金融需求与银行提供服务的距离。

(三)调整信贷结构，降低金融风险。随着我国短缺经济的消失，商业银行将贷款主要投向生产企业、投向产品生产，由于需求的不足以及转向，势必造成大量不良贷款的产生。如：农行曲靖市分行营业部2000年10月末贷款余额10.4亿元，剔除剥离一汽红塔蓝箭汽车制造厂的不良贷款1.78亿元后，该营业部不良贷款仍高达33%。这就是长期以来“多个鸡蛋放在一个蓝子中”所带来的严重后果。而当前，市场从卖方转为买方，商品供过于求，银行开办金融超市，由于贷款直接进入个人消费领域，且单笔金额小、面广总量大，有利于分散风险和提高商业银行资产质量，有利于调整信贷结构，降低不良贷款比例，促进金融机构稳步发展。

(四)开拓业务新领域，培植效益增长点。1999年3月人民银行发布了《关于开展个人消费信贷指导意见》，推开了我省商业银行对个人消费信贷服务的序幕。从目前看，发展不尽如人意。究其原因，既有老百

姓受传统“量入为出”消费习惯的影响，对“享受在前”使用消费贷款的程序和“负债消费”的成本核算心存余悸的情况；也有银行消费贷款制度严格，程序复杂、手续繁琐和效率低下的原因。开办个人消费性贷款金融超市，以其非常简便、公开的操作程序，宽松和谐的办事环境以及众多的金融商品和优质的金融服务，消除了客户的顾虑，增强了使用贷款的信心。同时，银行也改善了金融服务，提高了效率，赢得了社会各界好评。金融超市开业以来，前来咨询、办理业务的客户就络绎不绝。金融超市的出现有利于拓展银行信贷投向的新领域，进一步增强银行业务的增长能力，扩大银行收益的途径。

（五）探索新的管理模式，实施风险控制。从当前金融超市的运行看，其信贷程序管理突破了传统贷款“三查”制度在时间分段上的局限性。金融超市的集中办公“三堂会审”改变了现行的审贷分离、审贷委员会审批贷款带来的互相扯皮、责任模糊的情况。金融超市的公平、公正和公开的办事原则消除了当前银行贷款，特别是抵押、担保贷款中权力分散、暗箱操作等带来的信贷风险隐患。金融超市的多部门、多单位联合办公，有利于加强银行与其他单位的相互协作和沟通，更好地发挥各单位、部门的行业优势和整体联动效应，有效地杜绝和减少金融风险。

三、金融超市当前经营中需要解决的问题及下一步发展的建议

（一）需要解决的问题。从当前金融超市的运行情况看也还存在一些需要解决的问题。一是科技支持跟不上。由于金融超市的贷款运作程序与现行规则相比改变较多，又采用新的结息方式，原有的计算机程序已不能适应新业务的发展。尤其是随着贷款业务量的不断增大，势必造成手工工作量的加重和重复劳动的产生，不利于业务的拓展。二是金融商品相对单一。目前在金融超市上可以开办的业务多限于个人消费性贷款方面，难以满足社会各界日趋增加的多元化、多层次的金融服务需要。在开办的业务中有的审批难，有的限制过严，不利于金融超市金融商品范围的扩大。如基层商业银行汽车消费信贷的经营资格要上报人总行审批；再如为了防止信用卡恶意透支，商业银行上级行取消和限制信用卡透支功能，并加以高额罚息也影响到金融超市运用信用卡还贷方式的采用。三是运行的制度、法规还不适应。由于金融超市的工作流程是在先前传统流程基础上设计的，在目前的具体操作中也存在着一些不足和需要完善的地方，在合同文本以及相关的一系列贷款资料凭证的使用上也沿用过去印制的，这给金融超市贷款的整个管理工作带来了难度和隐患。

（二）下一步发展的建议。

1、各商业银行要牢固树立创新意识。江泽民总书记说：创新是一个民族进步的灵魂。对商业银行来说，创新是发展的内在推动力，没有创新就没有发展。当前我省商业银行正面临着严峻的挑战，一方面国内银行网点林立，竞争主体大量增加，同业竞争日趋激烈，银行客户理财意识增强，金融行为更为理性、更为挑剔，对金融服务的需求日趋多样化，对金融工具的便利性和盈利性的要求越来越高；另一方面我国加入WTO在即，外资银行进入势不可挡，其在管理、人才和经营机制等方面都有着明显的优势。一旦介入，对国内商业银行优良人才、优质客户乃至市场份额将是一个巨大冲击。因此，国内的商业银行应不断探索、开拓，把握机遇，排除干扰，积极推行金融超市工作的开展，勇于创新，提升金融服务水平，不断增强竞争力，迎接各方面的挑战。

2、要加大宣传力度。金融超市对促进消费信贷的发展不失为一种比较好的形式。发展消费信贷对当前我省经济、金融发展至少有五个方面积极作用：一是在消费领域增加信贷投入，有利于社会再生产的健康运转，有利于充分发挥市场机制作用，推动市场经济的发展。二是有利于促进消费，扩大内需，推动商品生产。三是有利于消费领域的结构调整和升级，从而推动产业结构优化和升级。四是有利于拓展银行信贷投向领域，调整信贷结构，增强银行业务增长能力。五是有利于减少新增不良资产，提高信贷资产质量，促进金融业稳定发展。据有关专家测算，银行消费信贷的投入可以直接拉动地方经济的增长，居民消费每增加1%，可以带动GDP增长0.5%。因而，商业银行要加大对地方政府以及经济管理部门的宣传，以获取其对金融超市业务的理解和支持。同时，进一步做大消费信贷业务，既支持了地方经济发展，又壮大了银行自己。对居民、客户以及社会各界的宣传应注重于金融超市的流水式操作、联合办公、一条龙服务等简便、快捷特点的宣传，既要体现商业银行的营销策略，又要反映社会公共道德行为准则。并充分应用好各种媒体和手段。

3、到切实搞好各项支持体系的建立和健全。要及时开发和设计金融超市的计算机软件操作系统，建立一个与之相匹配的科技支撑保障体系。要建立和完善有关的操作程序和运行制度、规定，使金融超市业务的管理运作纳入规范化、制度化管理体系。要从内控机制

和风险管理的角度尽早研究金融超市各项贷款业务的风险度和控制点，建立一套完整地控制风险的监控体系。

4、要建立消费信用评估和咨询体制。目前由于个人信用透明度不高，专业信用咨询机构较少，个人信用评估困难，限制了个人信用消费范围的扩大，而在实际操作中缺乏相应的信用评核机制是银行对贷出的款感到缺少安全性的重要原因。因而，发展金融超市从长远看还得要在培植观念、健全法制、建立和完善信用评估、信用评核和失信惩戒体系上下功夫。要抓紧建立地区性或全省性的信用评估机构和信用咨询系统来支撑和保障个人消费信贷业务的发展。

（中国人民银行成都分行昆明金融监管办事处 任树云）

关于中国农业银行云南省分行开办金融超市情况的调查报告

一、基本情况

为了更好地调整信贷结构，进一步拓展信贷业务领域，抢占消费贷款市场的“制高点”，扩大市场份额，提高农业银行的声誉，刺激个人消费，改变传统的消费贷款方式，切实改变老百姓贷款难、银行难贷款的局面。2000年9月1日曲靖市分行营业部率先在我省第一家开办“金钥匙”金融超市，截止12月末，全省农行系统先后有曲靖市分行的陆良县支行、宣威市支行、富源县支行、沾益办事处；红河州分行营业部、弥勒县支行、蒙自县支行、开远市支行、建水县支行；玉溪市分行营业部、大理州分行营业部、昭通地区分行营业部、省分行营业部度假区支行、潘家湾支行、拓东支行；楚雄州分行营业部相继开办了金融超市，全省统一名称为“金钥匙”金融超市。据统计，截止2000年末全省共有17家金融超市，共发放个人消费贷款4459笔(户)，金额15386万元，平均每笔(户)3.45万元。其中：住房贷款12001万元，占78%；汽车贷款312万元，占2%；助学贷款212万元，占1.4%；其他消费贷款2861万元，占18.6%。这些贷款主要是以住房为抵押或单位保证担保，担保、抵押率为98.9%，收息率为99.8%，贷款期限一般3～5年，最长期限30年，最短期限3个月，贷款一般金额3～5万元，单笔金额最大85万元（曲靖超市有一客户用自己名下的6套住房作抵押，贷款购一幢楼房），最少3000元。到年末为止，全省超市所发放的贷款尚未发现有贷款风险，贷款户都能按时归还贷款本息。“金钥匙”金融超市并非新型的金融产品，而是一种服务理念的提升，它超越了金融产品和服务范畴，改善了银行与客户间的沟通方式。以“金钥匙”金融超市为载体，以业务品种多、服务功能全、运作专业性强以及方便、快捷、安全、周到的经营理念，以服务自然人为主要目的，在现有营业机构内专门设立柜组，邀请公证、保险、抵押登记等机构联合办公，为客户提供“一条龙”贷款快捷服务，创出了农行的新形象、新品牌。

二、贷款种类和品种

目前，“金钥匙”金融超市主要开办以下贷款种类和品种：

(一)小额存单质押贷款

(二)汽车消费贷款

(三)教育助学贷款

(四)结婚消费贷款

(五)旅游消费贷款

(六)个人耐用品消费贷款

(七)个人住房贷款

1、一手楼贷款

2、二手楼贷款

3、房改房贷款

4、零首付贷款

5、个人商铺贷款

6、加按贷款

7、转按贷款

8、小城镇个人购(建)房贷款

9、房屋装修贷款

(八)个人综合消费贷款

(九)其他消费贷款

由于全省各地情况不同,以上品种有的超市只办其中几项。

三、机构设置及人员配置

全省“金钥匙”金融超市一般设置在现有营业机构(营业部、分理处)内,会计账务并入该机构网点内,信贷业务归零售业务部门管理,由营业部总经理或县支行长转授权给超市主任经营(一般10～15万元贷款审批权),一般配置以下岗位和人员:

(一)银行

1、主任1人

2、客户经理1人

3、受理、调查1人

4、审查、审批1人

5、综合管理人员1人

(二)公证部门1人

(三)保险部门1人

(四)房屋抵押登记部门1～2人

四、主要工作流程

(一)支行零售业务管理部门、超市主任、客户经理首先确定重点单位、重点黄金客户,由客户经理(调查岗位)把大量的精力投入到贷款前期的调查工作中去,他们在调查中对客户按行业、经济收入稳定程度、是否在本行存款、偿还能力、个人信用状况等给客户一个总体评价和授信额度,确定一个授信额度。

(二)当客户来申请贷款时,受理、调查岗位人员只需调出客户的授信额度,提供的有关资料齐全、准确,进行双人调查、评估,并在借款申请审批表上签署意见,调查责任人签字后交审核岗位,签署同意贷款的金额、利率、期限等意见后交有权审批人审批(也有一些超市在柜台上直接受理客户用存单质押和用住房作为抵押物的贷款申请,经房地产管理部门评估、登记后办理贷款的)。

(三)分理处主任在授权范围内审批,为审批主责任人,审批后交综合管理人员;超过授权范围的,则为审查主责任人,审查签字后交支行有权审批人审批。

(四)综合管理人员接到借款申请审批表后,通知客户开立储蓄账户,签订借款合同及相关文件。

(五)公证机关办理合同公证后,交综合管理人员。

(六)综合管理人员通知保险部门办理保险收取保险费。

(七)综合管理人员到抵押登记机关作抵押登记。

(八)综合管理人员会同客户及相关人员填写借据及其他相关资料后,交会计柜记贷款账。

(九)记账后交复核员确认,借据1、5联返回综合管理人员,第2联专夹保管。

(十)交储蓄柜记储蓄账。

(十一)综合管理人员把第1联给客户,其他联及所有的贷款资料归档保管。

(十二)客户到储蓄柜补登折或取现、汇款。

(十三)稽核人员事后稽核。

(十四)客户服务人员贷后检查。

只要材料齐全、手续完备,超市便可以在一天内完成不同额度的全部贷款手续。同时,借款人可选择传统的还款方式,也可以利用农行金穗卡委托农行代理扣收。具体的操作程序按照各类、各品种贷款的具体操作程序办理。

五、贷后管理情况

为防范“金钥匙”金融超市的贷款风险,多数行做到了每笔贷款发放后一般都进行贷后检查。贷后检查的主要内容有:(1)借款人依合同约定还款情况;(2)影响借款人还款能力的可能因素的变化情况;(3)抵押物及质押物的保管及其有效价值的变化情况;(4)保证人的变化情况;(5)贷款资产风险度的变化情况及趋势。

贷后检查的主要方式有:正常贷款管理采取抽查的方式,所有不良贷款落实责任人,逐笔逐户进行贷款管理、清收,并作档案登记。

六、取得的成效

由于到“金融超市”办理贷款方便、快捷,受到了广大消费者的青睐,提高了农业银行在社会上的知名度。同时,由于开办超市,发放个人消费信贷还拓宽了信贷业务领域,改善了信贷结构,分散了金融风险,也带动了储蓄存款的增长。开办超市的各行以消费信贷为依托,推动各项存款、保险、银行卡等业务的发展。例如陆良县支行许多“久攻不下”的黄金客户纷纷将基本账户转到农行来。大理州分行营业部开办金融超市后,迅速占领了下关城区90%的消费贷款市场份额。红河州分行营业部超市通过消费信贷的发放，共发行金穗信用卡113份，金穗信用卡沉淀的存款达100万元以上，金穗信用卡收取年费4520元；金穗借记卡17份，带动了银行卡业务的发展。共办理农用车保险3份。办理房屋保险3份，超市开业以来参观、咨询、办理业务者络绎不绝。新华社、云南日报、昆明日报、滇池晨报、云南人民广播电台、云南民族报等新闻机构给予了极大关注和报道。当地县委、政府、人民银行和广大民众给予了很高评价。

七、存在的问题

(一)"金钥匙"金融超市个人消费贷款业务目前还不能用计算机进行系统的管理，大量工作靠手工完成，户数多、工作量大，如果贷款业务发展到一定规模时，手工操作将难以适应业务发展的需要，急需开发系统管理软件。

(二)关于到期贷款转逾期的操作存在一定的难度。按现行规定，客户只要超过贷款扣款日（每月20日）未按规定还款，当月应还本金金额转入逾期贷款科目，应收利息要转入应收未收利息科目进行核算。在实际工作中工作量大且繁琐不便操作。

(三)对抵押物的评估问题。贷款抵押物评估质量事关贷款风险。由于农行没有专门的评估机构，只好由各行委托或客户寻求有关机构评估，评估质量难以保证，由于房产评估部门对房产评估的收费过高，对抵押物进行评估无疑给客户增加了一笔借款成本，如果不对抵押物进行强性评估，将影响农行消费贷款业务的稳健发展，形成贷款风险。

(四)全省对"金钥匙"金融超市没有一个统一、规范的指导意见和操作规程，各行的业务操作基本上是互相借鉴，特别是一些贷款资料的形式各不相同，以及合同文本的使用、贷款金额、期限如何掌握等操作很难达到规范化的要求。在很大程度上限制了业务的规范化发展。

(五)虽然总行、分行制定下发了《个人消费贷款的管理办法》，有了住房、汽车、助学、小额质押等几个操作办法，但其他贷款品种尚无具体操作规程，使经办人很难操作。另外有些规定有冲突，比如对等额法偿还贷款，信贷的有关规定是到期部分于次日转逾期。但是，转入逾期后发生账据不符，一笔贷款放入两个不同的科目，不符合会计的相关要求。

(六)有固定职业、稳定收入的公务员、教师、医生等消费信贷黄金客户群体的贷款很难操作。其原因主要是担保问题无法解决，一是其所在单位愿意提供担保的，其单位不具备保证人资格，比如政府、医院、学校。二是单位不愿提供担保，借款人又无资产作抵押。

(八)由于消费信贷涉及面广、客户群体众多，而超市人员有限，贷前调查、贷后检查工作较难开展或重视不够。

(九)贷款的审批权限怎样掌握；能否转授权；授多少权合适等问题亟待明确。

（中国农业银行云南省分行　陈显杰）

丽江金融风险成因分析及化解措施

一、金融风险现状

(一)银行信贷资产质量低，不良贷款占比高。

2000年末全区工农中建四家国有商业银行不良贷款达67614万元，占贷款总额28.12%，其中：逾期贷款23047万元，占贷款总额的9.59%；呆滞贷款35946万元，占贷款总额的14.95%；呆账贷款8621万元，占贷款总额的3.59%。从各行分布看，工、农、中、建四行不良贷款分别为20449万元、41439万元、1222万元、4504万元。

特别值得关注的是还有约三分之一的“正常贷款”不正常。由于丽江地处山、少、边、穷，经济基础薄弱，企业生产经营普遍不佳，尤其是“2·3”大地震带来的惨重灾难和损失，各行从减轻企业负担，尽快恢复正常生产经营考虑，对相当部分到期难以收回的贷款采取了“借新还旧”、“转贷”、展期等方式作了“技术处理”，掩盖了大量矛盾和风险。还有不少企业(特别是烟草、制糖、粮食等行业)内部的资产和负债严重不对称，形成资不抵债，导致银行的大量贷款实际变成了无物资保证，潜伏着巨额风险。企业挪用流动资金的问题也较为突出。

国家关于在长江中上游禁止砍伐天然林的政策也给丽江经济金融带来重大影响。森工企业停、转产后，仅工农两行就有2.4亿元贷款本息悬空。政府和企业要求核销呆账的呼声很高，给商业银行带来较大的压力，贷款的潜在风险很大。

(二)农村信用社风险形势严峻。

2000年全区45个独立核算的农村信用社贷款总额为54733万元，其中：三项不良贷款达24129万元，多年积累的问题逐渐显露，经营管理特别是信贷管理水平低的问题更显突出。2000年末三类风险社中，一项指标为高风险社的有11个，占独立核算机构数的24.4%；二项指标为高风险社的有14个，占31.1%；三项指标为高风险社的有1个，占2.2%。由于风险状况不断显露，亏损不断增加，全区农村信用社经营状况更加严峻。

(三)银行贷款按期收回保障差。

相当一部分贷款担保抵押不实，行、社贷款的第二还款来源无保障，主要表现在：一是抵押担保的法律有效性差。二是看似有担保，实则担而不保。三是物不抵债，一物多抵。四是用无效物品抵押。五是不具备条件单位担保，空壳企业担保抵押。这些情况在各商业银行尤其是农村信用社较为普遍。致使这部分信贷资产风险的第二道防线失去了作用和意义。

(四)经营风险和管理风险较大。

由于企业效益低下，欠付利息严重，加之行、社经营管理水平不高，金融机构亏损面较大。一些金融机构还不时发生各种违规经营问题，如超比例向单个客户放款；执行“三查”制度不严，相当部分企业资金使用去向不明；公款私存、盈亏反映不真实以及内控制度不健全等。

二、产生风险的成因

(一)银行自身因素。

造成贷款风险与银行自身的工作有着密切的关系，一是金融干部职工素质不高，金融风险意识不强。金融职工在业务工作中本身先天缺乏系统、完整的理论指导，加上不刻苦、不认真、不负责、有的甚至钻空子，违规经营，以权谋私，给国家信贷资产造成损失。二是商业银行和农村信用社尚未形成科学有效的经营机制和内控机制。绝大多数行社仍未从思想上真正向商业化转轨，“四自”机制未真正建立起来，没有建立起真正的风险防范制度和贷款质量监控制度。内部稽核审计形同虚设，重发展、轻管理，重业务、轻监管，重数量、轻质量，重规模、轻效益的倾向仍然存在。三是商业银行间的恶性竞争，人为加大了金融风险。受利益驱动，各商业银行在相互竞争中，存在着违规违法，不计成本，不顾效益，相互诋毁等恶性竞争，人为加大了金融风险。四是中央银行监管机制不健全，金融监管缺乏力度和权威。金融监管工作中重批轻管的现象比较突出，忽视对安全性、流动性和效益性的监管，轻视对资产负债比例的监管；监管手段落后，处罚手段单一，缺乏超前性和预防性。

（二）企业因素。

企业是市场的主体，参与市场竞争，获取最佳效益是企业的根本，如果企业不懂管理，不会经营，缺乏市场竞争力，企业经营风险就会不断产生和扩大。现实中形成企业风险的主要表现有：一是预测市场前景不足，信息不灵，主观臆断，造成项目决策偏向。二是违背客观经济规律，不做周密调研，不进行科学的评估论证，不量力而行，重复建设，造成投资计划效益无法实现。三是经营管理混乱，经济责任不清，成本控制不严，盲目生产和经营导致无力竞争，造成资不抵债，严重损失。四是企业领导能力差，短期行为严重，只顾眼前不顾长远，缺乏驾驭市场能力。这些风险的发生一方面造成企业财产的损失；另一方面威胁和导致银行贷款的风险。由于企业是银行贷款的载体，所以，在一定意义上讲，企业经营风险是形成银行信贷风险的一个重要原因。

（三）政策影响因素。

金融工作要紧紧围绕国家不同时期的各项政策，这是无可非议的。但问题是各级政府和金融机构在其彻底落实国家政策时，是否准确把握、全面理解。从所形成的金融风险分析看，政策影响造成金融机构信贷风险的主要表现有：一是由于企业转制缓慢，经济生活中深层次矛盾暴露，企业经营困难，无力支付贷款本息，造成不良贷款增加。同时，关停并转企业和破产企业逃避转嫁债务导致银行贷款风险。二是流动资金供应的单一制，注定了所有企业所需流动资金80%以上靠银行一家的贷款支撑，这就使得银行贷款的风险具有很大的滞后性和潜在性。三是带国家指令性任务的几大行业（粮食、烟草、制糖）亏损严重，挤占挪用贷款突出，潜伏着巨大的风险。四是计划经济时期政策性贷款所留下的风险。如扶贫贷款、老少边穷贷款、民族“三照顾”贷款等。

（四）行政干预因素。

违反经济规律，用行政手段干预经济，其结果必然导致脱离实际、重复建设、盲目发展。据统计丽江地区“八五”以来，仅工、农、中、建四家商业银行贷款支持在100万元以上的工业项目有235个，总投资达30.48亿元，2000年末均已相继投入生产。其中：盈利企业97户，占41.3%，亏损企业138户，占58.7%。这些项目的上马，与银行经营思想不端正、管理松、原则性差、审核检查不力有直接的关系，但与地方行政干预也有着千丝万缕的联系。大量的银行贷款投入，不仅未能实现“建设一项，致富一方”之初衷，反而给地方和企业背上了沉重的包袱，银行贷款也因此而成为风险贷款。

（五）金融“三乱”因素。

社会上乱集资、乱设金融机构、乱办金融业务的“三乱”现象未得到有效遏制，社会融资秩序混乱，非金融机构高息融资活跃，分流资金严重，造成金融风险。

三、加强金融监管的措施

（一）进一步强化对金融机构的监督检查，落实金融监管责任制。

现场检查和非现场检查是人民银行对金融机构实施金融监管的有效方法。以降低不良资产和加强内控为重点和核心，按照规范化和制度化要求，人民银行各级行以“一条龙”方法建立健全金融监管责任制，实行一把手负总责，健全和加强金融监管领导小组和办公室，严格工作职责和办事制度，逐项落实监管责任。要加大对各种金融违规行为的处罚力度，严把市场准入和退出关，坚决取缔非法办理金融业务，依法维护金融秩序，确保一方金融平安。

防范化解农村信用社风险，要重点落实对高风险社的监管职责，继续实行日报制度，健全预警预报，随时掌握情况和动态，制定和完善一整套应急方案，严防支付风险的发生。结合规范农村信用社工作，依照点面结合，标本兼治原则，对机构实行全面的清仓核资，按照风险大小实行内部整顿或停业整顿来处置高风险机构，通过整顿该撤的撤，该并的并，该降的降。采取积极的减人增效措施，使农村信用社从粗放型经营转向集约型经营，真正把防范和化解风险落到实处。

（二）建立金融机构贷款管理制度，坚决降低不良资产。

一是建立贷款责任制。金融机构发放贷款必须严格实行审贷分离，严禁一支笔审批。明确权限，严格手续，实行谁审批，谁发放，谁负责，把贷款风险与岗位职责结合起来，将风险贷款的防范和管理、转化、清收等列入岗位责任考核，做到权、责、利相结合。二是建立贷款监控制度。建立科学的评估论证指标，把好信贷决策关。坚持原则，完善贷款要素，加强调查分析，把好信贷审查关。对贷款实行跟踪监督和管理，监督检查信贷资金全过程，发现问题立即纠正，为贷款正常运行扫清障碍。三是建立贷款风险补偿制度。可以尝试从贷款中提取"风险基金"进行专户存储，专项补偿。也可以采用信用保险的方式来防范贷款风险。

(三)加强和完善金融机构高级管理人员任职资格审查，促进金融队伍素质的提高。

信贷资产质量高低和风险存在的大小，与管理经营信贷资产人员的业务素质、思想品德和责任心有着直接的联系。要提高信贷资产质量，关键在于抓住对高级管理人员的任职资格审查、检查和管理。通过选好一个人，带好一班人，推动一大片来提高队伍的整体素质。目前，当务之急就是要加强对高级管理人员和信贷人员的管理、约束、培训和思想教育，培养一支懂政策、善管理、会核算，知法守法，熟悉业务的干部队伍，这是防范风险的一个关键所在。

(四)加快企业转制，使企业成为真正的市场主体。

加快企业转制，可以使企业摆脱行政束缚，明确产权，真正成为自主经营、自负盈亏的法人实体。由于企业具有了生产经营决策权、经营方式选择权和投资决策权等，就会十分重视经济效益，从而使金融机构的贷款风险得到最大程度的减少、分散和转移，保障金融资产的安全性、流动性和效益性，使金融机构真正实现商业化经营，为全面提高效益奠定坚实基础。

(四)建立公平、高效、有序的竞争机制，规范金融机构间的竞争行为。

市场经济的本质是竞争型经济，金融机构也不可避免地存在着相互间的竞争。为了实现公平、高效、有序的竞争：一是政府应加快经济体制改革步伐，营造一个依法运行、有序竞争的社会主义市场经济大环境。二是金融机构应加强学习，提高认识，守法经营，照章办事，遵守公平竞争原则，共同抵制不正当竞争行为。三是人民银行应进一步加大监管力度，依法规范金融机构间的竞争，促其在平等基础上有序竞争。

(中国人民银行丽江地区中心支行 张世雄)

加强和完善口岸农业银行边贸结算业务的调研报告

国家级口岸河口，位于云南省的南部，红河州的东南端，与越南社会主义共和国老街省老街市、谷柳市；隔河相望，地理位置优越，尤其交通区位优势得天独厚是昆河铁路、昆河公路、红河航道与越南铁路、公路和水道连接的交通枢纽，也是我国大西南最便捷的出海通道。

1992年国务院批准河口对外开放，设立4.02平方公里的河口边境经济合作区，并赋予十一条优惠政策，河口从改革开放的末端，变成改革开放的前沿，一时间河口城内商贾云聚，公司和商行商号林立，口岸经济贸易往来呈现出一片空前繁忙的景象。河口县委、政府提出"以边贸为龙头、农业为基础、加工业为重点，保护生态、发展旅游业，依靠科技和教育进步，提高对外开放水平，贸工农全面发展，努力把河口建设成为社会主义物质文明和精神文明成果显著的边境商贸旅游城市"的发展思路，充分利用和发挥口岸区位优势，把河口口岸开辟成为云南省"打开南门，走向亚太"的重要通道。目前，河口注册登记的200多户边贸企业中有50户经国务院对外经贸部批准享有边境贸易进出口经营权，河口城区建起了河口边境商城、河口金明商城、河口中越边境商场和利宏商场四个上档次的边民互市市场，共有摊位700余个，供越南边民摆摊设点，每天进出河口互市市场的边民和游客平均达2000余人次。据海关统计，2000年1～12月，河口边贸成交额累计完成76559万元，比上年同期的48699万元增加27860万元，增长57.2%。其中：进口总额9 394万元，比上年同期的7834万元增加1560万元，增长19.9%；出口总额67165万元，比上年同期的40865万元增加26300万元，增长64.4%；边民互市累计成交额完成49780万元，比上年同期的44832万元增加4948万元，增长11%。全年共接待国内外旅游者96516人次，比上年的76363人次增加20153人次，增长26%。旅游营业收入1080万元，比上年的713万元增加367万元，增长51.5%，旅游业作为河口县支柱产业的地位正在逐步形成。现在，河口口岸在发挥国家一类口岸功能的同时，辖内的坝洒、纸厂和老卡三个省级口岸及山腰通道四个较大的边民互市点的边民互市往来也日渐繁忙，整体形成了边民互市、边境贸易、国家贸易、转口贸易、跨国旅游、对外经济技术合作为一体，全方位、宽领域、多层次的对外开放新格局。

1994年4月20日，农行河口县支行（下称河口支行）与越南老街农行首次开办中越边贸结算业务，实现边贸结算零的突破，当年结算额为2602万元。结算业务的开办为中越边贸往来提供了方便快捷的结算服务，对减少现金交易风险和减少贸易双方的信用风险发挥了积极的作用，同时总结积累了宝贵的经验。1997年11月2日，农业银行云南省分行与越南农业银行老街省分行在昆明正式签订了《边境贸易结算合作协议书》，2000年3月24日，两国两省农行领导在越南老街又一次签订了《边贸结算合作协议》的补充协议书，河口支行的边贸结算业务稳步走上正轨。截至2000年末，累计办理边贸结算成交额达11.8亿元，其中办理中越边贸结算业务1473笔，结算额47998万元，占河口边贸成交额76559万元（不含边民互市49780万元）的62.69%。边贸结算业务的顺利开展，得到了两国当地政府领导部门的肯定和支持，深受广大中越客商的欢迎和信赖，有力地遏制住了“地摊银行”的繁衍和有效打击了各种制假、贩假、诈骗等犯罪活动，对维护口岸金融秩序和促进口岸经贸的快速、健康发展起到了积极促进作用，为口岸农行开拓广阔的业务品种领域，提高市场占有率，增强同业竞争能力打下了良好的基础。截至2000年末，河口支行各项存、贷款业务较1991年初（农行恢复时）的4 226万元和2078万元发展到15558万元和16732万元（含专项贷款），分别增长了268.15%和705.19%，占河口地区四家国有商业银行和两家信用合作社各项存、贷款余额48791万元和25846万元的31.89%和64.74%，河口支行已发展成为河口地区业务规模最大一家国有商业银行。

河口支行认真履行《边贸结算合作协议书》条款，在开展中越边贸结算业务过程中做了几方面工作：一是加强与越方合作经办行的业务联系和交流合作，认真总结积累工作经验，不断完善和提高结算办法。二是落实边贸结算业务人员，加强结算密押的编押、更换和保密保管工作。三是不定期地组织好账务核对工作，积极支持配合省分行国际业务部和越南农行老街省分行财会和稽核人员对双边结算工作的检查监督。四是按业务需要主动调整双休日，柜面结算服务实行单休日，与越方工作时间保持一致，即主动把营业室的服务时间改为星期一至星期六，方便中越客商办理边贸结算，满足口岸经贸发展对结算业务的要求。五是随着结算业务量的增大，银行结算资金人民币现钞的运送日趋频繁，金额也在不断增大。对此，支行除积极向有关监管部门申报外，还及时安排车辆在口岸接送。六是及时收集整理边贸结算业务数据资料，及时向上级管理部门反映工作中的新问题和新情况，为上级决策提供有力依据。

据统计分析河口支行结算业务量达到边境小额贸易（使用人民币结算）的80%以上，对口岸经贸的迅猛发展起到了积极的促进作用，并在21世纪之初仍将继续发挥其应有的作用。因为：一、人民币币值稳定；二、越南的经济建设和改革开放要求其与中国的经贸往来规模只会不断增大，不存在下降的可能因素；三、越南的外汇储备还不具备、也不允许其在与中国的边贸往来都使用外汇进行结算。所以在相当长一段时间里，中越边境贸易往来人民币结算业务仍然要居主导地位，结算办法将逐步得到改进和完善，结算内容和品种将会更加丰富。值得注意的是，近几年来，越南经济发展较为迅速，从口岸出口的商品看出，几年前电池、啤酒、牙膏、水鞋和缝纫机等生活用品及水泥、钢筋和石棉瓦等建材是口岸贸易的主要货物，现在出口的货物则主要是化工原料、烟叶、谷种和机电产品，说明越南的一些日用品生产和建筑建材生产产业有了较大发展，如对面老街市新建了水泥厂和啤酒厂各一个。越南国家实行的经济开放政策，经济发展建设成果较为显著，在与中国的经贸往来中迟早也是要走上国际贸易大轨的，确切的说只不过是时间问题而已。

目前，由于中越两国经济发展的差异，且越南国家越盾币值不稳定，实际办理贸易结算时，主要依靠人民币进行结算，而河口口岸进出口贸易比为中方7:1的顺差贸易，形成了越方结算银行人民币支付结算中供不应求的突出问题和人民币结算与海关监管的矛盾。主要体现在：

一是河口海关按照海关总署监二[1993]1205号及署法[1999]394号文规定进一步加强了对人民币进出境的监管，银行结算资金调送与口岸海关监管规定矛盾突出。按昆明海关监管处通知要求，除经同级人民银行货币发行部门的批件办理验放手续外，海关一律按6000元限额验放。

二是口岸海关关员在进行监管检查时，不可避免银行结算资金（人民币）暴露于大庭广众之下，滞留时过长，风险隐患增大的同时影响到银行的声誉。

三是为解决结算的资金供不应求的问题，越方结算银行不得已从广西东兴和凭祥两口岸兑换大量的人民币资金汇到河口岸支付结算。由于在途时差，不能及时支付结算，不少中方客商利益受到损失。对此，客户意见较大，在一定程度上影响到了银行的信誉。仅2000年度越南老街农行从中国的广西东兴、凭祥两地兑换人民币资金高达21372万元。

四是我方农行尽管负有经营和管理货币资金的职能，但因受异地兑换业务的限制，不能自主调剂结算资金，而是处在被动接受和仅办理收付结算业务而已，已严重影响了我国商业银行的形象和信誉。

五是由于我们仅能办理收付结算和被动接受越方的调剂资金，让我们失去应有的兑换业务收益，在一定程度上讲也失去了商业银行以经营为中心、以效益为目标的经营意义，按2000年各口岸间货币兑换差价计，越方结算银行仅货币兑换收益近200万元。

随着口岸经济贸易的不断发展，特别是为响应中央提出的实施“西部大开发”发展战略，省委、省政府向国务院申报把河口口岸作为云南省又一个“边境经济贸易区”。越南老街市1998年被越南总理府批准建立为“老街口岸经济区”，实行了一系列特殊优惠政策，发展势头强劲，金融服务功能设施和手段不断得到提高和完善，如老街市农行已经开办了国际结算业务，河口支行与越南老街市支行业务合作有着7年的历史，在两国汇率未确定的条件下，开创了两国农行边贸结算服务的道路。尽管这一区域性业务发挥了应有的作用，按农总行2000年统计公布的结果，农行河口县支行的边贸结算业务名列全国农行系统第二位，但是，现已不能满足和适应口岸经贸发展的要求，业务也落后于其他银行和其它口岸银行。据当地人行外管部门统计资料，2000年度，河口工行口岸外汇结、售汇业务达1600万美元，河口中行口岸外汇结、售汇业务近400万美元。两行的国际结算业务均已形成了规模，拥有一定的客户群体，而农行的国际结算业务还处在申报工作阶段。鉴于上述实际，河口支行要在今后的发展竞争中立足于不败之地，现在就必须抓紧抓好以下方面的工作。一是要继续加强和完善目前的边贸人民币结算业务，进一步增进与越方结算银行的交流和合作，巩固“平等互利、互为尊重、共求发展”业务合作伙伴。二是要尽快解决好银行结算资金进出境问题，及时报请上级协调有关批件，同时向口岸有关部门积极申办结算专用运钞车辆过境解款问题，以消除各种不安全隐患。三是积极争取开办结算业务中的异地兑换业务，变被动为主动，在满足广大客商需求的同时，实现结算业务应有的收益。既充分发挥出国家商业银行经营和管理货币资金的职能，又积极维护农业银行社会地位和对外形象。四是大力发展外汇业务，在现有外汇存款、外汇汇款、外币兑换等业务基础上，积极争取开办外汇贷款；国际结、售汇业务；通过上级行办理代客外汇买卖和代理国外信用卡收单等业务。当然，这些业务的开办还需上级给予更多的支持和指导帮助，力争实现口岸农行的本、外币一体化经营和发展。五是充分利用边境口岸农行相同点多、互补性强、电子汇兑服务功能好的优势，以第三国货币来确定短期双边汇率，掌握汇率主动权，打破越方独揽局面，真正实现与越方的对等合作。六是利用宣传媒体，加强宣传工作，积极争取得到地方党、政领导部门和口岸有关联检及外事部门更多的理解和支持。七是加大对口岸行基础设施投入，完善结算服务管理办法，牢固树立口岸农行的社会地位和对外形象。八是以客户为中心，切实树立竞争观念和服务意识，努力拓展农行的基本客户群体。

（中国农业银行河口县支行　潘洪江　徐绍华）